国家社会科学基金重大项目：
"罗莎·卢森堡著作的整理、翻译与研究"

罗莎·卢森堡全集

第1卷
1893.9—1899.11

胡晓琛　朱　霞　等译

蒋仁祥　审定

人民出版社

罗莎·卢森堡

罗莎·卢森堡的父亲艾德瓦尔特·卢森堡与母亲莉娜·卢森堡

扎莫什奇—斯塔希奇街37号：罗莎·卢森堡家住宅

扎莫什奇市政广场

1883年,罗莎·卢森堡12岁

1887年，罗莎·卢森堡中学毕业照

罗莎·卢森堡家庭合照，1902年复活节期间可能摄于当时还不属于柏林的夏洛滕堡。前排左一：安娜·卢森堡（罗莎·卢森堡的姐姐）；前排左二：马克西米利安（罗莎的二哥）；前排左三：罗莎；前排右一：莉莉（罗莎的大哥米科莱之妻）；后排左一：燕妮（米科莱之女）；后排左二：安妮（米科莱之女）；后排右一：米科莱；图中桌面摆放的照片左一：罗曼娜（罗莎的三哥尤瑟夫之女）；右一：尤瑟夫。

目　　录

波兰的工业发展

政治学博士论文

附　录

总　序

罗莎·卢森堡(1871—1919)是第二国际杰出的无产阶级革命家和马克思主义理论家、德国社会民主党的著名左派领袖之一、德国共产党的创建人和领导人之一、马克思主义的帝国主义理论的创始人之一,也是马克思主义思想史上最有争议的思想家之一。

在人类思想史上,对某个思想家的思想产生争议,并不意味着这个思想家的思想是完全错误的,或者是没有任何价值的,恰恰相反,它是以一种严肃的、理性的思考方式证明了这个思想家的思想充满了魅力,值得人们去不断地认识和开掘。罗莎·卢森堡就是这样一位马克思主义思想家。不论是在她生前,还是在她身后,争议都是她的思想创造和延续她的思想生命的必不可少的一环。在生前,她的每一次思想创造是在争论中展开的:在早年,她对波兰问题的思考,是在与波兰社会党的激烈论战中展开的,在这场论战中,她阐发的有关波兰独立问题、波兰社会主义运动中的民族性和国际性等问题的观点对她思考帝国主义时代的民族自治问题产生了持续终身的影响;在进入德国后,她在批判伯恩施坦修正主义的斗争中阐发了革命与改良的辩证关系,在与德国社会民主党的官方理论家们的争论中阐发了马克思的历史辩证法;她还在资本积累、民族自治、俄国社会民主党的组织问题等一系列问题上发表过不同于列宁的观点,等等。这些争论不仅没有随着她生命的逝去而消失,反而因其触及了帝国主义时代的一些基本问题而不断地被提起、被反思。正是这个不断地被提起、被反思的过程,使人们走进了罗莎·卢森堡的思想世界,引导了《罗莎·卢森堡全集》的编辑和出版。在这个意义上,应该说,《罗莎·卢森堡全集》编辑出版的历史，就是罗莎·卢森堡思想研究的历史。正是基于这一认识，我们编辑了《罗莎·卢森堡全集》中文版，力图把罗莎·卢森堡著作的编辑与罗莎·卢森堡思想的研究贯通起来，以《罗莎·卢森堡全集》来呈现罗莎·卢森堡的全部思想。

《罗莎·卢森堡全集》中文版是20世纪70年代以来的《罗莎·卢森堡全集》编辑出版史上的一个成果，它参照和借鉴了《罗莎·卢森堡全集》其他版本的思想成果，又具有自己的特点，代表了中国人研究罗莎·卢森堡思想的最新成果。因此，我们认为，在《罗莎·卢森堡全集》中文版付梓之际，有必要写一篇序言，历史地叙述《罗莎·卢森堡全集》编辑出版的思想史，重点论述《罗莎·卢森堡全集》中文版的特点。

一

要编好《罗莎·卢森堡全集》中文版，先要了解罗莎·卢森堡的生平和思想创造活动。在我们着手编辑《罗莎·卢森堡全集》时，国内外已经有了多本罗莎·卢森堡传记，但这些传记都只是书写者对罗莎·卢森堡思想的理解，并不能完全为我们所用，因此，在编辑《罗莎·卢森堡全集》中文版的过程中，本课题组对罗莎·卢森堡的生平和思想创造活动进行了重新梳理和定位，形成了我们自己对罗莎·卢森堡生平和思想创造的看法和观点。于是，对罗莎·卢森堡生平和思想创造活动的梳理就成为编辑《罗莎·卢森堡全集》中文版的基础性工作。在这里，我们先简述罗莎·卢森堡的革命活动和思想创造的过程和特点，以此呈现《罗莎·卢森堡全集》中文版编辑的认识论起点。

1871年3月5日，罗莎·卢森堡出生在波兰卢布林省与乌克兰接壤的一个小镇——扎莫什奇(Zamość)。这座小镇有着悠久的历史文化传统，在地理位置上，是连接克拉科夫、乌克兰、布拉格的交通枢纽。正是这一重要的地理位置，给这座小镇带来了曾经的繁荣。自16世纪末开始，这座小镇就成为重要军事要塞，也迅速地发展成为巨大的商业中心，吸引了世界各地的大批犹太商人来这里经商定居。在18—19世纪，来到这座小镇居住的犹太人发生了分化：一个派别非常讲究宗教信仰，主张发展犹太教；一个派别非常讲究文化、技术和文学的发展,讲究本地化,强调你住在波兰,就必须说波兰语,必须像波兰人那样从事经商贸易活动。在这两派中,后一派非常适合这个城市的文化背景,他们不想发展宗教,而是致力于文化、教育和文学创作,他们在这个城市创建了许多出版社和图书馆,而他们自己也本地化了,完全变成了波兰人。罗莎·卢森堡的祖辈就是属于本地化一派的犹太人。尽管罗莎·卢森堡在回顾自己的成长经历时说,这座小镇对她来说只是一个记忆,但这座小镇的犹太文化和她的犹太家庭还是对她的成长,尤其是对她的社会主义观的形成,产生了深刻的影响。罗莎·卢森堡家庭的语言十分复杂,有波兰语、俄语、德语、法语、希伯来语、意第绪语。她父亲的家人原来住在奥地利,所以讲的是德语,他父亲喜欢德语,平常在家里说德语,所以,罗莎·卢森堡从小就说德语,并且十分喜欢德语。罗莎·卢森堡的母亲喜欢法语,她也从小就跟她母亲学习法语。她的家人与保姆交流时用的是波兰语,她的家庭成员之间交流时也讲意第绪语。罗莎·卢森堡的母亲曾经教她讲这种语言,可她讲得既像德语,又不是德语,后来,她母亲说,我们不讲这种语言了,还是讲德语吧。于是,罗莎·卢森堡就不再学习希伯来语言。她在华沙上高中时,华沙是俄统治区,教学用的是俄语,甚至波兰语的课程都是用俄语来教授,这又使她的俄语讲得十分流利。到高中时,她已经能够流利地讲德语、波兰语、法语、俄语四种语言,同时,还会一点意大利语。她逃亡瑞士,在苏黎世大学读书时,讲的是德语。这些语言为她后来进入德国、从事国际工人运动创造了条件。此外,她的犹太家庭的地方化特点,给了她对波兰文化的高度认同感。参加革命后,在处理犹太民族与社会主义的关系上,她始终坚持这一观点:犹太人在波兰只是一个少数民族,不可能在波兰独立存在,波兰的犹太人要改变自己的命运,就要说波兰语,学习波兰文化,与波兰人交往。所以,她反复强调波兰是自己的祖国,自己是一个波兰人,而不说她是犹太人。这种观念主导了罗莎·卢森堡对于民族自治、波兰的工人运动与世界社会主义革命之间的关系、资本主义的世界发展等问题的思考。

1873年,罗莎·卢森堡随家迁居华沙,并在华沙完成了她的中学教育。在中学期间,罗莎·卢森堡参加了进步的自学小组 K.谢潘斯基小组的活动,开始接触科学社会主义的思想,思考波兰问题。临近中学毕业的那一年,罗莎·卢森堡参加了波兰"第二无产阶级党"领导下的青年社会主义小组的革命活动。中学毕业后，罗莎·卢森堡全身投入"第二无产阶级党"的革命活动，深入工人居住区进行调查研究，开展工人运动，在理论上，继承"无产阶级党"的传统，坚持国际主义立场，力图用阶级斗争的观点来解决波兰的社会解放斗争和民族解放斗争的关系问题。这一段革命经历及其所形成的思想，对罗莎·卢森堡后来的革命活动和马克思主义的理论创造，产生了持续终身的影响。

1889 年底，因波兰进入白色恐怖时期，罗莎·卢森堡不得不逃往苏黎世。在苏黎世，罗莎·卢森堡一边继续从事革命活动，一边进入苏黎世大学读书。在大学期间，罗莎·卢森堡除了攻读哲学、政治经济学、法学、社会学、数学、生物学、地理学等专业课程外，还系统、深入地钻研了马克思恩格斯的著作，并用马克思主义的基本观点研究波兰的工人运动和波兰资本主义发展的问题，探讨波兰革命和波兰民族独立等问题，她的博士论文《波兰的工业发展》就是用马克思主义的基本观点分析波兰资本主义特点的杰作。在实践上，罗莎·卢森堡与流亡瑞士的波兰革命者约吉希斯等人一起创办了《工人事业报》杂志，同"波兰社会主义者国外联盟"的民族主义倾向进行斗争，参加第二国际的重要会议。1894 年，她还与约吉希斯等人共同创建了波兰王国社会民主党，与在波兰境内的党组织保持密切的联系，领导和参与波兰境内和那些被瓜分地区的波兰工人运动。这些都使罗莎·卢森堡迅速地成长为一个成熟的革命者和马克思主义理论家。

1898 年 5 月，罗莎·卢森堡迁居柏林，投身德国社会民主党和第二国际的革命活动。德国社会民主党在第二国际所处的中心地位把罗莎·卢森堡推向了一个更广阔的革命舞台。进入柏林后，罗莎·卢森堡先是到普属波兰地区调查波兰的工人运动情况，同时也与德国社会民主党内的左派一起批判伯恩施坦的修正主义思想、参加了德国的工人运动；在第一次世界大战爆发前后，罗莎·卢森堡多次撰文并在集会上发表演说，揭露军国主义的实质，反对战争危险，呼吁社会民主党把反对军国主义和帝国主义的战争与工人运动紧密地结合起来，利用战争引起的经济危机和政治危机去唤醒群众，加速资本主义制度的崩溃；1915 年，罗莎·卢森堡在《国际——马克思主义的实践和理论月刊》上发表《国际的重建》一文,斥责了德国社会民主党的背叛行径,总结了德国社会民主党和第二国际破产的历史经验,要求按照革命的原则重建国际,以罗莎·卢森堡为代表的德国社会民主党的左派也因此被称为国际派;1916年1月,国际派在柏林召开第一次会议,通过了国际派的行动纲领,决定出版地下刊物《斯巴达克书信》,国际派又由此而称之为斯巴达克派,罗莎·卢森堡也成为斯巴达克派的领导人之一和思想领袖;1918年11月,德国革命爆发,刚刚出狱的罗莎·卢森堡立即投入了斗争,走在斗争的最前列,并在1918年底至1919年初与卡·李卜克内西等人一起创建了德国共产党;1919年1月,德国革命失败,罗莎·卢森堡于1月15日被捕,当晚惨遭杀害,她的遗体被抛进护城河,直到5月31日,人们才在护城河发现了她的遗体。6月13日,浩浩荡荡的示威游行队伍前往弗里德里希墓地为罗莎·卢森堡送葬,把她安葬在李卜克内西墓旁。

在柏林从事革命活动期间,罗莎·卢森堡多次被捕入狱,却始终坚持革命信念,平静而乐观地对待生活。1915年,她在狱中写给她的秘书玛蒂尔德·雅可布的信中谈到她的监禁生活时说:"不要忘记,不论发生什么,都要冷静地和乐观地面对生活。"①

罗莎·卢森堡绝不把自己的活动舞台局限于德国,而是把整个欧洲作为自己的活动舞台,把眼光投向世界范围内的无产阶级革命运动。她多次出席第二国际代表大会,在会上,就革命和帝国主义问题发表自己的见解;1905年底,她亲赴华沙,领导波兰的革命运动;1906年,她先后赴彼得堡、库沃卡拉和列宁见面,交换意见;1907年5月,她以德国社会民主党和波兰共产党双重代表的身份出席了俄国社会民主工党在伦敦召开的第五次代表大会,并就无产阶级在革命中的领导作用问题发表了自己的意见,赢得了与会代表雷鸣般的掌声,也得到了列宁的赞同。她还关注欧洲以外的无产阶级革命,她研究过中国的鸦片战争和中国革命、研究过非洲、拉丁美洲的殖民化问题。1902年5月,罗莎·卢森堡写了一篇谴责欧洲和美国殖民者在拉丁美洲残暴行径的著名短文——《马提尼克岛》(见本版第2卷)。这篇短文在她生前并没有发表,

---

① 　[德]罗莎·卢森堡:《狱中书简》,傅惟慈等译,花城出版社2007年版,第26页。

但却体现了罗莎·卢森堡对欧洲以外,尤其是对欧洲殖民地事件和革命的关注。她的这些思想是当代人们研究欠发达国家的重要思想资源。

由于这些活动,罗莎·卢森堡成为真正意义上的国际无产阶级革命家。一个多世纪以来,不论世界发生了怎样的变化,不论历史经历了多少沧桑,都不能使人们忘记罗莎·卢森堡。罗莎·卢森堡,这个名字深深地镌刻在历史的丰碑上,铭记在人们的心底。

在理论上,罗莎·卢森堡运用马克思主义的观点分析帝国主义的经济危机、政治危机和德国社会民主党的危机,系统地批判了伯恩施坦的修正主义观点,写下了《社会改良还是革命?》(本版第 1 卷)、《资本积累论》(本版第 6 卷)等名篇,创立了马克思主义的帝国主义理论。不仅如此,罗莎·卢森堡在深入研究波兰革命、德国革命、俄国革命和世界革命等问题中写下了《民族问题与自治》(本版第 5 卷)、《社会民主党的危机》(本版第 7 卷)、《论俄国革命》(本版第 8 卷)等名著,表达了一个战斗在西方无产阶级革命前沿的马克思主义理论家对于世界无产阶级革命的关注和对世界历史规律的思考。这是罗莎·卢森堡留给我们的一份珍贵的思想遗产。这份思想遗产,在罗莎·卢森堡去世后相当长的时间内,受到了来自各个方面的批评和质疑,尽管如此,罗莎·卢森堡的思想研究从来就没有间断过,罗莎·卢森堡著作的出版也从来就没有间断过。

二

罗莎·卢森堡在世时,列宁就坚决支持和赞扬罗莎·卢森堡有关德国革命的系列主张,他指出,罗莎·卢森堡、卡·李卜克内西等共同创建的"德国共产党"标志着"真正无产阶级的、真正国际主义的、真正革命的第三国际即共产国际就在事实上成立起来了。"[①]在罗莎·卢森堡去世后,列宁称罗莎·卢森堡是"第三国际最优秀的代表"[②],并且高度地评价了她的著作和思想,指

[①] 《列宁全集》第 35 卷,人民出版社 2017 年中文第 2 版增订版,第 443 页。
[②] 《列宁全集》第 35 卷,人民出版社 2017 年中文第 2 版增订版,第 483 页。

出："她的生平和她的全部著作……对教育全世界好几代共产党人来说都将
是极其有益的。"同时,列宁也批评"德国共产党人延缓她的全集的出版太久
了"①。列宁曾经计划在俄国出版《罗莎·卢森堡全集》,但因种种原因而未
能实现。

　　最早启动《罗莎·卢森堡全集》编辑和出版工作的,是德国。20 世纪 70
年代,在广大知识分子和人民群众的强烈要求下,德国统一社会党中央政治局
决定编辑出版《罗莎·卢森堡全集》,但把编辑规模限定在 10 卷。根据这个
精神,德国学者整理和出版了《罗莎·卢森堡全集》和《罗莎·卢森堡书信集》
各 5 卷;自 20 世纪 90 年代开始,德国罗莎·卢森堡基金会陆续地将新发现的
材料加以整理和编辑,先是补充编辑出版了《罗莎·卢森堡书信集》第 6 卷,
后来又以补卷的形式编辑了《罗莎·卢森堡全集》第 6、7、8 卷,其中,第 6、7
两卷将新发现的各个时段的文献按照时间序列编辑,第 8 卷集中编辑和翻译
罗莎·卢森堡的波兰文文献。这些构成了《罗莎·卢森堡全集》德文版的结
构。《罗莎·卢森堡全集》德文版的出版,不仅为罗莎·卢森堡思想的研究提
供了第一手资料,而且推动了罗莎·卢森堡著作在世界范围内的研究和出版。
自 21 世纪初开始,《罗莎·卢森堡全集》的编辑和出版成为一项大规模的国
际合作项目。2011 年,美国的罗莎·卢森堡研究专家开始启动编辑和出版
《罗莎·卢森堡全集》英文版。此外,日本、法国、葡萄牙、土耳其等多个国家
也在推进罗莎·卢森堡著作的编辑和出版。

　　《罗莎·卢森堡全集》中文版的编辑、翻译和出版工作始于 2014 年。
2014 年,国家社会科学基金将"罗莎·卢森堡著作的整理、编辑和研究"列为
重大招标课题,并于当年立项。这是中国罗莎·卢森堡思想研究中的一件大
事,也是世界罗莎·卢森堡思想研究中的一件大事。为了做好这一工作,本课
题组加大了国际学术交流。一方面,本课题组在德国罗莎·卢森堡基金会的
支持下,参加德国罗莎·卢森堡基金会组织的"罗莎·卢森堡著作的研究和
翻译"国际学术研讨会、赴波兰罗莎·卢森堡的出生地及从事革命活动的各
个地方进行考察和搜集资料、参加德国罗莎·卢森堡基金会美国办事处组织

---

① 《列宁全集》第 42 卷,人民出版社 2017 年版中文第 2 版增订版,第 643—644 页。

的《罗莎·卢森堡全集》英文版翻译的工作会议,等等,吸取其他版本编辑和翻译的长处;另一方面,本课题自从2015年开始,每年(2020年因武汉疫情没有举办)在武汉大学举办一次有关罗莎·卢森堡著作翻译、研究和出版的国际学术研讨会,邀请德文版、英文版、日文版等各种版本的专家与会,共同研讨《罗莎·卢森堡全集》的编辑、翻译和出版的问题,而每次讨论的主题都是根据《罗莎·卢森堡全集》中文版编辑的进度来确定,有专门研讨罗莎·卢森堡早期思想的、有研讨《罗莎·卢森堡全集》编译史的、有研讨罗莎·卢森堡思想和著作在中国的翻译和传播的,等等。这些研讨对于梳理和确定《罗莎·卢森堡全集》中文版的编辑思路、编辑体例和解决翻译中的难点问题等,起了至关重要的作用。现在呈现给大家的《罗莎·卢森堡全集》中文版就是本课题组反复研讨的思想成果。

三

半个多世纪的《罗莎·卢森堡全集》出版史表明,编辑、翻译和出版《罗莎·卢森堡全集》绝不是一个简单的资料搜集和文字翻译工作,而是一项艰巨的科学研究工作。

首先,《罗莎·卢森堡全集》的编辑和出版要受到国际范围内罗莎·卢森堡思想研究水平的限制。

罗莎·卢森堡是马克思主义史上的一个十分奇特的人物。在理论上,她是一个致力于马克思主义创新的思想家,她坚持用马克思的辩证方法分析帝国主义时代的经济和政治,在帝国主义的本质和时代特征、无产阶级革命和社会主义民主制度的建设上,都提出了独到的见解,但在实践上,她却屡遭失败,她批判伯恩施坦的修正主义,力图唤起德国社会民主党的革命意识,但德国社会民主党最终还是滑入了机会主义;她极力阻止德国社会民主党国会党团投票赞成政府军事拨款,呼吁德国社会民主党起来反对德国政府发动帝国主义战争,但德国社会民主党国会党团还是投票赞成政府军事拨款,支持政府发动帝国主义战争;她参加创建德国共产党,领导德国的无产阶级革命,主张在德国建立真正的苏维埃政权,但德国的无产阶级革命却失败了,而她本人也为此付出了生命的代价。正是这一系列实践上的失败,使罗莎·卢森堡成为马克思主义史上的边缘人物,她的理论在相当长的时间内不为大多数的马克思主义理论家们所理解、所接受,她的著作不是遭到封存,就是被置于一边。这些都在客观上妨碍了《罗莎·卢森堡全集》的翻译和出版。直到20世纪90年代,马克思主义理论家们才从第二次全球化运动中发现了罗莎·卢森堡思想的价值,于是,出现了罗莎·卢森堡思想研究的热潮。也就是从这个时候开始,罗莎·卢森堡的著作相继解密,《罗莎·卢森堡全集》的编辑和翻译才再一次提上日程,成为罗莎·卢森堡思想研究的一个重要方面。《罗莎·卢森堡全集》德文版的编辑结构,就鲜明地体现了罗莎·卢森堡思想研究的这一坎坷历程。

《罗莎·卢森堡全集》德文版的编辑始于20世纪70年代末,到今天,经历了两次大的修订过程:一次是20世纪80年代至21世纪初。这个时期的修订主要是基于20世纪80年代开始的对罗莎·卢森堡有关西欧革命道路和社会主义民主思想的新认识,在内容上,除了修订《罗莎·卢森堡全集》外,在《罗莎·卢森堡书信集》上增加了1卷,即第6卷,该卷包含了两个方面的内容:一个方面是民主德国时期不允许发表的书信;另一个方面是新发现的书信。这套全集的出版时间在20世纪90年代至21世纪初;一次是基于20世纪90年代以来人们对罗莎·卢森堡有关资本主义危机思想的新认识和对新解密的罗莎·卢森堡文献的研究,在内容上,主要根据新发现的罗莎·卢森堡文献增加了《罗莎·卢森堡著作全集》第6、7、8卷,其中,第6卷收入了罗莎·卢森堡1893—1906年之间的从未出版过的著作;第7卷收入了罗莎·卢森堡在1907—1918年间未曾出版过的著作;第8卷专门发表罗莎·卢森堡用波兰文撰写的全部文献,包括罗莎·卢森堡1893年到1896年在《工人事业报》上发表的文章、1902—1913年在《红旗报》上发表的文章以及1902—1904年和1908—1910年在《社会民主党评论》上发表的文章,以及她于1893—1914年期间撰写的有关民族问题的论著,其篇幅多达3 000页,占了罗莎·卢森堡全部文献的三分之一。至今为止,第8卷仍在编辑和出版之中。2016年,本课题组前往波兰搜集罗莎·卢森堡的资料时,德国罗莎·卢森堡基金会波兰办事处又接受了俄罗斯国家档案馆新解密的罗莎·卢森堡文献,约1 000

多页。这些文献尚需进一步鉴定和研究。

可见，《罗莎·卢森堡全集》的编辑和出版至今还是一项未完成的工程，而以补卷的形式不断完善《罗莎·卢森堡全集》德文版这一编辑方式，记载了罗莎·卢森堡思想研究的历史，也体现了《罗莎·卢森堡全集》的编辑史与罗莎·卢森堡思想的认识史的内在关联。

其次，《罗莎·卢森堡全集》的编辑和出版要受到各国罗莎·卢森堡思想研究传统和认识方式的限制。

以英文版为例。英文版是从德文版翻译过来的，但在编辑结构上却打破了德文版的编辑结构，呈现出三个特点：第一，以新出版的德文版为文献基础，将新发现的文献与先前发表过的文献统一编辑，不再以补卷的形式将其分开，这就在文献编辑的整体性上优于德文版；第二，在编辑结构上，强化了德文版隐含的分类法，明确地把罗莎·卢森堡的著作分为三类共 14 卷：第 1—2 卷为政治经济学卷，汇集了罗莎·卢森堡早期的《波兰的工业发展》、在社会民主党党校授课时的笔记、手稿等和她的主要政治经济学著作；第 3—9 卷为政治学著作卷。其中，前三卷按照年代顺序编辑了罗莎·卢森堡 1897—1919 年的政治学著作，余下的分别为罗莎·卢森堡论述民族问题和帝国主义问题的著作、笔记、讲话、札记等，被冠之以文化类；第 10—14 卷为书信卷；第三，将罗莎·卢森堡的著作类和书信类作为一个整体编辑，增强了罗莎·卢森堡全集的整体感。

英文版之所以采取这一结构，是与英语世界研究罗莎·卢森堡思想的历史传统和当代认知水平相联系的。英语世界对罗莎·卢森堡思想的重视和研究，严格地说，是从 20 世纪 70 年代开始的。当时，在英语世界的马克思主义研究者眼中，罗莎·卢森堡不过是一个革命家和政治家，所以，这一时期的译本几乎都是与罗莎·卢森堡的革命活动和政治思想有关的著作和书信。自 20 世纪 90 年代末开始，英语世界对罗莎·卢森堡的认识有了新的变化。这一变化集中在两点上：其一，改变了以往对罗莎·卢森堡身份和思想的单一化、片面化和碎片化的理解，把罗莎·卢森堡看作是一个集革命家、政治家、艺术家、经济学家于一身，具有独立人格的思想家，把她的经济学、政治学、文学等各个方面的著作看作一个整体，考察她为欧洲革命、为马克思主义理论的发展所作出的多方面的贡献。《罗莎·卢森堡全集》英文版的主编彼特·胡迪斯(Peter Hudis)指出,这是今天人们认识罗莎·卢森堡的最重要的观点。他说:"卢森堡的贡献是多方面的,我们只能通过将它作为整体来看待才能充分理解它的意义。关注其遗产的某一方面而忽略其他方面当然是可能的——比如在牺牲她经济学理论的基础上考查她的政治学著作,或者在牺牲她的政治学著作的基础上考查她的经济学著作,抑或是在牺牲她独特个性的基础上考查她的政治学和经济学著作。但是,这样做的代价是巨大的,因为它使我们不能以她所希望被看待的方式——作为'拥有无限可能性的领域'——去理解她。如果我们将卢森堡的遗产碎片化,我们就无法把握罗莎·卢森堡在现时代的意义,正如如果我们仅仅关注马克思所做工作的某一个方面而忽略其他,我们就无法把握马克思主体思想的内在一致性一样。"①;其二,改变了以往重视罗莎·卢森堡的政治学理论而轻视她的经济学理论的倾向,把罗莎·卢森堡的经济学理论作为她的全部思想的基础。基于这两点认识,彼特·胡迪斯和凯文·安德森(Kevin B.Anderson)于2004年出版了《罗莎·卢森堡读本》(The Rosa Luxmeburg Reader)。《读本》分为五个部分:第一个部分选编了罗莎·卢森堡的经济学著作;第二个部分选编了罗莎·卢森堡的政治学著作;第三个部分选编了罗莎·卢森堡有关俄国革命的著作;第四个部分选编了罗莎·卢森堡论述革命和战争问题的著作;第五个部分选编了罗莎·卢森堡从1899—1917年间的重要书信。这是按照分类的方法编辑而成的罗莎·卢森堡著作文集,也是第一个将罗莎·卢森堡的经济学著作、政治学著作和书信收于同一套书,并将其系统化的英语版本。这个版本就是《罗莎·卢森堡全集》的雏形。在此基础上,彼特·胡迪斯将罗莎·卢森堡的文献进一步归类,就成为了我们现在看到的《罗莎·卢森堡全集》英文版的结构。对于这一结构,彼特·胡迪斯作了专门的说明:"《罗莎·卢森堡全集》英文版被分为三大类。第一类包括了她主要的经济学著作,第二类包含她的政治学著作,第三类则包含她的全部书信。如果不了解她作为一个经济理论家的工作,我们就无法完全理解她的全部贡献,因此我们选择以她的经济学著作作为《全集》的开端。

① 彼·胡迪斯:《关于〈罗莎·卢森堡全集〉英文版的编辑和出版》,《武汉大学学报(人文科学版)》2015年第6期,第18页。

必须承认,将她的毕生之作分为经济学的和政治学的著作在某种程度上说是武断的。正如她在书信中所说,她最初研究经济理论在很大程度上是受到了政治问题的刺激,即欧洲帝国主义向亚洲和非洲的扩张。她试图理解帝国主义现象以及它如何预示着资本主义的'最终危机'或灭亡,也在很大程度上决定了她在经济学方面所做的研究工作。同时,她的很多'政治学'著作,如《社会改良还是革命?》(本版第1卷),也包含了对资本主义经济运动规律及其走向周期性危机倾向的绝妙分析。然而,考虑到卢森堡在其主要经济学著作上投入的时间、精力和关注程度,我们觉得,以包含她对马克思主义经济学最精妙和严密理解的经济学著作作为全集的开端是很有意义的。"①

很明显,《罗莎·卢森堡全集》英文版是20世纪90年代以来英语世界的马克思主义者重新认识罗莎·卢森堡思想的结晶,它适应了英语世界的学者研究罗莎·卢森堡思想的需要。德国罗莎·卢森堡基金会负责《罗莎·卢森堡全集》翻译工作的埃费琳·维蒂希(Evelin Wittich)博士十分尊重并充分肯定了《罗莎·卢森堡全集》英文版的编辑工作,指出:"全集英文版与全集德文版是不同的。……英文版全集是供研究用的,同时,也是为了满足对罗莎·卢森堡抱有不同兴趣的群体的需要。"②

四

《罗莎·卢森堡全集》中文版的编辑在时间上晚于德文版和英文版,也正因为如此,《罗莎·卢森堡全集》中文版的编辑能够在思想的起点上高于德文版和英文版。

德文版编辑在时间上始于20世纪70年代,是在不断地补充、修订中完成的,因此,它的主导思想是澄清以往人们对罗莎·卢森堡思想的种种误读,还

---

① 彼·胡迪斯:《关于〈罗莎·卢森堡全集〉英文版的编辑和出版》,《武汉大学学报(人文科学版)》2015年第6期,第19页。

② 埃·维蒂希:Rosa Luxemburg's Work National and International Discussion and the Importance of Translations for Her Works。引自《罗莎·卢森堡著作的研究和出版国际学术研讨会论文集》,武汉大学2015年7月30—31日,第18页。(引文根据作者的修改稿译出)

原罗莎·卢森堡作为一个革命家和马克思主义理论家的思想原貌。这个版本在罗莎·卢森堡文献的搜集和对文献的考证上有很高的价值，是一部严肃的考据版的《罗莎·卢森堡全集》。这个版本为《罗莎·卢森堡全集》其他版本的编辑和翻译提供了丰富而可靠的资料，但就它现有的编辑结构而言，还称不上是一个研究性的版本，如果以这个版本来研究罗莎·卢森堡的思想是十分困难的。这也是德文版的编辑者反复强调的观点。所以，在每一次的《罗莎·卢森堡全集》编辑的国际学术讨论会上，德国罗莎·卢森堡基金会主持这项工作的同志总是鼓励其他版本的创新，他们不仅对英文版给予了高度的肯定，而且也建议中文版不要采用德文版的体例，而应根据中国读者的需要，创造新的体例。

《罗莎·卢森堡全集》英文版可以称得上是一个研究性的版本，但它的思想起点是对20世纪90年代兴起的第二次全球化运动的再认识，其目的是阐发罗莎·卢森堡的思想对于人们认识当代全球资本主义的意义，因此，它尤其重视罗莎·卢森堡的政治经济学思想，并将其作为罗莎·卢森堡全部思想的基石而置于《罗莎·卢森堡全集》之首。

与英文版的编辑目的一样，中文版也是致力于将《罗莎·卢森堡全集》编成一个研究性的版本，与英文版不同的是，中文版的编辑起点不是在20世纪90年代第二次全球化运动的快速行进上，而是在第二次全球化运动的快速行进所引发的全球金融危机点上，是建立在对2007—2008年全球金融危机以来世界历史变化的新思考上。

2007—2008年的全球金融危机是资本主义的内在矛盾引发的一次结构性危机，充分地展示了资本主义内在的不可克服的矛盾，因此，这场危机的爆发凸显了马克思危机理论的当代意义，同时也使罗莎·卢森堡的《资本积累论》再度成为国外21世纪马克思主义理论复兴的思想资源。2013年，是罗莎·卢森堡的《资本积累论》（本版第6卷）发表100周年纪念日。就在这一年，西方左派发出了强烈的声音：要求以纪念罗莎·卢森堡《资本积累论》发表100周年为题，反思20世纪90年代以来世界马克思主义理论和实践的新变化，尤其是总结全球金融危机以来马克思主义理论在西方世界的复兴和新发展。为了满足这一要求，德国罗莎·卢森堡基金会经过精心准备，于2014

年3月7—9日和2015年8月21—22日分别在德国柏林罗莎·卢森堡基金会总部和美国纽约罗莎·卢森堡基金会纽约办事处举办了纪念罗莎·卢森堡《资本积累论》发表100周年的国际学术研讨会。2014年在德国柏林举办的会议题目是:"纪念《资本积累论》发表100周年——对帝国主义的一种经济学说明",会议讨论的主题是:《资本积累论》中的货币、需求和金融思想及其对于解答当代全球金融危机问题、生态问题、女性主义问题、不发达国家的发展问题、资本主义和社会主义等诸多问题的意义;2015年在美国纽约举办的会议题目是:"罗莎会怎么说:对一部久远经典的新理解——纪念罗莎·卢森堡《资本积累论》发表100周年",会议讨论的主题是:从当代女性主义运动、占领华尔街或当代深层的生态危机的角度反思罗莎·卢森堡《资本积累论》的当代意义。这两个会议的题目和主题表明,在现在的研究者眼里,罗莎·卢森堡的《资本积累论》不再仅仅是一部经济学的著作,而是一部融经济学、政治学、女性主义、生态学、帝国主义理论和社会主义理论于一体的综合性著作,而贯穿这众多领域的主线,就是罗莎·卢森堡的马克思主义哲学思想,这就是说,罗莎·卢森堡的《资本积累论》这部著作对于我们今天的意义,不是它的有关帝国主义经济的具体结论,而是蕴藏于其中的哲学思想,并且,她的马克思主义哲学思想并不属于她所处的时代,而是属于当代。那么,罗莎·卢森堡的哲学思想包含了哪些内容,具有哪些特点呢?它的哪些思想是属于当代的呢?这些就是我们今天重新认识和研究罗莎·卢森堡的思想起点,也是《罗莎·卢森堡全集》中文版编辑的思想起点。

对于罗莎·卢森堡哲学思想的探讨,自20世纪20年代就开始了。这些探讨,概括起来,主要是围绕两个论题展开的:一个是围绕罗莎·卢森堡的资本积累理论,探讨罗莎·卢森堡的历史辩证法思想;一个是围绕罗莎·卢森堡的革命民主主义理论,探讨罗莎·卢森堡的革命与改良、民主与专政的辩证法思想。如果结合当代的罗莎·卢森堡思想研究对这两个方面的内容作更深入的思考,不难发现罗莎·卢森堡哲学思想的两个最重要的特点:第一个特点是坚持辩证法的具体性。在罗莎·卢森堡看来,马克思主义哲学不是抽象、僵死的公式,而是思考现实问题的辩证方法,它的全部意义就在于告诉人们如何走向具体。基于这一理解,罗莎·卢森堡把她的马克思主义哲学研究贯穿于对帝国主义时代的最重大的理论问题的思考与解答之中,发展了马克思的历史辩证法。所以,在罗莎·卢森堡的著作中,我们是读不到以抽象概念的形式表达的纯哲学著作的,但却能够在她的资本积累理论中、在她的革命民主主义的理论中、在她的民族问题的论述中,读到她的历史辩证法思想;第二个特点是建构了危机的思维方式。危机,是罗莎·卢森堡那个时代的特征,当然也成为她那个时代马克思主义理论家们共同研究的课题。但是,把危机作为研究课题是一回事,把危机提升为一种思维方式是另一回事。罗莎·卢森堡的理论创造高于她同时代大多数马克思主义哲学理论家的地方就在于,她不仅把危机当作研究的对象,而且把它提升为一种思维方式,力图以危机的内在结构来说明资本主义生产方式的本质,论证社会主义的内在必然性。她在批判伯恩施坦的"资本主义适应"论时指出:"从科学社会主义的观点看,社会主义变革的历史必然性,首先是从资本主义制度的不断蔓延的无政府状态中表现出来,而无政府状态迫使这个制度进入死胡同。如果人们同意伯恩施坦的观点,认为资本主义的发展不会走向自己的灭亡,那么,社会主义也就不再是客观上的必然了。"①正是运用这样一种危机的思维方式,罗莎·卢森堡创造了资本自我否定的辩证法,而当罗莎·卢森堡用这样一种思维方式去思考无产阶级革命的问题时,又创造了她的革命民主主义的辩证法。她的资本积累理论和革命民主主义思想之所以对人们思考当代全球经济、政治问题具有方法论启示,就在于这些理论中有当今所需要的具体辩证法和危机的思维方式。由此可见,坚持辩证法的具体性和危机思维方式是罗莎·卢森堡哲学思想的精髓,也是把罗莎·卢森堡的各部分思想联结成一个有机整体的阿基米德点。我们编辑《罗莎·卢森堡全集》中文版的目的,就是要以文献的形式来呈现罗莎·卢森堡哲学思想的这一精髓。

五

　　为了实现上述目的,在编辑的体例上,我们继承了中国罗莎·卢森堡思想

---

①　本版第 1 卷,人民出版社 2021 年版,第 486 页。

研究的传统和罗莎·卢森堡著作编辑的风格。

　　在中国，最早对罗莎·卢森堡思想进行系统研究的，是中国共产党第一次代表大会的筹备者、中国共产党最早的马克思主义理论家、后来任武汉大学校长的李达。在 1921—1922 年两年间，李达写了三篇文章介绍罗莎·卢森堡。第一篇是《介绍几个女社会革命家》，第二篇是《李卜克内西传》，第三篇是《女权运动史》。在《介绍几个女社会革命家》中，李达主要介绍了罗莎·卢森堡和克拉拉·蔡特金。在介绍罗莎·卢森堡时，李达把罗莎·卢森堡的性格、才华、诗性的气质和理论家的智慧融为一体，展现了德国一代革命家的风采。在介绍罗莎·卢森堡其人时，李达写道："伊在社会民主党中，算是一个有名的马克思派学者，代表最激进的左派。伊能运六国语言，俄德法波四国语言尤特别擅长，每逢开国际大会的时候，都是由伊担任翻译的。伊底风采，伊底才气，都冠绝一时。又会演说，做文章，真不愧为社会党中第一流名士。伊又有高尚的趣味，又爱好文学和美术，伊又曾加入波兰社会民主党和那标榜国民主义底波兰社会党挑战。"在介绍罗莎·卢森堡的著作和思想时，李达介绍了罗莎·卢森堡的四部著作：《资本之集中》（《资本积累论》)（本版第 6 卷）、《波兰产业的进化》（《波兰的工业发展》)（本版第 1 卷）、《改良呢？革命呢?》（《社会改良还是革命?》)（本版第 1 卷）、《德国社会民主党底危机》（本版第 7 卷）。李达写道："伊所著的书有四种，《资本之集中》一书，是伊在柏灵社会主义学校中讲演底草稿，把《资本论》第二卷上所表现底思想，把资本主义的生产和军国主义底关系(如殖民政策的膨胀和征服底关系)都阐明了出来。《波兰产业的进化》一书，是用马克思主义解说时事的。伊又因为要驳斥修正派，著了《改良呢？革命呢?》底小册子，对修正派主张无产阶级和有产阶级提携一层，痛加攻击。伊最后又著了《德国社会民主党底危机》一书，说明此次欧战的原因，由于国际间资本的帝国主义相互冲突，攻击黄色社会党变节主战，唤起无产阶级底觉悟。"①在这里，李达通过评价这四部著作，论述了罗莎·卢森堡在马克思主义的帝国主义理论创造和批判修正主义斗争等多方面的杰出贡献，开创了中国的罗莎·卢森堡其人其思想的研究传统。这个传统，概括起来，就

---

① 《李达文集》编辑组编：《李达文集》第 1 卷，人民出版社 1980 年版，第 108、109 页。

是把罗莎·卢森堡其人其思想置于马克思主义思想史的语境之中,历史地考察罗莎·卢森堡的革命活动和理论创造的问题与特点,展示罗莎·卢森堡其人其思想的整体风貌。这个研究传统在罗莎·卢森堡著作的编译中得到了充分的体现。

在从 20 世纪 50 年代到 90 年代的罗莎·卢森堡著作编译中,中共中央编译局整理、翻译,由人民出版社出版的《卢森堡文选》上卷和下卷(上卷出版于 1984 年,下卷出版于 1990 年)是最有代表性的。这两卷本的文献均摘自 1972 年出版的《罗莎·卢森堡全集》德文版,在编辑体例上,以时间为序,选择了最能代表罗莎·卢森堡各个时期最重要的思想和观点的文献来展示罗莎·卢森堡自 1893—1919 年的思想历程。1893—1898 年 5 月,是罗莎·卢森堡在瑞士从事革命活动和在苏黎世大学读书的时期。在这个时期,罗莎·卢森堡所探讨和解决的问题是波兰社会主义运动的方向和策略等问题,根据这一特点,《卢森堡文选》上卷选译了这个时期的两个最有代表性的文献:一个是《波兰王国社会民主党机关刊物〈工人事业报〉杂志编辑部向 1893 年苏黎世第三次国际社会主义工人代表大会所作的报告》;一个是《德国和奥地利的波兰社会主义运动的新潮流》(本版第 1 卷译为《普属和奥属波兰的社会主义运动的新思潮》)。在这两个文献中,前者集中表达了罗莎·卢森堡在波兰社会主义运动问题上的基本立场和观点,后者表达了罗莎·卢森堡汲取马克思和恩格斯有关波兰民族解放观点时所持的唯物主义辩证法的立场和观点。1898 年 6 月—1899 年 11 月,是罗莎·卢森堡进入德国后从事革命活动和马克思主义理论创造的第一个时期。在这个时期,罗莎·卢森堡从事革命活动和马克思主义理论创造的重心是参加德国社会民主党批判伯恩施坦修正主义的斗争。根据这一时期的问题,《卢森堡文选》上卷重点选译了罗莎·卢森堡批判伯恩施坦的文献:《社会改良还是革命?》、《英国眼镜》、《一个策略问题》、《烂核桃》(版本第 1 卷译为《被蛀空的核桃》)、《在 1899 年德国社会民主党汉诺威代表大会上的发言》(均收入本版第 1 卷)等一组文章。这些文章鲜明地表达了罗莎·卢森堡在批判伯恩施坦修正主义上的坚决态度和分析方法。自 1900 年开始,罗莎·卢森堡的马克思主义理论创造集中在三个方面:一个方面是在经济学领域研究帝国主义现象,创造马克思主义的帝国主义理论;一个方面是在马克思主义哲学领域批判马克思主义"停滞论"和"过时论",阐发马克思的辩证法思想;一个方面是在政治领域研究政党和工人运动,思考 20 世纪世界范围内的工人运动、社会民主党的政党理论和社会主义民主等问题。在罗莎·卢森堡那里,这三个方面的理论研究是交叉展开的,但依然有一个理论研究重心变化的过程。在 1915 年前,罗莎·卢森堡研究的重心在帝国主义理论和马克思主义辩证法上,在这个时期,这两个方面的理论成就当然会更加突出;自 1915 年之后,罗莎·卢森堡的研究重心在思考工人运动、社会民主党的政党理论和社会主义民主等问题上,这些思考反映了罗莎·卢森堡在她生命最后几年的理论研究特点和所取得的思想成就。根据罗莎·卢森堡思想创造的这一历史过程和特点,《卢森堡文选》在上卷的后半部分重点选译了罗莎·卢森堡谴责军国主义和阐发马克思辩证法方面的文献,其中《我们的导师的遗著》、《马克思主义的停滞和进步》、《卡尔·马克思》(本版第 2 卷)等文章,凸显了罗莎·卢森堡帝国主义理论的思想来源和哲学基础;而在下卷则重点选译了罗莎·卢森堡论俄国革命和德国社会民主党的危机方面最重要的文献,如《俄国革命》、《群众罢工、党和工会》(本版第 4 卷)、《民族问题与自治》、《疲劳还是斗争?》、《理论与实践》(本版第 5 卷)、《国际的重建》(本版第 7 卷)、《社会民主党的危机》(本版第 7 卷)、《斯巴达克联盟想要什么?》(本版第 7 卷)、《在德国共产党成立代表大会上的发言》(本版第 8 卷)等等,集中表达了罗莎·卢森堡在生命最后几年对于社会民主党的政党问题和革命民主主义建设等问题的思考。如果我们联系罗莎·卢森堡的生平活动和思想创造来通读《卢森堡文选》上、下卷,就必然得出这一结论:《卢森堡文选》上、下卷的确是一部精选的罗莎·卢森堡著作译本,它体现了中国马克思主义学者对罗莎·卢森堡思想的深刻而全面的理解,同时也表明,罗莎·卢森堡的马克思主义哲学、政治学、政治经济学和革命思想在她生平思想创造过程中是既相互融合,又呈阶段性发展的,因此,只要把握了她在不同时期思想创造的特点,并根据其特点进行分卷,就可以发现她的思想创造的主线,历史地呈现她在马克思主义哲学、政治学、政治经济学和革命理论等各个方面所作出的理论贡献,使人们看到一个充满思想活力的罗莎·卢森堡。相比之下,采用机械的分类方法,将罗莎·卢森堡文献分为政治经济学、政治学、革命理论几个部分进行编

辑，容易导致罗莎·卢森堡思想研究的碎片化。正是基于这一对比，中文版
《罗莎·卢森堡全集》的编辑选择了《卢森堡文选》上、下卷的体例，一方面以
时间为序编辑全部文献，另一方面又力求从文献与思想创造的内在关联上进
行分卷，以呈现罗莎·卢森堡在不同时期的理论创造成就及其特点。我们认
为，这样一种分卷方式，看似没有明确地分类，却比那种机械的按学科分类来
编辑各卷更能全面而生动地呈现罗莎·卢森堡的思想。

　　编辑和出版《罗莎·卢森堡全集》中文版是力图以丰富的文献来呈现罗
莎·卢森堡的思想历程，深化中国的罗莎·卢森堡思想研究。从 20 世纪 90
年代以来不断解密的罗莎·卢森堡文献以及国内外学者对这些文献的研究
看，我们以往对罗莎·卢森堡思想的许多理解是存在问题的，而这些问题的出
现又主要是因为研究文献的缺失。比如，在罗莎·卢森堡反对波兰民族独立
这个问题上，长期以来，人们只是凭着她早期有关波兰问题的少量文献去理
解，其结果是，只知道她在波兰工人运动中反对提波兰独立的口号，却不知道
她为什么反对提波兰独立的口号，不了解她提出自己观点的根据是什么。但
是，如果读了罗莎·卢森堡有关波兰社会主义运动的历史、波兰资产阶级的历
史和波兰工业发展的文献，我们就会看到，罗莎·卢森堡的观点是她运用马克
思主义的唯物史观和马克思主义的具体辩证法分析波兰的历史和现实，尤其
是分析波兰工业的历史和现实的思想成果。还有，在罗莎·卢森堡批判伯恩
施坦修正主义的问题上，如果不广泛地阅读罗莎·卢森堡这一时期研究垄断
资本主义和各国工人运动的文献，就不可能知道罗莎·卢森堡批判伯恩施坦
修正主义的历史根据和理论根据，当然也不可能从哲学、政治经济学和无产阶
级革命理论的有机联系上去把握罗莎·卢森堡的《社会改良还是革命?》这部
著作的丰富内容，更不可能了解这部著作与她的《资本积累论》之间的内在关
联，而不理解这些又会影响到人们对罗莎·卢森堡的帝国主义理论的准确、全
面的把握。在对罗莎·卢森堡的政治经济学的理解上，只读罗莎·卢森堡的
《国民经济学入门》(本版第 8 卷)、《资本积累论》和《资本积累——一个反批
判》(本版第 7 卷)等几部著作，是不可能把握她的帝国主义理论的真谛的，更
看不到她的帝国主义理论与马克思的资本主义危机理论之间的深刻联系，而
要把握这些思想，就需要读她的经济学研究笔记，读她研究资本主义危机的笔

记。同样,在罗莎·卢森堡有关俄国革命的观点上,以往的一些认识和评价也在新解密文献的研究中被不断订正。这些都表明,把罗莎·卢森堡的思想置于思想史的语境下进行研究,光有思想是不够的,还需要有足够的文献支撑,只有把思想的研究与文献的整理和考据有机地结合起来,才能把罗莎·卢森堡思想的研究建立在可靠的基础之上。这正是我们编辑《罗莎·卢森堡全集》中文版所追求的目标。

本着这一目标,《罗莎·卢森堡全集》中文版在结构上分为三大类:第一大类是已经整理出版的罗莎·卢森堡的著作、手稿、讲话和研究笔记等文献;第二大类是罗莎·卢森堡的书信;第三大类是正在整理中的罗莎·卢森堡用波兰文撰写的文献。本课题组在编辑这三大类文献时,一方面遵循中共中央编译局编译的《卢森堡文选》上、下卷的体例,以时间为序编辑全部文献;另一方面又力求从文献与思想的内在关联上进行分卷,而不是简单地以年为单位进行分卷。第1—8卷为著作卷。在这8卷中,我们按照罗莎·卢森堡思想发展的阶段性变化进行分卷。比如,第1卷收入的是罗莎·卢森堡1893年9月—1899年11月期间的文献。这些文献记载了罗莎·卢森堡从一个最初的革命青年成长为成熟的无产阶级革命家和马克思主义理论家的特殊道路,呈现了波兰的罗莎·卢森堡与德国的罗莎·卢森堡之间的思想关联;第三卷收入的是罗莎·卢森堡于1904年4月—1905年12月期间的文献。这些文献记载了罗莎·卢森堡对俄国革命的关注和思考,也表明罗莎·卢森堡研究工人运动的重心开始由工会斗争转向了无产阶级革命;第六卷收入的是罗莎·卢森堡1911年7月—1913年7月期间的文献。这些文献呈现了罗莎·卢森堡研究帝国主义现象的方方面面,展示了她思考帝国主义问题的广阔视野,该卷的文献对于我们完整、准确地把握《资本积累论》的思想极其重要;第八卷收入的是罗莎·卢森堡1916年7月—1919年1月的文献,这些文献体现了罗莎·卢森堡在她生命的最后时刻对无产阶级革命问题的思考。我们认为,这样一种分卷方式,虽然没有对罗莎·卢森堡的经济学、政治学和哲学著作和论文进行严格的分类,但它却以问题为中心,从经济、政治和哲学研究的整体上生动地呈现了罗莎·卢森堡的革命经历和思想发展的脉络,既符合罗莎·卢森堡思想创造的特点,又便于研究者从历史的深处领悟罗莎·卢森堡的历史辩证法及其与马克思主义的历史辩证法之间的继承与发展的关系,从而更深刻地理解罗莎·卢森堡的政治经济学和政治学的思想。

在编辑和出版《罗莎·卢森堡全集》工作中,最困难的,是文献的搜集和翻译工作。在文献的搜集上,本课题组得到了德国罗莎·卢森堡基金会的全力支持。德国罗莎·卢森堡基金会无偿地授予了本课题组翻译和出版所有罗莎·卢森堡著作翻译、出版的版权,同时,还向本课题组赠送了德文版的所有罗莎·卢森堡著作和书信的文献,并从多方面提供翻译上的技术支持和学术研究方面的经费支持。在出版工作上,本课题组得到了人民出版社的大力支持和多方面的帮助。武汉大学哲学学院、武汉大学马克思主义哲学研究所、武汉大学西方马克思主义哲学研究所、马克思主义理论与中国实践湖北省协同创新中心,作为本课题的承担单位,参与了《罗莎·卢森堡全集》的整理、翻译和研究中的各项工作,特别是在承办相关学术会议、开展罗莎·卢森堡思想研究方面,为《罗莎·卢森堡全集》的编辑、翻译和出版提供了学术方面的和经费方面的支持。

编辑和出版《罗莎·卢森堡全集》中文版是一件十分有价值而又繁重的工作,没有上述单位和有关专家的支持和协同工作,是不可能完成的。在《罗莎·卢森林堡全集》出版之际,谨向这些单位和参与专家表示最诚挚的谢意!

何　萍

2020 年 10 月

前　　言

本卷收入的是罗莎·卢森堡在 1893 年 8 月—1899 年 11 月期间写的文章、著作和研究笔记。这些文献记载了罗莎·卢森堡成长为成熟的无产阶级革命家和马克思主义理论家的两段不平凡的经历：一段是从 1893 年 9 月至 1898 年 5 月，这是她逃亡瑞士，在苏黎世大学读书期间从事革命活动和马克思主义理论创造，成长为波兰社会民主党的领导人和波兰工人运动的思想领袖的经历，这一时期的文献展现了一个波兰的罗莎·卢森堡的风采；一段是从 1898 年 6 月至 1899 年 11 月，这是她获得博士学位后进入德国，参加德国社会民主党的活动，与德国社会民主党的左派一起批判伯恩施坦修正主义，迅速地成长为德国社会民主党的思想领袖的经历，这一时期的文献展现了一个德国的罗莎·卢森堡的风采。从波兰的罗莎·卢森堡到德国的罗莎·卢森堡，既是罗莎·卢森堡对她早年接受的波兰"无产阶级党"的国际主义优良传统进行理论提升的过程，又是罗莎·卢森堡走上国际社会主义运动舞台的道路。把波兰"无产阶级党"的国际主义优良传统提升为波兰社会民主党的理论，是罗莎·卢森堡走上国际社会主义运动舞台道路的思想基础。从这个思想基础中，我们可以发现罗莎·卢森堡在获得博士学位后毅然赴德国参加国际工人运动的深层原因，也可以发现罗莎·卢森堡批判伯恩施坦修正主义的学术理路。这说明，德国的罗莎·卢森堡是从波兰的罗莎·卢森堡发展而来的，也是她在新的、更广阔的国际舞台上的发展，因此，它所展现的是一个德国工人运动舞台上的罗莎·卢森堡。基于这两段经历的联系和区别，为了更清晰地呈现罗莎·卢森堡成长为成熟的无产阶级革命家和马克思主义理论家的道路，本前言将分两个时段介绍罗莎·卢森堡这一时期的文献。

一

　　1893 年 8 月—1898 年 5 月,是罗莎·卢森堡流亡瑞士的岁月,也是她成长为波兰的无产阶级革命家和波兰社会民主党的理论家的关键时期。

　　在流亡瑞士之前,罗莎·卢森堡在波兰参与了"第二无产阶级"党的地下活动,了解了波兰社会主义运动的历史,接受了波兰无产阶级党所秉承的马克思主义和国际主义的主张,接触过马克思恩格斯的思想,到工厂区对波兰工业发展的历史和社会现状作过许多调查,这些都为她接受马克思主义的观点,思考和解决波兰工人运动的问题奠定了经验的基础。但是,要成为一个成熟的无产阶级革命家和马克思主义理论家,仅有这些经验的积累是不够的,必须要在理论上成熟起来,而苏黎世的流亡生活恰恰给了她把在波兰获得的感性知识上升为理性认识、成长为波兰社会民主党的理论家的条件。这种条件主要来自于两个方面。一个方面来自于她的大学生活。罗莎·卢森堡到达苏黎世的第二年就进入了苏黎世大学社会政治学系学习,先是听哲学史、经济学、法学、社会学等课程,同时也学习了数学、地理学及其他自然科学课程。1892 年 5 月 7 日,罗莎·卢森堡被苏黎世大学正式录取,主攻哲学。在大学期间,罗莎·卢森堡除了学习大学规定的课程之外,还系统地钻研马克思和恩格斯的著作。这些学习不仅使罗莎·卢森堡获得了广博的知识,打下了扎实的研究基础,而且确立了马克思主义的世界观,掌握了马克思主义的理论和方法。不仅如此,罗莎·卢森堡还把马克思主义的理论和方法运用于分析波兰的历史和现实的经济、政治,并在此基础上考察波兰的工人运动,提出和解答波兰工人运动中的诸多理论难题,揭示波兰革命的道路和未来前景。这些都标志着罗莎·卢森堡对波兰革命的认识已经上升到理论的层面,并提出自己独到的见解,她也因此成为波兰社会民主党的理论家。另一个方面来自于她在苏黎世从事的革命活动。如果说苏黎世大学的学习生活是罗莎·卢森堡成为波兰社会民主党的理论家的重要一环,那么,苏黎世的革命活动是罗莎·卢森堡成为波兰无产阶级革命家的重要一环。早在波兰上中学期间,罗莎·卢森堡就接触到进步思想,中学毕业后,罗莎·卢森堡参加了波兰"第二无产阶级"党,成为职业革命家,并且是以革命者的身份流亡瑞士的。但是,无论如何,在流亡瑞士之前,罗莎·卢森堡只是参与革命活动,并未成为革命活动的组织者,到达苏黎世后,罗莎·卢森堡不再以一个参与者的身份,而以一个组织者和领导人的身份从事革命活动。1893 年 7 月,罗莎·卢森堡和约吉希斯等人共同创办了波兰王国社会民主党机关刊物《工人事业报》杂志,并负责该报纸的主要撰稿和组织编辑工作,在她所撰写的文章中,有阐发波兰王国社会民主党的政治思想观点的,有站在国际主义的立场上介绍和评论波兰以外的工人运动的,有宣传社会主义革命的,有批判"波兰社会主义者国外联盟"的民族主义倾向的,等等,总之,罗莎·卢森堡把马克思主义的理论与波兰工人运动的实践紧密地联系起来,使《工人事业报》杂志在推动波兰工人运动的发展中起了积极的作用;1893 年 8 月,罗莎·卢森堡以《工人事业报》杂志代表的身份出席了第二国际苏黎世代表大会,并向第二国际苏黎世代表大会提交了由她起草的《工人事业报》杂志给大会的报告,阐发了波兰王国社会民主党的政治观点;1894 年 3 月,罗莎·卢森堡和约吉希斯等人共同创建波兰王国社会民主党;1896 年 7 月 27 日,罗莎·卢森堡以普属波兰工人运动代表的身份出席了第二国际伦敦代表大会;1897 年底,罗莎·卢森堡开始在德国社会民主党的机关刊物《新时代》及该党主办的《前进报》、《社会主义月刊》和《萨克森工人报》上发表系列论文,其中最重要的有:《普属和奥属波兰的社会主义运动新思潮》、《波兰的社会爱国主义》、《波兰社会民主党的策略》、《波兰的社会主义》、《逐步前进——论波兰资产阶级的历史》等。这些论文批判了波兰工人运动中出现的民族主义倾向,阐发了波兰社会民主党在波兰工人运动问题上的基本立场和政治观点。这一系列的活动以及所发表的论文表明,罗莎·卢森堡在这一时期已经走到了波兰工人运动的前列,成为波兰工人运动的组织者和思想领袖,同时也为她进入德国,参加德国社会民主党奠定了基础。

　　本卷前半部分收入的文献,集中反映了罗莎·卢森堡在苏黎世期间从事马克思主义的学术研究和革命活动的状况。这些文献可大致分为两个部分:一个部分是政论文;一个部分是学术研究论文。在这两个部分的文献中,前一个部分的文献主要发表于 1893 年 8 月—1896 年 12 月,即本卷的第 1 篇《在1893 年苏黎世第三次国际社会主义工人代表大会上所作的关于 1889—1893

年俄属波兰社会民主主义运动的形势和过程的报告——波兰王国社会民主党机关刊物〈工人事业报〉杂志编辑部 1893 年 8 月》至第 10 篇《再论"东方问题"》。在这 10 篇文章中，只有《土耳其的民族斗争和社会民主党》、《论〈前进报〉的东方政策》和《再论"东方问题"》三篇是讨论土耳其的民族斗争问题的，其余的全是讨论波兰工人运动的基本问题。除此之外，在这个时间之后发表的两篇政论文，即 1897 年 6 月在《萨克森工人报》上发表的《在波兰民众中的鼓动》和 1897 年 9 月在《萨克森工人报》上发表的《俄国立陶宛各省的社会民主主义运动：逮捕。——罢工。——历史。——工会。——五一节。——党报》，也是有关波兰工人运动问题的；第二部分的文献集中撰写于 1897—1898 年 5 月期间。在这部分的文献中，有罗莎·卢森堡攻读博士学位相关的笔试论文《国家条约》、《工资基金理论》和《工资基金理论和产业后备军理论》；有罗莎·卢森堡的博士学位论文《波兰的工业发展》；有罗莎·卢森堡以历史主义的方法考察波兰的社会主义运动和资产阶级历史形成的论文。这些论文的主题也都是有关波兰问题的，是对前一个部分的政治观点的科学论证。由此可见，这两个部分的文献有着内在的联系：前一部分的文献表达了罗莎·卢森堡在波兰问题、民族问题上的政治立场和观点；后一部分的文献表达了罗莎·卢森堡思考波兰问题的理论框架和方法。总之，这两个部分的文献向我们呈现了一个波兰的罗莎·卢森堡。

这里所说的波兰的罗莎·卢森堡，是站在波兰社会民主党的立场上解答波兰工人运动中的基本问题的罗莎·卢森堡。波兰工人运动中的基本问题，就是波兰的民族独立和民族解放的问题。在这个问题上，波兰社会主义运动中始终存在两个派别：一派是波兰社会民主党，这是从波兰"无产阶级"党的传统中发展起来的波兰工人阶级的政党；一派是波兰社会党，这是从波兰民族主义思潮中延展出来的社会爱国主义的组织形式。这两个派别都以马克思恩格斯的波兰民族解放观点为自己的理论根据，但两者对马克思恩格斯的波兰民族解放观点的理解和吸取却截然不同。波兰社会党站在狭隘的民族主义的观点和立场上理解马克思恩格斯有关波兰民族解放的观点，把马克思恩格斯有关波兰独立的说法当作一成不变的教条，简单地运用于 19 世纪 90 年代的波兰工人运动，强调民族问题在波兰社会主义运动中的首要性，要求把重建独立波兰作为波兰工人运动的纲领,使工人阶级的阶级斗争从属于重建独立波兰这个任务。与之相反,波兰社会民主党则根据《共产党宣言》的观点和理论框架来阐释马克思恩格斯有关波兰民族解放的观点,强调阶级斗争在波兰社会主义运动中的首要性,要求把阶级斗争作为波兰工人运动的纲领,主张波兰三个部分的工人阶级联合所属吞并国的工人阶级共同斗争,在世界革命的框架下解决波兰独立的问题。作为波兰社会民主党的理论家,罗莎·卢森堡坚持波兰社会民主党的立场和观点,但又不满足于陈述波兰社会民主党的观点,而是力图对波兰社会民主党的观点给予理论的论证。罗莎·卢森堡认为,是在狭隘的民族主义的理论框架下来理解马克思恩格斯的波兰民族解放的观点,还是在《共产党宣言》的理论框架下来理解马克思恩格斯的波兰民族解放观点,这是一个需要进行理论论证的问题,而这一理论论证的标准即是,哪一种理论框架在波兰更具有合理性和现实性。很显然,这一论证是不可能在经院哲学的推理中完成的,而只能在把马克思恩格斯的实践哲学方法运用于考察波兰社会主义运动的新变化这一经验事实中来完成。从这一观点出发,罗莎·卢森堡对比分析了马克思恩格斯时代和 19 世纪 90 年代的波兰社会主义运动的特点,阐明了社会民主党对待马克思恩格斯有关波兰民族解放观点的态度。

在《普属和奥属波兰的社会主义运动新思潮》一文中,罗莎·卢森堡分析了 19 世纪 90 年代波兰社会和波兰工人运动的新变化,指出:"波兰问题对社会主义运动来说具有了新的意义,必须从新的角度加以考察。也就是说,可以不考虑社会主义世界以前对波兰独立的关注。在那种情况下,波兰独立只是无产阶级对外政策的一个要求,现在要成为对内政策的纲领,即一部分无产阶级日常斗争的纲领,因此具有一种纯粹实际的性质。以前在解决波兰问题方面起决定性作用的是欧洲的外交——无产阶级除了对这个期待中的解决办法表示关注以外,暂时还不能做很多的事情。现在波兰的独立应当由波兰的无产阶级本身,由它的阶级斗争来实现。"(本卷第 23 页)罗莎·卢森堡这段话中所说的"社会主义世界以前对波兰独立的关注",指的是马克思恩格斯有关"波兰独立"的说法,她说马克思恩格斯有关"波兰独立"的说法"可以不考虑",不是要否定马克思恩格斯有关波兰独立的观点,而是强调不能孤立地、单单从字面上择取马克思恩格斯有关波兰独立的说法,而应该看到马克思恩格斯有关波兰独立说法背后的立场、观点和方法,从欧洲乃至世界革命的角度来阐明马克思恩格斯有关波兰独立观点的历史辩证法。那么,马克思恩格斯有关波兰独立观点的历史辩证法是什么呢?就是把波兰起义置于欧洲复杂的阶级斗争环境中去分析,说明波兰起义对于瓦解德国、沙俄和奥地利的反动联盟,争取欧洲民主革命胜利的意义。由于波兰在马克思恩格斯那个时代还处在彼此封闭的自然经济条件之下,它的经济和政治生活受着三个吞并国的经济和政治的支配,在这种情况下,波兰起义虽然具有民主革命的性质,却没有民主革命的现代工业基础和阶级基础,因此,马克思恩格斯支持波兰独立只是表达了一种期望,更多的是出于建立欧洲各国工人阶级兄弟联盟的考虑。这就是罗莎·卢森堡所说的"以前在解决波兰问题方面起决定性作用的是欧洲的外交"的含义。但是,自 19 世纪 80 年代之后,波兰逐步地走上了工业化道路,机器工业的发展、交换和分工已经成为波兰与它的吞并国之间发生经济联系的纽带,在政治上,波兰工人阶级已经发展起来,但不是一个整体,而是分别与其吞并国的政治相联系的三个相对独立的部分,此外,由于波兰贵族和资产阶级的软弱性,波兰问题的解决就落在了波兰工人阶级的身上。在这种情况下,波兰社会党主张把"波兰独立"作为波兰社会主义运动的纲领,要求波兰工人阶级的阶级斗争服从于"波兰独立"的任务,实际上是把马克思恩格斯的"波兰独立"的说法从"外交政策"的一个要求变成为"对内政策的一个纲领"。罗莎·卢森堡认为,波兰社会党在这里所讲的波兰独立与马克思恩格斯讲的波兰独立其实并不是一回事。马克思恩格斯讲波兰独立是一个有关欧洲无产阶级革命和工人阶级的阶级斗争的问题,而波兰社会党讲波兰独立是一个有关波兰民族统一的问题;马克思恩格斯是期望在现代工业的基础上,在欧洲各国工人阶级兄弟联盟的阶级基础上实现波兰独立,而波兰社会党是要求波兰凭借自己的力量实现波兰独立。很显然,马克思恩格斯是把波兰独立置于欧洲无产阶级革命的平台上,这与当时欧洲工人运动的实践基础是一致的,因而是合理的、现实的,而波兰社会党是把波兰独立置于波兰小资产阶级的愿望之上,它无视波兰的现实条件,无视波兰三个部分的社会主义运动已经走上了阶级斗争和政治斗争的现实,也无视波兰的资产阶级为其经济利益与它的附属国的政府连为一体,而对波兰独立漠不关心这一事实,只是空谈建立一个新的阶级国家,想在独立的波兰国家中追求民主自由,这实际上是把"重建波兰"建立在"空想"的基础上,因而是不合理的,也是不现实的。既然如此,那么,波兰社会党在狭隘的民族主义的理论框架下来理解马克思恩格斯的波兰民族解放理论,在理论上是根本错误的,而在实践上对波兰的社会主义运动是有害的。相比之下,社会民主党在《共产党宣言》的理论框架下理解马克思恩格斯有关波兰民族解放的观点,不仅在理论上与马克思恩格斯的波兰独立观点是一致的,而且在实践上是符合波兰社会主义运动的实践的,因而是合理的和现实的。

罗莎·卢森堡批判波兰社会党的"重建波兰"的主张,并不是不赞成波兰独立,不是轻视波兰民族解放的意义,而是主张把波兰的民族解放与波兰的阶级斗争辩证地结合在一起,在现代无产阶级反对资产阶级的阶级斗争的平台上争取波兰独立。这就是她在解决波兰社会主义问题上的历史辩证法观点。她不仅用这个观点来解读马克思恩格斯的波兰独立的说法,而且用这个观点来分析波兰民族解放的现代工业基础和阶级基础,阐发波兰民族独立与阶级解放之间的辩证关系,指出了波兰社会主义运动的道路和未来前景。

《波兰的工业发展》是罗莎·卢森堡的博士论文,也是她离开瑞士的最后一篇文献。这篇论文虽然在发表的时间上晚于这一时期的其他文献,但是,其中的主题思想早在罗莎·卢森堡在波兰从事工人状况调查时就已经形成了。不仅如此,这篇博士论文的研究框架和研究方法也具有总括性,是她在这一时期钻研马克思恩格斯著作最重要的思想成果,因此,是我们了解罗莎·卢森堡这一时期从事马克思主义哲学理论创造的最重要文献。在这篇博士论文前言的开篇,罗莎·卢森堡就阐明了她写作这篇博士论文的马克思主义哲学观。她写道:"虽然这篇论文的主题非常专业,但我们认为,由于各种原因,对西欧的读者仍然会有不小的裨益。经济问题是当今所有文明国家精神生活的主题。人们已经认识到,它们是整个社会存在和发展的动力。如果不了解一个国家的经济生活及从中产生的所有社会后果,那么,这个国家的政治形象与历史命运对我们而言就是一本天书。……所谓的波兰问题可以从不同的角度加以考察和讨论,但是,有人认为,一个社会的物质发展是其政治发展的关键,对于这样的人来说,只能根据波兰的经济生活及其发展趋势来解决波兰问题。我们努力在这篇论文中收集并尽可能清楚地整理解决这个问题的现有材料,同时我们还在某些段落中直接指明某些政治特性。"(本卷第130页)在这里,罗莎·卢森堡阐发了她研究波兰问题的两个最基本的哲学观点:其一,运用马克思恩格斯的经济基础决定上层建筑的原理来分析波兰问题,强调波兰的政治问题、波兰的前途、波兰的命运必须到波兰的经济生活中去寻找;其二,以俄属波兰经济的工业化进程为经验原型,分析波兰工业发展的历史和特点,及其对于波兰的工人运动和政治前景的决定性作用。在这两个基本的哲学观点中,前者是马克思恩格斯的历史唯物主义的一般原理的运用;后者是马克思恩格斯的历史哲学方法的运用。这两个哲学观点是马克思研究《资本论》的基本观点和方法,不过,《资本论》是马克思把这两个哲学观点运用于分析英国资本主义发展的成果,而《波兰的工业发展》是罗莎·卢森堡将这两个哲学观点运用于考察俄属波兰的资本主义发展的成果。由于波兰的资本主义发展与英国资本主义发展具有不同的特点,所以,罗莎·卢森堡笔下的资本主义论题与马克思笔下的资本主义论题不尽相同:英国是资本的母国,它的资本主义是从它自身的土壤中生长出来的,由此决定,马克思笔下的论题是资本主义生产方式形成和发展的内在动力;波兰的资本主义是在俄国沙皇颁布的一系列敕令下发展起来的,因此,波兰资本主义的发展与俄国的资本主义发展有着紧密的联系,沙俄的政策和俄国的市场是波兰工业发展的两大要素,决定了波兰资本主义的前景,由于这一特点,罗莎·卢森堡笔下的论题是政府与资本主义的关系、资本市场、波兰资产阶级与俄国资产阶级之间的关系、民族问题与阶级斗争的关系,等等。与马克思笔下的论题相比,罗莎·卢森堡的论题既是波兰的,也是时代的。

作为波兰的论题,罗莎·卢森堡通过研究波兰工业发展的特点,揭露了民族主义的反动实质,论证了社会民主党纲领的合理性和现实性。在《波兰的工业发展》中,罗莎·卢森堡考察了波兰工业发展的历史,指出了波兰工业发展的两个重要特点:一个重要特点是,波兰的工业发展是在沙皇政府的推动下发展起来的,沙皇政府的政策对于波兰工业的发展起着重要的作用;另一个重要特点是,波兰的工业发展对俄国市场和俄国经济政策的依赖性。进而,罗莎·卢森堡考察了波兰的工业发展所引起的波兰工厂和俄国工厂之间的一系列竞争和冲突,分析了政府对这些竞争和冲突所持的态度,指出波兰资产阶级与俄国资产阶级之间的对立不是民族的对立,而是利益上的对立。这种对立既表现在波兰资产阶级与俄国资产阶级之间的利益关系上,也表现在沙皇政府在处理波兰资产阶级与俄国资产阶级冲突的态度和方式上。在分析波兰资产阶级与俄国资产阶级之间的利益关系上,罗莎·卢森堡考察了罗兹和莫斯科之间的斗争历史,比较了波兰和俄国的工业生产条件与经济关系,得出的结论是:波兰资产阶级与俄国资产阶级之间发生冲突的根本原因,就在于它们处在利益共同体之中,而创立这个利益共同体的因素主要有三点:一是"生产上的分工";二是"共同的关税边界";三是"共同的销售市场"(本卷第 194 页)。这三个因素不仅引发了波兰资产阶级与俄国资产阶级之间的竞争和冲突,而且也引发了波兰资产阶级内部和俄国资产阶级内部的竞争和冲突。由此可见,波兰资产阶级与俄国资产阶级之间的冲突和对立,"不论何时何地出现,不是由于经济结构的差异性,而恰恰是由于经济结构的同质性,并表现出同一个经济机制内的所有资本主义**竞争斗争**的特征"(本卷第 195 页)。也正因为如此,无论是波兰的资本家,还是沙皇政府,在面对波兰资产阶级与俄国资产阶级之间的矛盾冲突时,都不是在"祖国"、"民族"的概念下,而是以利益为原则来处理问题。从波兰资本家方面看,波兰资本家在面对与俄国资本家的利益冲突时,也会使用"祖国"、"民族"之类的概念,但是,这个概念是非常不确定的。比如,罗兹的工厂主为了自身的利益,"极为卑躬屈膝地向俄国政府出卖索斯诺维茨区的同胞兄弟"(本卷第 190 页),而华沙钢铁厂的资本家为了自身利益以保护"祖国"的名义与管辖南俄铁矿区的英国人、比利时人、俄国人一起,"卑躬屈膝地向政府请愿"(本卷第 190 页),而这次的"祖国"指的是南俄。可见,"祖国"、"民族"之类的概念不过是波兰的资本家用以争取自身利益的一个幌子,并没有实质性的意义,更不是为了争取波兰民族的权利。从沙皇政府方面看,俄国政府针对波兰经济采取的各项措施"不是为了有利于与波兰竞争的俄国工业,不是为了消灭波兰工业,而是为了有利于与波兰工业相关的俄国中间产品的生产,为了实现波兰工业的**某种形态**"(本卷第 197页)。这些足以说明,沙皇政府并不把波兰资产阶级与俄国资产阶级的对立看作是民族之间的对立,而是当作资产阶级各个群体利益上的对立,因此,"政府在推行一般的促进资本主义的经济政策时,也必须时而优惠这个或那个资本主义群体,因而又时而迎合这个或那个群体"(本卷第 197 页),在这种摇摆不定的政策中,即便触犯了这个或那个波兰资本家群体,也绝不是为了消灭波兰的资本主义。据此,罗莎·卢森堡有力地驳斥了波兰的民族主义者,指出:波兰的民族主义者"将人种学意义上的'大俄罗斯主义'的民族经济政策强加给俄国政府,是肤浅而错误的。这样的政策只存在于被表象误导的新闻记者的想象中。事实上,沙皇政府——正如当今任何其他政府一样——实行的不是民族政策,而是阶级政策,它不分**波兰**的和**俄国**的臣民,只分那些'有地的'人或'有产的'人和那些劳动的人。"(本卷第 198 页)通过上述两个方面的考察和分析,罗莎·卢森堡得出了三个结论:其一,波兰的民族主义者本质上是反对波兰资本主义的发展,他们把重建独立波兰的希望建立在俄国政府消灭波兰资本主义发展,回复到波兰专制制度下的旧经济秩序的基础上,这注定是不切实际的幻想。正确的观点应该是,坚持在波兰大工业发展的基础上,在与欧洲各国无产阶级联合中争取波兰的独立和解放。这是一种历史进步的观点。这个观点与马克思恩格斯看待波兰问题的观点是根本一致的;其二,"波兰和俄国之间的资本主义融合进程也有重要的辩证的一面"(本卷第 214 页),即俄国的资本主义和波兰的资本主义是在沙皇政府的政治守护下发展起来的,但同时,这两个国家的资本主义发展也必然会与沙皇专制的政府产生矛盾,波兰的资产阶级和俄国的资产阶级也会对"自己的政治守护者——专制制度感到厌倦,并将战胜沙皇"(本卷第 214 页),因此,波兰资本主义和俄国资本主义发展的必然结果是:"沙皇的统治将毁灭自己开创的事业"(本卷第 214 页),代之而起的,是一种新的社会制度的产生;其三,与波兰的资产阶级和俄国的资产阶级在合力加速资本主义发展相伴的,是波兰无产阶级和俄国无产阶级的成长和壮大,因此,波兰资本主义和俄国资本主义融合的最终结果是:"波兰和俄国的无产阶级联合成未来辛迪加之日,便是俄国的沙皇统治和波兰—俄国的资本统治的崩溃之时"(见本卷第 214 页)。这三个结论归结起来就是,波兰社会民主党是从经济的利益、从历史进步的观点来分析波兰的社会发展和工人运动的前景,而波兰的民族主义者则无视波兰资本主义发展这一事实,力图通过重建独立波兰来阻止波兰资本主义的发展,使波兰返回到自然经济和专制制度的社会,这是一种历史的倒退,是与马克思主义的历史进步观根本对立的。因此,在波兰目前的状况下,波兰的无产阶级不应提重建独立波兰的口号,而应该联合它所属国的无产阶级一起推翻资产阶级的统治。这个结论表明,罗莎·卢森堡反对民族主义的观点、反对提重建独立波兰的口号,有着十分具体的内容,有着鲜明的马克思主义的哲学观点。因此,对于罗莎·卢森堡的这些观点,我们只能将其置于波兰的具体情况下来理解,而不能将其夸大为一般,运用于说明一切国家的民族解放运动。

作为时代论题,罗莎·卢森堡通过研究波兰工业发展的特点,揭示了资本主义在 19 世纪末发展的新特点。资本主义生产方式不同于非资本主义生产的一个重要特点,就是它不是简单再生产,而是扩大再生产。为了实现扩大再生产,资本主义不仅需要剩余价值的生产,还需要通过不断扩大的市场把剩余产品转化为货币,这就是资本积累的过程。资本主义的扩大再生产是由剩余价值的生产和剩余产品的实现两个环节构成的。在资本主义发展初期,剩余产品的实现尚可以通过它的内部市场来完成,但是,随着资本主义大机器生产规模的日益扩大,生产力水平的不断提高,剩余产品日益增多,资本主义对市场的需求也日益增大,这时,资本主义的内部市场已经远远不能满足资本主义扩大再生产的需求了,于是,资本主义就借助于政府的力量发展外部市场。到 19 世纪末,资本主义的外部市场已经成为资本积累的基本条件,也是帝国主义经济的主要问题。罗莎·卢森堡在《波兰的工业发展》中并没有研究帝国主义经济,但她在研究波兰工业发展的历史中、在研究波兰工业对俄国市场的依赖中,已经把外部市场、政府在调节市场中的作用等问题提出来了,并进行了深入的研究。这些都为她后来研究垄断资本主义、剖析帝国主义经济现象,作了理论上和资料上的准备。

在罗莎·卢森堡看来,波兰工业的发展是波兰社会主义运动的客观条件,除此之外,波兰社会主义运动还有主观条件,这就是,波兰社会民主党进行意识形态的斗争和领导工人阶级运动。如果说《波兰的工业发展》重在论述波兰社会主义运动的客观条件,那么,《波兰的社会主义》则重在论述波兰社会主义运动的主观条件。在这篇论文中,罗莎·卢森堡运用马克思恩格斯的群众史观的基本原理,深入地研究了波兰社会主义运动中的意识形态斗争,阐明了社会民主党的社会主义观念和基本立场。

马克思恩格斯的群众史观的基本原理,概括起来,有三点:第一点,群众是历史的主体,"历史活动是群众的活动,随着历史活动的深入,必将是群众队伍的扩大"①;第二点,社会革命的主体力量是工业革命中的工人阶级,因此,社会革命不能是密谋家的活动,而应该是无产阶级政党领导下的工人阶级运动与社会主义运动的有机结合;第三点,政治斗争是工人阶级斗争的最高形式,工人阶级也只有在政治斗争中才能意识到自己的历史使命,形成工人阶级的阶级意识。这三个观点构成了马克思恩格斯主张的共产党人的社会主义革命观,也是马克思恩格斯的社会主义观区别于封建的、小资产阶级的、资产阶级的和空想的社会主义观的根本点。② 在《波兰的社会主义》一文中,罗莎·卢森堡正是以马克思恩格斯的群众史观的这三个基本原理来衡论波兰社会主义运动中各不相同的社会主义观念以及由此而展开的意识形态斗争。波兰的社会主义运动早在19世纪80年代就已经形成了三种社会主义的观念:一种是布朗基主义的社会主义观;一种是"无产阶级"党的社会主义观;一种是民族主义的社会主义观。这三种社会主义观之间的意识形态斗争构成了波兰社会主义运动的历史,波兰社会民主党也就是在这三种社会主义观的斗争中发展和成熟起来。在论述这三种社会主义观的意识形态斗争时,罗莎·卢森堡以社会民主党的社会主义观的形成和发展为主线,分析波兰社会主义观的历史演变。

首先,罗莎·卢森堡论述了社会民主党的社会主义观与"无产阶级"党的社会主义观的联系和区别。罗莎·卢森堡肯定社会民主党是"无产阶级"党的优良传统的继承人,并高度评价了"无产阶级"党把阶级斗争作为自己的政治纲领,坚持无产阶级革命的国际主义原则,反对民族主义的立场和观点,但她同时指出了"无产阶级"党的不足,这就是,"无产阶级"党因受到波兰社会革命党的布朗基主义的影响,在行动纲领上宣传恐怖主义,把党的活动重心放

---

① 《马克思恩格斯文集》第1卷,人民出版社2009年版,第287页。
② 见《共产党宣言》第三节《社会主义的和共产主义的文献》,《马克思恩格斯文集》第2卷,人民出版社2009年版,第54—64页。

在秘密小团体的活动上,这不仅造成了"无产阶级"党的政治纲领与行动纲领之间的矛盾,而且极大地影响了波兰工人运动的发展,因为"社会主义鼓动只要不超出秘密的小团体,波兰的工人运动实际上便无从谈起"(本卷第 107页)。然而,若没有广泛的工人运动,波兰的社会主义运动就不可能获得社会民主主义的性质。与"无产阶级"党不同,社会民主党把 19 世纪 80 年代中期开始的一系列工人群众自发的罢工运动作为自己的社会基础,创造了波兰社会主义运动的新观念,即把组织工人的斗争与社会主义运动紧密地结合起来,使坚持阶级斗争的政治纲领与坚持发动工人运动、唤起无产阶级的阶级意识的行动纲领能够统一起来。这个新观念,就其完完全全地接受了《共产党宣言》的纲领而言,是马克思主义的社会主义观,而就其立足于波兰工人运动,把唤起波兰工人阶级的阶级意识作为自己的阶级斗争的实际内容而言,又是历史的、具体的。这一事实证明,社会民主党的社会主义观的确立标志着波兰的社会主义运动在意识形态上和在行动纲领上已经彻底地摒弃了布朗基主义,走上了社会民主主义的道路。

　　其次,罗莎·卢森堡批判了波兰民族主义的社会主义观,揭露民族主义纲领的实质,指出了它对波兰社会主义运动的有害性。所谓民族主义的社会主义观,就是强调民族问题在波兰社会主义运动中的首要性,要求将重建独立波兰作为工人阶级的纲领,使工人阶级的阶级斗争从属于重建独立波兰这个任务。这种社会主义观早在 19 世纪 80 年代就出现过,并且受到了"无产阶级"党的奠基者们的严厉批评,但是,到 19 世纪 90 年代,这种社会主义观在波兰重新出现,并且有了自己的思想表达方式——社会爱国主义,有了自己的组织形式——波兰社会党,有了自己的政治纲领——民族主义纲领。这样一来,民族主义就不再仅仅是一种社会主义观念,而且成了波兰社会主义运动中的一个新的派别,一个与社会民主党在社会主义观念上和在政治纲领上都尖锐对立的派别。正是在这个意义上,罗莎·卢森堡把社会爱国主义定义为"波兰社会主义思想的第三个派别"(本卷第 111 页),并对这个派别的政治纲领的错误和意识形态的反动性进行了揭露和批判。罗莎·卢森堡指出,民族主义纲领的实质内容是"要求波兰无产阶级依靠自己的力量,断绝与三个波兰资产阶级和三个附属政府的关系,凭借自己的努力,废除一切阶级国家,自己首先建立一个新的阶级国家"(本卷第 111 页)。这就提出了波兰社会主义运动发展中的一个至为关键的问题:在现有的条件下,"建立一个新的阶级国家"是否具有可能性和现实性,波兰无产阶级能不能断绝与三个波兰资本主义和三个附属政府的关系? 如果不能,那么,提出"建立一个新的阶级国家"的要求就是一种空想;如果能够,那么,提出"建立一个新的阶级国家"的要求就是正确的、实际的。在这里,是否认清波兰的现有条件,是否坚持从波兰的现有条件出发,就成为判定一种政治纲领的合理性和有效性的标准。社会民主党和波兰社会党在波兰社会主义运动上的一系列分歧正是由此而产生的:社会民主党坚持从波兰现有的条件出发,努力"在波兰自身的社会条件中寻找解决波兰问题的办法"(本卷第 110 页)。这里所说的"波兰自身的社会条件",包括了波兰资本主义与波兰附属国的资本主义已经捆绑在一起的现实、波兰的资产阶级基于自身利益的需求而对波兰独立漠不关心的事实、波兰的工人运动在 19 世纪 80 年代末—90 年代初已经在罢工运动、五一节庆祝活动中登上了波兰社会主义运动的历史舞台、获得了无产阶级的阶级意识这一社会基础。社会民主党是从这一现实出发来制定自己的政治纲领,强调波兰的工人运动必须把阶级斗争置于首位,波兰三个部分的工人运动必须与它们的所属国的工人运动结合起来,而波兰社会党则从波兰小资产阶级的主观愿望出发,无视波兰的现实条件,无视波兰三个部分的社会主义运动已经走上了阶级斗争道路的现实,也无视波兰的资产阶级为其经济利益与它的附属国的政府连为一体,而对波兰独立漠不关心这一事实,只是空谈"建立一个新的阶级国家","想在独立的波兰国家中追求民主自由"(本卷第 112 页)。罗莎·卢森堡指出,在资本主义的发展已经将波兰与俄国捆绑在一起的今天,波兰社会党的这一愿望,从意识形态上看,不过是"波兰那些被资本主义进程消灭的阶层——没落的小资产阶级——的不满情绪的意识形态表达";从其社会特征看,"无非就是无意识地模仿小资产阶级的空想主义";从其社会主义观看,只是"表面上掌握了社会民主主义的术语,深信马克思和恩格斯,奢谈阶级利益、阶级斗争、资本主义发展。但是在这种革命的外表下露出来的是小资产阶级反动的马脚,是**反对**资本主义的发展,是那个本身软弱无力的阶层的利益,他们无力在自己的旗帜下捍卫自身利益";从其政治实践看,"可以归结为全盘否定包括波兰在内现存国家的政治斗争,归结为反对在专制主义的俄国争取宪法自由的斗争"(本卷第 112 页)。通过上述分析,罗莎·卢森堡对波兰社会党的社会主义观作了总体性的批判。

最后,罗莎·卢森堡论述了自 1890 年开始,俄属波兰、奥属波兰和普属波兰的工人阶级在它们各自的附属国的社会民主党的纲领下所开展的工会斗争和选举活动,证明波兰社会党在"这个国家本身并不存在"(本卷第 112 页)的情况下"要求波兰无产阶级依靠自己的力量,断绝与三个波兰资产阶级和三个附属政府的关系,凭借自己的努力,废除一切阶级国家,自己首先建立一个新的阶级国家"(本卷第 111 页)的政治纲领,不仅是不现实的,而且对波兰的社会主义运动是有害的。因此,社会民主党在 19 世纪 90 年代进行意识形态斗争的最主要任务,就是批判波兰社会党的民族主义纲领。

在罗莎·卢森堡那里,研究波兰社会主义运动的主观条件,还需要考察波兰的资产阶级。因为,波兰资产阶级是在现代工业的基础上建立独立波兰的阶级力量,资产阶级对待重建独立波兰的态度,决定了波兰民族是否具有生命力,进而关系到波兰社会主义运动的发展方向。如果波兰资产阶级热衷于重建独立波兰,能够成为重建独立波兰的阶级力量,就证明波兰民族是有生命力的,那么,波兰的社会主义就应该以重建独立波兰为自己的首要任务。这正是民族主义的历史编纂学家所期望的。反之,如果波兰资产阶级不关心重建独立波兰,不能成为重建波兰的阶级力量,就证明波兰民族是没有生命力的,那么,波兰的社会主义就不应该以重建独立波兰为自己的首要任务,而应该以阶级斗争为波兰社会主义的首要任务。这正是社会民主党所要论证的观点。《逐步前进。论波兰资产阶级的历史》一文就是为了解决波兰社会主义运动中的这个重大的理论问题而写的。在这篇论文中,罗莎·卢森堡坚决地站在社会民主党的立场上,运用马克思的历史辩证法和阶级分析方法,动态地考察波兰资产阶级对待重建独立波兰的态度,论证波兰资产阶级无论在历史上,还是在逻辑上,都不可能成为重建独立波兰的阶级力量,反而是促使波兰民族生命力衰退的力量。

对于罗莎·卢森堡的这一立场和观点,《新时代》编辑部在刊登罗莎·卢森堡的这篇论文时,专门加了这样一段注释:"我们不完全赞同作者的观点,我们对波兰民族的生命力的评价比她更高。我们已经在 1895—1896 年《新时代》第 14 年卷第 2 卷发表的文章《波兰灭亡了吗?》(第 484 页及以下几页,第513 页及以下几页)中分析了我们的观点与她的观点之间的对立。但我们认为不可否认的是,波兰民族思想的基础已经发生彻底的变化,传统的民族政策已经过时。不管人们对卢森堡小姐的观点作怎样的思考,但无论如何她的著作都十分有助于对这个过程的考察和理解。"(本卷第 114 页注释①)这段注释向我们传导了两个信息:其一,波兰民族是否具有生命力,是当时波兰社会主义运动中的一个重大的理论问题,也是当时存在巨大争议的问题。这足以证明罗莎·卢森堡这篇论文的理论价值和实践意义;其二,罗莎·卢森堡的这篇论文最重要的不是结论,而是它的研究方法,即马克思的历史辩证法和阶级分析的方法。这里所说的历史辩证法,具体地表现为把资本主义置于波兰的背景下进行历史地考察,把握波兰资产阶级的特殊性;这里所说的阶级分析方法,具体地表现为从资产阶级的一般特性研究波兰资产阶级的走向,发现波兰民族生命力衰退的内在逻辑。在这两种方法中,前者是历史的,后者是逻辑的。罗莎·卢森堡将这两种方法有机地结合在一起,以波兰资产阶级对俄国政府的依附性为主线,考察了波兰资产阶级对待重建独立波兰的态度。

罗莎·卢森堡认为,波兰资产阶级对俄国政府的依附性是由波兰现代工业发展的特点决定的。从 19 世纪初开始,波兰工业的发展始终离不开俄国政府的政策与法令。19 世纪初,波兰现代工业的兴起得益于沙皇政府颁布了一系列敕令,"将外国的手工业者诱骗到波兰,打破旧贵族秩序,才得以创造现代工业的首要条件;那时,公开的变节分子、俄国的仆人和波兰的大地主,作为会议桌上的波兰的自治政府与俄国极为一致地同意发展大工业。最后,俄国为暴力和背叛的私生子提供了第一批乳汁:在最初的十多年中,俄国的销售市场确保了波兰工业的整个存在。"(本书第 115 页)也正因为如此,不仅波兰的现代工业,而且波兰的资产阶级,都表现出对俄国的依赖关系。就波兰的资产阶级而言,在 19 世纪初,是"一群形形色色的来自各个国家的不可靠的存在:破产的德国手工业者、放高利贷的犹太人、碰运气的荷兰人、比利时的'产业天才'、出身可疑的波兰冒险家——这些所谓的资产阶级没有历史和传统,人生地不熟,在全国受到歧视"(本卷第 116 页)。这个时期的波兰资产阶级只是充当"波兰与俄国融合的代表"(本卷第115页),并没有进入波兰的内部生活,成为波兰内部生活的一个重要因素,当然也就不可能成为支持波兰独立的阶级力量。罗莎·卢森堡形象地表达了第一批波兰资产阶级对待波兰独立的态度:"滚开,波兰的完整!滚开,波兰与俄国之间的关税边界!'波兰属于俄国,两国构成一个唯一的整体。'"(本卷第115页)波兰资产阶级对待波兰独立的这一态度似乎在19世纪中叶有了改变。"1864年的农民改革、从此引入的货币经济和波兰产品在俄国开辟的大市场,为工业成为主要的生产形式、资产阶级成为波兰的领导阶级创造了前提"(本卷第117页)。在这个时期,波兰资产阶级进入了波兰的内部生活,但并没有完全成熟起来,波兰贵族还在波兰的社会生活中发挥作用,波兰的内部阶级正处在变革之中。面对这一现实,波兰资产阶级不得不向波兰贵族妥协。1876年7月由知识分子和自由派资产阶级的代表公布的"有一定重要性的或基础的劳动纲领"(本卷第117—118页)就是资产阶级向贵族妥协的结果。这个纲领把波兰独立作为自己的最终目标,但这个最终目标"一开始就不断改变,这个目标的实现,每个人都可以根据自己的情况和性情,任意设想为在不久的将来或遥遥无期"(本卷第118页),而在纲领中得到明确表述的则是直接的任务,"其核心是,建议在经济和文化领域和平地工作,而不是进行民族的武装斗争;建议个人在本行业从事与世无争的活动,而不是一切服从一个民族或一个阶级的统一的政治意志"(本卷第118页)。罗莎·卢森堡指出,这实质上是"植入民族纲领中的曼彻斯特主义,政治上的通行证,在拯救祖国过程中的自由竞争。这种自由竞争在70年代波兰的具体条件下无非就是资产阶级的自由竞争,就是资本主义。"(本卷第118页)总之,这个纲领是在借助重建波兰的口号为资本主义的发展开辟道路,而当波兰内部的阶级关系变革一旦完成,资产阶级就不再借助重建波兰这个口号,而直截了当地把致富当作口号,并公开地接受俄国的专制统治。据此,罗莎·卢森堡描述了波兰资产阶级对待波兰独立的态度:"在第一个时期,贵族以波兰的名义领导与俄国作斗争,而资产阶级——外来的,而且人数较少——则公开表现他们对俄国的友好。在第二个时期,资产阶级接管了国家的领导权,将民族分裂主义转化为政治禁欲,并用民族的谎话使贵族社会接受资本主义。在谎话消散、资本主义自己得出政治结果之后,资产阶级以发展的形式回归他们原来的纲领,不仅支持兼并,而且支持专制制度,但这一次回归不是与波兰相对立,而是以波兰的名义回归。"(本卷第 125 页)这个过程表明,波兰的资产阶级从来就不是波兰民族的生命力,相反,它是不断瓦解波兰民族生命力、迫使波兰在经济上依附于俄国市场、在政治上接受俄国政治奴役的阶级力量。既然如此,那么,社会民主党就不能把重建波兰作为自己的纲领,而应该把阶级斗争作为自己的纲领,与俄国无产阶级联合起来,"推翻共同的专制制度,并在帝国争取宪法自由"(本卷第 127 页)。

由此可见,罗莎·卢森堡提出波兰民族不具有生命力的观点,是她运用马克思的历史辩证法和阶级分析方法分析波兰资产阶级形成和发展的历史得出的科学结论,它表达了有关波兰问题的马克思主义观点。

从阐发马克思恩格斯有关波兰民族解放的基本原理到考察波兰社会主义运动的工业基础和阶级基础,罗莎·卢森堡提出了解决波兰民族独立和民族解放问题的理论框架,这就是,把《共产党宣言》的基本原理与波兰 19 世纪 80—90 年代的工业发展和社会主义运动结合起来,以阶级斗争为波兰社会主义运动的纲领,与三个吞并国的工人阶级结合起来,共同斗争,争取波兰独立和波兰民族解放。这个理论框架既是罗莎·卢森堡有关波兰民族独立和波兰民族解放的理论,也是波兰社会民主党在波兰独立和波兰民族解放问题上的基本立场和基本观点。罗莎·卢森堡在这一时期写的政论文就是阐明社会民主党是如何将自己的这一立场、观点和理论付诸工人运动的实践的。

《在 1893 年苏黎世第三次国际社会主义工人代表大会上所作的关于 1889—1893 年俄属波兰社会民主主义运动的形势和过程的报告》是罗莎·卢森堡以《工人事业报》杂志编辑部的名义起草的给第二国际苏黎世代表大会的报告。在这个报告中,罗莎·卢森堡向大会报道了俄属波兰的社会民主党在 19 世纪 90 年代所取得的三个方面的工作成就:第一,在思想上,对社会民主党的作用有了明确的认识。这个认识包括两个方面的内容:其一,消除波兰社会主义运动中的布朗基主义,"目标明确地领导正在资本主义社会中以不可抗拒的力量发展起来的无产阶级反对现存社会制度的斗争"(本卷第 3 页);其二,社会民主党必不可少的一件工作,是"培养工人阶级中最优秀和最有活动能力的分子"和"培养目标明确的鼓动家和带领工人阶级完成自己的一切任务和进行一切斗争的领袖"。罗莎·卢森堡强调,这是"为了劳动阶级的日常利益而在经济领域进行的斗争、为了民主政体而进行的斗争",进行这样的斗争"是无产阶级在有能力推翻现存社会制度以前非进不可的学校"(本卷第3页)。这两点认识表明,波兰社会民主党不仅是马克思主义的政党组织,而且是成熟的波兰工人阶级的政党组织。第二,在实践上,波兰社会民主党扎根于工人运动之中,掌握了波兰社会主义运动的领导权。罗莎·卢森堡向大会报道了社会民主党在1890—1893年的四年间在组织罢工、庆祝五一节的活动、群众示威活动及其在群众中产生的广泛的和积极的影响,报道了社会民主党在这个期间从事工会工作、设立图书馆和读书会等工作的成就。她指出,正是这些活动,使"波兰王国的工人运动逐渐成为我们社会生活中极其重要的现象"(本卷第6页),社会民主党也由此而"逐渐成为工人运动的实际领袖,在广大群众中赢得了声望和信任"(本卷第4页)。第三,在政治思想上,揭露社会爱国主义思潮对工人运动的有害性,阐发了社会民主党的政治纲领及其现实基础。罗莎·卢森堡分析了19世纪90年代社会爱国主义的新思潮,指出,19世纪90年代波兰工人运动的发展,使工人阶级已经成为"唯一进行反对活动的要素"(本卷第6页),也成为爱国主义者努力争取的阶级力量,于是,一些小资产阶级的知识分子"尝试把重建独立的波兰王国的纲领同社会民主党的纲领融合在一起,形成一个社会爱国主义的合题"(本卷第6页),使工人阶级能够成为他们思想的载体,使工人运动能够接受他们的爱国主义纲领。针对爱国主义者的这一行径,社会民主党不仅在理论上对爱国主义的政治纲领进行了批判,揭露了它的反动性和对波兰工人运动的危害性,而且要求波兰三个部分的工人政党结合现存的政治形式,提出实际斗争的要求。在罗莎·卢森堡看来,由于波兰三个部分所处附属国的情况不同,波兰的无产阶级运动必然面对不同的政治、经济环境,在这种情况下,不仅提出重建一个独立波兰的纲领不具有现实性,即便是要求制定一个统一的最低纲领去统一波兰三个部分的无产阶级的政治行动,也是不现实的。正确的做法是,波兰三个部分的工人政党应该在最高纲领的指导下,结合所属国的政治、经济的具体情况,制定一种适合现存的政治形式的最低纲领,领导该地区的无产阶级进行政治斗争。今天的波兰三个部分的无产阶级斗争就是在这一思想指导下进行的:在奥属波兰,加利西亚的无产阶级"和整个奥地利的无产阶级共同进行的争取普选权的斗争,就是这样一种以现实情况为依据的政治行动";在普属波兰,波兹南和西里西亚的无产阶级的政治纲领,就是同德国社会民主党采取共同行动;在俄属波兰,波兰无产阶级的政治纲领既是"与他们的实际生活情况相适应的口号,也是俄国整个无产阶级共同的口号:推翻专制制度。"(本卷第7页)罗莎·卢森堡强调,波兰的无产阶级只有通过这样一种方式,才能"在彻底消除一切压迫的同时,消除对波兰民族的奴役,使一切文化压迫失去基础"(本卷第7—8页)。可见,罗莎·卢森堡并不是绝对地排斥波兰的民族解放,而是强调波兰的民族解放只有在无产阶级的阶级解放的框架下才是可能的。具体地说,波兰民族解放的历史使命,不可能由波兰的资产阶级,而只能由波兰的无产阶级来完成;它的现实路径只能是:波兰的无产阶级与波兰三个部分所属国的无产阶级共同行动,推翻资产阶级的统治,消灭阶级压迫,才能铲除波兰民族压迫的土壤,使波兰民族获得解放。这样一来,波兰的民族解放就被置于现代工业的基础上,置于无产阶级反对资产阶级的政治斗争之中,而不是回复到宗法式的农民经济,埋葬在沙皇制度的物质条件下。这就是社会民主党所坚持的马克思主义的历史进步观,也是社会民主党与爱国主义者在波兰民族解放问题上的根本分歧。在报告的结尾处,罗莎·卢森堡提出了社会民主党的斗争目标:"工人阶级为了本身的利益力图争取一种新的政治形式,他们具有高尚的觉悟,意识到他们是在为国际无产阶级的共同事业而发挥作用,通过夺取欧洲反动势力最强大的堡垒,将有效地促成伟大目标的实现,而这些目标今天正在用一种思想和一种情感将全世界成千上万的同志团结起来。"(本卷第8页)

波兰社会民主党在短短的四年中,虽然在自身思想的认识上、在领导波兰工人运动上取得了巨大的成绩,但在国际共产主义运动的舞台上并没有战胜波兰的社会爱国主义思潮。一个很明显的例子,罗莎·卢森堡以《工人事业报》杂志编辑部的名义起草的给第二国际苏黎世代表大会的这个报告并没有为这次大会所接受,罗莎·卢森堡也没有获得正式的代表资格。波兰社会民主党中,只有尤·马尔赫列夫斯基一人获得了代表资格,而以伊·达申斯基为首的波兰社会党人占了上风。这就使批驳波兰社会党的民族主义论点成了当时波兰社会民主党进行政治思想斗争的主要任务。罗莎·卢森堡在这一时期发表的政论文《辟谣》、《波兰社会民主党与民族性(答复)》、《波兰工人运动的奠基者:追忆》、《普属和奥属波兰的社会主义运动新思潮》、《波兰社会民主党的策略》、《在波兰民众中的鼓动》、《俄国立陶宛各省的社会民主主义运动》等,都是围绕批驳波兰社会党的民族主义论点而展开的。在这些政论文中,罗莎·卢森堡剖析了波兰社会党把民族解放与阶级解放肢解开来、对立起来的做法,指出,波兰社会民主党的民族主义观点的方法论弊端在于,机械地看待民族解放与阶级解放之间的关系,以波兰的民族解放来否定已经发展起来的波兰无产阶级的阶级斗争。为了彻底地驳倒波兰社会党的民族主义观点,罗莎·卢森堡阐发了民族解放与无产阶级的阶级解放之间的辩证关系。罗莎·卢森堡认为,无产阶级的阶级解放是无产阶级的普遍利益,而民族解放是各民族的特殊利益,民族的特殊利益只有在争取普遍利益的斗争中才能实现,这也就是说,无产阶级的阶级解放与民族解放并不矛盾,相反,它是民族解放的前提,如果舍弃这个前提,民族解放不过是空中楼阁。她指出:"工人阶级的斗争首先是政治斗争。工人们在其中生活和受苦的共同的政治制度,共同的国家领域决定社会主义者共同属于一个政党。民族差别不能成为这方面的隔阂,因为民族差别只在很小程度上对阶级状况产生影响。在同一国家疆域的各种无产阶级团体的特殊意图,绝不能为建立特殊的社会党创造基础。相反,只有通过共同的政治组织联合国家中的所有无产阶级的政治力量,进行统一的共同的政治斗争,无产阶级各个部分的特殊的合理意图才能得以实现。"(本卷第13页)初看上去,罗莎·卢森堡的这一观点过于强调阶级斗争,而轻视民族解放斗争的意义,有机械论的倾向,但是,如果仔细地读一下罗莎·卢森堡对这个观点的具体内容的阐释,立即就会看到罗莎·卢森堡的辩证法的丰富性。罗莎·卢森堡的解释是,就波兰目前的情况看,波兰三个部分之间的经济联系是微不足道的,相反,波兰三个部分的各个部分的经济生活受着其吞并国的经济的支配,并与其吞并国的政治生活相融合,这也就是说,波兰三个部分的无产阶级是生活在具有根本不同的政治制度下的三个不同国家,在这种情况下,不可能用一个纲领将这三个部分的无产阶级统一起来,而只能考虑当前的情况,"提出三个不同的纲领,并且必须由三个不同的斗争组织来领导。如果一个社会主义政党在当前能够在一个共同的政治纲领下把所有三个部分的波兰无产阶级联合起来,那么这个纲领是显然不能适应其中任何一个部分的,也就是说,它必须干脆无视所有三个部分的政治环境。这同人们打算以一个共同的纲领把德国、奥地利和俄国的整个无产阶级联合在唯一的一个党内是一回事。这种做法的荒谬一目了然。"(本卷第29页)在这里,罗莎·卢森堡是把民族解放与无产阶级的阶级解放的关系置于波兰无产阶级斗争的现实基础——现代资本主义发展和无产阶级反对资产阶级斗争的历史高度——加以阐释。由于这一阐释,民族解放与阶级解放的辩证法就不再是一个抽象的公式,而具有了十分具体而现实的内容,成了波兰无产阶级革命的辩证法。正是在这个意义上,罗莎·卢森堡指出,波兰社会党把波兰的民族解放与波兰无产阶级的阶级解放对立起来,要求建立特殊的独立组织的观点,无论在理论上,还是在实践上,都是不能成立的。

《土耳其的民族斗争和社会民主党》、《论〈前进报〉的东方政策》和《再论"东方问题"》三篇论文表达了罗莎·卢森堡对东方问题的关注及其基本态度。在这些论文中,罗莎·卢森堡就政治和民族运动与经济原因之间的联系、东方政策等问题与威·李卜克内西在德国社会民主党的报刊上开展辩论。这些都增加了罗莎·卢森堡在第二国际的影响力。

本卷收入的《国家条约》和《工资基金理论》是20世纪90年代之后才公开发表的罗莎·卢森堡在读大学期间的笔试论文。这两篇论文表明,罗莎·卢森堡在这一时期已经开始钻研国际法和政治经济学。这些研究,无论是对她完成博士论文,还是日后开展帝国主义理论研究,都起了十分重要的作用。

罗莎·卢森堡在这一时期开展的科学研究工作和进行的理论论战连同她在瑞士从事的革命活动一起,为她在获得博士学位后赴德国从事革命活动提供了客观的和主观的条件。

二

1898年5月,获得了博士学位的罗莎·卢森堡踏上了德国的土地,开始了她人生中的一段新的斗争征程。当时的德国,正值工业高速发展的时期,一方面是资本主义经济有了长足的发展,稳固了资产阶级的政治统治;另一方面是德国社会民主党的力量在废除反社会党人的"非常法"后得到了快速增长,工会活动、国会党团空前活跃,成了德国社会民主党的主要工作。在这种环境下,德国社会民主党内滋生了机会主义的思想。1896 年 10 月至 1898 年 6 月,德国社会民主党的宣传家和理论家爱德华·伯恩施坦在德国社会民主党的机关理论杂志《新时代》上相继发表了题为《社会主义问题》的一组文章,公开发表了他的修正主义观点,宣称现代信用制度的建立、邮政、电报、客运、货运等交通通讯的完善化、商业统计和情报机构的改进、企业家联合组织的扩展等新机能的出现,能够使资本主义克服自身的危机,并逐步生长出越来越多的社会主义因素,也使得马克思有关资本主义崩溃的预言和无产阶级革命的原则都变得不再适用了,无产阶级可以通过工会和社会改良的方式实行社会主义。这组文章发表后,立即引起了社会民主党内的激烈争论。在 1898 年 10 月 3—8 日举行的斯图加特党代表大会上,德国社会民主党的左派对伯恩施坦的修正主义观点进行了批驳。作为对自己观点的辩解,伯恩施坦于 1899 年 1 月出版了《社会主义的前提和社会民主党的任务》一书,全面系统地阐述了他的修正主义观点。之后,德国社会民主党于 1899 年、1901 年、1902 年、1903 年相继在汉诺威、吕贝克、慕尼黑和德累斯顿举行党代表大会,就伯恩施坦问题展开了激烈的争论,其中,除慕尼黑代表大会外,其他三次代表大会都通过了反对修正主义的决议案。这些论战构成了这一时期德国社会民主党内的马克思主义反对修正主义斗争的主线。罗莎·卢森堡进入德国后,积极投身德国社会民主党的工作,战斗在批判伯恩施坦修正主义的前沿,写了《社会改良还是革命?》、《英国眼镜》、《被蛀空的核桃》等批判伯恩施坦修正主义的名篇,她也由此而成为德国社会民主党的领袖人物和杰出的理论家。从这时起,罗莎·卢森堡获得了她作为革命家和马克思主义理论家的第二个身份:德国的罗莎·卢森堡。

　　批判伯恩施坦的修正主义,是一项十分艰巨的工作,它需要批判者具备三个条件:一是要透彻地了解资本主义在 19 世纪末发生的新变化及其对工人运动的影响;二是要有扎实的马克思主义理论知识基础,尤其是要系统和准确地把握马克思恩格斯的思想,还要有正确的世界观和方法论;三是要有马克思主义理论创新的勇气,即以马克思的历史辩证法分析世界历史的新变化,创造新的马克思主义理论。本卷收入的这一时期的文献充分地展示了罗莎·卢森堡在这三个方面所作的艰苦努力。

研究 19 世纪末资本主义经济、政治的新变化及其对工人运动的影响,是罗莎·卢森堡批判伯恩施坦修正主义的整个计划中极为重要的部分。罗莎·卢森堡在 1898 年 7 月 2 日给约吉希斯的信中写道:关于批判伯恩施坦,"我已经有了一个很好的计划,但我感到这不是更好的,因为我又碰到了一些难题。我拟定了一个极好的提纲,其中包括了两个难点:(1)写出有关危机的观点;(2)要确凿地证明资本主义必然灭亡。而要证明这一点,就意味着要为科学社会主义写一个新的、简明的论据。"①在罗莎·卢森堡那里,把这个极好的提纲变成批判伯恩施坦修正主义的论著,阐发科学社会主义的新观点,与她在这一时期大量地研究 19 世纪末的工人运动和资本主义经济、政治的新变化是同步展开的,两者分别从理论批判和经验研究两个向度上体现了罗莎·卢森堡在这一时期的马克思主义理论创造活动。

在 19 世纪末的欧洲工人运动中,工会斗争成了工人争取生存权利和政治权利的主要形式。于是,如何看待工会运动、如何对待工人阶级参加竞选的问题、如何理解工会斗争与工人阶级的阶级斗争的关系问题,就成了这一时期科学社会主义研究的主要问题。围绕这些问题,罗莎·卢森堡不仅积极地参与和组织普属波兰的工会斗争,而且还广泛地研究了欧洲其他国家的工会斗争。罗莎·卢森堡参与和组织普属波兰的工会斗争,是她进入德国后的第一件工作。罗莎·卢森堡初入德国时,德国社会民主党正忙于竞选活动,并不关心普属波兰的工人运动,这与普属波兰地区的工人运动在废除非常法之后进展缓慢不无关系。面对这种情况,罗莎·卢森堡决定去普属波兰区域的上西里西亚和波兹南开展工作。在那里,罗莎·卢森堡先是同波兰社会党波兹南地区组织的著名活动家马·卡斯普沙克建立了联系。马·卡斯普沙克因为拒绝谴责罗莎·卢森堡在参加德国社会民主党问题上所持的立场而被开除出党。罗

---

① Comrade and Lover:Rosa Luxemburg's Letter to Leo Jogiches,edited and translated by Elzbieta Ettinger, MIT Press,1979,p.53.

莎·卢森堡与他建立联系,是为了共同支持和团结波兰工人运动中的国际主义者,在普属波兰宣传波兰社会民主党的主张。紧接着,罗莎·卢森堡遍访了上西里西亚的各工业中心,与该地区的工人积极分子建立联系,发表演说、组织该地区的工人群众参与德国社会民主党的竞选,打开了波兰社会民主党在普属波兰地区的工作局面。本卷收入的《上西里西亚的选举》、《波兹南消息》就记载了罗莎·卢森堡初入德国的工作成就。这些成就表明,罗莎·卢森堡对波兰问题的研究和她领导波兰工人运动的地区已经从俄属波兰扩大到普属波兰。不仅如此,她在这一时期领导波兰工人运动的内容也发生了变化,从原先的领导罢工运动转变为领导工会斗争。除此之外,罗莎·卢森堡还研究了欧洲其他国家的工会运动,尤其关注法国的工人运动。从本卷收入的相关文献看,仅来自法国的消息就多达 28 篇。在这些文章中,罗莎·卢森堡分析了德雷福斯事件对法国工人运动的影响,分析了法国社会主义运动内部派别的分歧。本卷收入的《意大利社会党人在市镇参议会选举中的"胜利"》、《意大利的社会主义报纸重新出版》、《关于意大利人民贫困状况的例证》、《比利时工商业仲裁法庭工人陪审员全国代表大会》、《关于比利时的工会运动》、《英国女工厂视察员 1897 年年度报告》等文章,不仅表明了罗莎·卢森堡对意大利、比利时和英国工会运动的关注,而且表明罗莎·卢森堡已经充分认识到工会运动在工人运动中的重要性。这些研究为她从理论上弄清楚工人的日常斗争与工人运动的最终目标之间的关系、社会改良与社会革命的辩证关系,提供了经验材料。

在研究 19 世纪末资本主义经济和政治的新变化方面,罗莎·卢森堡十分重视统计资料。她认为,统计资料是研究当代资本主义经济和政治的基础,她本人对 19 世纪末资本主义经济的研究也是以当时的统计资料为根据的。但她绝不把统计资料和统计资料的运用看作是一个单纯的经济数字的计算工作,而视为一项分析现代社会的变化,"为工人阶级本身提供其经济斗争的全貌和在这种斗争中组织的有用性的数字证明"(本卷第 403 页)的工作。从这一观点出发,她从哲学的高度审视统计资料的方法,强调统计资料工作的价值取向。她在 1898 年 12 月写的《经济和社会政治评论》的第九节中,批评了德意志帝国在统计资料上的价值取向。她指出,德意志帝国把统计资料变成了地方警察机关的专职,其目的是收集"诉讼材料,用于反对现代工人运动,支持反动计划,剥夺人民的权利"(本卷第404页),因此,德意志帝国的统计工作"一开始就带有片面的,甚至直接偏袒的性质"(本卷第404页),其统计出来的数据必然是错误的和片面的。她强调,正确的统计资料的方法应该是本着"为社会改革,为有利于工人的措施收集材料"(本卷第404页),其收集材料的范围包括"工会的报纸报道,劳工局驻各大工业中心的兼职通讯员的报告,特别是通过向企业主和工人以及工人组织发放问卷而查证的材料"(本卷第404页)。不仅如此,她还进一步强调,在采用现代企业发展的数据时,不应该只看数量的变化,而应该引进质的观念,要从数量的变化中去发现资本主义的经济发展给社会发展所带来的质变。她在1898年12月至1899年1月发表的《经济和社会政治评论》中,批评了奥托·维德费尔特在其著作《1720—1890年柏林工业发展史统计研究》中使用的统计方法。罗莎·卢森堡认为,奥托·维德费尔特对手工业和大工业的状况只作数量上的统计,或"机械地根据企业数量的统计"说明手工业受到大工业的全面排挤和打压,或"只考虑企业及其雇员的表面统计"就界定企业大小的性质(本卷第422页),是非常不科学的,他以此为基础提出的理论也存在巨大的错误,因为"中小型企业的社会史,**从本质来看**,绝不能用统计数字来表示,至少不能用一直给予考虑的两个数字——工人的数量和在企业中从业的工人的数量——来表示"(本卷第423页)。比如,在现代社会中,大企业的数量虽然少,但它在市场上的销售比例上却大得惊人,小企业的数量虽多,但它只能满足社会需求的极小部分;还有,企业大小的性质也不能由雇用工人的数量来确定,"因为雇用八名或十名帮工的五金作坊总归还是一个手工业企业,而雇用四名职员的银行却绝不是手工业企业。如果只考虑企业及其雇员的表面统计,那么,只能得出一个与其说是完全相反的,倒不如说是有利于小企业的结论。"(本卷第422页)很显然,这个结论是与资本主义经济的性质及其发展趋势完全不相符的。从罗莎·卢森堡的这一评价中,可以看到,在统计方法上,罗莎·卢森堡重视的是质,而不是量。她所说的统计中的质,包括两个方面的内容:一是要从数据中发现资本主义经济形式的新变化,即从资本主义企业的增长中发现资本主义正在经历由自由资本向垄断资本的转变,以及由此而引起的世界市场的发展;二是要从资本主义经济的发展与工人阶级财富增长之间的比率中揭示工人阶级的贫困化状况,在此基础上,制定工人阶级斗争的目标和组织形式。正是因为对统计资料进行了哲学方法论的审视,所以,在对统计资料的提取与采用上、在评论19世纪末资本主义经济和政治的每一个新的变化上,罗莎·卢森堡都得出了与伯恩施坦相反的结论。伯恩施坦从资本主义经济发展的现象层面上看待股份公司的出现、交通运输业的迅速发展和工业垄断组织的建立等资本主义经济的新形式,提出了"资本主义适应"论的结论,断言资本主义将不再发生危机、马克思有关资本主义崩溃的预言和无产阶级革命的原则都不再适用了、无产阶级可以通过工会和社会改良的方式实行社会主义。与之相反,罗莎·卢森堡从资本主义的本质层面上分析股份公司的实质、交通运输的迅速发展和工业垄断组织的建立所造成的世界市场竞争,揭示了资本主义危机的内在机制,指出资本主义新机能的出现只不过是延长了资本主义的寿命,但绝不能消除资本主义的内在危机,相反,资本主义的内在危机只会在资本主义的世界性扩张所造成的世界市场的日益缩小与生产力发展之间的尖锐矛盾中日益加深,直到走向最终的崩溃。不仅如此,罗莎·卢森堡还以大量的数据,包括《德意志帝国统计》季刊公布的1897年少年男工和女工的惊人数据、巴黎社会资助公布的工人贫困化状况的数据,来驳斥伯恩施坦的"资本主义适应"论,证明:"《宣言》中所说的话至今仍完全符合事实,工人阶级中许多人的贫困化一如既往地继续存在"(本卷第443页)。罗莎·卢森堡由此得出的结论是:马克思有关资本主义崩溃的预言和无产阶级革命的原则并没有过时,"阶级斗争将在工人阶级的上层发展,最后必将埋葬资本主义及其所有典型形象"(本卷第444页)。本卷收入的罗莎·卢森堡在1898年12月至1899年3月在《萨克森工人报》上发表的四组《经济和社会政治评论》以及同期在《莱比锡人民报》上发表的《一次胜利的代价》、《沙皇的又一个通告》、《船舶制造业的变革》等文章清晰地展现了罗莎·卢森堡分析当代资本主义经济和政治的科学研究方法和基本思路。

在分析股票买卖及其相应的股份公司建立这一现象时,罗莎·卢森堡肯定股票的买卖及其相应的股份公司的出现是资本主义经济的一种新形式,但她同时指出,股票买卖不过是一种投机活动,股份公司的运作充满了欺骗性。

她在 1898 年 12 月写的《经济和社会政治评论》第一节"资本主义的骗局"中，以柏林的艾德思股份公司为例，分析这种新的经济形式的实质，指出，股票买卖是一种"自己不动一根手指，甚至还不直接让其他人劳动，也不与现行法律发生冲突——就能获得财富"（本卷第 395 页）的经济形式，而以这种经济形式为主业的现代保险股份公司"就是必须千方百计地筹钱，而股票就是为此向公众出售的。……明确地说，面向公众运营的保险股份公司的目的无非是用别人的钱来偿还土地所有者的债务"（本卷第 395 页），而投资股票的小资产者所获得的"不是实际存在的、所生产的财富的一部分，而是外债的一部分"（本卷第 395 页）。由此可见，股票买卖与企业主通过工业资本来积累一样，都是资本主义的经济形式，不过比之后者更具有欺骗性。

在分析交通运输业的迅速发展这一现象时，罗莎·卢森堡指出了这一事实：资本主义国家兴建大型的交通运输设施是为了资本主义国家的商业利益和军事利益，为了增加本国在国际市场上的竞争力，这就决定了大型交通运输设施的兴建一开始就具有世界性的特点，是服务于世界市场竞争的。罗莎·卢森堡在 1898 年 12 月发表的《经济和社会政治评论》的第四节"美国的水利建设"和 1899 年 2 月发表的《船舶制造业的变革》中，考察了美国当时正在修建的两大水利工程：即"拓宽伊利—休伦湖之间的河道"和"修建一条**通过尼加拉瓜湖的运河**"（本卷第 398 页）的目的和后果，考察了造船业的发展及其趋势。她指出，大型交通运输业的发展是与资本主义的工业发展和世界市场的竞争紧密地联系在一起的，代表了资本主义发展的两大趋势：一是世界市场的扩大，使资本主义变得越来越依赖于世界市场，世界市场也由此而成为资本主义赖以生存的土壤；二是资本主义工业生产的集中与技术变革之间形成了相互影响和相互制约的关系。但是，这并不能得出伯恩施坦的"资本主义适应"论的结论，恰恰相反，它使资本主义的内在矛盾变得越来越尖锐了，资本主义的发展空间变得越来狭小了。在 1898 年 12 月发表的《经济和社会评论》的第五、六、七、十一节中，罗莎·卢森堡分析了英国、德国和美国向亚洲和非洲倾销商品以及由此而引起世界市场争夺及其变化的情况，得出了三个结论：其一，殖民国家的趋势是大力修建铁路、运河等交通线，而铁路、运河的修建带来的"交通的便利，特别是殖民军的机动，只会使欧洲强国之间在亚洲和非洲的冲突越来越频繁、越来越尖锐。最后，正因为如此，还因为贸易的增长，这些新的交通线会加速资本主义的发展，也会加速资本主义的最终崩溃"（本卷第 402 页）；其二，资本主义的世界市场竞争是恶意的竞争，这种恶意竞争的后果只可能是"世界市场变得越来越狭窄，发达的生产力日益超过市场的容纳能力，竞争斗争越来越激烈，而多少带有普遍性的贸易冲突，作为不可避免的后果，迟早会动摇资本主义国家。"（本卷第 401 页）其三，资本主义的世界市场竞争势必翻开工人阶级斗争的新篇章。在第十一节中，她研究了英国在与德国和美国竞争世界市场中日渐衰落的趋势。她认为，英国在世界贸易上的倒退会打破英国国内"资本与劳动的和谐"的假象，使英国阶级斗争的历史翻开新的一页，因此，英国的工人阶级"没有理由对英国商业的衰落感到遗憾"（本卷第 407 页）。在《船舶制造业的变革》中，她指出运输业中的技术变革使劳动变得越来越简化了，这就"抹杀了职业中的专业化和个人因素，把工人从一个人和艺术家贬低为无差别劳动力的非个人的载体"（本卷第 465 页）。总之，从现代交通运输业的发展中，是得不出"资本主义适应性"的结论的。

在分析资本主义生产的垄断这一现象时，罗莎·卢森堡考察了美国和欧洲各资本主义国家的企业主联盟的形成及其在工业和银行业中的发展，揭示了企业主联盟的本质及其特点。在考察工业企业主联盟的形成及其发展时，罗莎·卢森堡研究了俄国钢铁工业快速发展的原因，研究了美国的工业卡特尔的形成和组织，揭示了企业主联盟的本质。她指出，企业主联盟是工业的集中，但是，这种集中绝不是单纯经济活动的结果，而是国家政策干预的结果。俄国钢铁工业在 1896—1897 年获得惊人的发展是"俄国政府在最近几年坚持奉行的保护关税政策的直接结果"（本卷第 397 页）。同样，美国的工业卡特尔的惊人发展也是许多人为的因素干预的结果。她赞同保罗·德罗西埃在《美国的垄断化工业（托拉斯）》一书中提出的观点：美国工业卡特尔的普遍化是美国的"铁路政策、关税政策、私人经营公共服务——共同作用的结果，没有这些因素，卡特尔就不可能形成和持续存在"（本卷第 451—452 页）。在这里，罗莎·卢森堡从经济和政治的相互作用上阐发了企业主联盟的本质，指出企业主联盟是资本主义国家特有的经济垄断形式，而这种经济垄断的形成又是国家干预的结果,它体现了 19 世纪末资本主义经济发展的一个重要特点和发展趋势。罗莎·卢森堡也按照这一思路研究了德意志帝国的银行法案。她指出,德意志帝国的银行法案是基于工商业的巨大发展和汇兑、信贷业务的集中化趋势,而德意志帝国银行的汇票贴现的大幅增长证明了这一事实:"工业在发展,用于创办企业和经商等的货币需求在扩大。而贷款利息的高低,可以直接决定国内工业和商业活动的难易"(本卷第 454 页)。从这些研究中,她得出的结论是:垄断是工业资本和金融资本的集中,但垄断既不能消除资本主义的无政府状态,也不能减轻资本家对工人的剥削,而只会加剧资本主义的无政府状态,激化工人与资本家之间的矛盾,唤起有觉悟的工人阶级起来抵制卡特尔的形成。这个结论表明,罗莎·卢森堡从资本主义企业主联盟组织的普遍化中看到的,不是"资本主义的适应性",而是资本主义的无政府状态日益加深、工人阶级反对资产阶级的阶级斗争日益加强、资本主义的经济形式必然为统一计划的社会主义经济形式所代替。这就是她关于资本主义经济普遍发展的基本观点。她把这个观点完整地表述为:"无政府状态从资本主义经济的一个领域蔓延到另一个领域;私人利益的自由支配,私人利润的无限支配,被宣告为资本主义经济的基础和福音,这在发展的一定阶段证明是不可能的、不可持续的,甚至与资本主义经济本身是不相容的。制定统一的计划,列出整个经济的一览表,由同样自然形成的中央对经营活动的管理——这是资本主义经济独特的结果。因此,这个结果的最终结果——将是彻底消灭资本主义,其无政府状态最终将无法维持,必须把计划和统一管理引入整个社会经济,也就是实行整个生产和交换机制的社会化。"(本卷第 455 页)

罗莎·卢森堡不仅在分析 19 世纪末资本主义新经济形式中得出了反对伯恩施坦的"资本主义适应"论的结论,而且还从理论上揭露了伯恩施坦修正主义理论的错误。罗莎·卢森堡认为,伯恩施坦修正主义理论的致命错误,在政治经济学领域,是曲解和否定马克思的劳动价值论和剩余价值论。而这个错误与资产阶级经济学家的论调是完全一致的。在 1899 年 2 月发表的《经济和政治评论》的第三节中,罗莎·卢森堡驳斥了法国政治经济学教授约瑟夫·朗博在他的《经济学说史》中对马克思的劳动价值论和剩余价值论的种种曲解,指出,"如果看看里昂天主教派法学院的政治经济学教授在上面证明马克思发展理论的错误的那些报纸,那么,人们乍一看会误以为手中拿的是**伯恩施坦**发表在《新时代》上的《社会主义问题》。伯恩施坦反对'崩溃论',而资产阶级天主教派教授反对社会主义的未来,他们完全是一脉相承。"(本卷第471—472页)。

上述的经验研究与理论批判表明,罗莎·卢森堡对伯恩施坦的批判是建立在她对19世纪末资本主义经济、政治的深入研究和对马克思恩格斯的无产阶级革命学说的透彻理解之上的,她的目的是通过深入研究19世纪末资本主义经济和政治的新变化来捍卫和发展马克思恩格斯的无产阶级革命学说,证明马克思恩格斯的无产阶级革命学说的当代有效性。她的《社会改良还是革命?》一书就是她在这一时期以马克思主义哲学来剖析19世纪末资本主义经济和政治的变化,批判伯恩施坦修正主义理论的核心观点,证明马克思的历史辩证法和科学社会主义的基本原理的当代有效性的杰作。

《社会改良还是革命?》由三组评论文章合编而成。第一组文章写于1898年6—9月间,是罗莎·卢森堡对伯恩施坦发表在1896—1897年《新时代》上总标题为"社会主义问题"的一组文章的评论。文章完成后,罗莎·卢森堡送交《莱比锡人民报》,得到报纸编辑布·舍恩兰克的极高评价,并立即付印,从1898年9月21—28日,以《社会改良还是革命?》为总标题连载。第二组文章是罗莎·卢森堡对伯恩施坦1899年2月底出版的《社会主义的前提和社会民主党的任务》的评论,在1899年4月的《莱比锡人民报》上连载。这组评论文章刊出后,受到极大的重视。于是,编辑部根据社会民主党内同志们的多次建议,将这两组文章以同名《社会改良还是革命?》编辑成册出版。出版时,编辑部又将罗莎·卢森堡发表在1899年2月《莱比锡人民报》上的关于民军和军国主义的文章作为附录一并收入。这就构成了《社会改良还是革命?》一书的结构。其中,第一组文章编为第一部分,第二组文章编为第二部分,第三组文章编为附录。这一结构生动地展示了罗莎·卢森堡批判伯恩施坦修正主义的历史过程和逻辑进路。从历史过程上看,《社会改良还是革命?》汇集了罗莎·卢森堡对伯恩施坦在1896—1899年间发表的两个重要文本——《社会主义问题》和《社会主义的前提和社会民主党的任务》——的批判性文献,表明,罗莎·卢森堡对伯恩施坦修正主义的批判不是一次性完成的,而是一个持续推进的过程,其间既有理论的批判,又有经验的研究(这一经验的研究主要体现在这期间发表的《经济和社会政治评论》中),是一个理论批判与经验研究交错展开的过程;从逻辑进路看,《社会改良还是革命?》中的两个部分有着内在的逻辑关联,体现了罗莎·卢森堡与伯恩施坦之间的论战史。

《社会改良还是革命?》的第一部分是对伯恩施坦 1896—1897 年在"社会主义问题"这个总题目下发表的他的修正主义观点的系列文章的评论。罗莎·卢森堡在评论伯恩施坦的这组文章时,不是在现象层面上一一评论伯恩施坦的某一个具体的论点,而是把它提升到马克思主义哲学理论的高度,从分析伯恩施坦的方法入手,指出了伯恩施坦修正主义观点中隐藏的实质性的理论问题。罗莎·卢森堡指出,伯恩施坦以资本主义的信用体系的建立、交通运输的改进和企业主联盟组织的出现为根据,提出"资本主义适应"论,力图以社会改良取代社会革命,从科学社会主义的观点看,是提出了"**工人运动的小资产阶级性质还是无产阶级性质的问题**"(本卷第 482 页),从更深层的马克思主义哲学观点看,是提出了如何看待"资本主义的发展进程本身,以及同这个发展进程有关的向社会主义制度过渡的问题"(本卷第 485 页)。在这个问题上,存在两种根本对立的哲学观:一种是马克思主义的哲学观。这种哲学观坚持马克思的崩溃论,从资本主义的本质和内在矛盾的层面上,运用危机的方法来分析现代资本主义经济的新形式,揭示隐藏在资本主义经济新形式背后的危机和资本主义不可消除的内在矛盾,论证无产阶级革命的必要性和必然性;一种是伯恩施坦的哲学观。这种哲学观反对马克思的崩溃论,从资本主义的外在形式的层面上,运用"适应工具"来分析现代资本主义经济的新形式,论证资本主义经济新形式的出现"能防止资本主义制度的崩溃,让资本主义能够生存下去,并消除它的矛盾"(本卷第 487—488 页)。罗莎·卢森堡认为,这两种哲学观的对立,从方法论的角度看,源于对马克思的危机理论的不同理解。从总体上看,马克思的危机理论包括两个层面的内容:一个是在本质层面上探究资本主义的"普遍的、毁灭性的危机"(本卷第 485 页),即资本主义内在的结构性危机;一个是在现象层面上预言资本主义周期性危机发生的时间,如 10 年或 20 年一个周期等。这两个层面的内容中,前者讲的是资本主义危机的本质,它所揭示的是资本主义崩溃的内在必然性;后者讲的是资本主义危机的外部形式,它所考察的是资本主义危机的偶然原因,因而是"非本质的、次要的东西"(本卷第 485 页)。伯恩施坦在方法论上的错误就在于,他机械地理解马克思的危机理论,把马克思对资本主义经济每 10 年发生一次周期性危机的预言当作马克思危机理论的全部内容,又以近 20 年来资本主义经济没有爆发震荡性危机来否认马克思的崩溃论,断言资本主义因其建立了信用制度、改善了交通工具、形成了企业主联盟组织而具有了适应机能,不会再发生危机了。然而,如果转换一个视角,从马克思危机理论的本质方面来分析,人们就会对近 20 年来资本主义经济普遍表现出来的萧条过程作另一种解释,即资本主义在 1825 年、1836 年、1847 年爆发的危机都不过是"资本主义幼稚的表现",并不是"马克思用公式分析的资本主义的老年危机"(本卷第 493页),而近 20 年来资本主义经济所表现出来的"短期的繁荣与长期的萧条交替出现"(本卷第 495 页)的现象则使人们看到了信用制度是如何"复制资本主义世界的一切主要矛盾,把它们引向荒谬绝伦的地步,……加快它走向自己灭亡的(崩溃)的速度"(本卷第 490 页),也看到了"卡特尔及其对于资本主义经济的最终影响,不仅不是消除资本主义矛盾的'适应手段',反而是资本主义自己造成的加剧它固有的无政府状态、暴露它内含的矛盾、加速它灭亡的一个手段"(本卷第 492 页)。这些正好说明,"我们正在不断地接近末日的开端,即资本主义的最后危机时期"(本卷第 495 页),马克思的资本主义崩溃论并没有过时,它依然是人们分析现阶段资本主义危机现象的方法论。据此,罗莎·卢森堡得出结论:伯恩施坦的错误在于,用机械论的、非辩证的方法来解释马克思的危机理论,"把危机的停滞视为资本主义经济'适应'的征候"(本卷第 511 页),从而得出了"资本主义适应"论这个结论。从这个结论出发,伯恩施坦在资本主义制度的框架下谈论工会斗争和议会斗争,以为"这种斗争能对资本主义经济逐步产生社会主义的影响",这"其实纯粹是想象"(本卷第 507 页)。最后,罗莎·卢森堡把伯恩施坦的全部理论概括为这样一句话:"这是符合**庸俗经济学精神的以资本主义停滞论为依据的社会主义停滞论**。"(本卷第 513 页)罗莎·卢森堡对伯恩施坦修正主义理论所作的这一系列的哲学理论的和方法论的批判,逼迫伯恩施坦不得不从哲学理论的和方法论的角度来系统地阐发他的修正主义理论。这就构成了伯恩施坦写作《社会主义的前提和社会民主党的任务》一书的理论背景。在这本书中,伯恩施坦指责罗莎·卢森堡对他的"资本主义适应"论和社会改良主张的批判是在玩弄马克思的"辩证法的规律"。他提出,马克思的历史唯物主义理论绝不只有辩证法规律的一面,还有肯定资本主义的生产和创造能力的一面,因此,问题不在于马克思的一般社会主义文献本身,而在于马克思的社会主义文献中的哪一方面"正确地表达了今天的情况"①。伯恩施坦的观点是,马克思历史唯物主义理论中的"辩证法的规律"一面已经不能正确地表达今天的情况了,只有马克思历史唯物主义理论中的肯定资本主义生产和创造能力的一面才能表达今天的情况,所以,他的《社会主义的前提和社会民主党的任务》要按照后一面来评论马克思的阶级斗争学说和剩余价值学说,力图使马克思的历史唯物主义理论和政治经济学变得适合于他的修正主义理论。这又构成了罗莎·卢森堡写作《社会改良还是革命?》第二部分的理论背景。罗莎·卢森堡认为,伯恩施坦为自己所作的理论辩解,使社会民主党与伯恩施坦的讨论"变成两种世界观、两个阶级、两种社会形式的争论"(本卷第 541 页)。

《社会改良还是革命?》的第二部分从马克思主义哲学世界观的高度和无产阶级的立场上分析社会民主党的理论体系与伯恩施坦的理论体系的逻辑前提,进而揭示这两种理论体系的思维方式,以此证明伯恩施坦的理论体系本质上是一种机械论的世界观,"是给机会主义奠定基础的**第一次**尝试,同时也是**最后一次尝试**"(本卷第 543 页)。罗莎·卢森堡认为,社会民主党的理论体系与伯恩施坦的理论体系之间的对立首先体现在两者的逻辑前提上:社会民主党的理论体系的逻辑前提是坚持马克思的社会主义的经济前提,"在资本主义社会的**经济关系**中发现实现社会主义的方法",而伯恩施坦的逻辑前提是"否认在现代社会中存在这种社会主义的经济前提"(本卷第 514 页),代之以法的前提。罗莎·卢森堡指出,伯恩施坦用发行股票这种经济现象来证明"资本家"这个范畴已经发生了变化,即不再是指资本家个人,而是指的持有股票的集体,是指拥有大大小小股权的集体。于是,在伯恩施坦那里,"资本家"不再是马克思所定义的"一个生产的范畴,而是一个所有权的范畴,不是

---

① 《伯恩施坦文选》,殷叙彝编,人民出版社 2008 年版,第 213 页。

一个经济单位,而是一个税务政策的单位";资本也不再是马克思所定义的
"一个生产的整体,而是一个简单的货币财产"(本卷第 516 页)。在这一解释
中,伯恩施坦将马克思的社会主义的经济概念偷换成了法的概念,将生产关系
和经济关系偷换成了法的关系和所有权的关系。这样一来,伯恩施坦把马克
思的政治经济学和科学社会主义的原理置于资本主义法律体系下加以解释,
这就构造了一种与社会民主党的理论体系完全对立的思维方式。社会民主党
的理论体系以马克思的社会主义经济前提为根据,从肯定马克思的资本主义
崩溃论出发,建构的是"革命无产阶级的思维方式"(本卷第 545 页)。在这一
思维方式下,社会民主党用马克思的历史的观点、社会主义的观点来剖析资本
主义新形式中隐藏的资本主义的内在危机,得出了阶级斗争依然存在,工人运
动的最高目标只能是以无产阶级革命的方式夺取国家政权,建立社会主义的
国家。而伯恩施坦的理论以资产阶级的法律体系为根据,从否定马克思的资
本主义崩溃论出发,建构的是改良主义的思维方式。在这一思维方式下,伯恩
施坦逐一地修改马克思的政治经济学和科学社会主义的各个基本原理,最后
毁掉了马克思的整个思想体系。罗莎·卢森堡在第二部分的第四节中描述了
伯恩施坦是如何在资产阶级的法律体系下一步一步地毁掉马克思的整个理论
体系而滑入机会主义的理论体系的。她指出,伯恩施坦从抛弃资本主义的崩
溃论开始,"没有资本主义的崩溃,就不可能剥夺资本家阶级,于是伯恩施坦
就放弃剥夺,把逐步实行'合作社原则'作为工人运动的目标。但是,合作社
原则在资本主义生产内部是行不通的,于是伯恩施坦就放弃生产社会化,着手
改良商业,发展消费合作社。但是,消费合作社,哪怕与工会一起来改造社会,
同资本主义社会事实上的物质发展不相容,于是伯恩施坦就放弃唯物主义历
史观。但是,**伯恩施坦**关于经济发展进程的观点与马克思的剩余价值规律不
相容,于是他就放弃剩余价值规律和价值规律,从而放弃卡尔·马克思的全部
经济理论。但是,没有确定的最终目标,没有现代社会的经济基础,无产阶级
的阶级斗争就不能进行,于是伯恩施坦就放弃阶级斗争,声明与资产阶级自由
主义和好。但是,在阶级社会中,阶级斗争是一个十分自然而又不可避免的现
象,于是伯恩施坦就在进一步的结论中甚至否认我们社会中存在阶级斗
争。……但是,如果没有阶级斗争的经济基础,并且根本没有阶级,那么,不仅

不可能有无产阶级同资本主义的未来斗争,而且也不可能有它们迄今为止的斗争,社会民主党本身及其成果也就无法理解。或者说,如果是可以理解的,那么这也只是来自政府方面的政治压力的结果,不是历史发展的合乎规律的结果,而是霍亨索伦方针的偶然产物;不是资本主义社会的合法的儿子,而是反动派的私生子。这样一来,伯恩施坦就极为合乎逻辑地从唯物主义历史观转到了《法兰克福报》和《福斯报》的立场。在否定了对资本主义社会的全部社会主义批判以后,剩下的基本上就是满足于现状了。……就这样,伯恩施坦完全合乎逻辑地从头走到尾。为了运动,他以放弃最终目标为起点,但是,由于没有一种社会民主主义运动真的没有社会主义的最终目标,所以他必然也是以放弃运动本身而告终。这样一来,伯恩施坦的全部社会主义观点就崩溃了。雄伟、对称和神奇的马克思体系的建筑物,在他那里现在变成了一个巨大的垃圾堆,认为各种体系的碎片,所有大小思想家的思想片断,在这里都有一个共同的归宿。"(本卷第537—538页)在这里,罗莎·卢森堡揭示了伯恩施坦理论体系的资产阶级法律体系的逻辑前提与改良主义的思维方式、与机会主义的理论和实践的内在联系,同时也证明,伯恩施坦主张合法改良的实质"不是为了实现**社会主义**制度,而仅仅是改良**资本主义**制度,不是要为了消灭雇佣劳动制度,而是为了多少减缓剥削,一句话,是为了消灭资本主义的赘疣,而不是消灭资本主义本身。"(本卷第531页)这样,罗莎·卢森堡就从理论和实践的一致性上阐明了社会民主党与伯恩施坦在世界观、阶级立场和社会形式上的对立:社会民主党在哲学的世界观上坚持马克思的社会主义经济前提,建构"革命无产阶级的思维方式",与它在实践上坚持无产阶级的阶级斗争立场和社会主义的社会形式是一致的,而伯恩施坦在哲学的世界观上坚持资产阶级的法律体系,建构改良主义的思维方式,与他在实践上强调改良主义的机会主义立场和资本主义的社会形式是一致的。从另一方面看,罗莎·卢森堡对待社会革命和合法改良没有采取机械论的态度,将两者绝对对立起来,而是将其置于社会历史的进程中来阐发两者的辩证关系。罗莎·卢森堡认为,合法改良在资产阶级法律体系下只能是资产阶级性质的,而当它在无产阶级革命的框架下进行的时候,就成为社会主义斗争的一部分,具有社会主义的性质了。从这一观点出发,罗莎·卢森堡阐发了社会革命与合法改良之间的辩证关系。罗莎·卢森堡指出,社会革命和合法改良是人们在历史过程中的两种不同的活动方式:社会革命是一个阶级为了实现经济形态变革的目的而发动的政治行动,即是"阶级历史上的政治创举"(本卷第 530 页);合法改良是一定社会为解决人们的权利关系而进行的立法活动,即是"社会在政治上维持生存的手段"(本卷第 530 页)。这两种活动,由于其性质不同,对于历史进步的意义也各不相同:社会革命发生在社会形态更替、社会制度变革的阶段,是推动社会发生质变的力量,而合法改良只是在一定社会形态、社会制度的范围内起作用,是社会变化的量的积累过程。这往往是一个阶级刚刚夺取了政权,处在上升时期所采取的方式,如果一个阶级要推翻旧的阶级,要取得政权,开始新的社会制度的建设,就必须采取社会革命的方式。这就意味着,社会革命和合法改良是历史进步中的两个必不可少的、不可相互替代的因素,它们在哪一个时期起主导作用以及起作用的方式,都是由社会历史进程决定的。伯恩施坦的错误在于,他不是把社会革命和合法改良放到历史进程中加以考察,而是把它们抽象出来、对立起来,以为它们是可以供人们任意挑选的实现社会进步的方式,于是,他就用好的方面和坏的方面来评判社会革命和合法改良,强调合法改良是比社会革命更好的方面,以此取消社会革命。针对伯恩施坦的这一错误,罗莎·卢森堡指出:"立法和革命不是历史进步的不同方法,——不能像在历史的食堂里那样任人挑选热炒和冷盘——而是阶级社会发展过程中的不同**要素**,既相互制约和相互补充,同时又像南极和北极、资产阶级和无产阶级一样相互排斥。"(本卷第 530 页)罗莎·卢森堡在社会革命的框架下阐发社会革命与合法改良之间的辩证关系,为她解决工会斗争与阶级斗争的关系、日常斗争与工人运动的最终目标的关系提供了理论的和方法论的根据。

《附录:民军和军国主义》是罗莎·卢森堡对伯恩施坦分子席佩耳的文章的答复,也是对席佩耳有关军国主义问题观点的批判。其中,罗莎·卢森堡特别驳斥了席佩耳把他对军国主义的历史必然性和历史发展的理解与恩格斯的历史观等同起来的说法,指出,席佩耳的军国主义的观点绝不是恩格斯的历史观的运用,而是伯恩施坦的历史观的运用。这一批判表明,对于伯恩施坦修正主义的批判,罗莎·卢森堡是在理论和实践两个层面上同时展开的。在她看来,机会主义在实践上的危害性,一点也不比对马克思主义理论的危害性低。基于这一认识,罗莎·卢森堡在完成《社会改良还是革命?》后,又写了一系列文章,分析和批判了伯恩施坦在工会运动和德国社会民主党人参加资产阶级政府和议会等实践方面的机会主义观点。

工会运动是德国工人运动的一大问题。在这个问题上,伯恩施坦提出,德国工人运动应当以英国工会运动为榜样,通过工会运动将资本主义生产方式逐渐转变为社会主义生产方式。这就提出了一个重要的理论问题:工会运动本身是否具有社会主义性质。对于这个问题,罗莎·卢森堡的答案是,工会运动本身并不具有社会主义的性质,工会运动只有纳入阶级斗争的框架下,通过政治行动追求社会主义目标的时候,才具有社会主义的性质,反之,在资产阶级的框架下,完全致力于日常要求,放弃社会主义的目标的工会运动,就只能具有资产阶级的性质了。在《英国眼镜》一文中,罗莎·卢森堡考察了英国工人运动的历史,分析了英国工会运动在 19 世纪 50 年代前后的变化,指出,在19 世纪 50 年代前,英国的宪章运动、欧文主义运动都是在阶级斗争的观点下进行的,都是通过政治行动追求社会主义的目标,在这些斗争中,工会的任务是"进行阶级团结教育的活动和社会主义道德教育的活动"(本卷第 573 页),由此决定,这一时期的英国工会运动具有社会主义的性质,然而,自 50 年代初开始,在宪章运动和欧文主义运动失败后,英国的工人运动放弃了社会主义的目标,英国的工会运动"变成了交易活动,工会成为一个特别复杂的机构,一所为长期生活布置得舒适的住宅,而且在那个时期的所有工人存在'一种谨慎的、纵然有些**狭隘的政客思想**'"(本卷第 573 页)。通过考察英国工联运动的历史,罗莎·卢森堡得出的结论是:英国的工会运动本身还丝毫不是社会主义的,相反,"在德国和整个大陆,工会一开始就是在阶级斗争,也就是在社会主义斗争的基础上形成的,简直可以说是社会民主党的产物,是它的产儿"(本卷第 578 页),因此,德国的工会运动比英国的工会运动更先进。伯恩施坦推荐英国的例子,"等于建议德国工会放弃社会主义阶级斗争的基础,而立足于资产阶级的基础"(本卷第 578 页)。据此,罗莎·卢森堡提出了与伯恩施坦相反的主张:"为了有助于社会主义事业,不是德国工会应当效法英国工会,而是相反,英国工会应当效法德国工会"(本卷第 578 页),因为"英国眼镜之所以不适合德国,并不是因为英国的情况比德国**先进**,而是因为从阶级斗争的角度看它**落后**于德国"(本卷第578页)。罗莎·卢森堡强调德国工会的先进性,是建立在她对工人运动的这一观点之上的:工人阶级只有通过政治斗争获得了政治权力,才能真正获得自己的经济权力,如果没有政治权力,"工人的'经济权力'是一个幻想"(本卷第594页)。在这里,罗莎·卢森堡从理论与实践的结合上解决了德国工会运动的性质和发展方向的问题。

德国社会民主党人进入资产阶级的政府或议会、参加政府的社会改良活动,是当时的一个普遍现象。那么,如何看待这一现象,如何对待社会改良活动呢?这是德国工人运动面临的又一大问题。罗莎·卢森堡于1899年7月写的《一个策略问题》,就是对这个问题的分析和解答。罗莎·卢森堡认为,德国社会民主党参加政府的社会改良活动,首先提出了德国社会民主党人参与资产阶级政府的社会改良活动的观念问题,即是在伯恩施坦主张的"社会主义逐步长入资产阶级社会"(本卷第583页)观念的主导下参与资产阶级政府的社会改良活动,还是在无产阶级革命的观念下参与资产阶级政府的社会改良活动?这两种不同的观念主导下的社会改良活动,其性质和斗争方式是根本不同的。在伯恩施坦主张的"社会主义逐步长入资产阶级社会"观念主导下的社会改良活动,本质上是服务于资产阶级社会的。在这种情况下,一个社会民主党人作为政府的成员,"实际上把自己的社会主义充其量压缩为资产阶级民主或资产阶级的工人政策"(本卷第585页)。相反,在无产阶级革命的观念主导下的社会改良,是工人阶级为寻求自身解放的一种策略,其本质上是服务于"夺取政府并把它变成占统治地位的工人阶级的政府"(本卷第585页)这一最高目标的,在这种情况下,社会民主党人无论是进入政府,还是进入议会,都会在试图实行社会改良的同时"反对资产阶级立法和整个资产阶级政府(在否决预算时极为明显地表现出这一点),从而使他们争取资产阶级改良的斗争具有原则上是社会主义的性质,即无产阶级的阶级斗争的性质"(本卷第584—585页)。从这一分析中,罗莎·卢森堡得出了两个结论:其一,"社会民主党的斗争首先不在于争取什么,而是怎样争取"(本卷第584页);其二,"在资产阶级社会中,社会民主党按照其性质来说,只能扮演反对党的角色,它只有在资产阶级国家的废墟上才能表现为执政党"(本卷第585

页)。这两个结论,归结起来,就是社会民主党参加资产阶级政府或议会不过是进行阶级斗争的策略,它的目的是把社会改良变成整个社会革命中的一个部分、一个环节,使其服务于无产阶级推翻资产阶级的统治、建立工人阶级自己的国家的最终目标。这就构成了罗莎·卢森堡对社会民主党人的社会改良实践问题的解答。

德国社会民主党的危机是伯恩施坦修正主义理论出场的前提。当时,德国讲坛社会主义的代表人物把德国资产阶级教授们鼓吹的"马克思学说过时"论和"马克思主义危机"论移植到社会民主党的阵营中来,证明德国社会民主党的理论基础出现了危机,要求以伯恩施坦的修正主义理论取代马克思的革命学说,作为社会民主党的理论基础。这样一来,"马克思学说过时"论和"马克思主义危机"论就成为改变德国社会民主党的性质,进而削弱社会民主党的社会影响力的基础性问题。为此,罗莎·卢森堡写了《被蛀空的核桃》一文,驳斥了"马克思主义危机"论。她指出,"马克思主义危机"论是近25年来德国资产阶级教授们向马克思射出来的毒箭,其实质是用空洞的社会理想来否定马克思"对经济现象的**客观**的研究"(本卷第588页)和对资本主义社会运动规律及其灭亡的揭示,否定马克思从黑格尔和费尔巴哈那里继承而来的辩证法和唯物论,特别是否定马克思的历史唯物主义,证明马克思的学说是错误的、已经过时的理论。然而,"形式上的社会理想"(本卷第589页)是永远不能实现的,因此,马克思的学说也是不可战胜的;那些鼓吹"社会民主党危机"论的讲坛社会主义的教授们所做的一切,除了能够带给资产阶级"自我安慰,或至少能够自我麻醉"(本卷第590页)外,什么也做不了,当然也不可能带来"马克思主义的城墙"的"倒塌"(本卷第591页)。这样,罗莎·卢森堡就通过驳斥"马克思主义危机"论,论证了社会民主党的理论基础只能是马克思主义的理论。

罗莎·卢森堡对伯恩施坦修正主义展开的犀利的理论批判和透彻的实践分析,得到了蔡特金、倍倍尔等社会民主党左派的支持,也吸引了社会民主党内越来越多的人支持反对伯恩施坦修正主义的斗争。1899年10月10日,德国社会民主党在汉诺威召开代表大会,大会的主题是批判伯恩施坦对社会民主党的基本观点和策略的攻击。德国社会民主党的主要领导人倍倍尔亲自出面主持和组织这次会议。为了配合倍倍尔的主题报告,也是为了保证这次会议能够实现预期的目标,罗莎·卢森堡在 1899 年 9 月发表了一系列文章,针对当时社会民主党内的大多数人在批判伯恩施坦修正主义问题上的种种模糊认识,阐发了社会民主党的性质和批判伯恩施坦修正主义的原则。在阐发社会民主党的性质时,罗莎·卢森堡强调:"社会民主党不是一个清谈馆,而是一个战斗的党。它应该有权呼吁自己的党员,如果你们想改变立场,那好吧,你们就与同道者为伍,与他们保持一致;如果你们想与我们为伍,与我们并肩战斗,那就站到我们的立场上。"(本卷第 606—607 页)在阐发社会民主党批判伯恩施坦修正主义的原则时,她指出,社会民主党批判伯恩施坦的修正主义绝不是单纯的理论争论,而是关系到社会民主党的生死存亡的问题,因此,社会民主党绝不能允许借"科学研究"、"保护批评自由"之名来攻击社会民主党的原则和策略。在《关于即将召开的党代表大会》一文中,罗莎·卢森堡明确地提出了社会民主党对待批评的原则:"我们党内的自我批评只有顺着我们斗争的**方向**,它才能达到为发展服务的目的,因此才会受到欢迎。所有的批评,只要能使我们为实现最终目标而进行的阶级斗争更有力、更彻底、目标更明确,都应当受到由衷的感激。但是,如果批评是旨在拉我们的后腿,让我们完全背离阶级斗争和放弃最终目标,那**这样的**批评已不再是前进和发展的因素,而是崩溃和瓦解的因素。"(本卷第 621 页)在这里,罗莎·卢森堡把对伯恩施坦修正主义的批判提升到社会民主党的性质和生死存亡的高度。她强调,汉诺威大会的主题,绝不是学术的和理论的问题,而是"一系列关于党的基本**原则**和**策略**的纯粹**实践**的问题"(本卷第 622 页),因此,"党代表大会的口号必须是:批评的自由要受到充分尊重,'科学研究'的神圣性不可侵犯。但是,正是在伯恩施坦集团长期和畅行无阻地运用了'批评'之后,为了揭露这个集团的内在特性及其倾向,现在是时候了,党作为一个政治整体必须对这种批评的后果表明态度并宣布:**这种批评是一种堕落的理论,它在我们的队伍中已经没有容身之地。**"(本卷第 624 页)她大声疾呼,伯恩施坦绝不是孤立的个人,而是机会主义思潮的理论的诠释者,他的理论对社会民主党的不断侵蚀,必将会像倍倍尔所说的那样,迟早会打断"社会主义主义运动的脊梁"(本卷第 627 页)。因此,社会民主党在伯恩施坦分子的批评面前,不能作任何的让步,尤其是不能在原则上妥协。这些思想构成了她在德国社会民主党汉诺威大会上发言的主要内容。伯恩施坦没有出席汉诺威大会,但伯恩施坦分子爱·大卫出席了会议,并针对倍倍尔的主题报告中列举的伯恩施坦理论的种种错误进行逐一的辩护,再次陈述了伯恩施坦有关经济权力的观点。针对爱·大卫的发言,罗莎·卢森堡在理论上重点驳斥了伯恩施坦及其拥护者的所谓经济权力理论,在实践上重申了她在社会民主党对待"党内自由批评"这个问题上的立场和观点,并批评了伯恩施坦分子席佩耳在他的发言中为军国主义辩护的言论。罗莎·卢森堡为汉诺威代表大会的顺利召开所作的理论准备以及她在汉诺威代表大会上的发言表明,此时的罗莎·卢森堡,无论在理论上,还是在实际的斗争中,都已经融入了德国社会民主党,由德国社会民主党的一名理论新兵成为德国社会民主党的思想领袖。至此,罗莎·卢森堡实现了她人生中的一次重大的身份转换,从波兰的罗莎·卢森堡转换成了德国的罗莎·卢森堡。

本卷收入的文献出自于德文版《罗莎·卢森堡全集》第 1 卷上册和第 6 卷。在收入这些文献时,本课题组根据中文版《罗莎·卢森堡全集》的编辑思路和编辑原则进行了重新编辑,对其中的文献进行了辨识,将那些不是罗莎·卢森堡本人亲笔撰写,而是由报纸报道的罗莎·卢森堡观点的文章提取出来,作为附录发表。我们认为,把这些不是罗莎·卢森堡亲笔撰写的文章编入正文,从文献学上看,是不妥当的,但这些文章比较准确地报道了罗莎·卢森堡的观点,同时又反映了罗莎·卢森堡的观点在当时的社会影响力,是我们了解罗莎·卢森堡思想的一个窗口,也是我们研究罗莎·卢森堡思想的一个重要部分。从这个角度看,把这些文献以附录的形式发表出来,是十分恰当的。

最后,值得说明的是,收入本卷的文献中,仅有 16 篇曾被译成中文发表,其中有些还只是摘译,并没有全文译出。译出的 16 篇文献中,《在 1899 年苏黎世第三次国际社会主义工人代表大会上所作的关于 1889—1893 年俄属波兰社会民主主义运动的形势和过程的报告》《普属和奥属波兰的社会主义运动新思潮》《社会改良还是革命?》《英国眼镜》《一个策略问题》《关于即将召开的党代表大会》《我们的起指导作用的中央机关报》,以及在 1899 年德国社会民主党汉诺威代表大会上的发言等,虽然是罗莎·卢森堡这一时期最重要的文献,但单单阅读这些文献,要想全面地理解其中的思想,尤其是想把握罗莎·卢森堡思想的精髓,是远远不够的,只有阅读了这一时期的全部文献,才能了解罗莎·卢森堡这一时期提出问题和研究问题的历史背景,并从罗莎·卢森堡这一时期思想创造的历史过程中领会她的马克思主义理论的实质内容及其对于波兰社会民主党和德国社会民主党斗争的重要性。本卷收入的文献有助于读者从历史深处把握罗莎·卢森堡这一时期理论创造的思想脉络,了解罗莎·卢森堡的历史辩证法与马克思的历史辩证法之间的内在联系,以及她的民族理论和工人运动理论与马克思恩格斯的民族理论和工人运动理论之间的内在一致性。

何　萍

2021 年 3 月 5 日

在 1893 年苏黎世第三次国际社会主义工人代表大会上所作的关于 1889—1893 年俄属波兰社会民主主义运动的形势和过程的报告①

波兰王国社会民主党机关刊物《工人事业报》杂志编辑部

1893 年 8 月

同志们！来自被俄国征服的那一部分的波兰社会民主党人参加你们的代表大会，这是第一次。

华沙和罗兹的工人是从实行政治专制主义的黑暗国家和顽固的反动堡垒派遣他们的代表（同时也是我们的代表）参加这个两大陆的工人议会的。

我们向你们表示兄弟般的祝贺并告诉你们一个好消息：社会民主党的原则在我们那里也已扎根。尽管有联合起来的资产阶级使用残暴的警察力量对我们进行迫害，但是社会民主党这面旗帜已经成为波兰工人群众进行解放斗争的指路明灯。当你们在西方取得节节胜利之时，我们坚持国际社会民主主义的原则，在东方同俄国的专制制度，这个欧洲反动势力的最后、最强大的堡垒，进行着不屈不挠的斗争。完全不同的政治条件迫使我们采取另一种斗争形式。我们不得不在秘密状态下坚持不懈地进行我们的工作。我们的自由和生命经常受到威胁，因此我们不能像你们那样完全公开地进行活动，目前只有在像五一节那种个别情况下才能采取和你们相同的斗争方式。不言而喻，甚至这一斗争的形式和方法也必须有所不同。因此，你们在重要和富有成果的讨论中，就是说，在你们考虑使两大陆的无产阶级达到崇高目的，即取得社会

---

① 这是罗莎·卢森堡以《工人事业报》杂志编辑部的名义起草的给第二国际苏黎世代表大会的报告。——编者注

1

主义思想胜利的方法和道路时作出的那些决议,只有少数是适合我们情况的。

所谓会议桌上的波兰①的社会主义运动几乎有 15 年的历史了,但是这一运动直到四年以前都还谈不上是社会民主主义运动②。革命的"无产阶级"党③的伟大功绩,是它代表了第一批社会主义思潮,并把它们联合成了一个有机的整体,而且领导这个运动直至 1889 年。它虽然在形式上承认《共产党宣言》所表述的一般原则,但是要把这些原则应用到政治情况与西欧完全不同的一个国家的新的条件下,那的确不容易。这个党没有能够完成这个任务。不过也应当看到,俄国的革命政党"民意党"④的英勇斗争必然会对我们的运动产生影响。要知道,革命者同拥有无限权力的独裁者的这一英勇无畏的决战,已经使整个欧洲感到十分钦佩,并且使人们不由自主地产生了希望。因此,如果说波兰社会党从与俄国革命者共同进行斗争这一正确的立场出发,使自己深受那个党的影响,这是不足为奇的。由此产生的结果是,"无产阶级"党的实际行动和策略同正式的纲领相矛盾,表现出空想的、密谋的布朗基主义。

那时的革命者认为,推翻沙皇制度会与社会革命同时发生。那时的革命者像他们的兄弟党"民意党"一样曾经确信,只要有一批坚定的、机警的和目标明确的密谋家,就能进行社会革命。只要求无产阶级的广大群众在关键时刻发挥作用,支持社会主义密谋家。

---

① 1815 年由维也纳会议建立的波兰王国被称为会议桌上的波兰。它一直存在到 1915 年,实行合一君主制,俄国沙皇也就是波兰国王。——编者注

② 1889 年,社会民主党人尤·马赫列夫斯基和扬·莱德尔在华沙建立了波兰工人联盟。这一联盟首先注重经济斗争,在无产阶级中做了广泛的宣传鼓动工作,并要求与俄国社会民主党结盟;1893 年,这一联盟同"第二无产阶级"党的一部分一起建立了波兰王国社会民主党。——编者注

③ 1882 年路·瓦棱斯基建立了波兰王国第一个社会革命的工人党,这个党被称为"第一无产阶级"或"大无产阶级"。1886 年在大搜捕浪潮中被镇压。

　　1888 年马·卡斯普沙克建立了"第二无产阶级"党或称"小无产阶级"党,该党活动至1893 年。——编者注

④ 民意党是俄国土地和自由社分裂后产生的革命民粹派组织,于 1879 年 8 月建立。主要领导人是安·伊·热里雅鲍夫、亚·德·米哈伊洛夫、米·费·弗罗连柯、尼·亚·莫罗佐夫、维·尼·菲格涅尔、亚·亚·克雷亚特科夫斯基、索·李·佩罗夫斯卡娅等。该党主张推翻专制制度,在其纲领中提出了广泛的民主改革的要求,如召开立宪会议,实现普选权,设置常设人民代表机关,实行言论、信仰、新闻出版、集会等自由和广泛的公社自治,给人民以土地,给被压迫民族以自决权,用人民武装代替常备军等。——编者注

根据这一前提,党的鼓动工作几乎全是为了一个目的:通过宣言和恐怖行动来激发人们的革命热情,很少或者根本没有人想到提高工人群众在现存制度下的精神和物质水平。各国的工人党都把迫使当前国家作出社会的和政治的暂时让步视为最近目标,而这个党却完全没有这样做,它只限于争取某些个人,——这件事有助于后来的社会民主党顺利开展鼓动工作——另一方面,就是激起群众对暴政和现存社会制度的仇恨。由于它处在一个专制的国家,因此它致力于在最短的时间内直接进行社会革命。这个党曾经不得不多次支持群众中自发的、争取经济或政治目标的暴动,尽管这些暴动与它的整个活动的性质相矛盾,但它也曾参加1890年的五一节庆祝活动。

然而,社会主义要发挥应有的作用,并真正体现工人的阶级斗争,就必须最终同布朗基主义的传统实行决裂,必须以西欧的工人运动为基础。社会党人这一观点和策略上的转变是从1889年开始的,而且最终导致了一种独立的社会民主主义运动。人们终于认识到,社会民主党的作用在于目标明确地领导正在资本主义社会中以不可抗拒的力量发展起来的无产阶级反对现存社会制度的斗争;为了劳动阶级的日常利益而在经济领域进行的斗争、为了民主政体而进行的斗争是无产阶级在有能力推翻现存社会制度以前非进不可的学校。新的组织在进行活动时始终坚持这种观点。

我们这里的社会民主党像所有的社会主义政党一样,曾经努力培养工人阶级中最优秀和最有活动能力的分子,并使他们聚集在自己的周围;但同时,它的着眼点不是要造就即将发生的革命的领导人,而是要培养目标明确的鼓动家和带领工人阶级完成自己的一切任务和进行一切斗争的领袖。

波兰工人受到的剥削极为严重,物质状况极为恶劣,因而必然会使他们不顾一切地进行经济斗争;社会民主党人站在这一斗争的最前列,为这一斗争制定统一的计划,建立组织,并设法使这一斗争具有明确的目标。

最近三年中,大约举行了30次罢工,几乎涉及30个同业公会。① 这些罢

---

① 从1890年5月1日起,罢工运动的规模日益扩大,华沙的金属加工业和化学工业、罗兹的纺织工业、栋布罗瓦的煤炭和冶金工业,以及齐拉尔多夫的纺织业等等大多数行业都参加了罢工。1892年5月5日约有80 000罢工者参加了罗兹暴动,使罢工运动达到了高潮。——编者注

工在大多数情况下是基本成功的,这都是社会民主党的组织积极领导的结果。这些数字在西欧几乎不值一提,但在我们这里却具有特别重要的意义,因为这里的罢工同任何地方的罢工相比,都更加是唤醒漠不关心的群众,并吸引他们去进行反抗的一种卓越手段。这些就是我们的第一批实际成果,它们明确无误地证实了团结一致的阶级觉悟的意义,揭露了资产阶级和无产阶级之间的原则对立,揭示了政府的阶级性质,指出了同资产阶级和政府作斗争的绝对必要性。为了掌握和顺利地进行这场斗争,社会民主党必须创立相应的组织,于是建立了行业工会,它们追求直接的经济利益,但同时也为社会主义鼓动提供了可靠的基础。为了同样的目的,我们还设立了图书馆和读书会。

在两个主要工业中心,我们设立了一些有几百名工人参加的正规的罢工储金会。这些储金会对我们具有特别重要的意义,因为它们直接服务于工人的日常物质利益,因此受到了最广大的阶层的拥护,而且单是它们的行政管理工作就使它们的成员能够持续不断地行动起来。另一方面,它们也成了进行社会主义鼓动的极好的联络点。

社会民主党就这样逐渐成为工人运动的实际领袖,在广大群众中赢得了声望和信任。

工人采取的这种坚决态度迫使资产阶级和政府作出了某些让步;在有些地方工人的工资提高了,工作日缩短了,而政府不得不扮演劳工保护者的角色,监督极其必需的劳工保护立法的实施,从而至少消除了某些地方的触目惊心的弊病;工厂视察的范围和视察人员的数量也扩大了。当然,在这里,也像在实行"来自上面的社会政策"的所有国家一样,主要是装饰门面,并没有采取什么彻底的改进措施。

无产阶级由于政府在经济问题上的态度,不得不进行政治斗争。因为一方面,这一劳工保护政策装模作样,为无产阶级提供微不足道的治标条件,其中大部分还是纸上空谈;另一方面,这一政策企图用粗暴的警察手段镇压被剥削阶级的任何独立的斗争;通过特别的法令,禁止罢工,如果还是发生罢工,那么警察和军队就立即前去镇压。工人联合会和工人储金会同样遭到禁止,一旦被发现,参加者就要被判长期监禁。这类事情对于工人来说都是一个个新的实际教训,说明必须进行政治斗争,并且证明社会民主党的学说是正确的。因为这些事情都十分清楚地表明,专制制度是个障碍,它阻碍劳动阶级的现状得到任何改善;而对于整个社会主义目标来说,它同样是一个障碍。无产阶级必须全力消除这个障碍,应当调动一切力量向沙皇政府争得一个民主的宪法。社会民主党的这一口号,即政治斗争,为劳动人民争取权利和自由的斗争,在五一节那一天发出了最响亮的声音。

五一节庆祝活动对于我们这里的无产阶级从一开始就具有十分重要的意义。早在 1890 年,就有将近 10 000 名工人,主要是华沙的工人,同全世界的工人一道参加了庆祝活动。1891 年,这个数字已经增加到 25 000—30 000 人,除了华沙之外,齐拉尔多夫和罗兹两个工业中心的工人也参加了庆祝活动。1892 年五一节,仅仅罗兹就有 80 000 名工人停止工作,由于警察进行挑衅,节日活动以流血而告终,以致引起了整个欧洲的注意。也是在这一年,虽然党由于许多党员被捕而遭到严重损失,虽然政府采取狡猾的严厉控制的办法和进行特务活动,但还是有数千人举起了要求实行八小时工作日的旗帜;只是由于布置了大量兵力才使几个工厂城市得以"保持平静"。

五一节的性质和意义,在我们这里和在奥地利是最为接近的;但是五一节对于我们来说具有更重要的意义,因为它是公开举行群众示威的唯一机会。五一节震动了最广大的无产阶级群众,使他们从沉睡中苏醒过来。由于我们的处境,示威在我们这里无法采取除停工以外的其他形式。只有采取这种具体的、引人注目的示威方式,才能鼓舞人心和产生影响;像在奥地利一样,这种示威方式带有某种政治示威的性质。在完全缺乏政治自由和政治权利的情况下,这一示威既提出了八小时工作日的要求,又提出了普选权、集会权和结社权以及信仰自由、言论自由和写作自由等要求。所有乘此机会刊印的宣传材料都包括这些要求。最后,五一节是使我们的群众明显地看到国际声援的唯一的具体形式,是使无产阶级感到自己是强大的国际工人大军中的一员,并以这种身份进行活动的几乎唯一的机会。

最近四年来,我们社会民主党的活动情况就是这样。它依据国际社会民主主义的原则,始终不渝地追求自己的目标;它每跨出一步,都付出了沉重的代价。在短短的四年中,有几百名同志失去了自由;在四次五一节活动中,有两次像在富尔米①一样,是以与军队发生流血冲突而告终的。1891 年,工人们像各地一样平静而严肃地举行庆祝活动,军队仍袭击了他们并且挑起了流血冲突。1892 年,罗兹有 80 000 名工人同残暴的士兵正式打了一仗,这次也是由警察方面挑起的。我们的战士队伍中几乎每一天都有同志被捕;华沙的"要塞"经常人满为患,关不下那么多的犯人。尽管要付出这样的牺牲,但斗争仍然在顽强地进行。最近,社会民主党在国外出版的工人杂志《工人事业报》为这场斗争提供了新的武器。

波兰王国的工人运动逐渐成为我们社会生活中极其重要的现象。我们的资产阶级毫无任何历史传统,只知道拼命追逐利润,为了争取政府保护他们的物质方面的蝇头小利而寡廉鲜耻地出卖一切爱国和政治的意向。俄国的销售市场能使资产阶级实现它从波兰工人那里榨取的剩余价值,所以使资产阶级成了"王位和祭坛"的忠实支柱。它不是作为一个独立的政治力量而存在。波兰的小资产阶级很早以前就具有爱国主义的革命传统。它的利益同因波兰与俄国的政治结盟而发展起来的大工业相对立,所以它满怀爱国主义情绪,并且渴望实现波兰的独立。但是,小资产阶级同大资产阶级一样不能独立进行活动。在我们的社会中,只有工人阶级才是唯一进行反对活动的要素。当然,任何一种政治思想,任何一种反对活动都在努力争取工人阶级成为自己的载体。此外,还有我们爱国的"知识分子",他们在社会领域不自觉地代表小资产阶级的理想,目前也正在努力使工人运动接受爱国主义的影响。因此,最近几年这些"知识分子"尝试把重建独立的波兰王国的纲领同社会民主党的纲领融合在一起,形成一个社会爱国主义的合题。今年,他们作了第一次实际的尝试,硬要使五一节具有半爱国主义的性质,但是这一尝试在遇到社会民主党的具有阶级觉悟的工人阶级的强烈反抗后失败了。

爱国主义思潮,建立一个独立的波兰王国的理想,都不可能争取到社会民主主义的工人阶级。原来波兰王国的三个部分的社会经济历史,已经把这三个部分有机地并入三个进行兼并的大国,并且使每一个部分都有特殊的意向

---

① 富尔米是法国的一个小城市。1891 年 5 月 1 日,军队在这里向游行示威者开枪打死 10 人,其中有一个 12 岁的男孩,打伤 36 人。——编者注

和政治利益。在世界市场商品持续过剩的情况下,今天会议桌上的波兰的大工业之所以能够存在和发展,只是依靠它同俄国在政治上的共存,由这一共存产生了两国间的经济联系。俄国政府通过阴险的政策,还在不断加强这种经济联系,总的来说,它部分是为了俄罗斯化的利益而为自己争取资本家阶级,部分是为了自身的经济利益而促进波兰的工业。鉴于这种植根于资本主义的无法克服的逻辑的经济联系,要建立一个资本主义的波兰国家的愿望缺乏任何的现实基础。面对这一事实,爱国主义就成了这样一个纲领,它以制定者的主观愿望为根据,并且把发生欧洲战争的种种无法预料的偶然性作为实现愿望的手段。我们的爱国主义者指望获得欧洲民主派的支持,但是这一支持尽管具有巨大的道义价值,却无法弥补纲领贫乏的物质基础。

重建一个独立的波兰的纲领,由于没有考虑实际情况,所以无法指导与无产阶级的需要相适应的政治活动。波兰的这三个部分,其中的一个享有相对广泛的政治自由和普选权;第二个享有一些微不足道的政治权利,普选权却还有待争取;第三个则完全处于专制制度的桎梏之下,因此这三个部分的工人阶级制定共同的最低政治纲领在今天实际上是不可能的,因为工人政党的政治活动必须与现存政治形式相适应。如果今天把那个纲领当作一个政治纲领,那就等于打算放弃任何政治活动。但是工人阶级必须进行政治活动,而要争取工人阶级,就必须提出现实的要求,而且要以真正的、迫切的和重大的需要为名,提出在今天就会引起实际斗争的要求。今天对于加利西亚的无产阶级来说,他们和整个奥地利的无产阶级共同进行的争取普选权的斗争,就是这样一种以现实情况为依据的政治行动。对于波兹南和西里西亚的无产阶级来说,政治纲领就是同德国社会民主党采取共同行动;对于俄属波兰的无产阶级来说,政治纲领就是与他们的实际生活情况相适应的口号,也是俄国整个无产阶级共同的口号:推翻专制制度。这一纲领既是从他们的日常经济斗争的需要中产生的,也是从他们的整个社会主义意图中产生的。同时,这一纲领使无产阶级有可能一方面把争取那些最能符合它的局部利益的政治权利作为自己的目标,同时又不致受政府的俄罗斯化政策的影响。最后,这一纲领引导工人阶级通过直接行动的道路取得社会主义的胜利,同时也使他们接近这样的时刻:在彻底消除一切压迫的同时,消除对波兰民族的奴役,使一切文化压迫失去基础。

在实现以推翻沙皇制度为最近政治任务的纲领时,不能指望欧洲政治中的偶然性变革,这个纲领也不依个别[人物]和没落阶级的愿望和理想而存在。确切地说,这个纲领的形成是由于这样的客观历史过程:这个过程瓦解了宗法式的农民经济,从而埋葬了沙皇制度的物质条件,同时发展了资本主义,从而造就了推翻资本主义的政治力量——无产阶级。

工人阶级为了本身的利益力图争取一种新的政治形式,他们具有高尚的觉悟,意识到他们是在为国际无产阶级的共同事业而发挥作用,通过夺取欧洲反动势力最强大的堡垒,将有效地促成伟大目标的实现,而这些目标今天正在用一种思想和一种情感将全世界成千上万的同志团结起来。

《在1893年苏黎世第三次国际社会主义工人代表大会上所作的关于1889—1893年俄属波兰社会民主主义运动的形势和过程的报告。波兰王国社会民主党机关刊物〈工人事业报〉杂志编辑部》,无出版地点和年代

辟　谣

《前进报》第 236 号刊登了德国的波兰社会党执行委员会的一篇短评，其中提到我是全体革命者的机关报《社会主义者报》上的一篇文章的作者。[1] 这一说法纯属捏造，其中没有一丝真实的成分。[2] 我与"独立派"[3]及其方针没有任何瓜葛，我在读了其机关报《社会主义者报》的最初几期之后便再也没有读过它。我从未给《社会主义者报》写过哪怕只言片语，如果我想给德文报刊写文章，那么，我无论如何会向与我志同道合的报刊，即社会民主党的报刊投稿。在我的社会民主党代表资格申请遭到拒绝之后，"独立派"邀请我参加他们的代表大会，那时我就毫不含糊地对他们说，我与无政府主义者代表大会毫无干系，他们在这个时刻向我发出邀请绝非友善之举。

可见，我坚决反对关于我为《社会主义者报》撰稿的说法，这种说法非常武断，并且毫无根据，为了维护德国的波兰社会党执行委员会的名誉，我权且认为这种说法出于毫无恶意又无法解释的误解。

此外，这种说法也涉及我的代表大会代表和波兰王国社会民主党正式机关报《工人事业报》编辑部成员的身份，因此，我和在苏黎世代表大会上同为我们党的代表的卡尔斯基同志以编辑部的名义明确地、一次又一次地强调：

---

① 1893 年 10 月 7 日《前进报》第 236 号刊登的这篇文章是由奥·贝尔福斯受波兰社会党执行委员会委托署名的。——其实，拉·古姆普洛维奇是 1893 年 9 月 23 日《社会党人报》第 39 号上那篇文章的作者，这是贝尔富斯告诉罗莎·卢森堡的。——编者注
② 拉·古姆普洛维奇在 1893 年 10 月 21 日《社会党人报》第 43 号上的《让大会懒虫维托尔德·约德科先生牢记教训并答复党首贝尔福斯先生》一文中也说，认为罗莎·卢森堡是《社会党人报》上那篇文章的作者，纯属谎言。——编者注
③ 独立派即独立社会党人联盟，其机关报是《社会党人报》。——编者注

1.我们坚定不移地站在国际社会民主主义的立场上。要证实这一点,只需读一读我们向苏黎世代表大会提交的报告①,或我们报纸的任何一号。顺便提一下,8 月 8 日的《前进报》已经对此发表了短评。

2.在我们的政治纲领方面,我们认为,与俄国无产阶级携手推翻沙皇制度和争取民主宪法是我们最近的和最重要的政治任务,是波兰及国际无产阶级利益的当务之急。

我们的报纸正是主要致力于领导和加强俄属波兰在这个方向的政治斗争。

鉴于这些事实,一切将我们与"独立派"哪怕略微联系起来的努力以及诸如《前进报》短评中硬说我们同情"独立派"的指控,都是彻头彻尾的无稽之谈。

我们迫切请求在贵报发表上述文字,并致以社会民主党的问候。

罗·卢森堡　尤·卡尔斯基
1893 年 9 月 10 日于苏黎世

1893 年 10 月 13 日《前进报》(柏林)第 241 号

---

① 见本卷第 1—8 页。——编者注

波兰社会民主党与民族性(答复)

在《工人之声报》第 5 号上,一位同志试图证明,德国的波兰社会主义者特别组织是必要的和有用的,目的是向那些为数众多且"不理解波兰社会主义者的做法"①的德国同志进行宣传。

《工人之声报》的读者也许乐于知道,也有**波兰**社会民主党人对所谓的特别组织抱着非常怀疑的态度。

在谈到特别组织的合法性时,通常会像上述文章的作者那样提出两个论据:第一是反对压迫波兰民族的必要性,第二是反驳波兰资产阶级所谓波兰社会党是"被德国社会民主党收买的仆从"这种诽谤性言论的必要性。

让我们仔细分析一下这两个论据。

所谓普属波兰的社会党人必须立足于"现实基础",因此必须进行反对民族压迫的斗争。而一个政党只有"在它独立时",才能成功地进行斗争。

现在,我们要问:立足于现实基础与归属德国党对波兰社会党人来说难道是互不相容的概念吗?而独立性——本身是一个很不错的东西——在这种情况下与成功地为语言自由而斗争究竟有什么关系呢?德国社会民主党与所有其他国家的社会民主党一样,反对各种形式的压迫,也反对民族压迫。

论爱尔福特纲领②的第二项明确要求各邦和乡镇实行自决和自治。那么,波兰社会党人怎么会将归属德国社会民主党看作他们进行特殊民族斗争

---

① 见《波兰社会民主党与民族性》,署名"一个波兰工人",载于 1895 年 1 月 16 日《工人之声报》(苏黎世)第 5 号。——1893 年 9 月 10 日,建立于 1890 年的波兰社会主义者联盟在弗·莫拉夫斯基和弗·麦尔柯夫斯基的领导下,与其他波兰社会主义团体一同组成了普鲁士兼并地区波兰社会党。到 1903 年为止,该党是德国社会民主党的一个自治的组成部分。——编者注

② 指 1891 年 10 月 14—20 日德国社会民主党爱尔福特代表大会通过的纲领。——编者注

的障碍呢？每个人都清楚地知道,这种归属即使在全党范围内,也不可能影响波兰社会党人在鼓动中,在报纸上,在小册子中,在集会上足够重视民族因素,除非他们认为没有这个必要,或不能与自己的社会主义信仰相一致。以上是关于进行斗争的可能性。——当然不是全部。

说到**成功**与否,那么不言而喻,波兰社会党人作为德国无产阶级强大组织的一部分,更能有望实现自己特殊的民族要求,而建立零星的薄弱的团体,靠自己的力量与民族压迫作斗争则不尽然。恰恰鉴于普属波兰处于极其落后的社会状态,几乎完全受土地贵族和僧侣的统治,一个特别的波兰社会党在最近的将来在德意志帝国的社会生活中将只能扮演一个微不足道的角色,尽管柏林《工人报》在这个特别组织的出色影响下订户的数量增加了一倍,尽管波兰社会党人所投的票数是"可观"的。可见,如果波兰社会党人真的想立足于现实基础,成功地进行反对民族压迫的斗争,那么,他们就必须留在德国社会民主党的范围内,因为德国社会民主党对他们的所有努力都是一个强有力的支柱。

"现实基础"和"独立性"与波兰社会主义者的特别组织有何关系？在这两个单词的背后包含着哪种现实的和独立的概念呢？其背后显然不包含任何概念,它们仅仅是两个单词,因为"缺乏概念的地方,字眼就及时出现。"①

但是,在德国的波兰社会党人又论证说,让我们留在德国组织中,还怎么保护自己,不受资产阶级的料想中的诽谤呢？

而这正是**阻止**波兰社会党人这样做的最具有说服力的"理由"。倍倍尔的话用在这里恰如其分:如果资产阶级谩骂我们,那么我们的路便是走对了;如果资产阶级赞美我们,那么我们很可能犯了错误。②

资产阶级为波兰社会主义组织与德国组织的联合感到怒不可遏,这种情况极为清楚地表明,这样的联合多么符合无产阶级的利益。既然波兰资产阶

---

① 参看歌德《浮士德》第 1 部第 4 场《书斋》,引自《马克思恩格斯文集》第 5 卷第 85 页。——编者注

② 据说奥·倍倍尔在 19 世纪 80 年代就在苏黎世这样说过,后来又反复说过这句话。见他 1903 年在德累斯顿党代表大会上的发言,载于奥·倍倍尔:《报告与论文选》(七卷本)第 2 卷(1899—1905 年的报告与论文),由安·贝斯克和埃·米勒编,1997 年慕尼黑版第 445 页。——编者注

级试图离间波兰社会党人和德国社会党人,那么他们追求的目的就只能是搞乱波兰社会主义。如果波兰社会党人因顾忌资产阶级的挑拨而退出德国组织,那么,他们就是让资产阶级牵着鼻子走,甚至连最近的目标也达不到。他们永远也不会使资产阶级感到满意。只要他们坚定地站在无产阶级的立场上,与德国社会民主党保持团结一致的友好关系,那么,爱国主义的煽动挑唆就不会消失。但是,如果他们要坚持现在的策略,那么会有什么结果呢?他们最终必然违背无产阶级的立场,到头来从一个反对资产阶级的政党蜕变为一个随着资产阶级的节拍跳舞的政党。

对无产阶级的事业来说,幸运的是,法国和德国的社会党人没有受各自资产阶级的误导,没有采取波兰社会党人的策略,否则他们势必会仅仅为了让资产阶级的"叛国"喧嚣沉寂下来而不断互相争吵。

我们看到,波兰社会党人列举的证据根本不经一驳。但是,如果在德国的波兰社会党人认为,建立特别组织完全是理所当然,不需要任何理由,那么,他们就表达了一种与无产阶级斗争条件完全相悖的观点。工人阶级的斗争首先是**政治**斗争。工人们在其中生活和受苦的共同的政治制度,共同的国家领域决定社会主义者共同属于一个政党。民族差别不能成为这方面的隔阂,因为民族差别只在很小程度上对阶级状况产生影响。在同一国家疆域的各种无产阶级团体的特殊意图,绝不能为建立特殊的社会党创造基础。相反,只有通过共同的政治组织联合国家中的所有无产阶级的政治力量,进行统一的共同的政治斗争,无产阶级各个部分的特殊的合理意图才能得以实现。

因此,社会民主党的发展壮大也意味着无产阶级的斗争越来越统一,而不是越来越分裂。共同的社会民主主义的基础,不是国家中的这个或那个无产阶级团体所承受的压迫程度的大小,而是国家制度,是政治界限。一个社会党的建立如果仅仅基于所遭受的特殊迫害,那么,这个党简直就是空中楼阁。略施小计,放弃民族迫害,就足以使波兰社会党人的特别组织丧失所有存在的理由。

在这种情况下,这个特别组织从一开始便处于含混不清的困难状态便不足为奇了。这一点在纲领问题上表现得尤为突出。在去年的建党代表会议上,这个年轻的政党才决定,要在今年的代表大会上提出一个纲领。他们出席科隆党代表大会的代表①虽然声明说,波兰社会民主党**接受**爱尔福特纲领,但实际上,这个党仅仅声明,以爱尔福特纲领的**一般**原则为基础,即以社会主义为基础。结果呢? 在今年的布雷斯劳代表大会②上,根本没有涉及纲领问题,纲领问题根本没有列入议事日程。为什么? 原因很简单,因为这个党的困难状态使它不可能通过某个纲领。这个党犹豫不决,不知该不该将爱尔福特纲领变为自己的纲领,因此在这种情况下,它脱离德国党就显得令人费解。

但是,它也不能把争取波兰的独立作为其最近的实际纲领,因为它感到这个纲领既不能在理论上得到论证,也不能在实践中付诸实行。因此,这个特别组织左右为难,成了**没有纲领的政党**,这个怪物充分证明,单独的党派不能在民族差别的基础上,而只能在政治—国家差别的基础上进行社会主义斗争。

总而言之,普属波兰的社会党人特别组织既没有必要又毫无用处——它是**多余的、有害的**。普属波兰的社会党人及其特别组织已误入歧途。他们要么继续悄悄爬行到纯粹的民族主义立场,要么坚决掉头,回到纯粹的社会主义立场。如果他们不想逐步堕落为民族主义的资产阶级政党,那么,他们就必须接受德国社会主义者的唯一可行的爱尔福特纲领,重新加入德国党,《工人事业报》也已经通过波兰方面向他们提出了这个建议。

最后再说几句。我们当然不会自命为德国社会民主党的保护者,他们自己懂得最有效地维护自己的利益。我们仅仅关心**波兰**工人的事业。但是,我们不得不说明,恰恰在这个方面,德国社会民主党目前的策略也许有某些值得改善的地方。

1895 年 1 月 26 日《工人之声报》(苏黎世)第 8 号

---

① 出席德国社会民主党 1893 年 10 月 22—28 日科隆代表大会的波兰社会党的代表是罗·尼库尔斯基。——编者注
② 普鲁士兼并区波兰社会党代表大会于 1894 年 12 月 25 日在布雷斯劳召开。——编者注

波兰工人运动的奠基者:追忆①

1 月 28 日,**库尼茨基、巴多夫斯基、奥索夫斯基和彼得鲁辛斯基**四位波兰社会主义运动的英雄,在华沙被俄国沙皇的刽子手绞死已逾 10 年。当时,其他许多人被判监禁、劳役、流放西伯利亚;大部分人被折磨致死,其中包括他们中最杰出的人物**瓦棱斯基**。②

这些英雄的犯罪行为确实闻所未闻:他们在波兰首次宣布了"暴动"的福音;他们首次将为反对资本而进行不懈斗争的波兰工人组织成为"**无产阶级**"党;他们最早为波兰工人介绍社会主义原则这个指路明灯。暂时的、血腥的、肉体上的胜利属于沙皇制度,但是永恒的道德上的胜利属于那些昂首无畏、英勇就义的人们。

波兰无产阶级从未停止以感激的心情纪念这些英雄和烈士,他们在人民的良知中播下了满浸着自己鲜血的种子,它们永远不会被根除和灭绝,而是不断茁壮成长,形成强大的社会主义运动!

这些波兰运动的先驱特别值得波兰工人感激的,是他们提出了一个明确的社会主义纲领。

在波兰,贵族的伟大民族运动,即为重建波兰国家而开展的运动,虽然在经济社会发展的洪流中折戟沉沙,然而也留下了不容忘怀的优良传统。

不难想象,社会上总是会有人再次将这些民族斗争的传统提升为纲领,会

---

① 本文署名 L.。罗莎·卢森堡在 1901 年 1 月 19 日给采·沃伊纳洛夫斯卡的信中证实她是本文的作者。——编者注

② 路·瓦棱斯基在 1882 年建立了第一个波兰社会主义组织,即社会革命党"无产阶级",这个党被称为"第一无产阶级"党或"大无产阶级"党。这个党在 1886 年大逮捕浪潮中遭到镇压。在 1884 年对该党的审判案中被判处 16 年监禁的瓦棱斯基,1889 年死于施吕瑟尔堡要塞。——编者注

企图用这个社会历史上已经破产的口号得到工人阶级的支持。而波兰工人运动的奠基者们提出了明确的毫无异议的工人纲领,从而一开始就挫败了这种企图。他们善于思考这一问题,并试图全力以赴地向工人们讲明国际社会主义的原则。他们向波兰无产者高呼:你们的利益是**阶级利益**,而不是**民族**利益。你们的任务不是重建波兰民族国家,而是在各个使你们遭受剥削和奴役的国家中争取政治权利,进行阶级斗争!

他们情绪激昂,愤怒地反对"爱国主义者"渗透工人运动的各种企图,不管这些爱国主义者是毫不掩饰地采取赤裸裸的形式,还是作为社会爱国主义者披着社会主义的外衣。因为在那时就已出现迫使工人将民族主义列入下一个纲领的微弱苗头。

1881 年,这些烈士和全党的精神领袖**路德维希·瓦棱斯基**在回答当时发表的社会爱国主义纲领时写道:"提出这样一个纲领,不管清楚与否,对于波兰所有三个部分也好,对于其中的每一个单独部分也好,对社会党人在其活动中必须加以考虑的那些任务都是**有害**的。社会党人为反对资本的日常斗争提出直接的政治纲领,目的不是'重建波兰',而是扩大无产阶级的政治权利,为群众性组织与资产阶级这个政治和社会的阶级进行斗争提供方便。"[1]

这些英烈利用一切机会,使工人运动与爱国主义流派实行彻底决裂,在两者之间建起一道不可逾越的屏障。比如,他们于 1881 年在日内瓦举行了一次纪念波兰起义[2]50 周年的大型国际会议,出席会议的有约·菲·贝克尔、维拉·查苏利奇等许多国家的杰出的社会主义者,会议摒弃了重建波兰的口号,取而代之的是工人运动的国际旗帜。

瓦棱斯基说:"我们来到这里,不是作为争取未来波兰国家的战士,而是

---

[1] 1881 年《黎明》第 3、4 期。该杂志从 1893 年起拥护民族主义立场。——作者注

[2] 指 1830 年 11 月开始的 1830—1831 年反对沙皇制度的波兰解放起义。起义的领导权基本掌握在波兰小贵族的手中。由于他们拒绝满足广大农民群众废除农奴依附地位的要求,因而没有得到农民群众的支持,从而导致起义的失败。起义遭到了沙皇的残酷镇压。对这次起义的评价,见恩格斯 1848 年 2 月 22 日在布鲁塞尔举行的 1846 年克拉科夫起义两周年纪念大会上的演说(《马克思恩格斯全集》中文第 1 版第 4 卷第 537—541 页)以及他在《德国农民战争》中的有关论述(《马克思恩格斯文集》第 2 卷第 274 页)。——编者注

作为波兰无产阶级的代表和维护者。"①"我们的爱国主义者的理想——这样或那样的波兰国界对我们来说无关紧要。我们的祖国是整个世界。我们是一个伟大民族的一员,这是一个比波兰民族更加不幸的民族——无产阶级的民族!"②

同样在1881年,社会爱国主义者在库尔国际社会党代表大会上试图将重建波兰作为波兰工人的政治纲领。但是路·瓦棱斯基站出来表示强烈反对,从而使工人运动拒绝了民族主义的非分要求。③

站在国际阶级立场上的波兰社会主义的奠基者们也知道,在波兰三个不同部分④中的波兰工人鉴于三种不同的政治条件,其政治任务也必须有所不同。他们说:"社会党的组织能够存在,一方面由于经济条件,另一方面由于**实际存在的国家政治条件**。同时,民族的人种学界限不能作为组织的基础。因此,波兰社会党作为一个单独的整体是无法存在的,在奥地利、德国和俄国存在的只能是波兰的社会主义小组,它们与其他民族的社会主义组织在各自国家中组成一个组织联盟。"⑤

瓦棱斯基在1881年写道:"(正是他和同志们提出的)'加利西亚工人党纲领'具有这种特征,这个纲领不仅是为波兰工人制定的,而且也是为在加利西亚一致组成一个党的各民族工人制定的。"他接着写道:"不难预见,在波兹南,运动也将走上与加利西亚同样的道路,在那里,波兰工人也将团结一致地与德国工人组成一个唯一坚实的组织。"⑥至于俄属波兰,1881年运动的这些领导人发出了致俄国同志的呼吁书,其中写道:"必须组建一个总的社会主义政党,吸收俄国境内各个民族的社会主义组织,作为自己的组成部分。"

---

① 《纪念波兰起义50周年日内瓦国际代表会议的报告》1881年日内瓦版第77页。——编者注
② 同上,第83页。——编者注
③ 库尔代表大会,1881年10月4日的会议。——编者注
④ 波兰在1772年、1793年和1795年三次被瓜分。西部属于普鲁士,加利西亚属于奥地利。而1815年建立的所谓会议桌上的波兰,即波兰王国则和俄国实行合一君主制。——编者注
⑤ 1881年《黎明》第6、7期。——作者注
⑥ 同上,第3、4期。——编者注

"必须为所有在俄国境内活动的社会主义者制定一个政治纲领。"①

波兰工人运动的这些 10 年前被杀害的奠基者也毕生贯彻了这些原则。库尼茨基同时也是属于俄国"民意党"②的波兰"无产阶级"党的成员。1884 年,他与同志们一起达成了这两个党的联盟,目的是共同进行反对俄国嗜血政府的政治斗争。

这些英雄的伟大壮举以这个联盟的达成而告结束;他们使波兰工人运动与所有重建波兰的民族主义企图一劳永逸地实行决裂,树立了一个明确的政治路标:**波兰工人必须在各个国家中与所有其他无产者团结一致地并肩战斗。**

可见,他们早在 80 年代初期就已经为波兰明确的社会民主主义运动奠定了坚实的基础。但是,穿着宪兵制服的刽子手们却急不可耐。1883 年,党的灵魂瓦棱斯基被捕,1884 年,库尼茨基、巴多夫斯基等人被捕,他们也没有能逃脱刽子手政府的魔爪。失去了这些头脑清醒的巨人和强大的精神领袖之后,波兰运动开始受到布朗基主义的影响,越来越裹足不前。然而,直到"无产阶级"党存在的最后时刻,运动一直是"**国际的**"。1889 年,诞生了纯粹的社会民主主义运动,它吸收"无产阶级"党的残余部分,宣传教育广大无产阶级群众,制定以科学为基础的纲领。③ 它焕发新的活力接过了波兰**国际**运动的旗帜,继续瓦棱斯基和库尼茨基等人未竟的事业。

今天,这些英雄和烈士不可磨灭的贡献具有一种超越历史的意义。最近几年,波兰民族主义重新抬头,最后一次拼命地抓住工人运动不放。有些趋势已经初见端倪,比如切断波兰工人与在德国和奥地利的工人之间的联系,将他们组合成一个一般的波兰党,迫使他们承认重建波兰是下一个纲领。④ 这已经到处结出可悲的恶果。比如,德国的波兰社会主义者就离开了他们的德国战友,使瓦棱斯基对他的同志们所寄予的厚望成为泡影。同样,社会爱国主义

---

① 1881 年《黎明》第 6、7 期。——作者注
② 见本卷第 2 页脚注④。——编者注
③ 指尤·马赫列夫斯基和扬·莱德尔 1889 年在华沙建立的波兰工人联盟以及马·卡斯普沙克 1888 年建立的"第二无产阶级"党,或称"小无产阶级"党——编者注
④ 1892 年,各种社会主义小组在巴黎附近建立了波兰社会党,缩写 PPS。该党的纲领内容除了社会主义的要求外,还根据马克思和恩格斯的思想提出了波兰独立的目标。——编者注

也在加利西亚浮出了水面。①

但是,波兰的运动拥有稳固的基础。库尼茨基、瓦棱斯基等英雄在 10—15 年前撒下的种子已经深埋在土壤中,社会民主党现在有一个强大的科学武库,足以粉碎这种企图。社会爱国主义的最近几次努力不久之后将化为灰烬,消失得无影无踪。

今天是这些真正的波兰国际社会主义捍卫者和各种民族主义倾向的死敌的 10 周年纪念日,对他们的纪念是对社会爱国主义的猛烈鞭笞,是波兰国际社会民主主义的新胜利。

1896 年 2 月 1 日《工人之声报》(苏黎世)第 10 号

---

① 指 1892 年在伦贝格(利沃夫)建立的加利西亚社会民主党,该党起源与 1897 年以伊·达申斯基为代表成立的波兰加利西亚和切申西里西亚社会民主党,缩写 PPSD。——编者注

普属和奥属波兰的社会主义运动新思潮

一

近年来,在所谓波兰问题上出现了一种很有意义的转变,凡是注意观察的人都不会看不到这一点。

社会主义世界对波兰追求自由的愿望的关注由来已久,几乎同现代社会主义运动本身一样长久。早在 1848 年,在西欧各个资产阶级政党对波兰问题表示同情以后,国际社会主义无产阶级就把波兰的独立列为他们对外政策的一项要求。对社会主义者来说,把有关波兰问题的口号列入自己的对外纲领,是对资产阶级的民族掠夺政策和民族压迫的抗议,首先是对尼古拉一世的俄国的抗议,那时俄国是反动势力中唯一的一块坚硬的岩石,它准备扼杀欧洲的任何革命运动。但是,在立即进行一次革命的希望长时间无法实现以后,重建波兰的口号也就不切实际了;要想使这一口号有可能得到实现,只能指望欧洲政治发生有利的转变,指望欧洲发生战争以及诸如此类的事情。但是,资产阶级国家在国际政策方面的合作,今天以及在可以预见的未来还不为无产阶级的势力范围所掌控。

波兰的社会主义运动本身在 80 年代初才开始。但是,这一运动从一开始就不仅对重建波兰的要求漠不关心,而且简直是敌视这一要求;在这里讨论个中原因,就会离题太远。这既涉及俄属波兰的社会主义者,也涉及普属波兰和奥属波兰的社会主义者,因为那里早在 1890 年以前就存在工人运动了。撇开与工人运动无关的一个国外的社会主义小组,即《觉醒》①不谈,波兰的独立过

---

① 指波兰流亡者组织——国家社会主义者支部于 1889—1893 年在巴黎出版的《觉醒》杂志的拥护者。他们只向知识分子提出建立共和主义的民族国家的要求,反对无产阶级的阶级斗争。——编者注

去只是在一个十分软弱的资产阶级派别(它在波兰被称为**爱国主义派**)的纲领中被表述过,——请注意,"爱国主义"一词的含义不是西欧通常所理解的那样,不是指个人对祖国的爱,而是指一个旨在重建波兰国家的明确的政治纲领。这一派别和波兰本土的工人运动的关系,可以简练地用"一边是社会主义,一边是爱国主义!"这句流行语来描述。

当德国和奥地利形成了一个有组织的社会民主主义的波兰运动①时,情况大体上没有改变。1890 年,这一运动刚一出现,加利西亚的和普属波兰的社会主义者就同奥地利社会民主党或德国社会民主党站在完全一致的政治立场上。共同的纲领,——在德国是爱尔福特纲领②,在奥地利是海恩费尔德纲领③——共同的组织,共同的策略,这就是德国和奥地利的波兰社会主义者的态度。关于波兰社会主义者的特殊政治任务,例如关于波兰的独立问题,还谈不上。

当然,有些只会使民族主义流派内明确的关系变得模糊和混乱的重要迹象,很快就表现得越来越明显。

1891 年,在布鲁塞尔国际代表大会④上,波兰代表脱离他们各自的政治上的战友,组成了一个单独的波兰代表团,值得注意的是他们对此的解释:他们组成这个代表团"是为了波兰社会主义的发展和国际的社会主义政策"。

1892 年,加利西亚社会主义者在党的维也纳代表大会⑤上认为,有必要对刚刚投票表决而且也得到他们赞同的党的组织采取保留态度,他们宣布,鉴于

---

① 在德国社会民主党的倡议下,于 1890 年 12 月在柏林建立了波兰社会主义者联盟。1893 年 9 月,在弗·莫拉夫斯基和弗·麦尔柯夫斯基的领导下,联盟和其他波兰社会主义团体一同组成普鲁士兼并地区波兰社会党,直到 1903 年,该党是德国社会民主党的一个自治的组成部分。1892 年 1 月,各社会主义团体和工人组织在利沃夫召开了代表大会,在这次代表大会上,在伊·达申斯基和赛·黑克尔等的领导下,加利西亚社会民主党成了奥地利社会民主党的一部分。——编者注

② 在 1891 年 10 月 14—20 日于爱尔福特召开的德国社会民主党代表大会上,通过了马克思主义的党的纲领。——编者注

③ 在 1888 年 9 月 30 日—1889 年 1 月 1 日于海恩费尔德召开的奥地利社会民主党代表大会上,通过了一份马克思主义的纲领,基于这份纲领,奥地利工人运动的各个团体联合成为一个革命的党。——编者注

④ 国际工人代表大会 1891 年 8 月 16—22 日在布鲁塞尔召开。——编者注

⑤ 德国社会民主党代表大会 1892 年 6 月 5—9 日在维也纳召开。——编者注

他们这个地区的特殊情况以及他们对生活在奥地利以外的同胞的义务,他们同整个组织的联系不能像章程所要求的那样紧密。

1893 年,普属波兰的社会主义者终于退出德国社会民主党的组织,组成一个单独的波兰社会党。正如他们自己所说的,他们认为这样做是必要的,一是为了驳斥由于他们隶属于德国党而遭受的来自波兰资产阶级方面的诽谤;二是为了能够更加有效地保护语言自由,反对政府的日耳曼化意图。

但是,尽管如此,普属和奥属波兰的社会主义者的政治态度,就其本质来说,依然如故。人们对于波兰党的上述行动可能有这样或那样的想法,可以认为这一行动的理由是不成立或站不住脚的,但有一点是肯定的:这一行动是出于纯粹实际的、从属性质的考虑,并没有触动具有决定性意义的一点,即政治纲领。只要社会主义者根据一个共同纲领在同样的政治形势下进行活动,即使他们结合成不同的党组织,他们在活动中也多少会表现为一个唯一的整体。

但是,加利西亚和普属波兰的社会主义者的政治纲领却仍然是奥地利或德国社会民主党的那个政治纲领。前者在他们的历次代表大会上都没有对共同的海恩费尔德纲领作丝毫修改,后者在党的科隆代表大会①上,由他们的代表尼库尔斯基宣布,虽然他们有单独的组织,但还是遵循爱尔福特纲领。在他们的第二次党代表大会(1894 年圣诞节在布雷斯劳召开)上,他们又放弃了由建党代表大会所决定的纲领修正案,从而保留了纲领的本来面貌。

只是在最近,波兰才越来越明显地表现出这样一种倾向:把原来的"爱国主义的"纲领直接同社会主义运动相结合。人们第一次知道这个流派——可以正确地称之为**社会爱国主义**的流派——是在 1893 年,它的表现形式是一个与此有关的纲领草案(见伦敦出版的波兰杂志《黎明》1893 年 5 月号)。但是,1895 年 7 月,在伦敦出版了一家法文小报《波兰社会党公报》,其中断然宣布,加利西亚和普属波兰的党力图重建波兰。正是由于这一情况,即由于加利西亚和普属波兰的社会主义者与德国和奥地利社会民主党的纲领完全不同,《公报》才补充说明两个党最近几年的行动方式:前者在 1892 年党的维也纳代表大会上的保留态度,后者的特别组织,等等。

---

① 德国社会民主党代表大会 1893 年 10 月 22—28 日在科隆举行。——编者注

毫无疑问,《公报》的武断的论点和说明与事实——至少在形式上——不符,因为上述两党从来没有透露它们通过了一个新的纲领,甚至也没有在它们的代表大会——唯一有权处理这些问题的机构——上讨论过这个问题。有时它们发表过一些言论,有些模模糊糊地暗示它们有意重建波兰,但是很明显,在讨论是否通过一个新的党纲这一问题时,是不能把这些言论考虑在内的。

但另一方面,同样毫无疑问,当前在奥地利和德国的波兰社会主义运动内部存在这样一种倾向:它们暂时悄悄地发展,无论如何要使上述各党的纲领发生决定性的转变。正是现在伦敦《公报》公开明确表述的社会爱国主义的倾向,使人们可以重新审视波兰运动中曾经的那些迹象,如德国的波兰特别组织、加利西亚社会主义者的保留态度,以及类似情况,那时是以十分次要的实际考虑为理由来解释这些迹象的,它们在党的报刊上始终很少引人注目。现在人们至少可以看到所有这些似乎并不重要的迹象自觉或不自觉地导向的目标,同样,可以猜到这个联结各种表面上没有联系的措施的内在过程。

鉴于一部分波兰社会主义者的这一脱毛过程,波兰问题对社会主义运动来说具有了新的意义,必须从新的角度加以考察。也就是说,可以不考虑社会主义世界以前对波兰独立的关注。在那种情况下,波兰独立只是无产阶级对外政策的一个要求,现在要成为对内政策的纲领,即一部分无产阶级日常斗争的纲领,因此具有一种纯粹实际的性质。以前在解决波兰问题方面起决定性作用的是欧洲的外交——无产阶级除了对这个期待中的解决办法表示关注以外,暂时还不能做很多的事情。现在波兰的独立应当由波兰的无产阶级本身,由它的阶级斗争来实现。值得注意的是,这里不是指通过无产阶级的最终胜利,通过解放一切人的社会主义革命来使波兰作为一个民族得到解放,而是指在现行制度的范围内使波兰作为国家实现独立,就是说建立**一个独立的波兰的资本主义的阶级国家**。波兰的无产阶级要把建立这一国家作为自己进行阶级斗争的最近的政治任务,正如奥地利的无产阶级要争取普选权,比利时的无产阶级要废除复选制以及诸如此类的情况一样。在这种情况下,唯一起决定作用的因素不再是关注,而是利益,一方面是阶级利益,另一方面是实际的可能性,也就是完成任务的物质力量。

因此,有必要对这一问题作全新的论证。一方面对波兰犯下了从国际法上说骇人听闻的罪行;另一方面需要一道保护墙来抵挡尼古拉一世的俄国。这足以说服国际无产阶级把波兰问题的口号纳入自己的对外纲领。但是,这些理由不足以说服波兰的无产阶级把这一口号纳入直接实践的纲领。在这方面,对社会民主党纲领中一切其他要求起决定性作用的所有观点都应适当加以考虑。可见,首先要考虑这一要求同波兰三个部分的客观经济和政治发展的关系,以及同这一发展本身为无产阶级完成自己的任务所提供的那些物质手段的关系。这些观点是唯一能够决定重建波兰是否真正符合波兰无产阶级的阶级利益,波兰无产阶级是否能够实现重建波兰。波兰的报刊,还有法文的《公报》第一期,多次论证过这一新的思潮,我们在这里无需详加探讨,只要笼统地指出,这一论证以纯粹的空想为基础,与社会民主党的思维方式毫无共同之处就行了。对于俄属波兰来说,这一论证的基础是比较两个尚不存在的宪法——独立波兰的可能的宪法和俄国未来的宪法,同时承认前者居优先地位。但是,对加利西亚和普属波兰来说,关于必须为了无产阶级的利益重建波兰的理由是,这两个部分据说充斥着德国资本,这使身受异国资本剥削的波兰工人有"倾向于采取一种纯粹民族主义反对派的非无产阶级政策"①的危险。接受民族主义者的政治纲领据说可以消除这个民族主义的危险。由此可见,在第一种场合,用来论证整个纲领的是一种预测,在第二种场合,却是一种担心。这类不是从实际的社会发展产生,而只是凭空捏造并且硬加在波兰无产阶级身上的"阶级利益",当然完全是一种虚构,并使实质上是民族主义的纲领仅仅十分勉强地表现为一个社会主义的工人纲领。

但是,我们虽然不想详细讨论对纲领的这个论证,但我们要比较详细地探讨对这个问题的两个在实践上极其重要的方面——这个纲领的实现可能性和波兰社会主义者在鼓动中接受这个纲领以后可能产生的实际后果。

二

只要把波兰社会生活中的一些众所周知的事实概括起来,就能大致描绘

---

① 《波兰社会党公报》第 1 期第 3 页。——作者注

波兰社会状况的图景,这一图景以不可抗拒的逻辑力量使人得出结论说,通过波兰无产阶级的行动来重建一个波兰的阶级国家是无法实现的。社会爱国主义派自己说:"波兰的贵族、波兰的僧侣和资产阶级感到在狗窝里很舒服,并且开始发誓要抛弃起义的旗帜。"①到此为止,他们也是完全正确的:他们只是确认波兰三个部分的统治阶级都忠于政府这一众所周知的事实。但是,可惜他们并没有从这个非常正确的考察中得出正确的结论。

这时资产阶级的政治表现同往常一样,如实地反映了这个国家的资本主义的利益。如果我们把波兰统治阶级在所有三个兼并国家中都忠于政府这一政治现象,还原为他们的物质利益的语言,那么,我们便会得出一个无可争辩的结论:重建波兰不可能符合波兰的恰恰由资产阶级代表的经济发展的利益。

例如在德国,我们看到资产阶级很早就主张政治统一。政治统一在德国恰恰是资本主义发展的一个生存条件,而且在小邦分立的基础上就已经通过关税同盟②为此作了准备。当前的波兰完全是另外一种情况。波兰三个部分之间的经济联系是微不足道的,以致对于它们,对于这三个部分的经济生活来说几乎不值一提。相反,波兰每个部分与它们有关的兼并国家之间的经济联系支配着前者的整个经济,因为它已经采取了现代的形式。波兰资产阶级所热衷的确实也根本不是波兰的重新统一,而仅仅是从经济上利用由于他们从属于兼并国家而产生的那些有利条件,如俄国的广大劳动力市场和保护关税政策、德国的谷物市场、下奥地利和波希米亚等对原料的刚性需求。俄属波兰是一个拥有大工业的地区,而在加利西亚和普属波兰,大地产是起决定性作用的统治阶级,这一情况虽然在很多方面会使后者和前者的社会关系具有各种

---

① 《波兰社会党公报》第 1 期第 4 页。——作者注

② 关税同盟是 1834 年 1 月 1 日在普鲁士领导下最后形成的。在此之前,1818 年的保护关税条例废除了普鲁士境内的国内税,1819 年开始,普鲁士同德意志的一些小邦(其中最大的是黑森-达姆施塔特)签订了关税协定,后来发展成确定共同界的关税同盟,该同盟逐渐包括了德意志几乎所有的邦;在同盟之外的只有奥地利、汉撒的自由市(吕贝克、汉堡、不来梅)和北德意志的一些小邦。1848—1849 年革命时期以及这次革命被镇压以后,关税同盟事实上已名存实亡。普鲁士在 1853 年恢复了关税同盟。关税同盟的成立促进了于 1871 年完成的德国政治上的统一。——编者注

不同的形式,但是,波兰的所有三个部分在这里涉及的关键问题上是完全一致的,加利西亚和普属波兰的容克完全像俄属波兰的大资产者一样牢牢地依附于吞并国家。可见,如果说在德国分裂的各邦之间起作用的是经济的吸引力,即所谓资本主义的向心趋势,那么波兰的经济发展恰恰朝着相反的方向发展,确切地说,朝着三个不同的方向发展,结果它的每一个部分都趋向同有关的吞并国家相融合。这个融合过程在俄属波兰表现得最为明显,而波兰的其他两个部分也在顺应这样的过程,虽然比较缓慢。因此,重建波兰远不是波兰社会发展的结果,确切地说,与这个结果直接相矛盾。

综上所述,通过波兰无产阶级的力量来争取波兰的独立,是一项世界上任何一个国家的无产阶级都未曾承担过的艰巨任务。这里涉及的已不再是争取一定的,哪怕是广泛的政治让步,例如俄国的宪法或者奥地利的普选权。因为这些让步绝不与这些国家的资本主义发展相矛盾,相反,它们本身就是这一发展的必然结果。社会爱国主义派却不是这样,他们给无产阶级出了一个极为困难的难题。以前是占有者阶级为了他们自身的利益,即利用民众各阶级这个无意识的工具,创造新的国家形象,而现在是有觉悟的无产阶级本身要建立一个新的阶级国家。不仅如此,有觉悟的无产阶级还要违背占有者阶级的愿望和利益,用暴力把那些拼命反对移植的资产阶级,确切些说,它的三个资产阶级移植到新的阶级国家,同时强力扭转它三个部分既定的经济发展方向。可见,无产阶级要争取波兰的独立,不仅必须粉碎欧洲三个最强大的政府的强权,而且必须自身强大到足以战胜它的资产阶级的物质生存利益。换言之,无产阶级必须不顾自己作为被奴役阶级的地位,而去取得一个统治阶级的地位,并利用自己的统治,建立一个新的阶级国家,再有意识地创造一个今后继续对它实行压迫的工具。

在简单地表述这个问题时我们很自然地会想到,波兰的无产阶级有朝一日能不顾三个兼并国家的政府和波兰的资产阶级而实现重建波兰,那么,它也能够开始进行社会主义变革。完成第一个任务所需的力量和阶级觉悟的程度,无疑足够用来完成第二个任务,在完成第二个任务时仅仅需要利用经济的发展,而在完成第一个任务时必须打破这一发展。各国的社会主义政党已经就类似的问题发表了意见。在关于发生战争的情况下举行总罢工的争论中

（这个问题要简单得多，只是消极地反抗资产阶级政府所作出的决定），历次国际代表大会都表示，无产阶级在现存制度的范围内，无力削弱阶级国家的那些最重要的职能。但是，如果说无产阶级甚至无力阻止统治阶级进行战争和随后重洗欧洲的政治牌，那么，它显然更加无力违背统治阶级的生存利益，自己建立新的国家，并打碎现存的国家。因此，社会爱国主义派的纲领，无论从它的实现可能性的角度看，还是从它的理论构思看，都同样是空想。

三

一个站不住脚且不具实际操作性的纲领，也许不能排除其暂时被接受的可能性。因此，除了描述这个社会爱国主义纲领的特点，还应当指出波兰社会主义者的活动因接受这个纲领而不得不经历的变化。我们说"不得不"，是因为在这个方面——牢记这个方面非常重要——他们以前的活动不算数。以前，加利西亚和普属波兰的社会主义者既没有接受这一要求，也没有在鼓动中让它发挥某种重要作用。相关的倾向至多偶尔表现出某种动摇和不彻底。相反，比如普属波兰的社会主义者以前参加选举鼓动，以及加利西亚的党为普选权而进行积极的斗争，显然只归功于他们的与德国和奥地利的同志的共同纲领，而绝不能视为把波兰独立的要求付诸实践。然而，在讨论这一要求可能产生的实际后果时，我们绝不打算充当预言家。对于我们来说，问题只是从这个纲领本身的特征中得出合乎逻辑的结论，并且随时都用已有的事实材料检验我们的结论。

首先，如果我们在事实上接受这个可疑要求，这就会反过来影响组织关系。波兰的社会主义者一旦为自己制定一个单独的政治纲领，那他们就不可能隶属于德国和奥地利的党。而社会爱国主义纲领的拥护者完全意识到了这一点。他们比如援引普属波兰的社会主义者建立的特别组织为例，认为这正是接受重建波兰这一要求的一个无可辩驳的证明和一个直接的后果，虽然这种判断与那里的社会主义者的声明确实相矛盾。关于加利西亚的同志1892年在同奥地利的党实行组织联合的问题上所采取的保留态度，社会爱国主义派也作了这样的解释。①

可见,纲领的差别必然使波兰社会主义者脱离德国的和奥地利的组织,一个共同的波兰纲领必然同样会导致波兰的所有三个部分的社会主义者联合成一个唯一的波兰党。而且第二个结论已经得到一些事实的证明。在历次国际代表大会上,波兰代表组成一个单独的民族代表团,它代表一个虚构的全国性的波兰党,而且本着国际声援的精神同德国的和奥地利的党进行交往。他们在这样做时忘记了,在社会主义代表们组合成"民族代表团"时,"民族"一词与"国家"一词是在同样的意义上使用的,社会主义代表团不能代表过去的或者未来的国家,而只能代表当前的国家。上面引用的伦敦《公报》也企图假装是共同的统一的波兰党的机关报。

可见,同样政治情况下的不同政党的形成和在三种不同情况下的一个统一政党的形成,不同国家的社会主义者之间的党派团结和同一个国家的同志之间的国际团结,这些似乎就是接受社会爱国主义纲领的下一个实际后果。

仅仅这一后果就排除了进行任何有益的政治活动的可能性。

因为无产阶级的政治斗争本来就在于使国家机器民主化,并且为了自身的阶级利益而利用这一机器,所以这个斗争在其目的和任务的问题上,显然必须与各个国家当时的政治制度相适应。当前,波兰的无产阶级虽然有着共同

---

① 《波兰社会党公报》第 1 期第 4 页写道:"我们在波兰这两个部分(加利西亚和普属波兰)的朋友们要公开表明他们的分立主义倾向,就不可能不冒被判叛国罪的危险。但是他们已通过以下行动充分表明了这种倾向——至少对于就此发言的那些人来说是如此:波兰无产阶级在 1893 年奥地利的党代表大会上对组织问题采取保留态度;在德国建立了一个波兰社会党,它是自治的并且仅仅同德国的党联合(?),而不像原来那样是德国党的一部分,它的代表在科隆党代表大会上也发表了声明。"至于专门谈到后者的问题,波兰代表尼库尔斯基在科隆党代表大会上只是提到,他的党打算致力于"社会主义意义上的"波兰独立。这番话的意思只能是说通过社会主义的胜利而使波兰民族得到解放,绝不能说这是一个直接的政治纲领。尼库尔斯基同时还解释说,波兰的党坚持爱尔福特纲领,这就证实了上面的说法。伦敦的社会爱国主义杂志《黎明》编辑部认为,波兰代表尼库尔斯基的这个关于爱尔福特纲领的发言是不正确的(我们从该杂志 1893 年第 11 期引用了这个发言,在科隆代表大会的德文会议记录中只有发言的摘要)。但是对我们来说,这里的关键不是这一个或者那一个编辑部的意见,而是这个代表实际上认为应当解释些什么,而且首先是这样的事实:这个代表所作的发言以前没有,现在也没有得到权威方面的纠正,因为在德国的波兰同志在他们的代表会议上既没有拒绝爱尔福特纲领,也没有通过任何其他的纲领。因此《公报》的断言也与事实相矛盾。——作者注

的民族性,但实际上他们是生活在具有根本不同的政治制度的三个不同国家。波兰无产阶级的共同的政治制度已经是过去的事情,或者在最好的情况下是未来的事情。但是,当前进行的政治斗争只能考虑当前的情况,因此,它在这方面必须提出三个不同的纲领,并且必须由三个不同的斗争组织来领导。

如果一个社会主义政党在当前能够在一个共同的政治纲领下把所有三个部分的波兰无产阶级联合起来,那么这个纲领是显然不能适应其中任何一个部分的,也就是说,它必须干脆无视所有三个部分的政治环境。这同人们打算以一个共同的纲领把德国、奥地利和俄国的整个无产阶级联合在唯一的一个党内是一回事。这种做法的荒谬一目了然。可是,怎么区别这种做法与建立一个总的波兰党的计划呢?在这种情况下只能通过那个共同的民族因素来区别,然而,对于纲领的共同性来说,这个因素是可以不必考虑的。

但是,如果这个纲领不适应各个部分的政治形势,如果纲领无视这种形势,那么纲领的制定者就必须有所准备,他们自己也会被活生生的现实所无视。为德国、奥地利和俄国的波兰无产阶级制定一个共同的纲领,只能使这三个国家的波兰运动走上共同的绝路。

确实如此。波兰的社会主义者在与德国和奥地利的社会民主党同样的政治条件下活动,却必须提出与这两个党不同的政治要求,即重建波兰。为了使波兰工人容易接受这一要求,不言而喻,他们必须把波兰无产阶级的状况与德国和奥地利无产阶级的状况的不同特点,作为他们进行鼓动的出发点,设法在前者和后者之间划出一道分界线。但是,波兰工人的阶级状况与德国和奥地利的无产者的阶级状况毫无差别,因此无法在它们之间划出这条分界线。为了达到这个目的,波兰的社会主义者必须强调唯一不同的东西,即**民族因素**。因此,他们将必然经常解释在德国的波兰工人作为一个被征服民族的成员所遭受的苦难,因为他们与德国工人有着共同的阶级状况。因此,他们必须把民族压迫——这一对于工人来说是次要的现象——上升为主要问题。但是在奥地利,波兰人享受民族自由,就必须直接诉诸民族感情、诉诸历史传统等等。

情况又能怎么改变呢?在德国和奥地利社会民主党的强大运动中,这些国家无产阶级的一切需要都得到了表现,并不以其民族性为转移,鉴于这种情况,波兰的社会主义者为了能够坚持他们作为一个具有自己纲领的独立的党的存在,必然不得不越来越明确地强调民族因素。可见,党要进行自我维护,它有可能面临被德国和奥地利的社会民主主义运动的总的潮流吞没的危险,可以说,这种情况必然迫使他们要把自己的整个鼓动民族化。除了在隐蔽阶级立场的同时强调民族因素外,他们也必须给党的一切极其重要的行动(这些行动由于共同的情况对于波兰的和非波兰的无产阶级来说必然是共同的)打上一个特殊的民族印记。这后一件事,社会爱国主义派已经在做了。他们本着他们所提出的纲领的精神,例如把波兹南和西里西亚在 1893 年帝国国会选举中投给波兰社会民主党人的选票,本能地解释为民族波兰的一次示威。他们说:"如此之多的选民已经通过他们投票给波兰社会主义的候选人表明,他们今后既不想忍受**德国的统治**,也不想忍受本民族的贵族和黑帮的统治。"①同样说明问题的是,他们把德国政府的警察对波兰工人运动的迫害更多地归咎于民族压迫,而不是归咎于德国政府的阶级政策,因为他们把这些迫害理解为"把德国的法律应用于被征服的省份。"②

加利西亚社会民主党人最近的这次党代表大会(1895 年 9 月 28—29 日在新松奇召开)的一项决议就是对我们的结论的一个引人注目的证明。决议中说,为了表示波兰所有三个部分的波兰无产阶级的统一,决定发出一份对所有这三个部分都适用的共同的五一节宣传册,而且责成出版《公报》的伦敦小组办理此事。③ 至此,我们就可以看到,上面我们得出的那些结论已经以非常简练的方式得到证实。

加利西亚的社会主义者企图使党的主要行动,即庆祝五一节的活动具有一种典型的波兰性质,并以这一主要行动与整个奥地利的党划清界限。他们还企图使五一节的活动具有一般的波兰性质,即不以三种十分不同的政治形势为转移的那样一种性质,从而突出共同的民族因素,淡化各种政治因素。这种做法在奥地利尤其突出,尽管五一节在那里首先具有,而且必须首先具有政

---

① 《波兰社会党公报》第 1 期第 7 页。不用强调,这只是任意作出的解释,因为 1893 年整个德国的选举鼓动都是由德国党领导的,而且众所周知,德国社会民主党的竞选出版物中只字未提重建波兰。——作者注

② 《波兰社会党公报》第 1 期第 7 页。——编者注

③ 见加利西亚党的机关报《前进》的报道,1895 年《黎明》杂志(伦敦)第 10、11 期转载;另见 1896 年 1 月 12 日工人党机关报《社会主义者报》第 41 号的加利西亚通讯。——作者注

治性质,由于那里的群众在政治上没有权利,五一节具有非常重大的政治意义。

但是,加利西亚代表大会决定进行的这样一种五一节鼓动活动,在实践中能有什么样的前景呢? 在上述的五一节宣传册中,会号召争取八小时工作日,特别是在整个奥地利号召争取普选权吗? 显然不会,因为争取普选权的口号对于俄属波兰和普属波兰(宣传册也是针对它们的)来说,根本没有任何意义。会不会号召重建波兰呢? 但要是号召重建波兰,加利西亚党在奥地利采取的就完全会是分立主义的政治态度。最后只提出八小时工作日的要求吗? 要是提出八小时工作日的要求,就等于取消五一节活动的所有政治意义! 当然,我们在这里要排除这样的情况,这本宣传册只是对拥有三种不同政治要求的俄属、普属和奥属波兰这三个独立部分的简单概括,因为,如果在五一节宣传册中罗列一些只对波兰其他两个部分具有意义的鼓动材料,那么就会使加利西亚的五一节鼓动更加困难,这种情况不可能不引起代表大会的注意。而且还专门要求这个宣传册特别重视所有的波兰工人共同的民族因素,[①]结果就会使加利西亚的工人同奥地利的其他无产者的紧密团结更加退居次要地位,使他们共同的政治斗争更加走下坡路。可见,分立主义和掩盖政治上的阶级立场,始终是制定典型的波兰纲领这一倾向的后果。

如果波兰的社会主义者现在想把重建波兰的要求,补充到德国和奥地利社会民主党的纲领中去,那么,很明显,这样做既不能在原则上也不能在实践上达成内部的统一。确切地说,这样的拼凑必然是纯粹的表面文章。

各个社会民主主义政党的各种纲领要求相互之间总有密切的内在联系。它们的任何一项要求的实现,都会激励无产阶级为实现其他要求而进行更加坚决的斗争,同时创造客观条件去实现那些要求。相反,社会爱国主义的要求与德国和奥地利社会民主党的纲领之间不可能存在这样的关系。社会民主党

---

① 见克拉科夫《前进》关于达申斯基讲话的报道,"波兰的无产阶级懂得对五一节的意义作出恰如其分的评价,五一节对于他们还有这样一层意义:它把他们联合成一个统一的整体,波兰的三个部分的波兰工人在这一天比任何时候都更有深切的归属感。因此,五一节宣传册必须编写得使我们牢记节日的这一方面,因此它对所有的波兰人来说也必然是共同的!"1895年《黎明》杂志(伦敦)第10、11期转载;另见1896年1月12日《社会主义者报》(巴黎)。——作者注

的纲领的逐步实现,德国和奥地利从而也包括它们的波兰各省的运动的发展和加强,只能削弱,绝不会加强这些国家的重建波兰的运动。那里的工人阶级的解放斗争越成功,工人阶级本身的影响越大,波兰的工人就会感觉到,为自己的解放而努力建立一个独立的国家的需要就越小。

同样,德国和奥地利社会民主主义运动的加强很少能够为实现这一意图创造更加有利的客观条件。无产阶级政治力量的增强最终将导致在现存国家建立自己的统治,但绝不会导致打碎这个国家。社会民主党的斗争为无产阶级提供力量,使它能够消灭作为一个社会机体的现存国家,用社会主义社会取而代之,但绝不提供这样的力量,使它能够在资本主义制度范围内打碎作为一个政治机体的现存国家。无产阶级的政治力量的增长总是该国的资本主义的同时增长的反映。另一方面,资本主义的发展的后果,是政治上的集中、国家各个部分的更紧密的结合,是加强和扩大把各个部分互相联系在一起的纽带。无产阶级只能利用资本主义的这些引起集中化的后果,使自己的力量联合起来,使统一的国家民主化,但是无产阶级无法抗拒那些后果,并且使国家的各个部分重新获得独立。我们可以预言,奥地利如果争得普选权,将会激励无产阶级大踏步走向自己的各个阶级目标,但远远不会同时促使奥地利国家走向崩溃,确切地说,会使这个国家的各个部分在新的基础上结合在一起。

因此,重建波兰的要求不能同德国和奥地利的社会民主党的其他要求和活动形成一个和谐的整体。如果把这一要求写入共同的党纲,那么,就会使波兰的社会主义者在自己的活动中经常摇摆于民族主义立场,即所谓代表波兰无产阶级特殊利益的立场和各个社会民主党的一般的阶级立场之间,使他们在一个地区的鼓动与另一地区的鼓动之间失去内在的联系。

但波兰的社会主义者会把他们的活动重点放在哪一种立场上,是放在典型的波兰民族利益的立场,还是放在共同的阶级利益的立场,这是不难猜到的。

我们已经看到,波兰社会主义者与德国党和奥地利党并列这种状况,必将迫使他们走上民族主义的道路。但尽管如此,波兰的社会主义者能在其中进行活动的那些特殊的社会条件也起着重大的作用。

鉴于在波兹南和加利西亚占支配地位的那些几乎可以令人想起中世纪封

建主义的情况,鉴于大工业的缺乏,社会主义者主要在手工业者中间争取拥护者,而这些拥护者受着小资产阶级,即举足轻重的城市阶级的强烈影响。但是,加利西亚和波兹南的小资产阶级是纯粹民族主义传统的最后的维护者,尽管是无能为力的维护者。既然波兰的社会主义者是在这样的社会环境中进行活动,并且以一种特殊的民族纲领区别于德国和奥地利的整个运动,他们也就无法摆脱资产阶级民族主义的影响,而这一影响将使他们日益远离同德国和奥地利的党共同进行的阶级斗争。

德国的波兰社会党把资产阶级爱国主义者的诽谤,称作使它退出德国组织的原因之一,它因属于整个德国组织而遭到了资产阶级爱国主义者的指责,这种情况证明,上述第二个结论也不仅仅是预言。① 因此,当前波兰的同志在德国的特别组织差不多是他们在小资产阶级民族主义的压力下作出的让步。但是,我们在这里,也像在谈到加利西亚党代表大会那个独特的决议时一样,不涉及**接受**社会爱国主义纲领的最后的后果,甚至也不涉及最初的后果。我们在这里暂时只谈在普属和奥属波兰的社会主义运动内部起作用的那些倾向的一个表现。

如果德国的波兰社会主义者始终不渝地遵循这一策略,那么,他们自然就会从一个反对资产阶级的党变成一个跟着资产阶级的节拍跳舞的党。

四

这就是把重建波兰的要求列入纲领的实际后果。这个纲领无论就其构思(像我们提到的)还是就其可操作性(像我们所指出的)来说,都完全是空想主义的,而且在实践中导致纯粹的民族主义,但非常奇特的是,纲领的起草者却试图给它贴上真正马克思主义的标签。他们以为只要利用各种机会援引马克思和恩格斯对重建波兰的思想所表示的同情就万事大吉了。他们特别频繁地援引科学社会主义创始人所发表的那个意见:重建波兰是欧洲民主派反对俄

---

① 尼库尔斯基在科隆党代表大会上的发言,见 1893 年《黎明》(伦敦)第 11 号的报道,另见 1895 年《工人之声》(苏黎世)第 5 号由特别组织的一个拥护者所写的社论。——作者注

国反动派严重威胁的一道防线。

但在我们看来，喜欢援引这条老意见的社会爱国主义者，恰恰忽视了恩格斯著作中的一些内容，这些内容虽然不太合他们的口味，但对于这个问题却具有决定性的意义。因为恩格斯已经非常透彻地指出，由于现在俄国军官力量不足，由于俄国士兵的思想特点和俄国官吏的素质，尤其是由于它的整个经济，特别是财政状况严重失常，所以它绝对无法侵略欧洲，甚至连进行一场防御战争也不可能，而且它简直可以说已经处于政治破产的前夜。[①] 可见，现在的俄国已不再是尼古拉一世的俄国，那时必须有一道人墙才能阻挡它入侵，在它国内也根本没有任何发展的因素。目前在它的内部正孕育一场专制制度无法控制的巨大的变革过程，而且如果政府不懂得及时作出让步，那么，它会面临"就像地震破坏鸡窝"那样被推翻的危险。[②]

此外，社会爱国主义的拥护者首先还应证明，在今天存在全面的国际交往和各个国家经济上互相依存的情况下，在欧洲同俄国之间人为划界是否还有意义。然而法国的事例表明，俄国反动势力的手伸得很长，它能够越过若干中间国家去扩展它的影响。

他们寄托于未来的波兰民主制的希望原来也是一个尚不存在的政治银行的支票，可能掌管这个银行的人——波兰的有产阶级——完全有可能拒绝兑付，而且甚至会像法兰西共和国那样死心塌地去充当"不共戴天的敌人"即俄国沙皇政府的同盟者。

所有这些打算和希望显然完全是空中楼阁。

总之，不管人们对这个问题有这样或那样的看法，马克思和恩格斯的那些话至多能表明，重建波兰是可以向往的。但是社会爱国主义者忘记了：不是所有值得向往的东西也都因此能够实现；不是所有就其本身来说能够实现的东西，专门对无产阶级来说也能够实现。正是马克思和恩格斯首先教导工人阶级说，不要把单纯的愿望，不要把单纯的争取值得向往的东西的意志理解为它一切意图的动力，而是要把社会发展的实际的物质条件理解为检验它的一切

---

① 参看《马克思恩格斯全集》中文第 2 版第 29 卷第 480—487 页。——编者注
② 参看《马克思恩格斯全集》中文第 2 版第 11 卷第 481—482 页。——编者注

意图的标准,唯有实际的物质条件才能决定值得向往的东西是否也有可能实现,并使有可能实现的东西成为历史的必然。但是毫无疑问,在社会爱国主义者如此频繁地引用可能重建波兰的那些说法时,无论如何没有考虑波兰的物质发展情况以及由此而产生的无产阶级的直接任务。比如恩格斯说:"如果普鲁士(在同俄国的战争中——罗·卢·)为了本身的安全而不得不去恢复强大的波兰,那么这也将是它应得的惩罚。"①可见,这里说的不是波兰无产阶级,不是它的日常的阶级斗争,而是普鲁士、欧洲的外交和战争。一切认为重建波兰对欧洲是必要的人,也期望从战争中得到这个结果。现在人们对这些期望愿意怎么想就怎么想,但是不管怎样,以下几点是清楚的。

第一,这些期望尽管也可能是马克思和恩格斯本人说过的,但毕竟不是社会民主党的基本原则,甚至根本不是党的原则;如果人们想把关于重建波兰的这些说法变成社会主义教条,从而把对社会爱国主义纲领的责任间接地转嫁给马克思和恩格斯,那么,他们恰恰要冒把马克思下面的话应用到自己身上的危险,即:"他们从来不以具有自己的思想为荣。他们只有别出心裁地曲解别人思想的本领,**他们把别人的思想奉为信条**,并且认为他们已经把这些思想连同词句都掌握了。"②

第二,只要战争不是按照计划进行并且使社会主义政党感到不满,未来战争的结果就不能为社会主义纲领提供基础。对一场未来战争所抱的希望至多能决定波兰社会主义者在战争期间的策略,却绝不能够决定他们用于日常斗争的纲领,现在甚至连这一策略也无法确定,因为我们根本不知道未来战争发生的时间和一切伴生的情况。

因此,科学社会主义创始人的那些话根本不能也不应该被理解为对波兰无产阶级的实际的日常纲领的指针,因为这些话只涉及对外政策中的偶然情况,而不涉及波兰的内部阶级斗争和波兰社会发展过程的结果。一般说来,那些话就其来源和特点来说,更多是属于那个美好时代的,那时"波兰人和革命

① 《马克思恩格斯全集》中文第 2 版第 29 卷第 483 页。——编者注
② 参看《马克思恩格斯全集》中文第 2 版第 8 卷第 479—480 页。引文中的"他们"指沙佩尔—维利希冒险主义宗派集团。——编者注

者——至少在民族意义上说——是同义语"。① 在波兰的一次起义和另一次起义②之间国家始终处于群情激愤之中。但是现在,无论是前一种情况还是后一种情况都早已成为过去并被人遗忘了,因为从那时以来,在俄属波兰——波兰的心脏和所有民族起义的策源地——已经完成了这样一件大事,即农奴制已经被彻底废除,资本主义大工业正在发展。可见,波兰的社会关系也被颠倒过来了。1848 年波兰的"革命者"——贵族——在经济上和政治上已经破产。一个新的角色——资产阶级——登上了舞台,现在它担任第一小提琴手,而且在那里演奏的不是民族歌曲《波兰还没有灭亡》,而是俄国的赞歌《神佑沙皇》。

如果说,30 年来已经听不到的波兰起义的号角声突然在 1893 年吹响了,并且传到了社会爱国主义的拥护者耳中,那么尽管如此,这也纯粹是他们的政治审音力的幻觉造成的。在真实的自然界没有发生这样的奇迹。其实,任何一个波兰统治阶级现在都不会想到重建波兰。而波兰的无产阶级本身也正是只能跟着历史车轮前进,而不能使这个车轮倒转。

顺便说几句。伦敦《公报》的出版者(波兰社会主义者国外联盟)赞成社会爱国主义的纲领,并迫使加利西亚和普属波兰的社会主义者接受这个纲领,他们强调,这两个党在它们的纲领中十分明确地接受了重建波兰的要求,只是没有公开表述出来,以免被控叛国罪。③ 因此,这两个党在民族主义问题上说的是一种政治上的暗语,它们有纲领,同时又没有纲领——视情况而定——它们可以用这种暗语想怎么说就怎么说,而不必与人对着干。当然,这是很狡猾的,但是,在重大事件上要滑已经使不少人送了命,因为伪装在历史市场上是行不通的。现在对波兰运动最迫切的事情正是政治态度是否鲜明的问题。因

---

① 恩格斯的原话是:"正是因为波兰的解放同革命密切地联系着,正是因为'波兰人'和'革命者'两个词成了同义语,波兰人就赢得了全欧洲的同情,保证了他们民族的复兴,而捷克人、克罗地亚人和俄国人却受到全欧洲的憎恨,整个西方都用流血的革命战争来反对他们。"(《马克思恩格斯全集》中文第 1 版第 6 卷第 339 页)——编者注

② 1860—1861 年的农民起义浪潮导致 1863 年 1 月 22 日在波兰王国、立陶宛、白俄罗斯和乌克兰部分地区的人民起义,这次起义由于没有全国性的领导机构而于 1863—1864 年遭到血腥镇压。——编者注

③ 我们在波兰这两个部分的朋友们要公开表现他们的分立主义倾向,就不可能不冒被控叛国罪的危险。《波兰社会党公报》第 1 期第 4 页。——作者注

为政策上的动摇不仅给各个波兰党的纲领,而且给它们的实际生活造成了不可救药的混乱。对于加利西亚的社会主义者来说,这种混乱是从最近的有关五一节活动的决议开始的。但是对在德国的波兰社会主义者来说,混乱早在他们有了特别组织的时刻就开始出现了。正是他们同德国党的关系(他们从1893年以来一直未能厘清这一关系)为这一点提供了最好的样板。当波兰的同志组织一个独立的政党时,他们同时决定派遣一个代表参加德国社会民主党的代表大会。他们的代表尼库尔斯基出席了科隆党代表大会,并在会上提出了一项提案,其内容是:党代表大会应当责成社会民主党国会党团在国会提出一项关于在德国的波兰省份实行语言自由的法律草案。他们派遣一个代表参加德国的党代表大会,这就表示他们必须同德国党保持紧密联系。但是波兰的同志在作出决定时似乎忘记了,他们要退出一个党,同时又要留在这个党内,或者说(这样做的结果是一样的),他们派代表参加一个党的代表大会,而这个代表却不是这个党的成员,那是不可能的。在党的法兰克福代表大会①上也就不再有波兰社会主义者的代表了。在布雷斯劳代表大会②召开时,他们又决定派遣一个同志参加,并作关于波兰运动的报告,这个同志是否具有代表身份,决议没有明说。然而,我们在布雷斯劳代表大会的记录中既没有看到波兰的报告,也没有看到本应代表波兰组织的那个同志,不管他是代表还是来宾。而且,在目前这种情况下即使有可能派遣一个人作为自己组织的代表——不言而喻,这与关于党组织的任何概念都相矛盾——但还是没有解决下面这个问题:这样一个代表有什么意义? 如果波兰的同志认为德国党的代表大会的决议对于他们也具有约束力,那就无法理解为什么他们要退出德国党,从而放弃积极参与执行这些决议的权利,从而同时也拒绝接受德国党方面对自己的支持。但是,如果这些决议对他们不是决定性的,那么,他们向德国党的代表大会派遣代表显然只是一个空洞的形式。

可见,在德国的波兰同志明确地感到有必要加入德国的运动,但是,正是这种政治态度的动摇现在和将来都将妨碍他们为自己同德国党的关系找到

---

① 德国社会民主党代表大会1894年10月21—27日在美因河畔法兰克福召开。——编者注
② 德国社会民主党代表大会1895年10月6—12日在布雷斯劳召开。——编者注

(明确地说,重新找到)相应的组织形式。

加利西亚的社会主义者也必定很快陷入相似的处境。最近这次奥地利的党代表大会①一致确认——这正是代表大会讨论中的基调——,鉴于即将进行的选举改革,党进入一个新的时期,在这个时期,党的新的重要政治任务是无条件地建立一个严密的集中制的组织和实行统一的政策。可见,党在政治权利方面所取得的第一项成就的下一个结果,是党的集中化和统一化。在这条道路上每前进一步,都必然还会加强这一趋势。这样,整个奥地利社会民主党的利益和发展同加利西亚组织的社会爱国主义的分立倾向彼此之间就直接产生了矛盾。加利西亚的社会主义者因此必然要采取脚踏两只船的态度,他们一是赞同布拉格党代表大会的决议,二是在邦的代表会议上通过与这一决议的性质截然相抵触的关于五一节活动的决议。如果这两条船驶离得越来越远,那么,那些打算脚踏两条船的人的最后处境是不难预料的。

可见,为了波兰运动的利益,必须结束这一切民族主义的动摇。在德国和奥地利不存在提出一个特别的波兰的工人纲领的物质基础,德国的民族迫害也不会提供这样的基础。相反,对于波兰的社会主义者来说,卓有成效地为波兰工人的**一切**利益而斗争的唯一方法在于:他们完全站在同德国或奥地利社会民主党共同的政治纲领的基础上,把现存的国家界限看作是历史上的一个既成事实,彻底放弃通过无产阶级的力量来建立一个波兰的阶级国家的空想。从波兰的社会主义者的角度说,只有这样做,他们才能加速那个时刻的到来,那时无产阶级的最后胜利也将使波兰民族得到彻底解放。②

1895—1896 年《新时代》(斯图加特) 第 14 年卷第 2 年卷第 176—181 、206—216 页

---

① 奥地利社会民主党代表大会 1896 年 4 月 5—11 日在布拉格召开。——编者注
② 本文写成以后,我们在阿列曼派于巴黎出版的机关报《工人报》上看到一个决议案,这个决议案显然是社会爱国主义者方面拟向伦敦国际代表大会提出的,它宣布必须为无产阶级的利益重建波兰。达申斯基在布拉格代表大会上提到"波兰人向沙皇政府提出抗议"时,心中想就是这个决议。因此,他们打算通过取得国际无产阶级的批准而鼓舞各个波兰党坚决地在他们的政治纲领中列入社会爱国主义的要求。鉴于这种情况,从社会民主党的立场看,对这一纲领作批判性的说明,看来是更合时宜了。——作者注

波兰的社会爱国主义

S. 黑克尔(克拉科夫)和他的同志们在《新时代》①第 37 期上发表的《波兰的社会主义》一文中,表明了对社会爱国主义的态度,在我们看来,这对弄清这个问题完全没有用处。按照黑克尔的说法,波兰的独立不应纳入波兰社会主义者的纲领,而应作为"要求"在鼓动中得到践行。但是,不言而喻,这个有争议的要求被称为"纲领"还是"要求",本质并没有改变。社会爱国主义的倾向导致小资产阶级的民族主义,不是因为它被写入纲领,而是因为它在鼓动中得到践行。可见,仅仅改换名称,既不能排除从社会民主党的角度论证社会爱国主义要求的必要性,也不能消除在鼓动中采纳这个要求的消极后果。

关于这个"要求"的可行性,黑克尔同样也不知道说什么令人中听的话。如果他宣称,他和他的同志们"一开始就没有断言",他们能够"在大崩溃之前贯彻波兰的独立",那这就不是解决问题的办法,而是一次无谓的逃避问题的尝试。因为在大崩溃之后,波兰重建为一个阶级国家是没有意义的,而在那之后的波兰民族解放也是不言而喻的,所以在当下的鼓动中无法形成特定的"要求"。但最重要的是,社会爱国主义派在提出这个要求时,谁也没有想到别的,只想到波兰的阶级国家。波兰社会主义者国外联盟与俄属波兰中许多社会爱国主义分子一样,声明与加利西亚的社会党人团结一致,甚至断然拒绝在俄国制定宪法的要求,并把建立一个有最低工资标准和罢工等自由的波兰共和国**当作他们的下一个目标**。(见伦敦的《官方通报》第 1 期)只要加利西亚的社会党人在鼓动中提出这个要求并尝试说明理由,那么,他们心中就始终

---

① S. 黑克尔:《波兰的社会主义》,载于 1895—1896 年《新时代》(斯图加特)第 14 年卷第 2 卷第 324—332 页。——编者注

只有一个资产阶级的波兰国家。因此,那个理想的波兰是一个在大崩溃**之前**建立的波兰阶级国家,而无产阶级应以何种方式建立这样一个国家的问题,一如既往悬而未决。

最后,黑克尔用美金和其他次要的考虑来解释三个波兰政党像五月节庆祝活动那样的共同行动;但这丝毫不妨碍我们说,在党的生活的最关键时刻采取这样的行动。其实是对共同**政治行动**的践踏,而黑克尔没有,也不可能面对波兰社会主义者活动的不同条件,指出这种共同行动的基础。

黑克尔同样不知道,除了波兰各政党**今天的实践**外,还有什么可以用来反驳我们关于运动中社会爱国主义者的企图的必然结果的阐述,但正如我们明确强调的,"今天的实践"不算数,因为它"显然只归功于他们的与德国和奥地利的同志的共同纲领,而绝不能视为把波兰独立的要求付诸实践"。① 相反,我们关于社会爱国主义和社会民主党的斗争之间的新矛盾,关于社会爱国主义理论上站不住脚的提示,始终没有得到任何答复。

因此,我们可以认为,黑克尔的答复会充分证明,维护社会爱国主义观点是不可能的,因此我们认为,没有必要深究加利西亚运动的实践问题。因此,结合黑克尔的文章,我们只想探讨具有普遍性和原则性意义上的两个问题:一是黑克尔也把伦敦代表大会②的决议作为加利西亚党的决议加以维护,二是俄属波兰的社会状况,关于这里的社会状况,他提出了一整套荒诞的,却对评判波兰问题具有决定性意义的概念。③

---

① 本卷第 27 页。——编者注
② 国际社会主义工人和工会代表大会 1896 年 7 月 27 日—8 月 1 日在伦敦召开。——编者注
③ S. 黑克尔认为,需要用几点个人性质的说明作为他反驳的开场白,我对这样的说明不在意,在它们也涉及我所属的组织时,我在这里只想作简短的答复:

    1. 黑克尔重提那则假消息,说我在独立派的机关报《社会主义者报》上所写的文章,完全是"反对波兰社会党"。我已经在 1893 年《前进报》第 241 号揭穿了这一点,奇怪的是,黑克尔正好忽视了这个报道! 但可笑的是,这篇指控文章反对我和我的同志们。

    2.《工人事业报》没有停刊,只是由于我党遭到大搜捕而暂停出版,现在已经出版到第 24 号。

    3. 俄属波兰社会民主党既不是 1893 年从哪个政党退出的,现在也没有与哪个政党联合。黑克尔对我们党内生活的极度无知,应当感谢伦敦社会爱国主义者的倾向性的文章,他从这些文章中获悉了上述信息和所谓有关社会民主党和社会爱国主义者联合的"文件",而其中没有一点是真实的。

一

这个在伦敦代表大会之前为重建波兰而作出的决议说：

"鉴于一个民族对另一个民族的奴役只是对资本家和独裁者有利,相反,对于劳动人民,无论对于被压迫民族的劳动人民,还是对于压迫民族的劳动人民来说,都是有害的;特别是俄国的沙皇制度从镇压和瓜分波兰中获得内部力量和外部意义,这对国际工人运动发展是一个长期的危险,所以代表大会认为:波兰的独立对于整个国际工人运动和波兰无产阶级来说,都是同样必要的政治要求。"①

这个决议的第一个"鉴于"纯属老生常谈,从中绝对得不出任何实际的东西。这个决议的特点是,行文与著名的荷兰决议,即关于军人罢工的决议极为相似:"鉴于民族矛盾绝不对无产阶级有利,但对无产阶级的压迫者有利;鉴于所有现代战争都是由资产阶级为自己的利益而发动的,"②所以我们应该通过军人罢工来消除战争。这两个决议——荷兰的决议和社会爱国主义的决议,都天真地以为,只要将某些东西解释为对无产阶级"有害",而对资产阶级有利,就足以直接消除祸害。两个决议都想在资本主义范围内消除根植于资本主义**本质**的现象——战争和兼并,而不想消灭资本主义本身。

第二个"鉴于"是一个谬论。沙皇制度的内部力量和外部意义都不是源自瓜分波兰。专制制度目前的生存基础是农村落后的社会关系的残余:农村公社的财产和专制政体对发达资本主义需要的暂时适应。俄国获得的外交意义应归功于它在东方问题上扮演的角色,以及它在亚洲的地位,特别是兼并阿

4.黑克尔试图把我关于社会爱国主义的观点与我被逐出苏黎世代表大会联系起来。这种联系确实存在,但意思完全相反:我所代表的观点已经反映在关于俄属波兰的社会民主主义运动的报告中(见本卷第1—8页),我是带着这个报告出席苏黎世代表大会的,而这份报告正是我被逐出大会的真正原因,加利西亚党的两篇文章(《伦贝格1894年工人历书》和泽哥塔的《加利西亚运动简史》)也清楚表达了这一点。——作者注

① 1896年6月《工人事业报》第24号,另见《波兰王国和立陶宛社会民主党》1957年华沙版第453页。——编者注

② 《国际社会党工人代表大会会议记录。1893年8月6—12日于苏黎世音乐厅》1894年苏黎世版第25页。——编者注

尔萨斯—洛林后形成的欧洲政治局势。① 有没有波兰,都不会改变所有这些内部和外部关系。如果人们从这个方面考虑去消灭专制制度,那么,在我们看来,这是一个没有丝毫希望的幻想。

然而如果我们愿意暂时假定,瓜分波兰真的构成沙皇制度的生命线,那么相反,无产阶级能够做什么? 根据这个决议,它应该**要求**重建波兰。然而,仅仅提出要求和举行和平示威,是不可能重建波兰的。统治阶级在波兰的三个部分正在形成最坚固的兼并壁垒,而外国政府则会对无产阶级的要求充耳不闻。但是,如果无产阶级用行动强调自己的要求,那么,只要它不是自己命运的主人,就必定遭到血腥的失败。因此,通过这个决议就相当于表达一种善意的愿望。阿德勒②博士在苏黎世所说的话就是这个意思,他说:"如果我们,一届社会党人的代表大会,只是一个只表达善良愿望的团体,那么,今后无论是在统治的欧洲还是在被压迫的欧洲,我们的意见都不会得到任何重视。"③因此,决议的结论似乎与它的两个"鉴于"一样难以服众。

对于波兰运动来说,如果通过这个有争议的决议,那么后果很清楚:那就是最高机关认可民族主义的倾向。

对其他国家的运动来说,这种后果也很明显。我们已经说过,波兰的决议与荷兰决议实质上是一致的:一个想通过消除战争来预防未来的兼并,另一个则通过废除兼并来消除之前的战争。因此,通过波兰决议就会突破以前历届代表大会关于荷兰决议的决议。即使荷兰决议建议不切实际的方法,而波兰决议只提一个"要求",那二者也同样是不切实际的。

最后,如果国际无产阶级的纲领采纳波兰的要求,那么,就要连续不断地讨论一系列类似的问题,如波西米亚和爱尔兰的政治解放,取消对阿尔萨斯—洛林的兼并等。此外,接受这个要求,对波兰,对所有这些国家来说,就是原则

---

① 德国 1871 年对阿尔萨斯—洛林实行的兼并,导致法国推行反对德国的越来越强硬的报复政策,并使法国日益亲近俄国。这种冲突大大有助于欧洲军事集团的形成。——编者注
② 维·阿德勒(1852—1918)——奥地利社会民主党创始人和领导人之一,1889—1895 年曾与恩格斯通信;《工人报》编辑,1889、1891、1893 年国际社会主义工人代表大会代表;后为奥地利社会民主党和第二国际机会主义派首领之一。——编者注
③ 《国际社会党工人代表大会会议记录。1893 年 8 月 6—12 日于苏黎世音乐厅》1894 年苏黎世版第 26 页。——编者注

上认可这个以民族解放为目的、在民族的基础上建立的组织,也就是认可将各个国家的无产者一致的政治斗争分解为一系列无谓的民族斗争,并将此列为一种可能的结果。

自从将波兰的统一上升为无产阶级对外政策的要求以来,世界上的许多事情都发生了变化。现在,欧洲的政治形势已经完全不同:它的重点已经从东方,从波兰问题,转移到德法边界。战斗的无产阶级的策略现在发生了变化。1848 年,无产阶级的政治斗争是街垒战,而它主要的敌人是**刺刀**。当时它必须在反动派的后备军——俄国的刺刀面前构筑肉体城墙,而一个独立的波兰理当成为这样的肉体城墙。今天,无产阶级进行日常的政治斗争,绝不能受人挑拨,走向街头。因为对无产阶级来说,不仅俄国的刺刀,而且俄国对欧洲的反动的外交影响都是危险的;但是,这种影响不能通过肉体城墙,而只能通过消灭本国的沙皇制度来消除。

但幸运的是,俄国也发生了许多变化:不再拘泥于 30 年前就存在的专制的社会僵化;现在,它的基础正遭到年轻鼹鼠——资本主义的侵蚀,而这能为从内部征服专制制度提供保障。俄国现在表明不仅有**刺刀**,而且有战斗的无产者,而无产者正是欧洲摆脱彼得堡独裁统治的梦魇的最自然的保证。另一方面,**波兰的**无产者在从这个共同的堡垒争取政治自由的日常斗争中,同样是俄国无产者最天然的同盟者。现在,国际的运动和**波兰**与**俄国**的运动一样,关注的不是要求实际上不可实现的重建波兰的阶级国家,而是相反,是联合俄罗斯帝国所有无产阶级的力量,进行沉重打击沙皇制度的斗争,否则,结果只能是分散沙皇俄国的无产阶级力量,使一部分无产阶级力量走上确实毫无希望的争取民族目标的弯路。

俄属波兰社会民主党将把一项在这个意义上草拟的决议提交给伦敦代表大会。

二

西欧各国的社会党人在波兰的民族目标问题上发表的大部分看法具有一个鲜明的特点:习惯于根据人们**在欧洲**的国际关系中安排给**波兰**的角色,来评价波兰的这些努力的内部的社会性质。相反,我们认为,正确的做法应当是,反过来从波兰本身进行**这些努力**的社会条件所决定的性质,来推导出统一波兰的努力**对欧洲**的作用。我们想扼要概述这些关系,同时,我们首先打算考察波兰的那个部分——俄属波兰。

1864 年的农民改革①终结了波兰贵族的民族斗争的时期。没有农民,贵族无法战胜俄国政府。但是,与农民一起获得胜利有一个前提,即废除依附关系是贵族运动赢得农民阶级的唯一手段,可见,贵族最可怕的经济失败会使其政治胜利变得毫无意义,使整个斗争成为笑谈。由于这个矛盾,贵族起义必然失败,而正是贵族和农民阶级之间的矛盾,使俄国政府成为**笑到最后的角色**,并且确保能够遏制贵族,并削弱其运动。斗争的关键因素——农民改革——彻底改变了俄属波兰的经济面貌,改变了贵族农业的生产条件,从而破坏了民族运动扎根的社会基础。

波兰原来一直以自给自足的农耕经济为主导,1851 年以前设立关税区边界,与俄国相分隔,而经济上基本是封闭的。从 60 年代开始,波兰卷入了真正的资本主义经济发展的风暴:大工业进驻国内。俄属波兰的关税区边界的撤销、俄国的农民改革②和与此有关的货币经济的实行,60—70 年代开始进行的波兰连接俄国所有地区的庞大的铁路建设,最后还有自 70 年代起日益严格的关税保护政策(该政策仅仅让本地的工厂主抢占了俄国的内部市场,确保他们得到 40%—60% 的利润),这一切都使波兰工业进入了原始积累的天堂,在这里工业像雨后春笋般地快速生长。在波兰开始了一个创业的狂热期,在 20 年(1870—1890 年)内产量,超过了整个上个世纪工业领域产量的三倍。罗兹和索斯诺维茨分别用了 25 年和 15 年从乡村变成了大工业城市。拥有 850 万

---

① 沙皇政府被迫于 1864 年 3 月 2 日废除波兰的农奴制,从而保证了波兰农民在 1863—1864 年的斗争中赢得的权利。——编者注

② 指俄国 1861 年废除农奴制的改革。这次改革是由于沙皇政府在军事遭到失败、财政遇到困难、反对农奴制的农民起义又不断高涨而被迫实行的。沙皇亚历山大二世于 1861 年 3 月 3 日签署了废除农奴制的宣言,颁布了改革的法令。改革"解放了"2 250 万地主农民,但是依然保持地主土地占有制。农民的土地被宣布为地主的财产,农民只能得到法定数量的份地,并要支付赎金。赎金的主要部分由政府以债券的形式先付给地主,然后由农民在 49 年内偿还给政府。根据粗略统计,改革后,贵族拥有土地 7 150 万俄亩,而农民只有 3 370 万俄亩。但这次改革仍然为俄国资本主义经济的发展创造了有利条件。——编者注

居民的小小的会议桌上的波兰①每年达到的生产规模价值 30 000 万卢布。②

我们粗略地列举了波兰资本主义发展的各种因素,但其中的基本因素过去和现在都是俄国的销售市场。随着铁路线向俄国纵深的发展,波兰的产品也纵深销售到俄国,人们可以从生产的这种跳跃式发展清楚地追踪这一发展进程。波兰产品的三分之二直接由俄国消费,剩余的工业则直接依赖于为俄国生产的工业部门。需要留意的是那些在各资本主义国家构成大工业支柱的工业部门——波兰依赖俄国市场的钢铁工业和纺织工业。③ 因此,俄国市场

---

① 1815 年由维也纳会议建立的波兰王国被称为会议桌上的波兰。它一直存在到 1915 年,实行合一君主制,俄国沙皇也就是波兰国王。——编者注

② 考虑到篇幅有限,我们只能从关于这一点的官方报道和其他报道的大量材料中选取一些数据:

	1871 年	1890 年	增长率
生产总值(卢布)	66 700 000	210 000 000	215%
纺织业生产总值(卢布)	18 800 000	100 000 000(1891)	432%
钢铁生产(普特)	900 000	7 500 000	733%
煤炭生产(普特)	12 600 000	151 000 000	1 098%

棉纺织业的纱锭数量在 10 年(1877—1886)中从 216 640 上升到 505 622(增长了134%)。俄国棉纺织业的纱锭数量同期增加了 32%,美国棉纺织业的纱锭数量(1881—1891 年)增加了 29%,英国棉纺织业的纱锭数量增加了 8%。——1886 年进行的一项调查表明,在波兰最大的工厂中,25% 是在 1860 年建成的,75% 在 1860—1886 年建成的。——纺织工业的中心,罗兹的产值 1860 年为 260 万卢布,而 1888 年为 4 000 万卢布。索斯诺维茨的产值 1879 年为 50 万卢布,而 1885 年为 1 300 万卢布。在最近的 10 年中,索斯诺维茨成了波兰钢铁和煤炭工业的中心。——工业规模实际上要大于官方说明的数据,比如,1890 年的工业总产值不是 21 000 万卢布,而确切的数据是 30 000 万卢布。因此,波兰的工业生产——根据其每年的价值测算——现在已超过谷物生产近三倍。根据(从俄国的)谷物进口和波兰的谷物出口的统计结果,生产的不足是由进口的过剩抵补的。因此,波兰,以前的欧洲仓库,已经成为纯工业国家。——上述所有说明均引自:J. G. 布洛赫《会议桌上的波兰 1871—1881 年的工业》1884 年华沙版第 17、151 页;《俄国工业的历史统计展望》1883年圣彼得堡版第 1 卷表 11 和表 15;《俄国的工厂工业。1893 年芝加哥博览会的官方报告》第 13、32—33 页;《俄国 1891 年贸易和工业统计材料》1894 年圣彼得堡版第 124—147 页;《俄国的矿业。1893 年芝加哥博览会的官方报告》第 56—60、91 页;伊·扬茹尔《波兰工厂工业史纲要》1887 年莫斯科版 第 6、39 页;A. S.《莫斯科和罗兹》1889 年圣彼得堡版第 17 页。——作者注

③ 在这一点上,我们用《波兰工厂工业调查委员会报告》1888 年圣彼得堡版和其他官方报告来证明。德国的读者在《贸易和金融外交领事报告》第 128 期第 6 页和第 321 期第 7 页上也可以找到一些。在 1886 年和 1887 年,俄国几乎消费了罗兹(波兰的曼彻斯特)整个纺织工业产品四分之三,波兰自己只消费了其中的三分之一。——作者注

是波兰资本主义的生命线,从而也是波兰现代发展的生命线。

波兰工业对俄国市场的依赖性是既成事实。然而必须承认,很遗憾,俄国政府对这个事实的理解比一些波兰社会党人更深刻、更正确。这些波兰社会党人习惯从这个有疑问的现象中得出波兰资产阶级没有民族主义的倾向这个唯一的结论。但是,这说明他们忽视了这种现象的客观的、辩证的一面:波兰和俄国的经济往来对波兰整体社会结构的反作用,以及这种往来在其发展过程中对波兰的独立问题产生的意义深远的影响。这个方面很少有人注意,然而,在评判波兰问题时恰恰可从这个方面轻松地寻找关键因素。

资本主义在各个国家使自己的各个部分互相联系,互相依赖,这是它的一般趋势,在波兰和俄国没有受到限制,因为两国间的关税区边界已经撤除。这种趋势在波兰一方面使农业、手工业和贸易最紧密地依附于使它们成为整个经济中轴的大工业。另一方面,使这个中轴牢牢地嵌入俄国资本主义经济的总机制。生产、交换、运输,所有这些在波兰和俄国都结成一个唯一固定的结。现在紧紧纠缠波兰的这些因素中的任何一个因素,都会深深伤害俄国的某些利益,反过来也一样。俄国经济的每一次繁荣都会在波兰得到忠实的反映,反之亦然。俄国和波兰正在转变成一个唯一经济的机制。这种转变与资本主义的发展完全同步。在这两个国家中,落后的生产形式越是让位于现代的生产形式,这种联系就越稳固,波兰对俄国的依附关系就越能成为波兰经济生活的基本条件。①

---

① 这是黑克尔理解的那种关系,他说,波兰仿佛是"能驾驭形势的主人。而俄国在经济发展方面是如此的停滞不前,以致完全依赖会议桌上的波兰的生产。"但愿他能从下列数据中汲取教训:
根据上引的《关于芝加哥博览会的报道》,1890年的工业生产总值为(单位:卢布):

俄　国	15970 000 000——人均 13.5
彼得堡地区	2420 000 000——人均 40.0
莫斯科工业地区	460 000 000——人均 38.0
会议桌上的波兰	210 000 000——人均 25.0

因此在工业关系上,无论是绝对还是相对而言,波兰在俄国都占**第三位**,仅莫斯科地区的生产超过波兰两倍多。可见,俄国拥有自己的比波兰大工业历史悠久得多的大工业。这自然至少不会妨碍两国之间进行意义深远的分工,波兰完全依赖于俄国的市场。比如,波兰的棉纺织业——与它的人口完全不成比例——占俄国棉纺织业的四分之一,波兰的钢铁工业则占俄国钢铁工业的六分之一。——作者注

因此,资本主义在波兰的发展趋势导致波兰经济上并入俄国。这是一个客观的历史过程,这个过程既不以某些人的意愿,也不以各政党的意愿为转移,而首先应归因于波兰的生产和交换条件。这从民族目标的角度看是一个可悲的事实,但更可悲的是,对这个事实视而不见。①

社会发展的这种独特路线造成的结果是,波兰现在没有一个社会阶级关注波兰的重建,同时又有力量引发这种关注。

最重要的阶级——资产阶级的态度由此可见一斑。在其他国家,资产阶级受自己的阶级利益的驱使统治外来的民族,而在波兰,资产阶级代表自己的阶级利益屈服于外来的统治。

以前在波兰引领社会的贵族,现在跟着资产阶级亦步亦趋。向雇佣制度的过渡,以及此后谷物和土地价格的持续下跌,使本来已经负债累累的中小地主面临破产的边缘。所有贵族的庄园三分之一已经不是由所有者掌握:其中的15%已经转移到犹太人和德国人手中,另外的15%被分为小块地,卖给小生产者。其余的地产都平均负有80%的抵押债务,五分之二的抵押地产债务高达100%—250%。整整三分之一的庄园不久便被判拍卖。农业目前在波兰仅以两种极端的存在形式幸免于难:或者作为大种植园,从事集约经济,计划工厂化生产自己的产品,从而间接依赖于俄国的市场;或者作为小农场,采用最落后的三年轮种法,从而得以顽强地生存,因为他们放弃了一部分在资本主义企业中表现为地租和利润的收入和一部分工资。中产阶层——民族自由的实际捍卫者——如今已经彻底陷于垂死挣扎的绝望境地。他们的"社会纲领"——用他们今天的代言人布洛赫和古尔斯基的话说——是**土地银行**和**土壤改良贷款**。② 而他们不能敷衍自己说,先等到有了未来的波兰政府再采取这两种救市方法。执行官已经在门外催逼讨债,这个理由让贫困的波兰地主

① 从我们期待的黑克尔深入的理解方式来看,人们据此判断,这个客观的历史进程是我们的"纲领要求"——他说,俄属波兰社会民主党"要求"波兰在组织上并入俄国。很清楚,这里有比社会民主党"要求"这个小人物灭亡、废除家庭等等更为真实的内容。——作者注

② 上述说明引自 J. G. 布洛赫的著作《地产及其债务》1890 年华沙版和《土壤改良贷款和农业的状况》1892 年华沙版;以及路·古尔斯基《我们在农业上的错误》1874 年华沙版和《农业百科全书》1890 年华沙版第 1 卷。以及《外交部。系列丛书》第 347 辑《关于波兰地主地位的报告》和第 355 辑《关于波兰农民和农民地产的报告》。——作者注

把俄国沙皇政府看作唯一的救世主,并要对它奴颜婢膝。

小资产阶级政治上不是一个统一的群体。一些手工业(制衣业等)直接利用俄国市场,他们的社会纲领是**手工业者的商号"去东方"销售**。这个行业和许多其他行业都在国内进行资本积累,从而在上升的内需中得益。因此它们是大资产阶级的追随者。然而,许多手工行业需要直接承受工厂工业的竞争压力。这些资本薄弱且濒临破产的小资产者采用落后的生产方法,当然有理由对事物的现存秩序表示不满,结果自然也以这种形式发泄不满。既然大工业是俄国兼并的产物,那么被其碾压的小资产阶级就成了孤苦伶仃的民族目标的养父。

农民阶级根本没有政治形象。但是,俄国政府在"解放农民"时,不管怎样都是以"使用权"的形式(农民对贵族的林地的使用权)在农民阶级和贵族之间设置了一道障碍,而这些林地是二者之间产生纷争和冲突的永不干涸的源泉,而且直到今天都没有使这对敌对兄弟和解的可能性。如果农民能有一个政治形象,那他们今天也习惯憎恨和不信任任何民族运动,就像憎恨和不信任"贵族的骗局"一样,而且愚蠢地,以农民特有的顽固依赖于俄国政府——臆想中的将农民从贵族的地狱中拯救出来的人。

最后——**资产阶级"知识分子"**。这个不大的、在各国没有政治自由,却喜欢吵闹的阶层,在波兰大部分是由贫困化的贵族和小资产阶级组成的。在学校,他们已经接受俄罗斯化的残酷制度和民族思想。后来,他们看到自己没有希望获得重要的职业——教职、公职和高级军衔。因此,一部分资产阶级"知识分子"到了一定的年龄就向往着祖国,并对莫斯科的暴政愤怒不已。但是他们越发倾向于在所谓的资产阶级职业中,也就是在对工业和资产阶级的直接有用的职业中寻找一个职位,而由于工业的不断发展,他们果然在大量职业中找到了一个这样的职位。这些"知识"青年作为成熟的男子在资产阶级社会一旦站稳脚跟,就会采纳资产阶级社会的政治形象,并且变得"理智"和"正派"。

这是目前波兰社会的一个大概的形象。通过与俄国相连的资本主义生命线,波兰社会只有两种具有一点民族特色的人:已经衰落并注定灭亡的一部分小资产阶级和一部分尚未发迹的"知识分子"——二者都是毫无依托,二者都只是过渡阶段,因此二者都无力为自己的政治理想而献身。因此,在我们看来,那些见过前资本主义的波兰,见过这个起义频发的国家的人,希望在战时投放到波兰的数十万份公告会像一道闪电一样点燃民族大火,那就大错特错,因为我们看到,在目前的波兰,那些关注波兰独立的阶层没有权力,而那些有权力的阶层则不关注波兰的独立。不仅如此。在此期间,波兰实行古老的自然经济,是可以任意分割为封闭的徭役区的松散集合体,而无须破坏它的经济结构,从而也无须破坏它的统治阶级的实际存在条件,而在当今资本主义的波兰,为了重新统一,必须彻底触动那些在政治上唯一重要的阶级——城市居民和绝大部分农村居民的生存利益。

还有**无产阶级**。如果要把西欧状况的标准用于波兰,那么有人也许会说:如果所有有产阶级放弃独立的旗帜,那么,无产阶级更有理由将独立的旗帜变成其自己的旗帜。然而,这样一种观点的基础,我们认为,是一种纯表面的对比。如果西欧的无产阶级采纳遭到资产阶级背叛的民主解决方案,那这是有充分理由的。无产阶级和资产阶级,虽然是敌对的兄弟,但都是同一种社会形态——资本主义形态的产物。这种形态自身具有一定量的、自己力求启动的政治民主倾向。最初,资产阶级表现为这种倾向的载体,随后在一定程度上表现为全体"人民"的代表。然而,阶级矛盾一旦激化得足以逼迫无产阶级登上政治舞台,那么,资产阶级的政治理想就会一个接一个地破灭。如果无产阶级在这时采纳这种理想,那么,它只是表现为资产阶级在政治上的继承人,表现为同一个资本主义阶段的趋势的载体,这完全是它的历史角色。在波兰,我们看到,无产阶级和资产阶级属于一种在民族斗争的坟墓上诞生的形态。波兰的独立实际上**没有**遭到资产阶级**的背叛**,因为波兰的独立从来就不是它的理想,那是**前资本主义**的、贵族的、自然经济时期的理想。可见,如果要波兰的无产阶级继承这个纲领,那么,这就等于——作一个正确的对比——要求西欧的无产阶级重新接纳例如**封建的**、前资本主义时期的自由目标,而在这些目标中只有资本主义时期保存下来的理想的上层建筑,但是,它们的物质基础以及实现方法不可逆转地仍回到了过去。这明显不是无产阶级的任务。相反,它的目标必须以资本主义的发展为基础。但是在波兰,这种导致产生无产阶级的资本主义发展则使波兰本身与俄国建立越来越稳固的联系。两种结果只是同一过程的两个方面。如果无产阶级把波兰的独立视为自己的纲领，那它就是抗拒经济的发展进程。这无助于它去实现这个使命和它的其他阶级使命，而是相反，只会使它和它的奋斗目标之间的距离越来越远。无产阶级的最终目标——社会主义和社会发展的结果——在自己的背后，它想要面向这个目标，那它必须背弃重建波兰。民族的目标丝毫不能期待波兰的经济发展，最多是停滞，或者更准确地说，是倒退，能够为民族的目标创造基础。从这里可以看出，这不是无产阶级的纲领，从社会性质看，只能是反动的小资产阶级的纲领。因此，如果无产阶级接纳这个纲领，那么它将不会像其他人所说的，将形形色色的小资产阶级分子聚集在自己的周围，而是相反，不管这些分子多么弱和小，无产阶级都会转到他们的立场上。

我们没有足够的篇幅从上述概要中得出全部结论。但最重要的结论是：

1. 波兰的民族努力，除了毫无希望外，还无法在国内开展严肃的运动。因此不能为它们在国际无产阶级的政策中安排任何有意义的角色。

2. 波兰无产阶级的积极使命与所有其他国家社会民主党的使命完全相似，这就是使现有国家机构的民主化。由于波兰和俄国正在形成**一个资本主义的机制**，所以波兰和俄国的无产阶级正在成为一个工人阶级，而他们最近的共同任务就是**消灭沙皇制度**。

在俄国，争取政治自由的斗争为波兰无产阶级提供了这样的可能性：不仅可以作为工人维护自己的利益，而且能在以唯一有效的方式**为争取波兰的自治自由**而斗争的同时，作为岌岌可危的波兰民族的捍卫者坚守岗位。

俄属波兰社会民主党自从1889年第一次登场起，就一直以上述的基本原则为基础。

1895—1896年《新时代》（斯图加特）第14年卷第2卷第459—470页

波兰社会民主党的策略^①

一

"一位备受尊敬的波兰同志"（我们和《前进报》只能这样称呼他，因为他是匿名出现的）^②试图在本月 15、16 和 17 日的《前进报》附刊上用同名文章反驳我们发表在《新时代》32、33 期^③上的文章。

这位备受尊敬的同志犯了一个倒霉的错误：他将社会的发展过程和资产阶级的利益混为一谈，而且竟然根据他自己这种荒唐的混淆，给我们讲述极为骇人听闻的故事。既然我们要在波兰使无产阶级的政治纲领符合资产阶级的经济发展进程，所以我们要支持殖民政策！支持保护关税！不仅如此，这位备受尊敬的同志最好能够向我们证明，我们必须完全支持废除普选权，废除结社权，支持"挥剑开枪"，以便使我们的目标符合资产阶级的利益！

这位备受尊敬的同志似乎从未听说过，国内资本主义发展的一般方向和资产阶级的局部利益不仅不一致，而且二者之间往往存在深刻的矛盾——资本主义制度的一个主要矛盾。无产阶级——本身是资本主义发展的产物——应该而且**必须**考虑资本主义在每个国家发展的**一般方向**，同时反对**资产阶级的局部利益**。波兰资本主义的一般方向便是与俄国的联系越来越稳固。如果这位备受尊敬的同志和他的朋友们"无视"这个方向——正如他信誓旦旦地

---

① 本章的第一节与我们的朋友格·普列汉诺夫的论述基本一致，我们认为可以不予发表。——编者注

② 1896 年 7 月 15—17 日《前进报》上的一组文章的作者是波兰社会党右翼的主要代表维·约德科-纳尔凯维奇。——编者注

③ 见本卷第 20—38 页。——编者注

所说的——,那我们十分担心,波兰的实际情况会无视他及其重建波兰的纲领,要知道,俄国的事情已开始全然无视这个纲领的基础。

这位备受尊敬的同志似乎完全不知道,每个国家的社会发展都有各自的方向。相反,他以为历史是勤勉负重的女店员,她根据每个人的爱好和口味,从大量好东西中翻找出他想要的东西,而社会党人也许可以选择最好的,因为他们受到世界未来的主人的委托,来到店里。这样一来,社会党的任务自然就简单了。首先,只要把事情都放下,为现有的无产阶级虚构各种可能的政治形式和组合,然后对这些形式和组合进行仔细的审核和相互比较,如果它是工人阶级真正的朋友,那就选择最好的,而不用关心现存的历史既定的国界——这道菜就做好了。这样一项精神劳动使这位备受尊敬的同志和他的朋友们深信,一个波兰共和国与俄国宪法相比,对无产阶级来说要好得多。他们根据文献事实——波兰的最后一位君主,斯坦尼斯瓦夫·波尼亚托夫斯基,去世时独身且无子女,虚构出独立的波兰肯定采取共和制形式。他们忘了,保加利亚和希腊同样没有王朝,没有君主制的传统。关键是:我们实现这个最民主的共和国的最好的纲领的手段从何而来? 这位备受尊敬的同志非常轻松地回答说:我们自己认为,"俄国实际上不再强势逼人,只需一根手指就能推翻它"。不,我们不这么认为,我们也没有这样表达过这种意见。我们也许说过,**沙皇制度**迟早会"像地震破坏鸡窝"①一样被推翻。但是,"俄国"和"沙皇制度",国家和国体——这可是完全不同的东西。在讨论中混淆这两个概念有时是很实际的,但在政治生活中却是很不实际的。俄国和波兰的无产阶级能够而且一定会消灭**沙皇制度**,但它**不能**也不会打碎俄罗斯国家这个政治形象。这就是为争取宪法而作的斗争和为重建波兰而作的努力之间,社会民主党和社会爱国主义者之间存在的鸿沟。如果这位备受尊敬的同志以为,混淆"俄国沙皇制度"和"俄国"这两个概念,就能将社会爱国主义的纲领变成社会民主党的纲领,那么,实践就会警告他和他的同志们放弃这个政治企图。如果他们用头去冲撞作为整体的**俄国**,而不是**沙皇制度**,那么他们恐怕只会**撞出满头的政治大包**。

---

① 参看《马克思恩格斯全集》中文第 2 版第 11 卷第 481—482 页。——编者注

二

这位备受尊敬的同志认为,社会爱国主义的纲领能够与德国、奥地利和俄国的社会民主党的活动全面协调。关于前两个国家,即德国和奥地利的情况,我们无须对《新时代》第33期上的论述作太多的补充,因为那里尚无人对此作出反应。社会爱国主义者希望通过"这两个帝国最大可能的民主化"来赢得波兰的独立。我们已经指出,国家的民主化**不是**要打碎,恰恰相反,是要巩固这两个国家——德国和奥地利。因此,不管波兰社会党人是否放弃建立波兰阶级国家的努力,还是谋求用其他方法来建立类似德国和奥地利的民主化的波兰阶级国家,到时都必然与整个社会民主主义运动相矛盾。

是的,社会爱国主义本质上有这样一种自然倾向:将波兰的运动与德国和奥地利的运动的关系归结为纯粹表面的、偶然的事情,不是原则性的,而是纯目的性的问题。因此,这位备受尊敬的同志的朋友们在1895年的《工人日报》上写道,在加利西亚,社会党人与奥地利党组织在一起,因为他们找不到任何理由,为什么不能与奥地利党联合起来,而奥地利党恰好有一个**很好的组织**。因此,如果说加利西亚的社会党人不与葡萄牙党联合构成一个整体,那对葡萄牙党完全是一个合理的惩罚,因为它是一个有缺陷的党组织。

但是在俄国,争取重建波兰的斗争与俄国无产阶级争取宪法的斗争之间存在极为尖锐的矛盾,而社会爱国主义者对此是完全清楚的。他们在载于1895年10月《曙光报》上的一篇社论中写道:"让我们暂时设想,我们已确信要实行民主制,确信俄国宪法迫在眉睫。在这种情况下,难道应该把它们作为政治要求提出来吗? 我们立刻回答:**不应该**。一个政党不能一下子提出两个互相排斥的要求。"确实,在现有的国境内使政治机构民主化的努力和逃离现有国境的其他努力是互相排斥的。因此,社会爱国主义也意味着俄国各种无产阶级势力之间的内部矛盾,从而也意味着**反对沙皇制度斗争的弱化**。这是一个罕见的心理政治现象:一个政党在沙皇俄国否定推翻沙皇制度的斗争,竟然还有这么高尚的意识,竟然不仅为了自己,甚至还为了整个文明世界浮想联翩! 希望文明的代表——国际无产阶级在伦敦能比这位备受尊敬的同志及其备受尊敬的朋友们更懂得区别自己的利益。

这位备受尊敬的同志不喜欢我们的历史观。为了说明这种历史观的缺陷,他向我们提出了几个我们——他似乎以为——从我们的角度完全无法回答的问题。

比如,为什么——尽管有与俄国最有利的商品交往——"这个忠实的喜欢外来政府的党恰恰在俄属波兰是最弱势的"?非常简单,因为正是这位备受尊敬的同志想象它是最弱势的。相反,在加利西亚和波兹南,大量小资产者形成民族反对派,而在俄属波兰,大部分小资产者由于依附于俄国而获得好处,助纣为虐。是的,那些忠实于俄国的阶级——资产阶级、贵族、一部分小资产阶级——极力证明自己的忠实,其程度不亚于一个资本主义的阶级所能达到的程度;他们竟然自我否定,去亲吻那只在政治和民族问题上重重踩了他们一下的大脚,请看尼古拉二世登基和加冕期间在彼得堡和莫斯科的那些丢人现眼的波兰人。

第二个吓人的问题:为什么立陶宛的地主尽管承受着俄国谷物的竞争,却不是重建波兰的拥护者,而是俄国人的朋友?同样很简单,因为立陶宛的地主不是中学生,而是讲求实际的人,所以他们将这位备受尊敬的同志关于在一个要建未建的波兰国家的没有竞争的谷物市场的预告,视为无稽之谈,并且不是试图通过对未来国家的想象,而是通过央求沙皇制度等等现实的手段,来消除他们的忧虑。

第三个问题:为什么受到匈牙利公牛困扰的加利西亚小贵族也不拥护重建波兰?这个不可思议的现象也许可以这样解释:奥地利政府使加利西亚小贵族能够像对待猪和牛一样对待波兰和鲁提尼的农民,就像再好的祖国也不能给他们更好的机会,所以给匈牙利牲畜逼近西方所造成的压力以丰厚的补偿。

因此,"我们的"唯物史观似乎没有这位备受尊敬的同志所认为的那么糟糕:确定和说明各个阶级的政治形象的一如既往是物质利益。

但是,最后拿我们与阿基利·洛里亚①作比较,说我们将被洛里亚等于马

---

① 阿·洛里亚(1857—1943)——意大利资产阶级社会学家和经济学家,庸俗政治经济学的代表人物,马克思主义的赝造者。——编者注

克思——正如庸俗的自由贸易论者等于李嘉图一样的等式——所击倒。然而,在核实了这位备受尊敬的同志关于唯物史观的特别概念之后,我们是这样安慰自己的,这可能不是什么坏事,因为这个吓人的等式对他自己来说似乎也是一个带有四个未知项的等式。

1896 年 7 月 25 日《前进报》(柏林)第 172 号

土耳其的民族斗争和社会民主党

一　土耳其的形势

人们在党报上经常能看到,有人力求将土耳其事件①描述为外交阴谋,特别是俄国的外交阴谋的纯粹产物。有一段时间,人们甚至能意外听到媒体这样的声音,认为土耳其的暴行只是捏造的,巴什波祖克②成了基督徒真正的榜样,而亚美尼亚人的叛乱则是用俄国卢布收买的间谍的杰作。

这个表态首先引人注意的是,基本上没有办法可以把它同资产阶级的态度区分开来。二者都是把大量的社会现象归因于形形色色的"间谍",也就是归因于外交部门的明确影响。资产阶级政客对这样的观点自然会见怪不怪,因为这些人确实在**创造**这个领域的历史,因此,为了对眼前利益表态,哪怕最细微的一个外交阴谋也具有很大的实际意义。相反,社会民主党在国际领域**阐明**这些事件,并习惯于首先将社会生活的各种现象归结为深刻的物质原因,对社会民主党来说,这种政策是毫无意义的。确切地说,社会民主党在对外政策上如同在对内政策上一样,可以采取自己的态度,而这种态度在两个方面是由同样的立场,即关于可疑的现象的内部社会关系和我们的基本原则的立场确定的。

在土耳其,我们现在首先关心的民族斗争的情况怎么样呢? 部分报刊不久前还将土耳其描绘成一个安乐国,在那里"各个民族数百年来和睦相处","享有完全的自治",欧洲的外交干涉才人为地制造了不满情绪,因为它游说

---

① 19世纪90年代,首先在亚美尼亚、克里特岛和马其顿不断爆发反对土耳其外来统治的起义,最后都遭到了残酷镇压。——编者注

② 这是旧土耳其武装精良而纪律松散的部队,因其暴行和抢掠而声名狼藉。它们首次出现于1853年的俄土战争。——编者注

土耳其幸福的各族人民,说什么他们是被压迫的,同时阻止无罪的羔羊苏丹"进行他的一再获得批准的改良"。①

持这种观点是由于彻底的无知。

直至本世纪初,土耳其都是一个自给自足的国家,在那里,每个民族、每个行省、每个乡镇都过着自我封闭的生活,忍受着习以为常的贫穷,是东方暴政真正的基础。这种状况虽然十分压抑,却以持久的稳定而著称,因此能够长期存在,而不引起被奴役的各族人民的叛乱。本世纪初起,一切都发生了剧烈的变化。土耳其因与欧洲强大的集权国家军事力量的冲突而发生了动摇,特别是受到了俄国的威胁,因此土耳其自身不得不进行改革,而这个愿望首先得到了马茂德二世②本人的支持。改革废除了封建的行政部门,取而代之的是采用集权的官僚制度、常备军和全新的财政制度。现代的改革同以往一样,首先需要巨额资金,换言之,与居民的物质利益密切相关,结果公共负担大幅增加。向每头牲口和每根秸秆征收高额间接税,还有关税、印花税和烧酒税、政府什一税以及定期的"季度附加费",此外征收直接所得税(城市高达 30%、农村 40%),基督徒的代服兵役税,最后还有公共徭役——情况就是这样,现在是人民承担了改革国家的费用。但是,只有土耳其独特的行政制度才是真正沉重负担。这种制度由于将现代的和中世纪的原则罕见地混合在一起,所以是由大量凡事都听命于首都的、高度集权的机关、宫廷和议会组成的;但同时,所有的公共职位实际上是可以购买的,并且费用不由行政中心支付,而是让当地的居民用自己的收入来支付——类似于官僚的封地。如果帕沙送一大笔钱到伊斯坦布尔,那么,他便可以随意搜刮该行省;比如卡迪(法官)利用职务之便进行榨取,因为他还要为自己的职位每年向君士坦丁堡进贡。但最重要的是包税人掌控的税收制度,最后变成了彻底的无制度无规则,变成了不受约束的专横跋扈。相比之下,古典古代制度的总管似乎还是慈悲的好心人。最后,公共徭役在官僚制度的手中也变成了肆意压榨和剥削人民的工具。

这样的行政制度与欧洲的行政制度显然存在原则的不同。在我们那里,中

① 现在的说法正好相反,一切都是苏丹的过错。"**牺牲品**"成了**替罪羊**。读者从下面的论述中将会看到,这里所说的根本不是**个人**,而是**情况**。——作者注

② 马茂德二世(1785—1839)——土耳其苏丹(1808—1839)。——编者注

央政府搜刮人民,并以此来供养它的官吏,而这里则相反,官吏使用高压手段搜刮人民,并以此供养中央政府。因此,官吏在土耳其表现为一个特殊的、人口众多的阶级,他们本身直接代表一个经济因素,他们的存在就是专门掠夺人民。

与此同时,由于这次改革,基督教农民的土地占有关系发生了对他们非常不利的变化,也就是在与土耳其地主的关系方面。地主通常是过去的领主,懂得完全按照基督教的模式将自己的职位世袭下去。改革废除封地所有权,地主当时为封地缴纳的什一税上缴国库以后,试图保持土地所有者的身份,这样一来,对农民来说,除了原来的什一税外又增加了新的负担——地租,而地租一般为扣除什一税后的纯收益的三分之一。这个美好的世界没有给基督教农民留下任何其他活命的东西,只能将一小块地(作为贡品)交给穆斯林教会,随后换取这一块付息的、至少减免什一税的佃地。70 年代末,土耳其不能继承的土地仍占全部可用地产的一半多。

因此,这次改革本身严重恶化了人民的经济状况。但改革造成的特别让人难以忍受的是牵涉方方面面的非常现代的特性——**不安全**:无规则的税收制度、不稳定的土地占有关系,但特别是**货币经济**,这是实物税转为货币税以及对外贸易发展的结果。

旧的关系恶化了,这种关系的稳定性再也没有了。

二　瓦　解

我们在上一篇文章中讨论的土耳其历史上的那种情况,在某些方面可以使人想到俄国。然而,俄国在克里木战争①后进行了各项改革②,之后,资本

---

① 克里木战争是 1853—1856 年俄国对英国、法国、土耳其和撒丁的联盟进行的战争。这场战争是由于这些国家在近东的经济和政治利益发生冲突而引起的,故又称东方战争。克里木战争中俄国的惨败重挫了沙皇俄国独占黑海海峡和巴尔干半岛的野心,同时加剧了俄国国内封建制度的危机。这场战争以签订巴黎和约而告结束。——编者注
② 俄国在克里木战争中的失败激化了内政状况,以致统治阶级不得不在 1861—1870 年实行一系列改革。这些改革虽然不全面,而且带有封建残余,但还是推进了俄国的资本主义发展。最重要的改革是废除了农奴制度的(1861)、建立了农村和城市的自治机构(1864)、改变了国民教育(1863)、司法制度(1864)以及检查机关(1865)。——编者注

主义的快速发展,同时为行政与财政改革和军国主义的进一步发展奠定了物质基础,而在土耳其,却完全没有发生与现代化改革相适应的经济变革。土耳其为发展自己的工业所作的各种尝试都无果而终。政府创办的一些工厂生产的产品价高质次。缺乏资产阶级制度的最基本条件:个人安全和财产安全、法律面前至少是形式上的平等、与教会分离的民法、现代交通工具等,以致绝对不可能产生资本主义的生产方式。在这方面起作用的是欧洲国家专门对土耳其的贸易政策,它们利用土耳其政治上的无能,确保土耳其成为本国工业的一个无限制的销售市场。除了贸易之外,高利贷是至今为止其本国资本的唯一表现形式。可见,土耳其在经济上一直以最原始的农村农业为主,同时占有关系甚至远没有摆脱半封建的性质。

很明显,这样一种物质基础不能承载货币经济的及其管理形式的财政负担,这种物质基础受到它们的挤压,自身无法发展,所以陷入瓦解的过程。

土耳其的瓦解同时在两个方面明显地暴露出来。一方面,农民经济出现持续赤字。赤字在高利贷者身上得到明显的体现,他们成为农村公社的有机成分,并像脓疮一样凸现各种关系的内部溃烂过程。每月 3% 的利息是土耳其农村中的一个常态,而这场无声的农村戏剧不可避免的结局是农民的无产阶级化,而国内不存在能使农民进入现代工人阶级的生产形式,因而农民往往只能沦落为流氓无产阶级。此外,与这种现象相关的是:农业的衰落,灾难性的饥荒和牲畜的瘟疫。

另一方面是国库的赤字。自 1845 年起,土耳其就开始不断地借外债。伦敦和巴黎的高利贷者在首都,而亚美尼亚和希腊的高利贷者在农村活动。管理越来越难,被管理者越来越不满。首都在破产,农村也在破产。君士坦丁堡发生宫廷革命,行省爆发人民起义。这是内部衰败的最终结果。

找到摆脱这种状况的出路是不可能的。只有通过经济和社会生活的彻底转变,通过向资本主义生产方式的过渡才能得到补救。但是,过去和现在都没有进行这样一种转变的方案,也没有一个可以作为载体出现的社会阶级。苏丹"反复批准的改良"显然无法消除这个弊端,因为这种改革必然只归结为进一步的司法改革,而司法改革不得触及社会和经济生活,并且大多是纸上谈兵,因为它与官僚阶级的主要利益相对立。

因此,土耳其**作为整体**是无法再生的。但是,它从一开始就是由多个不同的邦组成的。生活方式的稳定性,各行省的封闭和民族性已经消失。没有物质利益,没有从内部将它们联系在一起的共同发展;相反,共同归属于土耳其国家的压力和痛苦越来越大。于是,各个民族就自然产生一种倾向,摆脱整体,本能地在独立的存在中寻找通往更高级的社会发展的道路。这一点可以说明对土耳其的历史评价:它正在走向瓦解。

虽然土耳其的所有臣民都感受到了国家机制衰落的惨痛后果,虽然穆斯林各部落:德鲁兹人、纳萨里人、库尔德人、阿拉伯人,也反对土耳其的奴役,但分裂主义的趋势首先在基督教国家蔓延。在那里,物质利益的对立大多与民族的分歧同时发生。基督徒的权利被减少了,他们的誓词不得针对穆斯林,他们不得携带武器,一般不能担任公职。但更重要的是,他们通常是穆斯林地主土地上的农民,并遭受穆斯林官吏们的压榨。因此,这更是一场**阶级斗争**——小农和佃农与地主和官僚阶级之间的斗争,比如在波斯尼亚和黑塞哥维那的斗争,那里的情况使人很快联想到爱尔兰。因此,由经济和法律的压力催生的反对派发现,在民族和宗教的矛盾中存在某种成熟的意识形态。宗教因素的混合必然使他们变得特别刁钻和粗野。而各种因素都存在,就必然引起基督教国家与土耳其之间的殊死斗争,引起希腊人的斗争,波斯尼亚人和黑塞哥维那人的斗争,塞尔维亚人和保加利亚人的斗争。现在轮到亚美尼亚人了。

鉴于我们简单描述的这些社会情况,那种认为土耳其的起义和民族斗争是俄国政府的间谍人为制造的骚动的论点,完全与资产阶级关于整个现代工人运动是社会民主党煽动者的杰作的论点一样,非常肤浅。当然,土耳其的瓦解不是简单地凭自己的力量在慢慢瓦解;当然,俄国哥萨克温柔的双手在希腊、塞尔维亚和保加利亚诞生时完成了助产工作,而俄罗斯卢布则是黑海沿岸的历史剧的常任导演。但是,外交在这方面所做的无非是向由几百年的不公和剥削堆积成山的燃料中扔一根燃烧的木头。

在这里与我们有关的是一个历史的,由绝对必然性产生的过程。鉴于财政制度和货币经济,古代的经济形式不可能在土耳其继续存在,货币经济也不可能发展成为资本主义,这是理解巴尔干半岛事件的关键。现存土耳其暴政的基础将被削弱,而土耳其发展成为现代国家的基础将不会建立。因此,土耳其必然灭亡,不是作为政府形式,而是作为国家;不是由于阶级斗争,而是由于民族之间的斗争。而这里将要建立的不是一个再生的土耳其,而是从土耳其的躯体上分割出来的一系列新的国家。

情况就是这样。现在我们要讨论的是,**社会民主党**要如何应对土耳其的各种事件。

三　社会民主党的态度

社会民主党对土耳其的事件应采取什么样的态度?原则上,社会民主党始终站在为自由而奋斗的一方。基督教各民族,可能包括亚美尼亚人,想从土耳其统治的桎梏中解放出来,而社会民主党必须毫无保留地声明支持它们的事业。

当然,无论是外交政策还是对内政策都不能一成不变。民族斗争并非总是争取自由的斗争的相应形式。比如,波兰、阿尔萨斯—洛林或波希米亚的民族问题就是采用其他的形式。在所有这些情况下,我们面临的是被吞并的国家与宗主国的资本主义同化的过程,这就判定分裂企图是不会得逞的,而工人运动的利益,要求我们支持民族斗争中各种力量的联合而不是分裂。而土耳其的起义问题是另外一种情况:基督教国家无非是通过暴力与土耳其拴在一起,它们没有工人运动,它们脱离土耳其是因为自然的社会发展,确切地说,是因为瓦解。可见,在这里,为自由而作的努力只有采取民族斗争的形式才能有效,因此我们旗帜鲜明的态度毋庸置疑。对我们来说,关键不是为亚美尼亚人提出实际的要求,不是确定这里要争取的政治形式,因为需要考虑亚美尼亚人的奋斗本身及其内部关系和国际关系。对我们来说,问题可能首先涉及总的观点,而总的观点要求我们**支持**起义者,而不是**反对**他们。

但是,社会民主党的**实际利益**又是怎样的呢?我们难道不是因上述原则性表态而陷入与这种实际利益的矛盾吗?我们认为可以用下面三点来证明,情况恰恰相反。

第一,基督教国家摆脱土耳其的束缚,是国际政治生活中的一个进步。某种人造的地位,如今天有资本主义世界的众多利益交汇的土耳其的存在,只会阻碍和延缓总的政治发展。东方问题,另一方面,还有阿尔萨斯—洛林的问题,迫使欧洲列强首先推行阴险狡诈的政策,以虚假的名义掩盖真实的利益,试图迂回达到目的。随着基督教国家摆脱土耳其的束缚,资产阶级政策将被剥去最后一丝理想主义的褴褛——"保护基督教徒",露出真实的内容,露出赤裸裸的强盗利益。将资产阶级政党各种"自由派的"和"自由思想派的"纲领归结为简单的金钱利益,这同样有助于我们的事业。

第二,从前面的文章中可以得出结论,基督教国家摆脱土耳其的束缚是一个进步现象,一个社会发展的杰作,因为摆脱这种束缚是土耳其国家达到更高级的社会生活形式的必由之路。只要一个国家依然处于土耳其的统治之下,那么,这个国家的现代资本主义的发展就无从谈起。脱离土耳其以后,它就能获得欧洲的国家形式和资产阶级的制度,并逐渐融入资本主义发展的洪流。比如,希腊和罗马尼亚从脱离土耳其以来,已经取得举世瞩目的进步。诚然,新兴的国家都是小国,即便如此,将自己的兴起理解为一个政治分裂的过程,是错误的。因为土耳其本身不是现代意义上的大国。但是,随着资本主义的发展,这些国家也会逐渐为现代工人运动,为社会民主主义准备基础,比如,在罗马尼亚,甚至在保加利亚,就已经是这样的情况。① 这样,我们最高的国际利益就会得到满足,而这种利益就是使社会主义运动尽可能在所有国家广泛传播。

第三,土耳其的解体过程与俄国在欧洲的统治问题密切相关,而且是问题的核心。虽然我们的报刊有时偏袒土耳其,但这显然不是由于一夫多妻制的拥护者天生的暴虐或特殊的偏好。因此,一个核心问题显然就是反对俄国专制制度的欲望的真正核心,因为它要踏着土耳其的尸体寻找统治世界的道路,并将基督教国家用作它进军君士坦丁堡的工具。但是我们认为,这种好意完全用错了地方,而反对俄国的手段恰恰要在相反的方向,而不是

---

① 因此,我们认为,亚美尼亚的社会党人是想错了,从《新时代》第14年卷第42期可以看出,他们以为用所谓亚美尼亚的资本主义发展就能论证他们的分裂主义企图。相反,只有脱离土耳其才是资本主义在这里发展的先决条件。当然,资本主义本身是社会主义运动的一个先决条件。因此在我们看来,亚美尼亚的同志——用拉萨尔的话说——必须设法将一个先决条件变成社会主义的先决条件——类似于二级的先决条件。——作者注

在原来的位置寻找。

以前的实践已经表明，俄国在巴尔干半岛的政策通常都获得与它的目标完全相反的结果。摆脱土耳其统治的各族人民通常用"可耻的忘恩负义"来报答俄国的善行，也就是说断然拒绝用俄国的奴役替换土耳其的奴役。尽管这也是俄国的外交官意料之外的事情，但巴尔干地区各国的这种态度丝毫不令人惊讶。巴尔干地区各国和俄国之间存在天然的利益对立，这是一种羊与狼之间的对立，是猎物与猎人之间的对立。对土耳其的依赖性是掩盖这种利益对立的外壳，甚至一度在表面上使它表现为一个利益共同体。群众不会参与复杂的、深刻的反思。既然土耳其的民族起义是群众运动，他们就欣然接受符合其眼前利益的第一个最好的手段，哪怕这个手段是俄国卑劣的外交手段。然而，基督教国家和土耳其之间的联系一旦中断，俄国的外交手段就会露出它的真实面目——卑劣的面目，而被解放的国家立刻本能地掉头反对俄国。如果被土耳其奴役的民族是俄国的同盟者，那么，从土耳其解放出来的民族同样会成为俄国的天然敌人。今天，保加利亚的对俄政策大部分是其**半**自由的结果，而且是它依赖于土耳其的结果。

但是，更重要的是当时得出的另一个结论。基督教国家摆脱土耳其，归根结底也是土耳其"摆脱"自己的基督教臣民。"摆脱"正好成了欧洲外交经营土耳其的理由，并将土耳其无条件地托付给俄国。此外，欧洲外交还使土耳其在战争状态下失去抵抗能力。基督徒不在土耳其军队中服役，却时刻准备进行反对土军的起义。因此，对于土耳其来说，一场对外战争总是意味着在自己家里的第二场战争，也就是武装力量的分裂和运动的瘫痪。摆脱基督教的烦恼，土耳其在国际政治中无疑能采取更为自由的态度，使自己的国土同防御力量更匹配，但首先是消灭内部的敌人，即每个外国侵略者的天然联盟者。一句话：放弃对基督徒的统治可使土耳其更有反抗能力，首先是对俄国的反抗能力。这一点说明，为什么俄国现在**支持**土耳其的完整，因为它目前关注的是，土耳其带着自己混乱的细菌——基督教民族维持现状，而基督教民族依然受土耳其的奴役并依赖俄国，直到出现俄国在君士坦丁堡实现自己计划的有利时机。这一点还说明，**我们**为什么必须支持基督徒摆脱土耳其，而不支持土耳其的完整。我们认为，应当在上述土耳其瓦解过程的结果中，而不应在关于

"索尔兹伯里①是不是"或"他不是要在土耳其的某个地方"赶走俄国人的"那个人"这类考察中,寻找反对俄国反动派渗透的手段。而问题的这一面非常重要。俄国的反动派是一个非常危险,非常厉害的敌人,以致我们不能想当然地用纸做的箭矢抵抗它的沉重压力,同时不能对环境提供给我们用于反对它的重要武器视而不见。**支持土耳其的完整在今天就意味着帮俄国外交的忙。**

具体地预见未来的政治组合是一种幻想。但是,不能完全排除这样的可能性,解放的土耳其和解放的巴尔干各国的反抗能够长期阻碍俄国的渗透,以致俄国的专制制度等不到最终解决君士坦丁堡问题,让它在处理这个世界事务的问题上,还没有参与共议就不得不丧命黄泉,这才是各族人民的福祉。

因此,我们的实际利益与原则立场是完全一致的;因此,我们认为,现在社会民主党对东方问题的态度可以总结为以下几点:

1. 必须承认土耳其的瓦解过程是一个明摆着的事实,不要固执地认为,能够而且应该阻挡这个过程;

2. 对于基督教民族的独立意愿,我们表示最深切的同情;

3. 这种独立意愿首先是**反对**沙皇**俄国**的一种斗争手段,我们表示欢迎,并强烈支持它们的独立,强烈支持它们反对俄国,反对土耳其。

在上述问题上,实际的考虑和我们的一般原则得到了相同的结果,这不是巧合。既然社会民主党的原则和目标源自实际的社会发展,并以它为基础,那么在漫长的历史进程中必将表明,这些事件最终会证明社会民主党的看法,而我们同时能顺利地照顾到我们的直接利益,因为我们坚持原则立场。因此,对这些事件进行的深入分析,使我们认识到,将一些外交官说成伟大的人民运动的起因,并在另外一些外交官中寻找反对这些外交官的手段,也就是推行咖啡馆政治,都是多余的。

1896 年 10 月 8—10 日《萨克森工人报》(德累斯顿)第 234、235、236 号

---

① 罗·阿·索尔兹伯里(1830—1903)——英国国务活动家,保守党领袖;印度事务大臣(1866—1867、1874—1878),外交大臣(1878—1880),首相(1885—1886、1886—1892、1895—1902)。——编者注

论《前进报》的东方政策

11 月 24 日于德累斯顿

我对李卜克内西①同志在本月 11 日《前进报》上的声明的回复,已于本月 14 号寄给编辑部。但至今没有刊登,我也没有收到编辑部任何形式的答复,这大概就是拒绝刊登了。但愿《萨克森工人报》编辑部不要拒绝发表我下面这篇回复,以便我能够为我在《萨克森工人报》上维护的、遭到李卜克内西严厉批评的有关东方问题的态度②作辩护。

柏林关于亚美尼亚问题的一次集会③由于阴错阳差对《前进报》提出的指责,导致李卜克内西同志严厉谴责我在《萨克森工人报》上发表的同一主题的文章,并最终把我排除在东方问题之外,并把我赶到"波兰恐怖"这个领域。在李卜克内西同志看来,我的文章一方面没有任何新东西,因为"刚上社会主义 ABC 启蒙班的人都会知道,亚美尼亚起义与经济状况有关";另一方面我的文章无非是格莱斯顿报告④和俄国报刊的社会主义公式化,这是德国的任何一位同志都能做到的。

至于政治和民族运动与经济原因之间的联系,我毫不怀疑李卜克内西同志是完全清楚的,因为在李卜克内西同志看来,"甚至(?!)最落后的非洲部落

---

① 威·李卜克内西(1826—1900)——德国工人运动和国际工人运动的活动家。——编者注
② 见本卷第 56—64 页。——编者注
③ 1896 年 11 月初,有人在柏林的一次集会上指责威·李卜克内西,说他在关于土耳其,尤其是亚美尼亚的局势问题上,没有代表社会主义的观点,并拒绝在《前进报》上刊登罗·卢森堡关于该问题的一篇文章。——编者注
④ 威·尤·格莱斯顿,19 世纪下半叶英国自由党的领导人,利用保守党政府的反对派来对工人阶级推行蛊惑政策。他与亲土耳其的政府政策相反,揭露土耳其奴役下的国家发生的暴行,而原则上不反对英国的殖民政策。——编者注

的掠夺战争都可以归因于经济原因"。只是在他看来,"土耳其背后"的经济因素明显表现为一种独特的东方形态,也就是说,不是表现为土耳其内部的经济发展,而是表现为**俄国卢布**。因为我们比如在今年 9 月 6 日《前进报》的一则简讯中看到:"以前没有发觉的民族和宗教对立越来越尖锐,而几个世纪来几乎获得所有财富和官职的希腊人和亚美尼亚人突然受到了'压迫'!……而这一切都是欧洲外交干涉土耳其事务,并把土耳其视为战利品和政治阴谋的玩物以后的事情。"另一则简讯则要求我们相信,亚美尼亚人是一个彻头彻尾的、到处令人切齿的流氓民族;第三篇简讯说,暴行完全只存在于纸面上;第四篇简讯说,索尔兹伯里是唯一能在东方创造稳定的人,等等,等等。俄国卢布本身无疑是纯"经济事物"。但如果《前进报》把卢布说成历史的基本因素,那么,它就是把整个东方现代史归结为一场罕见的大收买,归结为一个外交阴谋,即归结为只存在于一片伸手不见五指的浓雾中的东西,只有这种东西才能代表"经济关系"。

但是,关键完全不在于这个廉价的发现:某一个"经济事物"是亚美尼亚运动的基础。这个事物无非是一个"模板"。关键在于,根据土耳其社会生活的已知的、但通常是分散而没有联系的事实,重构它的经济发展,说明这一发展的内部动力和方向,并从中一方面推导出政治后果,另一方面推导出社会民主党在东方的利益,总之——不是用俄国卢布来阐释土耳其的历史,而是相反,用土耳其历史来阐释俄国卢布;不是用我们僵化的口号解释事件,而是相反,使我们的口号适应鲜活的事件。从这个角度出发,必然得出这样的结论:土耳其的衰落只是其内部经济崩溃的一个自然而然的结果,而经济崩溃是由货币经济和现代化的国家机器引起的。此外,在我们看来,这个我们无法阻挡的过程是有益的,因为这个过程在从基督教保卫者手中解放出来的土耳其,像在从土耳其压迫下解放出来的巴尔干各国一样,可以为我们提供反对俄国在东方的贪欲的强大武器。我的文章可能——正如李卜克内西同志认为的那样——没有阐明这些问题,这还不重要。重要的只是,《前进报》在这个方面无论如何犯了一连串的错误。该报的态度的全部弱点,在我们看来,恰恰是李卜克内西认为的它的态度的最强项,因为他与我们相反,根据自己的观察(他将此理解为在伦敦与卡尔·马克思的交往和伦敦的天才的乌尔卡尔特学派①），也就是说，在克里木战争时期研究了东方问题。但是，自克里木战争以后已经过去了整整 40 年，许多事物自那时起发生了翻天覆地的变化；从那以后，俄国从一个自然经济国家发展为资本主义国家，从政治上的灰姑娘变为欧洲的统治者。从那以后，土耳其过渡到货币经济。从那以后是 1877 年战争和柏林会议②；从那以后，罗马尼亚、塞尔维亚和保加利亚、波斯尼亚和黑塞哥维那脱离土耳其。导致土耳其政治解体的真正的经济衰退在克里木战争**以后**才完全显示出来。另一方面，俄国外交也是从保加利亚、罗马尼亚和塞尔维亚取得独立的经验中，即在 80 年代才能总结这样的政治教训：土耳其的逐步分裂对俄国外交是有害的，相反，土耳其在发生内部瓦解的情况下，在一定时间内保持**完整**是有利的。可见，东方问题的事态自克里木战争以来，在物质方面，因而也在政治方面经历了 180 度的转变，并且转到了与之直接对立的位置上。但是，由于克里木战争时期的**事物**已经成了自身的反题，当时的**观念**必然与今天的事物相对立，同时回到了自身当时的起点。

社会党人当时的整个东方政策都指向俄国。俄国当时旨在土耳其的分裂，因此社会党人维护土耳其的完整。如今则相反，俄国要暂时维护土耳其的完整。但是，《前进报》醉心于原来的政策，只要巴尔干半岛一有风吹草动就呼吁土耳其维持完整，因此它就陷入了下面这种尴尬的处境：

首先，从社会党人 1855 年政策的角度看，俄国的阵线变化是无法理解的。因此《前进报》以为，这种变化一定是"虚假的伪装"。而且由于它满脑子装的还是俄国以前的阴谋，所以顽固地反复在它今天认为所有矛盾的事件中找出

---

① 戴·乌尔卡尔特，亲土耳其派，于 19 世纪 30 年代在君士坦丁堡任英国外交官，并于 1835 年公布了俄国国家秘密档案，揭露了沙皇的政策计划，特别是有关占领君士坦丁堡的计划。——编者注

② 1878 年 6 月 13 日—7 月 13 日，英国、德国、奥匈帝国、法国、意大利、俄国和土耳其在柏林举行了国际会议。迫于军事恐吓和外交压力，俄国政府将圣斯特凡诺初步和约提交会议审议。该和约是俄国在 1877—1878 年俄土战争中获胜后于 1878 年 3 月 3 日同土耳其缔结的，它加强了俄国在巴尔干的势力，引起了得到德国暗中支持的英国和奥匈帝国的强烈抗议。柏林会议最后作出了解决东方危机的临时决议。1882 年 1 月，在奥地利根据柏林会议决议占领的波斯尼亚和黑塞哥维那爆发了起义。起义是由于占领区兵役制实施法案的通过而引起的，在 1882 年 2 月上半月达到了高潮。沙皇政府心怀叵测，极力利用起义牟取私利。——编者注

俄国以前的外交诡计。

其次，在它看来，土耳其的导致起义和解体的整个实际发展，无非是一个令人不快的、有害的事实，因此干脆否定它；说杀戮是谎言，说起义者是卑劣的民众，说起义是闹剧。

简而言之，《前进报》出于对俄国的深深的敌意，陷入了与俄国外交一样的境地；因为它试图破坏想象的俄国计划，所以它不经意间成了俄国实际计划的支持者，并且由于实际事件打破了它的想象，所以干脆把现实说成想象。

可能是这样，从**这一**政策的角度看，也就是从克里木战争的角度看，我在东方问题上的观点看起来是亲俄的。但是，李卜克内西同志的东方政策，从**今天的角度**看，是"违背自己的本意为'欧洲专制制度的堡垒'效劳"，这是我深信不疑的。**李卜克内西和亲俄政策！**——这听起来像一个不好笑的玩笑。但这个不好笑的玩笑可以使人知道创造历史，因为"只要学过一点社会主义ABC 的人都知道"，随着时间的推移，"善行变成苦痛，有理变成无理"。①

最后李卜克内西同志使我明白，我由于研究了东方问题，所以在一定程度上闯进了他的领地，我最好只研究波兰的暴行。这无论如何是克里木战争的一个新的、历史编纂学家迄今不知道的灾难性后果；而李卜克内西同志在克里木战争时期已经表态的问题，则是不容置喙的。但是，李卜克内西同志最不适宜进行如此严格的"权力划分"，因为他刚刚在我们波兰社会民主党人的事务中横插了一杠，他用克里木战争时期的套话助长了波兰的民族主义，并**在一个波兰社会党人中颇有争议的问题上偏袒一方**。而他既没有从自己的观察中，也没有从别人的观察中，既没有从格莱斯顿的报告中，也没有从其他报刊的报道中了解这个问题。

1896 年 11 月 25 日《萨克森工人报》(德累斯顿) 第 273 号

---

① 歌德《浮士德》第一部，《书斋》，参看董问樵译，复旦大学出版社 1993 年版。——编者注

再论"东方问题"①

　　威·李卜克内西在本月 25 日《前进报》上有关东方政策的反驳的客观部分,在我看来,不需要作任何回答。李卜克内西为了给自己的立场辩护,显然只能杜撰与我的观点完全相悖的观点——说我**否定**俄国的卢布政策,相信"俄国使命"——,并洋洋得意地与自己的这些误解作斗争,在此我的名字帮了他大忙。其实,最后纯粹指向我个人的矛头只有两个。② 对此我只能回答说,如果李卜克内西觉得,他在伦敦代表大会代表资格问题上为我说了好话(我对此一无所知),我却以怨报德,那么,他是找错对象了。他不应该找我,而是应该找那些得到他的帮助的波兰民族主义者寻求感谢,感谢他帮助他们免去了一场流氓斗殴——我们只能这么称呼因纲领上的分歧而取消代表资格的做法,并感谢他使他们免遭挫折,因为法国和比利时等国的代表这次对波兰问题了如指掌,所以投票时不可能在伦敦重复苏黎世③的闹剧。如果李卜克内西出于"礼貌"极为模糊地向我暗示"某个人,他不便说出他的名字",而我同样因为模糊不能作出相应的回答,那么我只能对此表示遗

---

① 标题是编者加的。前面是摘自 1896 年 11 月 25 日《前进报》的威·李卜克内西的表态。——编者注

② 原话如下:"最后,我十分认真地重复我的建议,但愿罗莎·卢森堡小姐今后能够更多地研究对波兰的暴行,而不是对亚美尼亚的暴行。这样,她就不用担心像她现在的遭遇那样,遭到不公正的评价,尤其是在她的社会主义者同胞那里,他们不会怀疑我坏了他们的好事,而是怀疑某个人,出于礼貌,我不便说出他的名字。她肯定还记得苏黎世代表大会上的不愉快的辩论。她肯定也听说过,她能被伦敦工人代表大会接受为波兰代表团成员,应感谢德国的两位不通世故的人的干预:保·辛格尔和本人——威·李卜克内西。"——作者注

③ 见本卷第 9 页。——作者注

憾:要是李卜克内西这次不是那么懂"礼貌",那么他就不会写得模棱两可了。**而论战中个人性质的模棱两可无异于放冷箭。**

卢森堡①

1896 年 12 月 1 日《萨克森工人报》(德累斯顿)第 278

---

① 《萨克森工人报》编辑部详细的"跋"中表示赞同罗莎·卢森堡的观点。相反,认为李卜克内西在辩论中固执己见,十分孤立。另见罗莎·卢森堡《土耳其的民族斗争和社会民主党》和《论〈前进报〉的东方政策》(本卷第 56—64、65—68 页)。——编者注

国 家 条 约①

在弗·弗莱讷教授先生指导下的笔试论文

一 定 义

国家条约是两个或多个国家之间关于自己承担义务或让其他国家承担义务的意愿协议。(所谓让其他国家承担义务,意思是说,如果这些国家的事务受到管制,那么它们自己不参加条约的签订,比如,1878 年多瑙河两公国不参加柏林条约的签订。)签订国际法条约时,缔约各方只能是国家,教廷参加缔约是例外。②

二 国家条约是国际法的来源

国家条约是国家互相之间友好③交往的最重要的表现形式。国家条约本身同时也是国际法最重要的来源之一。**布尔梅林**虽然强调,国际法的来源仅仅是各个民族的法律信念,不是国家条约,但是,国家条约毫无争议地是最充分最明确地表现各个民族的法律信念的形式。一方面,在欧洲、美洲以及亚洲、非洲和澳洲的大部分地区,今天实际的④国际法关系的几乎整个形态都以

---

① 罗莎·卢森堡可在两个题目中选择一个:1. 国家分权的学说(科学论证与实际运用);2. 国家条约(概念,缔结,影响,等等)。——编者注
② 弗莱讷教授批语:质疑!——编者注
③ 弗莱讷:是和平,而不是友善。——编者注
④ 弗莱讷:? ——编者注

国家条约为基础。① 另一方面,普通②国际法最重要的机构本身也以条约为依据:比如国际代表大会和会议(通过条约 1818 年在亚琛作出规定),比如战争牺牲者的待遇(由 1864 年日内瓦公约和 1868 年补充条款规定),比如国际法礼仪(1815 年在维也纳,1818 年在亚琛作了规定),等等。

国家条约还是**国际法学**的重要来源③之一。18 世纪以来,法学家们结集出版国际法条约的好习惯(**莱布尼茨**是最早的结集出版者之一,1700 年和 1725 年④),意味着国际法作为一个学科进入了历史上的一个新阶段,因为这个阶段使国际法摆脱了旧的自然法的束缚,并使对国际法的**积极**研究、论证和系统化成为可能。

三　国家条约是国家法的来源

所有组成联邦的国家,或加雷斯所说"国家组成的国家"⑤以国家条约为基础。旧的德意志联邦是通过 1814 年的巴黎条约建立的,⑥北德意志联邦是通过 1866 年布拉格条约和 1867 年柏林条约建立的,今天的德意志帝国是通过北德意志联邦和德意志南部诸邦之间在凡尔赛缔结的三个"十一月条约"建立的,通过 1777 年和 1781 年的邦联条约建立了北美合众国,⑦等等。

没有组成联邦的国家也可以在国家条约中拥有其国家法来源。多瑙河两公国的宪法是通过 1865 年伦敦条约和 1878 年柏林条约确定的。波罗的海各省的某些宪法保证(宗教自由等等)是通过瑞典和俄国 1721 年在尼斯塔德条约规定的。会议桌上的波兰⑧的宪法是按照 1815 年维也纳会议的一般形式确定的。

---

① 弗莱讷:说得过分了。——编者注
② 弗莱讷:? ——编者注
③ 弗莱讷:表达错误! ——编者注
④ 弗莱讷:是 1693 年和 1724 年,而不是 1700 年和 1725 年。——编者注
⑤ 弗莱讷:? ——编者注
⑥ 弗莱讷:1815 年/1816 年 6 月 8 日—10 日的维也纳联邦条例。——编者注
⑦ 是 1776 年和 1787 年,而不是 1777 年和 1781 年。——编者注
⑧ 见本卷第 45 页脚注①。——编者注

四 国家条约的对象

国家条约的对象可以是公法的所有领域,即:割让和获得领土(1871 年法兰克福和约——阿尔萨斯—洛林割让给德国;1869 年华盛顿条约——俄属美洲出卖给美国;俄国和日本之间 1875 年的条约——以千岛群岛交换对萨哈林岛的共管权),**保证一个或多个国家的独立和领土完整**①(1878 年柏林条约——各大国保证土耳其领土完整),**承认一个国家的存在**或**接受一个国家加入合法的国际社会**(1831 年伦敦条约——承认希腊王国;1885 年柏林条约——承认刚果国家;1856 年巴黎条约——承认奥斯曼帝国政府为欧洲国际法主体);一个国家或地区的中立[1815 年维也纳条约——瑞士中立;②1831 年伦敦条约——比利时中立;1867 年伦敦条约——卢森堡中立;1856 年巴黎条约——黑海中立(1878 年取消③)],**规定国际法地役权**(1877 年布加勒斯特条约——罗马尼亚保证俄国军队通行),**规定某些文化任务**(1874 年伯尔尼世界邮政条约)或**某些经济的经营活动问题**(1865 年巴黎拉丁货币同盟),规定**相互提供司法协助**的某些问题(引渡条约、国际刑事诉讼和民事诉讼条例)等等,等等。

私法也可以是国家条约的对象。比如国际知识产权保护的规定(伯尔尼公约)、婚姻法、继承法以及条约方式的票据法规定。(见**格奥尔格·科恩**关于国际平等权利,关于国际票据法学等等的著作。)

一般而言,国家条约可分为 1. **立法的**和 2. **非立法的**国家条约,后者比如纯粹的保护联盟和防御联盟。立法的国家条约又可分为具有法律性质的和具有宪法性质的国家条约。

五 缔约的机关

每个国家都必须有一个由自己的国家法规定的、类似进行一般的国际法

---

① 弗莱讷:? ——编者注
② 弗莱讷:错误。——编者注
③ 弗莱讷:在是 1871 年,而不是 1878 年。——编者注

交往的,特别是签订条约的机关。在通常情况下,国际法交往是每个国家政权的首脑的主要特征之一,是为了代表国家的主权。在君主制国家是君主,在总统制共和国是总统,在民主政体中是被视为最高执行权力机构的委员会(在瑞士是联邦委员会)。在德国,签订国家条约的职责由联邦参议院和皇帝分担,皇帝[1]在需要改变帝国立法的条约时需要得到联邦参议院的批准。在美国,总统在签订国家条约时需要参议院参与。

人民代表机构在君主立宪制和共和政体中**参与**签订国际法条约的问题,在各个国家不尽相同,总的来说,没有具体和一致的规定。在德意志各邦中,**符腾堡**对这个问题研究得最透彻。根据规定,如果条约涉及领土的出让和获得、王国的经济负担、邦法修改或废除(关税条约和贸易条约)、改变国民权利的义务,必须得到议会的批准。

就德意志帝国而言,根据宪法,所有在帝国立法范围之内的条约[2]都必须经帝国国会批准。——**在英国**,所有立法范围内的条约都必须呈送议会通过。但是,在实践上,领土的割让和获得没有列入立法条约的范畴,黑尔戈兰岛的割让便属于这种情况。——**在美国**的宪法中,我们可以看到一句独特的话:所谓强制性条约不需要得到众议院的批准。——**在瑞士**,任何国家条约,也包括改变联邦法律的条约都不需要人民的批准(公投)。[3]

一般而言,在君主立宪制和共和政体中,根据人民代表机构参与制定国家财政预算的基本权利,只能得出一个实际原则:所有可能给国家财政造成负担的条约都必须得到人民代议机构的批准。

六　国家条约的签订

国家条约的签订权完全归每个国家的最高政府机关。但是在通常情况下,国家条约很少由君主或共和国总统亲自签订,国家首脑通常责成外交政策的执行机关来签订:外交部长、常设的外交代表、特派外交代表等等。——在签订国

---

① 弗莱讷:为签订国家条约。——编者注
② 弗莱讷:帝国宪法关于其有效性第四条。——编者注
③ 弗莱讷:大概需要得到国民院和联邦院的批准。——编者注

家条约时,通常要考虑以下三个因素:讨论、确定条约的内容和互换批准书。

七　国家条约的有效性

为了使国家条约在国际法意义上有效,需要做到:

1. 条约内容符合缔约各方的意愿。

2. 条约内容符合公认的、普遍有效的、普通国际法规范。

互换批准书是第一个条件的实际表现。由一个国家的代表签署的国家条约,未经国家最高权力机关的批准,就对相关国家无效,并且没有约束力(比如:1842 年关于检查权的条约就没有得到法国的批准,1890 年关于引入国际仲裁法院的华盛顿条约没有得到 17 个美洲国家的批准)。

第二个条件涉及整个文明的国际社会从公法中明确消除的内容。比如,两个欧洲国家之间签订的允许进行奴隶贸易的条约,就不会受到其他国家的尊重,如果缔约的一方在条约签订之后拒绝执行,那么这个条约对另一方就没有约束力。

国家条约的内容必须符合签约各方的**国家法**才能生效,对于问题有各种各样的回答。**赛利格曼**认为,国家条约在国家法上有效,是它在国际法上有效的法律条件。相反,拉班德和格奈斯特则断言——我们认为是对的——,签约各方有责任使条约与各自的国家法相符,因此,一个得到批准的条约在国际法上是直接有效的和具有约束力的,不遵守条约是为战争寻找借口。

八　加入和加附

一个国家条约即使不是某些国家签订,而且不是为它们签订的,也可以对这些国家有效。第三国可以事后参加已经由其他国家签订的条约。如果新参加的一方享有与原缔约方同样的地位,比如,可以参与条约的修改,那么这种参加叫**加入**①。相反,如果新参加的一方只是被动地表示接受条约

①　弗莱讷:?　——编者注

的约束,那么这种参加叫**加附**。

九　国家条约的效力

国家条约的效力在于,缔约的国家受因缔约而承担的义务的约束,在行使它们的自由意志时,在有关方面受条约内容的限制。如果缔约的一方违约,那么,另一方有权采取国际法许可的所有自救手段,如仲裁法庭、镇压、报复、战争。

十　国家条约的期限

国家条约的期限取决于条约的性质。行文中已经规定有效期限的条约,其有效期限以相关的期限为准。没有规定有效期限的条约可默认为长期有效,比如,在战争中不使用爆炸物的条约(1868 年圣彼得堡),世界邮政条约(1874 年伯尔尼)。在国家联邦建立国家法组织的条约(如北美合众国的条约)中,通常会在行文中突出强调条约的长期有效。从性质上来看,导致缔约的一方作为国际法主体毁灭的国家条约是永久有效的(如 1815 年的条约,根据该条约,当时的巴塞尔公国与瑞士合并)。

十一　国家条约的失效

国家条约失效是:

1. 由于**履行完毕**,如果履行是一个有时限的行为(如:移交部分领土、买卖、允许军队一次性通过)。

但是,如果条约的履行从其性质来看要以一个长期的行为为前提,那么,条约不能因为履行完毕而失效(如:世界邮政条约)。

2. **由于期满**,如果规定了有效期。

3. **由于有缔约方退出**。如前所述,单方退出有可能招致其他缔约方动用国际法允许的自救手段。

4.**由于战争**。如果两个国家之间爆发战争,[①]那么,它们此前签订的条约一般被视为已经废除。但是这不涉及没有参加战争的第三个国家共同参与签订的条约。这也不适用于即使由交战国签订的、但专门关于战争和作战的条约。

5.**由于法律**。我们只知道北美合众国有这种情况。乘禁止中国移民之机——禁止中国移民与事先和中国签订的条约相矛盾——,美国联邦法院裁定,在合众国,条约可以修改和废除法律,反之亦然,法律也可以修改和废除条约。

6.**由于时效**。仅为一定期限签订的条约,如果在这个期限内没有履行完毕,那就是已过时效[②],就不能再对缔约方提出要求。即使我们想不起有这种情况,但是我们觉得这种情况从法律上来看仍然是完全可以想象的。

7.最后**由于混同**,如果缔约各方联合为一个国际法主体。[③]

首次发表:韦雷娜·施塔德勒·拉伯哈特

《罗莎·卢森堡 1889—1897 年在苏黎世大学》1978 年苏黎世版

---

① 弗莱讷:? ——编者注
② 弗莱讷:不对! ——编者注
③ 弗莱讷教授的鉴定:"这篇作文证明,作者读书很多,研究很深。各个部分质量不一。作者没有始终以应有的娴熟论述纯法学的部分;比如,对主要问题(签订和批准)必须进行详尽的叙述。对'实际的'和'普通的'国际法的区分以及关于国家条约的时效的观点词不达意。作者熟悉现代国际法的文献发表情况,掌握大量立法的和最重要的新的国家条约的知识。我因此建议论文通过。1897 年 4 月 14 日,弗·弗莱讷。"另外七名教授——朔伦贝格尔、沃尔夫、西齐希、苏尔舍尔、特赖施勒、施奈德、梅里签字同意。博士论文,苏黎世国家档案馆,U 105 h 4。——编者注

工资基金理论①

1897 年春的笔试论文草稿

1. 工资基金理论内容。{见与人口理论的联系}②

2. 工资基金理论的传播。亚当·斯密—{边沁}（萨伊）

3. 工资基金理论的历史根据（小师傅，中世纪）

4. 工资基金理论的真正的社会核心（工人的命运取决于资本）

a. 从李嘉图—拉萨尔的铁的工资规律

b. 边沁

5. 工资基金理论批判

a. 汤普森

b. 海尔曼

c. 洛贝尔图斯

d. 桑顿

e. 西斯蒙第

---

① 标题是编者加的。在几家档案馆查阅了资料，并与笔试论文作比较后，完成手稿原件，即 1897 年草稿的辨认工作。草稿笔试论文在结构和内容上，以及从其中提到的国民经济学家看是一致的。只是在个别段落的编排上和用词上略有差别。无论是在莫斯科俄罗斯国家社会政治历史档案馆（Fonds 209，Verz.6，Nr. 166）中，还是在柏林德国联邦档案馆（SAPMO NY 4002/16，Bl.159-164）中，都有一份打印稿，上面有一些删节和编者的修改。这份打印稿可能是克·蔡特金和阿·瓦尔斯基编辑，保·弗勒利希审定的《卢森堡著作集》的准备材料。在此之前，这个文献编入她在党校任教时期，以为是她为《国民经济学入门》所作的准备，这证明是不正确的。伊藤成彦也猜测，这个文献是为一部专著准备的，这也是不对的。见伊藤成彦《罗莎·卢森堡〈奴隶制〉的首次发表》，载于《2002 年共产主义历史研究年鉴》2002 年柏林版第 174、177—178 页。——编者注

② 草稿中用横线表示删去的文字，在本篇译文中用大括号 { } 表示。——编者注

f. 沃尔夫教授

6. 对这一批判的批判

a. 详述

b. 一般说来：不能通过现有观点的抽象化予以反驳。相反。

7. 马克思论工资基金理论。马克思论铁的工资规律。

8. 沃尔夫教授对马克思的批判。

9. 回答。

{可以说，国民经济学理论/迄今为止只确立了两个工资理论：工资基金理论和产业后备军理论}，前者是资产阶级的产物，后者是{不久前}整个国民经济的科学/社会主义的国民经济学。我们{绝对}当然不能{说}断言，经济学说的所有理论家都毫无例外地相信这个或那个理论。还有一些{批评家}著作家对工资基金理论抱着非常怀疑的态度，但是并不因此就赞成后备军理论——这个理由当时尚未提出。

另一方面，最近，又有人提出了一个理论，这个理论对上述两个理论{作了}进行了深入的批判，认为这两个理论都没有切中要害——我们指的是尤·沃尔夫教授的理论，因为沃尔夫教授的理论{前些天}最近得到德国的文克施特恩等几位{年轻的}国民经济学家的支持，并被反复引用。如果我们撇开这些最新{成就}成果不谈——我们将在下面进行详细的探讨——，那么，在从古典国民经济学至今这个很长的时期内，只有上面提到的那两个工资理论——工资基金理论和马克思的理论。

我们在亚当·斯密那里发现，他已经清楚而明确地提出了{劳动理论}工资基金学说。

他在{《国富论》}第一卷第八章《论工资》中，大致表述如下：实物工资是劳动的产物，但是它只在原始社会状态下提供给劳动者。随着私人资本的积累，工资由劳资之间的斗争来确定。{这种斗争表现为实际的}这种斗争的结果通常取决于劳动的供与求的相互关系。斯密将"对劳动的需求"理解为当时存在的**资本基金**。我们在斯密那里还可以看到工资基金假说的必不可少的补充——人口理论：他说，劳动供给取决于劳动人口当时生育的频度，而生育的频度每次都恰好取决于资本需求。如果我们没有弄错的话，斯密正是使用的"恰好"——precisely！一词！《国富论》1775 年版。

有人在其他场合也说过这样的话，比如资产阶级国民经济学的最后一位经典著作家——大卫·李嘉图在地租理论中就说过。他在正式论述{关于}工资的一章中，我们只看到，工资——与所有其他商品的价格一样——取决于供求关系。而李嘉图对此{具体}是怎么理解的，他在另外一个地方，在关于地租的天才论述中告诉了我们。{地租随着资本的增长而增长}在此，工资基金理论是构成资本和地租运动的内在联系的逻辑纽带。他说，地租随着资本的增长而增长。为什么呢？因为工人阶级的{中介}介入。资本当时表现为**一定量的工资基金**。随着资本的增长，或者同样，随着对劳动需求的增长，**工人的数量也会增长**（自然繁衍！），但是对生活资料，特别是对农产品的需求也会增长。不断增长的需求会提高这些产品的价格，由此产生的直接后果便是地租的增长。

这样，我们在李嘉图那里也看到了工资基金理论与人口理论的这种联系，或者确切地说，工资基金理论因人口理论而产生中介作用。人口理论是工资基金得以支配{对}工资{产生社会影响}的媒介。

［此页左边注明：］我们在上面和下面明确引用所论及的理论家的话时，我们没有苛求**用词**的准确性。我们使用类似"——他说——"这样的短语，只是为了避免那种间接引语所必需的烦人的虚拟式。

我们不必那样事无巨细地探究{其他国民经济学家}其他工资基金理论的拥护者的{这种}类似思路。这样做是多余的，因为其他国民经济学家既没有引申，也没有修改这个理论：我们发现，这个理论不管在亚·斯密和大·李嘉图那里，还是在古典{国民经济学}经济学的模仿者和四位庸俗经济学的创始人那里，都得到了几乎相同的表述，甚至连表达方式都一样：让·巴·萨伊（《论政治经济学》1803 年版）、詹姆斯·穆勒（《为商业辩护》1808 年版）、德斯杜特·德·特拉西（《论意志及其作用》1821 年版）、约翰·斯·穆勒（《政治经济学原理》1856 年版）、亨利·福塞特（《英国工人的经济地位》1865 年版）；最后还在老劳、麦克库洛赫等许多人那里，都有类似的表述。

在国民经济学和所有社会科学的问题中，{有}存在两种批判方式。第一是批判现存理论**本身**的内容，揭示其矛盾，{揭示}其缺陷。

第二是考察批判的对象,兼顾这个被批判的理论赖以产生的对象与那些社会事实的历史联系。在这里,必须发现这个理论的客观的物质基础,{此外},不是从这个理论本身出发,不是从逻辑理论的{观点},而是从物质历史的观点出发加以考察。第一种批判方法{批判}进行绝对评判,就像陪审员一样评判"有罪"或"无罪"。(或"正确"或"错误")第二种批判方法考察真理的相对性,即以时间为条件的真理,它不批判这个理论,{而是}它只是指出这个理论也许已经过时。我们认为,最有效的反驳是阐明一个{理论}学说在什么样的社会联系中是"理性",然后从中得出结论说,它在什么样的{另一个其他}社会联系中会变成"胡说"。当然,这个方法不能运用于所有情况:在本世纪初,某个斯密或李嘉图犯错误是受历史的局限,而在本世纪末,某个布伦塔诺犯错误就是狡辩,如果{即使}在这两种情况下理论的过错都归于"物质条件",那么意义却完全不同……

在我们从{国民经济学}理论的角度批判工资基金理论之前,我们想简要地、历史地对此进行考察。

上述理论——简而言之——向我们说明了什么呢?

在每个时期都有一定量的资本表现为对劳动力的需求。按照劳动力的需求与这个资本的比例,劳动力越多,工资越低,反之亦然。

很清楚,如果这个理论有其道理,那么,在社会关系中必须有一个基本条件:生产{关系}条件的稳定程度,在这个程度上,无论是第一,{数量的}技术上{制约的必要的}存在的一定量的资本与这个资本所雇用的劳动力的比例,还是第二,受市场条件制约的生产周期和交换周期与人类繁殖周期的比例,都应该被视为一个**恒量**。我们今天的资本经济洋洋得意地微笑着回顾这两个条件,感到它们就像"一个古代的童话"。第一,同样多的资本——取决于生产技术、剥削程度(工作日的长短、劳动强度以及工资形式)——现在不仅可以随时榨取不同量的劳动力,而且这个比例随着技术的进步还在随时发生变化,因此,无论怎么说,在时间上设定资本和劳动{之间}的恒定比例系数只不过是幻想;第二,现代生产周期与人类繁殖周期完全不一致。人类繁殖周期约为25年,而今天的生产周期甚至还不到这个时间的一半。我们只要考察一下本世纪的大规模普遍危机,便可厘清它们爆发的年份:1825年、1836年、1847

年、1857 年和 1867 年。也就是说,几乎每隔 10 年就会发生一次经济灾难,每次经济灾难之后资本都会痉挛性收缩,接着是逐渐扩大,然后是突然毫无节制地膨胀,直到危机像以往一样,再次爆发,骤然折断资本的翅膀。在这种短暂的——有人断言——越来越短的生产周期中,在资本的能力突然收缩和膨胀的情况下,通过资本数量,借助自然繁殖调节工人人口也不过是个幻想。当然,我们可以说资本控制着工人的死,但不能说它控制着工人的生:众所周知,三四天不进食便可导致死亡,也就是说,失业足以导致死亡,而出生和教育却需要很多年。{所以,可以说,资本现在是通过死亡天使,而不是通过生命天使统治工人阶级。}

　　所有这一切在李嘉图时期都是不同的,在亚当·斯密时期就更不同了。那时,机器才刚刚开始变革生产关系,普遍危机才开了个头。虽然李嘉图经历了英国的第一次严重危机,在大陆封锁体系①被解除之后,这次危机接踵而来,但是,历史的"偶然性"掩盖了资本主义的马脚,很自然,这次危机仅仅被{看作}理解为"恶棍"拿破仑的恶行的特殊后果。总的来看,占优势的生产{形式}方式——工场手工业——以手工劳动为{依据}基础,同时,市场状况几乎由英国单独操控,因此{提供了}相当稳定和清晰,生产周期相应缓慢,资本与劳动力之间的技术比例达到了{相当}一定程度。那时,{旧的}古典派基金理论存在相对的合理性,对这个理论{今天}的历史评价也不过如此。

　　{而}平静、{稳定}冷淡、仿佛宗法制的资本的美好时代一去不复返了;现在的资本则精神紧张、经常激动,时而"兴高采烈",时而"垂头丧气",它既不能估计[每次]下一刻需要多少劳动力,也不能找到所需数量的劳动力;在资本的{匆忙}疯狂争夺下,前面已经说过,工人们只剩时间听命死亡,而没有时间听命出生。请注意,工资基金理论存在相对合理性的时间极其短暂。早在李嘉图生前,英国便已开始强劲的工业革命过程。李嘉图主要著作的第二版

---

① 大陆封锁或大陆体系是法国皇帝拿破仑第一在拿破仑战争期间为反对英国而采取的一项重要的经济政治措施。1805 年法国舰队被英国舰队消灭后,拿破仑于 1806 年 11 月 21 日颁布了《柏林敕令》,禁止欧洲大陆各国同英国进行贸易。参加大陆体系的有西班牙、那不勒斯、荷兰、普鲁士、丹麦和奥地利。根据 1807 年的蒂尔西特条约的秘密条款,俄国加入了大陆体系。1812 年拿破仑在俄国遭到失败后,所谓的大陆体系便告瓦解。——编者注

已经{引人注目地}独具匠心地增加了有关机器的一章,他在这一章经典地反驳了自己的"补偿理论",从而间接地无意识地抛弃了自己提出的工资基金{的灾难性的影响}的命题。如果在今天,在克雳伯和施杜姆时代,德国国民经济学家{仍然总是}又端出旧的工资基金理论,试图用旧的经典理论的碎片来掩盖或涂抹现代资本主义的现象,那么,这便是海涅所了解的一块工作:{"用睡帽及睡袍堵住宇宙的窟窿";他们想用旧的碎片填补裸露的[?]裂开的资本主义经济的窟窿。}

他们用旧的睡帽及睡袍

填住宇宙建筑的窟窿。①

————————

{李嘉图极其清楚明确地描述工资基金理论的著作于 1817 年出版。七年之后遭到批判。**威廉·汤普森**在《最能促进人类幸福的财富分配原理的研究》1824 年版中……让我们就社会条件问题再补充两句。}

此外,旧的工资基金理论不仅被用来堵住资本主义宇宙建筑的窟窿。{在拉萨尔那里}其中还有一个不以特殊的历史权利为转移的真正核心:这个理论是关于工人阶级对资本的社会依赖的第一个一般的{笨拙的}理论表述。但是,从中可以得出两种不同的结论:在**拉萨尔**那里,工资基金理论成了工人阶级解放斗争的{强大的}革命杠杆。而{功利主义原则}"功利主义{理论}学说"之父耶利米·边沁善于以其他方式将{这个}理论变得"功利":他用它打造出一条教义,据说可以取消资本家的全部社会责任,而工人阶级的所有要求碰到它就{化为乌有}像碰到铠甲一样被驳回。

————————

① 这里套用了海涅《归乡集》(1823—1824 年)中的《世界和人生太不完整……》:

　　　　"世界和人生太不完整——

　　　　我要向德国教授请教。

　　　　他会把人生拼凑在一起,

　　　　做出一个可以理解的系统;

　　　　用他的睡帽和他的烂睡衣

　　　　堵住这世界大厦上的窟窿。"

　　《海涅诗选》,人民文学出版社 1956 年版,第 23 页。——编者注李嘉图极其明确而果断地描述工资基金理论的著作{是}于 1817 年出版{的}。七年之后遭到批判。**威廉·汤普森**在《最能促进人类幸福的财富分配原理的研究》1824 年版中{认为,发现}强调,只考虑所积累的资本的量,是非常片面的,因为国家当时(潜在的)生产力,甚至国家每年的消费都比所积累的资本多得多。{这个欠缺,这个奇怪独特的批评}显而易见,这种提示本身即使非常正确,但对这个遭到批判的理论也会毫发无损,因为在讨论工资基金时,需要考虑的不是现存的、过去的或者未来的世界财富,而仅仅是世界财富中当时以私人资本的形态对工人有需求的那个部分。在财富、整个社会的生产力{率}和工人阶级之间是单个的有需求的资本家,而对我们来说,关键只有他们的需求是举足轻重的。如果我们不知道汤普森属于早期英国社会主义者的空想主义学派,他的批判也会显得完全不可理解,这个学派想通过在经济理论中无视资本主义现实而把资本主义现实从世界上抹掉。汤普森想{反对}通过在他的批判中抹杀私人资本家的存在而抹杀工资基金理论中所表述的工人对资本的依赖性。

工资基金理论后来的批判者是德国人——海尔曼和洛贝尔图斯。

海尔曼在他 1832 年出版的《国民经济学研究》中提出这样的论点,工人的工资不是来自企业主的资本,而是来自商品的消费者。在这里,{资本家扮演了}企业家被设想为工人与消费者之间无辜的,甚至高贵无私的中介角色,就像地道的伙计。遗憾的是,不管怎么说,工人在自己的劳动产品得到实现之前,显然要领取{报酬}工资,而且是直接由{资本家}企业家从{自己的}私人资本中{给付}支付,因此,这里完全没有切中实质。

洛贝尔图斯的批判也不太理想。他在《关于我国国家经济状况的认识》1842 年版中断言,工资不是从一个生产周期开始之前便已积累的资本中支付的,而是从同一生产周期的产品中{给付}支付的。这个表述异乎寻常地忽视了资本主义经营方式的最基本的现象,无需进一步驳斥。每个孩子都知道,在大部分行业中,一个生产周期从开始生产到商品在市场上得到实现,需要半年到一年的时间,而工人们每两个星期,{有时}甚至每一个星期都要领取工资,因此,企业主必须事先拥有一笔储备资本,不可能从当前的生产周期中逐步{吸取}抽出资本。

在这个问题上和在国民经济学的其他领域一样,只有**马克思**才给予了真正的批判。

他首先——｛根据｝与自己的辩证方法论一致——证明,不可能存在绝对有效的工资规律,因为每一种生产方式都有自己的人口规律和特殊的工资规律。

然后,他构思大工业生产周期的工资规律。这种工资规律取决于两个因素,其一是稳定的**资本储备**,其二是稳定的**产业后备军**。一方面是资本积累,另一方面是居民中的中产阶级和小生产者的无产阶级化,二者都已经发展到如此程度,以致生产需求无论是在资本一方,还是在工人一方都不会遇到自然的、所谓物质的｛界限｝限制:生产本身可以无限扩大,而且总能找到资本和穷人(二者都在双重意义上)。那么在现实中,就业工人的量与其工资高低的比例取决于什么呢? 完全取决于各自的资本主义利益,取决于**资本增殖的需要**。而资本增殖的需要一方面取决于市场,因为市场今天已成为世界市场,而在世界市场上刮着世界飓风,市场的大小随时在发生变化;另一方面取决于生产技术,而生产技术同样随时在改变资本增殖的需要。这样一来,所谓对劳动的需求今天既不取决于资本的量,也不取决于工人的人数,而是取决于市场条件和生产条件的总和,而这些条件在不断变化,它们的总和构成今天的整个生产方式。马克思惊呼,今天的工资规律比"铁的"更不道德,它是"弹性的"! 它的名字今天既不是"工资基金",也不是其他特殊规律,而是今天的整个经济,是资本主义本身! ……

我们一开头就提到,尤·沃尔夫教授的那个新理论反对两个理论——工资基金理论和马克思的产业后备军理论。沃尔夫教授说,李嘉图—拉萨尔的理论是错误的,因为第一,提高工资不一定会导致更多孩子的出生;第二,对工人的需求随着工人人数的增多也可能增长。这两个论据与马克思对工资基金理论的批判在主要问题上完全一致,就这一点而言,在某种程度上可以作为一个共同的理论来研究。不同的是马克思工资理论的肯定表述。沃尔夫教授说,生产的粗放发展比技术进步引起的生产集约化更为迅速。困难是｛我们承认在这个问题上｝,后备军因此没有增加,倒是逐渐减少。我们承认在这个问题上很难提出直接的证据。如果马克思学派引证大量统计数据支持自己的论点,那么,沃尔夫教授¦在另一方面¦就会用大量其他统计结果来反驳这些数据。众所周知,从今天的统计学水平看,统计可以用同一个证据同时支持和反对一个论点。然而我们认为,证据可以通过间接的途径去寻找,到社会现象中寻找证据,而我们只需假定,无产阶级化¦越来越大¦持续加剧,从而解释这种社会现象。比如,向海外移民,各国政府拼命"拯救"中产阶层的尝试(见最近德国手工业国家组织提出的提议!),轻易使用产业"后备军"破坏¦大¦工人大罢工(见最近的汉堡罢工①),不可阻挡的工人非专业化趋势(临时拼凑了这个词)以及熟练工人¦被解雇¦失业现象日益严重,最后是人民群众中日益增长的不满情绪和随之而来的日益加强的工人运动。所有这些事实都是各个工资理论不得不¦加以考虑的¦接受的,而¦我们认为¦这些事实可以¦证实¦归结为¦存在和增长¦中产阶级的日益无产阶级化与后备军的增加。我们不想在这里深谈这¦一问题¦[?]一点,只想¦简短地¦在基本问题上转述沃尔夫教授自己的工资理论。

沃尔夫教授说,在现实中,当时的工资水平取决于:1. 劳动力的供给,2. 工资政策——据我们所知,德国其他任何一位资产阶级国民经济学家都没有如此明确地强调过这个因素,在英国的国民经济学家中,只有桑顿在《论劳动》1869 年版中明确地强调过这个因素,3. 企业获益能力和价格对消费者的影响,最后,4. 工资在生产费用中所占的比例。

手稿,库钦斯基遗物

柏林中央和州立图书馆/历史藏书 Kuc 8-5-175

---

① 1896 年 11 月 21—1897 年 2 月 9 日,16 000 名码头工人在汉堡举行罢工。他们得到德国和外国工人的 1 613 600 马克的互助捐款,使码头停工 11 个星期。他们要求提高工资,工作时间星期日为 8 小时,工作日为 12 小时。他们不得不抵御大资本的残酷镇压措施。500 多名罢工者被捕,被判处超过 37 年的监禁和 1 418 马克罚款。尽管这次罢工只得到了工资上的很小让步,尽管罢工失败了,但这次罢工仍然被视为 19 世纪 90 年代罢工运动的顶点。——编者注

工资基金理论和产业后备军理论

在尤·沃尔夫教授先生指导下的笔试论文

一

可以说,国民经济学到不久之前只确立了两个工资理论:工资基金理论和产业后备军理论,前者是资产阶级学派的产物,后者是社会主义学派的产物。我们当然不能断言,经济学说的所有理论家毫无例外地都相信其中的这个或那个理论。还有一些⎰批评家⎱著作家对工资基金理论抱着非常怀疑的态度,但是并不因此赞成后备军理论——这个理论当时尚未提出。另一方面,最近,又有人提出了一个理论,这个理论对上述的两个理论进行了深入的批判,认为这两个理论都没有切中要害——我们指的是尤·沃尔夫教授的理论,因为沃尔夫教授的理论最近得到德国的文克施特恩等几位国民经济学家的支持,并反复引用。如果我们暂且不谈这些最新成果——我们将在下面进行详细的探讨——,那么,在从古典国民经济学至今这个很长的时期内,只有上面提到的那两个工资理论——工资基金理论和马克思的理论。

我们在**亚当·斯密**那里发现,他已经清楚而明确地提出了工资基金学说。他在《国富论》(1776年版)第一卷第八章《**论工资**》中,大致表述如下:实物工资是劳动的产物,但是,它只在原始社会状态下提供给劳动者。随着私人资本的积累,工资由劳资之间的斗争来确定。这种斗争的结果通常取决于劳动的供与求的相互关系。斯密将"对劳动的需求"理解为当时存在的**资本基金**。我们在斯密那里还可以看到工资基金假说的必不可少的补充——人口理论:他说,劳动供给取决于劳动人口当时生育的频度,而生育的频度每次都恰好取决于资本需求。(如果我们没有弄错的话,斯密正是使用的"恰好"——precisely! 一词!)

有人在其他场合也说过这样的话,比如资产阶级国民经济学的最后一位经典著作家——**大卫·李嘉图**在地租理论中就说过。他在《政治经济学和赋税原理》1817 年版的正式论述工资的一章中,我们只看到,工资——与所有其他商品的价格一样——取决于供求关系。而李嘉图对此是怎么理解的,他在另外一个地方,在关于地租的天才论述中告诉了我们。在此,工资基金理论是构成资本和地租运动的内在联系的逻辑纽带。他说,地租随着资本的增长而增长。为什么呢? 因为工人阶级的介入。资本当时表现为**一定量的工资基金**。随着资本的增长,或者同样,随着对劳动需求的增长,**工人的数量也会增长**(自然繁殖!),但是对生活资料,特别是对农产品的需求也会增长。不断增长的需求会提高这些产品的价格,由此产生的直接后果便是地租的增长。(我们在上面和下面明确引用所论及的理论家的话时,我们没有苛求**用词**的准确性。我们使用类似"——他说——"这样的短语,只是为了避免那种间接引语所必需的烦人的虚拟式。)

这样,我们在李嘉图那里也看到了工资基金理论与人口理论的这种联系,或者确切地说,工资基金理论因人口理论而产生中介作用。人口理论是工资基金得以支配工资的媒介。

我们不必那样事无巨细地探究其他工资基金理论的拥护者的类似思路。这样做是多余的,因为其他国民经济学家既没有引申,也没有修改这个理论:我们发现,这个理论不管在亚·斯密和大·李嘉图那里,还是在古典经济学的模仿者和庸俗经济学的创始人那里,都得到了几乎相同的表述,甚至连表达方式都一样:詹姆斯·穆勒(《为商业辩护》1808 年版)、让·巴·萨伊(《论政治经济学》1803 年版)、德斯杜特·德·特拉西(《论意志及其作用》1821 年版)、约翰·斯·穆勒(《政治经济学原理》1856 年版)、亨利·福塞特(《英国工人的经济地位》1865 年版);最后还在老劳、麦克库洛赫等许多人那里,都有类似的表述。

在国民经济学和所有社会科学问题中可以有两种批判方式。第一,可以批判现存的理论内容**本身**,揭示其矛盾、揭示其逻辑缺陷。第二,可以将批判对象放在与这个被批判的理论赖以产生的那些社会事实的历史联系中加以考察。在这里,必须发现这个理论的客观的物质基础,不是从这个理论本身出发,不是从逻辑理论的观点,而是从物质历史的观点出发加以考察。第一种批判方式进行绝对评判,就像陪审员一样评判"有罪"或"无罪"。(或"正确"或"错误")第二种批判方式考察真理的相对性,即以时间为条件的真理,它不批判这个理论,它只是指出,这个理论也许已经过时。

二

我们认为,最有效的反驳是阐明一个学说在什么样的社会联系中是"理性",然后从中得出结论说,它在什么样的社会联系中会变成"胡说"。当然,这个方法不能用于所有情况:在本世纪初,某个斯密或李嘉图犯错误是受历史的局限,而在本世纪末,某个布伦坦诺犯错误就是狡辩,虽然在这两种情况下,都将理论的过错归于"物质条件",但意义完全不同……

在我们从理论的角度批判工资基金理论之前,我们想简要地、历史地对此进行考察。

上述理论——简而言之——向我们说明了什么呢?

在每个时期都有一定量的资本表现为对劳动力的需求。按照劳动力的需求与这个资本的比例,劳动力越多,工资越低,反之亦然。

很清楚,如果这个理论有其道理,那么,在社会关系中必须有**一个基本条件**:生产条件的稳定**程度**,在这个程度上,无论是第一,技术上存在的一定量的资本与**这个**资本所雇用的劳动力的比例,还是第二,受市场条件制约的生产周期和交换周期与人类繁殖周期的比例,都应该视为一个恒量。我们今天的资本经济洋洋得意地微笑着回顾这两个条件,感到它们就像"一个古代的童话"。第一,同样多的资本——取决于生产技术、剥削程度(工作日的长短、劳动强度以及工资形式:计件工资!)——,现在不仅可以随时榨取不同量的劳动力,而且这个比例随着技术的进步还在随时发生变化,因此,无论在空间上,还是在时间上设定资本和劳动的**恒定比例**系数只不过是**幻想**;第二,现代生产周期与人类繁殖周期完全不一致。人类繁殖周期约为 25 年,而今天的生产周期甚至还不到这个时间的一半。我们只要考察一下本世纪的大规模普遍危机,便可厘清它们爆发的年份:1825 年、1837 年、1847 年、1857 年和

1867 年。① 也就是说,几乎每隔 10 年就会发生一次经济灾难,每次经济灾难之后资本都会痉挛性收缩,接着是逐渐扩大,然后是突然毫无节制地膨胀,直到危机像以往一样,再次爆发,大约 10 年以后骤然折断资本的翅膀。在这种短暂的——有人断言——越来越短的生产周期中,在资本的能力突然收缩和膨胀的情况下,通过资本量,借助自然繁殖调节工人人口也无非是个幻想。当然,我们可以说资本控制着工人的死,但不能说它控制着工人的生:众所周知,三四天不进食便可导致死亡,也就是说,失业足以导致死亡,而出生和教育②却需要很多年。

所有这一切在李嘉图时期都是不同的,在亚当·斯密时期就更不同了。那时,机器才刚刚开始变革生产关系,普遍危机才开了个头。虽然李嘉图经历了英国的第一次严重危机,在大陆封锁体系③被解除之后,这次危机接踵而来。但是,历史的"偶然性"掩盖了资本主义的马脚,很自然,这次危机仅仅被理解为"恶棍"拿破仑的恶行的特殊后果。总的来看,占优势的生产方式——工场手工业——以手工劳动为基础,同时,市场状况几乎由英国单独操控,因此相当稳定和清晰,生产周期相应④较长,资本与劳动力之间的技术比例达到了一定程度。那时,古典派工资基金理论存在相对的合理性,对这个理论的历史评价也不过如此。平静、冷淡、仿佛宗法制的资本的美好时代一去不复返了;现在的资本则精神紧张、经常激动,时而"兴高采烈",时而"垂头丧气",它既不能估计下一刻需要多少劳动力,也不能通过"生理学途径"找到所需数量⑤的劳动力;在资本的疯狂争夺下,工人们只剩时间听命死亡⑥,而没有时间听命出生。

请注意,工资基金理论存在相对合理性的时间极其短暂。早在李嘉图生前,英国便已开始强劲的工业革命过程。李嘉图主要著作的第二版已经独具匠心地增加了有关机器的一章,他在这一章经典地反驳了自己的"补偿理

① 沃尔夫教授的批语:1877 年、1887 年、1897 年呢?——编者注
② 沃尔夫:需要。——编者注
③ 见本卷第 82 页脚注①。——编者注
④ 沃尔夫:?——编者注
⑤ 沃尔夫:不是"数量",而是"人数"。——编者注
⑥ 沃尔夫:!——编者注

论",从而间接地无意识地抛弃了自己提出的工资基金的命题。如果在今天,在克虏伯和施杜姆时代,德国国民经济学家又端出旧的工资基金理论,试图用旧的经典理论的碎片来掩盖或涂抹现代资本主义的现象,那么,这便是海涅所说的那一块工作:

他们用旧的睡帽及睡袍

堵住宇宙建筑的窟窿。①

此外,旧的工资基金理论不仅被用来堵住资本主义宇宙建筑的窟窿,其中还有一个不以特殊的历史合理性为转移的真正的核心:这个理论是关于工人阶级对资本的社会依赖的第一个一般的理论表述。

三

但是,从中可以得出两种不同的结论:在拉萨尔那里,工资基金理论成了工人阶级解放斗争的强大的革命杠杆。而"功利主义学说"之父耶利米·边沁善于以其他方式将工资基金理论变得"功利":他用它打造出一条教义,据说可以取消资本家的全部社会责任,而工人阶级的所有**要求**都会被它驳回。

李嘉图极其清楚明确地描述工资基金理论的著作于 1817 年出版。七年之后遭到批判。**威廉·汤普森**在《最能促进人类幸福的财富分配原理的研究》1824 年版中强调,只考虑所积累的资本的量,是非常片面的,因为国家当时(潜在的)生产力,甚至国家每年的消费都比所积累的资本多得多。显而易见,这种提示本身即使非常正确,但对这个遭到批判的理论也会毫发无损,因

---

① 　这里套用了海涅《归乡集》(1823—1824 年)中的《世界和人生太不完整……》:
　　　"世界和人生太不完整——
　　　我要向德国教授请教。
　　　他会把人生拼凑在一起,
　　　做出一个可以理解的系统;
　　　用他的睡帽和他的烂睡衣
　　　堵住这世界大厦上的窟窿。"
　　　《海涅诗选》,人民文学出版社 1956 年版,第 23 页。——编者注

为在讨论工资基金时,需要考虑的不是现存的、过去的或者未来的世界财富,而仅仅是世界财富当中当时以私人资本的形态对工人有需求的那个部分。在财富、整个社会的生产力和工人阶级之间是单个的有需求的资本家,而对我们来说,只有他们的需求是举足轻重的。如果我们不知道汤普森属于早期英国社会主义者的空想主义学派,他的批判也会显得完全不可理解,这个学派想通过在经济理论中无视资本主义现实而把资本主义现实从世界上抹掉。汤普森想通过在他的批判中抹杀私人资本家的存在而抹杀工资基金理论中所表述的工人对资本的依赖性。

工资基金理论后来的批判者是德国人——海尔曼和洛贝尔图斯。

海尔曼在1832年出版的《政治经济学研究》中提出这样的论点,工人的工资不是来自企业主的资本,而是来自商品的消费者。在这里,企业家被设想为工人与消费者之间无辜的,甚至高贵无私的中介角色,就像地道的伙计。遗憾的是,不管怎么说,工人在自己的劳动产品得到实现之前,显然要领取工资,而且是直接由企业主从私人资本中支付,因此,这里完全没有切中实质。

洛贝尔图斯的批判也不太理想。他在《关于我国国家经济状况的认识》1842年版中断言,工资不是从一个生产周期开始之前便已积累的资本中支付的,而是从同一生产周期的产品中支付的。这个表述无需进一步的驳斥,因为它异乎寻常地忽视了资本主义经营方式的最基本的现象。每个孩子都知道,在大部分行业中,一个生产周期从开始生产到商品在市场上得到实现,需要半年到一年的时间,而工人们每两个星期,甚至每一个星期都要领取工资,因此,企业主必须事先拥有一笔储备资本,不可能从当前的生产周期中逐步抽出资本。

在这个问题上和在国民经济学的其他领域一样,只有**马克思**才给予了真正的批判。他首先——与自己的辩证方法论一致——证明,不可能存在绝对有效的工资规律,因为每一种生产方式都有自己的人口规律和特殊的工资规律。

然后,他构思大工业生产周期的工资规律。这种工资规律由两个因素决定,其一是稳定的**资本储备**,其二是稳定的**产业后备军**。一方面是资本积累;另一方面是居民中的中产阶级和小生产者的无产阶级化,二者都已发展到如此程度,以致生产需求无论是在资本一方,还是在工人一方都不会遇到自然的、所谓物质的限制:生产本身是可以无限扩大的,扩大生产总是可以找到足够的资本和穷人(在双重意义上)。那么在现实中,就业工人的量与其工资高低的比例取决于什么呢? 完全取决于各自的资本主义利益,取决于资本增殖的需要。而资本增殖的需要一方面取决于市场,因为市场现在已成为世界市场,而在世界市场上刮着世界飓风,市场的大小随时在发生变化;另一方面取决于生产技术,而生产技术同样随时在改变资本增殖的需要。这样一来,所谓对劳动的需求今天既不取决于资本的量,也不取决于工人的人数,而是取决于市场条件和生产条件的总和,而这些条件在不断变化,它们的总和构成今天的整个生产方式。马克思惊呼,今天的工资规律比"铁的"更不道德,它是"弹性的"! 它的名字今天既不是"工资基金",也不是其他特殊规律,而是今天的整个经济,是资本主义本身! ……

四

我们一开头就提到,**尤·沃尔夫教授**的那个新理论反对两个理论——工资基金理论和马克思的产业后备军理论。沃尔夫教授说,李嘉图—拉萨尔的理论是错误的,因为第一,提高工资不一定会导致更多孩子的出生;第二,对工人的需求随着工人人数的增多也可能增长。这两个论据与马克思对工资基金理论的批判在主要问题上完全一致,就这一点而言,在某种程度上可以作为一个共同的理论来研究。不同的是马克思工资理论的肯定表述。沃尔夫教授说,生产的粗放发展比技术进步引起的生产集约化更为迅速。后备军没有因此而增加,反而是逐渐减少。我们承认,在这个问题上很难提出直接的证据。如果马克思学派引证大量统计数据支持自己的论点,那么,沃尔夫教授就用大量其他统计结果来反驳这些数据。众所周知,从今天的统计学水平看,统计可以用同一个证据同时支持和反对一个论点。

然而我们认为,证据可以通过间接的途径去寻找,到社会现象中去寻找证据,而我们只需假定,无产阶级化持续加剧,从而解释这种社会现象。比如,向海外移民,各国政府拼命"拯救"中产阶层的尝试(见最近德国手工业国家组织提出的提议!),轻易使用产业"后备军"破坏工人大罢工(见最近的汉堡罢工①),不可阻挡的工人非专业化趋势(临时拼凑了这个词)以及熟练工人的失业现象日益严重,最后是人民群众中日益增长的不满情绪和随之而来的日益加强的工人运动。所有这些事实都是各个工资理论不得不接受的事实,而这些事实可以归结为中产阶级的日益无产阶级化与后备军的增加。我们不想在这里深谈这个问题,只想在基本问题上转述沃尔夫教授的工资理论。

沃尔夫教授说,在现实中,当时的工资水平取决于:1. 劳动力的供给,2. 工资政策——据我们所知,德国其他任何一位资产阶级国民经济学家都没有如此明确地强调过这个因素,在英国的国民经济学家中,只有桑顿在《论劳动》1869 年版中明确地强调过这个因素。3. 企业获益能力和价格对消费者的影响,最后,4. 工资在生产费用中所占的比例。②

首次发表:韦雷娜·施塔德勒·拉伯哈特《罗莎·卢森堡1889—1897 年在苏黎世大学》1978 年苏黎世版

---

① 1896 年 11 月 21 日—1897 年 2 月 9 日,16 000 名码头工人在汉堡举行罢工。他们得到德国和外国工人的 1 613 600 马克的互助捐款,使码头停工 11 个星期。他们要求提高工资,工作时间星期日为 8 小时,工作日为 12 小时。他们不得不抵御大资本的残酷镇压措施。500 多名罢工者被捕,被判处超过 37 年的监禁和 1 418 马克罚款。尽管这次罢工只达到工资上的很小让步,尽管罢工失败了,但这次罢工仍然应视为 19 世纪 90 年代罢工运动的顶点。——编者注
② 尤·沃尔夫教授的鉴定意见如下:"我不能苟同卢森堡小姐在其笔试论文中关于马克思工资理论的批判性表述以及她认为马克思工资理论'很可能'正确的说法。但这并不妨碍我将这篇论文评定为'合格'。论文表明,作者对主题有充分的知识,博览群书,思路清晰和敏锐。论文的第一部分比较出色,第二部分略显不足,这可能是过度疲劳的原因。我建议通过。"埃·苏尔歇教授的意见:"同意。国民经济学是一门十分锻炼记忆力的学科,所以她能够记住所有主要文献著作的出版年代,而在这篇现场作文中有 10 多个这样的年份!"博士论文,苏黎世国立档案馆,U 105 h 4。——编者注

在波兰民众中的鼓动①

一

在德国的波兰社会民主党人将在最近几天召开第三次党代表大会。② 如果说德国社会民主党关心帝国任何一个地方的工人运动，那么，波兰社会民主党就需要基于特别的原因给予特殊的关注。波兰社会民主党组织的产生是德国社会民主党努力的结果。德国社会民主党至今不畏物质上的付出，全力帮助波兰社会民主党。但是，什么东西能首先使人对在波兰人中间进行的鼓动的进程产生特别关注呢，是目前波兰的情况。大家知道，反动派在帝国国会碰壁以后，就设法将他们的重点转向邦议会，而首先是转向普鲁士。但是在普鲁士，波兰工人现在已经在选民中占相当可观的分量。波兰工人运动的情况究竟如何呢？党在这个方面作出的努力和物质付出取得了什么成果呢？这些都是非常符合时势的问题，波兰社会民主党即将召开的代表会议将令人欣喜地为讨论这些具体问题提供机会。

如果直截了当地说出真相——社会民主党根本没有任何理由害怕真相——，那么，恐怕不得不承认：在波兰工人中的鼓动情况非常糟糕。重要的是，从一开始就要严格区分：移居德国城市的波兰工人和在波兰本土的工人。只在德国的波兰工人中进行鼓动——从波兰运动的角度看——意义不大，因为这些波兰人不会离开德国城市返回家乡，而且大多数都已被吸收到德国的运动中，而在本来意义的前波兰——这里才特别关键——，还是一片空白。从

---

① 这篇文章是以 K. P. 署名的。从罗莎·卢森堡 1898 年 6 月 24 日给莱·约吉希斯的信中可以看出，她是文章的作者。——编者注
② 在德国的波兰社会民主党人代表大会 1897 年 6 月 6 日在柏林召开。——编者注

95

运动的外部特征说起,社会民主党的波兰人集会只在柏林和汉堡定期举行,而在全是或大部分是波兰居民的城市则根本没有举行过集会。只有波兹南是个例外,几年前,那里的一些党员同志通过努力,创建了一个波兰—德国社会民主党人联合会,它偶尔举行集会。在布雷斯劳,多年来只举行过**一次**公开集会(为了选举国际伦敦代表大会①代表),在上西里西亚的其他中心则根本没有举行过波兰人集会。鉴于在许多地方都不可能公开进行口头鼓动,鼓动文献就成了一个至关重要的问题。但是在这方面,情况同样非常糟糕。宣传手册几乎没有。除了一些原来指定用于俄属波兰,而且是根据完全不同的形势选辑的小册子有时用作鼓动外,只有主要由柏林党组织出版的关于五一节的宣传手册。但是,就连这些手册中收录的鼓动材料也只有很少适合广大群众,因为其中收录的主要是外地的社会党人的文章或歌谣和诗歌。去年底,党才出版了一本针对矿工的小册子。传单也极少散发。至于目前的主要报纸《工人事业报》,发行量小得令人不可思议。据十分熟悉情况的同志说,报纸的订数惊人的低:在波兰的心脏波兹南为 18 份,伊诺弗罗茨瓦夫 20 份,格涅兹诺五份,奥斯特鲁夫六份,在西里西亚首府布雷斯劳这个有两名社会民主党人②担任国会议员的地方是四份。根据上面的数字可以想到,该报在上西里西亚矿工居民中的发行量有多少。因此,在非常关键的波兰省份,波兰社会党的唯一机关报的订数甚至不足 200 份。

在波兰工人中开展工会运动,几乎无从谈起,当时上西里西亚的许多矿工都加入了教会的"基督教"社团。总之,波兰工人仅在一些德国城市举行的几次晚间集会上庆祝五一节。可惜,关于今年上西里西亚的五一节庆祝活动,只有一条消息称,某个村子的一位牧师早晨在自家门前的树上发现了一面红旗。可见,波兰各省运动的结果非常可悲:没有工会、没有集会、没有五一节庆祝活动、没有鼓动文献。我们担心,这样下去,不仅自 1893 年来不能取得任何进步,而且波兰社会民主党在下次选举中的选票很可能都会有所下降。

情况就是这样。不禁使人产生这样的问题:究竟为什么出现这种现象?

---

① 国际社会主义工人和工会代表大会 1896 年 7 月 27 日—8 月 1 日在伦敦召开。——编者注
② 布·舍恩兰克和弗·图曹尔。——编者注

在这里,我们不想深入探讨那些特殊的社会和政治状况——容克阶级的经济优势、教会的精神统治、警察的众所周知的行为。我们目前无法改变这些状况,而问题只在于,——假定存在上述困难——在波兰工人中进行的鼓动是否已经达到在现有条件下可能达到的最大限度,或者说,为什么做不到。

我们可以毫不犹豫地回答:首先,由于书面和口头的鼓动没有达到任务要求的高度。作为唯一的党报,《工人事业报》的编辑方式无疑不符合人们在现有条件下对一份社会民主党机关报所提出的要求。当然,在当前的形势下,波兰社会民主党的机关报面临一个艰巨的任务。它在某种意义上必须做一切事情:原则解释社会主义的基本问题,政治阐释社会生活的日常问题,深入批判社会关系,特别是波兰各省的社会关系,这是与波兰资产阶级报刊作斗争的武器,最后,它在某种程度上必须同时是专业的机关报,至少对上西里西亚的矿工和冶金工人来说是这样。很遗憾,《工人事业报》现在这种样子根本不能胜任这些重要任务中的任何一项。几乎不刊登关于社会主义的原则性文章。而波兰工人不参加任何集会,也见不到宣传册,从《工人事业报》上也看不出对他们究竟寄予什么希望,社会主义是什么意思。报纸的社会主义性质只表现在文章和简讯的空洞标题中,这些文章和简讯更多地表现出一种哭哭啼啼的情感社会主义,而不是现代的、清晰而积极的社会民主党的观点。几个月来,它没有提及帝国国会和普鲁士邦议会中的波兰议会党团及其作为,或者说不作为。它与资产阶级报刊的论战方式大多无助于提高党的声誉。最终,这家报纸——而这是最糟糕的——与普属波兰工人阶级很少接触。来自波兰各城市的通讯大多是冗长地叙述各类剥削和压迫的个案。而对当地居民来说更重要的事件,比如最近上西里西亚的小规模罢工①,只登几篇短小的简讯了事。与书面鼓动一样,口头鼓动也少得可怜。鼓动人员非常少,也没有培养新的鼓动人员。起码要为地方培训未来的鼓动者的柏林,鼓动工作也进行得十分混乱。在党的会议上,时而讨论政治和社会问题,时而讨论老列

---

① 1897年初,在上西里西亚爆发了一系列未经组织准备的短期罢工。罢工者偶尔自行尝试在罢工期间组织斗争。——编者注

列韦尔①、心理学和唯灵论以及各种能想到的问题;最近有人突发奇想,要召开一次党的会议来宣读关于纠发症②及其治疗的医学手册! 试想,一个满脑子装着纠发症的鼓动者前往波兹南和上西里西亚,会产生什么特殊作用。

民族主义的倾向也是一个混淆和扰乱社会民主党教育的因素。关于这一点和我们下一步在波兰居民中进行合理的社会民主主义鼓动方面的任务,将在下文中予以论述。

二

社会民主党在波兰各部分的鼓动普遍令人不满,造成这种状况的一个不能小觑的原因,是柏林担负领导职务的同志们在纲领政策上产生动摇。显然,他们因与波兰大学生的接触而认为,不时强调鼓动工作和《工人事业报》的民族主义色彩,是适当的,这在两个方面造成了有害影响。一方面,搞混了波兰同志对自己与德国运动的关系的理解;另一方面,这种对民族主义的赞同引起了波兰各省同志们的巨大愤怒,因为他们毕竟需要随时随地与民族主义的僧侣和小资产阶级的蛊惑作斗争,因此他们希望从党报上了解反对这种蛊惑的尽量清楚而一贯的阶级政策。这一点说明,普属波兰各省的党员同志为什么很少邀请,或不愿意邀请柏林的鼓动者,为什么他们不愿满怀热情地推荐唯一的党报。如果让我们总结波兰运动出现目前这种状况的原因,那么,我们不能不说到党报的模糊和肤浅,传单和宣传手册的缺乏,柏林鼓动中的混乱,柏林领导层政策上的动摇——这一切都是我们所描述的现存波兰运动的性质,以及在普属波兰大部分地方没有开展这个运动的原因。

鉴于波兰社会民主党即将召开的代表会议,现在有这样一个问题,能在多大程度上期待这次会议会采取相应的促进鼓动的措施。看来对会议恐怕不能抱太大希望。将使会议大为逊色的是,它不在波兹南,而是在柏林召开。因

---

① 约·列列韦尔(1786—1861)——波兰历史学家和革命活动家,1830—1831 年波兰起义参加者,在法国和英国的波兰民主主义流亡者领袖之一,1847—1848 年为布鲁塞尔民主协会委员会委员。——编者注
② 由于不讲卫生,通常由虱子造成的毛发缠绕,称为纠发症。——编者注

此,由于缺乏经费,波兰本土运动的代表很少,这次会议充其量不过是在一些德国城市生活的波兰工人代表们的聚会。不管怎么说,典型的是,甚至这些同志中间提出的提案也明显表达了对此前鼓动工作领导的不满。比如有人提议,党的执行委员会不应有权自行以党的名义在"策略和批判(?)"问题上说三道四(明显指伦敦国际代表大会,在这次大会上,党的领导不顾所有波兹南和上西里西亚同志的明确反对,支持有利于重建波兰的民族主义决议)。此外,还有人要求将《工人事业报》迁往波兹南;有人希望亲近德国社会民主党,为此提议每年派代表参加德国党的代表大会(提议者显然还不清楚,这在特别组织那里是不允许的);最后,人们希望将来明确党对纲领的立场,因为现在的党被领导层的民族主义动摇弄得失去了方向,并要求在每次党代表大会后公布纲领。而党的领导层似乎想要从相反的方面解决代表会议面临的任务。他们唯一重要的提案是:将在伦敦代表大会上投票通过的关于民族压迫和其他压迫的著名决议——"代表大会宣布,它赞同各民族享有完全的自决权,它同情各个国家的工人"等等,等等——纳入爱尔福特纲领①。这个决议与爱尔福特纲领搭配在一起是多么怪异,在一份科学制定的纲领中突然随便加入一段社会民主主义的散文是多么怪异,这些同志显然没有考虑过。总之,这个提案证明,柏林的领导层一贯喜欢民族主义的愚蠢举动,因为上述决议在伦敦——这些同志居然相信,真奇怪——只不过是一个勉强通过的有利于波兰重建的决议。这样一种提议对当前可悲的事态显然没有丝毫帮助。

如果党的代表会议想要取得有益的成果,那就必须完全改变方式。它的任务建议如下:

第一,会议必须——与最后提到的那个提案完全相反——最终解决纲领问题,再次明确地,即没有任何附加条件地承认爱尔福特纲领。该纲领中本来就包含承认民族自决权的内容。此外,在其中插入伦敦决议的建议,即使从民族主义者的观点看,也是完全错误的,因为这个决议只是意味着按照政治文盲冯·德雷克②

---

① 在1891年10月14—20日于爱尔福特召开的德国社会民主党代表大会上,通过了马克思主义的党的纲领。——编者注

② 内务大臣埃·冯·德雷克男爵在1897年1—2月普鲁士上院的讨论期间驳回了波兰议员提出的关于政府的波兰政策的质询,并试图为波兰的民族压迫辩解。——编者注

的观点重建波兰。每个密切关注伦敦代表大会讨论的人都知道,恰恰就在通过这项决议时,另一个旨在重建波兰的提案在委员会已经被驳回。因此,按照伦敦代表大会的精神,波兰的代表会议更应结束民族主义的动摇。

第二,代表会议必须以与此前完全不同的方式来讨论工会组织的问题。一名波兰的执行委员会委员乘科隆党代表大会①公开讨论工会运动之机,在《前进报》上表示,在普属波兰只有政治性组织是可能的或受欢迎的。显然,这是一个彻头彻尾的错误。在现有的条件下,应迈出的第一步——恰恰是建立专业性组织。在上西里西亚建立这样一个组织对全德的矿工运动来说,甚至是一个生死攸关的问题。代表会议必须也将这个问题——在这方面应当怎么做,做什么——的讨论视为自己的首要任务之一。

第三,为了与各省取得更多的联系,《工人事业报》必须迁往波兹南或布雷斯劳,并且在现有人力允许的范围内,以适当方式改变报纸的性质。

第四,代表会议必须负责在上西里西亚定期制作并散发传单,由于不可能举行集会,传单在那里具有特别重要的意义。

如果波兰同志们的代表会议能够胜任上述任务,那么它——**但也只是在这种情况下**——作为从波兰运动目前的困境中向前迈出的一步就是值得欢迎的。

最后还要说明一点,即使在最顺利的情况下,我们也不能指望波兰的代表会议可以解决一切问题,而德国的同志也不允许像此前那样对整个运动漠不关心,只有物质支持是远远不够的。德国社会民主党不得受特别组织的狭隘观点所引导,而[必须]用建议和行动来支持波兰的运动,正如上次代表大会对勃兰登堡是必要的一样。德国方面必须有力地伸出援手,才能在接下来的政治斗争中指望普属波兰无产阶级的支持。对波兹南和上西里西亚来说,这是需要这次即将在郎根比劳召开的代表会议特别关心的。

1897 年 6 月 5、6 日《萨克森工人报》(德累斯顿)第 127、128 号

---

① 在德国社会民主党 1893 年 10 月 22—28 日在科隆召开的代表大会上,讨论的重点是党和工会的关系。改良主义的工会领导人试图使党从属于工会,这种企图遭到了坚决反对。大会表达了对工会运动的同情,并要求社会民主党必须加强工会组织。——编者注

俄国立陶宛各省①的社会民主主义运动②

逮捕。——罢工。——历史。——工会。——五一节。——党报

从维尔诺又传来消息说有人遭到**逮捕**。4 月中,密探拉斐尔胸部受了致命伤,被人发现,警察对**拉斐尔**的神秘死亡抓住不放,胡乱攻击立陶宛社会民主党,毫无理由地逮捕工人和所谓的知识分子。

但是,警察的暴行并没有动摇人心,运动继续平稳地向前发展,这时又发生了一系列罢工。5 月 12 日,卡尔工场的**鞋匠们**举行了罢工,5 月 14 日,马列夫斯基的鞋匠举行罢工,两次罢工都获得了成功。5 月 20 日,80 名**泥瓦匠**在修建一所房子时停工。同前两次罢工一样,要求提高工资,他们也达到了目的。6 月 9 日,梅基公司的**制革工人**开始罢工。这次罢工的起因是一名工人被无故开除。为了使企业主老爷们不再任意对不讨其喜欢的工人进行惩罚,被开除的工人的所有同事都停止了工作。6 月底,这位企业主就像在俄国习以为常的那样求助于警察。宪兵队长瓦西里耶夫**不分青红皂白**做了自己能做的一切,但无济于事。工人们打算将已经掀起的运动也用于提高工资的目的。里夫金公司的制革工人在 7 月份参加了罢工,两个星期之前,为在维尔诺进行**制革工人**(500 名工人)**总罢工**作好了准备。

为了使德国读者了解情况,我们想说明,上述消息完全引自用**波兰语**在立陶宛**基督教**工人中进行鼓动的社会民主党。十多年来,在立陶宛的**犹太**工人

---

① 指位于俄国西部的一个地区。——编者注

② 本文是匿名发表的。关于罗莎·卢森堡与立陶宛社会民主党国外代表阿·莫拉夫斯基(化名科灿)之间的联系和冲突的文献表明,罗莎·卢森堡是本文的作者。见阿·维斯尼斯卡斯:《罗莎·卢森堡的一篇新发现的文章》,载于《国际话语中的罗莎·卢森堡》第 97 页及以下几页。——编者注

中间一直存在社会民主主义运动,它几乎完全由说俄语或意第绪语的**俄国知识分子**领导。但是,90年代初,在从前不太受重视的立陶宛基督教波兰工人中独立兴起了社会主义运动。(城市居民都说意第绪语或波兰语,只有在农村还有人说真正的立陶宛语。)开始时,年轻的波兰—立陶宛运动在俄国当时非常流行的封闭的政治小“圈子”中开展,重点在于培养一些有觉悟的社会主义者,但是完全不考虑真正的群众运动、工会斗争和政治斗争。各个行业被排除在真正的阶级斗争之外,政治清谈非常盛行,在这种情况下,整个组织一度热衷于**民族主义**。但是不久,在立陶宛也刮起了清新的风。小圈子宣传的徒劳无获促使那里的社会主义者走上了一条新的道路:他们开始直接联系群众,唤醒和组织他们为自己的切身利益进行日常斗争,尤其是进行工会斗争,根据需要制定具体的与直接利益相关的政治纲领。另一方面,圣彼得堡大罢工[①]使所谓俄国极其僵化的民族主义论调终于失去人心。于是,立陶宛的组织开始实行社会民主主义的纲领,在俄罗斯帝国开展争取政治自由的斗争,而民族空想则被扔进了垃圾堆。

随着向群众性宣传鼓动的转变,立陶宛的党的活动开展得有声有色。他们给予**工会**极大的关注和支持;最重要的行业已经组织起来,而且成了样板。党的影响也扩大到女性无产者,扩大到洗衣女工和缝纫女工。做到这一切很不容易,因为要面对工业以手工业为主这个特点和组织的分散所造成的巨大困难。波兰社会民主党在立陶宛取得的重要的积极成就,主要包括在维尔诺实行的**铁路工厂星期六八小时工作日**。众所周知,在圣彼得堡罢工之后,马上向帝国所有企业发布了与此有关的敕令,但是这个敕令目前在立陶宛是一纸空文。社会民主党于1897年1月决定实行这个敕令。为此目的,铁路工厂的工人开始每个星期六工作八个小时之后就回家。管理部门对此不会听之任之,警察和宪兵自然前来相助,**将工人关在工厂车间里**,用暴力强迫他们继续工作。而被关在车间的工人们则静静地坐在那里,不去工作。每个星期六都是这样。党散发了激励斗争者的传单,而管理部门也用传单来回答。结果是

---

① 1896年6月8—30日,30 000名纺织工人在圣彼得堡举行罢工,反对克扣工资,要求缩短工作时间。罢工是俄国无产阶级广泛罢工运动的起点,在1897年取得了部分成功。——编者注

社会民主党获得了辉煌胜利,束手无策的警察只能采取逮捕措施,进行报复。

党在**最近两年**中领导了无数次**罢工**,几乎涉及所有行业和重要工厂。今年,部分鞋匠、木匠、锁匠、裁缝和砖厂工人**以停工**庆祝**五一节**,这在立陶宛是第一次!在砖厂,警察**到住所去寻找这些工人**,用暴力驱赶他们去工作。然而他们在更衣等等时慢慢吞吞,当他们全部到达砖厂时已经是晚上6点,气急败坏的工厂主自然又把他们打发回家。党在五一节晚上也举行了集会,发表了合乎时势的演讲,尤其着重强调了斗争的**政治**目标。

3月底以来,波兰社会民主党在立陶宛出版了一份自己的胶版印刷的**党报《工人生活回声报》**。报纸编辑得巧妙灵活,热情活泼,还刊登了富于讽刺意味的插图。《回声报》第五期刚刚出版。在出版报纸的不长时间里,社会民主党做了很多工作。最近被人憎恨的密探**拉斐尔**神秘死亡,使立陶宛政府机关非常清楚地感到,最好不要去过分惹恼工人运动。

目前,逮捕与制革工人罢工在党的生活中占据了重要地位。不久将会有关于这两个事件的详细消息。

波兰民族主义已经失去在立陶宛工人运动中的影响,因此,民族主义者只能报道宪兵与工人之间的纯文学对话和类似的故事,而不能报道运动中的事实,他们也能在《维也纳工人报》这样纯粹地道的工人报纸上刊登这类东西,人们反正不了解俄国情况。①

1897年9月25日《萨克森工人报》(德累斯顿)第222号

---

① 阿·莫拉夫斯基反对罗莎·卢森堡将立陶宛社会民主党的活动描述为波兰社会民主主义运动的一部分。她没有在《萨克森工人报》上发表反驳声明,而是在《社会主义月刊》上发表《波兰的社会主义》一文,她在文中写道:"华沙**犹太**无产阶级完全独立地开展了社会民主主义运动。在立陶宛,也完全独立地组成了**立陶宛社会民主党**,他们用立陶宛语和波兰语进行鼓动,组织一系列的工会,并出版了胶版印刷的党报"(本卷第111页)。——编者注

波兰的社会主义

　　波兰国家三个部分①的社会和政治条件极为不同,所以各个部分的社会主义运动的历史和形式也都各不相同。尽管十分缺乏公开而有力地开展阶级斗争的政治条件,但是,社会主义恰恰在**俄属波兰**最受关注,在社会主义运动的发展过程中表现为最独立、最有特点的波兰工人运动。因为在普属波兰和加利西亚,波兰的无产阶级依然只是吸收德国以及奥地利工人运动发展的理论和实践成果,而会议桌上的波兰②的社会主义者则必须通过自己的经验积累,悉心整理明确的社会民主主义观点,同时宁愿以俄国工人运动为榜样,借用他们的斗争武器。

　　俄属波兰的社会主义思想表现为三种不同的形式:**布朗基主义**、**社会民主主义**和**社会爱国主义**。——第一个流派在 1877 年就在华沙的大学生青年中开始的社会主义讨论过程中逐渐形成,1882 年作为社会革命党的"**无产阶级**"③登上政治舞台。这是第一个重要的社会主义组织,它领导波兰运动多年。该组织的形式由两个不同的因素决定:一方面受享有盛名的俄国恐怖主

---

① 1772、1793 和 1795 年波兰被三次瓜分的结果是,西部地区归普鲁士,加利西亚归奥地利,而会议桌上的波兰则于 1815 年与俄国组成君合国。——编者注

② 1815 年由维也纳会议建立的波兰王国被称为会议桌上的波兰。它一直存在到 1915 年,实行合一君主制,俄国沙皇也就是波兰国王。——编者注

③ 1882 年路·瓦棱斯基建立了波兰王国第一个社会革命的工人党,这个党被称为"第一无产阶级"或"大无产阶级"。1886 年在大搜捕浪潮中被镇压。1888 年马尔钦·卡斯普沙克建立了"第二无产阶级"党或称"小无产阶级"党,该党的活动至 1893 年为止。——编者注

义政党"民意党①"的影响,另一方面受西欧工人运动的影响。80年代的波兰社会主义者从西欧工人运动那里接受了《共产党宣言》的总则部分,尽管他们的理解是片面的。无产阶级和资产阶级的物质利益的对立、资本主义制度作为社会主义变革的客观先决条件,以及工人阶级实现这种变革的历史使命,成了该党的教条。这足够赋予运动以明显社会主义的,突出的阶级特征。波兰政党"无产阶级"和它的盟友俄国的"民意党"之间的区别就在这里,"民意党"将自己社会主义的未来理想寄托于有产的农民阶级,以为能够使原始的农民公有制变成俄国新社会制度的起点。

然而,关于资本主义经济发展趋势的一般观点,还不足以勾画该党的行进路线图,还必须理解工人阶级在资本主义制度的政治发展中的**积极**作用。但恰恰在这方面,该党不是立足于西欧的运动,而是立足于"民意党",而"民意党"认为,革命的少数派的密谋是夺取国家机器的手段,并依靠人民开始进行社会革命,但是将恐怖主义视为准备密谋活动的主要手段。"无产阶级"党也认为,他们的直接任务不是从沙皇制度下实现宪法自由——相反,他们嘲讽"资产阶级的"宪政自由主义是虎头蛇尾——,而是工人阶级的专政,并在专制制度下直接争取社会革命。尽管该党的书面纲领自觉列举了所有的民主要求,但这些要求不是用作工人阶级日常斗争的准则,而是用作未来革命政府的过渡性措施。因此,这些社会主义者的出发点,不是形成"反对党,而是形成未来占统治地位的党"。

因此,波兰的社会革命党"无产阶级"是没有政治纲领的西欧社会民主党,同时也是没有农民公社理论的俄国"民意党",是嫁接在马克思主义阶级斗争学说上的布朗基密谋理论。从这里可以看出"无产阶级"的全部实践活动。

由于缺少直接的政治纲领和社会政治纲领,所以该党不可能吸引工人群

---

① 民意党是俄国土地和自由社分裂后产生的革命民粹派组织,于1879年8月建立。主要领导人是安·伊·热里雅鲍夫、亚·德·米哈伊洛夫、米·费·弗罗连柯、尼·亚·莫罗佐夫、维·尼·菲格涅尔、亚·亚·克维亚特科夫斯基、索·李·佩罗夫斯卡娅等。该党主张推翻专制制度,在其纲领中提出了广泛的民主改革的要求,如召开立宪会议,实现普选权,设置常设人民代表机关,实行言论、信仰、出版、集会等自由和广泛的公社自治,给人民以土地,给被压迫民族以自决权,用人民武装代替常备军等。——编者注

众——无产阶级作为阶级参加斗争。密谋活动绝不适合群众,它总是以群众的名义把这种活动交给一小撮革命的维护者手中。如果群众自愿登上舞台,那么该党只能以自己狭隘的宗派教条——"社会革命"相敷衍,不能给群众提供任何更实际、更有用的东西。该党指责工会斗争是无用的,认为只有能造成血腥结果的罢工才具有革命的意义。鉴于此,运动必然带有宗派性质,并局限于宣扬一般的社会主义原则和恐怖主义的秘密团体的狭隘范围。

但是,另一方面,布朗基主义的策略只考虑国家机器各个**中心**。在充满市侩气息的小城市发起政变——正如莫泊桑在《决斗》中风趣表述的——将是闹剧。当然,俄国没有发生政变。但是,"民意党"的恐怖主义,要瓦解国家机器,也只有在掌控国家政府的首都,在彼得堡才有用。因此,在波兰,虽然"无产阶级"与"民意党"在 1889 年结成了正式的行动联盟,但那里保留的不是恐怖主义——该党出于自卫杀死两名叛徒①一案撇开不谈——而是仅在宣扬恐怖主义和密谋者处理外部组织杂务时保留的"各级委员会","一级和二级代理人",等等。

然而,我们,用恩格斯的话说,听凭那些政治上的小商人去琢磨波兰社会主义创始人的"可笑的幻想"②,为自己清醒的思维方式沾沾自喜。其实,"无产阶级"党已经为波兰工人阶级的事业作出了巨大贡献。它首先以一个宗派的全部无畏和果敢,宣告波兰工人阶级与资产阶级社会的利益对立,全力以赴地进行政治斗争,虽然不清楚政治斗争的正面目标;它通过大量的传单、宣传册、社会主义杂志和自己于 1883 年和 1884 年在华沙的秘密印刷所创办的刊物③唤醒了工人阶级,同样,通过 1885 年轰动一时的社会党人审判案,使资产阶级的波兰和沙皇政府对红色幽灵产生了应有的恐惧。

然而,"无产阶级"党对波兰工人阶级最持久的贡献,是在民族问题上的明确表态。民族问题是波兰社会主义者研究的第一个课题,这并非偶然。波兰工人不能参加政治斗争,不能对政府表明任何态度——因为政府是外来的

---

① 1883 年根据"无产阶级"党中央委员会的决定,在兹盖日处决了弗·海尔斯泽尔和斯雷姆斯基,在华沙处决了斯克雷茨斯基。——编者注

② 见《马克思恩格斯文集》第 1 卷第 57 页。——编者注

③ 指"第一无产阶级"党出版的刊物《无产阶级》。——编者注

政府——，当然也不能与这个事实上的外来统治有任何关系。此外，社会主义者还必须与在这个政治社会作祟的民族传统作斗争。"无产阶级"党的创始人早在有自己的党组织之前，就已在工人运动和民族主义之间作了了断。"无产阶级"党后继的创始人和精神领袖瓦棱斯基在 1881 年写道："提出这样一个纲领，不管清楚与否，对于主义者在活动中必须考虑的任务，清晰或模糊地对于波兰所有三个部分，对于其中的每一个单独部分也好，对社会党人在其活动中必须考虑的那些任务都是**有害的**。社会党人为资本的日常斗争提出直接的政治纲领，目的不是'重建波兰'，而是扩大无产阶级的政治权利，为群众组织与资产阶级这个政治和社会的阶级进行斗争提供方便。"这样，波兰问题在理论上虽然尚未解决，但社会主义者针对这个问题的实际态度已经表达得极为清晰。

这段引文的末尾所反映的瓦棱斯基关于政治斗争的社会民主主义观点，对于他这个波兰社会主义运动可以证明的最智慧人物来说是典型的。可惜这种观点在"无产阶级"党内没有再发挥作用，而运动——上面已经说过——全面接受布朗基主义的影响。然而，"无产阶级"党千方百计反对民族主义，并且始终认为，所谓民族主义的追求就是那些只能使工人阶级偏离其实际目标的追求。

1883 年和 1884 年，党的中坚力量被捕。1885 年，著名的社会党人审判案在华沙军事法庭进行审理，当时"无产阶级"党的 21 名党员被判 6—20 年的强制劳役，4 名党员——库尼茨基、巴多夫斯基、奥索夫斯基和彼得鲁辛斯基——被判处绞刑，英勇就义。运动的灵魂瓦棱斯基被判处 16 年强制劳役，被关押在施吕瑟尔堡要塞，在那里他不堪病痛的折磨而告别人世。1885 年审判案之后，运动名存实亡：幸存的党员自 1889 年起逐渐走向社会民主主义的道路，而流亡国外的前"无产阶级"党员则于 1893 年皈依社会民族主义。

社会主义鼓动只要不超出秘密的小团体，波兰的工人运动实际上便无从谈起，而寻找深层次的社会原因来解释当时任何一种社会主义思想，都是做无用功。但是，1888 年，社会主义者的观念开始复苏，也就是受到了工人群众自发兴起的运动的强烈推动。"民意党"与沙皇制度的暴力斗争步步后退，80 年代下半期，"无产阶级"党的恐怖主义宣传也随之失灵，它寄予直接爆发社会革命的希望也随之落空,同时,波兰的资本主义在被80%—100%的红利陶醉之后,首次遭受挫折;它收敛了一段时间,解雇了大量"剩余"的工人,使他们变成了赤贫。而被赶出去的劳动力——作为阶级斗争的幽灵——像班柯①的灵魂一样回来了。我们这次说的不是社会主义者的秘密鼓动,而是在光天化日之下激烈爆发的工会工人的斗争。1885年,即将到来的暴风雨发出了第一声雷鸣——华沙的失业者示威游行,随后,1887年和1888年爆发了一系列自发的罢工。社会主义者已经明确地知道,"工人阶级的解放应该是工人阶级自己的事业"②——鉴于社会革命的时机,人们常说的这句话——还有一个完全不同的意义:只有工人阶级在为眼前利益而进行的日常斗争中的活动本身,能够教育工人阶级,在最终的解放时刻发挥自己的作用。现在已经与以人民的**名义**行事的密谋者的理论实行决裂,"大声朗诵,齐声合唱"的时刻已经到来。新一代社会主义者站在工会运动的前列,以便根据群众的物质需求及其与资本优势的日常冲突,向劳动人民说明他们的阶级利益。

一个社会主义的工人小组开了一个头,它于1889年灵机一动,想设立一个总的罢工基金,为罢工者提供帮助。这个想法很快就变成工会运动的重点,而社会主义者掌握了对群众的领导权。他们站在斗争的前列,提出了斗争的切实可行的目标;他们取得的一个成果就是认识到,专制制度是阶级斗争的巨大障碍,不能直接以社会革命为目标,而是必须首先争取一部政治宪法。在波兰,**改善物质状况**、**劳工保护和政治自由**首次成为口号。在社会民主主义的基础上建立一个新的政党花了一年的时间。1890年成立了**波兰工人同盟**,这是社会民主党1893年以前的称呼,在华沙、罗兹、日拉尔杜夫已经有成千上万的拥护者。党通过工会斗争越来越广泛地接触群众,并利用这种接触成立秘密的教育、宣传和鼓动小组。1887年起,波兰的工业有了新的发展,这确保工人斗争在工会组织下取得一系列胜利,并促进了社会民主党的发展。继华沙后,

---

① 班柯——莎士比亚的悲剧《麦克佩斯》中的人物。他被麦克佩斯下令杀死,他死后鬼魂显灵,使麦克佩斯暴露自己的罪行。——编者注

② "鉴于:工人阶级的解放应该由工人阶级自己去争取……"(《马克思恩格斯文集》第3卷第226页)——编者注

在罗兹也设立了罢工基金。正式的罢工热①席卷全国,工人阶级的热情普遍高涨,在这一年所做的社会主义的鼓动工作比"无产阶级"党的互不联系的宣传小组八年所做的还要多。1889—1892 年是波兰无产阶级斗争的一个真正的春天,阶级意识生根发芽;这种激情在 1892 年 5 月罗兹的 80 000 名工人总罢工中达到了高潮。

但是,最能唤醒波兰无产阶级的是**五一节庆祝活动**。对群众来说,第一次有办法在专制制度下,以和平的方式进行政治活动。社会民主同盟很善于利用这一点。1890 年,约有 10 000 名工人停工庆祝,1891 年有 25 000—30 000人,1892 年,仅在罗兹就有 80 000 人庆祝。(五一节庆祝活动是普遍罢工的信号)在每次庆祝活动中,除了八小时工作日外,消灭专制制度和政治自由是五一节传单的口号。

可见,这是同盟首次吸收工人阶级参加斗争,为他们提出直接的政治纲领,创建工会组织,通过五一节庆祝活动发动政治性的群众运动,并使阶级斗争在波兰成为事实。同盟的创始人是两个纯朴的工人,钳工**让·雷德**和排字工**维尔科谢夫斯基**——两人都死于无产者病,这是长期被监禁的结果。1891年底,沙皇政府开始对同盟进行无限制的攻讦,并持续整个 1892 年。运动因此一度瘫痪,但只是短暂间歇后又重整旗鼓。1893 年,同盟与"无产阶级"党的残余——他们 1890 年起独立开展社会民主主义的活动,设立了自己的罢工基金,积极参加五月节示威游行——联合为一个党。② 该党在经过民族主义分子(必须将其清除出党)引起的短期内部摩擦之后,于 1893 年 7 月定名**俄属波兰社会民主党**。运动又阔步前进。

波兰工人同盟在四年中完成了社会民主主义斗争的实践,俄属波兰社会民主党面临的任务是在原则和理论的方面发展提高。党的文献和 1894 年 3

---

① 从 1890 年 5 月 1 日起,罢工运动的规模日益扩大,华沙的金属加工业和化学工业、罗兹的纺织工业、栋布罗瓦的煤炭和冶金工业以及齐拉尔多夫的织造业等等的大多数部门都参加了罢工。1892 年 5 月 5 日约有 80 000 名罢工者参加了罗兹暴动,使罢工运动达到了高潮。——编者注

② 列·维尼亚尔斯基(《新时代》第 10 年卷第 1 卷《俄属波兰的社会主义》)在描述"无产阶级"党的性质时似乎只关注它的活动的最后时期,并且从这个角度以偏概全。但这是不符合实际的,90 年代的"无产阶级"党已经完全超越了他们以前的纲领。——作者注

月10—11日在华沙第一次召开的秘密党代表大会(彻底讨论了纲领问题)有助于它完成这个任务。

政治纲领和**民族问题**是这两个流派都关注的重点。两个流派都否定民族问题,都反对将重建波兰作为工人阶级的纲领。但它们之间的差别很大。"无产阶级"党期望通过"社会革命"实现普遍解放,认为民族斗争根本是多余的。这些波兰的空想主义者与德国的空想主义者"真正的"卡尔·格律恩的观点一样,后者说:"人类的自由会有的,但不会是波兰人的。如果能够拥有全部,还要这个限制干什么?"[1]社会民主党不是在自己对未来的千年王国的理解中,不是在自己的头脑中,而是在波兰自身的社会条件中寻找解决波兰问题的办法。他们发现,波兰资本主义发展已经解决波兰问题,即在**消极**的意义上解决的,因为波兰由于资本主义生产和交换关系与俄国捆绑在一起,而对波兰统治阶级来说,依附于俄国是他们的生存条件,所以现在他们已经成为波兰外来统治的稳固支柱。因此,通过无产阶级的力量将波兰重建为一个阶级国家的努力,不仅是**多余**的,而且是不可行的,是**空想**的。

社会民主党也是根据同一个过程提出了波兰工人阶级**积极的**政治纲领。波兰的资本主义发展使波兰经济上与俄国融为一体,结果也在另一方面逐步削弱了俄国的专制政权。而对工人阶级来说,**不可能**使波兰的民族解放**挡住**资本主义发展的洪流;同样,它的直接的阶级使命是与俄国工人阶级联合起来,去争取包括波兰的自治自由在内的俄罗斯帝国的宪法自由。

波兰工人同盟从一开始就将政治自由列为纲领要求,并因此干脆摒弃民族主义;现在,俄属波兰社会民主党,对这个纲领作了科学**论证**,也就是基于对波兰社会发展的同样的分析摒弃了民族主义的纲领。此外,俄属波兰社会民主党做得比同盟更出色的,也是明确强调**政治**斗争,而同盟第一次面对毫无准备的群众,迫不得已只能主要强调**经济**方面。然而,社会民主党不仅没有忽视工会斗争,甚至还于1894年以正规的专业团体的形式有了更加稳固的组织,不像同盟那样只有两个总的罢工基金和专业组织的萌芽。自1893年起,社会民主党还加强了**社会主义**鼓动,使党的活动的原则性更加鲜明。五一节庆祝

---

① 卡·格律恩《法兰西和比利时的社会运动》1845年达姆施塔特版第72页。——编者注

活动从来没有像1894年这样带有如此清晰的社会主义印记,这一年有15 000名工人罢工。

1894年底,沙皇政府开始疯狂地迫害社会民主党人。200多人被捕,接受了无穷无尽的调查。几个月前才在彼得堡对他们作出判决。许多人跑到东西伯利亚和西西伯利亚,一些人被处以五年的流放,另外一些人根本就没等到判决,就直接死在了监狱。而波兰社会主义者坐牢和早逝已经是家常便饭。运动再度衰弱了很长一段时间,仿佛经过两三年的活跃活动之后总要规律性地出现一次衰弱似的。但幸运的是,这种规律性也说明,在专制制度下每次退潮之后总能再度迎来涨潮。运动的火焰在一些层面上看似渐渐熄灭,而在另一些层面上则烽烟再起。过去的一年半成果喜人:华沙**犹太**无产阶级完全独立地开展了社会民主主义运动。在立陶宛,也完全独立地组成了**立陶宛社会民主党**,他们用立陶宛语和波兰语进行鼓动,组织一系列的工会,并出版了胶版印刷的党报。

波兰社会主义思想的第三个派别——"**社会爱国主义**"是最年轻的:它于1893年成立,名为波兰社会党。当然,社会民族主义的纲领——前面已经说过——早在80年代就出现了,当时遭到了瓦棱斯基及其拥护者的毁灭性批判。然而,才进入1893年,就有人试图将重建波兰表述为工人的一项特殊**阶级利益**,也就是突发奇想,认为俄国的社会落后,所以一个可能独立的波兰可能争取的宪法会比可能的俄国宪法更民主,因而对工人阶级来说也更有利。我作为这个流派的反对者,觉得没有资格在这里汇报他们的活动和凭借上述论据在波兰取得的实际成果;因此,仅限于简单描述社会民主党与它之间的关系的特征。

社会民主党本来就没有必要特别研究这种幼稚的无理要求,即要求波兰无产阶级依靠自己的力量,断绝与三个波兰资产阶级和三个附属政府的关系,凭借自己的努力,废除一切阶级国家,自己首先建立一个新的阶级国家。由于历史过程是它自身矛盾的逻辑发展,而不是某一个纲领的矛盾的逻辑发展,所以可以安心地让历史去跟最新的民族主义空想算账。但这种要求在实践上会产生非常严重的后果。社会爱国主义的全部最低纲领——无论是政治要求还是劳工保护的要求——是指首先要建立波兰国家;这个纲领**原则上**反对向沙皇俄国提出民主的要求。因此有必要认真分析这个纲领,并揭示隐藏在社会民族主义者的愿望中、而他们自己也不知道的社会内核。

　　资本主义的发展日益将波兰与俄国捆绑在一起,使以前民族自由的捍卫者、贵族和天主教僧侣同资产阶级一起成了外来统治的堡垒,此后,只能认为,民族主义是波兰那些被资本主义进程消灭的阶层——没落的小资产阶级——的不满情绪的意识形态表达。因此,从社会爱国主义者的社会特征看,他们的愿望无非就是无意识地模仿小资产阶级的空想主义。社会爱国主义者表面上掌握了社会民主主义的术语,深信马克思和恩格斯,侈谈阶级利益、阶级斗争、资本主义发展。但是在这种革命的外表下露出来的是小资产阶级反动的马脚,是**反对**资本主义的发展,是那个本身软弱无力的阶层的利益,他们无力在自己的旗帜下捍卫自身利益。

　　其实,社会爱国主义想在独立的波兰国家中追求民主自由。但是,这个国家本身并不存在,所以它的政治实践可以归结为全盘否定包括波兰在内现存国家的政治斗争,归结为反对在专制主义的俄国争取宪法自由的斗争。反动派的空想——纲领反映了它的社会基础和实践——每天都遭到革命现实的迎头痛击:波兰小资产阶级越来越严重的社会分化,俄国工人阶级最近几年出色开展的斗争,同时削弱了那个产生波兰的民族空想的阶层,打破了关于俄国政治僵化的幻想,而反动派的空想的主要论据就是源自这种幻想。

　　在奥属波兰,1890 年开始了社会民主主义的群众运动,五一节庆祝活动在加利西亚以及整个奥地利是取得选举权以前最重要的政治斗争武器,是每年数万名工人参与的原因。我们主要想提醒读者注意波兰社会主义的**思想工作**,所以在这里不能详细探讨加利西亚运动的**实践的**一面。至于加利西亚社会民主党的纲领和策略,那么,它与整个奥地利党采取共同的立场,像奥地利其他民族的政党一样,成为奥地利党的一部分。它有许多组织严密的工会,多家党的机关刊物,甚至是最强大的波兰社会主义运动。它在上次帝国国会选举中的胜利依然令人记忆犹新。

　　在普属波兰,在德国社会民主党的积极参与下,1890 年同样开始了有组织的运动。波兰社会民主党在成立后不久就以爱尔福特纲领[①]为基础。在

---

① 　在 1891 年 10 月 14—20 日于爱尔福特召开的德国社会民主党代表大会上,通过了马克思主义的党的纲领。——编者注

1893 年的帝国国会选举中,党的候选人获得了 6 295 张选票。波兰社会民主党不得不在极为艰难的条件下开展活动,因为一方面,**普属波兰**各省落后的社会条件;另一方面,警察的野蛮行径给它制造了巨大障碍。①

1897 年《社会主义月刊》(柏林)第 1 年卷第 10 期第 547—556 页

---

① 在这里,我们不得不提到根据社会民族主义的观点匿名出版的《波兰社会主义运动史》(施特格曼博士和胡果博士的社会主义手册)。其中——为了抹杀波兰工人社会民主同盟的功绩——将俄属波兰开展工会运动的第一次尝试挪到了根本没有开展运动的波兰社会主义的前史时期。此外,为了隐瞒同盟反民族主义的政治纲领,就否认纲领的每一个政治特征。老"无产阶级"党反对民族主义的原则立场被归结为一时的权宜之计,并为此目的,模糊"无产阶级"党的整个原则形象。最后,作者让这两个反民族主义的党派——"无产阶级"党和同盟——联合成一个社会民族主义政党,这样一来,这个社会民族主义政党有幸成为波兰社会主义 15 年发展的令人欣喜的结果。总之,整部历史写得很真实,如果非要让米凯尔撰写 40 年代的德国社会主义史,那么,他也会这么真实地将普鲁士财政部描述成德国共产主义者同盟的直接继续。——作者注

逐 步 前 进[①]

论波兰资产阶级的历史

  沙皇访问[②]华沙以来已经几周时间过去了,而波兰和俄国报刊激动的浪潮还没有消退。"一个历史的转折点"、"一个新时期"、"波兰历史上新的一页",形形色色的机关刊物都对沙皇这几天在华沙的访问发出这样的惊叹。小资产阶级的民族主义阵营受到的震惊最大——人们感觉波兰要发生重要的事情,而且面对这些事情时完全不知所措又群龙无首。乍看之下这种喧器真的难以理解。发生什么事情了? 俄国在波兰的暴政采取了新的方针?最近的俄罗斯化法令作出了充分的回答。资产阶级波兰的忠诚意味着"新时期"吗? 出席最近一次沙皇加冕典礼的华沙的代表们向我们愤怒地谈到了俄国人让人没齿难忘的行为。还有这一次:民意—神意。事实上,波兰正在进入政治生活的一个新时期。只是不能用日常现象的狭隘眼光来看待事件的本质和意义;自俄国兼并以来,从波兰的整个政治发展的角度看,新时期的轮廓已经清晰可见。

---

① 我们不完全赞同作者的观点,我们对波兰民族的生命力的评价比她更高。我们已经在1895—1896年《新时代》第14年卷第2卷发表的文章《波兰灭亡了吗?》(第484页及以下几页,第513页及以下几页)中分析了我们的观点与她的观点之间的对立。但我们认为不可否认的是,波兰民族思想的基础已经发生彻底的变化,传统的民族政策已经过时。不管人们对卢森堡小姐的观点作怎样的思考,但无论如何她的著作都十分有助于对这个过程的考察和理解。

  当然,《新时代》也发表了不代表编辑部观点的文章,编辑部保证每一个撰稿人都有充分发表意见的自由,只要这些意见有根有据,而且适合于推进我们的事业。我们认为,在这里没有必要再一次特别强调这一点。要是我们的一些波兰朋友在民族事务上不十分敏感,那就好了,当然这对一个被压迫的、为生存而斗争的民族成员来说是完全可以理解的。——编者注

② 1897年8月30日,俄国沙皇尼古拉二世到华沙观摩军事演习。——编者注

114

一

　　民族主义的历史编纂学家把在会议桌上的波兰①建立现代工业的荣誉归于波兰的自治政府,并将这个政府把资产阶级发展的福祉洒向全国的行动,称为拯救祖国的行动;如果爱国主义的历史编纂学家能更好地理解波兰的历史,特别是资产阶级在历史上所起的作用,那他们就放心地把培育现代工业的功劳让给受之无愧的俄国政府。波兰的资产阶级是将波兰与俄国捆绑在一起的意念所变成的血肉。

　　那时,沙皇敕令(1815—1830)②将外国的手工业者诱骗到波兰,打破旧贵族秩序,才得以创造现代工业的首要条件;那时,公开的变节分子、俄国的仆人和波兰的大地主,作为会议桌上的波兰的自治政府与俄国极为一致地同意发展大工业。最后,俄国为暴力和背叛的私生子提供了第一批乳汁:在最初的十多年中,俄国的销售市场确保了波兰工业的整个存在。

　　这个孩子没有否认自己的出身。波兰工业成了向俄国出口的工业,当时波兰还没有建立自己的内部市场,而波兰的资产阶级则成了波兰与俄国融合的代表,以后很久,他们才成为波兰内部社会生活的一个重要因素。他们的第一声啼哭是:滚开,波兰的完整! 滚开,波兰与俄国之间的关税边界! "波兰属于俄国,两国构成一个唯一的整体。"③而俄国在1831年像回声一样重复道:波兰人想要独立? "没有海港,他们能成什么气候;没有俄国的销售市场,他们的工业怎么办?"④在起义被镇压之后⑤,坎克林的贸易保护主义派

────────────

①　见本卷第45页脚注①。——编者注
②　见本卷第133—136页。——编者注
③　波兰财政部长卢贝茨基于1826年向俄国政府提出了有关波兰工业利益的申请。见洛基申斯基《波兰关税税则的历史》1886年圣彼得堡版第220页。——作者注
④　这是尼古拉一世对耶齐尔斯基伯爵说的话。见1831年2月9日《信使报》第54号。——作者注
⑤　1830年11月29日在华沙爆发的军人暴动演变成一场反对沙皇外来统治的人民起义。1831年9月7日沙皇军队占领华沙,镇压了起义。——编者注

利用尼古拉一世的莫名之火,提高了俄国对波兰的关税税率,①导致波兰向俄国的工业出口迅速下降,但不久以后的 1833 年,给予优惠的沙皇敕令不断下达,并于 1851 年彻底消除了关税壁垒,"主要是出于**政治**性质的动机,……政府在寻找能使波兰和俄国稳定团结的方法。"②资产阶级作为俄国和波兰之间的纽带的历史使命,无论对资产阶级,还是对俄国,从一开始就是明确的。

然而在 19 世纪上半叶,俄国在波兰的统治一开始并没有依靠资产阶级。在自然经济的波兰,低级生产形式的代表,资产阶级在人民中没有任何追随者,因为他们都是从国外被诱惑来的,并得到政府器重;他们本身其实是一群形形色色的来自各个国家的不可靠的存在:破产的德国手工业者、放高利贷的犹太人、碰运气的荷兰人、比利时的"产业天才"、出身可疑的波兰冒险家——这些所谓的资产阶级没有历史和传统,人生地不熟,在全国受到歧视,直到 60 年代在贵族的波兰都起不到任何作用。农民改革③以前,波兰依然是**贵族的**。

资产阶级体现的是对俄国的依赖关系和无国籍;在自己的土地上、在自己的庄园生活的贵族体现的是波兰的完整和独立。支持贵族的是天主教教权派和城市小资产阶级,贵族控制着这个国家的精神生活和政治生活。广大贵族对农民阶级的统治面临俄国政府阴谋的威胁,面临俄国扶持的资产阶级制度的威胁,他们被迫成为反对派。在现有的条件下,他们内部的阶级斗争必然采取反对俄国沙皇制度的民族斗争的形式。而整个波兰的精神生活都受到了分裂主义思想的深刻影响。

贵族和资产阶级在各个方面都势不两立。对资产阶级来说,与俄国的融合和消灭贵族的自然经济,是其发展的积极和消极的前提。对贵族来说,资产阶级的每一步发展都意味着他们物质上和政治上的毁灭。贵族在 1831 年喊

---

① 叶·弗·坎克林 1823—1844 年是俄国财政大臣,在关税政策方面主张贸易保护主义,要求通过贸易保护来弥补封建国家预算中的周期性赤字,从而抵制资本主义工业的发展。——编者注

② 洛基申斯基《波兰关税税则的历史》1886 年圣彼得堡版第 245 页。——编者注

③ 沙皇政府被迫于 1864 年 3 月 2 日废除波兰的农奴制,从而保证了波兰农民在 1863—1864 年的斗争中赢得的权利。——编者注

道："尼古拉一世努力向我们保证过的物质繁荣,它在哪里？辉煌的华沙只能更加明显地衬托出地方的贫困。……人民群众中的农民在各种负担的重压下崩溃,取代他们的是一个得到政府支持的工厂主的特权阶级！"[1]23 年后,贵族惊恐地喊道："我们生活在这样一个时代,我们不知道我们的子女还会不会有仆人,或者他们自己会不会成为仆人。……"[2]

而事实上,如果外来侵略者——资产阶级,成为波兰的主人,那么波兰的旧主——贵族,就必然降格为仆人。但是,直到贵族最终垮台,直到他们被俄国的刺刀刺杀倒地,波兰的资产阶级必然在阴影下生活。

二

俄国政府砍倒了贵族民族主义的大树——波兰的领导权就像成熟的果实落到了资产阶级的怀抱。

1864 年的农民改革、从此引入的货币经济和波兰产品在俄国开辟的大市场,为工业成为主要的生产形式、资产阶级成为波兰的领导阶级创造了前提。现在这伙在数量上和物质上得到加强、但仍然是半生不熟的家伙,已经有资格组成定调的阶级,并作为阶级提出一个能够团结其他阶级的纲领。

但是,资产阶级不能公开展示他们真正的阶级纲领——直截了当地坚持俄国的统治。迄今的领导阶级的全部世界观虽然都遭到了惨痛的失败,而贵族已经准备听天由命,但是记忆犹新,他们斗争的回声还在余音缭绕,而社会迄今的全部意识形态不能一下子被抛弃。因此,对资产阶级来说,在他们表达资产阶级的现实的时候,同时必须兼顾贵族的理想,也就是提出一个纲领,其中既要形式上表示继续进行民族斗争,同时又要为与俄国和解铺平道路,这个纲领既要表达一个被压迫社会的理想需要,同时又要宣扬对纯利润的崇拜,简而言之,要能够将民族的独立和俄国的兼并结合在一起。

求这个圆的政治面积的方法已经找到:70 年代公布了一个所谓的**有一定**

---

[1]　1831 年 3 月 20 日《信使报》第 93 号。——编者注

[2]　K. 科兹米安《回忆录》1865 年克拉科夫版第 3 卷第 623 页。——编者注

重要性的或基础的劳动纲领①。为民族独立而进行武装斗争——新的学说认为——不会有任何结果,而且只会给国家造成损害。国家必须服从,因为它软弱而不统一。波兰只有走一条新的道路才能得救。目前,我们必须在物质上和精神上想办法,协调民族内部的统一:民族的财富、教育、各阶级的和解——这是下一个目标。但是,"社会机体"的健康只是所有器官和细胞正常运转的简单结果。因此,每一个"社会器官"——不管是商人还是医生,农民还是作家,律师还是教师——都在自己的领域和平地劳动,而波兰的物质的和民族文化的重生,它的政治重生的首要条件,是自行产生的。

纲领的最终目标——波兰的真正独立——从一开始就不断改变,这个目标的实现,每个人都可以根据自己的情况和性情,任意设想为在不久的将来或遥遥无期。为此,直接任务在纲领中的表述越来越清晰、越来越明确。其核心是,建议在经济和文化领域和平地工作,而不是进行民族的武装斗争;建议个人在本行业从事与世无争的活动,而不是服从一个民族或一个阶级的统一的政治意志。这是植入民族纲领中的曼彻斯特主义,政治上的通行证,在拯救祖国过程中的自由竞争。这种自由竞争在 70 年代波兰的具体条件下无非就是资产阶级的自由竞争,就是资本主义。但现在看来,发展资本主义本身就是使波兰重生的手段。纲领的结论是完全放弃任何政治行动,而且是为了政治解放而宣告放弃的。结果是与俄国统治的和解,而这个和解的目的据说是波兰的独立。

这个"有一定重要性的劳动"的学说就像咒语一样把社会从僵化中解救出来,当时由于僵化,社会在 70 年代的突变②结束后的第一时间,还处在祭坛和众神的废墟之中。后来,人们不顾压迫者的残酷镇压,又找到了一种模式,

---

① "有一定重要性的劳动纲领"于 1876 年 7 月由知识分子和自由派资产阶级的代表公布。(有一定重要性的,原文是"organisch",意为"有机的",或"器官的"。每一个人都是社会的一个器官,而每一个器官在社会上发挥的作用不一样,比如贵族原来是社会的主宰,但时代变了,他们在社会上扮演的角色也变了,但还没有失去他们的全部作用,在某些方面还起着一定的作用。)——编者注

② 1860—1861 年的农民起义浪潮导致 1863 年 1 月 22 日在波兰王国、立陶宛、白俄罗斯和乌克兰部分地区的人民起义,这次起义由于没有全国性的领导机构而于 1863—1864 年遭到血腥镇压。——编者注

同时找到了一个为资产阶级发展大开方便之门的理想借口。贵族可以安心地与资产阶级的利益一起接受俄国的枷锁，因为二者现在都贴上了"为了祖国"的标签。知识分子可以献身于现在叫作"民族文化工作"的自由职业。这种"基础性工作"，也就是教育农民阶级，遏制了"不安分子"的行动渴望。70年代和80年代前半期是波兰一个热心培植科学的时代——特别是达尔文主义、实证主义和斯宾塞的社会学理论——，是一个与"小农"和谐相处的时代——入选乡镇政府机关是荣幸，动人的"农民小说"如雨后春笋——，是一个新闻出版蓬勃发展的时代，而尽管如此——仍然是一个创办工业的时代。

这项事业已经完成。资产阶级成了社会、文学和新闻出版的领导者，此外还真诚地信仰自己的理想主义。这个以前的外国灰姑娘成了国内的主人公。而资产者作为真正的新贵没有一点兴趣庆祝他们对傲慢的贵族老爷的胜利：没落的小贵族对资产阶级的新波兰感到无所适从，每走一步都显得滑稽可笑，成了70—80年代幽默小报的讽刺的固定形象和主要调味品，他们最后被某位波兰的奥芬巴赫①搬入轻歌剧《华沙之旅》中进行挖苦和嘲讽，引得市民们开心地狂笑不已。

只需几年，就足以能使"有一定重要性的劳动"纲领成为整个有产阶级波兰的福音书。但也只需15年，就足以能把这个纲领移到废物间。即使向民族主义妥协，资本主义的发展也难以开启，因为妥协的熔炉已经彻底改变各个阶级的本质，并使这种妥协本身完全成为多余的。贵族社会不久便立足于资产阶级关系的基础之上，他们与过去联系的桥梁已经断裂。国民军以前的主要军团——贵族，成了占有土地的有产者。人们现在可以在波兰的报纸上看到，"他们的观点经历了巨大的发展。……对波兰农业最强大最有利的保护者莫过于半个世纪前还为人所不齿的、对陌生和险恶的东西十分反感的工业，这是明摆着的事实。"②贵族寄希望于"农业的工业"，而工业一旦强大，"人们"——这里透露出对俄国的战争计划——"就会想占领……外国的销售市

---

① 雅·奥芬巴赫(1819—1880)——法国作曲家,古典轻歌剧的创始人之一,这里指波兰的某位小编剧。——编者注
② 1894年《每周评论》(华沙)第50期。——编者注

场,与帝国偏远地区做种子和牲畜生意。"①

　　小资产阶级原来是国家军队的尾巴,如今变成了资产阶级的有较强生命力的分子,而且人数越来越多。小资产阶级中的没落部分依然忠实于民族主义。但是由于国家军队的尾巴成了整体,民族纲领本身为了适应新形势下的兵力,不得不缩减成一个可怜的小尾巴。这个小尾巴日益感染一种消极的反对派情绪,一个纯粹的现代的特征——反犹太主义——在其中占上风。小资产阶级没有能力提出自己的行动纲领,只能向天主教会求救。但是天主教会给他们的回答,即利奥十三世的通谕(1894 年)②充满了嘲讽,说什么人们在天国也已经放弃重建波兰的所有希望,俄国的暴力统治现在是上帝在波兰的真正代表。资产阶级不需要重视一部分资产阶级知识分子的民族情绪。这个阶层——是资产阶级肉中的肉,血中的血③——不久便完成了将早期分裂主义的民族主义转化为它们的直接对立面。他们把民族主义归结为反对俄罗斯化和排挤国家机关中的波兰人,所以这个阶层声称,对他们来说重要的不是废除俄国的统治,而是在俄国统治下完善内部设施,即毫无阻碍地利用波兰资产阶级的发展。

　　因此,内部阶级关系的变革已经完成。"有一定重要性的工作"的纲领完成了它的使命,可以隐退了。现在,资本主义通过俄国市场的致富不再表现为重建波兰的手段,而是表现为本身的目的。现在,饲料、萝卜和烧酒本身也足够诱人。现在,即 80 年代末,毫无顾忌直截了当地致富,才成为口号。因此,整个社会的外在面貌都发生了变化。在农村因使用权争论而激化的关系扫除了阶级调和的闹剧。原来对实证主义和达尔文主义满怀热情,现在对所有科学,只要不赚钱就表现出愚蠢又自满的冷漠——社会经历了各种各样的变化,不再需要关心"物种起源"④。资产阶级知识分子原来是文化的载体,现在就只有赤裸裸的名利欲。人们试图用来隐瞒事情的全部象征性语言都被搁置在

---

① 参看小资产阶级的民族系列丛书《从今天起》第 7 辑。——编者注
② 教皇利奥十三世 1894 年 3 月 19 日的通谕《我们的爱与关切》表达了天主教会对波兰民族问题的态度,要求波兰人民向他们的统治者,特别是俄国沙皇表达顺从、爱和忠诚,而不是为民族独立而斗争。——编者注
③ 参看《圣经·创世记》第 2 章第 23 节。——编者注
④ 即查·达尔文《根据自然选择即在生存斗争中适者保存的物种起源》。——编者注

一旁。工厂如今只是工厂,而不再是"济贫机构";医生就是医生,而不再是"进步的旗手"。农民如今是贱民,而不再是"小农"。在 70 年代,资产阶级还满腔热情地按自身的形象改造社会,到了 90 年代,这种热情在资产阶级中已经消失得无影无踪,他们完成了伟大的杰作,正在享受他们第七日的休息。

西欧国家资产阶级的情况也相当不好。资产阶级的政治理想之笛,吹奏出一曲一切尘世之事皆易逝的歌。但是他们经历过暴力斗争,并能缅怀往事。波兰的资产阶级是幸运的,能够把波兰的斗争交给外来占领者,而自己只管"人间的财富"。"有一定重要性的工作"的时期是唯一短暂的时期,那时"有一定重要性的工作"提出某种类似意识形态的东西。但这也不是一个在斗争中激励英雄气概的上升阶级的,而是统治阶级的意识形态,因为后者必须对自己和社会隐瞒它的胜利的恶劣后果。波兰有产阶级最后的幻想破灭之后,她的精神生活就像"凯旋的恶棍之歌"。而这是资产阶级波兰必然降低到的程度,因此,像 9 月 1 日接待沙皇的场景得以在华沙的城墙上演。

三

随着"有一定重要性的工作"这个无害的纲领的通过,波兰社会把自己的灵魂献给了魔鬼。预期的波兰"重生"原来是最平常的资本主义的再生,为波兰独立而准备的行动原来是最简单的政治禁欲。而在社会看似已经完成转型的今天,魔鬼,即资产阶级带着调皮的微笑向社会宣告,亲爱的! 如果你们以为,我的全部所作所为都是为了在你们惬意的社会中安睡于政治禁欲的泥潭,那么,你们就大错特错了。当过去的民族愚蠢还在你们头脑中作祟的时候,这样做是不错的,而今天你们已经觉醒。善始必善终。如果你们觉得喜欢上了资本主义发展的经济方面,那么,现在也要欢欢喜喜地接受政治后果。

政治后果是什么? 波兰社会应该做什么呢? 答案就是在华沙接待沙皇。

对认真阅读最近几年的波兰报刊的读者来说,波兰资产阶级正在准备采取新的行动,这一直不是秘密。在过去的 10 年中,波兰的大工业再次取得了巨大的进步。自 1885 年起,波兰工业的市场一步步地扩展到了整个俄罗斯帝国,从立陶宛到俄国中部、到高加索、伏尔加河地区、西伯利亚及中亚。资产阶级利益的重心日益东移,向俄国腹地推进。横贯西伯利亚的铁路激发了波兰资产阶级巨大的胃口和希望;有人已经在波兰的报刊上表示担心,"德国人"会不会夺走一部分预期的利益,并梦想着使华沙成为两个大洋之间的世界贸易新航线上的中心。在中亚,在波斯,波兰的销售市场走在俄国贸易的前列。另一方面,由于俄国的关税政策,波兰的一大批工业部门将原来使用的外国原材料,现在改用俄国的原材料。总而言之,波兰与俄国的经济的并生,在 70 年代是决定性的趋势,在 90 年代则成了决定性的事实。因此,波兰资产阶级对涉及帝国经济的每个规定、每个意见和每个项目都极感兴趣。

资产阶级早已在决定直接涉及波兰的各种经济政策问题方面扮演重要的角色,并指定他们的代表到各个相关的委员会或部门任职。但是,这在目前的条件下已经不够了。现在,波兰资本主义的利益不是各自为政的集团,它们到处都相互渗透。对资产阶级来说,它现在必须占据新的位置:成为共同参与整个帝国经济政策的一个因素,能够不仅对波兰的,而且对俄国的行政管理施加压力。

另一方面,贵族绝没有感觉到已经实现自己希望的最高目标。虽然他们发誓完全放弃过去,但拿自己的状况与俄国贵族的情况相比,发现他们最终的所得少得可怜。在俄国,将拯救没落贵族的地产提升为首要的国家任务,所有费用通过一系列专门机构,如贵族银行、粮食信贷的发放机构、提高粮食价格委员会等等计入国库账户;俄国的贵族有自己的常设利益代表机构,有农村自治,甚至行政区领导个人对农民享有动用司法警察的权力,而波兰的贵族现在就只能依靠"自助"。他们不仅要忍受自己反动的变节行为的损失,而且要忍受自己变节行为不完整的损失。因为他们一方面已经放弃了波兰政府,另一方面还不能说俄国政府是自己的。近年来,波兰贵族要求国家帮助的呼声越来越高涨。但为了享有他们发誓放弃一切的果实,他们必须采取进一步的措施——设法接近沙皇政府,与俄国贵族平起平坐。

但是占据新的位置是有条件的。资产阶级的波兰要参与对俄国国库的共同治理和共同劫掠,不能通过立宪造反。相反,在专制制度下,进行统治意味着卑躬屈膝,一个社会阶级想要利用专制制度,只能从一开始就成为专制制度的仆人。可见,波兰的资产阶级和贵族面临的任务,就是沿着这个方向彻底改革波兰与俄国的关系。

到目前为止,尽管同俄国有一切经济上的联系,波兰在政治上和精神上仍然是一个古怪的整体。分裂主义的倾向已经被消除,并转化为政治禁欲。但是政治禁欲本身有两个方面:一方面放弃民族主义,而另一方面同时也放弃参与帝国的政治生活。在俄国,整个新闻界和现存的各阶级利用特殊机构,使俄国的专制制度适应资本主义的需要,通过协商、请愿、利益代表机构、社团组织与内阁的直接交往,积极参加政府行动,而波兰对帝国的政策至今表现得相当消极和冷漠。只有资产阶级在政治上是波兰社会和俄国政府之间的活的纽带,但是他们好像没有社会的参与就完成了自己的工作。人们在波兰的报刊上很少看到有关俄国社会生活的内容,总体上说,正是由于新闻界完全缺乏政治主动性和一定程度的过分的慎重,使波兰仍然保留自成一体的最后一点假象。另一方面,波兰的这种慎重使俄国的爬虫报刊[①]得以长期怀疑有"波兰阴谋",并责备资产阶级说,波兰只能受穷,而不能忍受俄国统治的内在欲望。

现在该有一个了结了。如果资产阶级完全成为俄国政治的一个因素,而贵族成为政府的奴才,那么波兰必然成为沙皇俄国的一部分。如果俄国允许波兰资产阶级参与帝国事务,那么,波兰就必须说明,它将这些事务看作自己的事务。另一方面,如果沙皇制度不再只把波兰资产阶级当作自己在波兰的傀儡,而是看作在俄国的一股力量,那么,波兰资产阶级必须说明,它在波兰的价值不再归功于俄国的优待,而是要自力更生,即使面对沙皇制度,它在必要时也能以波兰社会为依托。自从尼古拉二世登基以来,波兰的两个统治阶级都在全力以赴地朝这个方向努力,要做的只是使这些准备步骤更加完善。波兰与资产阶级的政治同一性和二者作为积极的支持者服务于专制制度的意愿,应该说已经预先用实际行动向俄国展示了,而9月1日和2日在华沙接待沙皇也是这方面的一次展示。

---

① 爬虫报刊是指得到政府资助的反动报刊。1869年1月30日,俾斯麦在普鲁士下院发表演说时在另一种意义上使用了这一用语。当时俾斯麦把政府的反对者称为爬虫。但是后来这一用语却恰好被人们用来指那些卖身投靠政府并为其效劳的记者。俾斯麦本人于1876年2月9日在德意志帝国国会发表演说时不得不承认"爬虫"一词的新含义已在德国广为流传这一事实。——编者注

每一次沙皇访问波兰,都没有像这一次那样,将会见安排得意义深远,独具匠心,各等级都穿着盛装,配有徽章和乐队,每个乐队都围在自己的凯旋门周围,波兰王公、犹太的交易所投机者和德国的制皂工人、穿着燕尾服的资产者、穿着民族服装并带配剑的乡绅、各个行会都举着自己的旗帜、穿着黑色绸缎长袍的犹太拉比、穿着白色法袍的天主教修士、穿着乡村服装的农民、以歌咏协会编组的资产阶级和小资产阶级知识分子、铁路部门官员、游艇俱乐部、摩托车骑手,所有人排成整齐的方阵,在华沙的街道上冒着汗,耐心等待几个小时,所有乐队齐声演奏《神佑沙皇》,声音震耳欲聋,城市用灯光、鲜花、彩旗和方尖柱装扮得十分迷人,5 000 名穿着燕尾服的礼兵组成仪仗队,20 万人从各地赶到华沙参加游行,在沙皇宫殿的窗前唱着译成波兰语的赞歌《神佑沙皇》,有数十万人参与认购公债,总额达 100 万卢布,要用于设立一项纪念基金,波兰所有的报刊上都刊登着热情洋溢的欢迎文章——大家都在奴才们燃放的冲天烟火中迎接尼古拉二世。资产阶级让整个波兰的有产者在沙皇面前列队通过,并向他呼喊:我就是波兰! 整个波兰跟着我,而且整个波兰都准备在我的召唤下跪倒在您的宝座的台阶前。在欢迎沙皇时,波兰代表团的欢迎词是,"我们的千百万颗心就是送给您的礼物,整个波兰在您大度的独裁统治中(!),在内心的平和(!)与帝国的外部力量中看到了自己光明的未来(!),并愿意在幸运和不幸中都忠实地为您效劳,他深爱的君主。……"这时从郊区布拉加的城墙上隐隐传来一声叹息:"他深爱的君主",要知道,这里现在是迎接沙皇的火车站,而 100 年前则是苏沃洛夫进行大屠杀①的地方。

"光明的未来"——"独裁统治的宽宏大量"——这是一个懂得为自己的要求穿上专制政权的合法外衣的阶级的官方语言,是官方的诗歌。一天前,这个代表团用朴实的散文诗,向华沙市长简明扼要地表述了游行的目的:"但愿我们到了成为有机统一的帝国整体的一个更有利的因素的时候了。"这次接待沙皇只是对活生生的图像所作的注解。幻想的翅膀是多么有力,远远超出了这种幻想的波兰专利人和俄国公众的所有预期。整个官方的和资产阶级的

① 亚·瓦·苏沃洛夫自 1794 年 8 月起在镇压波兰的解放斗争中任沙皇军队总司令,并于 1794 年 10 月 24 日的大举进攻中占领了华沙郊区布拉加。——编者注

俄国惊讶不已,它对这一时刻的重要意义虽然有所准备,但仍然紧张地关注着游行的过程。《新闻报》叫道:"波兰生活中的新的一页开始了",《星期周报》重复道:"目前这个时刻是波俄关系的一个转折点",《圣彼得堡新闻》补充道,波兰"想要加强它与帝国之间的联系",最后,卡特柯夫①曾主编过的煽动性周报《莫斯科新闻》也不怀好意地总结说:"可见,波兰即将在政治关系方面成为俄国人"。甚至连最不妥协的爬虫报刊也都偃旗息鼓。根据专制制度的政治机构——只是还没有得到独裁统治者的批准——批复下来了:"期待的承诺只字未提"。尼古拉二世给资产阶级的华沙的答复是:"我完全相信你们的感情是真诚的。"暴力统治欣然接受了下面的建议,向波兰保证一个"光明的未来",并向波兰社会出具了证明书,证明它已经完全成熟,可以成为沙皇制度的支持者。这就是这个历史事件的结果。

随着沙皇的访问,开启了波兰政治发展的一个新阶段。在第一个时期,贵族以波兰的名义领导与俄国作斗争,而资产阶级——外来的,而且人数较少——则公开表现他们对俄国的友好。在第二个时期,资产阶级接管了国家的领导权,将民族分裂主义转化为政治禁欲,并用民族的谎话使贵族社会接受资本主义。在谎话消散、资本主义自己得出政治结果之后,资产阶级以发展的形式回归他们原来的纲领,不仅支持兼并,而且支持专制制度,但这一次回归不是与波兰相对立,而是以波兰的名义回归。

波兰的两个统治阶级之间的相互关系经历了重大的变化,因为自60年代以来生活在阴影下的贵族再次走上前台。对于资产阶级来说,俄国的专制制度只是它的政治统治的一个受历史制约的,虽然暂时是完全合适的替代品,而贵族在资产阶级社会中注定是一个支持专制制度的阶级。但是,必然的结果是,贵族先是在与专制制度的斗争中败下阵来,随后否认历史赋予自己的形象,接受那个曾经是自己敌人的阶级——资产阶级,并在政治上资产阶级化,就是为了今天再次穿上贵族的外衣,且认为支持王座是自己的社会职能。俄国最反动的半官方报纸《莫斯科新闻》已经要求,在波兰计划实行农村自治

① 米·尼·卡特柯夫(1818—1887)——俄国政论家,起初是温和的贵族自由派的拥护者,曾主编《莫斯科新闻》(1851—1855、1863—1887)。——编者注

(地方自治机关)的时候,应该将自治机关交给最可靠的等级——贵族。而取消农民对地主财产的使用权的方案证明,专制制度认为从现在起用农民胁迫贵族是多余的,相反,贵族表明更合适代表专制制度控制农民。

波兰的政治志向的历史同时也是波兰民族主义的历史。9 月 1 日,统治阶级**第一次**敢于以**整个波兰**的名义与俄国独裁者当面说话。要是在七年前,当面与俄国独裁者说话是不可想象的,这种情况只有在小资产阶级民族主义进行了最近几次力量比试之后才可能发生:1891 年 5 月 3 日的宪法百年庆典,1893 年的"全国哀悼日"和 1894 年的柯斯丘什科①纪念日。一群没有主见的大学生都因自己的冒险行为而惊慌失措,他们就是从国民军中剩下的全部。爱国主义留下的最后一点形象如此可怜,以致整个波兰新闻界都称他们为"没有头脑的街头混混"。因此,资产阶级和贵族可以肆无忌惮了,而民族主义者再次对他们表示认同。在接待沙皇的时候,对所有重建波兰的拥护者来说,是说话的最后期限,哪怕极其微弱的民族主义不和谐音都会使整个仪式泡汤,然而他们却一声不吭。不仅如此,爱国主义的部分小资产者和知识分子默默地站着,看着所有行会和新闻界的知名代表如何以他们的名义参加游行。

看来历史还想给小资产阶级民族主义的没落一个合理的表现。早在沙皇访问之前,俄国就已经开始对波兰作出小小的让步:取消了自上一次起义以来在农村征收的特别税,报刊获准可以讨论俄波关系,而最大的让步是沙皇政府允许在华沙为歌颂波兰自由的最伟大的歌手密茨凯维奇建立纪念碑。在爱国者和革命家密茨凯维奇失去全部影响以后,波兰可以向诗人密茨凯维奇致以崇高的敬意。而现在,波兰资产阶级指着他的纪念碑叫道:这是**我们**的政策的成果! 如果我们政治上成为俄国人,那么,人家就会允许我们在文化上保留波兰。波兰的报刊在沙皇访问之后异口同声地重复说:"**我们可以是一个善良的波兰人,同时也可以是一个善良的俄国臣民。**"

这样,历史的发展就将波兰问题分解为两个组成部分——政治独立的问题和民族文化的问题——并使两者彼此对立。在第一个时期,二者还联合成

---

① 塔·波·柯斯丘什科(1746—1817)——波兰将军和政治家,因参加美国独立战争和领导波兰全国起义而享有盛名。——编者注

一个和谐的整体。贵族通过**反对政治奴役**的斗争维护波兰文化。在第二个时期贵族说：让我们通过和平的工作内部团结起来，**不顾政治奴役**，我们保持我们的文化。今天它说：只有忍气吞声地服从，俄国才会给我们作出民族的让步。只有**接受政治的奴役**才能拯救民族文化。俄国宪兵是波兰文化的保卫者——这是资产阶级民族主义说的最后一句话。①

事态在波兰的最新变化对**工人阶级的斗争**来说，具有极其巨大的影响。整个资产阶级波兰转向积极的俄国政策，可以说是将专制制度移植到波兰。直到现在，由于政治禁欲和波兰社会的消极态度，专制制度落户波兰纯属偶然，根本原因在于兼并的条件。因为资产阶级波兰在政治方面是俄国式的，而波兰社会可以说惯于专制制度，所以专制制度不再只是俄国的，它也将是**波兰的**专制制度。这样一来，社会民主党在政治斗争方面的宣传鼓动就方便多了：为推翻共同的专制制度，并在帝国争取宪法自由，波兰无产阶级与俄国无产阶级必须开展共同的斗争，这是不言而喻的事情。

波兰贵族热烈欢迎沙皇制度，将产生另一个重要后果。政府不能对贵族表示半点偏爱，同时不能——现有的计划已经说明——伤害农民阶级。但是，如果贵族有朝一日开始以**沙皇制度的名义**虐待农民，那么，"沙皇——农民的解放者"这个古老的寓言就将在波兰消失。新的贵族经济只需几年就能将因错误相信而产生的全部怨恨，变成对沙皇的狂热仇恨，并且或许还能将今天对独裁统治的支持，变成对战斗的无产阶级的有力支持。

小资产阶级民族主义的悲惨结局，同样有利于工人阶级。对于无产阶级完全现代的朝气蓬勃的阶级斗争来说，社会意识形态方面早已衰落的斗争残余和先辈们的半死不活的各种遗训是灾难性的。最近发生的事件给波兰的民族主义造成致命伤害以后，至今还在徒劳地钻研旧传统的小资产阶级和知识

① 加利西亚的部分资产阶级报刊对沙皇访问华沙期间的接待礼仪的极度奢华感到震惊，试图将这种奢华归因于上述俄国对波兰民族感情的可怜让步。大张旗鼓地放弃民族主义本身就只能是一种"民族的感情冲动"的结果！民族主义者没有发现，俄国作出让步有着深刻的社会**原因**，而他们想接受那些附带条件，借口只能是表达忠诚的感情爆发，并想按他们的设计拯救民族主义，只是实际上没有通过一个漫长的历史过程，而是通过俄国总理府的大笔一挥让它灭亡。是的，不仅如此，他们没有注意到，对民族**感情**本身作出让步，只是因为俄国已经不再认为"民族感情"有任何政治意义。——作者注

分子中的优秀分子摆脱了旧的传统,并转向无产阶级的斗争。工人阶级**在现有条件下**很难拯救民族主义于灭亡,很难解放现在因资本主义的发展而受制于俄国的波兰,就像工人阶级不能阻止例如小企业的灭亡和资本主义过程的其他后果一样。但是,既然它要为波兰的自治自由而斗争,那同时也要维护波兰的文化,并从历史的洪流中拯救能够拯救的一切。

　　因此,只有无产阶级可以从容地关注波兰的变革。阻止变革的进程是不可能的。但是能够而且必须要做的是——展示事件的革命的一面,并在阶级斗争中实现这一个方面。

1897—1898 年《新时代》(斯图加特)第 16 年卷第 1 卷第 164—176 页

DIE

INDUSTRIELLE ENTWICKLUNG

POLENS.

VON

ROSA LUXEMBURG,

DOKTOR DER STAATSWISSENSCHAFTEN.

LEIPZIG,

VERLAG VON DUNCKER & HUMBLOT.

1898.

博士论文:波兰的工业发展

QVOD BONVM FAVSTVM FELIX FORTVNATVMQVE SIT

AVCTORITATE ET AVSPICIIS

SENATVS POPVLIQVE TVRICENSIS

RECTORE ACADEMIAE MAGNIFICO

VIRO CLARISSIMO

ARNOLDO LANG

PHILOSOPHIAE DOCTORE ZOOLOGIAE ET ANATOMIAE COMPARATAE PROFESSORE PVBLICO ORDINARIO

EX DECRETO

ILLVSTRIS IVRECONSVLTORVM ORDINIS

PROMOTOR RITE CONSTITVTVS

HERMANNVS FERDINANDVS HITZIG

IVRIS VTRIVSQVE DOCTOR ET PROFESSOR PVBLICVS ORDINARIVS IVRECONSVLTORVM ORDINIS HOC TEMPORE DECANVS

VIRGINI DOCTISSIMAE SPECTATISSIMAE

ROSAE LVXEMBVRG

VARSOVIENSI

PROPTER INSIGNEM ERVDITIONEM ORDINI PROBATAM DISSERTATIONE

„DIE INDUSTRIELLE ENTWICKLUNG POLENS"

ATQVE

LEGITIMO EXAMINE

MAGNA CVM LAVDE

PERACTO

DOCTORIS IVRIS PVBLICI ET RERVM CAMERALIVM DIGNITATEM IVRA PRIVILEGIA

DETVLIT

DELATA PVBLICO HOC DIPLOMATE

CVI SIGNA ACADEMIAE ET IVRECONSVLTORVM ORDINIS IMPRESSA SVNT

PROMVLGAVIT

DIE   MENSIS IVLII ANNI MDCCCLXXXXVIII.

博士学位证书

波兰的工业发展

苏黎世大学高等政治学系

政治学博士论文

罗莎·卢森堡(华沙)

指导老师:尤里乌斯·沃尔夫博士、教授

1898 年莱比锡敦克尔—洪堡出版社

前　言

虽然这篇论文的主题非常专业,但我们认为,由于各种原因,对西欧的读者仍然会有不小的裨益。经济问题是当今所有文明国家精神生活的主题。人们已经认识到,它们是整个社会存在和发展的动力。如果不了解一个国家的经济生活及从中产生的所有社会后果,那么,这个国家的政治形象与历史命运对我们而言就是一本天书。

不久以前,波兰的名字在整个文明世界回响,它的命运搅动了每个人的心灵,激起了每个人的兴奋。最近,也就是自从波兰成为一个资本主义国家以后,人们很少再听到波兰的消息。要是现在想知道,这个昔日的反叛国家如今怎么样,历史的命运正在将其引向何方,只有研究其最近几十年的经济史,才能得到答案。所谓的波兰问题可以从不同的角度加以考察和讨论,但是,有人认为,一个社会的物质发展是其政治发展的关键,对于这样的人来说,只能根据波兰的经济生活及其发展趋势来解决波兰问题。我们努力在这篇论文中收集并尽可能清楚地整理解决这个问题的现有材料,同时我们还在某些段落中直接指明某些政治特性。希望这个乍看之下显得枯燥和专业的话题也能引起政治家的些许兴趣。

但是,这样做还有其他的原因。在我们生活的时代,北方的那个强大的帝国在欧洲政治中发挥着越来越重要的作用。所有人都密切关注着俄国,并担忧地看着俄国的政策在亚洲取得惊人进展。也许不久就会成为一个公开的秘密:即使最重要的资本主义国家迟早也必须准备好与俄国在亚洲展开严肃的经济竞争。因此,西欧人也不能再对沙皇帝国的经济政策熟视无睹。而波兰是俄罗斯帝国最重要和最先进的工业区之一,确切地说,俄国的经济政策可能在波兰历史上体现得最为清晰。

　　我们这篇论文的材料散见于大量经常相互矛盾的统计类著作、辩论小册子、报纸文章、官方和非官方报告；无论在波兰语文献，还是在俄语或德语文献中都没有描述整个波兰工业史，尤其是描述波兰现状的专著。我们因此认为，必须处理这些原始的和零碎的材料，并以尽可能完整的形式奉献给读者，以便读者尽可能容易地得出总的结论。

第一部分 波兰工业的历史和现状

一 工场手工业时期(1820—1850 年)

19 世纪初,政治事件将波兰置于一种全新的条件之下。由于被瓜分①,所以它脱离了我们在 18 世纪的波兰看到的贵族共和国特有的自然经济的封建无政府状态,并陷于开明专制制度的统治,服从普鲁士、奥地利和俄国的中央集权化官僚主义的行政管理。我们在这里关注的俄属波兰的主要部分,虽然还能作为华沙大公国,在不久以后,即在维也纳会议②以后仍然保留自己的等级宪法,但它与旧波兰的宪法有着天壤之别。整个行政、财政、军事、司法等国家机器是专为一个现代中央集权国家设置的。这个国家与它被迫接受的经济关系之间存在极为严重的矛盾。波兰的经济生活一如既往地以地产为中心。13 世纪开始的城市手工业的发展在 17 世纪已经土崩瓦解。18 世纪末,贵族建立工场手工业的尝试也无果而终。但是,地产完全不适合作为现代国家组织的基础。地产从 15 世纪起在旧波兰就陷入的对世界市场的依赖,迫使它发展极为广泛的大地产经济,并最大限度地榨取劳役,所以它的经营越来越不合理,收益也越来越低下。波兰最近时期的战争,其后在华沙大公国实行的拿破

---

① 1772、1793 和 1795 年波兰被三次瓜分的结果是,西部地区归普鲁士,加利西亚归奥地利,而会议桌上的波兰则于 1815 年与俄国组成君合国。——编者注
② 在反对拿破仑法国的解放战争胜利以后,欧洲各国首脑 1814 年 9 月 18 日—1815 年 6 月 9 日在维也纳举行会议,讨论重新划分欧洲版图的问题。这时成立的波兰王国与俄国联合成君合国。——编者注

仑式经济,大陆封锁①和随之出现的谷物出口的减少,谷物价格的下降,1807年农奴制的废除——所有这些各种各样的打击在大约 10 年间相继降临地产,并使之濒临崩溃的边缘。由于地产在此期间是国内的主要收入来源,所以该国新的行政管理相对较高的费用,以及它的整个负担也必然再次由地产来承担。已经在旧波兰实行、但直到此时才实际收取的 10% 的地产所得税,现在被提高到 24%。此外,为军队提供营地与给养的负担自然也落到了贵族肩上。

结果是,地产不久就落入了高利贷的魔爪。如果旧波兰因城市的生产和贸易的衰退而没有城市资本家阶级,那么,波兰被瓜分后很快就有了资本家阶级。这个阶级部分是移民官员和高利贷者,部分是波兰的暴发户,后者的物质存在要归功于国家巨大的政治和经济危机。这个新的居民阶层现在为缺钱的贵族提供了资本。顺便说一句,债务在很大程度上肇始于普鲁士统治的 10 年(1796—1806 年),在此期间,有组织的土地信贷也首次向波兰贵族广泛开放。

对波兰地产来说,这意味着一场真正的革命。西欧国家在中世纪通过几个世纪缓慢而持久的努力所取得的成果——高利贷瓦解了领主地产——,在此时的波兰不到 20 年就已经取得了,地产在波兰直到共和国垮台都没有受到高利贷的影响。早在 1821 年,王国政府就采取特殊措施——延期清偿——挽救地产于灭亡。

在这种情况下,赤字从一开始就成为王国预算中的一个常见现象。因此,为国库开辟新的收入来源,为国家开创新的经济活动领域,从一开始就成为王国的一个生存条件。以其他国家为榜样,并在直接需求的驱动下,政府在波兰建立了城市工业。

1820—1830 年这十年是波兰工业,确切地说,是波兰工场手工业的形成时期。

---

① 大陆封锁或大陆体系是法国皇帝拿破仑第一在拿破仑战争期间为反对英国而采取的一项重要的经济政治措施。1805 年法国舰队被英国舰队消灭后,拿破仑于 1806 年 11 月 21 日颁布了《柏林敕令》,禁止欧洲大陆各国同英国进行贸易。参加大陆体系的有西班牙、那不勒斯、荷兰、普鲁士、丹麦和奥地利。根据 1807 年的蒂尔西特和约的秘密条款,俄国加入了大陆体系。1812 年拿破仑在俄国遭到失败后,所谓的大陆体系便告瓦解。——编者注

典型的是,波兰工场手工业的形成与过去波兰手工业的形成十分相似,都是通过吸引外国的,主要是德国的手工业者的办法。在 13 世纪,波兰诸侯设法以各种特权吸引外国工人来到波兰,同样,会议桌上的波兰①政府也是这样做的。1816—1824 年间颁布了一系列相关的沙皇敕令。政府免费提供房屋和建筑材料,免除租金,为实业家建造工业厂房和住房而设立了所谓的钢铁基金。1816 年,政府承诺为移民的手工业者免除为期六年的各种捐税和社会负担,他们的儿子免服兵役,并允许他们的动产免税进关。1820 年,政府保证移民从国家林场免费获取建筑材料,为期 10 年,并建造自己的砖厂,以便为他们提供尽可能便宜的砖。

1822 年的一项法律为所有工业企业免费提供为期三至六年的安置用地。1820—1823 年的法律规定,城市给这些企业提供场地时免租六年。1822 年为工业殖民而设立的工业基金开始时为 45 000 卢布,1823 年翻了一番,自那以后每年达 127 500 卢布②。

花样繁多的吸引手段效果十分明显。不久,德国手工业者成群结队地来到波兰并定居下来。当时约有 10 000 个德国家庭在几年之内移居波兰。这样,今天最重要的工业城市很快就出现了:罗兹、兹盖日、拉瓦、帕比亚尼采等。除了手工业者外,会议桌上的波兰政府从外国引进杰出实业家管理其企业:如来自比利时的科克里尔以及弗拉热、日拉等人③。然而,会议桌上的波兰政府并不限于给移民以特权和建立德国工场手工业城镇。与中世纪的手工业不同,工场手工业不限于任何一个城市内狭窄的消费和流通圈。它从一开始就需要大量销售,从而需要至少遍及全国的商品交往。因此,政府必须在建立工场手工业殖民地的同时,进行一系列的行政和立法改革,使国家在经济上统一为一个整体,并为国内的商品交往创造必要的法律形式。华沙大公国于 1808 年引入的《拿破仑法典》已经在旧波兰的所有制关系,特别是土地所有制关系

---

① 1815 年由维也纳会议建立的波兰王国被称为会议桌上的波兰。它一直存在到 1915 年,实行合一君主制,俄国沙皇也就是波兰国王。——编者注

② O. 弗拉特《罗兹市地理统计描述》第 133—142 页;M. 萨韦莱斯基《波兰王国统计》第 170—171 页;《关于贸易与财政的外交领事报告》第 321 期第 5 页;T. 鲁托夫斯基《论国家工业问题》第 34 页及以下几页。——作者注

③ 均为比利时实业家。——编者注

方面打开了巨大的缺口。它将现代资产阶级经济的法律形式十分完整地移植到了纯粹封建的自然经济之中。它尽管没有完全改变生产方式，但它彻底打破旧的所有制关系，加速了它的解体。永久地租、产业受益权①等等的废除，动摇了地产不可动摇的地位，并将它投入了流通。同时，《拿破仑法典》为商业和商业司法权提供了法律标准。此外，1817 年建立了工商大会，终止了商务条例。翌年，引入了抵押登记，1825 年成立了农村信用社。② 国家自 1819年起开始建设公路和整治河道，1825 年修建了涅曼河和维斯瓦河之间的运河。③ 最后，政府也像其他国家在工场手工业初期所做的那样，推进了自身工业的建立，建立了模范工厂、示范性牧羊场等。但是，政府为发展中的工场手工业提供的最强有力的支点是建立波兰银行，波兰银行是依据 1828 年的沙皇敕令成立的，并以德国海外贸易公司④和比利时通用银行（Société générale）为模板。这是一个集发行、证券、存款、抵押、代理和工业于一身的银行。它得到了数额达 300 万卢布的启动基金，此外还有存款、保证金、教会基金、火灾保险、养老金及其他资金入库，到 1877 年，总额为 28 200 万卢布。该银行向工业和农业提供信贷。自成立 50 年来，该银行仅向工商企业就提供了总额9 100 万卢布的贷款。银行的活动极为全面，它不仅自身建立工厂，经营矿业和农业，而且还投资交通运输业。波兰第一条铁路，1845 年通车的华沙—维也纳铁路就主要是波兰银行的作品。

上面概述的政府活动是俄属波兰工业发展的首要因素。不管有什么情况会影响波兰工业未来的历史，它的形成无疑要归功于政府的倡议和努力。

如上所述，尽管我们认为其他国家（例如法国和德国）的政府同样孕育了工场手工业，并积极干预它们的命运，但是，各国政府只是支持城市生产的自

---

① 产业受益权是由较大地产组成的家庭财产，不可转让且在继承时不可分割。它要将大地产作为容克政权的经济基础予以保留。——编者注
② J. 波斯南斯基《波兰王国的生产力》第 67、106 页；M. 萨韦莱斯基《波兰王国统计》第 71 页。——作者注
③ J. 波斯南斯基《波兰王国的生产力》第 140 页。——作者注
④ 海外贸易公司是 1772 年在普鲁士成立的贸易信用公司。该公司享有许多重要的国家特权。它给予政府巨额贷款，实际上起到了政府的银行老板和财政经纪人的作用。1820 年 1 月起，海外贸易公司正式成为普鲁士国家银行。——编者注

然发展,城市生产借助诸如商业资本的积累,销售市场的扩大,手工业的技术发展等客观因素,自行转向工场手工业式的生产方式。在波兰,工场手工业完全像以前的城市手工业一样,是完整的舶来品,它无论在技术方面,还是在社会方面,都不以波兰自身的经济发展为起点。因此,在波兰,政府的活动是工场手工业形成的唯一积极因素,这一点向我们说明,波兰经济学家和政论家往往高估政府活动在整个波兰工业史上的意义,同时喜欢反复提到政府活动的原因。但是,他们首先忘了,波兰自治政府在他们描述的活动中与沙皇制度的步调极为一致,而后者是由在民族方面与其说对波兰友好,倒不如说敌视的意图主导的。

　　此外,会议桌上的波兰政府的努力从一开始就在波兰的关税比例方面享有最优惠的待遇。通过维也纳会议的工作,在这方面为波兰采取了两项重要措施:第一,它与俄国联合;第二,保证它与旧波兰的其他部分,其实就是与普鲁士和奥地利,进行自由的贸易往来。至于与俄国的联合,1822 年和 1824 年的关税税率使两国之间的贸易关系得到了这样的调整:它们各自的产品相互交换,几乎全免关税。① 但是,自 1810 年以来,特别是后来在坎克林②的领导下,俄国对欧洲采取极端的、荒谬透顶的保护政策,以无法逾越的关税壁垒全面防止外国产品的输入,这时,对波兰实行的新规定的意义才真正明确。俄国通过与波兰的基于上述关税税率的联合,现在可以从波兰一侧获取德国商品。这一事实给波兰造成的后果是,它成了加工从德国免税输入会议桌上的波兰的大部分半成品的车间,然后将加工完成的产品,作为波兰产品再几乎免税地输入俄国。特别是波兰的大型呢绒织造厂通过这种途径,在短短几年内就进入全盛时期。③ 这些工厂在 1817—1826 年间才建成,其 1829 年的产值已经

---

① 俄国与波兰的中间产品完全免税,用本国的原材料生产的产品按总价的 1% 征收关税,用外国原材料生产的产品按 3% 征收关税。食糖与棉织品是例外,分别按总价的 25% 和 15% 征收关税。对于需要从俄国大量进口棉织品的波兰来说,这在俄国看来毫无意义的关税税率极其优惠,因为它可以保护波兰的棉纺织业免受俄国的竞争,同时却能促进波兰毛料向俄国的输出。——作者注

② J. F. 坎克林 1823—1844 是俄国财政大臣,在关税政策方面主张贸易保护主义,要求通过贸易保护来弥补封建国家预算中的周期性赤字,从而抵制资本主义工业的发展。——编者注

③ O. 弗拉特《罗兹市地理统计描述》第 62 页;K. 洛基申斯基《俄国关税税率史》第 217—218 页。——作者注

达到了当时相当可观的 5 752 000 卢布。[①] 这么惊人的快速增长几乎完全归功于俄国的消费,下面出口俄国的羊毛产品一览表可以表明这一点。

(单位:卢布)

1823 年	1825 年	1827 年	1829 年
1 865 000	5 058 000	7 218 000	8 418 000[②]

根据这个表格,出口产品的价值超过在国内生产的产品价值,那么这是因为除了在波兰生产的产品之外,走私到波兰的德国商品也贴着波兰商标大量出口俄国。

但是,对会议桌上的波兰来说,这种关税税率还有另一个重要方面。它向波兰开放了通往中国的自由贸易线路,波兰布料同样大量出口中国。出口总额达:

(单位:卢布)

1824 年	1826 年	1828 年	1830 年
331 000	332 000	1 024 000	1 070 000[③]

尽管波兰的整个出口在工业发展的头 10 年实际上只覆盖一个部门,即羊毛生产部门,但它对这个国家的意义重大,因为它对其他生产部门也产生了刺激的作用,并有力促进了德国手工业者的移民。一位来自波兰纺织工业中心罗兹市的历史学家,将当时波兰与俄国和中国的布料贸易称为"工业发展的主要动力"。[④]

然而,这种贸易在 1831 年结束了。波兰起义[⑤]使该国工场手工业的发展

---

① W. 扎韦斯基《波兰王国的比较统计》第 147 页。——作者注
② K. 洛基申斯基《俄国关税税率史》第 218 页。根据罗杰茨基的统计,波兰羊毛工业 1827 年出口俄国的产品总值达 1 320 万波兰古尔登(1 古尔登等于 15 戈比)。(《波兰王国地理统计图》表 III)——作者注
③ K. 洛基申斯基《俄国关税税率史》第 219 页。——作者注
④ O. 弗拉特《罗兹市地理统计描述》第 61 页。——作者注
⑤ 1830 年 11 月 29 日在华沙爆发的军人暴动演变成一场反对沙皇外来统治的人民起义。1831 年 9 月 7 日沙皇军队占领华沙,镇压了起义。——编者注

减缓了一段时间,而且产生了持久的后果:在这一年,波兰和俄国之间的关税税率大幅提高。① 波兰布料在俄国和中国的竞争中早就成为俄国工厂主的眼中钉。然而,他们一再请求在波兰边境提高关税税率,却始终未能成功。直到1831年起义和波兰布料出口俄国的停滞,给俄国工厂主提供了机会,通过扩大自身生产迅速占领了被让出的市场,以此在数字上向政府证明,"祖国的"工业在此以前面对波兰竞争遭受了多少磨难。随着关税税率的提高与去往中国的免费过境许可的废除,波兰的出口迅速下降②:

　　1834年出口总额为2 887 000卢布,其中制成品2 385 000卢布;1850年出口总额为1 274 000卢布,其中制成品755 000卢布。

　　这对波兰的羊毛生产是一个沉重打击。在其产值于1829年——正如我们看到的那样——达到5 752 000卢布之后,它在1832年降到1 917 000卢布,并且直到1850年才逐渐增长到2 564 000卢布,即相当于以前产值的一半。③

　　然而,俄国的边境封锁对于整个波兰工场手工业接下来的命运却没有多大意义。俄国本身当时并不存在对产品需求日益增长的条件,其交通工具也不适合大规模运输。大规模布料出口主要只能用俄国军队的需要来解释。此外,波兰的工场手工业甚至没有时间开辟自己的国内市场。因此,在俄国封锁关税边界后,在优惠的政府措施,特别是在波兰银行的支持下,它慢慢开始在国内立足。在接下来的20多年中,许多生产部门发展良好:19世纪30年代的制革业和制皂业,40年代的制糖业,还有30年代的采矿业和造纸业。④ 但是,国家的社会状况对工业增长造成了相当大的制约。总的来说,只有区区400—500万人从事工业,会议桌上的波兰的大部分人口还是以自然经济为生。尽管1807年废除了农奴制,徭役劳动还是农业中的主要劳动方式;因此,

① K.洛基申斯基《俄国关税税率史》第223页。中间产品和以前一样免税进口,而许多产品则要加收3—5倍的关税,而最重要的出口货物——羊毛制品的关税则提高到与波兰进口俄国棉织品纳的关税一样高,即总价的15%。——作者注
② 伊·伊·扬茹尔《波兰王国工业历史发展纲要》第32页。——作者注
③ T.鲁托夫斯基《论国家工业问题》第241页。——作者注
④ T.鲁托夫斯基《论国家工业问题》第250—251页;约·布洛赫《波兰王国的工厂工业(1871—1880年)》第29—31页,第111—112页,第12—13、58页。——作者注

土地所有者和农民一样,很大程度上与商品交往和货币交往没有关系。城市兴起缓慢,居民不足,而且本来就贫困,因而不能创造对产品的强大需求。因此,发展也非常缓慢。波兰的工场手工业自产生起 30 年间,主要依靠国内市场,然而 30 年后,我们发现它仍然没有形成规模。所有工业部门中最先进的纺织工业在 19 世纪 50 年代还主要依靠手工劳动,没有蒸汽动力,因而只有熟练的手工业师傅和学徒,没有妇女劳动的丝毫痕迹。总的来说,生产的分散化就说明它以手工为主的性质,因为在 1857 年,我们还发现,波兰的 12 542 个"工厂"只有 56 364 名工人,产值为 21 278 592 卢布:平均每个"工厂"有四五名工人,产值 1 700 卢布。[①]

从上述情况看,直到 50 年代甚至 60 年代,城市工业在波兰社会生活中只起着次要作用。在这个国家的经济和政治上起决定作用的仍然是地产。事实上,广大中等土地所有者,那些当时代表公众舆论的人们,甚至认为,正在兴起的城市工业和随之而来的资本主义经济是一株外国毒草,是一个应为地产和全国令人绝望的局面负责的"德国骗局"。

二　向大工业的过渡(1850—1870 年)

我们在国内市场上了解了波兰工业的开端和发展。我们已经看到,波兰工业的产生要归功于政府的努力;它到 19 世纪 50 年代还因有限的国内市场而无法摆脱工场手工业的形式。但波兰工业史的第一个阶段到此结束,崭新的一页就此翻开。从 50 年代开始,具备了一系列新的因素,尽管这些因素本身各不相同,但在它们的共同作用下,俄国的销售市场得以向波兰的生产开放,从而保证产品的大量销售。这逐渐引起了波兰工业的彻底革命,并使它从工场手工业转变为真正的工厂大工业。因此,我们可以将波兰工业史的第二个阶段称为大工业阶段。1850—1870 年的 20 年是从第一阶段向第二阶段的过渡期。

在上述过渡期内,使波兰工业实现革命化的有四个重要因素。

---

① W. 扎韦斯基《波兰王国的比较统计》第 172 页。——作者注

第一，废除俄国和波兰之间的关税边界。1851 年，波兰的关税状况在两个方面作了改革：一是当时分隔波兰和俄国的关税边界已经撤除；二是波兰独立的贸易政策对外已经终止，波兰被纳入俄国一般的关税区。[①] 这样，波兰在贸易政策方面从此与俄国形成一个唯一的整体。[②] 对波兰来说，1851 年关税改革的重大意义首先在于，它现在可以完全自由地向俄国输出商品。波兰工场手工业有望为更大规模的销售而生产，超越国内市场的局限，成为真正的工厂工业。然而，这种现象过了很久时间以后才出现。在波兰和俄国之间的关税壁垒撤除的时候，波兰产品真正大规模出口到俄国仍然存在三个重要障碍：一，波兰工场手工业由于当时主要适应国内市场的需求，所以还没有能力进行能体现具有一定规模的大工厂工业特色的迅速的、跨越式发展；二，波兰和俄国之间没有现代化的交通工具；三，即使在俄国，产品在国内市场销售的规模也很有限，即受着农奴制和自然经济的限制。但是，所有这三种情况很快就发生了彻底转变。

克里木战争[③]对波兰和俄国的工场手工业产生了革命性的影响。俄国海上边界的封锁切断了大部分外国商品的输入，其余商品转向俄国西部的陆上边界，转向波兰；波兰成了一条活跃的过境贸易线路。但更重要的是，俄国军队需求造成的大规模需求，特别是对纺织工业产品的大规模需求。后者1856—1860 年间在俄国的年增长率分别为，棉纺业 11.6%，棉织业 5.5%，印染和上浆行业 9.4%。[④] 在波兰，增长幅度更大。产值如下[⑤]：

---

① K. 洛基申斯基《俄国关税税率史》第 252 页。——作者注
② 与波兰结成关税联盟以后，俄国的关税制度实行了革新，即实行所谓的差异关税税率。因为当时波兰对西欧奉行远比俄国自由得多的贸易政策，所以俄国在将关税边界扩大到波兰的时候区别对待海上关税边界和陆上关税边界，为波兰规定了较低的关税税率。——作者注
③ 克里木战争是 1853—1856 年俄国对英国、法国、土耳其和撒丁的联盟进行的战争。这场战争是由于这些国家在近东的经济和政治利益发生冲突而引起的，故又称东方战争。克里木战争中俄国的惨败重挫了沙皇俄国独占黑海海峡和巴尔干半岛的野心，同时加剧了俄国国内封建制度的危机。这场战争以签订巴黎和约而告结束。——编者注
④ 《俄国工业历史统计通报》第 2 卷第 95 页。——作者注
⑤ T. 鲁托夫斯基《论国家工业问题》第 241 页。——作者注

（单位:卢布）

	1854 年	1860 年	增长率
亚麻工业	723 000	1 247 000	72%
羊毛工业	2 044 000	4 354 000	113%
棉纺织工业	2 853 000	8 091 000	183%

克里木战争时期也导致纺织工业技术发生了深刻的变革:它使机械织机和机械纱锭引进俄国和波兰。1854 年,在罗兹首先建造了如今的沙伊布勒巨型工厂,当时配备 100 部织机和 18 000 个纱锭。[①] 翌年,俄国建立了第一个机械亚麻纺纱厂;1857 年,波兰也将一家织布作坊转变为机械纺织厂,即目前波兰最大的、唯一值得重视的日拉尔多夫亚麻布厂。[②]

第二个重要成果是在波兰和俄国最偏远地区之间修建的一系列铁路线。1862 年,波兰与圣彼得堡通车,1866 年与沃里尼亚、白俄罗斯和波多里亚通车,1870 年与莫斯科通车,1871 年与基辅通车,1877 年与南俄通车。另一方面,俄国国内铁路线的狂热建设为贸易交往开辟了越来越广阔的地域。[③] 每条通往俄国的铁路线的建设都引发对波兰产品的越来越大的需求和生产的日益扩大。撇开 1864 年起义[④]和因此而一度中断的与俄国的交通所造成的不

---

① 伊·伊·扬茹尔《波兰王国工业历史发展纲要》第 36 页。——作者注

② 《俄国工业历史统计通报》第 2 卷第 23 页。——作者注

③ 俄国的整个铁路网里程为:

（单位:俄里）

1838 年	25	1860 年	1 490
1850 年	468	1865 年	3 577
1870 年	10 090		

我们再看看稍晚一些的数据:

1875 年	17 718	1880 年	21 226
1885 年	24 258	1890 年	28 581
1892 年	29 156		

（《俄国的矿业。1893 年芝加哥世界博览会报告》第 61 页。）1891—1896 年,有 10 625 俄里的新铁路开通,现在还有超过 10 000 俄里的铁路正在建设。（《皇家自由经济协会通报》1897 年版第 6 卷第 132 页。）——作者注

④ 1860—1861 年的农民起义浪潮导致 1863 年 1 月 22 日在波兰王国、立陶宛、白俄罗斯和乌克兰部分地区的人民起义,这次起义由于没有全国性的领导机构而于 1863—1864 年遭到血腥镇压。——编者注

利影响不谈,1860—1870 年这个 10 年,即交通工具的技术革命时期产生的结果是,1857 年,波兰的工业总产值只有 3 100 万(另说 2 100 万)卢布,1872 年,即 15 年后,它的总产值已达 7 300 万卢布,(按两个说法)分别增长了 135% 和 248%。①

导致工业发生变革的**第三个因素**,是俄国于 1861 年、波兰于 1864 年废除农奴制,及由此引发的农业变革。从此,农奴不再从事无酬劳动,土地所有者也必须雇用劳动者,并购买他们原来在自己庄园就能让人生产的工业产品。另一方面,广大农民群众手上有了钱,也成了工厂产品的买家。因此,政府开始税务改革,对俄国农民实行压榨政策,同时也把小农及其劳动产品粗暴地推向商品市场,使农村的自然经济日趋解体,也日益为货币经济和产品的大量销售奠定基础。改革的另一个结果是广大农民阶层的无产阶级化,从而"释放"了大量劳动力,听任工业的支配。

所以我们看到,俄国在克里木战争以后对各种社会关系实行变革。原来的领主地产和自然经济的解体,税务和金融的改革,整个铁路网的建设,这一切对俄国工业来说就是开辟销售市场、销售渠道和劳动力。但是,由于波兰在 1851 年撤除了关税边界以后,在贸易政策上与俄国形成了一个整体,所以,波兰工场手工业也卷入了俄国经济变革的漩涡,而且因迅速增长的大量销售而转变为真正的工厂工业。

而在 19 世纪 70 年代末又出现了第四个重要因素,它使波兰的工业生产在几年内就成为我们今天在波兰看到的那种大工业。这个因素就是俄国的关税政策。

三 波兰的大工业时代

自 19 世纪初以来,如上所述,俄国就奉行极为严格的贸易保护主义政策。然而,克里木战争导致贸易政策,以及社会生活的其他各个领域发生了变化。

---

① G. 西蒙年科《波兰王国的比较统计》第 127 页;W. 扎韦斯基《波兰王国的比较统计》第 172、223 页。——作者注

在 19 世纪 60 年代这个"自由主义时期",关税税率大幅降低。但是,这个自由贸易的倾向仿佛昙花一现。由于改革本身,特别是由于昂贵的铁路建设,政府背负了巨额外债;为了弄到黄金,政府在 1877 年开始征收黄金关税。俄国从此迈上了日益严格地实行保护关税政策的轨道。

在纸币卢布的汇率日益下降的时候,黄金关税就意味着前几年的关税税率提高了 30%,在后来的几年提高了 40%—50%。1880 年,由于废除盐税,国家财政再次出现赤字。1881 年,为了弥补这个亏空,关税普遍提高 10%。1882 年,又提高了某些关税的税率,如亚麻布、粗纺毛纱、化学制品、染料等;1884 年再次提高某些关税的税率,比如绢丝;1885 年,又将关税税率普遍提高 20%;1887 年,再次部分增加关税征收项目,1891 年也是如此。[1]

不言而喻,实行贸易保护主义,可能首先是为了保护本国工业免遭外国的竞争,其次才是为了增加财政收入。

这种关税税率的持续提高产生两方面的后果。一是外国产品和半成品的进口快速下降。每年通过俄国欧洲边境的进口总额为[2]:

年份	单位:金卢布	年份	单位:金卢布
1851—1856 年	7 400	1876—1881 年	32 600
1856—1861 年	12 000	1881—1886 年	30 400
1861—1866 年	12 100	1886—1891 年	22 400
1866—1871 年	21 200	1891 年	22 000
1871—1876 年	36 400	1892 年	21 900

产品和半成品的关税税率比原料高得多,其进口萎缩的程度比上表显示的更为严重。这样一来,俄国市场为本国的——俄国和波兰——工业留下了空间,很大程度上摆脱了外国的竞争。

这方面的另一个自然后果是商品价格的普遍提高。最新的统计表明,俄国消费者购买大多数商品,要比诸如德国的消费者贵得多,如:

---

① 《俄国的工厂工业》第 19 册第 156—183 页。——作者注
② 同上,第 20 册第 185 页。——作者注

茶	贵 304%
烟草	贵 687%
煤	贵 200%
纸张	贵 690%
亚麻布	贵 225%
棉制品	贵 357%
农业机械	贵 159%①

至于五金工业,比如,美国人购买一普特中等大小的铁钉成本为 1.00—1.50 卢布,而俄国人单为这个产品的关税就要支付 3.20 卢布,总共要花费 4.00—8.00 卢布。1896 年,在最重要的几件五金商品的价值比中,关税占比为:铁矿石 70%,生铁 45%,粗钢 35%。②

在这样的垄断条件下,俄国和波兰的工业开始从国内市场获得巨大的利润。人们可以从工厂主的官方数据中对这些利润有一个大致概念。如 1887 年的净利润数据为:③

俄国圣彼得堡的棉纺厂	15.0%
莫罗佐夫制造公司	16.0%
巴林制造公司	16.0%
纳尔瓦亚麻纺纱厂	18.0%
桑普森棉纺厂	21.3%
叶卡捷琳堡棉纺厂	23.0%
拉贝奈克织染厂	25.4%
伊斯梅洛夫棉纺织厂	26.0%
圣莫罗佐夫制造厂	28.0%
涅瓦棉织厂	38.0%
克伦霍尔姆制造厂	44.9%
索顿粗纺毛纱厂	45.0%

---

① 《皇家自由经济协会关于调整俄国关税税率的申请》第 116 页。——作者注
② 《皇家自由经济协会通报》1897 年第 6 卷第 127、129 页。——作者注
③ 《皇家自由经济协会关于调整俄国关税税率的申请》第 150 页。——作者注

最近，我们获得了很多关于俄国五金工业利润的惊人数据。南部地区冶金企业的平均利润为 50%，英国人休斯的巨型企业的利润甚至高达 100%。财政部机关报写道："这些已经获取的利润的使用是很有意思的，它给人的印象是，公司面对如此丰厚的利润仿佛不知道如何处理它们"①，意思是说，不知道将这些利润登记在官方报告的哪一栏，才能在一定程度上掩盖其数字的惊人。

下面的简表可以极为清楚地表明垄断价格对企业利润率的影响，以及后者与劳动力支出的比例。1897 年 7 月，在基辅，生铁的市场价格为每普特 85 戈比；其中在俄国的生产成本是 45 戈比，包括每普特 4 戈比的工资——净利润为 40 戈比。② 利润与生产成本和工资的比例分别为 10∶11 和 10∶1。

我们在下文中将会看到，波兰工厂主获得的巨大利润，即使与上述俄国工厂主获得的巨额利润相比，也毫不逊色。比如，19 世纪 90 年代初，波兰制糖厂的利润最高达 29%。③ 而纺织工业 40%的利润可视为正常现象。④ 但是，众所周知，这些工厂主的官方数据比实际获得的利润要低 30%—50%。

于是，1860—1877 年，为工业的发展创造了所有主要条件——国内市场，交通工具，产业后备军——以后，应运而生的关税政策创造了垄断价格的温室效应，使俄国和波兰的工业变成了资本主义原始积累的天堂。1877 年，开始了一个狂热建厂和资本大规模积累的时代，生产出现跳跃式增长。在上述情况的影响下，波兰工业发展的总体情况如下：⑤

---

① 1897 年 5 月 9 日《财政、工业与贸易信使》第 17 期。——作者注
② 《皇家自由经济协会通报》1897 年第 6 卷第 134 页。——作者注
③ 《外交和领事报告》第 1449 期第 14 页。——作者注
④ 同上，第 61 期第 3 页。——作者注
⑤ 关于冶金工业与煤炭工业的发展，见本文第 153—156、186 页；编制下表的依据是 W. 扎韦斯基《波兰王国的比较统计》第 172、246 页；约·布洛赫《波兰王国的工厂工业（1871—1880 年）》第 151 页；《俄国的工厂工业与贸易》第 33 页；T. 鲁托夫斯基《论国家工业问题》第 241 页；《1890 年贸易与工业统计材料》第 158—182 页；《1891 年贸易与工业统计材料》第 124—144 页。所引用的生产总量的数据只是大致正确，因为好多数据都低于实际的生产规模。它们大多是根据工厂主报告汇总的，但这些报告为了避免高额税负，显然过于低估工厂的销售额。因此，约·布洛赫认为，要正确定义产业规模，必须将官方数据提高 25%。另一位波兰统计学家 J. 班泽默（《我国工业一瞥》）用数据证实，1884 年波兰工业的毛收益并不是官方报告所称的 18 200 万卢布，而是 19 900 万卢布。出于类似的考虑，我们得出的结论是，

（单位：卢布）

年份	总产值	棉纺织工业	羊毛工业	亚麻布工业
1860 年	50 000 000(1864)	8 100 000	4 300 000	1 200 000
1870 年	6 390 000	1 020 000	4 000 000	1 200 000
1880 年	1 718 000	3 300 000	2 200 000	5 000 000
1890 年	2 400 000	4 760 000(1891)	3 550 000	6 500 000

1870—1880 年间最强劲的发展——整个工业增长 169%，棉纺织工业增长 223%，羊毛工业增长 450%，亚麻布工业增长 317%——主要是头三年（1877—1880 年）关税政策进入新纪元的结果。我们将在下文中看到，黄金关税的引入不仅使许多新企业突然成立，而且使一大批德国工厂从萨克森和西里西亚迁移到波兰西部。

根据 1886 年波兰进行的官方调查，最大的工厂分别建于①：

1850 年之前	1850—1860 年	1860—1870 年	1870—1880 年	1880—1886 年
18.1%	6.8%	13.6%	29%	32.5%

可见，在所有大工厂中，有 61% 是在 1870 年以后建立的。说到生产规模，1870—1890 年，整个纺织工业的生产规模扩大了将近五倍。下表可以特别表明关税政策的影响，因为最大的工厂分别建于：

1850 年以前	1850—1877 年	1877—1886 年
18.1%	37.2%	44.7%

1890 年波兰工业的产值不是 24 000 万卢布，而是至少有 30 000 万卢布。我们得出 1890 年的总产值为 24 000 万卢布，为了保持统一，我们给《俄国的工厂工业与贸易》1893 年芝加哥世界博览会报告卷》第 33 页列举的 21 000 万卢布加上了酒类税等消费税，因为消费税已包含在此前几十年的数据中，是不可排除的。涉及 1891 年棉纺织工业总产值的数字只是大致正确；在这里为了保持统一，我们算上了印染和上浆业的数据，而这两个行业尽管占比很小，但也是辅助其他纺织行业的。单是棉纺织工业在 1891 年就拥有 86 家工厂，21 229 名工人，产值为 3 680 万卢布。我们之所以在表格中选择这一年，因为波兰棉纺织工业在前一年非常不景气。——作者注

① 《波兰王国工厂工业调查委员会的报告》第 1 卷第 84 页。——作者注

波兰所有大工厂中的近一半(今天更多)是在 1877 年以后建立的,所以说是实行贸易保护主义的关税政策的直接结果。

表中显示的这种生产的发展与生产方式本身的变革携手并进。小而分散的工厂突然到处被现代工业的大企业所取代,这些企业或在建或开工,它们广泛使用蒸汽动力和最新的技术设备。整个波兰工业的集中程度如下:

	1871 年	1880 年	1890 年
工人数量	76 616	120 763	约 150 000
产　值	66 700 000 卢布	171 800 000 卢布	240 000 000 卢布
平均每家公司	3 239 卢布	8 063 卢布	71 248 卢布
平均每位工人	882 卢布①	1 422 卢布①	1 600 卢布②

然而,这些平均数从来都不适合用来真实反映已经发生的变革,因为不言而喻,这些平均数不是所有工业部门都能达到的。最有代表性的是纺织工业的数字。

我们发现:

	1871 年	1880 年	1890 年
工厂数量	11 227	10 871	635
工人数量	28 046	45 753	60 288
产　值	18 100 000 卢布	57 600 000 卢布	88 400 000 卢布
每家工厂工人	2.5	4.2	95
每家工厂产值	1 612 卢布③	5 303 卢布①	139 298 卢布④

但是,在纺织工业中,棉纺织工业发展最为明显:

① 约·布洛赫《波兰王国的工厂工业(1871—1880 年)》第 142、143 页。布洛赫将很多小企业计算在内,相应改变了集中的情况。——作者注

② 《俄国的工厂工业与贸易》第 33 页;《1890 年贸易与工业统计材料》第 134 页。对于 1890 年的每家公司的平均产值,我们只能统计不缴纳消费税的行业(也就是除采矿业、酒精厂、烟草和制糖厂之外的整个工业),这些行业在这一年度按产值统计占整个工业总产值的 74%。我们没有找到其他生产部门所属企业数目的精确数据。——作者注

③ 约·布洛赫《波兰王国的工厂工业(1871—1880 年)》第 14—15 页。——作者注

④ 《1890 年贸易与工业统计材料》第 158—195 页。——作者注

	1871 年	1880 年	1891 年
工厂数量	10 499	3 881	163
工人数量	19 894	19 576	26 307
产　值	10 400 000 卢布	30 800 000 卢布	47 600 000 卢布
每家工厂工人	1.9	5	162
每家工厂产值	994 卢布[1]	7 950 卢布[3]	291 736 卢布[2]

棉纺织工业惊人的增长也可以用纱锭数来衡量。纱锭数为:[3]

1836 年	7 300
1840 年	27 300
1850 年	61 300
1863 年	116 200
1870 年	289 500
1875 年	385 500
1879 年	449 600
1882 年	467 600
1888 年	约 600 000

　　其他数据表明,纱锭数量在 10 年(1877—1886 年)内从 216 640 增至 505 622,即增长了 134%。俄国棉纺织工业的纱锭数量同期增长了 32%(莫斯科区增长了 45%,圣彼得堡区增长了 10%);在美国棉纺织工业的纱锭数量(1881—1891 年)增长了 30%;英国同期增长了 8%。1877—1886 年,织机数量增长的情况:在俄国棉纺织业为 46%(仅莫斯科区为 50%,圣彼得堡区为 25%);而在波兰为 139%。[4]

　　19 世纪 70 年代才开始大规模应用蒸汽动力,从此增长迅速。

---

① 约·布洛赫《波兰王国的工厂工业(1871—1880 年)》第 14—15 页。按照鲁托夫斯基的统计,1880 年棉纺织业的产值是 3 300 万卢布。——作者注
② 《1891 年贸易与工业统计材料》第 124—145 页。——作者注
③ A. S.《莫斯科与罗兹之间的斗争》第 17 页。——作者注
④ 《俄国的工厂工业与贸易》第 1 卷第 11、13 页。俄国棉纺织工业的数据只涉及帝国本土,不含芬兰和波兰。——作者注

	1875 年	1890 年
整个工业的蒸汽马力数	14 657	51 800①
其中:纺织工业	4 220	26 772②
采矿业	1 803②	10 497③

在不缴纳消费税的行业中,蒸汽马力在 1890—1892 年的两年内几乎翻了一番,从 41 303 马力增长到 81 346 马力。

这个国家的整个外观在 25 年内发生了彻底变化。在中部,小城罗兹迅速发展成为一个巨大的纺织工业中心,成为"波兰的曼彻斯特",拥有一个现代工厂城市的典型外观——无数冒着黑烟的工厂烟囱鳞次栉比,全城居民几乎全是工厂工人,全都在为了工业和商业而忙碌,整个城市生活踩着工厂汽笛的节拍。在这里大型企业云集,其中,沙伊布勒的制造公司以其 1 500 万卢布的年产值及 7 000 名工人排名第一。在国家的西南部,靠近普鲁士边境的地方,一个崭新的工业区拔地而起,仿佛是用魔术变出来的一般,在林中,在河畔不时有工厂出现,城市的形成指日可待,而且一开始就是按城市设计的。在老首都华沙,这个各种手工业的聚集地,手工业蓬勃发展。④ 但同时,它又属于商人资本统治的范围。中小型的独立企业化为家庭工业,手工制成品的大型仓库作为小生产的集散地深受重视。全国的商业在这里都设有交易所和无数银行以及代理业务。华沙的郊区普拉加成为大规模冶金工业的中心;华沙附近的日拉尔多夫巨型亚麻布厂拥有 8 000 名工人,已变成自己的工业城。

---

① 《1890 年贸易与工业统计材料》第 134 页及 158—194 页。前一数值仅指不缴纳国内消费税和交通税的行业及煤矿业。——作者注

② 《俄国蒸汽机统计材料》第 158、163 页。——作者注

③ 《俄国的矿业》第 74 页,数据仅指煤井。——作者注

④ 关于华沙手工业生产的数据:

	师傅	学徒	工人	产值(英镑)
1876 年	3 122	6 664	5 020	988 833
1893 年	9 642	19 072	24 167	5 163 115

(《外交和领事报告》第 1535 期第 4 页)——作者注

四 波兰的主要工业区

我们在总的概述了波兰工业的发展概况以后,还想结合一些最重要的工业部门的历史来具体加以说明,并描述工厂生产的外在的地域分布情况。

维斯瓦河右岸沿普鲁士边界那些分散的、不大的工厂暂且不谈,波兰王国的工业集中分布在形象鲜明、特点不同、历史迥异的三个地区。

三个地区中最重要的是**罗兹区**。它包括罗兹市及其行政区,帕比亚尼采市,兹盖日市,托马舒夫市和卡利什州的一些辖区。这个地区的产值在 1885 年就达 4 900 万卢布①,现在至少有 12 000 万卢布。② 这是一个名副其实的**纺织工业区**。地区的中心**罗兹**在整个波兰工业历史上都极其典型。

很难想象,还有比罗兹更不合适建立一个工厂城市的地方。它位于一个寸草不生、滴水贵如油的平原,中心地带是泥沼地,主街两旁某些地方甚至 10 年前还是泥沼地,城市在这里还不足 200 步宽。狭窄的罗特卡河完全被工厂废物所污染,所有必需的用水由自流井和池塘输送到工厂。1821 年的罗兹还只有 112 户,800 多人。但 1823 年开始殖民,西里西亚和萨克森的织布工人到此定居,到 1827 年,罗兹已有居民 2 840 人,其中有 322 位工场手工业工人。1837 年,居民已超过 10 000 人,1840 年达到 18 600 人,年产值超过 110 万卢布。然而,由于 1831 年俄国关税税率上调以及因此产生的布料生产危机,城市的增长受到抑制,1850 年,居民人数甚至下降到 15 600 人。③ 但自从 19 世纪 60 年代以来,由于上述几个共同使俄国开放销售市场的原因,罗兹开启了一个快速发展的时代,自 70 年代起,发展更为迅速。因为我们看到的罗兹是:

---

① 《波兰王国工厂工业调查委员会的报告》第 2 册第 1—2 页。——作者注
② 我们根据罗兹市的增长情况作出这一猜测,见下一页。但由于伊·伊·扬茹尔(《波兰王国工业历史发展纲要》第 48 页)和之后的斯维亚特洛夫斯基(《工厂工人》第 23 页)认为,我们引用的 1885 年的官方数据太低,且各自估计这一地区的产值在 1886 年,甚至 1883 年就已经达到 7 000 万卢布,因此,现在的产值很可能大大超出我们的估计。——作者注
③ 伊·伊·扬茹尔《波兰王国工业历史发展纲要》第 44—46 页;O. 弗拉特《罗兹市地理统计描述》第 47、71、110 页。——作者注

1860 年	32 000 居民	2 600 000 卢布产值①
1878 年	100 000 居民	26 000 000 卢布产值①
1885 年	150 000 居民	36 500 000 卢布产值①
1895 年	315 000 居民②	90 000 000 卢布产值③

在过去 25 年中,罗兹的生产也发生了变化。直到 19 世纪 70 年代,棉纺织品是为一个有限的市场,主要是为富裕阶级生产的。但是,当俄国市场向波兰工业开放后,同时一个新的消费者阶级——劳动人民开始逐渐在需求方面发挥主导作用后,罗兹的纺织业也不得不适应新的消费者。因此,罗兹的工厂主也转而生产更廉价、更简约的棉纺织品,例如经编针织物和其他印花粗糙的布料,而且主要生产单面绒布。这种布料的生产最先是 1873 年从萨克森迁移到帕比亚尼采市的。④ 下列数字表明,现在该区主要生产这种布料。在罗兹生产的布料占比如下:⑤

	1881 年	1886 年
兰考特布	29%	27%
比亚斯布⑥	44%	29%
单面绒布	10%	35%
米特卡尔布	5.5%	5%
其 他	11.5%	4%
	100%	100%

1877 年关税政策的骤变也使罗兹地区诞生了一个新的棉纺织工业部门,即用棉花和羊毛生产所谓混纺纱线(织袜线)的部门。此前该产品都由韦尔道和克里米乔大量进口到俄国,实施黄金关税后不久就被禁止进入俄国。为

---

① 《波兰王国工厂工业调查委员会的报告》第 2 册第 1 页。另一份资料称,罗兹的生产收益 1886 年就达 4 000—4 600 万卢布。(《外交和领事报告》第 128 期第 4 页)——作者注

② 1897 年 6 月 6 日《财政、工业与贸易信使》第 21 期。居民人数截止 1897 年 1 月。——作者注

③ 1896 年 12 月 1 日《商业报》。——作者注

④ 《波兰王国工厂工业调查委员会的报告》第 2 册第 23 页。——作者注

⑤ A. S.《莫斯科与罗兹之间的斗争》第 51 页。——作者注

⑥ 比亚斯布是一种由布哈拉棉花生产的布。——作者注

了绕开这一关税壁垒,德国工厂主的几家工厂直接从萨克森迁到了罗兹,1886
年这里就有超过 39 000 只纱锭生产混纺纱了。①

这样,罗兹地区棉纺织工业发展到目前的样子,可认为是 19 世纪 70 年代
俄国市场与关税政策开放的结果。

该地区的毛纺织工业的发展也不乏这样的因素。产值从 1870 年的 400
万一跃增加到 1880 年的 2 200 万,这一点就表明,俄国的市场对波兰的这个
工业部门产生了巨大的影响。单说毛纺业,它当前的发展尤其要归功于俄国
的关税政策。1877 年实施黄金关税是许多外国纺纱厂迁移到罗兹的直接原
因;拥有 22 000 只纱锭的最大纺纱厂,是 1879 年由阿拉尔·卢梭·菲斯建立
的,今天仍然是这家位于鲁贝的公司的子公司,它也从鲁贝购入半成品。② 自
19 世纪 80 年代以来,波兰成为向俄国供应纱线的来源,波兰在这个部门的产
值超过俄国产值的 217% 以上;波兰 1890 年的产值为 18 749 000 卢布,而俄国
只有 5 909 000 卢布。最近一段时期,关税政策又帮助罗兹纺织工业的另两个
部门——织袜和经编针织业——迅速发展。③

第二个工业区——索斯诺维茨地区的历史可以令人信服地证明俄国的关
税政策对波兰工业的影响。

这个地区包括彼得库夫州与紧挨普鲁士边境的西南地区,其中包括琴斯
托霍瓦、本津、扎维尔切、谢尔采和索斯诺维茨等城市。罗兹地区 20 年代就开
始工业发展,而索斯诺维茨地区的工业发展,已经说过,则要晚得多。

直到 19 世纪 60 年代,这里方圆几里之内除了茂密的冷杉林外什么也没
有,但在 15 年内,这个林区就变成了一个活跃的工业区,其纺织工业可以同老
罗兹展开真正的竞争。

有两个重要的情况在很大程度上有利于索斯诺维茨地区工业的快速发
展。第一,是廉价的燃料。彼得库夫州南部是波兰的煤田,由于紧邻这个煤
田,年轻的索斯诺维茨工业不仅与俄国相比,而且同波兰其他地方相比,都具

---

① 《波兰王国工厂工业调查委员会的报告》第 2 册第 25 页。——作者注
② 同上,第 46 页。——作者注
③ 《罗兹城的历史与现状》,载于 1896 年 12 月 3 日《商业报》。——作者注

有显著的区位优势。1 普特煤的平均价格,在这三个地区分别为:①

（单位:戈比）

索斯诺维茨地区	2.40—9.70
华沙地区	11.22—13.00
罗兹地区	11.50—14.90

第二,是廉价的劳动力。煤炭工业从一开始就使区内的工厂获得了矿工家庭成员中"闲置"的女性与青年劳动力份额。在这一点上,索斯诺维茨地区的区位也比罗兹地区更有利。月工资为:②

（单位:卢布）

	索斯诺维茨地区			罗兹地区		
	男工	妇工	童工	男工	妇工	童工
上浆	13.50	10.75	8.50	26.00—	18.00—	9.75
毛纺	29.25	9.00—	6.00—	28.25	18.25	6.00—
混纺	21.25	10.25	—	22.00—	13.00—	—
棉纺	15.75	11.00—	4.75	21.00—	17.75	4.50
平均	20.00—	10.25	6.25	24.30	16.60	6.70

罗兹地区较之索斯诺维茨地区的平均工资差别,就纺织工业而言,男性高21.5%,女性高61.9%,儿童高4.7%。

然而,索斯诺维茨地区工业兴起的真正原因是适逢俄国关税政策的新时代。1877 年后一大批普鲁士和萨克森的工厂立即从德国迁到波兰。在距边境三俄里左右的地区内,很快就聚集了规模可观的工业。1886 年在边境附近出现的 27 家最大的工厂中,有 5 家是在 1877 年前,22 家(81.5%)在 1877—1886 年建立的。索斯诺维茨这些工厂 1879 年的产值为 50 万卢布③,1886 年为 1 300 万卢布④,七年内增长了 2 500%。

---

① 《波兰王国工厂工业调查委员会的报告》第 1 册第 33 页。——作者注
② 同上,第 38 页。——作者注
③ 同上,第 87 页。——作者注
④ W. W. 斯维亚特洛夫斯基《工厂工人》第 24 页。——作者注

索斯诺维茨地区工厂生产的发展与**煤炭工业**的惊人增长携手并进。在波兰银行的支持下,19 世纪 30 年代(1833—1842 年)甚至直接推动下,直到 60 年代,煤炭工业发展都相当缓慢,1860 年的煤炭产量为 360 万普特。自此以后相继出现的三个重要因素,有力地推动了矿产业的发展:一是 19 世纪 60—70 年代的铁路建设;二是工厂工业的发展;三是保护性的关税制度。下面的数字可以体现这一蓬勃发展。煤炭开采量如下:

（单位:普特）

| 1860 年 | 3 600 000 | 1870 年 | 13 800 000 |
| 1880 年 | 78 400 000① | 1890 年 | 150 800 000② |

可见,在 1870—1890 年的 20 年内,开采量扩大了 993%。

铁路是煤炭最大的用户之一。除南俄煤田之外,波兰煤田也为俄国铁路提供燃料。俄国铁路的煤炭消耗量为:③

（单位:普特）

	1880 年	1885 年	1890 年
南俄煤炭	22 200 000	34 300 000	39 800 000
波兰煤炭	10 800 000	13 800 000	7 500 000

但是,更大的煤炭用户是工厂工业。1890 年,单单罗兹地区消耗的煤炭就达 3 060 万普特,华沙地区 2 600 万普特,索斯诺维茨地区 4 000 万普特,其中钢铁厂消耗量最大。④ 1893 年,华沙地区的煤炭消耗量为 3 550 万普特,罗兹地区同年消耗 3 620 万普特⑤,1896 年达到 4 100 万普特⑥。

1884 年,波兰的保护关税政策扩展到煤炭工业这个生产部门,从而开始

---

① 《俄国工业历史统计通报》第 1 册,表 XIV—XV。——作者注
② 《俄国的矿业》第 91 页。上述数据仅指私人企业。国营煤矿 1860 年开采量为 720 万普特,1870 年为 630 万普特。1878 起,国营煤矿的开采完全停止。——作者注
③ 同上,第 72 页。——作者注
④ 同上,第 92 页。——作者注
⑤ 《俄国的生产力》第 7 册第 39 页。——作者注
⑥ 1896 年 12 月 14 日《商业报》。——作者注

了煤炭工业的新时代。在此以前,外国煤炭可以自由进口,关税为每普特0.50—2.00金卢比。这样做的最直接后果是俄国发生巨大的"煤炭危机",即煤炭大量短缺,因为俄国煤矿落后的生产方式,与日益增长的需求相比,无法用自己的煤炭替代不再供应的英国煤炭。①

波兰煤矿从中获利最多,它们迅速扩大了自身业务,几年内就占领了所有重要的俄国市场:敖德萨、莫斯科、圣彼得堡,甚至南俄。尽管危机早已消除,但波兰煤炭从那时起在俄国,在莫斯科—库尔斯克、莫斯科—布列斯特、基辅—沃罗涅什、法斯托夫、圣彼得堡—华沙及部分西南地区的铁路线上逐步击败了南俄煤炭。1894 年,从波兰运往敖德萨的煤炭为 5 824 000 普特,而从南俄煤田运来的煤炭则仅为 530 万普特。②

下面来看看这三个地区的钢铁工业。钢铁工业本身已有很长的历史,1814 年的华沙公国已拥有 46 座冶炼铁矿石的高炉,③然而,发展十分缓慢,以致到 19 世纪 80 年代,波兰生产的生铁没有超过 250 万普特,熟铁没有超过 140 万普特,粗钢没有超过 390 万普特。④

波兰钢铁工业史上新的一页始于俄国关税政策的变化。对钢铁来说,克里木战争后短暂的自由贸易时期比其他商品持续时间长一些,因为即使有强大的保护关税政策,俄国的钢铁厂也不能满足铁路建设的巨大需求。但自1881 年起,保护关税在钢铁工业也取代了自由贸易,而且关税税率在逐渐增加后,于 1887 年确定为每普特生铁 25—30 金戈比,熟铁 0.50—1.10 金卢布,粗钢 70 金戈比;1891 年的税率再次将关税提高。⑤ 作为调整关税的直接效

---

① 俄国平均每年进口的煤炭为:
　　1866—1870 年:49100 万普特
　　1871—1875 年:60500 万普特
　　1876—1880 年:97100 万普特
　　1881—1885 年:112200 万普特
　　1886—1890 年:10.9700 万普特。(《俄国的矿业》第 75 页)——作者注
② 1896 年 12 月 26 日《真理报》第 52 期。——作者注
③ 《俄国的矿业》第 57 页。——作者注
④ 《俄国的矿业》第 58 页及以下几页。——作者注
⑤ 《俄国的矿业》第 65 页;《俄国的工厂工业与贸易》第 19 卷第 181 页。——作者注

应,在关税调整的直接影响下,外国金属对俄国的输入下降如下:①

(单位:普特)

年 份	生 铁	熟 铁	粗 钢
1881 年	14 300 000	6 500 000	1 400 000
1890 年	7 100 000	5 000 000	1 000 000

俄国和波兰的金属产量也相应增长,波兰增长情况如下②:

(单位:普特)

年 份	生 铁	熟铁和粗钢
1860 年	700 000	300 000
1870 年	1 300 000(100%)	600 000(100%)
1880 年	2 400 000	5 500 000
1890 年	7 400 000(488%)	7 500 000(1054%)

第三个工业区,华沙区,没有前两个区那样鲜明的工业化形象。我们在这里看到了多种多样的工业部门,最重要的是**机械制造**和**制糖业。**前者的历史

---

① 《俄国的矿业》第 65、66 页。俄国每年消耗外国与本国钢铁产品的百分比如下:

(单位:普特)

	生铁总量	其中外国产品占比	熟铁总量	其中外国产品占比
1866—1870 年	106 000 000	8%	97 000 000	12%
1871—1875 年	133 000 000	11%	122 000 000	31%
1876—1880 年	171 000 000	26%	132 000 000	35%
1881—1885 年	220 000 000	32%	135 000 000	26%
1886—1890 年	256 000 000	21%	146 000 000	19%
1891—1895 年	402 000 000	9%	159 000 000	23%

(1897 年 6 月 6 日《财政、工业与贸易信使》第 21 号)——作者注

② 《俄国工业历史统计通报》第 1 册,表 VIII—IX 及 X—XI;《俄国的矿业》第 58—60 页。上述数据仅涉及私人企业。国营企业 1860、1870 和 1880 年的产量分别为生铁 65 万、47 万和 29 万普特;铁和钢分别为 33 万、10 万和 10 万普特。——作者注

用下面这个简单归纳就能明白。1860 年前波兰只有 9 家农业机械厂,而 1860—1885 年新建了 42 家工厂。[①] 由于 60—70 年代的市场变化,我们在这一部门看到了和所有之前的事例一样的发展。

最后,让我们来看看制糖业的历史。制糖业在 20 年代已经开始发展,然而,直到 50 年代还只是农业的一个辅助部门,通常由土地所有者自己小规模地经营。1848 年,营业的 31 家工厂的产量不超过 177 500 普特,相当于每家工厂不超过 5 000—6 000 普特。大多数制糖厂是在 1854 年建立的,当时共有 55 家。[②] 自从废除徭役和实行农业改革以来,制糖业脱离农业,成为一个独立的工业部门。在同时实行的生产集中化过程中,工厂数量逐渐减少。1870 年,只剩 41 家制糖厂,年产量为 120 万普特。然而,19 世纪 70 年代俄国政府的税收和关税政策才让制糖业发生了真正的革命。1867 年,当时在波兰实施的糖业特别征税制被废除,取而代之的是俄国的糖业征税制。根据俄国的税制,不是根据实际生产的成品征税,而是根据作为标准设定的每个工厂压榨设备的生产力预计的产量征税。这种形式的糖税自然在很大程度上会刺激生产的改善;它不久就推动所有制糖厂引进了扩散法,相应地推动生产力超越了作为税基的标准,使名义上每普特 80 戈比的税实际上变为 35 戈比,甚至 20 戈比。[③] 1876 年,为了鼓励食糖的出口,还规定对出口食糖的消费税实施退税,鉴于上述状况,这等于是给大额出口的奖励。这反过来又刺激人们积极地改善生产方法和扩大生产。几年之内,俄国和波兰的制糖业就转变为大工业。俄国在 1874 年只出口了 4 普特食糖,而 1877 年出口的食糖已达 3 896 902 普特,政府为此自然要"退税"大约 300 万卢布——整个帝国征收的食糖消费税的一半。[④] 1881 年,政府又对制糖业的税收进行了彻底改革,而制糖业当时已达到很高的技术发展水平。波兰的情况是:[⑤]

---

① 《农业百科全书》第 3 卷第 15 页。根据奥尔洛夫(《俄国欧洲部分工厂索引,包括波兰王国与芬兰大公国》1881 年圣彼得堡版第 620 页)的数据,1879 年已有 66 家机械制造厂,产值 670 万卢布。——作者注

② 《农业百科全书》第 2 卷第 530 页及以下几页。——作者注

③ 《俄国的工厂工业与贸易》第 13 册第 6—7 页。——作者注

④ 同上,第 7 页。——作者注

⑤ 《农业百科全书》第 2 卷第 523、534 页。——作者注

1869—1870 年	41 家工厂，产量 120 万普特
1890—1891 年	40 家工厂，产量 480 万普特

　　紧接着生产的这种狂热发展，1885 年发生了危机，最终导致包括整个俄国和波兰的制糖业卡特尔的建立，从而给这一生产部门烙上了最清晰的大工业印记。这种卡特尔的一个成果是，每磅生产成本为 $1\frac{5}{6}$ 便士的俄国糖在国外售价为每磅 $1\frac{2}{3}$ 便士，而在基辅售价为每磅 4 便士。[①] 难怪制糖厂以这样的垄断价格能够赚取巨大的红利。

　　波兰工业上述的情景是不完整的，除非就其在俄罗斯帝国国民经济中的作用，特别是与其他重要工业区相比而言的作用，至少作一些补充说明。波兰和俄国工厂生产的两个重镇——圣彼得堡和莫斯科——在工业活动方面的重要性可以非常概略地表示如下：[②]

（单位：卢布）

1890 年	总产值	居民人均
俄帝国	1 597 000 000	13.5
莫斯科区	460 000 000	38
彼得堡区	242 000 000	40
波　兰	210 000 000	23

　　可以看出，波兰工业无论绝对值还是相对值都在帝国中排名第三，而莫斯科区的绝对值，彼得堡地区的相对值排名第一。如果我们挑出两个最重要的生产部门——纺织业和矿业，那么我们可以归纳如下：

　　帝国 1895 年的总产量（不含芬兰）生铁为 8 200 万，熟铁为 2 570 万，粗钢为 3 450 万，煤炭为 55 000 万普特。以下各个地区在其中的占比为：[③]

---

① 《外交和领事报告》第 1449 期第 7 页。——作者注
② 《〈俄国的工厂工业〉序言》第 32—33 页。莫斯科区或中央区包括莫斯科、弗拉基米尔、卡卢加、科斯特罗马、下诺夫哥罗德、斯摩棱斯克、特弗和雅罗斯拉夫尔等省；彼得堡区包括圣彼得堡、普斯科夫、诺夫哥罗德、库尔兰、里夫兰、爱斯兰等省。——作者注
③ 1897 年 3 月 7 日《财政、工业与贸易信使》第 8 期。仅指私人企业。——作者注

（单位：普特）

	生　铁	熟　铁	粗　钢	煤　炭
乌拉尔区	36.0%	56.0%	7.7%	2.9%
顿涅茨区	40.0%	6.0%	42.0%	54.0%
波　兰	14.0%	14.0%	23.0%	40.0%

　　也就是说，在金属和煤炭生产中，顿涅茨地区（南俄）和乌拉尔地区是俄国最重要的工业区，波兰在俄国市场上主要与顿涅茨地区，部分与乌拉尔地区进行竞争。我们看到，波兰在帝国的矿业中排名**第二**，仅次于顿涅茨地区，生铁生产除外，它排名第三。虽然波兰的人口只有帝国总人口的 7.3%，但占了俄罗斯帝国粗钢生产的四分之一和煤炭生产的五分之二。

　　同样，在帝国的纺织工业中，波兰也占据与其人口数量极不相称的重要地位。1886 年帝国棉纺织工业纱锭和织机总数分别为 3 913 000 和 84 500，以下各地区在其中的占比为：①

	纱　锭	织　机
莫斯科区	55.0%	71.6%
彼得堡区	29.0%	12.8%
波　兰	13.0%	12.5%

　　波兰在这方面又是排名**第三**。但在其他行业中，从下表可以看出，它发挥的作用要大得多：1892 年，帝国的纺织工业总产值为 58 900 万卢布，波兰在其中占 19.5%；然而，它在各部门所占的比例分别为：棉纺厂 15.6%，棉织厂 16%，亚麻布厂 42%，毛织厂和呢绒织造厂 29.6%，毛纺厂 77%，编织厂 78%。②

　　波兰工业总体上落后于中央区和彼得堡地区的工业，但它在国民经济的各个重要部门中却领先于帝国的其他地区。波兰在这些部门中的重要意义尤其可以表明波兰工业和俄国工业之间的具体分工。

---

① 《俄国的工厂工业与贸易》第 1 册第 11 页。——作者注
② 《1892 年贸易与工业统计材料》第 194—204 页。——作者注

五　波兰的工业市场

综上所述,可以清楚地看出,俄国的市场是波兰今天的大工业发展的真正推动力。因此,了解波兰商品在俄国销售规模的确切数据,是很有意义的,然而这样的数据很难弄到。像所有国家的统计一样,俄国的统计也极为缺乏有关国内商品交往的数据。因此,只能获得反面的间接的和大致的数据。1886年进行的官方调查显示,141 家最大的工厂的生产占整个生产的三分之一,

总产值(单位:卢布)

37 家工厂	7 061 984,全为波兰生产,
27 家工厂	7 480 645,全为俄国生产,
11 家工厂	13 224 589,主要为波兰生产,
34 家工厂	22 824 013,主要为俄国生产,
32 家工厂	19 311 695,一半为波兰生产,一半为俄国生产。①

如果我们假定,"主要"这个单词的意思等同于三分之二,那么波兰工业的销售可以表示如下:

141 家工厂生产的商品中,为波兰生产的价值 33 142 228 卢布,等于 47%;为俄国生产的价值 36 760 698 卢布,等于 52%。

调查委员会得出的一般结论是,波兰工厂有 50%—55% 的产品在俄国销售。

这一结论也得到了诸如罗兹市纺织工业不完全销售数据的证实。销售状况如下:②

---

① 《波兰王国工厂工业调查委员会的报告》第 1 册第 18 页。——作者注
② 《波兰王国工厂工业调查委员会的报告》第 1 册附录第 41—43 页。英国方面的数据表明,1886 年罗兹纺织工业产品向波兰出口 229 900 普特,向俄国出口 970 791 普特;1887 年向波兰出口 264 665 普特,向俄国出口 721 115 普特。(《外交和领事报告》第 321 期第 7 页)——作者注

（单位：普特）

	1884 年（危机）		1885 年		1886 年	
	波兰	俄国	波兰	俄国	波兰	俄国
棉毛织物	372 390	1 004 286	321 344	1 115 460	443 565	1 507 259
纱	45 290	4 524	63 051	99 951	56 583	90 136
合计	417 680	1 008 810	384 395	1 215 411	500 148	1 597 395

可见，纺织工业的中心在 19 世纪 80 年代中期已经在俄国销售其产品的四分之三。然而，在上述统计之后的 10 年间，这一比例可能由于对俄销售的增长还有大幅扩大，因为生产自此之后扩大了约一倍，而国内市场不言而喻只有小幅增长；另一方面，我们还可直接证明，在这 10 年中，波兰的销售在俄国开辟了新的领域，我们下面还会详细论述这一点。因此，我们今天即使按照最低的比例设想，波兰工业起码有三分之二的产品在俄国销售。销售领域已扩大到构成国家大型资本主义支柱产业的工业部门：纺织、冶金和煤炭工业。其中当然还包括小型工业部门，如制糖和时装生产、制革业等，其产品也以越来越大的规模销往俄国。

波兰对俄销售的进展从地理角度展现出一个有趣的景象。上面已经说过，波兰的销售规模是从 70 年代才开始日益扩大的，然而，在很长一段时间内仅限于帝国西部和西南部各省——即立陶宛和乌克兰，实际上就是原波兰的属地。在 19 世纪 80 年代初，波兰在俄国南部，即所谓的新俄罗斯占据了一个新的销售市场。① 80 年代中期，波兰销售又向前迈进了一步。1883 年，柏林会议②批准的经巴统到外高加索的自由过境被取消，并在那里建立了关税边界。这样一来，西欧国家，尤其是英国，失去了一个重要的产品销售市场，这个

① 伊·伊·扬茹尔《波兰王国工业历史发展纲要》第63页。——作者注
② 1878 年 6 月 13 日—7 月 13 日，英国、德国、奥匈帝国、法国、意大利、俄国和土耳其在柏林举行了国际会议。迫于军事恐吓和外交压力，俄国政府将圣斯特凡诺初步和约提交会议审议。该和约是俄国在 1877—1878 年俄土战争中获胜后于 1878 年 3 月 3 日同土耳其缔结的，它加强了俄国在巴尔干的势力，引起了得到德国暗中支持的英国和奥匈帝国的强烈抗议。柏林会议最后作出了解决东方危机的临时决议。1882 年 1 月，在奥地利根据柏林会议决议占领的波斯尼亚和黑塞哥维那爆发起义。起义是由于占领区兵役制实施法案的通过而引起的，在 1882 年 2 月上半月达到了高潮。沙皇政府心怀叵测，极力利用起义牟取私利。——编者注

销售市场现在转给了俄国和波兰的实业家。1885 年前后,波兰产品第一次出现在高加索地区;从此,波兰产品向高加索三个贸易中心的输入情况如下:①

(单位:普特)

年　份	巴　统	第比利斯	巴　库
1885—1886 年	39 000	55 000	68 000
1887—1888 年	95 100	200 000	258 000

　　80 年代末,波兰的销售向东北部——伏尔加河地区推进。波兰产品向伏尔加河流域的贸易中心**察里津**的输入情况是,1887 年 55 640 普特;1888 年 73 729 普特;1889 年 106 403 普特。②

　　同时,波兰开始参与欧亚贸易;它的产品出现在**下诺夫哥罗德**(1889 年那里建造了大型波兰仓库③)和**伊尔比特**的两个大型年市上。最后,在 80 年代末 90 年代初,波兰产品踏足亚洲的土地。首先与西伯利亚建立了贸易联系,即 1888 年与西伯利亚西部的**托姆斯克**④,1892 年与西伯利亚东南部的**尼布楚**⑤建立了贸易联系,1894 年波兰商品已出现在**鄂木斯克**⑥。在此期间,波兰在亚洲的销售还面向另外两个方向,一是中国,二是波斯和小亚细亚。

　　在 1870—1890 年的 20 年间,波兰贸易逐步进入俄国欧洲部分的各个角落。销售市场的这种快速发展,正如我们所看到的那样,使波兰的工厂生产在 20 年中变成了大工业。从那时起,它准备采取一个新的重要行动:**占领亚洲市场**。波兰贸易在这个方向已经有了一些重要进展。然而,这无疑只是开端的开端,而跨西伯利亚铁路和俄国政策在亚洲取得的巨大成功,为工业开辟的广阔前景,也意味着波兰工业的一次新的革命,甚至是一次比它在 19 世纪 70

---

① 1890 年《雅典娜神殿》第 1 卷第 2 期第 294—296 页。波兰的生铁在高加索的销售情况如下:1887 年 310 500 普特;1888 年 299 044 普特;1889 年 340 905 普特;1890 年 398 210 普特。(1891 年《雅典娜神殿》第 3 卷第 3 期第 612 页)——作者注
② 1891 年《雅典娜神殿》第 3 卷第 3 期第 611 页。——作者注
③ 1889 年《边疆区报》第 43 期。——作者注
④ 1888 年《边疆区报》第 21 期。——作者注
⑤ 1893 年《真理报》第 3 期。——作者注
⑥ 1894 年《真理报》第 51 期。——作者注

年代所经历的更加深刻的革命。波兰工厂主正在极其认真地为这个未来作准备,并坚持不懈地关注亚洲。在华沙建立了一个东方商品博物馆,它的特殊任务是使工厂主熟悉亚洲的商品世界、喜好和要求。新的贸易机构在商品说明书这样写道:

"我们这里生产的食糖和烧酒,机器和铸管,玻璃,彩陶和瓷器,鞋,领带和手套,围巾,卡其布和亚麻布,不久以前,最远只能销往邻近的几个省;现在,它们跨过顿河、乌拉尔河,到达高加索,越过里海,到达中国、波斯和小亚细亚。为了将产品朝着这个方向销往尽可能远的地方,我们不能将自己的喜好强加于那些商品的销售对象;而是必须适应他们的喜好,必须生产能在那里的市场上有销路的商品,然而,那里的喜好完全不同于我们的喜好,……布料种类、式样、图案、喜欢的颜色都与我们这里不一样。……我们迄今生产的产品主要面向文明地移居到这些国家的人口。**大众**不在我们工业的目标范围之内。如果我们想要使工业立足于一个稳固的基础,甚至还要扩大这个基础,那么,我们必须生产符合大众喜好和习惯的商品,因此我们必须了解大众的需要。"①

这就是俄属波兰工业史的梗概。波兰王国政府的努力表明,波兰工业试图在第一时间占领俄国市场。现在它进入俄国市场日益困难,日益依靠国内的消费群体,所以它的发展逐步减缓。俄国在19世纪60年代经历的社会危机也使波兰摆脱了经济停滞,并将其拖入资本主义发展的漩涡。随着俄国销售领域再次和永久性的开放,波兰工业获得了肥沃的发展土壤,并迅速完成了向大工业的转变过程。俄国的关税政策为俄国和波兰的资本家垄断这个巨大销售领域提供了便利,并导致了狂热的资本积累。工厂工业在波兰成了整个社会生活的决定性因素,在过去25年中,整个社会生活也发生了彻底变革。

我们在上文中提到,直到19世纪60年代,波兰在公共生活的一切领域都保持了由地主阶级主导的农业国家的特征。农民改革②已经基本摧毁了贵族

---

① 1896年《真理报》第5期。——作者注

② 沙皇政府被迫于1864年3月2日废除波兰的农奴制,从而保证了波兰农民在1863—1864年的斗争中赢得的权利。——编者注

地产的主导地位。① 地主必须为企业安排不可或缺的货币资本,所以大大扩大了它的债务。80年代,在欧洲农业中爆发的普遍危机以及粮食价格的下跌,给了地主致命的打击。

中等贵族地产的广大阶层已经破产或日益濒临破产。15%的贵族地产已经从其所有者手中转入德国人和犹太人之手;另有15%已分成小块土地并出售给农民。其余地产已计入抵押债务账下,抵押价平均为地产价值的80%,但有五分之二的抵押价达到100%—250%。② 与此同时,工业发展越来越强劲,很快就在各个方面超越了农业。早在1880年,工业产值就与粮食产值相等。③ 现在,工业产值与粮食产值相比,已经翻了一番还多:前者人均至少为23卢布,而后者人均只有11卢布。④ 此外,数量上落后的农业完全陷入了对工业的依赖。波兰这个曾经的"欧洲粮仓",是一个主要为世界市场生产粮食的国家,而现在它几乎不能满足自己的需求。工业开辟了一个吞噬整个农产品——按照群众的说法——的国内市场。如果说现在波兰仍然出口大量的小麦,那只是因为它从俄国进口数量更多的低价粮食作为替代。其次,由于粮食价格不断下降,现在的农业被迫日益从纯粹的粮食生产中解放出来,转向为工业种植所谓的技术作物和饲养牲畜。⑤ 无需强调的是,就连手工业在还未受到工厂竞争直接冲击的领域,也转而依靠工厂工业得以生存——部分是直接做有利于工厂工业的事,部分是靠通过工厂工业积累的资本和日益增长的内部消费获利。工业现已成为国家物质生活的所有其他部门获取养分的主要来源。或者确切地说,工业是物质生活各领域——农业、手工业、贸易和交通业——实行革命化并使它们服从自己的动力。波兰在社会关系方面曾经是一个非常独特的国家,现在成了一个典型的资本主义国家。机械织机和蒸汽机

---

① 关于这一改革及波兰地主与农民之间关系的简史,参看《外交和领事报告》英文版第355期。——作者注

② 约·布洛赫《地产及其债务》;"毫无疑问,大量波兰地主在最艰难的条件下生活。"(《外交和领事报告》第347期第11页)另见约·布洛赫《农民银行与土地分割》第1、16页。——作者注

③ 约·布洛赫《波兰王国的工厂工业(1871—1880年)》第181页。——作者注

④ 《俄国的工厂工业与贸易》第32、33页。——作者注

⑤ 参看约·布洛赫《土壤改良贷款和农业的状况》,另见L.古尔斯基《我们在农业中犯的错误》。——作者注

毁了它原有的形象,给它打上了标准的国际印记。早在 1884 年,波兰就经受了典型的资本主义病——第一次大危机。今天,波兰资本主义的虚伪特征时而出现在觉醒的工人运动中。

第二部分　俄国在波兰的经济政策

　　上述波兰工业的发展及现状与中世纪波兰城市手工业史所告诉我们的情景完全不同。波兰的工场手工业尽管产生方式完全一致——都是从德国人为地强制移植过来的——不仅没有像从前的城市手工业那样灭亡，反而发展成为大工业；尽管它来源于陌生的德国，但不仅深深扎根于波兰的民族生活，而且完全成了波兰民族生活中主导性的和决定性的因素。

　　但是，最近出现了一些现象，在许多方面唤起了对波兰工业长远未来的担忧。显然，在俄国的销售加上正在开辟的亚洲市场，是波兰工业的生命线。然而，在所有这些领域，波兰产品自然要与俄国产品进行竞争。显而易见，波兰和俄国的资产阶级之间，在销售市场问题上存在天然的利益对立，波兰工业越发展，这种对立必然越尖锐。另一方面，似乎也很自然，俄国的资本家阶级有俄国政府对抗波兰竞争者，政府可以利用它的权力打压波兰工业，最简单、最极端的方法也许是再次在波兰和俄国之间建立关税壁垒。近来时常能够听到这些声音，不时有观点认为，波兰工业在此前的繁荣期之后开始了一个受到俄国政府迫害和制裁的时期，波兰工业在这个时期迟早会崩溃。①

---

① "因此，对外国移民和本地工商业的鼓励措施，总体上说，非常显著地促进了工业发展，特别是在波兰最靠近德国这个活跃因素来源地的地区的工业发展；这项政策连续执行了73年，推动了该国工业的建立；然而，1887年3月14日，它突然被著名的禁止外国人在波兰王国和波罗的海沿岸各省收购不动产的沙皇敕令取消了。""另一项将会严重影响该国工业的措施是禁止在距边境四分之一英里范围内建楼的新规定。""采取这项措施和其他计划中的措施的原因是莫斯科工厂主的嫉妒心，他们在最近一次下诺夫哥罗德展览会上向政府提交了一份备忘录，要求抵御波兰工业。"（《外交和领事报告》第321期第6、7页。）另见格·舒尔采-格弗尼茨《俄国的民族主义及其经济载体》，载于1894年1—3月《普鲁士年鉴》第75卷；另见舒尔采-格弗尼茨《皇家劳工委员会蓝皮书。国外报告》第10卷《俄罗斯》第9页。其中的相关论述是基于英国驻波兰的领事报告，报告恰恰在这一点上并不总能摆脱当地资本家媒体的片面影响。——作者注

因此,在我们结束对波兰工业的描述之前,我们还必须深入研究这样的问题:波兰和俄国的工厂生产之间事实上有哪些利益对立,波兰工业在与俄国工业的竞争斗争中有哪些技术装备,政府对这场斗争持什么态度。这样,我们才能够展望波兰工业的未来,从而补充它此前的历史。

一 罗兹和莫斯科之间的斗争历史

首先,完全错误的是,中央工业区和波兰工业区之间的竞争和几年前曾被大肆渲染的争执,普遍认为是 19 世纪 80 年代才出现的新现象。恰恰相反,这场斗争的历史与波兰工业本身的历史一样长久。早在 19 世纪 20 年代,双方就向政府提交了请愿书,俄国方面要求提高俄国与波兰之间的关税,波兰方面则要求完全废除波兰和俄国之间的关税边界。从那时起,双方的角逐实际上从未停止。俄国工厂主 1826 年和 1831 年都向圣彼得堡提交了请愿书[1]——都是控诉波兰工业,要求支持"祖国的"工业,反对波兰工业。从波兰工业的历史可以看出,政府最终不仅没有满足俄国工厂主的要求,反而在 1851 年废除了波兰与俄国之间的关税边界,对双方敌对的工业之间的斗争听之任之。这场斗争在 19 世纪 80 年代中期再次激烈爆发,一是因为波兰工业此时——如前所述——在俄国南部和东部占领了一系列新的销售领域;二是因为索斯诺维茨地区的整个纺织工业正好那个时候在普鲁士边境附近拔地而起。另一方面,19 世纪 70 年代末因关税政策的变化而突然飙升的商品价格,在 80 年代中期大幅回落。因此深感不安的莫斯科工厂主开始"寻找罪人"[2],并且找到了这个罪人——波兰的竞争。鉴于波兰棉织品对俄国销售市场的占领,这场斗争主要是由莫斯科的棉纺厂主发起的。

一位名叫沙拉波夫的人在公开演说中代表莫斯科工厂主一方率先发难,他于 1885 年在莫斯科和伊万诺沃—沃兹涅先斯克发表演说,讲稿后来印刷出版。沙拉波夫从一开始就把调子定得很高,将莫斯科的卡其布与罗兹的单面

① K. 洛基申斯基《俄国关税税率史》第 220、218、222 页。——作者注
② A. S.《莫斯科与罗兹之间的斗争》第 22 页。——作者注

绒布之间的整个斗争,夸大成斯拉夫种族和日耳曼种族之间的历史性决斗。他指出,波兰工业在各方面都比俄国工业享有更优惠的条件。沙拉波夫认为:第一,有德国的低息信贷可供波兰工业使用,其利率为 3.5%—4.0%,而俄国中部的工厂主必须支付的利率是 7%—8%;第二,波兰有更便宜的原料,这些原料的运输成本远远低于远在东部的莫斯科区;第三,波兰享有更优惠的铁路票价,这是它通过与铁路公司之间的私人协议获得的;第四,最后一点,它只需缴纳极低的税:在中央区,每 100 万卢布产值要交税 3 600 卢布;在罗兹只要交 1 400 卢布;而在波兰的小城市只要交 109 卢布。①

沙拉波夫呼吁政府抵制波兰的"德国"工业,并拯救被它压迫的俄国和波兰人(!)。

第二年,1886 年,莫斯科工厂主向圣彼得堡派出一个代表团,"十分虔诚"地请求重建波兰和俄国之间的关税边界。②

收到请求的政府当年即 1886 年成立了一个由教授扬茹尔、伊尔金和兰戈沃伊组成的委员会,该委员会的任务是,调查波兰工业区的生产条件,并核实莫斯科工厂主提出的主张的正确性。③ 这项比其他历次调查更严肃和彻底的调查的结果如下:

在波兰工业一方,我们看到更便宜的燃料、更小的固定资本、更低廉的税收、更优秀的劳动力,以及企业在几个地点的更便利的空间集中。而俄国工业一方拥有更廉价的劳动力、到达主要销售市场(高加索、伏尔加河地区、亚洲)的更低廉的运输成本、为工人花费的更少的支出(医院、学校等)、工厂商店的利润,最后有足够的水源维持棉织厂和棉纺厂的生产。④ 最后,该委员会反对在波兰和俄国之间建立关税边界,也反对针对波兰原棉的差别关税,一是因为政府认为,"在贸易工业方面将波兰视为外国,几乎是不可能的";二是因为更高的差别关税在"波兰居民——俄国的臣民看来,是针对他们的不公行为,毫

---

① 《沙拉波夫著作集》第 1 卷第 70—94 页。——作者注
② A. S.《莫斯科与罗兹之间的斗争》第 22 页。——作者注
③ 《〈波兰王国工厂工业调查委员会的报告〉导言》第 1、2 页。——作者注
④ 《波兰王国工厂工业调查委员会的报告》第 1 册第 101 页;第 2 册第 101—107 页。——作者注

无疑问会引起极大的不满。"委员会认为唯一恰当的措施,是提高对波兰工业的现行税收,使其与俄国工业的税收相等。①

1887 年,莫斯科工厂主再次在下诺夫哥罗德年市上向财政大臣提出请愿,要求提高棉花的关税,并在波兰边境征收更高的差别关税。② 现在罗兹的工厂主也加入了斗争。他们以一份反请愿书答复了上述要求,在其中试图证明他们的生产条件明显不如莫斯科的竞争对手;1886 年中央区的纺纱厂获得了最高达 8.4% 的利润,而波兰的纺纱厂只有 7.5%;③原棉从利物浦到莫斯科的运输费用为每普特 35.77 戈比,而从利物浦到罗兹却要 37.10 戈比;可见,对棉花征收差别关税将使他们的状况进一步恶化,今后的生产将极为艰难。④

1888 年,再次成立了一个以贝尔为主席的委员会,负责调查争端。这次它的结论对波兰非常不利,委员会要求采取一系列措施,保护莫斯科工业区,抵御状况较好的波兰工业。⑤ 另一方面,莫斯科工厂主在 1888 年再次向财政大臣提交了请愿书,抱怨他们的窘迫状况,并要求政府采取措施,反对"寄生"的波兰工业。⑥

1889 年,罗兹工厂主出版了一本宣传册,题为《莫斯科与罗兹的斗争》,试图通过"一位公正、无私的观察家"的嘴,说明罗兹采购原棉比莫斯科贵;罗兹占有的比莫斯科燃料便宜的优势只有每阿尔申布料省 0.2 戈比,数量上可以忽略不计;莫斯科贷款利息高的原因在于莫斯科本身,是由信贷机构不足引起的;罗兹由于缺水,劳动力昂贵,最终赚取的利润少于俄国中部地区的工业。⑦

1890 年,政府安排的负责铁路运费事务的组织和国有化,再次导致成立一个新委员会,责成这个委员会再次调查这样的问题:波兰和俄国中部工业区的竞争条件究竟怎么样;如何调整竞争者所关注线路的铁路运费。这个由铁

---

① 《波兰王国工厂工业调查委员会的报告》第 1 册第 102、103、104 页。——作者注
② 《外交和领事报告》第 321 期第 7 页;A. S.《莫斯科与罗兹之间的斗争》第 23 页。——作者注
③ 按照前文所述,很容易判断这两个数字比真实的利润低多少。——作者注
④ 《外交和领事报告》第 321 期第 7 页。——作者注
⑤ 《外交和领事报告》第 321 期第 6 页。——作者注
⑥ A. S.《莫斯科与罗兹之间的斗争》第 23 页。——作者注
⑦ 同上,第 29、32—35、37、40—42、60 页。——作者注

道部的代表拉扎烈夫担任主席的委员会又一次无功而返。罗兹和莫斯科工厂主的代表为了助兴,提出了他们众所周知的论点和反论点。只有波兰方面提出的两个论点略有新意:他们指出,莫斯科区使用廉价的石油残渣作燃料,并声称波兰的税负大于俄国中部,后者为人均 5.82 卢布,而前者却要 6.64 卢布。①

翌年,即 1891 年,著名的经济学家贝洛再次受托调查波兰和俄国中部的生产关系。他再次得出结论说,罗兹方面几乎占所有的劣势,而莫斯科方面则占所有的优势,具体说就是,更便宜的劳动力;更长的劳动时间(莫斯科每年 3 429 小时,波兰为 3 212 小时);更便宜的燃料——石油残渣成本每英担 6 便士,而产生同等热量的煤炭要贵得多,每英担 10.25 便士——;更便宜的原棉;最后是更优惠的铁路运费。1885 年曾敲响反对罗兹第一声警钟的那位沙拉波夫,现在由于贝洛调查的结果断言,1885 年以来情况发生了彻底的变化,罗兹现在根本不应受到任何制裁。②

有必要对罗兹与莫斯科之间争执的各个阶段进行深入探讨,以便证明,就这个问题形成不偏不倚的意见是多么困难,通常采纳就这个问题提出的主张时是多么谨慎,因为没有哪一个论据是双方在使用直接对立的数据时没有使用过的,因为人们一不小心就会成为这两个企业主合唱团之一的无意识的传声筒。

在我们简要了解了莫斯科—罗兹之间的争执的历史和争执的主要问题之后,我们打算在各个主要方面就双方工业的竞争条件进行相互比较,以便根据数据获得关于这些竞争条件的客观概念。

二 波兰和俄国的工业生产条件

1.**燃料**。燃料是任何工厂工业最重要的生产条件之一。许多研究者都认为,这个因素是波兰工业发展的决定性因素,是与俄国工业的竞争斗争中的最

---

① 1891 年《雅典娜神殿》第 3 卷第 609 页。——作者注
② 《外交和领事报告》第 1183 期第 5、6 页。——作者注

重要的因素。比如,上述调查委员会1886年的报告称:"燃料无疑是构成中部诸省和波兰王国生产条件最重要区别的生产因素。"①波兰工业拥有储量丰富的大型煤矿,而俄国工业的中心莫斯科工业区,距离顿涅茨地区的煤矿非常遥远,主要依赖昂贵的木材或泥煤作燃料。"莫斯科省的木材价格每天都在上涨,根据工程师别利科夫的计算,平均每普特木材价格为11.6—13.1戈比。泥煤——在工厂中的用量正在快速增长,并且在莫斯科的年消耗量已达10万英寻——主要由于运输成本高,每普特价格为12甚至16戈比,并且只有当工厂位于泥煤沼地附近时,使用泥煤才对工厂有利。"莫斯科的俄国煤炭价格为每普特13.3戈比(来自图拉)、17.5戈比(来自梁赞)和25戈比(来自顿涅茨地区)。英国煤的价格每普特也只有25戈比。"使用最多的燃料——木材和泥煤(在都不可能用更昂贵的煤炭替代它们的情况下)相对要贵多少,这个问题对于俄国工业有多么重要,通过下面数据可以作出判断:根据同一位工程师别利科夫的计算,木材的平均热产量为2 430—2 700度(摄氏度),莫斯科泥煤为1 920—2 800度;来自图拉的煤平均产热量甚至高达3 280度,而来自顿涅茨的煤和英国煤则远远超过5 000度。"②

波兰工业在这方面的情况完全不同。主要工业中心——索斯诺维茨、罗兹和华沙的煤炭每普特平均价格分别为:2.4—4.95戈比,11.5戈比和13戈比,可见,低于莫斯科木材的平均价格,而产热量自然要高很多。③

按单位产品计算,燃料支出为:

(单位:戈比)

每普特棉纱		
波　兰	莫斯科	圣彼得堡
38	90	53

这些数据足以说明波兰工业在燃料方面较之其俄国竞争者的巨大优势。

---

① 《波兰王国工厂工业调查委员会的报告》第1册第30页。——作者注
② 同上,第30—31页。——作者注
③ 同上,第32—33页。——作者注

　　尽管如此,舒尔采－格弗尼茨①教授还是认为,可以说"自然优势对波兰工业没有好处。虽然有人说到燃料更便宜,但是根据门捷列耶夫的数据,参照上述报告中的数据,这一优势在莫斯科改用石油燃料时就不存在了(罗兹的一普特烟煤价格为 12—13 戈比,燃烧值相同的石油价格为 12.75 戈比)。"②

　　对此应注意以下几点。第一,罗兹的 1 普特烟煤价格并不是舒尔采－格弗尼茨教授所说的 12—13 戈比,而是 8.75—13.50(或 8.30—14.70)戈比;而 1 普特石油煤,即产热量等于 1 普特煤的一定量石油,价格不是 12.75 戈比,而是 13.00—20.00 戈比③,价格无论如何都明显高于波兰的煤。第二,石油仅占目前莫斯科工业区所有燃料的 20.5%,——特别是在莫斯科省和弗拉基米尔省的棉纺织工业中为 29.4%④,因此不会影响该区绝大多数工厂的生产条件。

　　关于第三点,即这一加热方法的未来,门捷列耶夫教授在专门论述石油工业的文章中说:"今天,用石油残渣作为燃料,在不可能大规模利用石油(由于从巴库到巴统没有石油传输管道)的地方是最自然的现象,尽管也是一个独特的和临时的现象。"⑤"对于普通的燃料用途,特别是对能用各种燃料的蒸汽机的供热来说,**广泛使用像石油残渣这样昂贵的燃料,在国家工业活动的这种过渡期只是暂时的,此时工业还没有时间坐享其成**;而今天在各国实现这一点的前提条件是——使用烟煤。"⑥不仅如此。"目前俄国使用 13 000 万普特的石油残渣,应当视为一个暂时现象,这一方面取决于世界市场上石油销售的匮乏,另一方面则取决于烟煤开采力度不足,取决于在整个俄国,尤其在中部和东南部的普遍使用不足。""建设从顿涅茨煤田到伏尔加河地区的铁路线,采取各种措施,利用巴库的石油储量,从顿涅茨廉价输出烟煤,是俄国当前工业发展的任

---

① 格·舒尔采－格弗尼茨(1864—1943)——德国经济学家。——编者注

② 格·舒尔采－格弗尼茨《俄国的民族主义及其经济载体》第 359 页。——作者注

③ 见调查委员会的报告中列举的烟煤价格(《波兰王国工厂工业调查委员会的报告》第 2 册第 104 页、第 1 册第 33 页)。1 普特石油煤的价格是这样计算出来的:"替代 100 单位重量的烟煤",门捷列耶夫写道:"只需要 67 单位重量的石油残渣。"但根据同一资料,石油残渣的价格"在近几年中有波动,……莫斯科的价格为每普特 20—30 戈比"。(《俄国的工厂工业与贸易》第 12 册第 311—312 页)——作者注

④ 《俄国的工厂工业与贸易》第 1 册第 17 页及第 22 册第 264 页,"导言"第 21 页。——作者注

⑤ 同上,第 12 册第 310 页。——作者注

⑥ 同上,第 312 页。——作者注

务,不能再像现在这样,让蒸汽锅炉继续不合理地广泛使用巴库的石油残渣。"①

上述引文引自最了解这个问题的专家的意见,我们认为,它足以证明,在比较评估波兰和莫斯科的燃料时,必须将莫斯科使用石油残渣作燃料这个暂时现象撇开不谈。现在所说的"石油残渣",不是真正的生产废料,而是开采石油本身的产物,仅仅由于销售匮乏而没有被大量利用,且大量用作燃料,而不是用于照明和供热。因此,例如从巴库出口的每 1 普特石油中,1891 年含有 1. 40 普特石油残渣,1894 年甚至高达 2. 73 普特。因此,所谓的"残渣"其实是主要产品,而石油则是副产品。这种异常现象也表现在产品本身的质量上。如此获得的"残渣"在 50℃、40℃甚至 30℃下就会爆炸,而真正的石油残渣的正常爆炸温度不应低于 140—120℃。因此,便宜的燃料造成了代价高昂的后果:1893—1894 年,阿斯特拉罕轮船公司的 20 艘使用"残渣"作燃料的船只毁于火灾。② 石油燃料的另一个缺点是,这种残渣因化学构成不同,其产生特定热效应的消耗量实际上比真正的石油残渣更大。"残渣"的过度消耗量有时达到 40%③,而且莫斯科—圣彼得堡铁路管理局认定这是一种正常现象。这使石油燃料最重要的优点——廉价——失去了大部分效力。到处都已开始不再使用石油残渣,比如俄国东南铁路最近已经恢复使用烟煤。当然,石油残渣的消费在中央工业区,特别是由于生产过剩和价格下降,在未来几年只会增加,不会减少。然而,目前俄国政府在促进资本主义和排除所有发展障碍方面异常积极,所以石油的使用将很快回归其合理的用途,工厂将只用木材和煤炭作燃料。如果工厂只用木材和煤炭作燃料,那么波兰的优势将充分得到发挥,因为"波兰的燃料价格一般是莫斯科的一半"。④

2. **劳动力**。工业活动的这个因素通常可以用来证明,波兰的条件比俄国更为不利,因为波兰为工人支出的费用比俄国更高。⑤ 波兰的工资实际上比

---

① 《俄国的工厂工业与贸易》第 12 册第 312、313 页。——作者注
② 1895 年 6 月 2 日《财政、工业与贸易信使》第 21 期。——作者注
③ R. 米哈伊洛夫《石油残渣调查》,载于 1898 年《技术协会通报》第 1 期。——作者注
④ 《波兰王国工厂工业调查委员会的报告》第 1 册第 35 页。——作者注
⑤ "波兰的周工资高于俄国,……莫斯科的工作日要长得多"等等(格·舒尔采-格弗尼茨《俄国的民族主义及其经济载体》第 359 页)。格·舒尔采-格弗尼茨《俄国在波兰各省的工业政策》,载于 1893—1894 年《新时代》第 12 年卷第 2 卷第 791 页。——作者注

俄国的高得多,详情如下:①

	棉纺厂	棉织厂	上浆厂	毛纺厂
男　工	18.75%	36.0%	19.0%	59.0%
女　工	42.0%	37.0%	107%	91.0%
童　工	14.0%	79%	85%	27.0%
	毛织厂	呢绒织造厂	半毛织厂	平均
男　工	31.0%	13.0%	60.0%	32.2%
女　工	105%	33.0%	122%	73.9%
童　工	112%	4.0%	150%	60.0%

相反,俄国的劳动时间比波兰长得多。"在莫斯科的工厂,13—14 小时的劳动时间非常普遍,而在波兰,只有 9 家工厂,而且只是在这些工厂的下属部门的三个车间有这么长的劳动时间。在莫斯科的工厂中超过 14 小时的劳动时间也不罕见,而且最长达 16 小时;而在波兰 14 小时的劳动时间是上限,而且只有两家呢绒织造厂有这么长的劳动时间。"②总之,在 75%的工厂,劳动时间为 10—12 小时;因此可以认为 11 小时是波兰的平均劳动时间。在莫斯科,平均劳动时间超过 12 小时。在波兰,夜间劳动是罕见的例外,而在莫斯科则极为普遍。尽管波兰一年的劳动日是 292 天,而莫斯科只有 286 天;但波兰每年平均只有 3 212 个劳动小时,而在莫斯科(每天只按 12 小时计算)则为 3 430 个劳动小时,整整多 218 个劳动小时。③

这两个因素——工资低和劳动时间长——,通常被视为莫斯科工业在与波兰工业竞争斗争中的重要优势。然而,我们认为,这种看法也许是草率和肤浅的。

第一,在进行比较时,通常是将俄国男工的工资与波兰男工的工资相比,同样,将俄国女工的工资与波兰女工的工资相比。比如,1886 年波兰工业调查委员会就是这么做的。然而,这是错误的:正如工厂视察员斯维亚特洛夫斯

①　《波兰王国工厂工业调查委员会的报告》第 1 册第 39 页。——作者注
②　同上,第 41 页。——作者注
③　同上,第 42、43 页。另见 W. W. 斯维亚特洛夫斯基《工厂工人》第 39 页。——作者注

基所说的,波兰的女工和童工比俄国普遍得多,因此,在波兰,一个女工常常与俄国的一个男工相对应,俄国男工的工资往往必须与波兰女工的工资相比,而不是与波兰**男**工的工资相比。[①] 在波兰,在纺织工业(在讨论竞争问题时首先需要考虑的部门)实际从业的妇女人数占工厂总人数的50%以上,而在莫斯科区,女工在棉纺织工业中只占37%,在毛纺织工业中甚至只占28%。[②]

如果将俄国男工的工资与波兰女工的工资相比,那么,结果对莫斯科区就会很不利,无论如何条件是均等的。纺织工业的平均月薪为:[③]

（单位:卢布）

	波　兰	俄　国
男　　工	20.1	15.2
女　　工	15.3	8.8
童　　工	8.8	5.5

可见,要获得俄国和波兰相对工资水平的真实准确的数据,除名义工资外,还必须考虑两国劳动力的性别和年龄构成。这样得出的结果将与前述结果很不一样。这首先是一种补救措施,可以纠正通常根据工资的比较得出的结论误差。

第二,我们通常会忽视的一点是,俄国工人通常由工厂提供住房,有些地方甚至还提供食物。这不仅适用于单身工人,也适用于已婚工人,他们的家属通常住在同一个工厂宿舍区内。而且供暖燃料也由工厂提供。[④] 这些都应该算入俄国工人的工资,除非不想进行精确的比较。因此,即使名义工资方面的差异对波兰有负面影响,也不会像表面统计的结果显示的差别那么大。

---

① W. W. 斯维亚特洛夫斯基《工厂工人》第59—60页。——作者注
② 《波兰王国工厂工业调查委员会的报告》第1册第71页。——作者注
③ 同上,第39页。——作者注
④ W. W. 斯维亚特洛夫斯基《工厂工人》第47页;《彼得堡地区工厂视察员的报告》第11页;在进行了相关调查的莫斯科省的三个工业区中,56.8%男工住在工厂宿舍区;这一数字在纺纱工和织布工群体中上升到66.8%(叶·米·杰缅季耶夫《工厂及其给予居民和取自居民的东西》第42页)。这个调查结果显示,在工厂宿舍区居住的总人数的22.2%是工人的家属,他们本身并不在工厂劳动。(同上,第44页)。——作者注

但更重要的是,能表明波兰的工厂劳动**强度**明显大于俄国的其他因素。

首先,平均而言,波兰工人都有知识,有文化。扬茹尔教授就此进行了调查,结果表明,中央区能够读写的工人占总数的 22%—36%,而波兰的比例则为 45%—65%。①

此外,波兰工人的膳食好于俄国工人,尤其是妇女的膳食。② 第三,波兰工人是一个稳定的、完全依靠工厂劳动为生的居民阶层。而在俄国,工人中始终有很大一部分(尽管在日益减少)是农民,他们在夏季回到农村,放下精细的工厂劳动,从事粗糙的田间劳动。③

第四,波兰工人的生活方式比俄国工人个性化得多。如上所述,俄国工人通常居住在工厂宿舍区,靠工厂提供的食物为生。这种生活方式可能会完全抹杀个性。此外,俄国工人始终处于上级的监督之下,甚至连私生活也要受到工厂规章的约束。莫斯科工厂视察员就报道了这样的工厂,唱歌——无论是在车间还是宿舍——都要罚款五卢布,工人之间互相串门也要被高额罚款,等等。④ 分配给工人们的住所不少是潮湿的工厂地下室,或者低矮得几乎得靠爬才能挤进去的房间。⑤ 波兰的情况则不同:工人总是过着自己的家庭生活,住房一般要好得多。

所有将雇佣劳动作为调查对象的研究者一致认为,上述各种因素——教育、较好的住房和膳食、个人家庭,简而言之,提高工人生活水平的一切——都对工人的活动强度具有决定性意义。⑥

最后,在波兰,主要实行计件工资,众所周知,这种工资制度能最大限度地提高劳动强度,而在俄国,主要实行计时工资。

上述所有因素告诉我们,波兰的工厂工人与俄国工人相比,劳动强度更

---

① 伊·伊·扬茹尔《俄国中部与波兰王国的工厂工人》,载于 1888 年 2 月《欧洲信使》第 794 页。——作者注

② 同上,第 792 页。——作者注

③ 在莫斯科省的上述三个工业区中,夏季离开工厂的成年男工平均为工人总数的 14.1%,纺织行业为 19.7%。(杰缅季耶夫《工厂及其给予居民和取自居民的东西》第 4 页)——作者注

④ 《莫斯科区工厂视察员的报告》第 81 页。——作者注

⑤ 《弗拉基米尔区工厂视察员的报告》第 68 页。——作者注

⑥ 参看托·布拉西《劳动与工资》;另见路·布伦坦诺《论工资和劳动时间与效率之间的关系》。——作者注

高。波兰工人的这种素质与他们较高的名义工资和较短的劳动时间得失极为相当，以致他们最终在波兰工厂主看来，比俄国工人在其工厂主心目中更加便宜。①

他们的工资按每普特产品计算为：②

_____

① "在资本主义生产发展阶段不同，因而资本有机构成也不同的各个国家中，剩余价值率（剩余价值是决定利润率的一个因素）在正常工作日较短的国家可以高于正常工作日较长的国家。第一，如果英国的 10 小时工作日由于劳动强度较高，而和奥地利的 14 小时工作日相等，那么，在工作日分割相同的情况下，英国 5 小时剩余劳动，在世界市场上可以比奥地利 7 小时剩余劳动代表更高的价值。第二，同奥地利相比，英国的工作日可以有较大的部分形成剩余劳动。"（卡尔·马克思《资本论》第 3 卷第 1 册第 195—196 页）（马克思《资本论》第 3 卷第 225 页）（《马克思恩格斯文集》第 7 卷第 240 页）。——作者注

② 伊·伊·扬茹尔《俄国中部与波兰王国的工厂工人》，载于 1888 年《欧洲信使》第 2 期第 791 页。按照斯维亚特洛夫斯基（《工厂工人》第 61 页）的看法，在波兰，只有织工劳动比俄国便宜，纺工劳动则比俄国价高。根据《俄国的工厂工业与贸易》第 1 册第 17 页，1 普特棉纱的生产成本在波兰和俄国整体上大致相当，其中波兰工厂主，尽管燃料支出要比俄国工厂主少 52 戈比，但劳动力支出要多 33 戈比。我们认为，本文中引用的扬茹尔根据个人统计得出的关于工资的数据更为可靠。扬茹尔作为莫斯科区的前工厂视察员和波兰工业调查委员会主任，有机会按照自己的观点去了解波兰和俄国的工业。"尽管工资较低，但俄国的劳动非常昂贵。在英国，1 000 支纱锭需要 3 个工人，按照门捷列耶夫的说法，在俄国需要 16.6 个工人。尽管英国人自己的工资四倍于俄国人，但他们的劳动却便宜得多。而除了工资之外，还有监管、门卫、工人住房、医院等高额成本，这些费用在英国全部可以省掉，在波兰可以大部分省掉。"（舒尔采-格弗尼茨《俄国的民族主义及其经济载体》第 361 页）然而，我们看到，这一切在很大程度上影响了舒尔采-格弗尼茨教授将较高的周工资作为波兰工业的劣势来引用，认为这个劣势与燃料的便宜这个优势得失相当。英国的蓝皮书对此也写道："尽管俄国工厂主似乎在这些方面有优势"（超低的工资率）"生产成本对其来说仍然比对波兰工厂主来说要高。"（《皇家劳工委员会蓝皮书。国外报告》第 10 册第 9 页）它还说："波兰和俄国工人之间有一个越来越显著的差异。俄国工人尽管现在名义上是自由的，但和之前的状况改变不大，对改善自身状况的追求也很小。波兰人的舒适程度远高于俄国人。且因为他们完全依靠工资度日，所以对低工资很不满意，但他们的劳动却仍然比俄国人的劳动便宜。"（《皇家劳工委员会蓝皮书。国外报告》第 10 册第 9 页）此外，俄国工人的特色已经完全过时；俄国自 1896 年起便未曾停止过的大罢工证明，即便俄国工人也有改善自身状况的追求。《俄国在其波兰各省的工业政策》（1893—1894 年《新时代》第 12 卷第 2 卷第 791 页）一文中称："俄国的劳动力虽然比波兰更便宜。……但俄国的劳动时间却比波兰长得多。……而说到劳动强度，正如上文提到的工厂视察员斯维亚特洛夫斯基向我们保证的，在两国是相等的。"[着重号是我加的。——罗·卢·]在斯维亚特洛夫斯基的著作中没有找到这种"保证"的踪迹。此外，斯维亚特洛夫斯基也不会作这样的口头保证，因为第一，他没有在任何地方表露像《俄国在其波兰各省的工业政策》一文作者那样强烈的倾向，向读者保证子虚乌有的东西；第二，确切地说，他在波兰的劳动强度问题上作出了正好相反的"保证"。（见 W. W. 斯维亚特洛夫斯基《工厂工人》第 59—61 页）——作者注

（单位：卢布）

	棉织品	棉 纱
波　兰	0.77—1.50	0.66—1.20
俄　国	2.00 以上	0.80—1.50

自从波兰和俄国的工作日最近依法缩短到 11.5 小时之后，两国的工作时间的差异现已成为过去。然而，即使这些新规定对莫斯科区来说，随着时间的推移无疑会刺激技术的发展，也许在今后若干年都会使波兰实业家在竞争斗争中受益，因为俄国工人的效率（其效率的低下取决于许多其他因素）显然不是一朝一夕能够提高的。事实表明，这个结论是多么有道理：波兰工厂主在1892 年已经——部分是向当年 5 月在罗兹发动大罢工的工人示好，但主要是为了打击莫斯科的竞争者——要求政府将整个帝国的工作日缩短为 11 小时，这个计划当时主要因莫斯科工厂主的反对而落空。

3. **资本的构成**。这一重要因素在波兰也不同于俄国。在波兰，一个企业的年产值大多要超过其固定资本总额，有时甚至固定资本两三倍，但平均来说，固定资本与产值的比例是 2∶3.2。① 而在俄国，特别是在中央区，这一比例是颠倒的。在这里，产值（在相同的生产部门）通常小于固定资本，至多与之相等，鲜有明显高于产值的。这种现象可归因于两种情况。第一，在俄国，企业在建筑上的花费比波兰要高得多，因为建筑材料的价格一般要贵得多。② 第二，俄国的绝大多数工厂都有自己的工厂宿舍区，而这在波兰是前所未有的。③

因此，如果马克思所说的"资本的有机构成"（不变资本与可变资本的比例）在俄国也比波兰"高"，那么，这绝不是因为俄国的生产已进入更高级的发展阶段，而是相反，绝大部分是因为它原始的生产方式。由于这种生产方式，

---

① 《波兰王国工厂工业调查委员会的报告》第 1 册第 10 页。——作者注
② 比如，每 1 000 块砖在 1876 年罗兹的价格为 14—15 卢布，1874 年在莫斯科约为 32 卢布，在1886 年的罗兹为 8—9 卢布，在 1887 年的莫斯科约为 22 卢布。（《波兰王国工厂工业调查委员会的报告》第 1 册第 13 页）——作者注
③ 比如，俄国的两个大型工厂修建厂区等等各要花费 400 000 卢布，相当于整个固定资本的六分之一。（《波兰王国工厂工业调查委员会的报告》第 1 册第 12 页）——作者注

必须支付大量与实际的生产过程无关的费用。这一点就表明,即使所有其他的生产和市场条件都相同——波兰企业主与俄国企业主相比,更能够在俄国市场上销售其商品时获得剩余利润。此外,如上所述,波兰的劳动强度要高得多。

4. **资本的周转期**在波兰比俄国要短得多。第一,俄国的燃料和原料储备的时间很长。由于价格高昂和俄国国内的燃料普遍短缺,工厂主必须为购置森林或泥炭沼泽付出大额资金。这样,莫斯科的几乎每个大工厂都将一笔或多或少的可观固定资本投入森林和沼泽。此外,木材,特别是泥煤只在冬季便宜且方便运输,因此莫斯科的每个工厂几乎都要投资储备一年,甚至两年的燃料。[1] 而在波兰,由于距离短,只储备半个月至一个月,最多三个月的烟煤。[2] 同样,俄国储备原材料,特别是棉花的时间也很长,而在波兰只储备2—6个月的原材料。[3]

第二,波兰工厂主比俄国工厂主能更快地实现自己的产品。波兰工厂主大多只给客户提供3—6个月的贷款,而俄国工厂主则提供12—18个月的贷款。波兰工厂主用英国和德国的来料,按照他们的流动推销员的订单进行生产;而俄国工厂主根据估计进行生产,有时库存两三年。[4] 这个因素也说明,波兰的工业资本——在所有其他条件相同的情况下——更有备于竞争斗争。

5. **生产的集中程度**在波兰比俄国高得多。在不征消费税的行业,工厂的平均产值为:[5]

---

[1]　《波兰王国工厂工业调查委员会的报告》第1册第36页。——作者注

[2]　同上,第36页,第2册第105页。——作者注

[3]　同上,第2册第26页。——作者注

[4]　同上,第1册第20页;A. S.《莫斯科与罗兹之间的斗争》第52—54页。——作者注

[5]　《1885—1887年贸易与工业统计材料》第6、11页;《1888年贸易与工业统计材料》第106、126页;《1889年贸易与工业统计材料》第134、158页;《1890年贸易与工业统计材料》第110、131页。关于俄国的数据和接下来第169—174页的数据,没有具体说明的,仅指俄国的欧洲部分,不包括芬兰和波兰。俄国的亚洲部分在论及竞争问题时一般不予考虑,在比较中引入这一部分只会使局面对俄国更加不利。当《俄国的工业政策……》(载于1893—1894年《新时代》12年卷第2卷第791页)一文的作者称"俄国的资本终究还是更为集中。俄国一家工厂的平均净产值为45 898卢布,波兰为35 289卢布"时,他的这一断言和他引用的数据一样都是凭空捏造的。——作者注

（单位：卢布）

	1885 年	1886 年	1887 年	1888 年	1889 年	1890 年
俄　国	50 824	52 248	54 601	58 237	58 972	57 578
波　兰	57 875	63 860	71 894	74 051	71 305	71 248

如果比较各个生产部门，差异更大。比如在煤炭工业，情况如下。假定俄国的矿坑、矿井及产量为 100，那么，波兰 1890 年的矿坑数为 6.8%，矿井数为 6.2%，产量为 70.6%。[①]

因此，在矿井数只有 $\frac{1}{16}$ 的情况下，波兰的采煤量是俄国采煤量的 $\frac{11}{16}$ 还多。栋布罗瓦地区（1893 年）年产量的 85% 是由五家煤矿生产的。[②]

在其他部门，如在棉纺织工业中，俄国每家工厂的毛收益更高。波兰这一部门的生产集中程度较低是因为一些特殊情况，在这里我们不想探讨这些特殊情况，否则有过于追求细节的嫌疑，反正这些情况与技术发展的程度没有丝毫关系。相反，我们马上就会看到，在波兰，这一部门与其他大多数部门一样，每个工人的年均产值明显高于俄国。

6. 最后，生产技术是波兰和俄国工业之间最重要的差异。我们将比较两国技术方面最重要的生产部门。

从纺织行业开始，首先谈棉纺织行业：[③]

1890 年	工　厂	纱　锭	织　机	蒸汽马力
俄　国	351	2 819 326	91 545	38 750
波　兰	94	472 809	11 084	13 714

---

① 《俄国的矿业》第 71、73 页。——作者注

② 《俄国的生产力》第 12 册第 39 页。——作者注

③ 根据《1890 年贸易与工业统计材料》第 172—179 页编制，数据仅指棉纺业与棉织业。在上文及接下来的第 171 页中，我们仅比较两国的蒸汽动力，水力发动机在俄国的棉纺织和毛纺织工业中作用极小，在波兰则几乎消失。——作者注

1890 年	产　值 （单位：卢布）	工　人	
		男　工	女　工
俄　国	208 581 000	103 916 000	83 941 000
波　兰	31 495 000	10 474 000	9 535 000

从上表中可以看出，波兰棉纺织工业的技术优势明显。与俄国棉纺织工业相比，它拥有：**10%的工人**，**15%的产值**，**35%的蒸汽马力**。

因此，俄国每个工人的年产值为 1 110 卢布，波兰的工人为 1 574 卢布，即高 42%。俄国每 1 000 名工人的蒸汽马力为 204 匹，每 100 万卢布产值的蒸汽马力为 186 匹，而波兰每 1 000 名工人的蒸汽马力为 685 匹，每 100 万卢布产值的蒸汽马力为 439 匹，分别高 236% 和 136%。

最后，波兰使用的女工也多于俄国。俄国女工占工厂总人数的 44.7%，而波兰为 47.6%。根据我们上面提到的而且更令我们信任的另一组数据（因为它们不是源自概括性的官僚主义的统计，而是源自一个特别委员会），波兰使用女工要多得多，而俄国使用女工相对较少。

比较波兰和俄国的毛纺织工业得到了大致相同的结果。结果为①：

1890 年	工　厂	纱锭	织　机	蒸汽马力
俄　国	164	77 474	11 784	2 230
波　兰	168	245 892	4 016	6 667

1890 年	产　值 （单位：卢布）	工　人	
		男	女
俄　国	21 585 000	14 471 000	7 050 000
波　兰	26 199 000	8 486 000	6 670 000

可见，与俄国相比，波兰所占的比例为：**工人的 70.4%**，**产值的 121%**，**蒸汽马力的 299%**，因此俄国每名工人年产值为 1 003 卢布，波兰为 1 729 卢布，

---

① 《1890 年贸易与工业统计材料》第 160—163 页。我们在该表中专门比较了毛纺业和毛织业，它们的产值占该年度毛纺织工业总产值的 72%。——作者注

也就是高 72%。俄国每 1 000 名工人的蒸汽马力为 104 匹,每 100 万卢布产值的蒸汽马力为 103 匹,而波兰每 1 000 名工人的蒸汽马力为 440 匹,每 100 万卢布产值的蒸汽马力为 254 匹。

因此,如果我们假定,俄国每 1 000 名工人或每 100 万卢布产值的蒸汽马力数为 100 匹,那么,这一数值在波兰要分别高 323% 和 146%。在使用女工方面,我们发现波兰和俄国之间在这一行业的差异比棉纺织工业更大,其中俄国的女工占 32.7%,波兰占 44%。此外,波兰纺织工业的技术优势还表现在:波兰在许多生产部门比俄国生产的纺纱数量更大,布料的种类更多。

下面让我们来看看第二大重要的资本主义生产部门——**煤炭工业**。我们已经提到这个部门在波兰有很高的集中程度。每年开采的煤炭为:①

（单位:普特）

	每个矿坑	每座矿井
南俄地区	678 000	240 000
波　兰	7 500 000(+1 006%)	2 985 000(+1 144%)

（我们在此处和接下来将波兰煤田与南俄煤田进行比较,因为后者是俄国最大的煤田,也是未来最重要的油田。）

如果比较产量、从业人数和使用的蒸汽动力,就可得出相应的比例:②

1890 年	蒸汽动力	工　人	产量（单位:普特）
俄　国	6 701	30 077	213 400 000
南俄地区	5 856	25 167	183 200 000
波　兰	10 497	8 692	150 800 000

可见,波兰(1890 年)每个工人每年开采 17 348 普特煤,而俄国的每名工人只开采 7 096 普特,尤其在南俄地区只开采 7 281 普特,相当于波兰的五分之二。蒸汽马力的比例关系为:

---

① 《俄国的矿业》第 75 页。——作者注
② 同上,第 71、73、74 页。——作者注

	每 1 000 名工人	每座矿井
俄　国	223	8
南俄地区	233(100%)	
波　兰	1 208(+ 419%)	202

1890—1894 年,波兰煤炭工业的蒸汽马力增长了 50%以上,即从 10 497 匹增长到 15 934 匹。[1]

在其他重要的工业部门中,我们以制糖业为例。

波兰甜菜的种植比俄国的两个糖产区更为合理。比如,1882—1890 年平均每俄亩甜菜收成为:[2]

（单位:别尔科韦茨[3]）

俄国中部	73.2—125.3
俄国西南部	80.1—114.4
波　兰	88.0—127.6

1895 年:[4]

（单位:别尔科韦茨）

俄国中部	51.1—117.4
俄国西南部	90.0—121.2
波　兰	94.3—144.5

同样,波兰使用的甜菜质量也比俄国高得多。甜菜汁的含糖量及其纯度为:[5]

---

[1]　1895 年 7 月 28 日《财政、工业与贸易信使》第 29 期。——作者注
[2]　《俄国的工厂工业与贸易》第 13 册第 13 页。——作者注
[3]　俄国重量单位,1 别尔科韦茨＝10 普特(合 163.8 公斤)。——编者注
[4]　1897 年 1 月 17 日《财政、工业与贸易信使》第 29 期。——作者注
[5]　《俄国的工厂工业与贸易》第 13 册第 11 页。——作者注

1890—1891 年	甜菜汁含糖量	纯　度
西南区	13.49%	80.85%
中央区	13.63%	78.94%
波　兰	14.81%	85.20%

波兰技术的优越性表现在甜菜汁中的白糖产量较高,糖蜜产量较低:[1]
在 1881/1882—1890/1891 年间的平均值为:

	白　糖	糖　蜜
中央区	7.00—9.47%	3.29—4.24%
西南区	7.70—10.48%	3.60—4.31%
波　兰	8.20—11.39%	1.53—2.28%

　　最后,波兰制糖业中对生产废料的利用率高于俄国,规模也大于俄国。
1890—1891 年,在俄国中部和西南部地区的 182 家工厂中,10 家工厂共有 125
台渗透设备,通过渗透法从糖蜜中提取糖;波兰 40 家工厂中,24 家共有 206
台渗透设备。[2]

　　从上述对所有最重要的生产条件的比较分析可以看出,波兰工业对竞争
斗争的准备明显优于俄国,特别是优于俄国中部。莫斯科区的棉纺织工业有
水源充足这一重要优势,而罗兹区如上所述,棉纺织工业的水源严重不足。另
一方面,波兰在国民经济的最重要的部门之一——钢铁工业——由于自然资
源不足而落后于俄国,因此其钢铁厂必须从南俄地区获得一部分铁矿石及焦
炭;而且,顿涅茨地区的金属生产集中程度也比波兰高得多。此外,莫斯科与
波兰相比,更靠近纺织工业重要的销售区域——俄国东部和亚洲。虽然这是
一个不争的事实,但是,我们发现,在波兰方面,各行业也有优势——比较刻苦
的劳动力、比较便宜的燃料、生产过程和贸易方面比较先进的技术——在我们
看来,这是数倍于俄国工业的优势。因为所有列举的因素都具有固定的意义,
甚至在竞争斗争中越来越具有决定性作用。最近,**德国**在英国,甚至在英国殖

---

① 《俄国的工厂工业与贸易》第 13 册第 16 页。——作者注
② 同上,第 19 页。——作者注

民地销售的惊人扩展证明,销售距离的重要性在今天已远远不敌工业技术优势的重要性。当然,在同一个关税区域内,在商品市场上竞争的结果,在更大程度上取决于生产的发展阶段,即取决于**波兰**工业所具有的那些因素。这一点得到了以下事实的证实:比如,波兰的钢铁工业尽管相对缺乏上述自然优势,但正在与俄国南部的南俄钢铁工业展开激烈竞争,而且它的发展以除南俄地区外的帝国其他所有地区的发展为代价。① 除了波兰工业区外,圣彼得堡工业区正在成为一个更加先进、技术高度发达的俄国生产区,这对波兰特别有利的是,它在最重要的销售领域恰恰是与莫斯科区展开竞争,而莫斯科区是俄国最落后的工业区,在那里,劳动时间长、工资低、实物工资制、工人住房的厂区化、原材料的大量储备,简而言之,它的经济落后,使它闻名于整个帝国。

一边是波兰及圣彼得堡工业,另一边是莫斯科工业,这两种差异如此之大的生产阶段仅在两种情况下可能共存:一是俄国销售市场的规模,所有竞争对手在这一市场上还有足够的空间;二是由关税政策营造的温室效应,使国内——俄国和波兰的——工厂主完全垄断了这个巨大的市场。

三　波兰和俄国之间的经济关系

综上所述已经表明,波兰的未来能否得到保证,——只有波兰和俄国工业之间的斗争中的自由竞争才能决定——,至少世界经济的普遍命运能或长或短地保证俄罗斯帝国的资本主义发展。

但是,我们已提到对波兰资本主义的未来具有重要意义的另一个重要因

---

① "俄国的所有生产条件都比波兰有利。"《俄国在其波兰各省的工业政策》(1893—1894 年《新时代》第 12 年卷第 2 卷第 791 页)一文的作者从他完全错误地反映波兰和俄国生产关系的数据中得出了这一错误结论,他在这些数据中完全遗忘了两个细节——燃料和生产技术。而一个不容否认的事实是,波兰商品事实上将俄国商品逐出了市场,从而击破了"一切不利的生产条件"这一论断,所以,作者只好用波兰工厂工人的个人特点来帮助自己摆脱尴尬。"出现这种事情的唯一(!)原因是波兰工厂主比较有商业头脑,尤其是有受过良好教育的高级工厂人事主管,他们主要由**德国人**和**奥地利人**组成。"[着重号是我加的——罗·卢·](同上)作者显然不知道,我们生活在一个蒸汽动力在资本主义战场上起决定作用的时代,而且在墨丘利[商业]神面前是没有天选之民的。——作者注

素:我们指的是**俄国政府的经济政策**。因为众所周知这个问题在几年前弄得满城风雨,甚至有人认为,从 19 世纪 80 年代中期以来存在一个针对波兰工业的正式的"迫害时代",所以更有必要在此详述这个因素。

其实我们有足够的理由一开始就将这个意义上的所有论断视为无理。检验政府的所有经济措施的最好和最后的试金石——波兰在此以前的工业增长,而且是速度始终相当惊人的增长——充分证明,而且还将证明,所有关于波兰工业即将终结的喧嚣都是胡闹。这种增长事实上可表示如下:[1]

(单位:卢布)

年份	工业总产量（不缴纳消费税的行业）	纺织工业总产量	生　铁	熟　铁	粗　钢	煤　炭
1871 年	约 44 400 000	18 100 000	1 400 000	900 000		12 600 000
1885 年	134 800 000	66 700 000	2 500 000	4 200 000	2 400 000	109 300 000
1886 年	137 800 000	81 400 000	2 800 000	4 600 000	3 100 000	120 000 000
1887 年	164 500 000	88 900 000	3 700 000	3 800 000	3 000 000	121 100 000
1888 年	162 300 000	89 900 000	4 800 000	3 200 000	3 100 000	147 300 000
1889 年	168 300 000	96 600 000	5 400 000	4 000 000	2 400 000	151 000 000
1890 年	174 200 000	88 400 000	7 400 000	4 100 000	3 400 000	150 800 000
1891 年	188 300 000	100 800 000	7 500 000	4 400 000	3 000 000	158 800 000
1892 年	228 300 000	113 400 000	9 000 000	3 700 000	4 000 000	176 000 000
1893 年			9 900 000	3 500 000	5 400 000	192 100 000
1894 年			10 700 000	3 800 000	6 200 000	202 400 000
1895 年			11 300 000	3 600 000	7 900 000	221 800 000

从上表可以看出,1885—1892 年七年间,增长率达:整个工业为 69%,纺

---

[1] 约·布洛赫《波兰王国的工厂工业(1871—1880 年)》第 14—15、86—87、102、126—127、150—151 页;《1885—1887 年贸易与工业统计材料》第 10 页;《1888 年贸易与工业统计材料》第 126 页;《1889 年贸易与工业统计材料》第 158 页;《1890 年贸易与工业统计材料》第 134 页;《1891 年贸易与工业统计材料》第 146 页;《1892 年贸易与工业统计材料》第 164 页(后几年的各卷尚未出版);《俄国工业历史统计通报》第 1 册表 VIII—IX、X—XI、XIV—XV;《俄国的矿业》第 58—60 页;1896 年 1 月 5 日和 1897 年 3 月 7 日《财政、工业与贸易信使》第 52 期和第 8 期。——作者注

织工业为 70%(尤其棉纺织业为 40%,毛纺织业和呢绒织造业为 77%,所有其他部门为 101%);1885—1895 年 10 年间的矿业:生铁为 352%,粗钢为 229%,煤炭为 103%;只有熟铁的生产下降了 14%,这完全可以从最近波兰和南俄地区以熟铁生产为代价的粗钢生产的强劲发展中看出来。比近期(1885—1895年)的增长更有意思的是,这个 10 年与前一个时期(1871—1885 年)的比较,前一个时期被认为是波兰经济最繁荣的时期。按绝对值计算,增长为:

(单位:卢布)

	不缴纳消费税的行业	纺织工业	生　铁	熟铁和粗钢	煤　炭
14 年间 (1871—1885 年)	90 400 000	48 600 000	1 100 000	5 700 000	96 700 000
7 年间 (1885—1892 年)	93 500 000	46 700 000			
10 年间 (1885—1895 年)			8 800 000	4 900 000	112 500 000

可见,从上述数字可以看出,不仅关于波兰工业开始下滑的猜测,出于对事实的完全无知,而且结果表明,恰恰相反,波兰工业在最近 7—10 年期间比此前的 14 年期间的增长更快速。我们在统计这两个时期的**每年的**增长率时,这一点说得极为清楚。后一个时期的年均增长率**高于**前一个时期,具体为:整个工业增长 107%,纺织工业增长 90%①,钢铁生产增长 20%,煤炭增长 63%,最后生铁增长 1 020%。

另一方面,我们在本文第一部分的结尾也提到了波兰工业在 19 世纪 90年代前刚刚占领了俄国和亚洲的销售市场。可见,波兰资本主义的躯体上似乎没有任何病症,可以让人猜测它正罹患内疾;相反,这具躯体倒是令人十分遗憾地"和开辟那天一样辉煌"②地生长和繁荣。但是,既然已经有人提出这个问题并常年刺激着波兰的公众舆论,另一方面,既然它本身还那么有趣和重

---

① 由于 1884 年的危机,1885 年对纺织工业来说特别不利,我们在对这一行业 1871—1886 年(15 年)和 1886—1892 年(6 年)这两个时期进行比较时,增长率为 26%。——作者注
② 歌德《浮士德》第一部《天上序幕》,(参看董问樵译,复旦大学出版社 1993 年版)——编者注

要,那么似乎应该更详细地讨论,彻底地验证这个问题,从而解释清楚俄国政府酌情而定的一般经济政策和对波兰的特定经济政策的走向或可能的走向。

对所有提到和引用的关于反波兰方针的言论来说,典型的是,它们忽而完全基于关税政策方面的,忽而完全基于铁路运费方面的某些措施和法令。但很明显,用这种办法不可能真正理解政府政策。因为首先,在现有情况下人们所引用的是一个极不稳定的量:今天征收的关税,今天实施的铁路运费标准,或许明天就会取消。比如,在波兰边境比俄国其他边境多 15 金戈比的对原棉征收的差别关税就是如此。1887 年征收这一关税时,波兰棉纺织厂主一片哀叹,就是说波兰工业受到了致命打击。差异关税作为已开始的"迫害时代"的证明也发挥了主要作用,人们一有机会就提起它。但是,由于俄德贸易协议,这一差别关税在 1894 年再次被取消,取而代之的是,在所有俄国边境对棉花征收统一关税。在西部边境对煤炭和焦炭征收的差别关税也是如此,它经常被认为是直接针对波兰钢铁工业的措施。(见舒尔采-格弗尼茨《俄国的民族主义及其经济载体》第 347 页和他引证的英国《蓝皮书》第 9 页)但这一关税同样在 1894 年降低了一半。还有铁路运费每年都有变动,有时甚至频繁变动或局部变动。因此,一时的关税和运费标准本身绝不可能充当了解俄国经济政策的坚实出发点。

如果想彻底了解俄国的经济政策,必须暂时撇开具体措施不谈,而是深入地了解波兰和俄国的经济关系及其政治利益,设法从中推导出俄国的经济政策。只有按照这样的指导方针,才有可能追溯这个政策的具体措施的实际意义。

首先,波兰和俄国之间的经济联系是如何建立的? 如果凭借对罗兹—莫斯科工厂主之争的直接印象作出判断,那么人们会习惯于认为,波兰和俄国的资产阶级是两个完全独立的阵营,他们各方面的利益都彼此直接对立;双方使用一切手段相互斗争。因此,这样的观点是完全不恰当的。

如果说有什么东西从一开始就能避免如此尖锐的利益对立,那就是两国工业之间的大规模分工。我们看到,波兰对俄国来说是毛纱、机器、煤炭等等的供货来源,而俄国则向波兰提供原毛、生铁、焦炭和棉花。

确立这种关系的前提是,**波兰工厂主的利益与俄国原材料生产者的利益**

相关联,俄国工厂主的利益与波兰半成品生产者的利益相关联。这一点也为大量事实所证实。南俄羊毛的生产者、中亚棉花的种植者,为了自己的利益对铁路运费定价部门施压,以尽可能便宜地向波兰工厂主运输其中间产品。同样,俄国的羊毛织工设法尽量促进波兰棉纱运往俄国,等等。

此外,供应波兰和俄国的原材料和半成品的工厂主与生产者之间的斗争,主要发生在两国**共同的关税政策**领域,这一事实表明,波兰的斗争双方与俄国的斗争双方经常实行联合,以便与民族敌人携手对抗他们的同胞兄弟。这样的例子在俄波工业史上不胜枚举。比如,1850 年,俄国政府在波兰和俄国的羊毛织工联合请愿的压力下,降低了对毛线的关税税率。然而,关税刚下调不久,波兰和俄国的纺纱工就以感人的一致冲击政府,要求再次提高对棉纱的关税税率,1867 年就发生过这样的事情。① 在 80 年代,这样的事情因其他原因曾再次发生。从 1882 年起,机械制造商要求政府提高对国外机械的关税。"这方面的倡议是里加的工厂主提出的,他们得到了在华沙、基辅、哈尔科夫和敖德萨的其他工厂主的一致同意。"②然而,当政府于 1885 年满足这个愿望并提高了对机械的关税以后,1886 年,帝国各地区的地主一致掀起了请愿风暴,反对提高农业机械的价格。

这两个例子向我们展现了波兰资产阶级内部和俄国资产阶级内部关系的完全不同的情景,既有共同的意图,又有对立的意图。在这两个民族资本家阶级中,没有一个在内部形成团结的阵线,而是相反,是分离的,因利益斗争而分离,因角逐分裂。但另一方面,他们的各个群体对民族纷争并不耿耿于怀,而是彼此伸出援手,以便在围绕利润的激烈竞争中有机会瞄准自己同胞的腰包。因此,在工业的棋盘上对弈的不是民族的,而是资本主义的派别;不是波兰人和俄国人,而是纺纱工和织工,机械制造商和地主,人们在斗士们挥舞的旗帜上看到的不是单头鹰和双头鹰,而只是资本主义的国际徽章。最后,政府令人始料未及地扮演了一位慈母的独特角色,她一视同仁地用宽广的胸怀拥抱所有获利的孩子,虽然他们不断地相互争吵,她设法时而安慰这一个,时而安慰

---

① 　K. 洛基申斯基《俄国关税税率史》第 294 页。——作者注
② 　《皇家自由经济协会关于调整俄国关税税率的申请》第 21 页。——作者注

另一个,最后让消费者买单。上述现象在波兰和俄国工业史上司空见惯,并且对于这里探讨的问题具有决定性意义,值得列举一些典型的案例加以说明。例如,观察两个主要对手——罗兹和莫斯科区的工厂主,人们习惯认为他们是整个波兰和俄国资产阶级利益的代表——如何一有机会就试图故意加害本国其他地区,是很有启发意义的。罗兹的棉纺织工厂主就在上文提到的论战文章中设法避开莫斯科工厂主的嫉妒,并将之引向旧波兰毛纺织工业区比亚韦斯托克。他们规劝对手:"要是说到竞争,那么对莫斯科更危险的是比亚韦斯托克及其地区"。① 与此同时,这些罗兹工厂主极为卑躬屈膝地向俄国政府出卖索斯诺维茨地区的同胞兄弟,因为他们指出,后者整整三分之一的工人是德国臣民,而在罗兹区——感谢上帝——只有 8%。莫斯科资本家在谈到其他俄国工业区同行的生意时,也带有深切的兄弟感情。我们听到他们在交通部制定的一份俄国河道整治计划出台之机痛哭流涕地指控说:"这几百万就像小钱一样只用于俄国的西部和南部地区。而俄国的整个中央区几乎被完全遗忘。这个地区——俄国被忽视的中心,其实是俄国的几个省——相对缺乏水系",②云云。这是莫斯科资本家带着公正性和真正的国际性,在不加区别地发泄对帝国所有其他工业区,不管波兰还是伏尔加河地区,不管波罗的海沿岸各省还是第聂伯河地区的嫉妒情绪。

另一方面,对波兰资本家来说,民族归属和"祖国"是一个多么不确定的概念,下面的例子就可说明。1887 年,巨大的华沙钢铁厂为了靠近生铁和焦炭的货源地,迁到了位于南俄的叶卡捷琳诺斯拉夫省。两年后,它的所有者——波兰资本家就与管辖南俄铁矿区的英国人、比利时人、俄国人一起,卑躬屈膝地向政府请愿,诉说波兰钢铁工业的优势及其竞争,要求提高波兰钢铁的铁路运输费用,以保护"祖国的",这次指的是南俄的工业。

粮食的铁路运输费用问题在最近几年终于为这种关系提供了的一个经典例子。1889 年,在帝国普遍调整运费标准时,也对粮食实施了新的大幅度差别运费标准,以便有助于从俄国内陆的偏远省份向外国输出粮食。然而,其结

---

① A. S.《莫斯科与罗兹之间的斗争》第 32 页。——作者注
② 《新时报》译自 1894 年《边疆区报》第 51 期。引用的这篇文章起了一个醒目的标题《俄国中部是怎样被忽视的!》。——作者注

果导致从内陆区域,特别是从伏尔加河地区运往边界附近地区、黑海沿岸的南部地区、波罗的海各省,最后运到波兰的大量粮食和面粉的价格迅速下跌。上述帝国各地区的地主美好心情受到了伤害,于是开始大声呼救,而喊得最响的是波兰的地主,他们一开始就试图乘机以所有被廉价粮食压迫的波兰人的名义登台呼救。但是,他们的民族防卫刚刚成功,该死的运费标准在 1894 年初刚被部分取消,一群波兰工厂主和商人就向圣彼得堡的铁道部**发电报**,恳请维持原来的运费标准,以便像他们所说的,不要让人民觉得面包太贵。① 情况立刻发生变化,波兰的粮食运费标准问题从两个民族派别之间的斗争变成地主和实业家之间的争端。但是,波兰的实业家和俄国中部各省的地主一起冲锋在前,而波兰的地主则与所有边境地区的俄国地主一起走上战场。②

利益的这种五花八门的分割,在 1896 年 10 月圣彼得堡关于粮食运费标准的讨论中表现得尤为明显。讨论的一方是伏尔加河地区的代表,他们的问题,我们已经看到,同时也是波兰实业家的问题;另一方是里夫兰、维捷布斯克、敖德萨的地主,波兰地主,最有意思的是,还有莫斯科区的地主。在讨论中,波兰人和莫斯科人步调极为一致,而波兰地主和磨坊主表示完全同意莫斯科农业协会主席什切巴托夫公爵的计划。③ 马克西莫夫主席仿佛为了强调波兰本身工农业之间的利益对立,反驳波兰代表说:如果波兰能在俄国内陆不受阻碍地销售工厂产品,那么,禁止农产品从俄国内陆进入波兰,是极其矛盾的。④

例子就不多举,根据我们上述的例子似乎已经可以证明,波兰和俄国工厂主的利益,绝不是在所有方面都相互对立,确切地说,是经常相互交错的。但

---

① 1894 年 11 月 5 日《华沙信使报》。——作者注

② "从波兰底层人民所谓的(!)利益的角度看,取消大幅度差别运费标准不会遇到困难。……波兰农村人口的贫困化(由于粮食的差别运费标准)也会导致工厂工业物质状况的恶化,只会对大工业企业有利,它们因为相对较低的粮食价格和因此而较低的工资能从普遍的灾祸中获益。""根据上引的一切,毫无疑问,为了两个靠近内部市场的地区——波兰和北方黑土区——以及港口附近的所有地区地主的利益,对粮食运费标准作如下调整,是受人欢迎的……"(《华沙交易所委员会关于粮食铁路运费标准的备忘录》第 31、32、37 页)——作者注

③ 1896 年《圣彼得堡消息报》第 242、243 号;1896 年 9 月 21 日《商业报》。——作者注

④ 1896 年 10 月 8 日《商业报》。——作者注

是,波兰工业作为一个整体,由于利益的一致,与俄国资产阶级的几个重要组织有联系,比如,首先与经济生活中两个极为重要的部门——交通部门与信贷和贸易机构有联系。显然,波兰工业的发展,以及与之相关的波兰商品在俄国销售的发展,都直接符合俄国的信贷、代理和铁路公司的利益。这方面的例子很多,只需举出其中两个例子就能说明问题:1894 年秋天,俄国梁赞—乌拉尔铁路线的管理部门向华沙工厂主提议,愿为沿线所有车站免费提供货场,以便波兰工厂主在那里开设长期性的商品展,以促进波兰在伏尔加河区的商品销售。① 莫斯科工厂主打算与波兰的竞争对手争夺俄国的每个销售市场,而俄国的铁路公司却呼吁波兰参与竞争,将其商品尽可能深入地挺进俄国内陆。

另一个典型例子发生在最近的新棉花关税税率出台之机。只要前述关税税率在西部边境保持不变,罗兹的工厂主,就会绕道利耶帕亚和敖德萨,即通过俄国铁路运输自己的棉花,以躲避讨厌的关税。1894 年关税差别取消以后,棉花运输重走原来的陆路:不来梅—亚历山德罗沃和的里雅斯特—格拉尼卡,即重新走德国和奥地利的铁路。现在,后者乘机会为棉花设定极低的运费,以牺牲敖德萨—罗兹铁路线而垄断运输。但是,俄国铁路运输的损失十分惨重,因此,圣彼得堡铁道部最近就俄国铁路运费应降低多少的问题,征询了罗兹工厂主的意见,以便吸引棉花运输再走敖德萨一线。罗兹工厂主强烈要求降价 30%。② 同样,俄国的银行为了自身利益也竭力鼓励波兰商品在俄国的销售。③ 民族边界与资本主义利益方向再次相交,本应由国旗分隔的地方被资本主义利益密切联系在一起。

最后,还有一个领域,在那里,整个波兰的和整个俄国的资产阶级之间充满极为感人的利益和谐,在那里,他们同心同德:嫉妒地监视着国内市场上应得的利润不要受到外国的竞争。在西欧的部分报刊上可以看到一种观点,认

---

① 1894 年 11 月 7 日《华沙信使报》。——作者注

② 1896 年 11 月 30 日《商业报》。——作者注

③ "这家机关报(政府机关报《华沙日报》)将波兰经济与商业实力的发展归因于俄国各主办银行分支和代理机构的建立,其中最大的是'阿佐夫-顿河'银行,它拥有雄厚的资本,在各个黑海港口都设有代理机构,而且还同布哈拉与德黑兰有直接的业务往来。《华沙日报》写道,正是通过在华沙和罗兹建立分支机构的各家俄国银行,波兰的工场手工业才开辟了新的贸易渠道,并加强了已有的贸易渠道。"(《外交和领事报告》第 1183 期第 4 页)——作者注

为波兰企业主比俄国企业主更信奉自由贸易。没有什么比这种观点更为错误的了。我们深信,俄国和波兰的工人特别合适为企业主生产剩余价值,波兰和俄国的消费者帮助企业主实现这些剩余价值,但俄国政府则反对外国竞争者干涉这些神圣的权利,其实波兰企业主与俄国企业主一样,也坚定地不可动摇地深信这一点。如果为了捍卫资本主义宪法的这些"基本权利",必须与政府作对,那么,罗兹和莫斯科的企业主就会并肩战斗,尽管他们刚刚还相互斗得你死我活。在敌对双方——如上所述——各自向政府呈送请愿书(其中他们在内部竞争问题上相互斗得不可开交)一年后,即 1888 年,莫斯科企业主在关税政策方面提出了一系列"极尽卑辞的"请求,比如提高纺织工业产品的进口关税,退还向国外出口商品时缴纳的原材料关税,等等。——这一切都是罗兹工厂主过去和现在多次提出的要求。波兰大实业家的机关报在讨论莫斯科工厂主的这一行动时说得很有道理,人们习惯于谈论两个工业区之间的利益对立,但现在这份请愿书表明,两者在最重要的问题上也是利益共同体。①

在需要反对"德国人",捍卫对利润的垄断时,也会表现出这样的和谐。莫斯科工厂主发现——如上所述——德国人在波兰资产阶级中的强大代表性是一个难得的借口,可以在与罗兹的斗争中,赋予他们的卡其布和单面绒布的利益以高尚爱国的形象。他们呼吁政府对维斯瓦河畔的德国人进行十字军讨伐,认为这样就能够直接击中波兰资产阶级的要害。然而,政府在 1887 年颁布著名的沙皇敕令②,各方面也都乘机谈论对波兰工业的迫害时代就要到来,结果却是,受到打击的波兰资产阶级出于意想不到的理由表达他们的不满,因为他们认为,俄国政府的反德措施远不够有力和彻底。他们表示:"两年前政府关于外国人语言考试的法令引起了一个有利的变化,因为它为本地劳动力开辟了一个劳动领域。……罗兹的记者和当地居民都说,这种情况已有一定

---

① 1888 年 8 月《边疆区报》。——作者注
② 1887 年 3 月 14 日的沙皇敕令禁止外国人在整个俄国西部地区购置地产。(对外国移民和本地工商业的鼓励措施,总体上促进了非常显著的工业发展,特别是在波兰最靠近德国这个活跃因素来源地的地区;这项政策连续执行了 73 年,推动了该国工业的建立;然而,1887 年 3 月 14 日,它突然被著名的禁止外国人在波兰王国和波罗的海沿岸各省收购不动产的沙皇敕令取消了。)1892 年,懂波兰语或俄语成为所有工厂职员的任职条件。——作者注

的改善,**虽然它与现实和理想的需要差距还很遥远**。"①

上面,我们简要评述了波兰资产阶级和俄国资产阶级之间各种各样的利益联系。从中得到的印象与看到罗兹和莫斯科敲响战鼓后留下的直接印象是完全不同的。波兰和俄国资产阶级在许多极其重要的问题上,因利益一致而联系在一起,无论是部分群体还是整个资产阶级。创立这个利益共同体的,第一,是生产上的分工,这种分工常常将两国工业联合为唯一的生产机制;第二,更重要的是共同的关税边界,它使两国一致对外,将整个波俄资产阶级融为一个——从市场的角度看——"民族"资本家阶级;第三,是共同的销售市场,它使以波兰的生产为一方,以俄国的运输与贸易为一方之间产生不可或缺的相互依赖。应当注意到,俄国和波兰经济利益的有案可查的融合与日俱进。这也部分是当前俄国关税政策一般倾向的直接结果,这一政策不仅导致封闭了外国产品进口到俄国的通道,而且也封闭了外国中间产品输入俄国的通道,并开始生产自己的中间产品,为此,它并不担心俄国和波兰的消费者和纳税人口袋里的巨大损失。

波兰工业受禁止性关税所迫,逐渐不再使用德国的焦炭和铁矿石,而使用顿涅茨地区的焦炭和铁矿石,不再使用美国和印度的棉花,而使用中亚的棉花,不再使用萨克森和西里西亚的羊毛,而使用南俄的羊毛。② 波兰和俄国的

---

① 1894 年 11 月《雅典娜神殿》第 378 页。反德思潮不是单独指波兰资产阶级的某个阶层。参看"基督教地产"的机关报,设有固定栏目《犹太人、德国人与我们》的《罗拉》周刊、小资产阶级的《波兰日报》和《尼瓦报》等。——作者注

② 关于波兰对南俄铁矿石需求持续增长的报道,见 1896 年 1 月 5 日《财政、工业与贸易信使》第 52 期。与所有加工的原棉相比,1893 年波兰纺织工业各主要中心消耗的中亚原棉分别达:帕比亚尼采与兹盖日 30%,罗兹 40%,本津 45%。(1894 年《每周评论》第 49 期)政府通过相应的铁路运输政策,鼓励波兰工业改用俄国原料。1895 年,政府为使波兰钢铁厂能够廉价获得南俄的焦炭,规定了从顿涅茨区到波兰铁路线的特别低廉的运费。(1895 年 7 月 14 日《财政、工业与贸易信使》第 27 期)同样,波兰的冶金厂主也有望在 1897 年获得南俄铁矿石运费的进一步优惠。(1896 年 12 月 11 日《商业报》)1893 年,波兰的毛纺工人也获得了南俄羊毛运费 20%的折扣。(《外交和领事报告》第 1183 期第 4 页)关于南俄专为波兰毛纺厂安排的绵羊养殖,见《外交和领事报告》第 863 期第 2 页。另一方面,政府也支持波兰煤炭在俄国普遍使用。比如,1895 年在普遍调整煤炭的铁路运费标准时,为波兰煤炭在俄国的运输保留了低于南俄煤炭的运费标准,而且说明的理由是,以此"补偿平均产热量低于顿涅茨煤炭的波兰煤炭的销售机会"。(1895 年 7 月 14 日《财政、工业与贸易信使》第 27 期)——作者注

整个生产的相互依赖性也同步增长,而且俄国资产阶级不断出现的新兴阶层的利益与波兰工业的命运息息相关。

当然,波兰和俄国资产阶级之间同时也产生了敌对、竞争和角逐。正是工业分工、共同的关税边界和共同的销售市场,从另一方面使资产阶级中的各个集团成为对手,每一次部分利益的一致都对应着利益对立。有例子表明,地产与工业对立,成品与半成品对立,半成品与中间产品对立,生产与运输对立,以及在每个群体内部一个地区与另一个地区对立,每个资本家个体与其他所有资本家对立。但是,我们在这里看到的,是资本主义经济的典型画像,它在所有国家都有自己的结果。这种生产形式的基本规律是:一切人反对一切人的战争①,这个规律在这里表现出来,它与民族的对立和边界无关,甚至相反,不断消除资本家阶级内部的这些对立和边界。当然,如果一个国家范围内的经济利益对立与民族的边界重合,那么,它可能会为实现民族的意图奠定广泛的基础。然而,只有在敌对的民族采用不同的、本质上具有对抗性的生产形式时,情况才会是这样;比如,一个国家以小生产为主,另一个国家以大工业为主;一个国家以自然经济为主,另一个国家以货币经济为主。然而,在现有例子中,情况完全不同,因为波兰和俄国经历了从自然经济到货币经济,从小生产到大生产的**共同**发展。他们的对立,不论何时何地出现,不是由于经济结构的差异性,而恰恰是由于经济结构的同质性,并表现出同一个经济机制内的所有资本主义**竞争斗争**的特征。

罗兹—莫斯科的竞争斗争只是这场普遍战争的一部分。这种斗争表面上被夸大为波兰与俄国在经济战场上展开的国家决斗,其实只是罗兹的单面绒布大王和莫斯科的卡其布大王之间的冲突。按照国际惯例,第一,资本主义的双方首先设法给平常的棉花这个争论对象盖上意识形态的民族面罩;第二,大声敲鼓,好像事情生死攸关似的。

---

① 一切人反对一切人的战争(bellum omnium contra omnes)是英国哲学家托·霍布斯的用语,出自他 1642 年的论文《论公民》中的致读者序(《霍布斯哲学著作集》1668 年阿姆斯特丹版第 1 卷第 7 页)以及他用英文写的《利维坦:或教会国家和市民国家的实质、形式和权力》1651 年伦敦版的拉丁文译本(《霍布斯哲学著作集》1668 年阿姆斯特丹版第 2 卷第 83 页)。霍布斯认为,人的自然状态,即市民社会之外的状态,是一切人反对一切人的战争;为了克服这种状态,人们必须通过契约来建立国家。——编者注

然而,双方其实既不代表整个波兰和俄国资产阶级的利益,——相反,双方在自己的同胞中都有大量反对者——,它们围绕国内市场爆发的竞争斗争,对争斗双方的关系也不是决定性的或典型的。他们在国内销售市场上展开角逐,而在其他一系列资本主义的生死问题上却利益一致。

在波兰和俄国的整个资本主义发展(出发点是日益加强两国生产和交换之间的联系)中,罗兹—莫斯科的棉花争端——如果人们不被争端双方的工厂主的行为所误导,没有忽略整个资本主义棋局的更为广阔的前景——只起微不足道的作用。[1]

只有现在,从这个物质的利益基础出发,才能评价和解释俄国政府的经济政策。自 19 世纪 70 年代以来,俄国的主要关切,大家都很清楚,是培育资本主义。为此实施了禁止性的关税政策,在帝国创造垄断价格和垄断利润的温室效应,建造昂贵的交通工具,为“有迫切需要的”资本家提供支持与补贴,等等。从这个角度看,波兰资本主义的发展似乎与帝国其他地方的发展一样,是局部实现政府自己的计划,而波兰的倒退是扰乱这个计划。但是,在这方面,比俄国政府自身的经济意图更为重要的,是俄国经济的客观趋势。政府培育的资产阶级已经在俄国发挥了重要作用。政府现在必须认真地考虑资产阶级的利益,而且还要实现自己的利益。然而,俄国资产阶级的利益,如上所述,以各种形式与波兰资产阶级的利益交织在一起。不能在各方面对波兰工业严厉地、持久地施压,同时又不能严重损害俄国资产阶级的这个或那个群体的重大利益。

有人认为,俄国的意图可能是消灭波兰资本主义。这种假设的前提是,将俄国的经济政策完全变成实现少数莫斯科卡其布工厂主的利益的工具,要知道,这是对资产阶级的本性和资本主义政府的本性的错误判断。在资本家阶级内部的利益分化和对立的情况下,政府只能整体上代表资本家阶级的利益;它不能持续站在资本家阶级的任何一个群体的立场上,而不因其他群体的反

---

① 此外,由于共同的市场和分工,二者之间相辅相成,联系十分紧密,下面的事实可以证明这一点。早在 1897 年,罗兹和莫斯科就有组建一个卡特尔的计划,按照这个计划,各方要生产的商品种类由双方共同确定,市场也由双方共同调节。(1897 年 7 月 31 日《商业与工业报》)这个计划虽然暂时失败,但这种观念本身对于二者的关系仍然值得一提。——作者注

对而被排挤出这个立场。连俄国政府——虽然专制——也不能违背这个规则。因为即使在俄国,资产阶级也只是政府的政治工具,就像政府是资产阶级经济利益的工具一样。如果专制的俄国政府想充当莫斯科棉花利益的唯一维护者,为此践踏波兰乃至俄国的资本主义的整体利益,那么,它就能招致俄国资产阶级对自己的强烈反对。这种政策的最终结果也许最多是俄国和波兰资产阶级对一种新的政府形式的向往,认为它可能比现在的政府形式知道更好地维护他们的整体利益。因此,从这一方面看,关于波兰资本主义的未来这个问题是决定性的:**如果俄国政府想消灭它,那么,它的努力将因俄国和波兰资产阶级的强烈反对而毁于一旦。**

从这个角度来看,我们还可以将所谓的迫害波兰工业的整个问题还原其本来面貌。人们习惯将所有措施引以为俄国反对波兰经济政策的证据,但这些措施都有一个共同特点:它们都是为了阻止波兰工业使用外国原材料,敦促其购买俄国原材料。对棉花、煤炭、生铁征收差别关税就是这种情况。但采取所有这些措施,不是为了有利于与波兰竞争的俄国工业,不是为了消灭波兰工业,而是为了有利于与波兰工业相关的俄国中间产品的生产,为了实现波兰工业的**某种形态**。要知道,那些导致采取上述措施的俄国利益,对于一项旨在消灭波兰工业的政府政策来说,才是最大的障碍。

然而,政府必须考虑资产阶级各个群体的一切充满矛盾的利益,所以,它更有必要在其经济政策方面不停地摇摆。资本主义生产方式的所有规律都只是"重力定律",也就是说,不是沿直线走捷径,而是相反,不断地偏离直线,朝相反方向运动。因此,政府在推行一般的促进资本主义的经济政策时,也必须时而优惠这个或那个资本主义群体,因而又时而迎合这个或那个群体。上述那些引自俄国关税和铁路运费政策的例子,可以概要地说明俄国政府的动摇不定,它有时以牺牲半成品生产为代价,保护成品生产,有时又相反,以牺牲成品生产为代价,保护半成品生产;有时牺牲钢铁厂保护煤矿,有时又牺牲"煤炭利益",保护钢铁厂;有时更多地优惠地主,有时又更多地优惠实业家。政府的经济政策的这一特点也意味着,它会暂时在各种局部问题上深深触犯这个或那个**波兰资本家群体**;这不仅完全可能,而且是事态的发展的必然结果。例如,粮食等的铁路的差别运费标准就是这种情况。但是,如果不顾这种暂时的和局部的现象背后有其复杂的经济联系,将之夸大为一套俄国反对波兰经济的阴谋论,那么,这就说明对整个政策十分缺乏分析和了解。同样,把罗兹单面绒布与莫斯科卡其布之间的冲突夸大为波兰和俄国资本主义之间的利益鸿沟,也是由于不了解资本主义利益共同体这个整体。当然,毫无疑问,莫斯科区比其他任何一个地区都先享受到政府以各种馈赠的形式给予的特别优厚的待遇。然而,这一政策只是支持俄国一般资本主义的具体表现,因为中央区是俄国资本主义的基干,那里集中了近三分之一的帝国工业和大约三分之二的纺织工业(按产值计算)。然而,这种对莫斯科人的偏爱所造成的费用并不需要帝国其他工业来承担,相反,在大多数情况下,如在关税政策方面,它们从中还是受益的,确切地说,由国民经济的其他部门,首先是农业来承担;其实,俄国地主和莫斯科实业家之间的敌意比莫斯科和罗兹之间的敌意更持久,更残酷。另一方面,下面这个众所周知的事实可以使人对俄国政府的所谓"民族"政策一目了然:真正最受宠爱和得惠最大的——靠牺牲俄国重要的乌拉尔金属工业和莫斯科的工业利益——正是南部的煤矿和铁矿区,其开采权大部分掌握在外国人——比利时和英国的资本家手中。

将人种学意义上的"大俄罗斯主义"的民族经济政策强加给俄国政府,是肤浅而错误的。这样的政策只存在于被表象误导的新闻记者的想象中。事实上,沙皇政府——正如当今任何其他政府一样——实行的不是民族政策,而是阶级政策,它不分**波兰**的和**俄国**的臣民,只分那些"有地的"人或"有产的"人和那些劳动的人。①

---

① 由于我们给自己定下的任务是仔细弄清问题,所以我们还想说明几点在本文中不可能探讨的意见。

　　1. 其中首先包括舒尔采-格弗尼茨教授关于俄国**关税政策**的宏论:"使西部边境各省燃料涨价的煤炭关税也是为了莫斯科的利益。"(舒尔采-格弗尼茨《俄国的民族主义及其经济载体》,载于 1894 年 1—3 月《普鲁士年鉴》第 75 卷第 344 页)舒尔采-格弗尼茨教授极不信任俄国的一切贸易政策措施,他本应根据各种证据可以得出正确的结论,可偏偏在这里得出了一个完全相反的结论。如果煤炭关税使波兰**工厂**的燃料价格上涨,那么,它也同样会对波兰煤矿有利。可见,这种关税无论如何都不是针对波兰的,而是有利于一个,而不利于另一个资本家群体。说煤炭关税如何有利于**莫斯科**,那不管怎样都是不可理解的。莫斯科作为工业区必须从其他地区获取煤炭(因为如上所述,石油只能暂时满足其一小部分的需求),它显然从煤炭涨价之中得不到什么好处。我们已经看到,所谓的"煤炭危机"的后果还有:中央区不得不也从波兰获得煤炭,当然价格相应较高;而波兰煤矿开始大量向俄国内部销售其产品。

四　俄国在波兰的政治利益

尽管上文探讨的俄国和波兰之间的经济关系，无疑是俄国对波兰经济政

2.另外,S. G. 先生在他的《俄国在其波兰各省的工业政策》(1893—1894 年《新时代》第 12 卷第 2 卷第 790 页)中也写道:"(俄国——罗·卢·)政府不会等太久(就会对波兰工业采取措施——罗·卢·)。它首先在波兰各省提高工商业税。……"客气地说,这个论断又是毫无根据的。1887 年,俄罗斯帝国的国家税收在各个工业区的分配如下:

（单位:卢布）

地　区	在国家税收 总额中的比例	经济周转期的 缴税比例	人均公共缴税
圣彼得堡与莫斯科省	13.16%	4.26%	26.75
西南区	8.10%	8.47%	6.56
乌克兰	6.49%	6.25%	5.78
黑土区	17.80%	7.73%	6.66
中央工业区	9.12%	5.95%	5.38
波罗的海地区	2.26%	3.50%	6.28
西北地区	6.08%	7.84%	4.59
南部地区	8.43%	4.39%	
东部地区	11.30%	5.22%	5.05
北部地区	3.20%	6.51%	5.51
高加索	1.20%		
俄国的亚洲部分	6.60%		
波　兰	6.05%	6.01%	5.64

（N. P. 亚斯诺波尔斯基《国家收入的地区分配》第 1 卷第 131、236 页）从上表中可以看出,俄国公共税负在各地区的分配极为不均等,有些地区明显比波兰低,而其他地区则比波兰高得多,以致根本谈不上对波兰有专门的税收政策。当然,波兰地产的负担明显重于俄国地产,但这完全另有原因——其中包括波兰贵族过去反对俄国政府的自由斗争——而且与俄国当前对波兰实行的工商业政策的问题无论如何没有关系。但是,说到专门征收工商业税的问题(而这在现有情况下是关键),那么,正如《波兰王国工厂工业调查委员会的报告》第 1 册第 47 页所说的,1887 年波兰的工商业税负明显比两个俄国主要工业区更低。1887 年税收与产值之比为:

策变化的主要因素,但认为这种政策完全取决于俄国资产阶级的利益,则是片

	波　兰	莫斯科省	圣彼得堡省
棉纺织工业	0.33%	6.64%	0.78%
麻纺织工业	0.27%		0.59%
毛纺织工业	0.28%	0.50%	1.00%
冶金工业	0.35%		0.61%

俄国较高的征税百分比自然能通过俄国工厂的各种特殊状况(自有森林、泥沼地、工人宿舍区、厂办酒馆等)而得到解释。随着俄国预算的提高,工商业税在1893年也提高了,而且在整个帝国没有例外,幅度相同。所谓特别税是为了将波兰工业置于比俄国工业更不利的条件之下,在我们所能看到的材料中都没有发现任何证据。

3.最后,《俄国在其波兰各省的工业政策》(1893—1894年《新时代》第12卷第2卷第790页)的作者还称:政府"实施所谓的'**差别运费**',是为了使从俄国运往波兰的商品的铁路运费低于从波兰运往俄国的商品。通过这一规定,在波兰和俄国之间又建起了一道关税边界。"这个故事又是作者的异想天开。他显然听到了俄国实施差别运费的什么消息,但没有机会了解这个差别关税的实质是什么。而这个可怕的东西无非意味着长距离运输低于短距离运输的差别运费,没有任何专门针对波兰的意思。

S. G.先生作出上述论断,显然是因为不知道下面这个真正的事实:只要俄国的运费政策由铁路公司独立制定,外国商品在从欧洲边境到俄国内陆的铁路线上的运费就特别低。在1890年对运输业进行统一调整过程中,政府认为,实行这种较低的边界运费标准,首先就是为了外国的利益直接打破关税壁垒,此外,"与中央区工业(在获取外国商品时)的运费优惠相比,也是对边境地区(波兰和波罗的海各省)工业的"不合理的运价优惠"。(《农业和林业》第478页)国外的运输费用也应与国内的运输费用一致。(《农业与林业》第478页)我们已经看到,上述改革不专门针对波兰,而是针对俄国整个边疆地区,也针对黑海和波罗的海地区,并且主要遵循一般的贸易保护主义目的。波兰和俄国的内部商品交往(S. G.先生叙述了其改革)在这里完全不是问题,因为改革的内容只涉及帝国各地区与外国的直接交往。

此外,不需要论述我们使读者详细了解的整个实际过程,就足以认清S. G.先生以如此肯定的语调进行报道的"差别运费标准"是一种随便的捏造。下面的数据足以反驳S. G.先生的论点:纺织工业的产品(这才是关键)"从罗兹到莫斯科或从莫斯科到罗兹"的运费为每普特60戈比(根据1893年新的运费标准为91戈比),从罗兹到敖德萨或从敖德萨到罗兹是67(1893年为84)戈比,从莫斯科到敖德萨(即在俄国本土)"是86(1893年为105)戈比,从罗兹到圣彼得堡或从圣彼得堡到罗兹是62(1893年为79)戈比。……"(1893年8月《新闻报》)因此,商品从波兰到俄国的运费标准与同一商品从俄国到波兰的运费标准完全相同。上面的引文可以一起推翻S. G.先生的推理和"重建波兰和俄国之间的关税边界"这个堂皇的结论。在告别这位我们多次引用的作者时再作一点说明。除了这里已经批判过的观点之外,他文章中的大多数论点和数据要么是凭空捏造,要么是颠倒黑白。比如,他能干出这样的事,竟然把俄波关税边界的废除解释成波兰1863年起义的直接结果,而每个波兰的三年级学生都知道,俄波关税边界早在1851年就废除了(1893—1894年《新时代》第12年卷第2卷第789页),等等。这些和所有其他错误明显表明,波兰资本主义在俄国的迫害下

面的。俄国的专制政府目前比任何国家的政府都更能够实现自己的政治利益和统治利益。而且在这方面,由于俄国政府和波兰工业资产阶级之间的历史渊源,已经形成一种极为独特的关系。不难想象,专制制度在波兰的利益首先是维持和巩固对波兰的吞并。因此,俄国自维也纳会议以来主要关注的一直是镇压波兰形形色色的民族反对派,特别是镇压那些作为反对派载体的社会阶级——贵族阶级。在这样奋斗的过程中,俄国专制制度发现,波兰工业资产阶级是一个理想的盟友。用物质利益把波兰和俄国捆绑在一起,并将已于俄国贵族羽翼下产生的资本家阶级(这个阶级由于没有历史传统,不会为民族着想,但会低三下四地为自己的未来利益着想)打造成反对贵族的民族骚动的平衡力量——这就是俄国政策一贯铁一般坚持追求的目标。必须承认,俄国政府没有在手段的选择上犯错误,并正确地察觉到波兰资产阶级的本性。当波兰企业主感到自己已经成熟,可以承担作为俄国吞并波兰的支柱这一历史使命时,波兰的工场手工业几乎还没有萌生,还没有尝到俄国销售市场的甜头。早在1826年,波兰财政大臣德鲁茨基-卢别茨基就被派到圣彼得堡,卑躬屈膝地恳求彻底废除俄国和波兰之间的关税边界,"因为两个国家是一个唯一的整体,而且波兰属于俄国"①。这句话已经简要说明波兰资产阶级的整个政治纲领:完全放弃民族自由,以换取俄国市场的蝇头小利。从那时起,俄国政府一直支持波兰资产阶级。我们已经引述过自19世纪20年代以来为优惠波兰的工业殖民和工场手工业的发展而颁布的一系列法律、支持工业的"钢铁基金"、给予一切能想到的特权的波兰银行的建立,等等。

这一政策后来得到了极为有力的贯彻,我们在尼古拉一世时代还看到俄国政府颁布了这方面的新法令。谁也无法阻拦将贵族的、反叛的波兰变为一个资本主义的、驯顺的波兰。而波兰资产阶级表明,它拥有一颗感恩的心,因为它一直以来都尽力破坏和背叛波兰的民族运动,尤其是它在波兰起义中的可耻态度为此提供了充分的证据。1851年俄波关税边界的废除是俄国政策

走向崩溃,由此形成民族波兰的奋斗的物质基础。尽管这种用统计错误来论证政治纲领的方法本身也是错误的,但无需争辩的是,在当时的情况下,这样的颠倒黑白也有令人同情的理由,即作者真挚地希望,尽自己最大的努力为祖国的解放作出贡献。——作者注
① K.洛基申斯基《俄国关税税率史》第220页。——作者注

在这方面最重要的里程碑。一位非常熟悉俄国政府相关档案的历史学家、俄国关税税率史的最杰出的专家,俄国人洛基申斯基写道:

"废除帝国和王国之间的关税边界主要是**由于政治性质的原因**。众所周知,欧洲在 19 世纪 40 年代开始出现部分带有**民族**性质,部分带有社会主义性质的思想骚动。这些骚动也波及了俄属波兰的居民,在一定程度上使俄国政府感到不安,迫使它千方百计地使**波兰尽可能与俄国**联合起来。妨碍两国接近的一个主要原因是它们的经济隔阂。"①因此,废除关税边界,是为了消除这种"隔阂",为了用物质利益使波兰的资产阶级受缚于俄国。俄国政府直至今日仍然坚持这个立场,并一直主张将波兰日益增长的对俄销售打造成为把这个被吞并的国家紧紧地缚于俄国的一条锁链。因此,门捷列耶夫在 1893 年芝加哥世界博览会俄国工业官方报告的前言中写道:"这家工厂和许多其他波兰工厂的产品在全俄国的销售不断增长。通过这个工业区与莫斯科区的竞争方式,一方面实现了俄国贸易保护主义政策的基本目标,另一方面也达到了波兰与俄国的同化,这符合俄国人民(应读作:俄国政府)的和平愿望。"②——波兰资产阶级扮演的俄国政府吞并波兰的堡垒这个非常特殊的角色,也对所讨论的主要问题,即波兰资本主义的未来问题具有重要的启示。——其实,这也是波兰政府一时头脑发热:竟然苛求俄国政府(它本来就以培育波兰的资本主义为己任,而且半个多世纪以来已经为此采取了各种措施)支持它一下子消灭这个资本主义、迫使波兰资产阶级成为反对派,从而故意毁掉自己亲手创立的事业这个意图。波兰政府为讨好莫斯科的企业主所做的所有事情,就是对他们的抱怨和呼救装聋作哑长达半个世纪! 可惜俄国政府懂得更好地维护其统治利益。我们已从他们代表的口中知道了这些利益中涉及波兰的部分:波兰与俄国的"和平同化",也就是不惜一切代价巩固其在波兰的统治。这一声明是在 1893 年,也就是在俄国政策开始实行所谓的新方针以后很久发表的。

俄国与**芬兰**关系的现代史是对我们观点的最好佐证。我们认为,芬兰是俄国以前对波兰政策的缩微版。芬兰至今还被一条关税边界和沙皇帝国隔开,并

---

① 　K. 洛基申斯基《俄国关税税率史》第 245 页。——作者注
② 　《〈俄国的工厂工业与贸易〉导言》第 29 页。——作者注

一直与外国保持比对俄国更自由的独立关税政策。芬兰工业几乎享有曾经帮助波兰工业蓬勃发展的所有优势。同样,芬兰产品,特别是冶金工业产品,由于俄芬边境的关税税率低于俄国其他边境,也进入了俄国,并同俄国国内工业进行激烈的竞争。这成了俄国企业主的眼中钉,他们自然不会错过机会,上演一出"竭尽卑躬屈膝之能事"的好戏,以保护"祖国"工业,反对"外国"竞争者。——就像他们当时反对波兰一样。政府在他们的压力下,也对芬兰这个因关税政策的独立而被视为经济上的外国,两次——1885 年和 1897 年——提高了关税。

如果俄国政府把这个或那个企业主群体的利益长期变成其对帝国非俄语地区实行的经济政策的准绳,那么,它一定会坚定地继续走这条道路,建一道万里长城将芬兰与俄国隔开。但事实上情况恰恰相反。早在 1903 年,政府就已经下令**全面撤除俄芬关税边界**,并将芬兰纳入俄罗斯帝国的关税区。这样一来,"祖国的"工业就要遭受"外国"工业的无限竞争。如果这件事不是早已发生,那么,该责任不在于对一些俄国冶金厂主呼救的顾忌,而是在于与德国签订的约束沙皇俄国多年的贸易协定。很清楚,即将进行的改革意味着芬兰**政治上**的独立开始终结,哪怕它有首先放弃经济独立的意图。在这里,我们再次窥见沙皇制度总政策的一斑,它无视所有局部利益,以便一方面通过俄罗斯化制度在思想上拉平帝国各个地区,另一方面通过各个地区的经济联合,为帝国的统一奠定坚实的物质基础,并使整个帝国接受铁一般的独裁统治——这就是我们在波兰就已经熟悉的政策。

当然,世界上的事情不会都符合统治者的意愿。俄国政府使波兰在经济上依附于帝国,并把资本主义培养成对付民族反对派的"毒药",同时也在波兰培育了一个新的社会阶级——产业无产阶级,这个阶级从其整个状况看,将被迫成为专制统治的死对头。即使无产阶级反对派不具有民族的性质,但它的作用可能只会越来越大,因为它一定会用波兰和俄国无产阶级的政治团结来回应政府急切期盼的波兰和俄国资产阶级的团结。[①] 但是,从长远看,俄国

---

① 关于问题的这个方面,我们在此就不深谈了,因为我们在下面的几篇文章中已经联系波兰社会的政治发展进行了更深入的探讨:《波兰的社会爱国主义》(见本卷第 39—50 页);《逐步前进。论波兰资产阶级的历史》(见本卷第 114—128 页);《波兰问题在伦敦国际代表大会上》,载于 1896 年《社会批判。社会科学季刊》(米兰)第 14 期。——作者注

政府的政策不会偏离目前的轨道;目前它在波兰的资本主义发展中只关注资产阶级。因此,只要俄国设法维持对波兰的统治,波兰的工业繁荣也就会列入政府的计划。可见,总有人期待政府实行针对波兰的经济隔阂的政策,可惜他们把属于过去的现象当成了未来的现象,把对此前历史的一知半解当成了对未来历史的深刻理解。

五 俄国在东方的经济利益

最近 10 年,在俄国对外经济政策方面出现的新思潮,最后也对我们正在探讨的问题具有重要意义。迄今为止,俄国的努力旨在通过自己的生产,满足其对产品和原材料的需求,从而摆脱从外国的进口。现在,俄国仍在继续努力,已经想进军世界市场,甚至想在陌生的土地挑战其他资本主义国家。当然,这种趋势不是俄国资产阶级造成的;俄国特有的经济政治发展带来的影响是,政治经常从自身的利益出发抓住经济进步的主动权。

在大多数资本主义国家中,工业认为国内市场的范围太狭窄,所以催促政府通过征服或签订条约来获取新的销售市场,而在俄国则相反,沙皇的政策认为,工业出口是使作为政治战利品的亚洲国家首先在经济上依赖俄国的一种手段。因此,俄国的大多数实业家都没有为在世界市场上争得一席之地出过一分力,尽管政府不断鼓励他们向这个方向努力。为了激发工厂主的积极性和出口欲望,政府动用了一切手段:催促,呼吁,派出考察组考察新的市场,大规模建造铁路,如西伯利亚铁路和中东铁路,对出口商品实行退税①,最后还有为此发放的直接奖励。在这方面首先得到考虑的国家是:中国、波斯、中亚和巴尔干国家。1892 年,在波斯德涅耶夫教授领导下,一个考察组被派往蒙古,进行科学和商业考察。俄国人早已向那里引入了同样由他们运营的邮政马车。第二年,财政部官员托马拉被派往波斯,考察那里的贸易情况;特别重要的是,启动波斯的恩泽利港的改建计划,以支持俄国的贸易。同年,财政部制定了一份关于改善从俄国边境到德黑兰、托里斯和梅斯赫德的交通线,以及

---

① 见 1892 年 12 月颁布的关于对出口纺织工业产品以及食糖实行退税的公告。——作者注

在波斯建立一家俄国信贷机构的草案。为了垄断本国商人在东西伯利亚的销售，把英国人驱逐出局，俄国在 1896 年决定废除进入阿穆尔河与符拉迪沃斯托克①港的所有商品(在俄国缴纳消费税的商品除外)的邮递资费。而最重要的措施是建设成本高昂的跨里海铁路，政府希望借此支持俄国在中亚的贸易。俄国对中国的关注不少，或正确地说，要多得多。不久前，中国的对外贸易业务是由德国、法国和一些英国银行负责的。② 因此，俄国政府赶紧于 1896 年在上海建立了一家俄国银行。俄国财政部的机关报当时写道："银行的一项任务是巩固俄国在中国的经济影响，从而与其他欧洲国家的影响形成均势。从这个角度看，尤其重要的是，银行要尽可能接近中国政府，在中国收税，建立与中国财政机关的业务联系，支付中国国债利息。"③等等。俄国的其他措施，比如建设中东铁路，已经是众所周知的事情。

这些努力迄今为止的结果最近得到了正式研究，结果表明几乎是完全失败的。在政府想要推进俄国销售的所有国家，俄国的销售首先必须经受德国、法国，尤其是英国工业的激烈竞争，而俄国的企业主表明远不能胜任这个角色。甚至在自己国家的领土东西伯利亚，只要俄国面对其他国家的自由竞争，它就无法与它们保持平衡。在最重要的西伯利亚港口符拉迪沃斯托克的进口额为：④

(单位:卢布)

	来自俄国	来自外国
1887 年	2 016 000	3 725 000
1888 年	2 121 000	3 763 000
1889 年	2 385 000	3 325 000

这种情况导致的结果，是俄国作出上述将东西伯利亚纳入帝国关税区的决定。

---

① 中国称黑龙江和海参崴。——编者注
② 指德华银行、巴黎国家贴现银行、汇丰银行、渣打银行、有利银行、中国银行和大东惠通银行。——作者注
③ 1896 年 1 月 5 日《财政、工业与贸易信使》第 52 期。——作者注
④ 《西伯利亚与庞大的西伯利亚铁路》第 246 页。——作者注

与其他国家相比,俄国对中国的出口同样几乎不值一提。在近 33 000 万卢布进口总额中,俄国只占约 450 万卢布:①

（单位:卢布）

1891 年	1892 年	1893 年	1894 年
4 896 000	4 782 000	4 087 000	4 488 000

就与中亚的贸易所作的统计表明,情况差不多。由俄国建设的、被寄予厚望的跨里海铁路也证明自己的确是一条一流的贸易路线——这是对现在有可能避开阿富汗高额过境关税的英国人来说的。俄国对里海周边地区、希瓦、布哈拉和突厥斯坦的出口,在短暂繁荣之后,近几年又开始下降。最重要的登记物品的运量为:②

（单位:普特）

	1888 年	1889 年	1890 年	1891 年	1892 年	1893 年
总　量	1 141 000	1 296 000	1 685 000	2 922 000	2 102 000	1 854 000
纺织工业产品	201 000	245 000	541 000	671 000	397 000	538 000
食　糖	422 000	457 000	531 000	1 048 000	516 000	510 000

而英国同期从印度的进口额由于俄国的铁路,如俄国官方确认的,有了迅速增长。比如,布哈拉从这条铁路线的四个主要车站获得了:③

（单位:普特）

	1888 年	1889 年	1890 年	1891 年	1892 年④	1893 年	总　量
俄国产品	572000	1 176 000	1 863 000	923 000	267 000	244 000	5 045 000
英国产品	1 160 000	4 209 000	8 516 000	12 761 000	4 443 000	16 154 000	47 243 000

---

① 《俄国的生产力。对外贸易》第 26 页。——作者注
② 1894 年 11 月 11 日《财政、工业与贸易信使》第 44 期。——作者注
③ 同上。1890—1893 年,俄国纺织工业产品在布哈拉的年均总销量为 14 万普特。——作者注
④ 因霍乱流行。——作者注

俄国对阿富汗的出口同样很糟糕。阿富汗从俄国进口的纺织工业产品总量:1888—1890 年(25 个月)为 163 245 普特,1893 年(12 个月)为 10 000 普特①,即每年减少约 70%。

俄国在波斯的贸易相对而言最成功。俄国棉纺织产品约占波斯消费量的30%,1887—1890 年,波斯每年进口 48 000 普特,1891—1894 年每年进口73 000 普特。②

在北部的吉兰省和马斯达兰省,俄国纺织工业将英国纺织工业几乎排挤出去,然而,根据官方证明,俄国在整个波斯的进口产品中占比非常小。尽管如此,俄国工业在波斯的处境还是最好的,因为它有居住在高加索地区的波斯人和亚美尼亚人(自行承担贸易风险)这些最合适的中介人,而其他国家的商人只能请人代理,而代理业务只存在于波斯的大城市。

俄国向其最重要的亚洲市场出口的总体情况如下:③

(单位:卢布)

1894 年	总　　量	食　品	成　品	原材料和半成品
到波斯	12 000 000	7 500 000	3 500 000	
到中国	4 500 000	100 000	3 400 000	700 000
到中亚	3 800 000	1 700 000	400 000	900 000

我们看到,俄国政府在亚洲的计划整体上远未实现,而且所取得的成果无论如何与在这方面作出的努力不成比例。但是,将这一点仅仅归因于俄国工业的技术落后,是错误的。当然,俄国的许多重要的工业部门——如冶金工业和毛纺织工业等——在技术方面都落后于其他工业国家,它一定要改进生产方法,以便能够在世界市场上胜利展开竞争斗争。但是,还有另外一个更重要

① 因霍乱流行。——作者注
② 《俄国的生产力》第 8 卷第 5 页。按照 1894 年 11 月 11 日《财政、工业与贸易信使》第 44 期的说法为每年 12 万普特。——作者注
③ 1897 年 1 月 10 日《财政、工业与贸易信使》第 52 期;另见《俄国的生产力。对外贸易》第25—26 页。——作者注

的因素,到目前为止很大程度上破坏了政府在亚洲的计划。因为在俄国工业的某些领域,如生产的棉布的品种较少的领域,就像一些研究者①甚至英国驻波斯领事权威证明的那样,本来可以击败英国的工业,但是,俄国的实业家至今没有醒悟到这一点。其原因在于俄国,特别是莫斯科企业主的整个行为方式,而这种行为方式是由于俄国多年实行的保护性关税政策形成的。由于政府给予的各种馈赠和优惠,由于巨额的垄断利润,由于巨大的国内市场和缺乏外部竞争,莫斯科工厂主被娇纵惯了,既没有兴趣也没有必要规避世界市场的恶劣天气,满足于通常的利润。可以说,过分丰厚的利润使莫斯科人变得极为迟钝和冷漠,懒得去开辟新的市场,因此他们在对外贸易中只知道骗取高额的出口补贴,或者通过欺诈性供货以及在重量、尺寸和品种方面最无耻的欺骗获得一次性投机利润。如果这两种方法都不奏效,莫斯科的工厂主就会用诸如固执的沉默来回应来自外国的订单。

　　这种贸易方式清晰地体现在与亚洲的关系中。比如,1890 年和 1891 年大量出口到布哈拉和希瓦的俄国卡其布织造的那种式样,穆斯林男子不能用来做衣服,只能用来做新年彩蛋。在随后的几年中,那里的居民自然转向购买英国的产品,这是导致 1892 年和 1893 年俄国向中亚的出口急剧下降的比流行霍乱和歉收更为重要的原因。② 与亚洲的食糖贸易史也很典型。只要出口食糖,就可返还消费税,所以向波斯和布哈拉的食糖出口增长迅速;当终止退税时,俄国人就觉得这种生意没有意义了,出口量突然从 1891 年的 1 047 996 普特下降到 1892 年的 516 021 普特和 1893 年的 150 128 普特。③ 莫斯科人的商业精神的另一个有趣的方面,表现在他们与西伯利亚的贸易中,他们先是派

---

① 比如 B. H. 库恩在《棉花及其种植、结构及传播》1892 年版中说:“俄国产品以其耐用性而著称。……只是它生产的品种太少,但俄国仅凭这些品种就可以同英国胜利竞争了。”(《俄国的工厂工业与贸易》第 1 册第 23 页)——作者注

② 1894 年 11 月 11 日《财政、工业与贸易信使》第 44 期。——作者注

③ 正如政府所证实的,许多批次的食糖只是貌似出口中亚,以获得退回的消费税,然后再利用边境检查的疏漏,又人不知鬼不觉地运回“祖国”。这些食糖在多次往返祖国以后,才真正到达波斯,得以销售。这种现象也促使政府暂时中止退还消费税并改组边境检查。(1897年 4 月 25 日《财政、工业与贸易信使》第 15 期)——作者注

人带着样品前往争取订单,然后不按样品完成这些订单。① 最后,莫斯科人的积极性在他们与中国的交往中表现得最为明显:在收到对方建立贸易关系的请求后,他们断然拒绝了这个过分的要求,而且不作任何说明。②

财政部机关报在仔细核实俄国的亚洲贸易的成果后,也得出以下结论:"斯拉夫人(应读作俄国人)非商业种族的典型特征和莫斯科企业主的绝对冷漠和懒散,在我们与中亚的贸易中表现得淋漓尽致。"③其他不同倾向的报刊——《新闻报》《新时报》《圣彼得堡消息报》等等——在谈到俄国在东方市场失败的原因时,几乎使用了同样的话语。④ 最近,财政部机关报再次谈到了同样的主题,它1897年1月写道:"只有波斯可以称为我们棉纺织产品的销售市场;我们争取中国和中亚市场所作的尝试,至今还不能说已经成功,我们无法适应客户的需求和习惯是部分原因,但最主要的原因是,我们的工厂主在国内的状况太安逸,以致不愿意关心国外的销售市场。"⑤

因此,莫斯科企业主的本质,特别是他们通过一座完全人造的万里长城来维持特权地位的努力,似乎与目前俄国外交政策的趋势不一致,而且直接背道而驰。显然,克服莫斯科人的所有惰性及其在贸易中的伎俩,以及解决技术落后问题的最有效办法,也许是俄国转向自由主义关税政策,使莫斯科区摆脱垄断的温室效应,在本国接受外国的竞争。我们认为同样毫无疑问的是,一方面是专制主义在亚洲的利益,另一方面是资本主义农业的扩张和俄国地产的利益,迟早都会迫使俄国实行比较适中的关税政策。但首先只能想办法进行补救,而办法就是激化俄国关税边界以内的竞争,即毫无顾忌地让莫斯科与波兰

---

① "一些莫斯科工厂主最后决定,在他们与西伯利亚的关系中实行流动推销员制度,但由于我们的无耻,这种制度目前带来的不是利益,而是混乱和误解。夏天,康欣公司派推销员带着商品样品去西伯利亚,它也很快就收到了符拉迪沃斯托克的两份订单,然而该公司却拒绝完成这两份订单,因为它再也无法按照样品提供商品了。"(1897年1月8—20日《西伯利亚报》)——作者注

② "打算只做对华销售俄国商品生意的汉口彼得·韦列夏津公司在12月6日(1896年)还给14位莫斯科工厂主发去了寄送样品,尤其是建立贸易关系的请求,但直到今天(1897年1月)只收到了一个回复。"(1897年1月8—20日《西伯利亚报》)——作者注

③ 1894年11月11日《财政、工业与贸易信使》第44期。——作者注

④ 1897年1月20日的《西伯利亚报》就这样写道:"在近乎保护性关税和各种国家措施的庇护下,冷漠的莫斯科工厂主对新的销售市场无欲无求。"——作者注

⑤ 1897年1月10日《财政、工业与贸易信使》第52期。——作者注

和圣彼得堡这两个先进工业区进行无限的竞争。这种观点也是一部分较有影响的俄国报刊，如《新时报》，在阐述沙皇俄国在亚洲的利益时强调的。① 最近颁布的最长工作日法清楚地证明，政府方面现在确实准备消除莫斯科经济方面的懒散做法，并迫使莫斯科人采用现代的生产和贸易技术，这意味着莫斯科将与此前的生产方式彻底决裂，同时也表现为波兰 1892 年计划的实现。

莫斯科的经济保守主义是当前俄国政策的障碍，而且是越来越大的障碍，同样，波兰工业也再次成为沙皇制度的盟友。我们在比较波兰和俄国中部生产的竞争条件时已经指出，波兰在技术方面对莫斯科的优势有多大。就是由于这个原因，资本主义的波兰作为俄国最先进的工业区，通过竞争不断鼓励其他工业区，特别是莫斯科工业区进行技术改良，从而实现俄国政府最近的计划。但是，波兰实业家在亚洲市场开放以后不久就比俄国实业家先行一步。我们已经看到，他们为这项任务作了多么认真和彻底的准备。他们不等政府的敦促，就自己争取主动，独当一面，与外国建立贸易关系。

在俄国贸易比较兴旺的唯一国家——波斯，波兰纺织工业的产品几乎占波斯从俄国进口总量的一半——约 40% 是通过最重要的中转站巴库进口的。② 与波斯的贸易关系的主动权在有些方面也掌握在波兰手中；1887 年，也就是在俄国政府关注这个国家之前，波兰已经准备在德黑兰建立一家自己的贸易代表处和一座商品仓库。③ 罗兹也立即利用跨里海铁路，带着自己的商品经过圣彼得堡和莫斯科挺进中亚。④ 华沙区是这样一个地区，它让在布哈拉和突厥斯坦的上层移民经营玻璃制品、彩陶和瓷器，而低端的莫斯科产品只有当地的穷人才购买。⑤ 罗兹目前是帝国唯一将纺织工业品打入君士坦丁堡

---

① 1894 年 12 月 3、5 日《波兰日报》。——作者注

② 1894 年 11 月 11 日《财政、工业与贸易信使》第 44 期。——作者注

③ "由于波斯国王决心给波兰马车与亚麻布厂商一些大单，所以波兰的商业共同体就开始考虑与波斯建立直接商业关系的可能性。……为了达到这个目标，去年年底，一位大代理商带着各种商品的样品来到波斯，以便与当地的市场建立直接联系。据说，如果他的考察取得令人满意的结果，那么，他们将会在德黑兰建立一个大型仓库与一个代表处。"（《外交和领事报告》第 321 期第 5 页）——作者注

④ 1894 年 11 月 11 日《财政、工业与贸易信使》第 44 期。——作者注

⑤ 同上。——作者注

和巴尔干国家的工业区。① 早在 1887 年,波兰就与罗马尼亚和保加利亚建立了贸易关系。② 最近罗兹开始直接向索菲亚出口自己的棉纺织品。③ 波兰资产阶级甚至想利用西伯利亚铁路,使华沙成为新欧亚贸易大通道的中心。④ 而英国驻华沙领事写道:"英国工厂主认为,他们(波兰工厂主)可能成为东方市场上的强大对手。"⑤

这样,波兰资本主义在亚洲就直接帮了沙皇政策的忙。

如上所述,莫斯科和波兰对俄国的政策所包含的目标采取截然相反的态度,所以在两个地区的公众舆论中也出现了完全不同的思潮。主张国内实行自由贸易,赞成技术进步的一派不断壮大,该派反对国家监护和庇护落后工业,因此他们对波兰地区表示同情;而莫斯科企业主则越来越孤立,因为他们信奉祖先的三位一体信仰——保证、奖金、补贴。莫斯科的抵触情绪在它于 1893 年下诺夫哥罗德年市上递交的请愿(要求向波兰的流动推销员征税)中表露无遗。比如,我们在《新闻报》上看到:"在这届年市期间……这些实用的贸易保护主义的代表起草并向财政大臣递交了关于对罗兹工厂的流动推销员征收特别税的请愿书,毫不掩饰地企图使莫斯科工业区摆脱罗兹的竞争。按照常识,为了俄国工业和俄国消费者的利益,莫斯科工厂主应当仿效罗兹工厂主令人钦佩的榜样,并雇用流动推销员,使生产者接近消费者,从而使自己产品的销售更便宜和更方便。但是,这些被贸易保护主义宠坏的实用主义者,从来没有崇尚创业精神的习俗和习惯;他们宁愿尝试用各种恶作剧来对抗自己的竞争对手。"⑥最后,还要引证一段政府的官方机关报《华沙日报》关于俄国对外工业政策一般任务的典型论述:"在中亚和波斯的新市场开放后不久,我们预计工业会蓬勃发展;我们重申,遗憾的是,大部分利润流向外国,而留给我们贫穷工人(!)的只有面包屑。我们在中亚和波斯的贸易尚未扎根,俄国贸易的代表还要不断在同英国的竞争中赢得一些胜利,为俄国征服这些市场。

---

① 1894 年 11 月 11 日《财政、工业与贸易信使》第 44 期。——作者注
② 《外交和领事报告》第 321 期第 4 页。——作者注
③ 1896 年 11 月 25 日《商业报》。——作者注
④ 1894 年《雅典娜神殿》第 4 卷第 2 册第 241—242 页。——作者注
⑤ 《外交和领事报告》第 321 期第 5 页。——作者注
⑥ 1893 年 11 月 4 日《新闻报》。——作者注

面对共同的敌人,莫斯科和波兰的企业主应该联合各自的力量,共同努力达到同一个目标。……目前,俄国在亚洲市场的主要目标是排挤英国商品。帝国的哪一个工业区对于实现这一目标作出的更多,这是一个次要问题,除非不让本地居民在维斯瓦河畔工业的利润中受益,而是像现在这样,只用来扩大德国工厂主、雇员和工人的资本。如果这些工业在**俄国人或波兰人**手中,那么,我们在与英国的竞争中将更加强大,我们在中亚的优势地位将得到保障。"①

当然,政府机关报没有忘记打击波兰工业中大量存在的德国实业家;它谴责他们无视俄国的国家利益,只自私地照看着自己口袋里的"德国"利益,等等。但是,我们发现,这在主要问题上贴切地反映了目前的实际情况,而俄国政府也是这样理解的:鉴于目前在世界市场上的任务,波兰和俄国企业主的内部竞争应当完全退居幕后。只要他们之间存在不和,责任就会,像我们看到的那样,被推给波兰资产阶级也同样憎恨的**德国人**。**波兰**工业本身,它的发展,它的繁荣,这时从一个全新角度看,是直接为了沙皇政府的利益:在波兰工业被用于进一步巩固俄国对波兰的占领之后,沙皇制度现在又给它安排了一个拍马屁的角色——在亚洲充当俄国未来征服欲的急先锋。更有甚者,我们已经看到,波兰目前在实现这项崇高使命的过程中起着主导作用,而莫斯科之星,即莫斯科人的特殊经济政策,正在慢慢陨落。俄国关于最长工作日的新法律说明,阿兰胡埃斯的美好日子②——资本主义原始积累的日子——即使在俄罗斯帝国也即将成为过去。

---

① 《外交和领事报告》第 1183 期第 4 页。——作者注
② "阿兰胡埃斯的美好日子"出自席勒的悲剧《唐·卡洛斯》第一幕第一句台词"我们在阿兰胡埃斯的美好日子现在过去了"。——编者注

结　束　语

我们的任务完成了。我们认为,从上文中可以得出这样的结论:对波兰工业的未来的所有担心——至少是在它受到俄国政府的严重威胁方面——是完全没有根据的,无非是对罗兹和莫斯科企业主之间私下争执的一种不加批判的、肤浅的模仿。只要深入了解情况,就必定会得出这样的结论,波兰在经济方面不仅不会与俄国出现隔阂,更确切地说,从资本主义大生产本身的一般本质产生的趋势,也会使波兰在经济上更加紧密地受缚于俄国。资本主义生产方式的内在规律是,它会力图在物质上使最偏远的地区相互逐渐联系在一起,使它们在经济上相互依赖,最终将整个世界变成唯一一个稳固联接的生产机制。当然,这种趋势在同一个国家内,在同一个政治和关税边界内影响最大。波兰和俄国的资本主义发展产生了一样的结果。这两个国家原来都是以农业为主,即以自然经济为主的国家,也就是说,在 19 世纪 60 年代以前,它们在经济上还相互陌生,各自都是一个具有特殊经济利益的封闭的整体。然而,波兰和俄国开始大规模的工厂生产,自然经济让位给了货币经济,工业成了两国社会生活的决定性因素,从此以后,它们物质存在的封闭状态日益松懈。交换和分工使俄国和波兰之间形成了千丝万缕的联系,各种经济利益相互交织在一起,以致波兰和俄国的经济只能是一种复杂的机制。

上文描述的过程以各种不同的形式在波兰社会生活对各种因素的意识中反映出来。俄国政府发现,这个过程可以成为其实现统治计划的工具,因此相信波兰会永远无条件地屈服于自己的权力,并建立一个专制的千年王国①。

---

① 千年王国是基督教用语,指世界末日到来之前,基督将再次降临,在人间为王统治一千年,届时魔鬼将暂被捆锁,福音将传遍世界。此语常被用来象征理想中的公正平等、富裕繁荣的太平盛世。——编者注

而波兰资产阶级认为,这个过程是在本国实施阶级统治的基础和发财致富的不竭源泉;它一想到亚洲就沉浸在最甜蜜的未来梦想中,并认为自己能在那里建立一个资本的千年王国。最后,波兰社会的各种民族主义分子将整个社会进程理解为一个莫大的民族不幸,无情地粉碎了他们重建独立的波兰国家的梦想。他们强烈地感受到资本主义在波兰和俄国之间建立的经济纽带的力量,他们既然在现实中无法阻止这个该死的过程,至少在自己的想象中要使它减缓,因为他们绝望地抓住任何一种表象,指望俄国政府本身亲手消灭波兰的资本主义发展,从而为民族主义再次奠定基础。

我们认为,俄国政府、波兰资产阶级和波兰民族主义者都同样失去了判断力,波兰和俄国之间的资本主义融合进程也有重要的辩证的一面,但他们都完全忽视了。这个进程正在自己腹中培育这样的时刻,那时俄国资本主义的发展利益将与专制的政府形式产生矛盾,沙皇的统治将毁灭自己开创的事业。这样的时刻必定会到来,届时,现在受到沙皇政府如此宠爱的波兰和俄国资产阶级会对自己的政治守护者——专制制度感到厌倦,并将战胜沙皇。此外,这个资本主义过程正在不停地迎向那个时刻,届时,俄罗斯帝国的生产力发展将与资本的统治互不相容,一种新的社会制度将在有计划的合作生产的基础上取代私人商品经济。波兰和俄国的资产阶级正合力加速这一时刻的到来;他们如果不同时壮大波兰和俄国的工人阶级队伍,就无法前进一步。俄国政府、波兰的资产阶级和波兰的民族主义者同样会无视波兰和俄国的资本主义融合产生的最终结果:波兰和俄国的无产阶级联合成未来辛迪加之日,便是俄国的沙皇统治和波兰—俄国的资本统治的崩溃之时。

参 考 文 献

波兰文著作

F. 罗杰茨基《波兰王国地理统计图》1830 年华沙版。

O. 弗拉特《罗兹市地理统计描述》1853 年华沙版。

T. 鲁托夫斯基《论国家工业问题》1883 年克拉科夫版。

W. 扎韦斯基《波兰王国的比较统计》1876 年华沙版。

约·布洛赫《波兰王国的工厂工业(1871—1880 年)》1884 年华沙版。

《农业百科全书》第 1 卷 1890 年华沙版;第 2 卷 1891 年华沙版;第 3 卷 1894 年华沙版。

约·布洛赫《地产及其债务》1890 年华沙版。

约·布洛赫《土地改良贷款与农业的状况》1892 年华沙版。

约·布洛赫《农民银行与土地分割》1895 年华沙版。

L. 古尔斯基《我们在农业中犯的错误》1874 年华沙版。

J. 班泽默《我国工业一瞥》1886 年华沙版。

波兰文报刊杂志

《雅典娜神殿》,月刊,华沙出版。

《每周评论》,周刊,华沙出版。

《边疆区报》,周刊,圣彼得堡出版。

《真理报》,周刊,华沙出版

《商业报》,华沙出版。

《波兰日报》,华沙出版。

《华沙信使报》，华沙出版。

俄文著作

M. 萨韦莱斯基《波兰王国统计》1842 年圣彼得堡版。

J. 波斯南斯基《波兰王国的生产力》1880 年圣彼得堡版。

K. 洛基申斯基《俄国关税税率史》1886 年圣彼得堡版。

《俄国工业历史统计通报》，德·阿·季米里亚泽夫编，（两卷本）1883 年圣彼得堡版。

伊·伊·扬茹尔《波兰王国工业历史发展纲要》1887 年莫斯科版。

《俄国的工厂工业与贸易。芝加哥世界博览会报告》，财政部贸易司编，1893 年圣彼得堡版。

《俄国的农业与林业。芝加哥世界博览会报告》，俄国国土部农业司编，1893 年圣彼得堡版。

《俄国的矿业。芝加哥世界博览会报告》，俄国国土部矿业司编，1893 年圣彼得堡版。

G. 西蒙年科《波兰王国的比较统计》1879 年华沙版。

《皇家自由经济协会关于调整俄国关税税率的申请》1890 年圣彼得堡版。

彼·安·奥尔洛夫《俄国欧洲部分工厂索引，包括波兰王国和芬兰大公国》1881 年圣彼得堡版。

《关于俄国贸易和工业统计的材料。1885—1887 年俄国工厂工业数据》，俄国财政部贸易司编 1889 年圣彼得堡版。

《俄国贸易与工业统计材料。1888 年俄国工厂工业数据》1891 年圣彼得堡版。

《俄国贸易与工业统计材料。1889 年俄国工厂工业数据》1891 年圣彼得堡版。

《俄国贸易与工业统计材料。1890 年俄国工厂工业数据》1893 年圣彼得堡版。

《俄国贸易与工业统计材料。1891 年俄国工厂工业数据》1894 年圣彼得堡版。

《俄国贸易与工业统计材料。1892 年俄国工厂工业数据》1895 年圣彼得堡版。

《波兰王国工厂工业调查委员会的报告》1888 年圣彼得堡版。

A. S.《莫斯科与罗兹之间的斗争》1889 年圣彼得堡版。

《俄罗斯帝国的蒸汽机统计材料》,俄国中央统计委员会编,1888 年圣彼得堡版。

W. 斯维亚特洛夫斯基《工厂工人》1889 年华沙版。

《俄国的生产力》,俄国财政部编(供下诺夫哥罗德国家工业展览使用),1896 年圣彼得堡版。

谢·沙拉波夫《著作集》1892 年圣彼得堡版。

《莫斯科区工厂视察员伊·伊·扬茹尔的报告》1884 年圣彼得堡版。

伊·伊·扬茹尔《俄国中部与波兰王国的工厂工人》,载于 1888 年 2 月《欧洲信使》月刊(圣彼得堡)第 1 期。

《圣彼得堡地区工厂视察员 K. W. 达维多夫的报告》1886 年圣彼得堡版。

《弗拉基米尔地区工厂视察员佩斯科夫博士的报告》1886 年圣彼得堡版。

《华沙交易所委员会关于粮食铁路运费标准的备忘录》,非公开发行。

N. P. 亚斯诺波尔斯基《国家收入的地理分配》1890 年基辅版。

《西伯利亚与庞大的西伯利亚铁路。芝加哥世界博览会报告》,俄国财政部贸易司编,1893 年圣彼得堡版。

R. 米哈伊洛夫《石油残渣调查》,载于 1898 年 1 月《技术协会通报》(圣彼得堡)第 1 期。

叶·米·杰缅季耶夫《工厂及其给予居民和取自居民的东西》1893 年莫斯科版。

俄文报刊杂志

《皇家自由经济协会通报》,双月刊,圣彼得堡出版。

《财政、工业与贸易信使》,周刊(财政部机关报),圣彼得堡出版。

《新闻报》,圣彼得堡出版。

《新时报》,圣彼得堡出版。

《西伯利亚报》,圣彼得堡出版。

《圣彼得堡消息报》,圣彼得堡出版。

《贸易与工业报》,圣彼得堡出版。

其他语种的著作

《皇家劳工委员会蓝皮书。国外报告》第 10 册《俄罗斯》,1894 年伦敦版。

Th. 布拉西《劳动与工资》1872 年伦敦版。

《英国外交部每年的外交与领事报告》:

第 128 期《波兰王国的贸易》1887 年伦敦版;

第 321 期《华沙的贸易》1888 年伦敦版;

第 1286 期《波兰的贸易》1893 年伦敦版;

第 863 期《驻华沙总领事区的贸易》1891 年伦敦版;

第 1183 期《驻华沙总领事区的贸易》1893 年伦敦版;

第 1449 期《驻华沙总领事区的贸易》1894 年伦敦版;

第 1535 期《驻华沙总领事区的贸易》1895 年伦敦版。

《英国外交部其他事项系列报告》:

第 355 期《波兰的农民及其所占有财产》1895 年伦敦版;

第 347 期《波兰农场主的地位》1895 年伦敦版。

格·舒尔采-格弗尼茨《俄国的民族主义及其经济载体》,载于 1894 年 1—3 月《普鲁士年鉴》第 75 卷。

S. G.《俄国在其波兰各省的工业政策》,载于 1893—1894 年《新时代》(斯图加特)第 12 年卷第 2 卷第 51 期。

卡尔·马克思《资本论。政治经济学批判》1894 年汉堡版第 3 卷。

路·布伦坦诺《论工资和劳动时间与效率之间的关系》1893 年莱比锡版。

论文中使用的俄制长度与重量单位

1 贝尔科维茨＝163.80 公斤

1 普特＝16.38 公斤

1 俄磅＝409.51 克

1 俄里＝1066.78 米

1 阿尔申＝0.71118 米

1 俄亩＝1.0925 公顷

《波兰的工业发展》

（苏黎世大学高等政治学系政治学博士论文）

1898 年莱比锡版

上西里西亚的选举

7月2日于莱比锡

我们在帝国国会的选举中取得许多成果,其中赢得上西里西亚可以算是最重要的成果。社会民主党的鼓动最近进入德国这个最黑暗的角落以后,党内才普遍将这个尝试视为一次实验。这次选举验证了它的价值,而选举结果无疑堪称辉煌的成果。与上一次帝国国会选举相比,我们的得票增长情况如下:

选　区	1893 年	1898 年
整个奥珀伦行政区	4728	25353
博伊滕-塔尔诺维兹	258	8775
卡托维兹-扎布热	646	9008
卢布利涅茨-格莱维茨	149	2366
拉蒂博尔	610	1743

然而,只有考虑到所有伴生的情况,才能正确评价这个结果。在上西里西亚的系统的有组织的鼓动实际上开始于诺伊施塔特(上西里西亚)①的党代表会议,也就是说,才开始了半年,而且主要归功于**一位同志**——温特尔博士②的辛勤工作。当时不可能举行公开的集会,全部的宣传鼓动仅限于散发传单。

---

① 1898 年新年,在诺伊施塔特(普鲁德尼克)举行了上西里西亚社会民主党代表会议,会议的中心议题是讨论在即将举行的帝国国会选举时党的鼓动和选举策略。——编者注

② 奥·温特尔于 1897 年来到上西里西亚,并在柯尼斯许特建立了上西里西亚的社会民主主义联合会。他在工人秘书处的活动中,在工会中,以及在为准备帝国国会选举的鼓动中立了功。他要求上西里西亚的波兰工人和德国工人结成统一战线,反对波兰社会民主党的小资产阶级民族主义。——编者注

在选举进行的时候，中央党①人和警察施加很大的压力，以致对于每一个工人来说，确实需要很大的勇气去递交一张社会民主党的选票，或是在选举期间为我们活动。大量工人被解雇，我们一些散发传单的人被捕，特别是警察和中央党人在投票站使用的完全是家长式的手段，他们在那里直接驱赶我们拿着选票的同志，并从一些选民的手中抢走并打开选票——所有这些行为都吓得工人不敢投社会民主党候选人的票。

尽管如此，我们党的得票情况仍十分理想，以致在选举前几天中央党无法在工业区再召开选民大会，因为大量到场的人都是社会民主党人，他们根本不想再听"修士们"的唠叨，而且大声抗议和反对中央党。

总之，可以肯定的是：**中央党在上西里西亚迄今的稳固统治已经一去不复返**。而这一点连穿黑袍的先生们②自己也感觉到了。中央党的波兰语机关报、博伊滕的《天主教徒报》6月9日写道："社会主义的鼓动在人民群众中深深扎根"。上一届帝国国会选举在加倍黑暗的上西里西亚的阴郁气氛中实际上起到了净化空气的作用。这次选举深深地震撼和调动了人民群众的情绪。可以毫不夸张地说，如果我们党今后加强相应的鼓动，那么，这是中央党最后一次在上西里西亚的工业区赢得席位。

至于马上开始的鼓动，那么，在这次帝国国会选举中取得的经验，对未来能起到一些重要的借鉴作用。这项工作至今为止相对容易，因为它是针对确定的、具体和近期的目标，针对选举。现在要开始非常困难的部分，心平气和的、在广度和深度上都不能引人注目的鼓动工作。选举前不久，几张振奋人心的传单就足以唤醒群众，而现在，其他的辅助手段——出版合适的宣传册，特别是党报——应当成为重要的，经常并持续使用的手段。这个任务应由在柏

---

① 中央党是德国天主教徒的政党，1870—1871年由普鲁士议会和德意志帝国国会的天主教派党团（这两个党团的议院的席位设在会议大厅的中央）统一而成立的。中央党通常是持中间立场，在支持政府的党派和左派反对派议会党团之间见风使舵。该党把主要是德国西部和西南部各中小邦不同阶层的天主教僧侣、地主、资产阶级，以及一部分农民联合在天主教的旗帜下，支持他们的分立主义和反普鲁士的倾向。中央党站在反对俾斯麦政府的立场上，同时又投票赞成俾斯麦政府采取的反对工人运动和社会主义运动的措施。恩格斯在《暴力在历史中的作用》（见《马克思恩格斯全集》中文第1版第21卷）等文章中对中央党作了详细的评价。——编者注

② 指天主教的中央党人，他们通常都是穿黑袍的修士。——编者注

林的波兰同志承担,责成他们相应地用波兰语设计我们党的唯一机关报。已经多次强调,而且最近在诺伊施塔特的代表会议上明确强调,关键问题是,《工人报》要与**民族主义实行决裂**,坚定明确地以普遍的社会民主党纲领为立足点。如果说哪一个事实可以在这方面给他们一点教训,那就是在帝国国会选举中取得的成果,因为这些成果不是通过**空想的民族主义宣传**,而是通过实际的理性的社会民主主义鼓动获得的。柏林的同志在诺伊施塔特代表会议上声称,他们的民族主义是由于考虑到"人民群众"。这一点表明,人们习惯于把大家知道的所有愚蠢行为推给匿名者,这次也冤枉了这位匿名者。上西里西亚的"人民群众"确实只对实际而明确的社会民主党纲领感兴趣,并通过投票来证明——特别是在博伊滕-塔尔诺维兹这样的选区,要知道,在柏林的波兰同志在那里几乎毫无影响。

因此,明确且坚定的政治态度对我们波兰的报刊和波兰的鼓动者来说,之所以特别重要,是因为他们马上就要接受一项艰巨的任务。大家知道,最近在**上西里西亚中央党**内部正在酝酿**德国部分**和**波兰部分**之间的分裂。波兰部分以《天主教徒报》和《奥珀伦报》为中心,具有民主主义的性质,并且懂得通过中央党的政策,更多地考虑成立"人民代议机构"这样的现代要求。特别是值此选举之际,这就成了激烈争论的话题。在博伊滕-塔尔诺维兹的波兰候选人是一名矿工,遭到了中央党选举委员会的反对,此外,在奥珀伦选区,一个德国人,即所有反动派的"中心人物"——沃尔尼修士获得候选人提名,以反对中央党的候选人——波兰人施穆拉,因此,大家知道,才有了中央党两位候选人之间的二次选举。最终是施穆拉当选。此外,波兰人觉得,卢布利涅茨-格莱维茨的巴勒施特雷姆伯爵只知道用德语向波兰选民介绍自己,他参加竞选,就像当众打了波兰人一记耳光。在伯爵先生参加的第一次选民大会上,他几乎根本不能讲话,因为正如《天主教徒报》所写的,在与会者中发生了"一场巨大的激烈骚动。显然,在这些骚动的人群中有不满意巴勒施特雷姆伯爵参加竞选,而且严厉谴责选举委员会的人;**竟然有人提名一位身居如此高位的老爷**作为劳动人民,主要是波兰人民的代表。"波兰人当时自然没有勇气坚持自己的候选人,虽然有抱怨,但这次还是屈服于德国中央党的压力。但是,选举结果本身,特别是惊人的票数增长,可能很容易加速分裂。波兰的教权派——并没有为这次仍在所有选区都赢得了席位而沾沾自喜——不会让选举日的教训本身白白地过去。6月21日的《天主教徒报》根据选举的结果写道："这表明，人民中笼罩着对领导人的现行政策的强烈不满。……从选举过程中可以明显看出一点，即：**如果中央党在我们这里没有成为真正的人民党，那么它就会在我们的选区中消失。**如果领导人对人民的态度不真诚，那他们就会完全失去影响。"显而易见，对上西里西亚中央党的领导人——大矿主和大地主——来说，成为"真正的人民党"比骆驼穿过针眼还难。一小部分主要依靠矿工和农民的波兰人脱离全党，自行组成一个上西里西亚的人民党，倒是更有可能。

毫无疑问，在当地人民群众和我们运动中的青年群体现有的认识水平上，一个波兰天主教民主党目前比社会民主党更有望获得成功，这个党对我们将是一个不可低估的危险。如果《天主教徒报》这一次就获得参加竞选的资格，那我们肯定连一半选票都得不到。

这个假装民主的波兰教权主义运动，可能会夺走我们已经获得的对群众的影响，因此，阻止它的发展是我们目前在上西里西亚的任务，而这个任务首先应由波兰的同志承担，因为武器想必是一样的。《工人报》必须千方百计地取得比现在更大的影响，并破坏《天主教徒报》的计划。顺便提一下，《天主教徒报》，从它的角度看，是德国编得最好的波兰语大众报纸。对此必须采取巧妙的策略，特别是表明清晰、坚定且有原则的政治态度，不能对民族主义的荒唐行为听之任之，这一点已为迄今的经验所证实。当前德国和波兰中央党之间出现民族分裂，这正好说明，在上西里西亚的德国和波兰社会民主党必须在共同政治纲领的基础上采取扎实的行动。我们要大量出版党的文献，开展持久的鼓动，我们不久就会将中央党赶出他们自己的领地。

1898年7月2日《莱比锡人民报》第150号

波兹南消息^①

一

有一句波兰谚语说,"手头拮据的时候就找犹太人"。年轻的波兹南人民党^②候选人安杰耶夫斯基遭受了挫折,于是该党就在自己的机关报《发言人报》上进行了如下沉思:问题在于,我们根据本年度的选举认识到,我们在选举中要越来越依靠**波兰工人**,这些工人在选举中的态度取决于他们的**社会状况**,不仅工人阶级的社会状况,而且其他阶级,特别是大土地占有者阶级的社会状况致使我们为了拯救自己的民族,**不得不把保卫民族的任务转嫁给波兰工人阶级的广大群众**。对我们来说,没有波兰工人的帮助几乎是没有希望的。波兹南的这个小资产阶级波兰党在进行了首次政治战斗以后,就立刻得出了这个令它悲伤的结论;它几年前成立时动静如此之大,就是为了第一次较量后就立即把它的任务"转嫁给工人群众"。但是,在工人群众有朝一日踊跃参加政治斗争时,希望也在波兹南,除了为小资产阶级的政治死胎注入新鲜生命之外,还能做得更好。可怜的"人民党人"自己也多少预料到了这一点。"波兰工人越来越广泛的参与,是否真的能拯救我们的民族,或者是否会导致社会迟早会脱离自己的历史和传统的(!)框框,成为社会主义和无政府主义的牺牲品……,这一点我们只能听天由命。"可见,波兹南的社会发展与上西里西亚的社会发展非常相似:这两个地方的小资产阶级党(在上西里西亚是中央党

---

① 这篇简讯没有署名。从罗莎·卢森堡1898年7月6日给莱·约吉希斯的信中可以看出,卢森堡是该文作者。——编者注

② 19世纪90年代,在罗曼·希曼斯基领导下,在波兹南成立的小资产阶级教权主义—民族主义的政党,它敌视社会主义运动。——编者注

的波兰分支）都被迫乞求工人阶级的帮助。与这种软弱相应的是，即便是这些波兰小资产阶级政党的"民族主义"——在德国、俄国与奥地利——今天的作用也只是用自身腐蚀性的瘴气污染政治环境，但是，正像人们在德国有时认为的那样，绝不会达成全国性的行动纲领。这些党派在最近的克拉科夫和布拉格事件中的态度就证明了这一点。在克拉科夫的密茨凯维奇纪念碑的揭幕仪式上，由于来自莫斯科的俄国人，勃兰特教授发表了称颂沙皇的无耻演说，部分在场的波兰人以嘘声和抗议声作为回应，同一份《发言人报》写道："对于他（勃兰特教授）颂扬他们的沙皇，我们不能生他的气，作为俄国人他只能这样讲。（!）但是，还是有相当一部分波兰人发出了嘘声和口哨声。"这一点证明，"**我们人民的政治认识还非常低下！**""人民党人"在伦贝格的兄弟机关报《波兰言论报》的评价更为出色："一个俄国人热爱他们的沙皇，相信专制制度理念，任何人不能为他的观点（!）而生气。有鉴于当前法国、意大利和奥地利发生的一切，但愿我们自己也能坚信，议会宪政制度需要修补，自由需要保护，以免发生不法行为。"这就是波兰民族主义留下的最后一点东西。世之荣光如斯逝去！①

二

波兰的报刊对选举结果作了有趣的考察。在东普鲁士和西普鲁士，也与在上西里西亚一样，波兰人与中央党的亲密同盟出现了裂痕。事实表明，中央党议员获得议席，几乎到处要感谢**波兰人**的选票，普鲁士的德国天主教徒却拒绝为波兰候选人投票，甚至提名竞选对手。面对这一情况，波兰报刊大声疾呼，要求人们在普鲁士邦议会选举时拒绝追随中央党。而对我们来说更有趣的是，要求威斯特伐利亚和莱茵省的波兰工人群众也必须脱离中央党。

由于这一变化，波兰阵营中另一股我们完全无法忽视的思潮越来越占上风。像上西里西亚的《天主教徒报》及其盟友一样，除了我们已经提到的波兹

---

① 教皇选举仪式上的用语，原文为拉丁文："sic transit mundi gloria."引自《马克思恩格斯文集》第10卷第699页。——编者注

南《发言人报》之外,普鲁士的《托伦报》也写道:"**社会**状况在本届帝国国会选举中已经向我们指出了我们可能至今不够重视的一个方面。也就是说,不可再否认的是,**工人阶级**已经登上前台,并且决定成败。……我们的议员们必须忘记自己是东家。……目前,还有精神财富,即对宗教与神父语言的爱,对我们的人民来说比**经济问题**更重要。我们在最近的几次选举集会上已经听到一些声音,说明**波兰工人已开始思考选举的社会与经济意义**。……我们的鼓动家也一定经常听到这样的反对意见,'一位老爷,不论他是波兰人还是德国人,从来不会对工人发善心,他首先想到的是,从外国找到廉价的工人,并高价出卖谷物与牲口'。"中央党和波兰俱乐部的老爷们已经开始将种子播撒到哪怕普鲁士最落后的角落,但即便在那儿,获得收成的自然也只有社会民主党。要求"波兰人"和中央党议员"忘记自己是东家",自然是十分幼稚的非分要求,尽管非常切合小资产阶级政治家有限的理智。确切地说,这样只会适得其反:普鲁士的选民群众会想起自己是农奴,然后波兰人和中央党——拉比与修士——就会一起落荒而逃。不过,值得称颂的选举结果也加大了社会民主党的责任。翻过的土地必须得到精细的耕种,波兰的①工人必须得到全面的鼓动。波兰社会民主党在波兹南的选票**大幅下降**这一点证明,在这一方面还有很多事情可做。《工人报》自己承认,这主要应归因于该党的民族主义倾向在波兹南引起的不满。但愿选举结果的教训不仅对波兰人党和中央党,而且对我们的同志们也能起作用;但愿普鲁士的资产阶级—波兰政治家已经明白,"精神财富",即民族主义的空话已经在人民中失去吸引力,波兰工人也已不再分为德国人和波兰人,而是分为"老爷"和工人。

1898 年 7 月 8、13 日《萨克森工人报》(德累斯顿)第 155、159 号

---

① 原稿为"普鲁士的"。——编者注

关于奥属加利西亚的紧急状态①

在奥属加利西亚笼罩着一种难以形容的压抑气氛。紧急状态法的实行②,特别是暴君抵达诺伊桑德斯导致恐慌情绪达到顶点。只有那些可怜的被捕的农民面露笑容,开开玩笑,他们每天坐在车上,被五花大绑,是由骑兵用军刀押解到城里的。这些可怜的农民坚信,逮捕他们只是装装样子,马上就会释放他们,因为他们是"根据皇帝的命令",根据县长确认的授权进行抢劫!地主老爷对自己同乡的这种遭遇冷若冰霜,他们有另外的考虑:"诺伊桑德斯的所有监狱人满为患",克拉科夫的《改革报》这样写道:"人民(!!)在问:那谁去农田干活? 谁去收割庄稼? 因为再过一周,最多两周就要收割了,而年轻力壮的可怜人(!)却无所事事地(!)蹲在高墙之内。要求无所不能的土地占有者采取措施,把这些人放了去收割。他们不会跑到美洲去,因为他们没有钱,而且再把他们抓进去也并不困难!"自从英国开启工业残害儿童以来,资本的语言还从来没有这么放肆和玩世不恭! 这些人面临的也许是死刑,至少是几年监禁,可以放他们出去从事收割,"以后还可以再把他们抓起来。"哦,神圣的资本,何时才能把你们肮脏的舌头从贪婪的血盆大口中拔出来?

1898 年 7 月 13 日《萨克森工人报》(德累斯顿)第 159 号

---

① 标题是编者加的。——编者注
② 1898 年 6 月 28 日,奥地利政府和加利西亚的新一任行政长官莱·皮宁斯基公爵,宣布加利西亚的 32 个区进入为期六个月的紧急状态,并对新松奇区和利曼诺斯基实行紧急状态法。这项政治迫害遏制了加利西亚日益强大的社会运动。——编者注

波兹南消息[①]

日耳曼化在继续。普鲁士政府什么也不想学会,什么也不想忘记,[②]它执迷不悟,这个制度对数以百万计的居民进行百般刁难和无耻捉弄,只会使这个政府讨人厌。首先在波兰各省,主要是德国的基督的仆人们——天主教僧侣在为仇恨信条效犬马之劳。最近,又有一封抗议书从但泽寄往罗马,抗议在圣尼古拉教堂用波兰语布道。波兰报刊猜测这份高贵文书的起草者是但泽的舍尔默尔牧师。就连学校也成了不断发生摩擦和仇视行为的场所。最近几天,法庭又审理了一系列案件。比如,在克罗斯诺沃,尽管波兰人斯科夫隆强烈抗议,他的孩子的学校仍然用德语讲授宗教课。这位父亲因学校把德语课强加于他的孩子而愤怒不已,他忍不住侮辱了教师,被法院严厉地判处了重刑。同时,政府把"民族"游击战开展到科学活动中,禁止"外国人"参加在波兹南举行的波兰医学大会,这在波兰民众中自然引起了轩然大波。难道有人害怕这些医学之神会拿着手术刀进行武装起义吗? 其实,人们不用为"普鲁士德国的一体化"而担心,波兰的资产阶级知识分子即使从所有三个地区来到一起,也丝毫不会比呆在各自的地区更加民族主义;三个庸人加在一起不会成为一个革命者。在医学大会上,恰恰是华沙的老奴才伊格纳兹·巴拉诺夫斯基博

---

① 本文是匿名发表的,根据费·蒂希《卢森堡文献索引》1962 年版第 58 号,这篇文章仅仅标有一个问号。罗莎·卢森堡在 1898 年 7 月 10 给莱·约吉希斯的信中写道:"我与帕尔乌斯[《萨克森工人报》编辑]关系极好,我为他(你那里也有这家报纸)写有关波兰、法国和比利时的通讯。他们每个季度给我 30 马克的订报费! 稿费当然另计。"有时他还想要关于英国、意大利和土耳其的通讯。——编者注

② 这里是套用波旁王朝复辟时期法国海军上将舍伐利埃·德·帕纳在一封信中所说的一句流传很广的话:"他们什么也没有学会,什么也没有忘记。"也有人认为,这句话是沙·莫·达来朗-贝里戈尔说的。它是针对那些不能从 18 世纪末的法国资产阶级革命中吸取任何教训的保皇党人而言的。

士将作重要发言,他在沙皇上次访问华沙时,在游行中和在代表团里是最狂热的人之一。有人竟然认为需要动用警察的拳头来禁止这种人入内! 只要一想到这个日耳曼化的狭隘而可憎的制度——挑衅性制度,就会令人不由自主地想起白尔尼的话:"让人对这种可悲的行为说些什么呢? 我想称之为普鲁士的行为,但是这还远远不够。"①

1898 年 7 月 15 日《萨克森工人报》(德累斯顿)第 161 号

---

① 路·白尔尼在《吞食法国人的人门采尔》[1837 年巴黎版]中这样写道:"让我怎么称谓这种卑鄙的行为呢? 我可以称之为普鲁士的行为,但是这还远远不够。"(《白尔尼著作集》,英·李普曼和彼·李普曼重新修订,1964 年杜塞尔多夫版第 3 卷第 951 页)罗莎·卢森堡使用的可悲的概念显然引自白尔尼在前几页对德国,尤其是对普鲁士的评论:"他们在绝望中无所不言,令人感到可悲。人们不得不与这些可怜的无赖争吵不休!"(第 945—946 页)"他们互相认识,互相理解,互相爱慕;他们不以自己的无能和可怜为耻,也不计较别人的无能和可怜!"(第 948 页)——编者注

法国消息①

摇摇欲坠的内阁。——社会党人与德雷福斯事件。
——1897 年的罢工运动

　　布里松内阁似乎很快就会更迭,据猜测,布里松本人想辞去总理职务,他因为卡芬雅克在德雷福斯事件②中的表现和他自己的弱点,处境非常糟糕,因此,他想辞职也是非常自然的。他的继任者将会是谁,目前还说不准。半官方报刊当然吹捧卡芬雅克;逮捕埃斯特哈齐③让总参谋部感到害怕,他们希望一个肯定能够平息这一神秘事件的人主管内阁。另一方面,部分激进派人士则希望莱昂·布尔茹瓦④担任总理。他对德雷福斯事件的态度不明,从而他的总的政策难以预料,这位现任教育部长对法国公共生活中这个重要事件直到现在还缄口不言。

　　《小共和国报》的强有力的活动和饶勒斯反对军国主义—教权主义寡头

---

① 本文标有 II,这是罗莎·卢森堡的标记之一,另见本卷第 228 页脚注①。——编者注
② 法国的犹太裔总参谋部军官阿·德雷福斯 1894 年因所谓的叛国罪被判处终身流放。由于进步人士的反对,法庭不得不于 1899 年 8 月重审这个案件。德雷福斯被重新判决,并于 1899 年 9 月获得赦免。1906 年,在证明指控是捏造的以后,德雷福斯获得昭雪。德雷福斯案件导致了共和派和君主派之间政治斗争的尖锐化,并将法国推到了内战的边缘。在工人运动内部,以饶勒斯为首的社会党人主张积极参加反对大资产阶级沙文主义反动派的斗争,而盖得派则在 1898 年 6 月的呼吁中,要求无产阶级退出这场斗争,因为他们认为,德雷福斯案件与工人阶级无关。——编者注
③ 斐·埃斯特哈齐(1847—1923)——法国军官,德雷福斯案件中的主要人物,曾因个人债台高筑而向德国出卖法国的军事秘密,1894 年,阿·德雷福斯因向德国出卖军事情报而被判刑时,法国总参谋部情报局局长皮卡尔上校认出德雷福斯的叛国文件出于埃斯特哈齐之手。埃斯特哈齐在 1897 年被送交军事法庭后,与他共事的军官宣判他无罪。——编者注
④ 莱·布尔茹瓦(1851—1925)——法国政治家,曾任教育部长,后任总理(1895—1896)。——编者注

政治、支持重审德雷福斯案件的行动有了结果：在整个法国，社会主义派别通过和发表决议，以严厉的言辞反对"民族"骗局，尤其反对其代言人罗什福尔，并且最衷心地支持饶勒斯、热罗-里沙尔等人。到现在为止，一共作出了541①个此类决议：在巴黎153个，在首府郊区87个，在省内301个。总参谋部的辩护人则有一个重大发现，并将它发表在《小报》上：左拉的父亲是一个小偷。

法国的罢工运动在过去的1897年比前年有所减弱。总共发生了356次罢工，平均罢工时间为10.5天；参加罢工的工人为68 875人。农业方面，参加罢工的人数之多出人意料，占总人数的30.6%。罢工的结果是68次罢工获得成功，166次遭到失败，122次作出妥协。

1898年7月23日《萨克森工人报》(德累斯顿)第168号

---

① 原稿中为543。——编者注

法 国 消 息①

社会主义各派的统一尝试。——社会主义的劳工保护法案

法国各个社会主义派别的统一问题再次引起人们的重视。阿列曼派②已经选举了代表,以便与其他组织取得一致。同时,布朗基派也表示,建立各派共同行动的基础是必要的。盖得派已将这个问题列入在蒙吕松召开的下一次党代表大会的议事日程。此外,法国社会党人结束此前力量分裂状态的良好意愿和真诚的希望至今不容怀疑;问题在于仍然存在巨大的实际困难,这些困难总是使良好的意图难以实现。比如,困难之一就是所谓的独立派的问题,即不属于任何组织的社会党人,其中包括鲁阿奈、富尼埃③、米勒兰等著名的功勋卓著的同志,与这些同志达成一致非常困难。有人建议,暂时先由固定的组织达成社会主义的一致,或者这些主张社会主义统一的人自己建立一个临时组织,以方便进行谈判。然而,真正的最大的困难不是统一的形式问题,而是统一的策略问题,法国的许多社会主义组织对策略问题有着各自不同的理解,以致对策略问题的讨论成了爆发激烈冲突的根由。对法国整个社会生活的焦点——德雷福斯事件的表态,就是这样一块绊脚石。

瓦扬等同志在议会中提交了一份关于**保护城市社区劳工的法案**;其中要

---

① 本文标有 II,这是罗莎·卢森堡的标记之一,另见本卷第 228 页脚注①。——编者注

② 阿列曼派是法国社会主义者让·阿列曼的追随者,又称反布鲁斯派。由于可能派发生分裂,阿列曼派在 1890 年 10 月 9—15 日夏特罗代表大会上成立自己的组织,并命名为"工人社会革命党"。阿列曼派仍然坚持可能派那一整套思想的和策略的立场,不同的是阿列曼派重视在工会(工团)中的宣传活动,认为工会(工团)是组织工人的主要形式。阿列曼派宣布经济总罢工是斗争的主要手段。阿列曼派与可能派一样,反对统一的集中制的党,他们坚持自治原则,对夺取市政参议会的席位极为重视。——编者注

③ 欧·富尼埃(1857—1914)——法国社会党人,议会议员,让·饶勒斯的追随者。——编者注

求:将工作时间限制在每天九小时,每周工作六天,禁止计件劳动,规定最低工资,工人自己参加检查公共劳动,最后,禁止雇用外国工人超过 10%。十多年来,上述法律规定一直是巴黎市镇参议会和政府之间争论的焦点,因为政府不厌其烦地经常取消巴黎市镇参议会的有关决定。瓦扬等同志的倡议不仅涉及首都,而且涉及法国所有城市的社区。

1898 年 7 月 26 日《萨克森工人报》(德累斯顿)第 170 号

法 国 消 息①

教会庇护总参谋部

　　法国的教权主义最近为了武力统治发表的声明引起了普遍轰动。在阿尔克伊的阿尔布雷希特大帝多明我会全体会士的授奖仪式上,著名神父迪东就"民族的军事精神"大放厥词。这个夸夸其谈的天才演说家的演讲是彻头彻尾地颂扬武力统治。这位多明我会会士说:"一个国家宁可没有文学和艺术、科学和哲学,也不能没有实力。"按照他自己的说法他理解的"实力"便是"直接的物质力量,这种力量不是说说而已,而是铁律,军队便是这种实力的最高体现"。迪东号召用这种实力去征讨所有反对派、民主派,去讨伐"文人化",他称"文人化"一词是一个"原始的单词"。最后,他用对德雷福斯事件的一个明显暗示,指责政府,说它不懂,**即使流血**也要维护军队的声誉。这种对军国主义的崇拜一直不乏共鸣。在授奖仪式上,在场的军队最高指挥官雅蒙,作为主席,他示意大家在神父演说之后热烈鼓掌,使这次仪式成了总参谋部和教会之间的具有官方色彩的结义证明。这件事成了整个新闻界热烈讨论的对象。雅蒙是利用自己的权力还是受到陆军部长卡芬雅克的委托参加这次教权派庆典的,这个问题得到的是互相矛盾的回答。总之,卡芬雅克为了平息公众舆论发布了一份通函,他在其中警告"他亲爱的将军们",参加教权派的活动是不合时宜的。同时,《夜晚报》却断言,雅蒙参加阿尔克伊的活动,是卡芬雅克事先知道的。

　　社会党人欧仁·富尼埃在《小共和国报》上发表了一封致布里松总理的

① 本文标有 II,这是罗莎·卢森堡的标记之一,另见本卷第 228 页脚注①。——编者注

公开信,其中提到将对此事提出质询。另一位社会党人,巴黎市镇参议会成员科雷也要质问警察局长,他有什么权力让巴黎共和国近卫军的乐队为反对共和国的多明我会的活动助兴。

1898 年 7 月 27 日《萨克森工人报》(德累斯顿)第 171 号

法 国 消 息①

迪东—雅蒙②事件是对激进的布里松内阁的一个巨大打击。民政权不能遭受像多明我会的迪东神父的演讲那样的恶意咒骂和打脸；民政权的总管布里松不得不对此保持沉默。当他在德雷福斯事件中把权柄交给残忍而狭隘的卡芬雅克的时候，他便迈出了错误的一步，从而造成了这样的毁灭性后果。在他允许军国主义发号施令之后，他就不得不对军国主义和教权主义的反动气焰忍气吞声。法国激进派就这样一步一步地陷入泥沼。饶勒斯写道："早在布尔茹瓦内阁时期，激进派就向参议院这个资产阶级寡头政治的代表投降了，而现在，在布里松内阁时期，他们又向军国主义的寡头政治投降了。骄傲的民政权的保卫者经历了从妥协到妥协，从懦弱到懦弱的堕落，而沦落到如此境地。可见，激进派已经走到了尽头！"他警告性地补充说："社会党如果因为惧怕罗什福尔和德吕蒙，而容忍民族主义的毒药毒害自己，那么它也很快会走下坡路。小心提防：最初的下滑不易觉察，直接下坠再想止步就困难了。"——《世纪报》把迪帕蒂·德·克朗称为埃斯特哈齐每次伪造文件的帮凶。——由于德雷福斯事件，在波尔多发生了一个引起轰动的事件：在当地的学院院长库阿特的葬礼上，死者的私人朋友斯塔普弗尔教授致了非常感人的悼词，给众多在场的人留下了极其深刻的印象；但是，他在致辞结束时突然话锋一转，非常明白无误地说，库阿特院长在德雷福斯事件中是政府的反对者，他对被强奸的权利和目前法国的可悲状况感到非常痛心，这在很大程度上是他早逝的原因。斯塔普弗尔最后说，"先生们，权利有时披着激情的迷雾。如果我们今天

---

① 本文标有 II，这是罗莎·卢森堡的标记之一，另见本卷第 228 页脚注①。——编者注
② 见本卷第 234 页。——编者注

不知道权利何在,那么我们就沿着这条正义之路走下去,我们肯定会与真理相遇。"

这么大胆地转换话锋让在场的所有人都受到很大震撼。在斯塔普弗尔发言之后,好几位在场的教授为了与自己这位同行撇清关系,急忙与同样在场的巴赞①将军握手,这是对军国主义奴颜婢膝的典型表现,它已经浸透法国人的心灵。

1898 年 7 月 28 日《萨克森工人报》(德累斯顿)第 172 号

---

① 弗·阿·巴赞(1811—1888)——法国将军,1864 年起为元帅,30—40 年代参加征服阿尔及利亚。——编者注

法 国 消 息①

总参谋部的伪造。——可望重审。——大学与社会主义

结果证明,《小报》上发表的针砭左拉父亲的文献,是极其拙劣的伪造。众所周知,这是一封写于 1832 年的长信,据说写信的人是外籍军团上校孔布,信中提到同一军团的少尉左拉贪污了供应给军队的服装。然而,现在查明,第一,真正的孔布上校的名字的写法不同于给《小报》提供消息的人;第二,信中在谈到所谓的贪污时提及的某些机构,在写这封信时在阿尔及利亚尚不存在;第三,当时左拉与服装供应毫无关系,确切地说是另一个军官负责服装供应;第四,这个左拉在所谓因贪污被捕的两个月之后,才被任命为外籍军团少尉;第五,这个据称 1832 年在外籍军团写下这个恐怖贪污故事的孔布上校本人,当时与外籍军团也毫无关系。很显然,这封"致命的"信件,显然是某个生手伪造的,但愿这封信非常有助于从道德上摧毁总参谋部这帮人。

《世纪报》日复一日地用大号字体发表他们对迪帕蒂·德·克朗将军的指控,但这位正人君子顽固地保持沉默,这本身就说明问题。相反,上校皮卡尔则向预审法官正式起诉迪帕蒂·德·克朗。但是检察官要求先了解目前对埃斯特哈齐的调查结果之后才同意起诉。

饶勒斯请求巴黎大学政治学系为他提供讲授科学社会主义的教席。政治学系自然予以拒绝,理由是:尽管该系原则上可以为所有派别提供自由空间,但是在目前情况下,不太可能使讲座具有客观的、严格科学的性质。资产阶级报刊赞同大学的这个决定,并加按语说,社会主义其实根本不能要求拥有一个教席,因为它不是科学,而是"多愁善感的形而上学"!……自以为可以对社

---

① 本文标有 II,这是罗莎·卢森堡的标记之一,另见本卷第 228 页脚注①。——编者注

会主义的科学性作出评价的法国资产阶级知识分子的代表,对社会主义理论显然极为无知,在其他任何国家也许都不会出现这种情况。

关于**德雷福斯事件**,《曙光报》再次发表埃斯特哈齐的笔迹影印件,以便证明他的笔迹与那份情报清单上的笔迹一致。

据《小共和国报》报道,教育部部长布尔茹瓦将波尔多的斯塔普弗尔免职六个月。(众所周知,斯塔普弗尔在库阿特院长的葬礼上发言说,对国家耻辱的悲哀加速了库阿特的死亡;这一点在已发表的库阿特在去世前几天所写的信中得到了证实。)

左拉的名字暂时被从法国荣誉军团的名单中删除。

1898 年 7 月 30 日《萨克森工人报》(德累斯顿)第 174 号

瓜德罗普岛的社会主义①

在通过最近的选举进入法国议会的法国社会主义"工人党"议员中有一位纯种黑人莱吉蒂默斯。他代表属于小安的列斯群岛的瓜德罗普岛选区。法国的秩序党自然对莱吉蒂默斯当选这一事实感到极为不快,因为社会主义在殖民地已经站稳脚跟,已经形成一种势力。他们的新闻奴才因此试图贬低社会主义选举成功的意义。《辩论日报》等无聊的报纸向其轻信的读者信口雌黄,说什么莱吉蒂默斯不是作为社会主义者,而是借助于有力的社会主义鼓动才当选的,确切地说,是作为黑人借助于迷惑他的部落兄弟的迷信咒语才当选的。这位社会主义议员被描绘成粗野的、愚蠢狡狯的半野蛮人,他的竞选宣传就在于,在选举战前夜,穿着亚当②的服装,甚至没有传统的遮羞布,在教堂的院子里,在众多黑人的集会上跳班波拉舞,祈求神祇赐福到他的长满鬈发的头上。

很多年来,在"工人党"(盖得派或马克思派)中,人们都知道莱吉蒂默斯是一个有着坚定信念、积极能干的社会主义者,他最近来到法国,履行他作为人民代表的义务。他是一个强壮高大的人,表情温和而睿智。他的形象完全使市侩庸人大失所望,他们根据资产阶级报刊的富于想象力的描述,原本希望见到的是一个荒诞的人物,他的眼睛骨碌碌地转,龇牙咧嘴,说着非常难懂的语言,就像那些在郊区剧院中演丑角或在低级娱乐场所中为"上等人"效劳的黑人一样。莱吉蒂默斯同志并不说克里奥耳人的方言,他说着纯正的法语,只是偶尔露出轻微的口音,使人想起这位新的议员出生于"大洋"的另一边。他

---

① 本文标有♂,这是罗莎·卢森堡的标记之一,另见本卷第 228 页脚注①。——编者注
② 据圣经传说,是上帝创造的第一个男人。——编者注

的举止朴素而尊贵,温文尔雅。他就瓜德罗普岛社会主义运动的发展为《北方觉醒报》的编辑写了下面这篇引人入胜的报道:

"瓜德罗普岛上的社会主义的发展和社会主义者的胜利并不令人感到奇怪。在皮特尔角城我们已经斗争了七年。七年前,我们在那里创办了《人民报》,该报在1896年被查封之前,从未停止过社会主义喜讯的传播。就我本人而言,我是第二次成为工人党的候选人。1893年,我的竞选对手仅仅以800票的多数战胜了我。这一次,我们为上一次的失败雪了耻,而且非常彻底。在第一轮选举中,我就击败了另外两个候选人,大获全胜。我获得的选票比那两位候选人所得票数之和还要多1 000多票。鉴于这种实际状况,他们根本不敢参加第二轮选举,干脆放弃了自己的候选人资格。

我取得这样的胜利,既不是因为偶然因素,也不是因为与社会主义无关的特别有利的情况。不是的。这一胜利表明,瓜德罗普岛或者至少是我的选区拥护社会主义。对此有许多事实为证。我的选区包括15个社区,几乎所有这些社区都有社会主义的市镇参议员,在没有市镇参议员的地方,在市镇政府中也有一个强大的社会主义少数派。

在拉芒坦,23个市镇参议员中有21个社会主义者,他们都是根据社会主义工人党的纲领当选为市镇参议员的。在圣罗斯、戈西耶(只有个别市镇参议员不是社会主义者)、珀蒂堡、拜马欧、格里布、穆勒、圣安娜等地情况都相似。阿比默和昂斯贝特朗等其他市镇的居民在1893年还对社会主义采取反对态度。但现在,社会主义市镇参议员已在那里任职,我在最近的立法议会选举中获得了所投选票的多数。

至于皮特尔角城,它无论从人口数量看,还是从工业发展来看,都是瓜德罗普岛名副其实的首府,在市镇参议会中,社会主义者虽然还不占多数,但是尽管如此,为我投的票仍然多于我的两个竞选对手。不久,这个城市的劳动居民将成为社会主义的拥护者。第一个副市长塞郎·塔厄坦同志,像我一样是纯种黑人,他肯定会在下一次市镇参议会选举中脱颖而出,当选市长。我们在皮特尔角城的不断进步因大部分居民是白人和混血儿而更加令人瞩目。

1896年,政府根据我们的反对者的愿望,找借口查封了社会主义的机关报《人民报》。从那时起,我便与许多同志(其中大部分是市镇参议员)一起,挨家挨户进行鼓动。

我们的任务很艰巨,因为在瓜德罗普岛上只有很少较大的村庄,从事农业的居民多于从事工业的居民。尽管如此,我们的鼓动得到了理解和接受,特别是许多小农(1885—1886 年以来,地产非常分散)都入了党。他们不惧怕集体主义。他们看到市镇参议员们是如何工作的,他们知道社会主义只追求一个目标:为劳动人民谋幸福。……

在法国,反对者硬说,我只是作为黑人由黑人选举的,因为我与我们部落的同志说家乡方言,与他们亲密无间。也就是说我是带有社会主义色彩的自以为是的人。这就大错特错了。

我是作为社会主义者由白人、混血儿和黑人选举的,我是法国议员,不是瓜德罗普岛上分裂主义观点的代表。我的《人民报》的第一个撰稿人是茹尔·盖得。我传播他所代表的社会主义观点,取得了巨大成功,以致今天在我的家乡有半数的住宅中都挂着盖得的画像。此外,我在议会中的立场将会消除对我的信念和态度的所有怀疑。"

1898 年 8 月 3 日《萨克森工人报》(德累斯顿)第 177 号

法 国 消 息①

法国荣誉军团的伪造者、骗子和军官

正人君子埃斯特哈齐现在给公众展现全新的一面,一个在金钱问题上的普通骗子:他自己的堂弟克里斯蒂安·埃斯特哈齐伯爵已正式控告这个受到总参谋部庇护的人欺骗和背信弃义。事件的经过是这样的:指挥官埃斯特哈齐几年前写信给他的堂弟,说他从高中开始便与埃德蒙·罗特希尔德建立了亲密友谊,他在此人的帮助下进行过有利可图的金融活动;他向堂弟克里斯蒂安伯爵建议,利用这个机会,通过他,埃斯特哈齐的介绍,把一笔数目可观的钱存入罗特希尔德银行。埃斯特哈齐事先保证这笔钱本身很安全,并保证最低盈利25%。克里斯蒂安伯爵落入圈套,逐步寄给指挥官38 500法郎。但是,在克里斯蒂安伯爵向罗特希尔德银行询问之后,结果发现罗特希尔德银行从未从指挥官那里收到过分文存款,原来整个事情是一个骗局。这一次会不会因为"上司的一个命令"使指控石沉大海,从而帮助这个多重骗子摆脱困境,这非常值得怀疑。这个案件来得非常及时,可以让总参谋部的道德名誉丧失殆尽。②

1898 年 8 月 4 日《萨克森工人报》(德累斯顿)第 178 号

---

① 本文标有 II,这是罗莎·卢森堡的标记之一,另见本卷第 228 页脚注①。——编者注
② 见第 234、236 和 238 页。——编者注

加利西亚消息[①]

　　贵族们仍在因为上次的农民暴动而在清算自己的政治良心。他们主要关心的是：欧洲将对此如何评论？他们可能感觉到，极端的贫困和愚昧对加利西亚的30年"波兰经济"的社会价值不是一个特别值得恭维的证明。[②] 他们毕竟幸运地找到了罪魁祸首，以便推脱责任。占统治地位的贵族反动派的代言人塔尔诺夫斯基伯爵在克拉科夫《时代报》上发表的四封公开信，清楚地证明，维也纳中央政府应对加利西亚的可悲事件负责，因为它妨碍了波兰贵族反动派的为所欲为。伯爵写道："数年来，煽动农民和工人反对富人的活动已达到危险的规模，这时法院（加利西亚的）打算并设法限制这种祸害。但是，法院很快便发现，他们这样做与最高中央政权的意图相悖。社会主义的文章和斯托亚沃斯基神父的文章肆无忌惮地煽动社会仇恨，法院受理这些案件并审判。但是，司法部警告法院说，在加利西亚新闻诉讼案那么多！法院想怎么办呢？下级法院在不能确证得到上级法院支持的情况下，都不能长期擅自行动。在远处旁观无政府状态泛滥和暴动频发的人，有时会抱怨我们的法院面对这种危险束手无策或软弱无能。我们认为，对无所作为的罪过负主要责任的不是我们法院无能，而是中央政府的摇摆不定。"这时加利西亚的贵族们完全要摊牌了。对他们来说，维也纳反动派还远远不够反动，在加利西亚，现在表面上还存在宪法上的自由，这要归功于维也纳帝国皇家政府！……

　　如果让贵族们随心所欲，为所欲为，那么波兰人民就真的要迎来好日子了。贵族们以自己的政治观点支持反动派的放肆，而人民却要以牺牲自由这

---

① 本文是匿名发表的，另见本卷第228页脚注①。——编者注
② 《关于奥属加利西亚的紧急状态》，见本卷第227页。——编者注

么沉重的代价,救赎他们的罪恶。骚动期间在加利西亚总共有 3 500 人被捕,其中 2 500 人在几天后获释,1 000 人依然在押,等待法院的审判。按时间上计算,这次农民暴动的代价估计为:暂时关押的时间总共为 35 000 天,在区刑事法院的关押时间迄今为止平均已有一个月,结果总计为 82 年。从到目前为止的法院审理来看,刑罚为平均两个月的严酷监禁(禁食),结果总共大约为 100 年。所有这些加在一起,贵族们在本案上为农民们筹划了 **500 年的监禁**!……

1898 年 8 月 5 日《萨克森工人报》(德累斯顿)第 179 号

法 国 消 息①

指控埃斯特哈齐的新证人与迪帕蒂·德·克朗。——左拉案件。
——饶勒斯与德雷福斯事件。——盖得派

克里斯蒂安·埃斯特哈齐在《世纪报》上揭露了越来越令人感兴趣的真相。② 他的堂兄和迪帕蒂·德·克朗在策划所有阴谋诡计时,他都参与其中,他发现,发给"斯佩朗扎"和"布朗歇"的旨在让皮卡尔名誉扫地的两封电报,是迪帕蒂·德·克朗口授、由佩斯女士记录,然后由埃斯特哈齐寄出的;他(克里斯蒂安伯爵)本人按照他堂兄的愿望写了众所周知的"戴面纱的女人"的信;最后,迪帕蒂·德·克朗为埃斯特哈齐搞到了那份应该绝对可以洗刷后者罪名的救急文件,当时埃斯特哈齐自己没有时间阅读这份文件,就把文件带到了陆军部,因此,当佩利厄将军第二天早晨问他文件是怎么开头的时候,他无言以对。——可见,这次揭露的真相对总参谋部来说简直是灭顶之灾。但是不管怎样,伪造者埃斯特哈齐伯爵的堂弟也显得不那么光彩。这个老实人参与他的堂兄的所有见不得人的交易,直到自己遭受了钱财损失后才告发了他的堂兄。可见他们是一路货色。

另一方面,总参谋部通过《小报》发起的对左拉的攻击预计也不会有什么好的结局。《小共和国报》继续发表证据证明,《小报》发表的所谓孔布将军在1832年指控左拉父亲的信是伪造的,《小报》对此的答复是——顽固地保持沉默。左拉已经在违警罪法庭审理的诽谤罪一案中获得胜诉,同时他也提出了对伪造罪的指控。

---

① 本文标有 II,这是罗莎·卢森堡的标记之一,另见本卷第 228 页脚注①。——编者注
② 见本卷第 238、243 页。

鉴于德雷福斯事件在法国社会生活中的重要性,热罗－里沙尔在《小共和国报》上恰如其分地写道:"德雷福斯案件在议会中引起的讨论比巴拿马丑闻①还多,它使各政党感到震惊,它使家庭、法国、文明世界分裂成两个阵营。它在社会上所引起的震动如此强烈,以致社会所有的缺陷和弊端都暴露无遗。"鉴于这个案件的影响,鉴于人们,包括社会主义者对这个案件的认识的模糊和混乱,饶勒斯作为最了解此事的人之一,将按照一些党的组织的愿望,在《小共和国报》上发表一系列关于德雷福斯案件的文章。

盖得派也似乎逐渐认识到,鉴于全面的社会危机,摆脱干系,远离时事政治,确实是不合时宜的。《社会主义者报》报道,盖得派议员泽瓦埃斯将向内阁就斯塔普弗尔教授在波尔多被免职一事提出质询。

1898 年 8 月 9 日《萨克森工人报》(德累斯顿)第 182 号

---

① 巴拿马丑闻,指巴拿马运河股份公司通过收买法国国务活动家、官员和报刊而制造的一场骗局。为了给开凿经过巴拿马地峡的运河筹借资金,工程师和实业家斐·莱塞普斯于 1879 年在法国成立了一家股份公司。1888 年底,这家公司垮台,引起了大批小股东的破产和无数企业的倒闭。后来,到 1892 年才发现,该公司为了掩盖它真实的财政状况和滥用所筹集的资金的行为,曾广泛采用收买和贿赂手段,法国前内阁总理弗雷西内、鲁维埃、弗洛凯和其他身居要职的官员都接受过贿赂。1893 年,巴拿马运河公司的案件被资产阶级司法机关悄悄了结,被判罪的仅限于公司的领导人莱塞普斯和一些次要人物。"巴拿马"一词在一段时间内成为大骗局的代名词。——编者注

法 国 消 息①

在皮卡尔指控迪帕蒂·德·克朗一案中,众所周知,陆军部否认了民事法庭的管辖权。预审法官贝尔蒂吕斯不偏不倚,在论证管辖权时收集了迪帕蒂·德·克朗的主要犯罪证据,这对总参谋部一伙人来说自然非常致命,而问题的关键,是拯救埃斯特哈齐的同党和卡芬雅克的亲戚脱离民事司法,把他们移交给军事法庭,到了军事法庭就等于在魔王的岳母面前控告魔王。上诉法院对管辖权之争作出了**有利于军事法庭**的判决。一场新的法庭闹剧即将上演。

在此期间,法国的公众舆论逐渐开始深思的迹象日益明显。在萨尔蒙吉纳村,在已故总督学佩科的墓前,他的朋友索邦学院教授布伊松发表讲演,严厉地批评政府。这位教授同逝者一样认为,几年来在德雷福斯事件上盛行的那一套掩饰真相、散布谎言的虚伪做法是法国之大不幸。激进派教育部长布尔茹瓦很可能会毫不犹豫地像对待斯塔普弗尔那样,解除反叛的布伊松的职务。

1898 年 8 月 10 日《萨克森工人报》(德累斯顿)第 183 号

---

① 本文标有 II,这是罗莎·卢森堡的标记之一,另见本卷第 228 页脚注①。——编者注

法 国 消 息^①

激进派掌权。——军队的健康状况

不出所料,布伊松教授在他的朋友总督学佩科墓前发表演讲,反对在德雷福斯事件上强奸司法之后,他也像斯塔普弗尔一样,受到了激进派教育部长布尔茹瓦至少以委婉的方式给予的处分。布伊松本来要于本月14日在蒙福尔拉莫里专区代表教育部主持公共教育学会的授奖仪式。现在他被取消了这项荣誉。总参谋部的报刊自然对此津津乐道。左翼激进派报刊则对激进派内阁向军国主义卑躬屈膝的态度表示不满。《号召报》为内阁总理布里松所代表的激进派的政治破产表示遗憾,绝望之极地呼吁正直的民主派振作起来,聚集在一起,为了捍卫自由,在社会主义政党之外,再建立一个民主党。

法国军队中疾病频发的情况最近引起了公众舆论的极大关注;陆军部刚刚发表了一份与此有关的长篇报告,然而这份报告不足以安抚人心。比如,这份报告声称,在大部分军营中,只能使用劣质的显然有害健康的饮用水,此外,无产者疾病——肺结核——在军队中严重蔓延;所有死亡的士兵中有五分之一以上的人死于这种疾病。今年4月,议会甚至被迫制定法律,规定所有患肺结核的士兵在痊愈之前都必须退伍,遣送回家。除此之外,迄今为止没有**采取任何卫生措施**,能使军营远离这个致命疾病的病原菌。相反,尽管军事机关百般遮掩,格朗歇教授还是通过私人调查得以查明,在军营中缺乏最基本的卫生措施,而陆军部的报告在这个问题上不得不只说一般性的套话。

1898年8月18日《萨克森工人报》(德累斯顿)第190号

---

① 本文标有 II,这是罗莎·卢森堡的标记之一,另见本卷第228页脚注①。——编者注

法国的铁路工人运动①

知情者给我们写信说:几乎拥有 10 万会员的"法国和各殖民地铁路工人工会全国联盟提出一个包括 15 项②要求的纲领,交给了各大铁路公司的管理部门。这些要求符合以工会的形式组织的铁路工人在 1893、1894 和 1895 年代表大会上制定和通过的决议。纲领内容如下:1. 固定雇用工作满一年的工人和职员;2. 所有铁路工人都有权享受养老金,确定与薪金或工资和工龄成正比的、能满足生活需要的养老金;3. 普遍提高工资或薪金;4. 缩短过长的工作时间;5. 取消在日班和夜班换班之前的 18 小时和 24 小时工作时间;6. 规定所有铁路工人每周休息一天;休假 14 天,工资或薪金照发;7. 星期日和节假日货运火车站全部停工;8. 废除惩罚制度,禁止立即解雇工人和职员;9. 取消中介企业主,废除计件劳动和奖励金制,相应提高工资或薪金;10. 采取措施,杜绝任人唯亲,保证按劳循序晋升;11. 在所有线路上免费乘坐二等车厢;12. 改善卫生条件和卫生措施,值班人员的休息室、宿舍、车间、办公室等应符合卫生要求,向生病或伤残铁路工人照发全额薪金或工资;13. 为铁路工人设立特别工会仲裁员;14. 禁止不经职员或工人同意调动工作;15. 改革工作或劳动制度。"

目前,在固定雇用、劳动制度的实施、调动、提拔、纪律等方面,盛行的是无

① 本文标有♂,这是罗莎·卢森堡的标记之一,另见本卷第228页脚注①。——编者注
② 原稿上为13项。——编者注

耻透顶的专横跋扈与同样无耻透顶的裙带关系。铁路工人的养老金少得可怜,他们不得不依靠养老院或济贫所的"慈善"救助。工人的工资和薪金下降,而工作时间却延长,一是因为没有雇用足够的员工,二是因为许多中介企业主想捞取丰厚的利润。工作时间过长(每天16—18个小时,日班和夜班换班之前18—24个小时)是法国铁路事故频发的最主要的原因。铁路工人每周没有休息日。员工的休息室、宿舍和工作场所大都卫生条件很差,非常肮脏,令人作呕。道口看守员越来越多地由妇女代替,她们白天黑夜工作,得到的报酬只是一个免费住所(大都是两个小房间)和每个月八法郎的工资。妇女们大多是被铁路工人或辅助官员雇为道口看守员。她们往往必须搞副业,因为男性工人的收入在一般情况下每天不会超过2法郎50生丁到3法郎25生丁,辅助官员作为临时人员每天薪金是3法郎,而作为固定职员每月薪金是80法郎。列车乘务人员工作初期的工资是每天2法郎50生丁,三个月后增加到3法郎,等到正式被雇用后年薪为1 300法郎;他们的养老金为350—380法郎。行李车厢的员工每天的报酬是3法郎,要保证行李不丢失。火车司机的月薪从480法郎降到了350法郎。检票员每月工作372小时,薪金180法郎,而以前是240法郎。司闸员的报酬是每小时40生丁。组织起来的铁路工人希望通过罢工来实现自己的要求。去年瑞士铁路工人的成功行动①对他们的观点和立场产生了持久的影响。在法国,一个工会联合会吸收了将近10万铁路工人,穿制服、带工作帽和穿工作服的雇佣奴隶们在认真考虑举行总罢工的问题,而德国的铁路改革大臣事后会对这个事实说点什么呢,冯·蒂伦先生会对这个事实说点什么呢?上述这个事实说明,法国的铁路工人一点也不羡慕他们的德国同事少受剥削。相反,他们有一个比德国同事更优越的地方:他们是私人资本的奴隶,但不是资本家国家的奴隶,资本家国家会使用其集中的权力手段对付在经济上有依赖性的人。他们享有结社权,因此他们在反对他们的压迫者的经济斗争中拥有更大的力量和更多的行动自由。但幸运的德国铁路工人为了有幸成

---

① 瑞士铁路工人于1897年3月1—13日举行罢工。他们争取签订了新的从1897年3月1日算起的劳动合同,而且从1896年1月1日起提高了工资。——编者注

为国家工人或国家职员却要以丧失结社自由这个公民权为代价,其他行业的无产者大众即使在施杜姆—波扎多夫斯基的时代①至今还拥有这个权利,尽管相当有限。

1898 年 8 月 21 日《萨克森工人报》(德累斯顿)第 193 号

① 卡·施杜姆男爵是德国大工业家,威廉二世的朋友;德国国家党的创始人之一和其领袖;阿·波扎多夫斯基-魏纳伯爵是内务大臣和副首相(1897—1907)。他们都激烈反对工会和社会民主党,主张用暴力镇压工人阶级。波扎多夫斯基伯爵在 1897 年 12 月 11 日向德意志各邦政府发送了一份秘密通告,建议采取反对罢工权和结社自由的法律措施。德国社会民主党设法获得了这份秘密文件,并将其发表于 1898 年 1 月 15 日《前进报》。——编者注

法国的铁路工人运动①

  法国铁路公司管理部门至今粗暴地拒绝有组织的铁路工人的要求。他们的态度蛮横,尤其因下面的情况而更加有恃无恐:他们清楚地知道,在发生斗争的情况下,激进派布里松内阁会像鲁莽的大地主梅里纳内阁或强悍的杜佩内阁那样,立即谄媚地让国家政权服务于资本家集团。已经有两个管理部门抱着这样的信念,对已知是铁路工人工会会员的员工心安理得地采取了措施。巴黎—里昂线的管理部门解雇了三名职员,东线管理部门解雇了安德烈和托马斯两位司闸员,后者是一直被稳定雇用了七年的职员。资本挥动野蛮的皮鞭,试图通过鞭笞来迫使劳动奴隶放弃他们利用公民权组织起来、进行斗争的倾向。尽管如此,特拉里奥法案②还是要支持铁路公司暴力对待为其服徭役的人。大约 30 万法国铁路工人将被剥夺组织自由与结社自由。总之,有产者的政治代言人会以尚未开始的运动为借口,使特拉里奥的提案尽快通过。

  社会主义者想通过对所报道的措施提出质询来对付反革命的袭击。在内阁再次开会之后,马克思派议员卡尔诺马上向同样属于激进派的公共工程部长就解雇之事提出质询。这个质询不仅要向广大公众证明,铁路公司如何利用和滥用其由资本恩赐的统治地位,确切地说,还要迫使布里松内阁清楚明确地表明对结社权问题的态度。结果,在国家当局的敦促下司闸员托马斯直接被解雇!可惜,铁路工人的运动与总罢工的不切实际的问题被混为一谈了。铁路工人工会主席盖拉尔是一位杰出的组织者,同时也是一个镇定刚毅的人,

---

① 本文标有ƃ,这是罗莎·卢森堡的标记之一,另见本卷第 228 页脚注①。——编者注
② 司法部长路·雅·特拉里奥 1895 年提出的反对工人结社权的法案,要求将罢工者处以六天至三年的监禁和 16—3 000 法郎的罚款。——编者注

一个积极的阿列曼派①。在他的影响下,工会完全接受阿列曼派运动的指导。阿列曼派不同于其他社会主义派别的最重要的一点是认为,无产阶级解放自己的手段,不是无产阶级夺取政权,而是"总罢工"。国际社会党代表大会反复讨论关于盖拉尔也竭力主张的总罢工这种无稽之谈,要归功于阿列曼派。对总罢工的力量的迷信在已经开始进行的运动中还有一定的市场。所有工会都收到了这样的问卷,征询对以下两个问题的意见。1. 工会会员愿意出于团结互助的感情毫无怨言地继续忍受因铁路工人罢工而出现的困难吗? 2. 他们有可能以自己的停工来支持这个运动,迫使企业主进行所要求的改革吗? 各个工会对此还没有作出答复。茹尔·盖得理所当然地希望,最后的答复是否定的,因为他认为,在目前情况下,要保证斗争获得成功,必须尽可能减少需要支持的人数,广大无产阶级群众为斗争者提供弹药的时间必须足够长。在开展斗争的情况下,组织靠自己的力量长期支持罢工的铁路工人,是完全不可能的。尽管工会在 1895 年已有 68 352 名注册会员,1897 年估计将达到近 10 万名会员,但是,他们当中只有很少人缴纳会费。盖拉尔本人在去年的图尔工会代表大会上称,只有大约 15 000 名会员履行定期向组织缴纳会费的义务。总罢工的前景如何,从一些数字中可以得到证明。在阿列曼派占优势的**马赛**(1892 年)、**巴黎**(1893 年)和**南特**(1894 年)的工会代表大会上,隆重决定组织总罢工。为此,所有为局部罢工筹集的资金,必须有 10% 留存中央委员会。一年之后,工会可支配的资金共有 329 法郎 75 生丁。1895—1897 年,存入总罢工账户的共计 401 法郎 75 生丁。阿列曼派希望通过总罢工"彻底推翻世界",而这些钱简直是杯水车薪。在上一次图尔工会代表大会(1897 年)上,几乎全票(只有四票反对)通过决议,不再"组织总罢工",而是"宣传总罢工思想"。盖拉尔也同意退一步,他估计通过报纸和小册子进行宣传每年需要大约 10 000 法郎。所筹集的罢工资金的 5% 为此存入银行。目前总罢工账户上有多少钱,铁路工人工会的账户上有多少存款,没有具体说明。有一点是肯定的:两个账户上的存款都不会太多。对铁路工人运动来说,还有一个不利因素,即大多数火车司机没有加入组织。现在似乎不容怀疑,与瑞士政府对去年

---

① 见本卷第 232 页脚注②。——编者注

铁路工人罢工的态度不同①,法国政府作为家财万贯的铁路公司股东的忠实宪兵,会动用所有国家权力手段镇压这一运动。自然只是"为了国家利益",正如当年在美国对罢工的铁路工人进行镇压的时候所声称的那样。②

8月25日,在**巴黎附近的庞坦**举行大规模集会,铁路工人和铁路职员都踊跃参加。集会者正确判断实际情况,决定在开始举行罢工之前,千方百计地与铁路管理部门协商,使其接受集会者提出的要求。为此还要提出质询,敦促内阁和公共工程部长认真考虑以下三点:"1. 对各大铁路公司采取措施,因为它们在已经开始进行的运动过程中断然拒绝承认法国铁路工人工会全国联盟,公开违背 1884 年关于工会组织的法律;2. 强迫各大铁路公司重新雇用因参加工会及在工会中活动而被以可笑的借口解雇的工人和职员;3. 任命一个议会外委员会,责成它考察 1874 年以来有组织的铁路工人在历次代表大会上所提出的各条要求。"在集会上,大家一致委托议会铁路委员会主席、议员贝尔托提出有关质询,表述铁路工人的要求。

1898 年 9 月 2 日《萨克森工人报》(德累斯顿)第 203 号

---

① 瑞士铁路工人于 1897 年 3 月 1—13 日举行罢工。他们争取签订了从 1897 年 3 月 1 日算起的新的劳动合同,而且从 1896 年 1 月 1 日算起提高了工资。——编者注
② 美国的铁路工人罢工(1894 年 6 月 21 日—7 月 20 日)旨在反对降低工资。罢工开始于芝加哥的普尔曼工厂,后扩展到全国,10 万名工人参加了罢工。政府动用军队镇压,12 名工人被杀害。——编者注

法国工人党第十六次全国代表大会①

所谓盖得派和马克思派

法国工人党第十六次全国代表大会于 9 月 17—20 日在蒙吕松召开。代表大会的议事日程规定如下：1. 党的状况（全国委员会关于一般状况的报告和与会各组织关于发展和活动的报告）；2. 最近的立法议会选举及其后果（关于社会主义各派别的统一的提案；关于保证选举权的提案，等等）；3. 党在议会和邦的代表；4. 反犹太主义和民族主义；5. 党的组织、党的鼓动工作和使鼓动工作更加有效的手段。在代表大会的最后一天举行工人党属下的市镇参议会联盟年会。

工人党"全国委员会"（党的领导机构）关于各社会主义派别的统一的提案②如下：1. "法国工人党"、"中央革命委员会"（布朗基派）、"社会主义工人联盟"（布鲁斯派）、"社会主义革命工人党"（阿列曼派）和所谓的独立社会主义者建立一个"中央联盟"，不改变各个派别的内部组织和性质及其宣传方式。"独立社会主义者"要加入"中央联盟"，必须事先在内部取得一致，在最低的纲领即所谓圣芒代纲领的基础上组织起来。（这个纲领是米勒兰提出的，当时是或者至少应该是上届议会中所有社会主义议员共同活动的基础。这个纲领规定了以下三点：1. 全部生产资料的社会化；2. 作为阶级政党的有组

① 本文标有ᕗ，这是罗莎·卢森堡的标记之一，另见本卷第 228 页脚注①。在 1879 年马赛党代表大会上，马克思主义（集体主义）派的拥护者建立了法国工人党；1882 年，该党因为在意识形态上的分歧分裂为马克思主义派（盖得派）和可能派。盖得派（集体主义派）保留了法国工人党的名称。——编者注

② 19 世纪 90 年代的法国社会主义运动分为集体主义派或马克思主义派（盖得派）、可能主义的小资产阶级改良派（布鲁斯派）、布朗基主义的宗派主义流派（布朗基派）、无政府工团主义流派（阿列曼派）和"独立的"社会改良主义流派（饶勒斯派）。——编者注

织的无产阶级夺取政权。3.社会主义运动的国际性。）

2."中央联盟"的领导机关由上述五个派别的代表组成。每个派别的代表数量与它们的候选人在最近立法议会选举中所得的票数成正比。每当需要在政治或经济斗争方面作出共同决定或要求采取共同行动的时候,代表们便一起开会。

3."全国委员会"有权根据现有规定与上述其他社会主义派别进行谈判。饶勒斯为了各个社会主义派别的统一做了不懈的鼓动工作,这是产生这一提案的动因。

1898 年 9 月 2 日《萨克森工人报》(德累斯顿)第 203 号

评德雷福斯事件①

　　总参谋部的报刊试图不择手段地恐吓政府和公众舆论,阻挠对德雷福斯一案进行势在必行的重审。一方面,《高卢人报》和《闪电报》为此再次质疑皮卡尔上校;这两家报纸想给人一种假象,仿佛上校自己炮制了那份让埃斯特哈齐名誉扫地的"小蓝色文件"。另一方面,罗什福尔之流招来与德国作战的幽灵,说什么重审此案就等于把法国拱手让给敌人。饶勒斯在《小共和国报》上对此作出了非常正确的回答,总参谋部的老爷们显然遵循的是从前旧的法国贵族的习俗,众所周知,他们按照法国各省的名称称呼他们的佞臣和宠儿。"如果他们高呼:香槟沦陷了!那么,意思是说,要对伪造者昂利下手了;勃艮第受到威胁!那么,意思是说,要逮捕迪帕蒂·德·克朗了。当他们大喊:法国就要失败了!那么,意思是说,埃斯特哈齐就要完蛋了。"前几天,埃斯特哈齐因他的堂弟指控他欺骗一案,受到传唤,要求他去见刑事法庭的警官,然而他没有去,而是以书信的形式作了回答。有些报刊仍然怀疑他已经潜逃。《人权报》声称,在一家大型晨报的编辑部,埃斯特哈齐以为只有一个编辑在场,于是承认自己是那份情报清单②的作者;但是有一位证人藏在门后,这位证人和那位编辑都愿意在需要时提供证词。据说,这家编辑部就是《费加罗报》编辑部。

　　《曙光报》发表了一个非常有意思的看法,认为伪造者昂利生前曾大肆活动,保护埃斯特哈齐。比如去年5月,当一家英国大报正准备发表埃斯特哈齐给施瓦茨科本的信件时,昂利向这家报纸的编辑部派去一位中间人,恳求不要

---

①　本文标有 II,这是罗莎·卢森堡的标记之一,另见本卷第 228 页脚注①。——编者注
②　见本卷第 239 页。——编者注

发表这些信件,报酬可以是现金或法国荣誉军团十字勋章。《曙光报》还说:"如果有人否认,那么,我们将指名道姓指出是哪家报纸,哪个编辑,哪个中间人。"迪帕蒂·德·克朗在报刊上再次解释说,他绝对不打算追究与他本人有关的"某些言论"的制造者。这无论如何都是一个省事的办法。①

1898 年 9 月 13 日《萨克森工人报》(德累斯顿)第 212 号

---

① 另见本卷第 236—237 页。——编者注

重审德雷福斯案件^①

德雷福斯案件的重审再次延期,据说是因为陆军部长^②在对案卷进行了审查之后,表示反对进行重审。陆军部长手下的军官们越来越肯定地保证,佐尔林登将军在认真审查了德雷福斯案卷之后更加坚信,重审此案不仅没有必要,而且根本没有可能。据说,司法部长萨里安本人也拿不定主意,只有布里松认为重审是绝对不可反对的。这些意见分歧可能导致佐尔林登辞职,甚至导致内阁危机。《夜晚报》声称,佐尔林登将军在把德雷福斯案件的案卷交给司法部长萨里安时,还附上了一个经过详细论证的结论:他反对任何形式的重审。如果内阁不赞同他的观点,这位陆军部长就决定辞职。"哈瓦斯通讯社"的评论称:陆军部长佐尔林登在把德雷福斯案件的案卷交给司法部长萨里安时附上了他的经过论证的明确意见。内阁将在星期一就相关决定最终作出决议。

目前,赞成重审的报刊也以犀利的言辞对延期重审表示不安。《时报》说,大家都迫切希望政府消除人们的疑虑,作出明确声明。重审是必须的,延期只能为那些承担审理和判决任务的人造成困难。让卡芬雅克辞职之后,布里松及其同事又突然反悔,那是无法理解的。这毫无意义,内阁将毁于自己摇摆不定的态度。《自由报》阐述说,德雷福斯事件吸引了整个社会生活。所有对这个国家的荣誉和伟大仍然怀有感情的人都抱着一个共同的愿望:将这个案件最后交给法官处理,这将是这一事件的唯一归宿。

有人倾向于认为,推出佐尔林登是为了拖延案件的重审。另一方面又有

---

① 这篇通讯没有署名,但是很可能出于罗莎·卢森堡之手,因为该文与一篇标有她的标记 Ⅱ 的同一题材的文章有直接的联系。——编者注
② 埃·奥·佐尔林登。——编者注

消息说,布里松仍然决心敦促迅速作出裁决,他有可能亲自出任陆军部长,以便使议会在上一级法庭审理之前没有讨论的机会。布朗热派的议员们①定于星期一举行反对重审的共同集会。

《世纪报》发表了一篇评论,其中声明,阿诺托从未认为所谓的德雷福斯的机密案卷的伪造文件是真的,相反,如果听信了阿诺托,那么,伪造者早就应该被发现、被惩处了。从各方面看,法国政府都没有卷入这次伪造事件。任何一个部都没有收买这些伪造的文件。总参谋部的情报处收买和伪造的虚假文件从未离开过情报处。

布鲁塞尔《改革报》报道称,毫无疑问,埃斯特哈齐在巴黎的蛊惑性报纸《祖国报》的一位编辑的陪同下,躲在奥斯坦德,用化名住在喷泉旅馆。埃斯特哈齐的住处暴露后,他便消失了。

1898 年 9 月 13 日《萨克森工人报》(德累斯顿) 第 212 号

---

① 布朗热派的议员们同法国的若·布朗热将军一样是共和国的敌人。这位将军在 1889 年试图建立军事政权,失败后逃往比利时。——编者注

法国资本家的可怜工资和资本主义的"善举"①

在已经开始的**法国铁路工人运动**②中,铁路公司一本正经地到处炫耀他们纯粹出于好心为其"员工"作出的"善举"。资本主义报刊看到这么慷慨大方的举动,自然各显其能地表达崇拜之情,义愤填膺地指责工人们抱有贪得无厌的"奢望"。下列数据极为清楚地表明,铁路公司是多么"慷慨大方地"施以小恩小惠,然后大肆搜刮。根据各个公司1897年的财务报告,公司为其员工的养老金和储蓄金、医疗和药品的缴费、生病期间支付的工资或薪金、发放年终奖金和奖学金,总计还不到5 000万法郎。

巴黎—里昂铁路为工人和职员着想,用于"慈善"的费用是最多的,为1 303万法郎;通往法国南部的铁路的"慷慨大方之举"最不大方,为615万法郎。所考察的六个铁路公司1897年的慷慨大方的支出,据称还不足5 000万,这一年的62 900万**纯利润**却进了它们的腰包。根据我们的调查,最近几年职工的工资或薪金一降再降,而公司股东的纯利润却年年增长。纯利润的增长情况如下:1893年:51 400万法郎,1894年:54 200万法郎,1895年:56 000万法郎,1896年:60 000万法郎,1897年:62 900万法郎。

极其可怜的红利吞食者要支付如此可怜的工资,要做出这样的善举,以致只能喝白水,吃糠咽菜,忍饥挨饿,而"贪得无厌的"铁路工人却以2法郎50生丁至5法郎的日工资喝香槟吃牡蛎,纵情享乐,对这样的不公平谁会不动恻隐之心呢?

1898年9月14日《萨克森工人报》(德累斯顿)第213号

---

① 本文标有♂,这是罗莎·卢森堡的标记之一,另见本卷第228页脚注①。——编者注
② 另见本卷第250—252、253—255页。——编者注

意大利社会党人在市镇
参议会选举中的胜利①

我们的意大利同志面对金钱统治和武力镇压,面对大范围的戒严状态,仍然在许多地方的市镇参议会选举中赢得了辉煌胜利。在埃尔萨谷山口镇,社会主义的市镇参议会莫名其妙地被解散。8 月底,新的选举在戒严状态下进行。社会党人几乎被剥夺了所有采取行动的手段。社会党人的机关报《铁锤报》被查封,工人组织被摧毁,集会被禁止。各个资产阶级政党联合成一个秩序大杂烩,以便剥夺社会党人在参议会中的统治权。直到最后时刻,社会党人才得以公布其候选人名单,开展积极活跃的宣传鼓动,因此必须将宣传鼓动安排得十分紧凑。同志们克服重重困难,终于成功地出版了几期竞选报纸。联合起来的竞选对手们已经"活动"了几个星期,而且他们还有国家权力手段的支持。尽管如此,社会党的候选人仍然以 111 票的多数获得胜利,埃尔萨谷山口镇一如既往地还是选出了社会主义的市镇政府。被解散的社会主义市镇参议会以其诚实行政和实行有利于贫困居民的改革而得到广泛信任,因此,这个镇绝对不容许将资产阶级政府强加于自己。在迪亚诺马里纳的市镇参议会的补充选举中,两名社会党人代表和四名资产阶级代表当选。这两名社会党人在所有候选人中得到的选票最多。

四名资产阶级候选人入选参议会,是得益于在四个候选人的提名上达成一致的资产阶级政党的选举联盟。自由派和教权派提出了自己的候选人,竞选另外两个市镇参议员议席,这两个派别的竞选能力可见一斑。这样一来,社会党人的选票几乎是教权派的两倍,比自由派多六分之一。这些先生希望明

---

① 本文标有ၓ,这是罗莎·卢森堡的标记之一,另见本卷第 228 页脚注①。——编者注

年在地方普选中攻下整个市镇参议会。

在**沃尔泰**,市镇参议会必须补选 12 名新的议员。社会党人提出了四名候选人。尽管他们的组织已经被解散,各种形式的鼓动活动到处受阻,资产阶级政党"联合"反对社会党人,但是,一名社会党候选人,农民皮卡多仍以 150 票的多数取得了辉煌胜利。

在**杰尔米尼亚加**,社会主义的市镇参议会已被解散。借口是:它声明支持镇长巴塔利亚,而后者因为警察异想天开胡编乱造的所谓"骚乱罪"先是被免职,然后在米兰军事法庭被判处九年监禁。而重新进行的新的选举以社会党候选人的全面胜利而告终,从 350 多名选举人那里获得了 60 票的多数。这一结果非常值得敬佩,因为在选举前 20 名工人因为"骚乱"被判处多年监禁,社区中政治上最活跃的人物身陷囹圄或者逃往国外,集会已经不可能,大批宪兵受命以众所周知的方式维持"安宁和秩序。"

在**瓜斯塔拉**,9 月 4 日举行了市镇参议会的补选。参议会中有 11 个议席需要重新选举。瓜斯塔拉的竞选对手甚至不敢全力反对社会党人。社会党候选人在选举中顺利通过,所得到的票数之多使选举结果具有公民投票的性质。

圣雷莫的社会主义市镇参议会被解散,是因为它对去年五一节庆祝活动的态度、市长蒙贝洛同志的声明以及类似罪行。9 月 4 日进行了重新选举。竞选对手们几个月前就已开始千方百计地阻挠社会党人获得多数。资产阶级政党的领导人,身为百万富翁的建筑企业主马萨利亚为竞选宣传和选举舞弊投入了数以千计的资金。他出资把市镇选民,尤其是公职人员和商业雇员从意大利各地召集到一起,甚至把他们从西西里岛送到投票箱前。国家政权全力支持联合的秩序党。尽管社会党人的结社和集会权被取消,他们除了一份新出版的周报《市镇报》之外没有任何其他宣传手段,但我们的同志还是开展了积极活跃的活动,而且收获颇丰。所有社会党候选人获得的选票比上次选举多了约 50 票。而我们的同志只是获得了局部胜利。竞选对手的所有候选人获得了 1 750 票,以比我们多 170 票而获胜。秩序党的胜利完全要归因于上述卑劣的手法,大约 300 名选民被送到投票箱前,他们中有些人已经离开圣雷莫多年,从来不关心市镇的生活。不管怎样,我们的同志毕竟使五个候选人都以高票当选。迄今为止担任市长的蒙贝洛也是当选人之一。**有进步就好**：在意大利，尽管有产者实行恐怖统治，社会主义运动仍然在向前迈进。

1898 年 9 月 14 日《萨克森工人报》(德累斯顿)第 213 号

法 国 消 息^①

德雷福斯。——关于演兵场

　　总参谋部的报纸硬说,政府一如既往地相信德雷福斯有罪,不可能进行重审,针对这种顽固的论点,司法部正式发文说,上述论点纯属虚构。现已查明,昂利上校不仅是一个伪造者,而且还是一个骗子。《世纪报》描述了具体细节:昂利用他的"文件"索贿,并已得到了大笔钱财,他当时声称,这是为了酬谢帮他获取文件的代理人。然而,现在我们知道,这份珍贵的文件仅仅花费了一点墨水,这笔钱很可能落进了昂利上校的爱国主义的腰包。尽管很快就要重审德雷福斯案件,但法国政府仍然继续卑鄙残忍地迫害无辜的受害者。最近,德雷福斯的妻子受命不得把他们五岁孩子的照片寄给她的丈夫,他离家时,他的孩子还在襁褓之中!人们普遍认为,埃斯特哈齐目前在英国。

　　最近几天,尽管天气酷热,仍然又进行了大规模军事演习;死于中暑和疲惫的牺牲者数量惊人。

德雷福斯事件

　　现在,流氓埃斯特哈齐的帮凶迪帕蒂·德·克朗也倒台了。昨天下午在爱丽舍宫召开的内阁会议上,迪帕蒂·德·克朗被辞退。这意味着解职、**领取退休金**。对迪帕蒂采取这个惩罚措施,是由于军队总参谋部对迪帕蒂在埃斯特哈齐一案审理过程中的活动所作的一个调查结果。这个措施是陆军部长提请采取的。然而,这个却被从轻发落。

　　此外,来自巴黎的消息称,陆军部长佐尔林登在与布里松和萨里安的会谈中说,重审德雷福斯案件是不可能的。这个说法符合他所做的与案卷一起寄

---

① 本文标有 II,这是罗莎·卢森堡的标记之一,另见本卷第 228 页脚注①。——编者注

出的鉴定。佐尔林登希望其他内阁成员能相信这一点。如果内阁像上周一样同意进行重审,那么,佐尔林登就辞职,布里松就很可能马上接管陆军部。但是,如果内阁的团结发生动摇——这并非不可能——,那么,普遍危机就不可避免。《时报》仍然希望能够和平地作出进行重审的决定。《自由报》预言政府将会垮台;将冲突推迟到演习之后的努力将会失败。德吕蒙发表了一封致布里松的公开信,要求召集议会开会。如果富尔不召集议会开会,那其他蛊惑性报刊就会恐吓他。布朗热派和反犹太主义的议员打算成立社会拯救委员会,除非他们旨在召集议会开会的努力获得成功。巴黎的社会党人昨天举行三次大规模集会以支持重审。

其他方面的消息称,内阁除了陆军部长之外,一致坚持重审。本周六内阁将再次开会。司法部长要求再确定一个审查德雷福斯案卷的期限。

《法兰克福报》从可靠方面获悉,现任法国陆军部长佐尔林登将军早在前一年访问阿尔萨斯时就对亲戚们说过,他相信德雷福斯是无辜的。

1898 年 9 月 14 日《萨克森工人报》(德累斯顿)第 213 号

法国社会主义市镇政府和
市镇参议会会议[①]

在蒙吕松工人党全国代表大会之后,法国社会主义市镇政府和市镇参议会会议于9月20日召开,会议日程如下:1.社区自治;a)在地方税务领域扩大市镇政府的权限;市镇机关取消市税和用其他税种代替市税的权利;b)社会济贫;c)设立城市管理委员会以监督年老病弱收容所和慈善机构的工作。2.建立社区救济食堂。3.对所有房租低于一定税率、更接近固定税率的人,市镇机关应有权免除他们的土地税和人头税。4.由社区修改地籍。于里耶、科芒特里、蒙吕松和于尔赛等市镇的社会主义市长共同发表了一份呼吁书,要求所有真正共和派市镇机关和市镇参议会参加以社会主义工人党的名义召开的会议。本次会议的宗旨是,在实施统一的改革纲领方面取得一致,每个市镇的财政资金应能实现这个纲领。

1898年9月15日《萨克森工人报》(德累斯顿)第214号

---

① 本文标有♂,这是罗莎·卢森堡的标记之一,另见本卷第228页脚注①。——编者注

法国社会党人在省议会的活动①

诺尔省议会一致通过了我们的同志所表达的各种"愿望",即保障选举权和选举自由。在瓦尔省议会中,社会主义的代表以自己的党的名义提出的四个"愿望"都获得了通过。这四个"愿望"要求:1.制定有效的劳工保护立法,特别是实行法定八小时工作日和重新组织工厂视察。2.实行两年义务兵役制,取消一年志愿兵役制。3.废除现存税制,对超过3 000法郎以上的所有收入征收累进所得税。4.采取保障选举权和选举自由的法律措施。这里提出并获得通过的相关要求与诺尔省议会中社会主义者的有关"愿望"相一致。在埃罗省议会中,塞特市长厄泽同志提出的"愿望"中有两个愿望得到通过。这两个"愿望"是实行两年兵役制和废除一年志愿兵役制,以及按照上述的意思进行税制改革。我们的同志提交给各个省议会的最重要的"愿望",是"工人党全国委员会",即所谓马克思派②的党的领导机构起草的,并受党的委托在各省机构中表述出来。这些"愿望"不涉及局部利益,而是要求在全国实行法律改革。

1898年9月15日《萨克森工人报》(德累斯顿)第214号

---

① 本文标有♂,这是罗莎·卢森堡的标记之一,另见本卷第228页脚注①。——编者注
② 见本卷第256—257页。——编者注

德雷福斯事件①

德雷福斯事件越来越复杂了，尽管我们以为这是完全不可能的。内阁完全破裂了，《福斯报》②本月 13 日发自巴黎的报道这样写道。如果说内阁在昨天八小时会议之后没有变成一片废墟，那么这只能归功于萨里安③的令人尴尬难堪的提案，他要求再次推迟作出重审的决定，因为他还要再次审查德雷福斯案卷。官方对暴躁的内阁会议的进程保持沉默，尽管如此，我们至少仍可大致有所了解。佐尔林登④将军解释说，不能进行重审，如果大家坚持重审，那么他就辞职。布里松在这个问题上首次采取坚定的态度；他让佐尔林登不要忘记卡芬雅克辞去部长职务的理由，并指出，如果佐尔林登在卡芬雅克递交了辞职信之后同意接任这一职务，那么，这只能说明他将采取与其前任不同的立场。这位陆军部长恼羞成怒地回答说，他是在富尔⑤迫切规劝之下才同意加入内阁的，**大家这样追根究底，难道要迫使他逮捕梅尔西埃将军**？布里松大声回答说：要逮捕**梅尔西埃**和所有其他有过错的人，因为我们有义务为共和国消除致命的病菌。据说，布尔茹瓦⑥也坚定地站在布里

---

① 本文没有署名，但是有可能出自罗莎·卢森堡之笔，因为本文与此前关于这个题目的文章有直接的联系。见本卷第 238—239 页。——编者注
② 指《柏林政治和学术问题王国特权报》，因该报所有人是福斯，故又称《福斯报》。——编者注
③ 让·玛·斐·萨里安（1840—1915）——法国政治活动家，内政部长，1898 年起任司法部长。——编者注
④ 埃·奥·佐尔林登（1837—1929）——法国将军，1895 年和 1898 年曾短期任陆军部长。——编者注
⑤ 弗·费·富尔（1841—1899）——法国政治活动家，1895—1899 年任法兰西共和国总统。——编者注
⑥ 莱·布尔茹瓦（1851—1925）——法国政治活动家，多次任内阁部长。——编者注

松的一边,而洛克鲁瓦①、蒂拉耶②和贝尔热③则支持佐尔林登。担任主持人的富尔在沉默了很长时间之后,最后出人意料地发言,表示坚定不移地**反对重审**,结果,布里松明确地指责他,说他的政策必将产生无法挽回的影响。有确切消息称,今天,布里松将与布鲁日将军就其接任陆军部部长一事进行交谈,据说布鲁日会表示同意。

佐尔林登将军自称"阅读"德雷福斯案卷后已经确信此案不能进行重审。《法兰克福报》写道,每一位把军事利益置于公共利益之上的将军,都会得出与佐尔林登将军一样的结论。佐尔林登将军在研究了这个灾难性案卷之后,只看到两点希望:如果案卷中罗列的文件是真实的,那么德雷福斯便是有罪的,不能再要求进行合法的审理;然而,如果这些文件是伪造的,那么,军队的几十名高级军官就会被送上审判台。因为在这位将军看来,自己的命运和荣誉就是军队的命运和荣誉,因此他毫无疑问会认为,不能重审德雷福斯案件。可见,佐尔林登作出这个决定是不可避免的。

在佐尔林登眼里,士兵胜于人。佐尔林登将军在去年访问阿尔萨斯时就对亲戚们说过,他深信德雷福斯是无罪的,如果《法兰克福报》从"可靠方面"获得的这个消息是准确的,那么,现在这种情况就更是妙不可言了。

埃斯特哈齐本人已经逃之夭夭,传闻他已经在威斯巴登。据《法兰克福报》报道,两位自称认识他的人说,曾在威廉大街见到过他。

《福斯报》从威斯巴登发出的报道认为,这个传闻是可信的,因为一封寄给埃斯特哈齐少校的邮件被送到了威斯巴登邮局,却无法投递,因为埃斯特哈齐的住址不详。

皮卡尔不得不继续呆在监狱。巴黎刑事法庭已经决定拒绝其要求释放的申请。

1898 年 9 月 15 日《萨克森工人报》(德累斯顿)第 214 号

---

① 爱·埃·安·西·洛克鲁瓦(1840—1913)——法国自由派政治家,80—90 年代在多届内阁任部长。——编者注
② 路·沙·蒂拉耶(1847—1913)——法国政治活动家,1898 年任公共工程部长。——编者注
③ 保·路·若·贝尔热(1834—1910)——法国政治活动家。——编者注

比利时工商业仲裁法庭工人
陪审员全国代表大会①

比利时工商业仲裁法庭工人陪审员全国代表大会于9月18日在列日召开。大会的议事日程有以下几点：1.建立全国工人陪审员联盟；2.提出关于工商业仲裁法庭的法律动议；3.召开国际代表大会；4.将工商业仲裁法庭的判决毫无例外地扩展到各种形式的雇佣工人。

1898年9月15日《萨克森工人报》（德累斯顿）第214号

---

① 本文标有♂,这是罗莎·卢森堡的标记之一,另见本卷第228页脚注①。——编者注

简论法国社会党人在市镇
参议会中的颠覆性活动[1]

自从社会主义者(马克思派)[2]1896 年 5 月夺取了**罗昂**的市镇参议会以来,为了工人阶级的利益进行了或正在进行一系列改革。其中最重要的改革如下:建立学校食堂;在市政厅设立一个无偿救护和医疗部;建立一个市立实验室,重点检测大众食物和饮用水源等的品质;市镇参议会开设免费咨询和获得官方必要文件等等的办事处,这个办事处在每天晚上和星期日上午开放,得到了工人们的积极拥护;为父母无法照管的儿童设立一个市立假期托管所;市镇参议会花费 75 000 法郎资助失业者,将丧失劳动能力者的养老金从 200 法郎提高到 350 法郎,为各种公益和救助团体提供更多补助,为城市职工建立一个养老保险机构,为他们规定更高的工资;城市无偿提供簿记和绘画培训课程。此外,市镇参议会还决定,建立无偿职业介绍所和救济食堂。这两个决定尚未得到省长批准。到今天为止,省长一再反对重新建立职业介绍所的要求,在他任职期间,省级国家行政机关关闭了劳动介绍所。使用的自然是无端的借口,说它是煽动闹事和制造混乱的温床,等等,实际上是为了打垮具有阶级觉悟的战斗的工人组织。

在蒙吕松,市镇参议会以一票反对,其余票赞成的结果,决定取消对各类食品和卫生饮料的市税,实行既不会给工人阶级也不会给小商业和小手工业造成负担的替代税。最终将通过公民投票来决定是否进行市镇参议会所决定进行的改革。法国社区机构可以选择使用习惯法,通过市镇全体居民投票来

---

① 本文标有♂,这是罗莎·卢森堡的标记之一,另见本卷第 228 页脚注①。——编者注
② 见本卷第 256 页脚注②。——编者注

对社区生活问题作出决定。妇女们在这种情况下也有投票的权利,因此,各个市镇都号召她们去投票,她们很多人都行使了自己的选举权。我们将跟踪报道公民投票的结果。

1898 年 9 月 16 日《萨克森工人报》(德累斯顿)第 215 号

关于比利时的工会运动①

根据 1896 年 1 月 1 日—6 月 30 日上半年的财务报告,布鲁塞尔"人民之家"的销售额为 200 多万法郎,纯利润为 128 906 法郎 36 生丁。

纯利润的用途如下:

(单位:法郎)

分期偿还和新购运转生产资料	5 000.00
购买各个合作社的股票	6 450.00
为身为家主的合作社社员免费提供医疗帮助和药品	14 561.87
用于鼓动	8 687.25
工作人员的 2.5% 的红利	3 205.16
每销售一个面包获得 2 生丁的红利	90 302.80

1 月 1 日—6 月 30 日,合作社的面包房制作了 4 961 341 个一公斤的面包,也就是说每周制作大约 191 000 个面包。面包房的支出为 1 345 095.24 法郎,收入为 1 451 765.17 法郎,最后的纯利润为 106 669.89 法郎。

由此可见,面包房是整个布鲁塞尔"人民之家"合作社的基础。尽管面粉价格大幅飞速上涨,"人民之家"仅仅略微提高了面包价格,因为销量很大,所以面包房师傅不必大幅度提高自己的商品价格。合作社打算制作两公斤的面包,以便将布鲁塞尔周边地区纳入合作社和社会主义运动的影响范围。"人民之家"的煤炭、布匹和服装部门的发展势头强劲;合作社的肉店非常景气,明年将设立第二个销售点。相反,合作社在布鲁塞尔附近地区建立的奶制品业至今没有太大的起色。合作社组织为保证医疗和药品作出了较大牺牲。投

---

① 本文标有♂,这是罗莎·卢森堡的标记之一,另见本卷第 228 页脚注①。——编者注

保家庭的医疗保险费上半年为 4 644.40 法郎,而支出为 19 206.17 法郎,结果,合作社总社从纯利润中拿出 14 561.87 法郎来补贴这笔支出。因此,管理委员会建议,仅仅吸收那些从合作社商店中购买所有需求,而且每天至少购买一公斤面包的合作社社员作为有关部门的成员。章程也规定,合作社社员在生病期间,在最多两年的时间里,每天可无偿得到一个面包,这个规定也给"人民之家"造成了沉重负担。上半年向生病的社员发放了 35 763 个面包券,价值 10 192.42 法郎。管理委员会因此提议,向生病的合作社社员无偿提供面包的时间应以六个月为限。数月之后,合作社将从现在租用的较小的客栈搬进一个新的"人民之家",这是一个实用的漂亮建筑,除了销售大厅之外,里面还有好几个大大小小的会议厅、一个带阅览室的图书馆、一个剧院、一个药房、一个咖啡厅,等等。合作社的领导强调说,新的"人民之家"要成为布鲁塞尔无产阶级的中心,成为"工人们、社会主义者、未来斗士预先得到培训的地方"。

1898 年 9 月 16 日《萨克森工人报》(德累斯顿)第 215 号

关于意大利人民贫困状况的例证[①]

据官方统计,1896 年在意大利因**糙皮病**[②]而死亡的人数为 3 078 人,也就是说每 10 000 居民中有 0.98 人。糙皮病是意大利群众极端贫困的,特别是穷人的严重营养不良的可怕的伴生现象。威尼斯地区患糙皮病的死亡率,无论绝对数字,还是相对数字,都是最高的,共 995 人,即每 10 000 居民中有 3.22 人。其次是伦巴第地区,984 人,即每 10 000 居民中有 2.43 人。七个主要遭到糙皮病侵袭的意大利省份中,托斯卡纳省的死亡率最低,112 人,即每 10 000 居民中有 0.48 人。除了数千人死于这个可怕的疾病之外,还有数千糙皮病患者终生不愈,成为残疾人,变成白痴或疯子。所有这一切都是因为他们在我们的社会里犯下了该死的贫困罪行。这就是绝妙的世界秩序!

1898 年 9 月 17 日《萨克森工人报》(德累斯顿)第 216 号

---

① 本文标有♂,这是罗莎·卢森堡的标记之一,另见本卷第 228 页脚注①。——编者注
② 糙皮病是一种因缺乏维生素 B 而导致的疾病,也称烟酸缺乏症。——编者注

评德雷福斯事件①

富尔总统对德雷福斯事件②到底将采取什么态度,现在让人难以捉摸。一方面,传言很可能属实,富尔从一开始便与佐尔林登秘密商定反对复审,仅让这位陆军部长装装样子,上演一场审查案卷的闹剧而已。另一方面,又有人肯定地说,富尔仅仅是为了蒙蔽反犹太集团,因为反犹太集团因私人丑闻(因他的岳父的事情)已经把刀架在了他的脖子上,所以才让陆军部长出面反对,以便在真要进行复审的情况下,拒绝承担责任。不管怎样,不管是通过富尔还是违背富尔的意愿,案件都将进行重审。如果总统真的想让人民在他本人和复审之间作出选择,那么,他注定会失败。接着,法庭又将审理三个案件,这些案件势必会为此案提供新的线索;首先是本月 21 日将审理的皮卡尔案件,因为他在卡芬雅克的议会演讲之后,写了那封著名的信,然后是陪审法庭将要审理的左拉案件,最后是皮卡尔诉《闪电报》一案。对这些案件的审理结果,将对重审有新的、更大的推动,这是毫无疑问的。到目前为止,众议院有 18 名议员要求为了阻止重审而召集议会会议,其中六名反犹太主义者,五名民族主义者,两名保皇主义者,一名波拿巴主义者,一名归顺第三共和国的保皇党人,两

---

① 本文标有 II,这是罗莎·卢森堡的标记之一,另见本卷第 228 页脚注①。——编者注
② 法国的犹太裔总参谋部军官阿·德雷福斯 1894 年因所谓的叛国罪被判处终身流放。由于进步人士的反对,法庭不得不于 1899 年 8 月重审这个案件。德雷福斯被重新判决,并于 1899 年 9 月获得赦免。1906 年,证明指控是捏造的以后,德雷福斯获得昭雪。德雷福斯案件导致了共和派和君主派之间政治斗争的尖锐化,并将法国推到了内战的边缘。在工人运动内部,以饶勒斯为首的社会党人主张积极参加反对大资产阶级沙文主义反动派的斗争,而盖得派则在 1898 年 6 月的呼吁中,要求无产阶级退出这场斗争,因为他们认为,德雷福斯案件与工人阶级无关。——编者注

名机会主义者——一个小而可爱的组合。饶勒斯关于德雷福斯案件及其背景情况的阐述又在《小共和国报》上发表。

1898 年 9 月 18 日《萨克森工人报》（德累斯顿）第 217 号

可能主义, 机会主义

9 月 29 日于德累斯顿

众所周知, 海涅同志为党代表大会撰写了题为《选举还是不选举?》①的小册子, 其中他**主张**参加普鲁士邦议会的选举。在既定的情况下促使我们发表一些评论的, 不是这个小册子的题目, 而是他在论证过程中提到的两个词, 由于近来党内众所周知的事件, 对此我们的反应特别敏感。这两个词是: 可能主义和机会主义。海涅认为, 党十分反感这两个思潮, 是因为误解了这两个外来词真正的**语言意义**。唉! 海涅同志就像浮士德攻读法律, 但是, 唉! 不像浮士德还彻底地发奋攻读许多其他的东西。而且他以真正法律的思维方式对自己说: 开始是这么说的, 如果我们想知道, 可能主义和机会主义对社会民主党可能有益还是有害, 那么我们只要查查外来语词典, 用五分钟就能解决这个问题。外来语词典告诉我们, 可能主义 "是一项政策, 是力争现有条件下可能的东西"。海涅接着喊道: "不错, 我要问问所有理性的人, 这项政策难道要力争现有条件下不可能的东西吗?" ②是的, 我们要这样回答他这个理性的人: 如果政策和策略的问题能这么容易解决, 那么, 词典编纂者就是最明智的国务活动家, 而我们就得在我们中间作通俗的语言学讲座, 而不是作社会民主主义的报告。

是的, 我们的政策应该而且只能力争现有情况下可能的东西。但这还是没有完全说清楚, 要我们**如何**、以何种方式力争可能的东西, 然而这才是重点。

如何使直接的实际行动与最终目标相一致, 这一直是社会主义运动的基

---

① 沃·海涅《选举还是不选举? 关于社会民主党参加普鲁士邦议会选举问题的发言》1898 年柏林版。——编者注
② 同上, 第 22 页。——编者注

本问题。解决这个问题有各种不同的方案，因而社会主义分成各种不同的"学派"和思潮。而社会民主党正是第一个社会主义政党，只有它懂得将最终的革命目标和实际的日常行动出色地相结合，从而能吸引广大人民群众参加斗争。这种特殊而出色的解决方案在于什么呢？简单而笼统地说：在于根据纲领的一般原则设计实际的斗争。人们对我们喊道：这一点我们全都十分清楚！在这方面大家一直很聪明。但不对，我们认为，这句笼统的话在普遍性方面是我们行动的明确指针。我们想用党内生活的两个现实问题——**军国主义**和**关税政策**——简要解释这一点。

每个了解我们纲领的人都知道，我们原则上反对一切军国主义和一切关税政策。那么，从中能得出我们在帝国国会的代表必须用简明扼要的"不"来回答所有相关法案的讨论这样的结论吗？完全不能，这是一个小宗派，而不是一个大型人民党应有的态度。我们的代表必须研究每个法案，考虑各种原因，根据现有的具体条件、当前的经济和政治形势，而不是根据死板而抽象的原则作出判断和论证。但是，结果必然而且将会是说**不**，除非我们对各种条件和人民利益作出**错误的**判断。我们的口号是：不给**这个**制度一个人和一文钱！但是对我们来说，只存在**这个**制度，不存在**别的**制度。在每次提高关税时我们都说：我们没有看到在现有情况下支持提高关税的理由。但对我们来说，现在不存在能使我们得出其他结论的情况。只有实事求是，我们的实际斗争才会变成理想的斗争：在社会生活过程中实现我们的原则，在实际的日常行动中体现我们的一般原则。

而只有在这种条件下，我们才以唯一允许的方式为现在"可能的东西"而斗争。但如果有人说：我们同意军国主义的或关税政策的措施，是为了换取政治的或社会改良的让步，那么，就是要牺牲阶级斗争的原则，换取眼前成果，并站到**机会主义的立场**上。机会主义是一场双输的政治游戏：不仅输掉原则，而且输掉实践成果。也就是说，这种观点基于一个完全的错误：以为通过妥协就可取得大部分成果。在这方面像在所有重大问题上一样，最狡猾的人并不是最明智的人。俾斯麦曾对一个资产阶级反对党说：如果你们一直而且从一开始就说"不"，那你们就不可能产生任何实际影响。这个老头在这方面一直比他的附庸们更明智。其实，一个**资产阶级**政党，也就是一个对现存制度基本上想说**是**,但对这个制度的日常后果说**不**的政党,是中间物,是四不像。但是在我们这里事情完全相反,我们与整个现存制度之间存在原则对立。在我们这里,我们的全部力量都在于这个**不**,在于毫不妥协的态度。这样的态度使我们赢得敌人的畏惧和敬重,赢得人民的信任和支持。只因为我们在自己的立场上毫不动摇,我们迫使政府和资产阶级政党至少确保我们赢得直接成果。但是,如果我们开始按照机会主义的意思,无视原则而且通过政客的交易追求"可能的东西",那么我们很快就会陷入赔了夫人又折兵的境地。我们害怕的不是海涅所说的机会主义,可能主义这类外来词,而是它们在我们党的实践中的德语化。但愿他们为我们一直使用外来词,但愿同志们在当前情况下不要扮演翻译的角色。

1898 年 9 月 30 日《萨克森工人报》(德累斯顿)第 227 号

意大利的社会主义报纸重新出版①

许多社会主义报纸的重新出版证明,戒严状态未能消灭社会主义运动。在**米兰**,《阶级斗争》从 9 月 25 日起重新出版;在**蒙扎**,《工人报》重新出版。在**埃尔萨谷山口镇**,勇敢的周刊《小锤子》最近开始进行斗争;在**卡塔尼亚**,创办了一家周报《人民报》! 在**弗贾**,也将出版一份周报,专门在当地农村居民中进行宣传活动。社会主义报刊的意义在目前状况下尤其重大,因为几乎所有社会主义工人组织都被摧毁了,所以,目前几家社会主义的机关报成了运动的重要中心。

1898 年 9 月 30 日《萨克森工人报》(德累斯顿)第 227 号

---

① 本文标有♂,这是罗莎·卢森堡的标记之一,另见本卷第 228 页脚注①。——编者注

法国社会主义市镇参议会的
一次代表会议[①]

　　法国社会主义市镇参议会代表会议在工人党（马克思派）年度代表大会之后，于9月20日在**蒙吕松**召开。总共有50个市镇政府参加了会议，其中包括利尔、鲁贝、罗昂、蒙吕松、波尔多、里昂、塞特、科芒特里、若里、蒙彼利埃、加来等市镇和瓜德罗普岛的七个市镇。会议讨论了三个问题。在取消市税的问题上，会议决定大力争取修改1884年的法律，以便在废除城市消费税以及所有市政功能方面使市镇完全拥有自治权。在社会贫民救济方面，会议赞同利尔市镇参议员盖斯基埃在他的报告中所表明的立场。他阐述的重点，是市镇必须通过对所有需要救助的人实行广泛的社会救济，即实行有计划、有组织的"地方互助"，从而取代现行的贫民救济方式。与此有关的社区设施和措施必须：1.防止出现最严重的贫困，2.杜绝所有侮辱性行为。关于改革地籍的讨论，没有使德国读者感兴趣的内容。**利尔**被选定为马克思主义的市镇参议会联盟所在地。

1898年9月30日《萨克森工人报》（德累斯顿）第227号

---

① 本文标有♂，这是罗莎·卢森堡的标记之一，另见本卷第228页脚注①。——编者注

英国女工厂视察员1897年年度报告①

英国女工厂视察员1897年年度报告,前不久已由总视察员安德森小姐提交给政府。报告以大量篇幅描述了所收到的和由女视察员查明的关于女工们所处的违法劳动条件的申诉。在这个年度中,女视察员们共收到396份申诉,其中只有很少一部分申诉无法查明理由,因为女工们由于害怕,所提供的情况含混不清。33个经过调查并被确认为合理的申诉涉及工厂的违法卫生条件,40个申诉涉及厕所不清洁和工作场所不通风,14个申诉涉及工作场所过分拥挤和不通风,78个申诉涉及工作日违法加班,11个申诉涉及星期日劳动,48个申诉涉及非法惩罚和克扣工资。可以想象,收到和经过审查的女工们的大部分申诉绝不会让男视察员们知道。这些申诉主要涉及某些劳动条件对健康的有害影响,其余涉及厕所的状况。

这份报告表明,爱尔兰女工们的劳动条件最为恶劣。在这里进行检查的女工厂视察员发现,许多企业都采取精心设计的实物工资制。女工们要么领取商品、票证和购物券作为工资,而这些票证和购物券只能在指定的商店使用,要么必须答应接受特殊条件,仅在指定的商店购买商品。这位女视察员如果例行公事地进行检查,那么,她就不可能确切断定企业主的这些狡猾伎俩。遭到恐吓的女工们不敢讲话。于是,这位女视察员晚上去拜访那些不知道她的公务身份的工人家庭,设法取得这些家庭的信任,通过这种方式她才了解到了必要的详细情况。报告强调指出,女工们或者某些组织提出申诉,向女性工厂视察员寻求帮助的情况在不断增多。此外,企业主们也越来越频繁地打听有关工作时间、工作场所状况、实物工资制的法律规定。可惜,由女视察员们

① 本文标有♁,这是罗莎·卢森堡的标记之一,另见本卷第228页脚注①。——编者注

进行检查的数量比去年减少了将近一半。这可能是由于女视察员们要在某些工业部门就有害健康的劳动条件对女性身体的影响进行一系列重要的专门调查。报告清楚地证实了进一步扩大法定女工保护以及增加女性企业监察官员数量的必要性。报告再次令人信服地证明了英国女工厂视察员们在履行自己职责时的能力、热情和责任感。她们的工作成就得到了上级、各种政治色彩的报刊，特别是女工们的毫无保留的认可。因此，根据前总视察员田纳特夫人的建议，成立了一个委员会，旨在使女工们受到女工厂视察员和立法的最广泛的保护。委员会募集资金，支持那些因向工厂视察机构申诉而受到惩罚的女工，使她们有钱到法院起诉她们先前的剥削者。委员会的成员包括最富有的贵族夫人们、伦敦的主教等等。内务大臣最近接待了委员会的代表团，他向代表团保证，马上会再雇用两名女视察员。

1898 年 9 月 30 日《萨克森工人报》（德累斯顿）第 227 号

"法国工会和社团全国联盟"
第九次年度代表大会①

　　"法国工会和社团全国联盟"第九次年度代表大会于 9 月 22 日在**蒙吕松**召开。"全国联盟"包括追随社会主义工人党的，即属于所谓马克思派的工会组织。参加代表大会的代表有 182 个工会和八个工会联合会及劳动介绍所的 50 位代表。这些组织分布在 43 个城市，25 个省。中央领导机构"全国委员会"的报告指出，"全国联盟"正在缓慢而令人欣喜地发展。全国联盟还要发展集体成员和个人成员的加入。代表大会认真讨论了"全国联盟"下一阶段需要开展的鼓动，并对一系列问题与改革要求表明了态度。代表大会强烈反对特拉里奥的法律②，这个法律企图剥夺所谓公共企业（国家企业，铁路）工人和职员的结社权。大会委托"全国委员会"采取有力措施，反对实行这个法律。代表大会决定，在议会选举中，只支持那些承诺代表工人要求的候选人。代表大会呼吁，为所有职业的男女工人设立强制性的工商业仲裁法庭。此外，代表大会还要求国家、省、市镇和其他公共管理机构在招标时，要在与企业主的合同中规定以下条件：1. 八小时工作日，2. 每周休息一天，3. 由当地工会规定工资的最低标准。大会还就工厂视察问题作出决定，工厂男女视察员应该由以工会形式组织起来的工人们选举产生。大会声明，最高劳动委员会没有充分地维护工人阶级的利益，为了达到改进的目的，其一半成员应该由政府任命，而另外一半成员则由工会选举产生。在经过非常热烈的讨论之后，代表大会决定表示赞成创建强制性工会的法律。我们认为，这一决定等于承认法国

---

① 本文标有 ♂，这是罗莎・卢森堡的标记之一，另见本卷第 228 页脚注①。——编者注
② 见本卷第 253 页脚注②。——编者注

工会迄今发展非常薄弱,对工人群众只有微弱的感召力。代表大会在有关国家对粮食进口的垄断和国家调节粮价问题上表示赞成饶勒斯的提案,并表示同意建立全国粮食和面粉仓库。代表大会最后要求国家对病人、残疾人和老年人实行津贴制,取消私立职业介绍所,依法禁止修道院和监狱劳动。根据代表大会的决议,"法国工会全国联盟"将参加 1900 年巴黎国际社会主义工人代表大会。在批判性地审视代表大会的工作时,可以明显发现两个现象:对工会实际事务和任务的讨论只占较小的篇幅,而且往往还是泛泛而谈。这表明法国工会运动发展薄弱,法国工人群众对工会目标认识不清,缺乏理解。另一方面,工会对合法的劳工保护问题,对向整个立法提出的社会改革要求的表态则被放到了非常突出的位置。马克思派工会拥护下列绝对正确的原则:工会运动和有利于无产阶级的合法改革不应该互相排斥,而应该互相补充,互相促进。在法国,工会可以做它们在德国因反动的立法和更为反动的对法律条文的解释而不能做的事情。它们可以过问"政治事务",而不会因此被视为搞颠覆活动,遭到解散。因此,工会不仅能够在经济领域为争取改善劳动条件而斗争,确切地说,在政治领域还能够为了无产阶级的要求而不受阻碍和限制地利用组织的力量。遗憾的是,法国工会事业由于滞后的发展,在这两个领域都不能充分发挥自己的力量。不仅马克思派的工会如此,而且阿列曼派的有些组织得较好的、较强大的工会也是如此,它们还偏偏背着信奉总罢工的救世功能这个包袱匍匐前行。

1898 年 10 月 1 日《萨克森工人报》(德累斯顿)第 228 号

论 1893 年比利时社会主义者
争取普选权的斗争①

　　我们的王德威尔得同志在意大利短暂逗留时,向许多意大利同志所描述的情况从侧面反映了 1893 年比利时社会主义者争取普选权的斗争。② 据《前进报》报道,王德威尔得同志作了如下描述:"我仅仅被捕了一次,仅仅被监禁了一夜。这事发生在我们采取大规模革命行动期间,我们想通过总罢工从比利时这届最反动的众议院争取普选权。西普里亚尼(一位意大利革命者)来到布鲁塞尔,我与他一整天迈步在这座城市的大街小巷,街头挤满了各行各业的罢工者,他们要求实行普选权。党将全权授予一个由三名成员组成的委员会,贝尔特朗和我是这个委员会的委员。当时,我们已经精疲力竭,我们不能长时间进行罢工,我们绝对无法指望起义有一个胜利的结局。尽管如此,我们仍然精心安排,以便使党始终武器在手,最后也能虽败犹荣。那天夜里,委员会与民族党的领袖举行了会谈,他们问道,如果议会不给予选举权,我们将怎么办。我们回答说:'我们将继续罢工。但是,如果议会作出让步,那么工人们便会马上回去工作。'他们说:'我们可以把这个答复电话告知内阁吗?'——'可以!'

　　第二天,对这些前因后果毫不知情的众议院,对罢工全然漠不关心,拒绝对有关普选权的法案进行讨论,转而讨论铁路津贴问题。这一天具有决定性

---

①　本文标有♂,这是罗莎·卢森堡的标记之一,另见本卷第 228 页脚注①。——编者注

②　1893 年 4 月 12 日,比利时众议院否决了关于实行普选权的提案和其他所有选举改革的议案。比利时工人党总委员会于是在 4 月 13 号召立即举行罢工。25 万工人响应了这个号召。在 1893 年 4 月 13—18 日的大罢工中,工人们上街游行,与警察发生了冲突,众议院被迫考虑所提出的要求。4 月 18 日,众议院决定实行复票制普选权,一个人在特定条件(视其纳税、受教育程度等)下可以投多张选票。——编者注

意义。如果这一天毫无结果地过去了,那么很显然,是政府在迷惑我们,我们没有别的办法,只能拿起武器,不能任人宰割。这时,突然传来消息说,后备军唱着马赛曲,高呼叛逆口号,与自己的军团会合。众议院惊恐万分,在少数派的怒吼声中,中断了对铁路津贴的讨论,20 分钟后,众议院批准了在夜里匆忙起草的法律草案,这个法律草案将对改变国家制度产生真正影响,为这个国家的政治经济发展开辟新的道路。"王德威尔得所说的一切再次证实了一个古老的真理:畏者不能赢,进攻是最好的防守。

1898 年 10 月 1 日《萨克森工人报》(德累斯顿)第 228 号

关于斯图加特党代表大会^①

10 月 1 日于德累斯顿

在反动派从各个方面进行冰雹般的打击声中,在工人阶级为争取自己的最基本的权利同敌人进行的极其激烈的斗争中,德国社会民主党的这次代表大会就要召开了。这绝不是在风和日丽、愉快宁静的气氛中召开的一次和平会议,这是在战场上仓促安营扎寨,在敌人炮火下召开的一次军事咨询会议,与会者热血沸腾,却坚定不屈、沉着冷静。

事实上,在反社会党人法^②废除以来的整整 10 年中,我们还从未看到过,各种政治对抗、我们同资本主义社会的黑暗势力进行的斗争像今天这样尖锐。一方面,我们面临军国主义和海上霸权主义疯狂的、践踏人民利益和嘲弄人民正当要求的竞争,德国一头扑入这种竞争,使平静的文化发展遭受了巨大危害。另一方面,封建容克大肆掠夺,玩弄面包涨价的阴谋,盘剥劳动人民。第三方面,所有反动势力联合起来冲击工人阶级的基本政治权利

---

① 本文没有署名,收录于克·蔡特金和阿·瓦尔斯基编辑、保·弗勒里希审定的《卢森堡著作集》。经过与德国社会民主党 1898 年 10 月 3—8 日在斯图加特代表大会上的发言(见本卷第 297—298 页)的比对,可以确认,罗莎·卢森堡是本文的作者。——编者注

② 反社会党人法,即反社会党人非常法,是俾斯麦政府在帝国国会多数的支持下于 1878 年 10 月 19 日通过并于 10 月 21 日生效的一项法律,其目的在于反对社会主义运动和工人运动。这项法律将德国社会民主党置于非法地位,党的一切组织、群众性的工人组织被取缔,社会主义的和工人的刊物都被查禁,社会主义文献被没收,社会民主党人遭到镇压。但是,社会民主党在马克思和恩格斯的积极帮助下战胜了自己队伍中的机会主义分子和极"左"分子,得以在非常法生效期间正确地把地下工作同利用合法机会结合起来,大大加强和扩大了自己在群众中的影响。在日益壮大的工人运动的压力下,反社会党人非常法于 1890 年 10 月 1 日被废除。——编者注

和帝国国会选举法①。第四方面是最近攻击无产阶级最敏感的部位,即征讨结社权②。最后是借口攻讦无政府主义③,有计划地复活欧洲列强神圣同盟的幽灵,反对国际工人运动。我们不是那种随时都能感觉到革命晨曦的冒失鬼。但是,如果人们观察一下当前德国政治生活的全貌,那就不能不产生这样的印象:时代已经散发出殊死斗争的热烈气息,这通常意味着末日的开始。敌人疯狂地、盲目地四处出击,而他们的双手恐惧得还在发抖。我们生活在一个严峻的时代,而且正在迎向更加严峻的时代。德国工人阶级有一切理由密切关注社会民主党代表大会的讨论。

社会民主党已经充分意识到这个时刻的重要性和自己肩负的使命的伟大,党代表大会的议程,特别是到目前为止从党的各个方面提出的提案,已经表明这一点。我们十分满意地发现,过去有些地方通常向党代表大会提出的那些无足轻重的、琐碎的或者同工人事业本身没有多大关系的提案,如强制种痘、退出各邦的基督教会等等,这一次完全没有出现。到目前为止,已经提出的提案所涉及的一些问题是:邦议会选举、军国主义、关税和殖民政策、一般策略、结社权、农业问题、劳工保护和五一节庆祝活动。党在提出对代表大会的希望时只考虑重大问题,而且只从大处着想。另一方面,已经提出的提案所涉及的问题清单已经很完整,无须再作任何补充。对工人阶级的幸福和痛苦具有重大意义的问题,都一一列入了党代表大会的议题。

议题中需要优先考虑的无疑有三个问题:社会民主党参加普鲁士邦议会选举的问题;争取结社权的斗争的问题;社会民主党的一般策略及其对军国主义、关税和殖民政策的态度问题。关于第一个问题,在党代表大会上无需再花

---

① 1897年1月22日,驻阿尔托纳第九军团司令官阿·冯·瓦德西伯爵在给威廉二世的一份秘密备忘录中,要求实行政变,废除普选权,军事镇压工人运动;此后,1898年6月,在准备帝国国会选举期间,反动派的一些预谋同政府进行合作,取消现行的国会选举法的计划被泄露。——编者注

② 1898年1月15日《前进报》发表了帝国内务大臣阿·冯·波扎多夫斯基-魏纳伯爵1897年12月11日的秘密通告,要求德国各邦政府为反对工人罢工权利和结社自由的法律措施提出建议。随后,这个反动方针在经济和政治生活的各个领域都得到强化。——编者注

③ 在一个无政府主义者于1898年9月10日行刺奥地利皇后伊丽莎白之后不久,意大利政府邀请欧洲列强的代表于1898年11月24日到罗马举行会议,制定共同防御无政府主义的具体细节。——编者注

过多的时间去讨论。自从汉堡代表大会①以来,已在报刊上对这个问题进行了热烈的讨论,赞成和反对的一切论据都已经得到充分的交流,所以在斯图加特的讨论中很难产生新的观点。党代表大会只需要采取明确的态度来消除误解和结束暗中摸索的情况。

关于受到威胁的结社权,在辩论中必须形成一个战略计划来保护工人阶级的这颗政治上的眼珠。我们认为,如果我们不是满足于对反动派的计划发表一次或几次抗议演说,而是真想制定继续采取行动、保卫结社权的实际计划,那么,议程的这一项就必须同其他两个问题——一般的劳工保护和五一节庆祝活动——联系起来加以讨论。为了防御眼看就要发生的破坏结社权的阴谋,很可能首先在劳工保护领域采取行动,也就是要掉转矛头,从防御转向最有力的进攻,要求改善劳工保护立法,这一点是从一开始就一目了然的。另一方面,鉴于为争取八小时工作日制而使用的最重要的武器,即结社权面临危险,所以必须给五一节庆祝活动以新的有力的推动。既然明年将会出现争取劳工保护和结社权的强大斗争,那么,现在就应当作出关于庆祝五一节活动的相应决议,作为对反动派的战争叫嚣的回应。

各种迹象表明,最活跃的应当是关于最重要的第三个问题的争论,即关于我们的一般策略,特别是对军国主义、关税和殖民政策的态度的争论。的确,有一些同志会认为,在党的代表大会上对我们策略的一般原则展开争论是不容许的,做不到的,甚至可能是有害的。我们认为恰恰相反,对党的策略原则进行讨论是必要的、可能的和有利的,反对进行这种讨论的理由是似是而非的。

首先,如果说,党代表大会不是教会长老会议,不能去争论抽象问题,而是要研究斗争中的实际问题,那么,我们必须提醒大家,我们已经多次为了摆脱对党的代表大会的任务所持的这种狭隘观点而进行了纯粹原则的争论。社会民主党的代表大会甚至已经花很长的时间进行了**关于艺术问题的辩论**②,要说它不应该花时间去进行关于基本策略问题的争论,那就是怪事了。然而我

① 德国社会民主党代表大会 1897 年 10 月 3—9 日在汉堡召开。——编者注
② 德国社会民主党代表大会 1896 年 10 月 11—16 日在哥达召开,在讨论社会民主党的文学和艺术杂志《新世界》的内容时,就艺术问题进行了长时间的辩论。——编者注

们甚至认为,这种争论是直接必要的。这并不是说,好像我们以为我们的久经考验的原则受到了严重威胁,这并不是说,好像我们有些为我们的运动担忧。整体说来,"尽管有狂风暴雨,尽管有人喊喊喳喳",但运动将会沿着它既定的、正确的道路前进。但是,不能否认,最近一个时期,某些杰出的同志发表的一些言论已经造成了一定的混乱。在现有情况下,只在报刊上进行讨论是不够的,因为每次都只是表达了作者的个人意见。然而,对这次列入讨论的党的生活中的一些基本问题,**全党**都必须表示态度,全党必须对正确的观点表示**认可**,要这样做,党代表大会就是唯一的机会。我们完全不是忽视和低估进行这样一场争论在技术上存在的困难,但是到目前为止,技术上的困难还从来没有能够阻止我们讨论任何一个对党关系重大的问题,这一次也不会有例外。

另一方面,我们预期关于我们策略的基本原则的公开的、严肃的辩论会对即将到来的斗争时期产生最好的结果。总之,在继续不断的、时常模糊人们视线的日常斗争中,始终是我们整个革命世界观的牢固基础为我们提供令人生气勃勃的养料,使我们擦亮眼睛,振奋精神。这一次重新探讨我们纲领的基础,也将提供一个机会,使我们党的队伍在坚持目标、加强胜利信心、提高战斗乐趣方面获得新鲜的、强大的动力。对于我们策略的一般原则进行讨论之后,我们就又要说,巨人已经接触到他的母亲,他马上就能吸取新的力量。①

此外,不管党代表大会怎么决定自己的议程,它的讨论一定会产生促进工人阶级幸福和利益的结果。大量的严肃工作正等着它去完成,它将表明自己能够胜任这一使命。这次代表大会在工人阶级争取他们最后解放的伟大进军中,将再次形成一个阶段,它将为他们指明道路,并且发出进行新的斗争、争取新的胜利的号令。

1898 年 10 月 2 日《萨克森工人报》(德累斯顿)第 229 号

---

① 这里套用了古希腊神话中的一个典故。巨人是海神波赛东和地神盖娅的儿子安泰,战斗时,他只要身体不离土地,就能从母亲大地身上不断吸取力量,所向无敌。——编者注

关于我们的策略的讨论①

　　这次党的代表大会②清楚地表明,安排专门议程进行关于我们的策略的讨论,而不是穿插讨论党的执行委员会的报告,这样安排非常必要和有益的。现在,关于策略的讨论首先结合讨论帝国国会的选举问题,而且几乎完全围绕这样的问题:在上一次帝国国会选举中,是否有人在某种场合"掩盖"了我们的最终目标,是否因此对帝国国会选举的结果产生了不利于我们的影响。

　　由此产生的第一个后果是,关于策略的讨论没有统一的特色;讨论十分凌乱,因为讨论的内容主要与帝国国会的选举有关,而与策略无关。讨论与帝国国会选举有关的问题本身固然也很重要,但是,由于关于策略的讨论穿插其中,就显得不那么重要了。

　　由此产生的第二个后果是,许多发言者来到这里完全是多此一举,他们可以理直气壮地说,他们在竞选鼓动中没有掩盖最终目标,在他们的选区,竞选对手已经设法让我们的最终目标暴露无遗,而他们不得不花费数小时来进行解释。于是便给人造成了这样的印象,他们遭到了许多无理的抨击;有些抨击似乎找错了对象;于是,同志们觉得应当进行自卫,可批评者根本没有想过要

---

① 这篇文章发表在《党务工作》专栏,没有署名。罗莎·卢森堡在斯图加特党代表大会上的文章及其《党代表大会的回顾》(本卷第302—312页)一文表明,罗莎·卢森堡是该文的作者。该文的批判性观点则表明,她当时可能就有了从1898年10月16日起在《萨克森工人报》上开辟《关于策略的讨论》(本卷第318—362页)专栏的想法。她作为《萨克森工人报》的新任编辑在1898年11月7日写给奥·倍倍尔的信中为自己辩护说:"我认为,我的首要任务是除了评论策略问题之外,还要提升和改进这份堕落的报纸,因此我也介入了其他栏目,于是我与我的同事们产生了新的摩擦,比如,他们声称,开辟'经济评论'和'关于策略的讨论'专栏会影响报纸的地方栏目,而且说我在委员会中'干涉'格拉德瑙尔和梅林之间的争论。"——编者注

② 德国社会民主党代表大会1898年10月3—8日在斯图加特召开。——编者注

进行抨击。

由此产生的第三后果是,过度限制了关于策略的讨论,以致讨论根本没有涉及与策略必然密切相关并能完整反映现存分歧的问题,因为这些问题与帝国国会选举没有内在联系。当时有一个人成了讨论的中心,受到了他不应受到的重视。在党代表大会上,有一位发言的人也这么说,当然是出于我们完全不能接受的考虑。在海涅那里,这绝不是一个"小失误",而是他一贯主张和论证的观点,是地道机会主义的可能派的观点,虽然海涅用德文表述了机会主义、可能派这两个外来词,力图证明他的倾向是无害的,但是,这样做肯定不能掩盖这种观点。[1] 海涅不是一般的人,尽管他公开主张这种观点,但他当时仍然被指定为帝国国会议员候选人,而且现在已经当选为议员。

关于策略的讨论因所选择的形式而受到很大限制,这个限制造成的恶果就是,党代表大会不得不一而再、再而三地讨论策略。这一点已经在继续讨论的过程中表现出来。帝国国会选举问题的讨论已经结束,接着开始讨论新闻出版问题,然后,马上又要讨论策略问题。这是完全可以理解的。讨论现有的分歧是一直存在的迫切需要,这个讨论不限于帝国国会的选举,不限于海涅本人,而是要宽泛得多。因此,我们看到,经常重复关于策略的讨论,比如在议会报告中,在关税和贸易问题上,在结社权方面,也许在矿工保护问题上,最后甚至在庆祝五一节的问题上,都会重复,在所有这些问题上都离不开关于策略的讨论。

如果我们将策略问题作为议程中的单独一项来讨论,那么,关于对策略的讨论就会很深入,可以综合讨论所有存疑的因素,在这一项专门讨论中解决这方面不可避免的激烈争论。关于其他问题的讨论也不会受这些争论的影响,该怎么讨论就怎么讨论,有些可以冷静地务实处理,有些可以如实对外公示。

1898 年 10 月 6 日《萨克森工人报》(德累斯顿)第 232 号

---

[1]　指沃·海涅 1898 年 2 月 10 日在柏林第三选区发表的讲话中支持机会主义的观点,他认为社会民主党为了"人民的自由"可以同意普鲁士容克政府的军国主义要求。海涅想以这个妥协来修正德国社会民主党的反军国主义的斗争。——编者注

德国社会民主党斯图加特代表大会①

1898 年 10 月 3—8 日

一 关于德国社会民主党的政治斗争的发言①

海涅等人的发言证明,在我们党内,有一个极其重要的问题——对最终目标和日常斗争的关系的理解——已经模糊了。有人说:关于最终目标,在我们的党纲中有一段讲得很好,的确不应当忘记,但是这同我们的实际斗争并没有直接的联系。也许有一批同志这样想:对最终目标的冥想实际上是一个难题。我的看法恰恰相反,对于我们这样一个革命政党,无产阶级政党来说,没有比关于最终目标的问题更加实际的问题了。因为诸位想一想:我们整个运动的社会主义性质究竟表现在哪里呢?真正的实际斗争分为三点:工会斗争、争取社会改良的斗争和争取资本主义国家民主化的斗争。我们的这三种斗争形式是真正的社会主义吗?完全不是。工会运动首先就不是!请你们看看英国,那里的工会运动不仅不是社会主义的,而且有一部分成了社会主义的障碍。讲坛社会主义、全国社会联盟派②以及诸如此类的人同样强调社会改良。而民主化又是专门属于资产阶级的东西。资产阶级在我们之前早就把民主写在了他们的旗帜上。那么在日常斗争中使我们成为社会主义政党的东西是什么呢?这只能是这三种形式的日常斗争同最终目标的关系。只有最终目标才构成我们社会主义斗争的精神和内容,并使这一斗争成为阶级斗争。我们一定

---

① 标题是编者加的。——编者注
② 1896 年由弗·瑙曼建立的全国社会联盟支持帝国主义的扩张政策,并试图用基督教国家社会主义的蛊惑性要求,阻止工人阶级进行政治和社会的斗争。——编者注

不能像海涅所说的那样,把这个最终目标理解为关于未来国家的这种或那种设想,而是要理解为在建立一个未来社会之前必须先解决的问题,即夺取政权(呼喊声:那我们是一致的!)。对我们任务的这种理解同我们关于资本主义社会的理解关系非常密切,后者是我们的观点的牢固基础,我们认为,资本主义社会陷入了无法解决的矛盾,这种矛盾最后必然要引起爆炸,引起崩溃,在这个崩溃中,我们将担任对破产了的社会进行清算的法律顾问的角色。但是,如果我们站在我们可以使无产阶级的利益充分实现这一立场,那么,海涅最近就不可能发表那些言论了,他以为我们也会在军国主义问题上作出让步①;此外,康拉德·施米特在中央机关报上②发表的关于在资产阶级议会中取得社会主义多数的言论,特别是伯恩施坦关于我们一旦取得政权也不能缺少资本主义的言论③也是这样的。当我读到这种言论时,我就想,幸好 1871 年法国的社会主义工人没有那么聪明,否则他们就会说,孩子们,我们上床睡觉吧!我们的时刻还没有到来,生产还不够集中,还不足以使我们掌权。但是,如果是这样的话,我们就会看不到那一场威武雄壮的大戏,看不到英勇的斗争,而是会看到另一场大戏了,工人们也就不会是英雄,而是十足的老太婆了。我相信,如果我们掌权能否使生产社会化,生产是否已经成熟到实行社会化,关于这方面的讨论,是一个难题。对于我们来说,必须努力夺取政权,这一点是绝对不容怀疑的。一个社会主义政党必须表现出总是能够掌握局势,它决不能在自己的任务面前退缩。因此,我们必须对我们的最终目标有非常清楚的认识,不顾暴风骤雨、风吹浪打,我们一定要实现我们的最终目标。(掌声)

---

① 沃·海涅 1898 年 2 月 10 日在柏林第三选区发表的讲话中支持机会主义的观点,认为社会民主党为了"人民的自由"可以同意普鲁士容克政府的军国主义要求。海涅想以这种妥协来修正德国社会民主党的反军国主义斗争。——编者注

② 在 1898 年 2 月 20 日《前进报》上,机会主义者康·施密特反对无产阶级专政,并声称,社会民主党的议会多数可以通过和平手段将资本主义国家转变为社会主义国家。——编者注

③ 爱·伯恩施坦:《社会主义的问题》第 1 章《空想主义和折中主义概述》,载于 1896—1897 年《新时代》(斯图加特)第 15 年卷第 1 卷第 164—171 页;第 5 章《空间和数量的社会政治意义》,载于同上,第 2 卷第 138—143 页。——编者注

二 关于工联主义斗争和政治
斗争之间的关系的发言①

福尔马尔激烈地指责我,说我这个运动中的新兵想教训老兵。不是那么回事。本来用不着多说,因为我坚信,老兵和我都站在同一个立场上。这里的问题根本不在于要教训某一个人,而在于要明确地毫不含糊地表述一种确定的策略。我知道,我在德国的运动中还需要多加磨练。但是,我愿意站在同敌人作斗争的左翼,而不愿意站在向敌人作妥协的右翼。(抗议声)如果福尔马尔搬出这样的论据来反驳我实事求是的论述,说什么你还是一个黄口小儿,我可以做你的爷爷呢,那我认为,这只能证明他理屈词穷了。(大笑)的确,他在论述过程中发表了一系列的言论,而这些言论竟出自一个老兵之口,至少是令人吃惊。他引用了马克思关于劳工保护的一个能压倒人的说法,但是我可以拿马克思的另一个说法来反驳,这就是:在英国实行劳工保护恰恰是意味着拯救资产阶级社会本身。此外,福尔马尔说,不把工会运动当作社会主义运动看待,是错误的,并举工联为证。难道福尔马尔甚至没有听说过老工联主义和新工联主义之间的区别吗?难道他不知道,老工联分子是完全站在顽固不化的资产阶级立场上的吗?难道他不知道,正是恩格斯曾经希望目前英国的社会主义运动向前发展,因为英国在世界市场上已经丧失了优势,因而工联运动必须走上新的道路吗?福尔马尔把布朗基主义作为一个可怕的幽灵端出来。难道他不知道布朗基主义同社会民主党的区别吗?布朗基主义者是要少数密谋者以工人阶级的名义夺取政权,而社会民主党却要工人阶级自己夺取政权,这一点难道他不知道吗?这就是区别所在,只要是社会民主主义运动中的老兵,就不应当忘记这一点。第三,他硬说我热衷于暴力手段。无论在我的发言中,还是在我发表于《莱比锡人民报》上的反驳伯恩施坦的文章②中,都丝毫找不到这方面的说辞。我恰恰是站在反对暴力的立场上,我说过,引导我们走向

---

① 标题是编者加的。——编者注

② 指罗莎·卢森堡《社会改良还是革命?》这组文章的第一部分,这个部分发表在 1898 年 9 月 21—28 日《莱比锡人民报》。见本卷第 484—513 页。——编者注

胜利的唯一的暴力手段是在日常斗争中对工人阶级进行社会主义教育。如果说我的意见是不言而喻的道理，那么我认为这是莫大的恭维。的确，这对一个社会民主党人来说肯定是不言而喻的，但并不是对我们这次出席党代表大会的所有人都是不言而喻的，（"哦！"）比如对于海涅同志和他的补偿政策来说就不是这样。补偿政策怎么能同夺取政权相容呢？哪里会有补偿政策呢？我们要求加强人民的权利，民主自由，而资产阶级国家要求加强它的权力手段和大炮。假定最好的情况是，双方公正地签订了交换协定并且严格遵守，那么我们所获得的东西也只是停留在纸面上。白尔尼①早就说过：我奉劝大家，不要拿德国的一部宪法作抵押，因为德国的所有宪法都是动产。要使宪法规定的自由保持固定不变的价值，必须通过斗争，而不是通过协定。但是，资本主义国家想从我们这里换取的东西，却是固定不变的，残酷无情的。我们批准给他们的大炮和士兵却使客观的物质权力对比向不利于我们的方向转化。还有那个拉萨尔，他也说过："一个国家的真正的宪法不是存在于书面的宪法，而是存在于那个国家实际的权力对比。"②所以说，补偿政策的结果无非是：我们使力量对比只是在纸面上有利于我们，而在客观的现实中却有利于敌人；我们使我们的地位从根本上受到削弱，却使敌人的地位得到加强。试问：能否认为一个提出这种建议的人会认真地努力夺取政权？芬德里希同志愤怒地强调说，这种意向是不言而喻的③，我认为他矛头对着我来无非是认错了对象，他的这种愤怒基本上是对着海涅的；当海涅敢于说出他对资本主义国家实行妥协政策的时候，这种愤怒只不过是表明海涅自己同我们党的无产阶级良心已经处于尖锐对立的地步。

　　其次，再谈谈康拉德·施米特的言论。他认为，资本主义统治的无政府状态可以通过工会斗争之类的手段来消除。如果说有什么东西可以为论述纲领

---

① 卡·路·白尔尼（1786—1867）——德国政论家和批评家，激进的小资产阶级反对派的代表人物之一。——编者注
② "宪法问题原来不是**法律问题**，而是权力问题；一个国家的**实际的**宪法只是存在于那个国家现实的实际的权力对比；书面的宪法只有在它准确地表达这个社会存在的实际权力对比时才有价值，才能持久……"。（斐·拉萨尔《演说和著作》，新版全集，爱·伯恩施坦作序和编辑，1892 年柏林版第 1 卷第 497 页）——编者注
③ 安·芬德里希在 10 月 3 日的发言中，指责卢森堡的第一次发言是老生常谈。——编者注

中关于夺取政权的必要性的条文提供理由,那就是深信,在资本主义社会的土地上,根本没有可以消除资本主义无政府状态的灵丹妙药。无政府状态、工人阶级的巨大痛苦、生活的不安全、剥削、贫富差距,都在天天增长。难道能够说一个想采用资本主义的手段来解决问题的人,会认为由工人阶级取得政权是必要的吗?可见,芬德里希和福尔马尔的愤怒在这里针对的也不是我,而是针对康拉德·施米特。其次,还有在《新时代》上发表的有意识的言论:"最终目标无论是什么,反正对我来说是微不足道的,运动才是一切!"[1]说这种话的人,也就不会坚持必须夺取政权的立场。你们看,党内的一些同志已经不再站在我们运动的最终目标的立场上了,因此就必须明确地毫不含糊地表明这个最终目标;如果有什么时候必须这样做的话,那正是在今天。反动派的子弹正像冰雹般密集地向我们射来。这次讨论必须对皇帝的最近一次演说[2]作出答复。我们必须像老卡托那样明确地说:"而且我认为这个国家必须摧毁"[3]。夺取政权仍然是最终目标,最终目标仍然是斗争的灵魂。工人阶级不应当站在哲学家的颓废立场上:"最终目标对我来说是微不足道的,运动才是一切!"不,恰恰相反:运动本身同最终目标没有关系,运动相比目标本身对我来说是微不足道的,最终目标对我们来说才是一切。(掌声)

《德国社会民主党斯图加特代表大会讨论纪录。1898年10月3—8日》

1898年柏林版第99—100、117—118页

---

[1] "我坦率承认,我对于人们普遍理解的'社会主义的最终目标'没有什么感觉,也没有什么兴趣。最终目标无论是什么,反正对我来说是微不足道的,运动才是一切!"(爱·伯恩施坦:《社会民主党的斗争和社会革命》,载于1897—1898年《新时代》第16年卷第1卷第556页)——编者注

[2] 德皇威廉二世在1898年9月6日于奥文豪泽的演说中宣布了针对工人阶级的新的紧急状态法。根据这项法律,组织和实行罢工要处以严酷的徒刑。——编者注

[3] 罗马执政官卡托(公元前234—149)在元老院的一次演讲中说:"迦太基必须摧毁"。——编者注

党代表大会的回顾

一

10月11日于德累斯顿

毫无疑问,关于策略的讨论是斯图加特大会的重点,也是使所有代表最关心的重点。这也是自然而然的。从党诞生时起,日常的实际斗争同最终目标的关系问题就是,而且始终是一个有关党的生死存亡的问题;只要党还存在,还在发展,这个问题就会一直讨论下去,没有最终,因为它会不断出现,而且不断以新的形式出现。我们认为,党的斯图加特代表大会再一次如此郑重地讨论这个问题,正是运动健康发展的一个明确标志。

一般策略问题像一条红线贯穿于社会民主党的历次代表大会,但是,可以把它——根据运动的各种不同的历史条件——划分为两个不同的阶段。从1868年开始,也就是从党在爱森纳赫真正成立的前夕起,到1891年为止,社会民主党内的策略争论是围绕**议会制**问题进行的。那时必须反对的是倾向于无政府主义的反议会制的**极左派**。只要党还没有进行有效的日常斗争的必要法律前提——首先是选举权——,只要它还由于反社会党人法而丧失存在的法律基础,争论就必须持续下去,它不能通过辩论,必须通过事实才能最终得到解决。比如,我们还看到,关于社会民主党参加政治选举的问题反复出现在党的代表大会上:1871年在德累斯顿,1873年在爱森纳赫,1874年在科堡,1877年在哥达,后来在维登宫,在哥本哈根,在圣加仑①;在反社会党人法废除

---

① 指德国社会民主党在反社会党人法时期召开的三次代表大会:1880年8月20—23日在瑞士的维登宫,1883年3月29日—4月2日在丹麦的哥本哈根,1887年10月2—6日在瑞士的圣加仑。——编者注

以后,这一争论于 1890 年在哈雷和 1891 年在爱尔福特党代表大会上变成了与"独立派"①的争论,最后在爱尔福特自然结束了这场争论。由于社会民主党重新获得了法律基础,并在 1890 年的选举中获得了辉煌的胜利,在社会民主党内部不再怀疑议会斗争的影响力,而那些坚持进行消极鼓动观点的人,自然必定走向无政府主义,走向政治上的破产。这样就结束了党**一个**方面的内部斗争。

不久,开始了向相反方向的斗争;社会民主党在合法性的阳光照耀下突然蓬勃发展,这给自己造成了新的危险。如果说党的一翼以前一直倾向于低估日常的正面斗争,倾向于否定,那么,1890 年以来,由于运动向纵深蓬勃发展,必然导致另一个极端,导致高估正面的改良工作,导致机会主义的倾向。党的爱尔福特代表大会是一个独特的过渡时刻,在这个时刻,党必须在两个方面进行斗争——一方面反对独立派运动的残余,反对韦尔纳之流;另一方面反对福尔马尔表现出来的机会主义的最初迹象。当时辛格尔就反对说,他把社会主义的最终目标"当作传家宝,放进了只有逢到特殊的节日才打开的银柜"。这个辛格尔在发言中——在正确认识两个极端派别应有的意义方面——还证实,如果要党的代表大会同意福尔马尔的意见"及其由此得出的结论,那么他认为,**对党来说**,它们比反对派及其代言人的观点**危险得多**"②。(着重号是我加的。——罗·卢·)的确,如果说无政府主义理论每天都受到社会民主党的实际成果,即事实本身的迎头痛击,以致只有毫无头脑的人今天还会仍旧死抱住无政府主义的幻想不放,那么,机会主义观点则相反,表面上看来它们好像每天都被那些事实所证实,因此要驳倒这些观点,只能依靠党的明确的认识。同机会主义思潮的斗争,对党的理论修养和策略修养所提出的要求,与对无政府主义的斗争提出的要求相比高得无法比拟。我们也的确看到,1891 年以来党内机会主义一翼总是趾高气扬。1892 年在党的柏林代表大会上,它故

---

① 指德国社会民主党内的左派反对派"青年派",它反对党利用合法性开展活动,特别是否定党所制定的革命的议会策略。在 1890 年党的哈雷代表大会上,"青年派"遭到一致谴责,它的重要代表在 1891 年党的爱尔福特代表大会上被开除出党。他们后来创立了自己的组织,即独立派社会主义者联盟,该联盟完全脱离工人阶级。——编者注

② 《德国社会民主党爱尔福特代表大会讨论记录。1891 年 10 月 14—20 日》1891 年柏林版第 198 页。——编者注

伎重演,并作为国家社会主义的一种形式遭到批判。① 1894 年在法兰克福,巴伐利亚邦议会对预算的表决②引起了一次激烈的争论,在争论中机会主义思潮又一次被彻底击败。1895 年在布雷斯劳,追求实际成果的做法表现为农业社会主义的形式③,在实践的原则坚定性面前又一次遭到失败。最后,在就党的各项具体问题进行讨论之后,我们在斯图加特同机会主义进行了**全面的**和**原则性**的争论,因为机会主义在理论方面通过伯恩施坦,在实践方面通过海涅已经最终形成。

争论的结果是众所周知的,机会主义又一次遭到了迎头痛击。党一致声明:坚持自己的最终目标,坚持取得政权以消灭资本主义制度;它对社会改良和不知不觉地逐渐地进入社会主义的彼岸丝毫不抱幻想,而是相反,它期待着社会灾变和政治灾变,坚定地表明自己能胜任这一角色并摆出掌控全局的姿态;最后,它对现存的国家不仅不实行妥协政策,而且要把斗争进行到底。经过争论以后,代表大会的气氛使为数不多的机会主义代表感到十分压抑。他们起初以为可以制造一种"良好的气氛"——请看福尔马尔的第一次发言——最后他们不得不放弃这种想法,在一般性辩论中不再坚持为自己的观点维护。

在这方面,我们有充分的理由对讨论的结果感到满意。但是我们还想提几点批评意见,而且是针对我们的"老兵们"在这一争论中的态度。我们宁愿看到,老兵从争论一开始就投入战斗,而不是相反,试图否决唯一合理的提案——要求议程设专项引领和方便关于策略的讨论——,从而使争论本身无法进行。如果说争论尽管如此还是正常进行,那么这不是"由于",而是"罔顾"党的领导人的态度。即使他们的态度可以用关心争论的结局来解释,那

① 德国社会民主党 1892 年 11 月 14—21 日在柏林召开的代表大会一致通过决议,揭露所谓的国家社会主义理论是诱使工人脱离社会民主党的手段。根据这种理论,给工人阶级的少许让步和资本主义经济的全面国有化可以冒充社会改良。——编者注
② 1894 年 6 月 1 日,社会民主党巴伐利亚邦议会党团在格·福尔马尔领导下投票赞成该邦的预算,从而第一次破坏了奥·倍倍尔提出的"不给这个制度一个人和一文钱"这一革命原则。——编者注
③ 在关于农业纲领的讨论中,爱·大卫和麦·夸克主张由资本主义国家以冒充社会主义的改良的形式支持小企业。他们否认向大企业发展的历史趋势,从而否认在农村实行社会主义社会化的可能性和必要性。——编者注

也只会引起对我们的老兵提出新的指责,说他们错误地估计党内情绪,那么没有决心去不惜任何代价、全力以赴地抵制有害的思潮。首先听任争论自然发展,用两天时间静观"其变",迫使机会主义的代表明确发表意见以后,才加以干涉,这时还对一些人的"过分尖锐的话语"予以指责,同时又完全支持这些人的观点,否定,这是一种在一个如此重要的问题上对党的领导人很不利的策略。考茨基解释说,他之所以直到现在都没有对伯恩施坦的理论发表意见,是因为他要等到辩论结束时再说自己的意见,我们觉得这样的解释是不能原谅的。2月,他在《新时代》上刊登伯恩施坦的文章时没有加一句编辑部按语,后来沉默了四个月;6月,他在讨论开始时对伯恩施坦的"新"观点①,即老的讲坛社会主义的翻版恭维了几句,以后又沉默了四个月,等着党代表大会召开;最后,他在讨论过程中解释说,他要在讨论"结束时再说"。我们希望,我们的专职理论家在重要问题上经常说话,而不是在"结束时再说",不要给人造成错误的和迷惑不解的印象,似乎他长期不知道自己该说什么。拿破仑的老近卫军总是在战斗临近结束时才进入战场,我们喜欢看到我们的老近卫军总是在战斗**一开始**就在战场上。他们的畏缩已经造成实际的不利后果,我们将在讨论另一项议程时指出这一点。

二

10 月 12 日于德累斯顿

关税和**贸易政策**是要实际表现关于策略的一般性辩论的原则结果的唯一问题。考茨基的决议案和席佩耳的决议案其实是两种截然不同的观点的对立。考茨基的决议案是要社会民主党对关税问题作**原则性**表态,席佩耳的决议案是在不作原则性解释的情况下,试图使社会民主党在关税问题上的态度取决于当时的工业形势,也就是以机会主义的策略为立足点。从这个角度看,首先必须注意,考茨基提出这个决议案,从一开始就不是为了胜任这项重要任

---

① 爱·伯恩施坦:《批判间奏曲》,载于 1897—1898 年《新时代》(斯图加特)第 16 年卷第 1 卷第 740—751 页;格·普列汉诺夫《伯恩施坦和唯物主义》,载于同上,第 2 卷第 545—555 页。——编者注

务。那么,决议实际上列举了哪些使我们对保护关税持否定态度的原因呢?一是食品关税的危害;二是与关税制度有关的卡特尔化的危害;三是关税收入对军国主义的财政支持;最后,四是国际关税战争对各国工人阶级的友谊的危害。然而,列举的所有这些事实可能仅仅是我们反对保护关税的**目的性理由**,从中根本无法推导出某种**原则性**态度;不仅如此,决议案其实只是通过保护关税的**伴生现象**——食品价格上涨、卡特尔化、强化军国主义、阻碍国际化——论证我们在关税问题上的态度,而指导我们在这个问题上的态度的**原则性准绳**,只能存在于保护关税的**本质**本身,而且只能从这个**本质**中推导出来。问题的这一面在于保护关税的性质,即在于从资本主义一般发展的角度看的**反动性质**,而考茨基决议案在论证过程中没有强调这一点。在国际资本主义的现阶段,各种事态表明,关税制度不再促进工业发展,只是保证企业主利润的一定水平,保证一定的利润率,以应对外国的自由竞争。但是,由于这种保护,关税对工业本身会起阻碍作用,因为它也用高利润人为地保护有关各国落后的生产方法,因而延缓资本主义发展的整个进程,并以这种方式**推迟当今经济崩溃的时刻,也推迟我们的胜利**。社会民主党之所以必须声明**原则**反对各种形式的保护关税,原因就在于保护关税的普遍的反动性质。而**考茨基**的决议案中恰恰没有强调问题的这一面;它将我们的关税政策的依据局限于工人的**日常利益**,而一项原则性的政策始终只能通过现有的问题与我们的**最终目标**的联系来论证。

当然,考茨基决议案的第三项说:"德国的工业已经非常发达,足以放弃保护关税。"①这还可以证明这样的事实,保护关税已经被工业发展所超越;但是第一,这只是事实的一半,另一半重要得多的事实是,关税制度现在反而已经成为工业发展的**障碍**;第二,这一项是以这样的方式提出的,从**我们的利益**的角度看,它不是要说明当今工业发展的一般性质,而是相反,要说明我们在制定关税政策的时候需考虑**工业的利益**。考茨基决议案的第三项的意思不是要说,我们**必须**反对保护关税,因为保护关税已经被资本主义发展所**超越**,而

---

① 《德国社会民主党代表大会讨论记录。1898 年 10 月 3—8 日于斯图加特》1898 年柏林版第68 页。——编者注

是要说，我们**可以**反对保护关税，保护关税对工业来说已经是**多余的**。可见，这又是一个目的性理由，而不是原则性理由。

第三项最初的行文虽然有不足，但毕竟是决议案中表述算是唯一最明确的一项，可以论证社会民主党在关税问题上的原则态度，因此立刻引起在关税问题上的机会主义支持者的强烈不满。席佩耳和福尔马尔以及其他一些同志一样明确宣称，只要删除或修改第三项，他们就会同意考茨基的决议案。这就最好地证明，**原则的**关税政策的支持者所应做的是坚持决议案中的上述条款，或确切地说，把它表达得更明确，更彻底，而考茨基、倍倍尔和同志们反过来利用这个机会，尽快调和这两种对立的观点，并同意作微小的修改，把第三项改成：德国的工业目前"**大体上**"可以放弃关税保护。

用"大体上"这个小词本身是一个无伤大雅的修改；此外，它也表达了完全不言而喻的东西，因为断言德国工业的各部门具有同等水平的竞争力，是很荒唐的。但是，**在现有情况下**，在由辩论建立的联系中，这个无伤大雅的小词无非意味着放弃考茨基决议案中残余的基本含义，意味着对席佩耳观点的让步。因为插入修饰语"大体上"不是要仅仅为了**确认**德国工业的各个发展阶段的不言而喻和其他无关紧要的事实，而是要使**我们**在关税问题上的**态度**在实践上**取决于**这个事实。

其实，对席佩耳来说，关键问题，也就是他在十分吸引人的发言中主张的关键问题，无非是要求我们不要受一般规则的束缚，而且我们在关税政策上考虑每个特殊的工业部门的利益和状况。这也就是在考茨基决议案第三项中插入"大体上"一词的原因。但是，在关税问题上区别对待各个工业部门，除了要我们在这个问题上考虑**企业主的利润**外，还意味着什么呢？为所有的工业部门适用同样的保护关税——连我们资产阶级的贸易保护论者也没有提出这样的要求；连他们也区分每个工业部门不同的竞争力。对此，**我们的态度——原则性**态度唯一能够而且必须表明的，是强调相对于**工业发展的一般趋势**而言的分散的工业利益和各个发展阶段，以及最**先进的**工业部门的利益。我们是一个有原则性世界观的工人政党，我们党的真正性质在于，用**工人阶级**普遍的和长久的**利益**反对各个工人团体分散的和眼前的利益，同样，我们在资产阶级社会所有生死存亡问题上的原则性在于，我们支持资产阶级分散的**团体利**

益,反对资本主义**整体发展**的利益。因此,我们在例如八小时工作日的问题上也是这么处理的,因为毫无疑问,现在还有很多工业部门远没有成熟到足以实行八小时工作制。在关税问题上,原则性观点和机会主义观点之间的最大分歧恰恰在于,我们应该站在发展的立场上,还是站在工业的具体利益的基础上,因为从发展的角度看,保护关税基本上是反动的,而从工业的具体利益的角度看,保护关税因情况不同或是进步的,或是反动的。考茨基的决议案虽然不够清楚,但首先代表了原则立场。鉴于"大体上"这个修改在辩论中获得的意义和说明的理由,鉴于这个修改使席佩耳派同意选用考茨基决议案的事实,这个决议案丧失了全部原则性。这也可从事情的另一个方面作出说明。作为修改的动机已经普遍说明,我们的议会党团在关税问题上不能受死板的概括性说明所束缚,而是无论如何必须让它放开手脚。但是在现有情况下"放开手脚"是什么意思呢? 我们不阻止我们在帝国国会的代表发表原则声明,反对保护关税,**投票支持降低关税**,这是非常清楚的,我们在争取八小时工作日时也会投票赞成11、10 和 9 小时法定工作日。因此在现有情况下,"放开手脚"只有相反的意思,我们的代表可能为了个别部门的利益,有支持或**至少不反对提高关税**的自由。但这恰恰是席佩耳想要反驳考茨基决议案的观点,而要**防止**的也正是这一点!

　　因此,我们认为,当前这个考茨基决议案在关税问题上,对党来说,既不是一个原则性准则,也不是一个实践的准则。考茨基、倍倍尔和决议案的其他起草者通过这个小小的修改匆忙与席佩耳达成妥协。这种急于求成的做法向我们证明,他们在辩论的过程中并没有意识到,在现有情况下面对机会主义的态度,他们自己表态的重点应放在哪里。此外,席佩耳在关税问题上的观点因此一直没有遭到正式的反驳,这在我们看来同样是事实,尽管考茨基在**发言**中提出了许多反对他的重要论据。在这里详细探讨席佩耳的观点,对我们来说是不可能的。这应该在其他场合加以探讨。

<h2 style="text-align:center">三</h2>

10 月 13 日于德累斯顿

　　党代表大会在关税政策和贸易政策问题上,如果我们认为,不给议会党团未来的行动规定一个明确的准则,那么,在涉及他们活动范围内的另外两个极为重要的问题——**殖民政策和军国主义**——上,在斯图加特的辩论之后,对党的希望和观点不可能再有丝毫怀疑。我们认为,我们的议会党团关于议会活动的报告和与之有关的辩论——除了关于策略的一般辩论和关税问题的辩论之外——是斯图加特讨论的极为重要的,同时也是最大的亮点。

我们已经不止一次地说过,在我们成为一个伟大的政党的过程中,我们的活动有关的困难将与日俱增。在任何一个方面,都没有比这个说法用在我们帝国国会的代表的议会活动上更贴切的了。社会民主党人在资产阶级立法机构中的作用,从一开始就是一种受到内部矛盾牵累的关系。尽可能以实际成果参与积极的立法,同时到处采取原则反对资本主义国家的立场——概括地说,这是我们的国会议员的艰巨任务。我们的代表人数越少,就越容易完成这项任务。在投票表决法律草案时得不到考虑的小党团本身只能主要采取消极态度。因此,通过国会的窗口向人民发表演讲,是社会民主党议会党团的真正任务。但议会党团随着每次帝国国会的选举而壮大,而且也许已经壮大到可以在帝国国会中扮演重要角色的程度。因此,他们对立法工作的态度自然也需要改变。在这方面,量变也要转为质变。辛格尔在斯图加特辩论的过程中在一个完全不同的语境中说:"我基本上认为,我们已经成为一个强大的政党,比我们只能提一些从一开始就知道毫无用处的提案时强太多了。"①这句独特的话证明,我们的议会党团完全清楚自己已经改变的处境;这句话还表明,必定朝哪个方向发生变化:议会党团的活动中的单纯示威性和鼓动性内容,与它以前的做法相比,越来越退往后台,而积极的工作正在走向前台。但我们的议会党团的基本态度——这才是真正的困难——不得有丝毫的改变。这个观点无论如何都须完整保留,这是我们的纲领和我们的传统所赋予的,可以改变的只有表达观点的**方法**,方式和方法;以前,纲领都是利用一切机会直截了当地和抽象地在讲台上陈述的;现在必须日益转向对日常生活中极为细小的实际问题的立法表态。在宗派主义的否定和资产阶级议会制度之间寻找

① 《德国社会民主党代表大会讨论记录。1898 年 10 月 3—8 日于斯图加特》1898 年柏林版第 150 页。——编者注

中间道路,这是一个强大的社会民主党肩负的少数真正难题。

但是,社会民主党议会党团的发展壮大使自己面临越来越艰难的任务,另一方面,同时也为议会党团的构成带来一个新的困难,即难以胜任不断增多的任务。随着每一届帝国国会的选举,越来越多的年轻有为的人进入议会党团,他们缺乏在长期斗争中获得的大量经验和磨练。而在我们看来特别需要考虑到的,不是对最重大立法问题的直接表态,不管是可以由党代表大会的直接决议确定的,还是由议会党团的传统所赋予的,而是关于整个**思维方式**,这种思维方式涉及议会制度在社会民主主义运动中的一般作用,涉及社会民主党的代议机构必须区别于任何一个资产阶级代议机构这个特别的、固有的性质。这种无产阶级议会制度的特殊的思维方式不能由党代表大会的决议来灌输,但我们首先必须给予足够的重视,而且正如斯图加特辩论所表明的,我们至少希望一些代表具有这种思维方式。

尽管我们真的不愿意,但不得不再次举海涅同志为例。正如乌尔姆同志在报告中所陈述的,海涅当时发表了关于补偿政策的著名言论,议会党团要求他对此承担责任,但在他解释了没有考虑到阶级国家之后,便被立刻宣告免责。说同意给社会主义"国家"以大炮,说海涅的言论实际上**只是**不理解阶级国家,是荒谬的,这些我们暂且不谈。对我们来说,更重要的是这样的事实:议会党团急于将海涅事件归因于一个表面上的误解,归因于一篇模棱两可的报道,而不是像它为了党的利益本该做的那样,发现海涅同志的言论是源自根本不同于党内流行的整个政治斗争的**思维方式**,并予以反对。海涅在斯图加特的发言中有一句引人注目的话无可辩驳地证明,他确实有一种与众不同的思维方式,并不单纯是表面的误解。按照海涅的说法,人民只有两件可以用来斗争的武器:能打响的手枪和**国会批准权**的手枪。如果我们不是布朗基主义者,且不相信干草叉起义,那么按照海涅的观点,我们必须把重点完全转移到国会批准权上——转移到我们国会议员的批准权上。乌尔姆、舍恩兰克和辛格尔已经出色地证明,这种观点是错误的、荒谬的。但是,它——他们没有针对海涅这样说——比错误的还要糟糕,它**完全是非社会民主主义的**。它不是一个社会民主党人的错误想法,而是一个被误认为是社会民主党人的资产阶级民主党人的正确想法。

其实,海涅只知道两种从资产阶级自由主义转交给我们的政治斗争手段:街垒战和议会制度。他不知道也没注意到**由社会民主党专门创造的独特的第三种斗争手段**,这是我们迄今赖以取得的成功的秘诀,而且我们在以后的斗争中首先要指望的新的力量——**无产阶级阶级意识的力量**。对海涅来说,这句话简直是空话;"无产阶级的阶级意识"是直接的斗争手段,这对海涅来说是僵死的、不可理喻的和虚构的东西。它无非是普鲁士邦议会中使反动的德雷克法案①破产的无形的力量,而在那里我们没有一个代表;它无非是人民意志的力量,它没有动一枪一弹,直接从大街撞击维也纳政府的耳鼓,推翻了巴德尼内阁。② 而它既不是枪响,也不是拒绝批准预算,而仅仅是投票表达的人民意志,而这种意志于1890年将铁血宰相扔进了垃圾堆。它无非是有阶级觉悟的无产阶级的无形压力,它迫使德意志帝国国会——在那里,"批准权"在我们少得可怜的议员心中只是虚构的——和德国政府进行由我们享有的微小的社会改良。不了解这种力量,不了解社会民主主义运动与所有资产阶级政党斗争之间的区别,分享国会的批准权万能的纯资产阶级信仰的人,在帝国国会中遇到困难的情况就不可能代表无产阶级的正确立场。而原来的议会党团使我们生气的是,上面已经说过,他们当时不假思索地为海涅同志的观点辩护,而没有严肃认真地考虑这个问题。

鉴于我们在新一届国会中扩大的议会党团所处的严峻形势,议会党团的代表乌尔姆同志的报告比较令人欣喜。乌尔姆的论述不仅在陈述议会党团对殖民政策和军国主义问题所采取的立场方面完全令人满意,而且他发言的整个内在精神,他的论述中表达出来的鲜活而赤诚的特点,以及**无产阶级**在国会中的代议机构的特殊地位的清晰理解,在现有情况下也非常受人欢迎。新的议会党团及其全体成员必须将我们在国会的代表至今的报告在党代表大会上所获得的明确赞同视为一项强制性的准则。但是,我们从斯图加特的辩论中

---

① 普鲁士政府为限制结社权和集会权而由内务大臣埃·冯·德雷克男爵在普鲁士下院提出的法律草案。1897年7月24日被否决。——编者注

② 卡·巴德尼伯爵,1895年起任奥地利首相,1897年11月被迫辞职。他在1897年发布所谓语言法令,要求在波希米亚和摩拉维亚将捷克语作为除德语外的官方语言。这一法令遭到操德语的居民的激烈反对,尤其在维也纳、格拉茨和波希米亚引起了德国人和捷克人之间的骚乱和冲突。——编者注

还得出另外一个不同的结论。上面已经说过,我们认为,在帝国国会的代议机构扩大以后从两个方面造成的困难条件下,仅仅通过党代表大会决议明确规定议会党团的活动,是不可能的。我们认为,能方便议会党团完成其艰巨任务的唯一方法在于,议会党团比以前更广泛地与全党保持经常性接触。对此,一方面特别是党刊必须要比现在更加关注议会的活动,使用更多的报告材料,更多地支持议会党团在活动中表达的想要干事的愿望和对已经发生的事情所发表的意见;另一方面,议会党团本身必须尽可能地利用一切机会设法与全党保持联系,并十分严肃地特别关注每一个成员的意见,更重要的是关注他们的整个思维方式。

1898 年 10 月 12、13、14 日《萨克森工人报》(德累斯顿) 第 237、238、239 号

巴黎的罢工运动①

一

巴黎工人目前正在进行国家工会运动史上划时代的斗争。自从法国工会的最新发展开始以来,也就是从 80 年代末以来,法国从未发生过如此重大的劳资斗争。1893 年的加来海峡省矿工罢工大约有 30 000 多人参加,但是,罢工仅限于一个偏远地区的一个行业。而现在的这次斗争则涵盖了首都——在工会方面也是全国起决定作用的中心——的许多重要行业。法国的工会力量的一半,即 20 万人,就在巴黎及周边地区。

这次斗争如此迅速、如此不可阻挡地向前发展,是许多情况共同作用的结果。首先应当看到,尤其在巴黎,劳动市场的状况特别有利:1900 年世界博览会工程、为博览会设计的城市铁路、奥尔良铁路线的火车站向市中心的迁移、与此有关的审计署大楼废墟的清理——所有这些同样紧迫的工程都在同时进行。工人们要求改善自己状况的愿望越来越强烈,而他们能够提出的合理要求,有些已在 **16 年前**就已得到工商业仲裁法庭或巴黎市镇参议会的认可,有些已在 **50 年前**得到**法律**的承认。

各行业罢工者的共同基本要求是:实行 **1882 年的工资标准**。这个工资标准是当时作为**最低标准**经工人和企业主同意后,由巴黎市镇参议会为社区职业确定的,也是工商业仲裁法庭为其他职业确定的;取消个人的工资合同,因为签订这样的合同,是为了让工人放弃 1882 年的工资标准,切断工人向工商

---

① 这篇文章的两个部分均为匿名发表。在费·蒂希《卢森堡文献索引》1962 年版中,这篇文章被标为第 93 号。另见本卷第 228 页脚注①。——编者注

业仲裁法庭求助的道路;实行 1848 年临时政府颁布的禁止中介企业的禁令,而这个禁令的法律效力已在今年年初得到最高上诉法院的承认。

斗争始于 9 月中旬市镇一家最大招标公司的土方工程工人罢工。尽管从事这个职业的大多是一些不固定的无组织的人,从工作性质看,他们也分散于彼此相隔很远的工地,但是,罢工却以星火燎原之势迅速蔓延。几天之后,就已经有 15 000 人参加斗争,他们紧密团结在土方工程工人工会这个核心的周围。罢工者要求根据 1882 年的工资标准将土方工程工人的小时工资从 50 生丁提高到 60 生丁(从 40 分尼提高到 48 分尼),将地下坑道工程工人的小时工资从 60 生丁提高到 75 生丁。

企业主们本来完全可以迅速解决这次冲突。但是,他们摆出惯常的高傲姿态,甚至拒绝工人们已经接受的治安法官的调解努力。他们以为工人们会不堪挨饿,结果证明这是妄想。罢工者坚持了三个星期之久,他们每天所得到的微薄资助是未婚者每天 50 生丁,已婚者每天 1 法郎,而这时渣土工人也与土方工程工人一起罢工。

土方工人的执着首先唤起了世界博览会建筑工地上的工人的团结互助和斗争欲望。在 10 月的第一个星期,一个又一个建筑企业加入运动。土方工程工人的罢工进而发展为建筑工人的罢工。工会宣布进行整个建筑业的总罢工。尽管宣布进行总罢工不等于实际进行总罢工,但在短短几天之内,罢工的人数便增加到至少 35 000 人。

最近这次大罢工的经验告诉我们,罢工如果超出一定的限度,那么,即使以最佳方式组织起来的工人的战斗姿态也必定会严重受损。但是,上面概述的非常有利的局势本身足以说明工会的决定。这可关系到紧迫的不能长时间中断的工作,那么,罢工无疑会妨碍世界博览会场馆的及时竣工;如果说工会领导力求利用这次机会**组织各行业的总罢工**,是否明智,这是另一个问题。这个源自阿列曼派的总罢工思想的计划,鉴于法国工会的发展进程和目前的政治局势,不仅是疯狂的,充满危险的,而且在一开始尝试实施时,还极有可能影响土方工人和建筑工人的处境。此外,必须看工人群众如何响应总罢工的决定。

二

到今天为止,罢工在一定程度上(具体数字不详)席卷十几个重要行业:土方工人、渣土工人、手推车工人、泥瓦匠、石匠和相关职业、钳工、木工、粉刷工、屋顶工人、码头工人、(运输建筑材料必需的)装卸工、燃气管道安装工、铺地板工和烟囱清洁工。特别是后两个行业,他们参加罢工,完全出于声援的目的,没有任何自己的要求。此外,全国五金工人联合会理事会号召实行总罢工,而铁路工人组织则在各个团体中征询对总罢工的意见。大家知道,几个星期之前铁路工人绝大多数人拒绝实行总罢工。但是,铁路工人工会主席盖拉尔昨天表示肯定支持总罢工的决定。

市镇参议会本来的决定很好,市镇的工作由市镇管理,不考虑企业主的招标合同,但是由于运动发展得太快,这个决定来得太晚了。这个决定本来只需满足土方工人的要求,前提是私人企业主方面也要同意实行1882年的工资标准。但是,土方工人已经宣布,在支持他们的所有行业的要求得到满足之前,不打算复工。而10月8日起领导整个运动的中央罢工委员会要求国家管理世界博览会工程和铁路的建设工程。

但是,政府会对这个被资本主义报刊诋毁成纯粹社会主义的要求作出让步吗?激进派内阁一如既往地到处显示其两重性的本质:胡萝卜加棍棒。政府一方面确认市镇参议会的管理决定,而另一方面则根据企业主的要求采取无理措施,派军队遍布首都。除发生了几起微不足道的小事件之外,罢工者始终保持冷静。8 000名警察和3 000名全副武装的城市近卫军士兵完全足以保护"愿意工作的人"。此外,巴黎还驻扎大量卫戍部队。尽管如此,建筑工人刚刚开始参加罢工,政府便又从外省调来25 000名士兵。这不仅是一个令人恐怖的措施,而且是对那些"鼓励"还在工作的同伴参加罢工的罢工者的权利的践踏。每个工地都设置了军事哨所,以阻止罢工代表入内。到现在为止,除了军队和警察的个别挑衅行为之外,没有发生任何冲突,这要归功于罢工者的严格纪律。

当然,动用大量的军事力量虽然丝毫未能阻止运动的继续发展,但是却让企业主们趾高气扬。在"国家"刺刀的保护下,他们变得有恃无恐。企业主的泥瓦工专业联合会在一个厚颜无耻的呼吁书中,诬蔑罢工领导人是"被收买的捣乱分子和国际闹事头目",诬蔑其目的是破坏世界博览会的工程建设!各国企业主们的众所周知的伎俩,都是打着爱国主义的旗号来捞取好处,在目前法国的政治形势下,这一伎俩因为影响深远而更加卑鄙。总参谋部的报刊基本上与企业主的报刊一唱一和,几天来,一直怀疑整个罢工运动是外国发动的一次袭击。这些新闻强盗就差没有明说,袭击来自英国还是德国的宿敌了。反犹太主义者德吕蒙认为,德国的犹太人为罢工提供了 200 万法郎的资助。总参谋部驻《夜晚报》的犹太人记者波罗内写道,一个罢工者说,罢工开始以后,他的金子就会滚滚而来……

这种爱国主义—资本主义的忙碌具有双重目的,一是扭转迄今为止基本同情罢工者的社会舆论,二是为军事镇压"叛国"的罢工造势。实际上,总参谋部及为其撑腰的政变分子最希望的就是对无产者实行大屠杀,这在特定情况下必然会成为军事政变的前奏。

能打破这些阴险计划的唯一的、但愿也是有效的保证,是罢工工人坚持迄今所采取的冷静的态度。

1898 年 10 月 14、15 日《萨克森工人报》(德累斯顿)第 239、240 号

反　　驳①

　　《德国卫报》自然不会喜欢我们的报纸上刊登的对上一届反犹太主义的党代表大会②的评论。他们试图以长达25行的谩骂一吐为快,却在最后解释说,他们不会认真地关心"一个咬文嚼字地胡乱开口的犹太娘儿们"。很遗憾,我现在不得不让《德国卫报》失望,这个伤害他们感情的评论这一次并不是我写的,而是我的一个**地道的基督教同事**写的。迄今为止,我个人一直不看反犹太主义的报纸撰写评论,因为我在这方面始终特别敏感,可以套用戈特弗里德·凯勒的话来诠释:

　　　　哇,如此匍匐着,爬行着,

　　　　哇,如此散发着**地狱**的气息,

　　　　别了,安静与祥和,

　　　　去吧,格蕾特,关上窗户,

　　　　那些人是——反犹太主义者。

1898年10月18日《萨克森工人报》(德累斯顿)第242号

---

① 标题是编者加的。——编者注
② 1898年10月12日《萨克森工人报》以《反犹太主义者》为题,对德国社会改革党于1898年10月8—10日在卡塞尔召开的党代表大会作评价,其中着重批判了这个党的反犹太主义立场及其对帝国主义军备政策的支持。——编者注

关于策略的讨论①

一

爱德华·伯恩施坦同志在《前进报》上发表了一篇关于"夺取政治权力"的文章,他在文章中为自己的观点进行辩护,否认在斯图加特党代表大会②上发动的攻击。他首先抱怨说,在每次政治讨论中,争论的各方对有争议的概念通常都会有各自的理解,而不同的理解不利于澄清问题,而只会有助于引起误解。他说:"在讨论工人阶级夺取政治权力的问题时也是这种情况。对有些人来说,工人阶级夺取政治权力这个词的意思仅仅是工人阶级成为以某种方式行使政权的执政阶级。这个词显然包含这个意思,但是,这个词的概念远远不止这些。如果硬要讨论被这样理解的问题,那么,最好使用政治统治一词,而不用政治权力这个词,因为政治权力的概念要宽泛得多。一个政党或一个阶级没有取得统治地位也可行使权力。工人阶级以及代表工人阶级的政党,

---

① 本文没有署名,但是,作者肯定是罗莎·卢森堡。她在 1898 年 9 月 25 日—11 月 2 日担任《萨克森工人报》的主编。罗莎·卢森堡根据德累斯顿方面的请求接受了这个任务,因为亚·海尔普汉特(帕尔乌斯)和尤·马尔赫列夫斯基是外国人,因为从事政治活动被驱逐出境。与奥·倍倍尔和卡·考茨基不同的是,她在斯图加特党代表大会之后也赞成继续对爱·伯恩施坦和其他修正主义者的有争论的观点展开辩论。见她在党代表大会上的发言和《党代表大会的回顾》。(本卷第302—312页)她从 1898 年 10 月 16 日起在《萨克森工人报》上开辟《关于策略的讨论》专栏,1898 年 10 月 16 日—11 月 3 日,她分 13 次在这个专栏发表了自己的观点、其他社会民主党人的看法以及各个党组织的决议。见罗莎·卢森堡 1898 年 10 月 31 日和 11 月 7 日给奥·倍倍尔的信。另见她 1898 年 11 月 3 日的声明。(本卷第389—390页)以前只发表了两篇与格·格拉德瑙尔的论战文章。(本卷第326—329、343—346页)这与今天的研究水平已经不相符。为了便于理解这 13 篇文章的内在联系和罗莎·卢森堡对这个栏目的关爱,本卷全文发表《关于策略的讨论》。——编者注
② 德国社会民主党代表大会于 1898 年 10 月 3—8 日在斯图加特召开。——编者注

即社会民主党今天没有取得统治地位,却已经享有巨大的政治权力。它通过其在立法和行政机关的联系,是直接行使巨大的政治权力;它通过工人的工会组织、群众中强大的社会主义意识、这些群众的政治联系和团结统一、他们的干劲和采取行动的决心,是间接行使巨大的政治权力。社会民主党今天能够行使的权力,并且还有在很大程度上已经在间接行使的权力,与其在立法机构中直接行使的权力相比,要大得多。对此根本无可争议。可能有争议的仅仅是,在社会民主党内所蕴含的潜在力量,是否已经强大得足以使它能够接管和卓有成效地实施政治统治。对这个问题的回答取决于在什么样的情况下可以设想社会民主党今天在德国取得政治统治,党在这种情况下打算为自己提出什么样的任务。我对这一点的看法是众所周知的,因此,我不想再重复。确切地说,我们还是关注各个方面都毫无争议的问题,即社会民主党今天在德国合法拥有的政治权力和它在人民团体中——从其追随者的数量及活动看——实际代表的力量之间是不成比例的。每个阶级或政党都应当使自己的正常努力、自己的政治权力与其拥有的潜在权力相协调,或换句话说,使自己的政治权力与自己的社会意义相适应。

每个阶级或政党都可以根据政治制度、其他党派的组合及其相互关系,以及有关国家的国际形势,通过不同的途径实现这一点。斗争方式自然也应随情况的变化而变化。而德国社会民主党在这方面却要确定一条固定的道路,哪个理智健全的人会这样苛求它呢?"①

此外,他死不承认他教条地否定发生政治灾变的可能性。他说,他仅仅"反对那种完全肯定的灾变论,即反对认为资产阶级社会行将崩溃,从中产生的普遍的巨大灾变指日可待的观点"。伯恩施坦认为其他灾变是可能的,他也承认,社会民主党一定要充分利用可能的灾变来促进实现自己的意图。但是,他否认外来的灾变会对德国的内部状况产生很大影响。他说:"我们生活在妥协让步和实行本土化政策的时代,如果没有弄错的话,那么这个时代至少在欧洲不会很快结束。"另一方面,伯恩施坦又担心,政治灾变对社会民主党可能会弊大于利,在他看来,一场较大的灾变会在意大利造成这种影响,同样,

---

① 爱·伯恩施坦:《夺取政治权力》,载于 1898 年 10 月 13 日《前进报》第 240 号。——编者注

如果在奥地利发生灾变,社会民主党的处境也会十分艰难。此外,他主张"明智地利用对工人的经济斗争不太重要的进程",并且在这方面引证了奥地利和比利时社会民主党的例子。这篇文章的结尾处写道:

"关于整个资产阶级社会的崩溃指日可待的观点其实是居心不良,会使人在那些通往目标的道路上无论如何要经过的阶段无所作为。各个国家的工人运动史上的很多实例可以证明这一点。关于一个远大全面的目标的思想无疑是振奋人心的思想,但是,一个不太全面,因而近在眼前的目标同样可以激起极大的热情,只要人们相信,必须达到,而且能够达到这个目标。谁都不能预言,工人阶级能够通过在争取政治权力的斗争中互相关联的各种情况获得政治统治;但是,可以说,如果不扩大现有的权利,那么,要扩大政治权力就是一件不可思议的事情。我在给斯图加特党代表大会的信的结尾,说的就是这个意思。只不过有人忽略了我的信的最后一句话,所以我只能解释说,他们是从我的信中猜出,我还要为德国社会民主党规定路线,劝诫它采取根据目前的英国状况得出的策略。这是最违背我的本意的,因为,如果说我在英国学到了什么,那么,就是学到了一个古老的一般真理:对一个国家合适的东西,并不一定适合其他国家。不管英国人是什么人,唯独不是策略上的教条主义者。而我相信,这正是他们在政治上取得巨大成功的奥秘之所在。"①

考茨基的答复与伯恩施坦的文章一起发表在同一号《前进报》上。考茨基首先确认,他在斯图加特的发言中没有说过,他希望外来的政治灾变对德国的内部局势产生较大影响。他只是在反对伯恩施坦给党代表大会的信中的一段话时,强调了发生这种灾变的可能性,伯恩施坦在这一段中写道:"现代民族国家的政治制度越民主化,发生巨大政治灾变的必然性和可能性就越小。"②考茨基重复了他在斯图加特所说的话,即这个观点适合英国,但不适合欧洲其他国家和美国。考茨基还进而反驳了伯恩施坦的论断,即伯恩施坦没

---

① 爱·伯恩施坦:《夺取政治权力》,载于 1898 年 10 月 13 日《前进报》第 240 号。——编者注
② 《德国社会民主党代表大会讨论记录。1898 年 10 月 3—8 日于斯图加特》1898 年柏林版第 123 页。奥·倍倍尔在党代表大会上宣读了爱·伯恩施坦 1898 年 9 月 29 日的声明。(同上,第 122 页及以下几页)——编者注

有打算向德国社会民主党建议新的、即英国式的策略。他说，伯恩施坦说，斗争方式必须随情况的改变而改变，这虽然是正确的，"但是，"考茨基继续写道："伯恩施坦想通过他对社会主义问题的研究证明什么呢？难道是我们必须根据具体情况制定我们的策略这个简单的真理吗？我们的策略也绝不只是取决于眼前的情况，而是在很大程度上还取决于我们的原则，取决于我们总的观点。鉴于有些人不敢'拿定'主意，也就是说不敢承认固定的原则，今天，这一点似乎没有得到普遍承认，但是，伯恩施坦将是最后否认这一点的人。如果我们的原则有所改变，那么，我们的策略也必须有所改变；某个策略，或者换一种说法，某些策略原则不仅与各种特殊情况相适应，而且也与各种特殊的理论观点相适应。对某个社会领域采取的一般策略原则也应与对这个领域普遍有效的某种理论相适应。因此，《共产党宣言》着眼于西欧；恩格斯在他的《〈法兰西阶级斗争〉一书导言》中着眼于整个欧洲；伯恩施坦在他的关于社会主义问题的文章和斯图加特声明中泛泛地谈论资本主义社会；因此，欧洲工人运动，或整个国际工人运动的某种策略也应与所有这些解释[声明]相适应。可见，如果伯恩施坦提出某种新的、不同于《共产党宣言》的社会发展理论，那么，他便是试图以此既为德国，也为采取资本主义生产方式的其他国家论证一个新的策略。这难道还不是'为德国社会民主党规定路线'吗？因此，伯恩施坦特别强调所谓恩格斯在《〈法兰西阶级斗争〉一书导言》中要求的策略修改。"①

考茨基认为，伯恩施坦引证恩格斯是错误的。恩格斯的论述在党内得到了热烈的赞同，而对伯恩施坦的论述的反应则完全不同。这是因为恩格斯在他的《阶级斗争》导言②中只是把德国社会民主党的原有的策略推荐给罗曼语区各民族，而伯恩施坦却想修改德国工人的策略。

"伯恩施坦一个方面落后于恩格斯，另一个方面又超越了恩格斯。他落后于恩格斯，因为他今天还认为有必要向德国党代表大会阐明恩格斯的观点的正确性，即开展暴动袭击和与军队进行得心应手的街垒战的时期已经过去

---

① 卡·考茨基《策略与原则》，载于 1898 年 10 月 13 日《前进报》第 240 号。——编者注
② 见《马克思恩格斯文集》第 4 卷第 532—554。——编者注

了。但是,他又超越了恩格斯,因为他对《共产党宣言》进行了批判,而恩格斯对《共产党宣言》从来没有进行过而且也不会进行批判。伯恩施坦完全有权这样做,但是他这样做等于主张一种与恩格斯建议的完全不同的策略。如果伯恩施坦的观点与恩格斯的观点相一致,那他在党内便不会遭到反对。只有在他超越恩格斯的观点时,他才会遭到反对。"①

伯恩施坦说,他没有建议采取某种新的策略,这当然是准确的。这也是考茨基没有马上在《新时代》上答复伯恩施坦的文章的原因之一。考茨基说:"我仍然在等待下文,我觉得这些还不完整,因为没有得出积极的结论,因为它们推翻了我们迄今为止的策略的基础,却没提出新的东西。这种不完整也许便是伯恩施坦的文章表现为一种疲惫的悲观主义和怀疑主义的产物的原因。

伯恩施坦自己不做的事情,他的评论家必定去做——得出他的观点的结论。而我深信,如果伯恩施坦超过恩格斯,那么,他在某种程度可以根据的某些事实就来自英国;如果伯恩施坦的观点是正确的,那么,那些必须实行的策略也来自英国,即来自英国工联②和费边社③。

这个观点不是伯恩施坦一说他不是策略的教条主义者就能驳得倒的。"④

此外,考茨基还表示,伯恩施坦写文章反对巴克斯⑤和党的其他许多著作家所采用的论战形式对于阐述一种全新的观点是非常不合适的,容易引起误解。最后,他请求伯恩施坦,为了便于讨论,在《新时代》上发表系列文章或者出版小册子来系统地阐述他的见解。

---

① 卡·考茨基:《策略与原则》,载于 1898 年 10 月 13 日《前进报》第 240 号。——编者注
② 英国工联,即全国职工联合会,成立于 1845 年。联合会的活动仅限于争取出卖劳动力的优惠条件和改善工厂立法的经济斗争。联合会存在到 60 年代初,但是 1851 年以后它在工会运动中便没有发挥太大作用。——编者注
③ 费边社是一批英国资产阶级知识分子于 1884 年建立的改良主义组织。他的主要领导人是悉·韦伯和比·韦伯。——编者注
④ 卡·考茨基:《策略与原则》,载于 1898 年 10 月 13 日《前进报》第 240 号。——编者注
⑤ 厄·贝·巴克斯(1854—1926)——英国历史学家和社会学家,国际社会党代表大会代表;宣传马克思主义,捍卫辩证唯物主义和唯物主义历史观;1911 年,英国社会党成立后,是该党领袖之一;第一次世界大战期间持沙文主义立场,1916 年与海德门集团一起被开除出党。——编者注

我们想对伯恩施坦同志的论述发表以下意见：

1. 如果伯恩施坦详细论述"社会民主党在德国取得政治统治"**在今天**是不可能的事情，如果他所持的"整个资产阶级社会的崩溃**指日可待**的观点是居心不良"，那么，这是多此一举。如果说他的整个理论是为了警告人们不要对最近的未来抱有太大的希望，那么，我们不得不问：他究竟有什么理由发出这种警告呢？伯恩施坦几乎不能提出哪怕一个证据，证明德国社会民主党因为想象社会崩溃指日可待而离开从容镇定的日常斗争的道路。其实，伯恩施坦在他发表于《新时代》上的文章①中否认的不是资产阶级社会崩溃的**指日可待**，而是资产阶级社会崩溃的**可能性**本身。他怀疑的不是资本主义发展的**飞快速度**，而是这种发展通过科学社会主义已经成为我们纲领的基石的**整个过程**。他的论述实际上不是让我们**放慢**向目标进发的**步伐**，而是让我们**放弃目标本身**，即放弃夺取政权和实现社会主义。

2. 伯恩施坦关于奥地利和比利时社会民主党的明智策略所说的话，也同样非常贴切，甚至众所周知。但是，我们又要问，他怎么想到要向德国社会民主党推荐这些例子。奥地利和比利时的同志们至今仍然坚持认为，他们在斗争中恰恰以**德国社会民主党**的策略为榜样。

3. 伯恩施坦同志在他的文章的结束语中终于说道："谁都不能预言，工人阶级能够通过在争取政治权力的斗争中互相关联的各种情况获得政治统治"，②结果，他用这句话使全部由社会民主党的不言而喻的东西构成的整篇文章成为一纸空文。如果有人认为，工人阶级的最终胜利是"任何人都不能预言的"事情，也就是说是**偶然的事情**，那么，他就不是站在资本主义社会的

---

① 见爱·伯恩施坦：《社会主义问题。个人的观点和转述的观点》，载于1896—1897年《新时代》第15年卷第1卷第164页及以下几页、第204页及以下几页、第303页及以下几页、第772页及以下几页；第2卷第100页及以下几页和第138页及以下几页；爱·伯恩施坦：《社会民主党的斗争与社会革命》，载于1897—1898年《新时代》第16年卷第1卷第484页及以下几页和第548页及以下几页；爱·伯恩施坦：《批判间奏曲》，载于1897—1898年《新时代》第16年卷第1卷第740页及以下几页，《新时代》编者按："因此，在我们看来，应在伯恩施坦开始发表的这组文章结束之后，再就伯恩施坦的思想进行讨论。"同上，第740页。爱·伯恩施坦：《社会主义中的现实因素和意识形态因素》，《社会主义问题》第2组第2篇，载于同上，第2卷第225及以下几页和第388页及以下几页。——编者注

② 1898年10月13日《前进报》第240号。——编者注

合乎规律的发展基础上,对他来说,工人阶级的解放斗争缺乏任何物质基础。

总而言之,伯恩施坦的上一篇文章与以往的文章一样,其中有一些好的东西和新的东西。遗憾的是,好的东西不新,新的东西不好。

二

《莱比锡人民报》以《简评党代表大会》①为题发表了五篇十分精彩的文章,批判性地阐明了斯图加特党代表大会的讨论情况。在最后一篇文章中,以下列方式解释了党内存在策略问题上的意见分歧的深刻原因:

"它起初是一个纯粹的工人政党,通过其正直一贯的政策,将越来越多的来自其他阶层,尤其是小资产阶级阶层的强有力的分子聚集到自己周围,它在资产阶级反对派完全衰落的时候,不得不越来越多地将资产阶级民主的全部任务担负在自己的肩上。

扭转或者哪怕抱怨这一发展,只有愚人才想得出来。党从未想过这么做,如果党哪怕一时想过这样做,那么,党就会向宗派式畸形发展迈出第一步。但是,随着这种发展,党内也会出现矛盾,尽管大家都真诚地拥护党的纲领,但是,对事物的看法,一部分人仍然会不同于另一部分人。任何人都不能完全脱离自己成长、工作和生活的社会条件;即使在拉萨尔和马克思等这样的抽象思想大师之间,在所有原则上一致的情况下,也存在着由于其工作和生活的社会条件不同而形成的在策略上的对立。这样的对立在党内长期存在;我们必须容忍对立,在斯图加特,格雷利希②警告说,不要采取'革除'手段,这一警告虽然是合理的,但也许是不必要的。我们也可以容忍对立,如果它们彼此换位思考,正确理解对方的重心,那么,它们甚至会振奋和强化,而不是妨碍和败坏党的生活。"③

---

① 指弗·梅林的文章,发表在 1898 年 10 月 8—13 日《莱比锡人民报》第 234—238 号上。——编者注
② 海·格雷利希(1842—1825)——瑞士社会民主党的创始人之一,1869—1880 年任社会民主党的《哨兵报》主编;曾任瑞士社会民主党执行委员会委员。——编者注
③ 《简评党代表大会》第五篇(最后一篇),载于 1898 年 10 月 13 日《前进报》第 238 号。——编者注

作者认为,正确理解对方的重心,就是要**产业无产阶级**演奏"德国社会民主党多声部乐队浑厚的低音提琴"。

"现在低音提琴还在由产业无产阶级演奏,但是低音提琴面临落入不会演奏低音提琴者之手的危险。"党内小资产阶级分子"实践政策"的代表所产生的影响,超过了他们根据党的社会结构所应有的尺度。在作者看来,对这一派别特别有利的情况在于,《前进报》"作为起主导作用的机关报,我们觉得,它是明显不愿起主导作用"。柏林的 25 万同志——党的无产阶级革命的核心队伍——因此无法对党的策略产生影响。其他工业中心的党的报刊于是就更需要设法填补由于《前进报》的态度而产生的漏洞,即在各个具体实际问题上,阐述和体现无产阶级的方针,因为对一般的策略问题已经在**理论上**进行了充分的讨论。

接着,"gr."①同志在 10 月 16 日的《前进报》上对此作了答复。他否认《前进报》"不愿起主导作用"。只是《前进报》作为中央机关报有其特殊的立场,这就是在党内争论中,它必须基本采取调解和安抚的态度,以便保持党内的统一;《前进报》只能以对党更有益的方式履行其主导职责,而"不应该在策略和理论问题上采纳某些党内圈子的斗争方式和语调,这种斗争方式和语调可能对于党内反对派来说是恰如其分的,而恰恰对于党的中央机关报来说无疑是不得体的"。其次,"gr."反对用**小资产阶级**分子的影响来解释我们党内的机会主义倾向。他说,问题不是"无产阶级革命的"与"小资产阶级的",而是:这边是"贫困化和破产",那边是"上升和发展"。党内的"右派"和"左派",如果人们愿意暂时接受这个完全不恰当的名称,那么,二者都完全站在**无产阶级**的立场上,争论的对象不属于原则的范围,而属于策略的范围;意见分歧源于以下这种状况:工人阶级的一些阶层的状况在过去几年中得到了改善,而且今后,尽管在资本主义统治之下,他们的状况也可望继续得到改善,因此他们习惯过高估计实践活动,而另一些阶层越来越贫困,因此对改善自己的状况感到绝望,期待救苦救难的社会主义的伟大日子早日到来。"gr."在文章

---

① "gr."是《前进报》编辑格·格拉德瑙尔,他用这个署名在 1898 年 10 月 16 日第 243 号上发表了《论策略问题》一文。——编者注

结尾处说,"为了避免可能出现的误解",他认为,尽管策略不同,但在目前情况下采取极其尖锐的斗争方式仍然是必要的。

"但是,为了进行这些斗争,我们的队伍必须保持极为紧密的团结。因此我们认为,为了党的利益,在党内不可避免地要进行的策略讨论中,应尽可能避免提出毫无根据的指控,比如上述《莱比锡人民报》对《前进报》的指控,以及与所谓小资产阶级分子的影响有关的指控。"①

我们在上面复述了《前进报》与《莱比锡人民报》之间的讨论的主要情况。明天我们将对"gr."的文章发表我们的看法。

三

关于我们昨天复述了主要内容的由、"gr."同志在《前进报》发表的文章,我们只想强调两点:

1. 他曾谈到对党不太有益的"某些党内圈子的斗争方式和语调","这种斗争方式和语调可能对于**党内反对派**是恰如其分的,而恰恰对于党的中央机关报来说是不得体的",他这么说无疑首先考虑的是我们的报纸。

《前进报》的这位同志不像大家一样,将"党内反对派"理解为与**现存状态**和**全党相对立**的派别,而显然是理解为说话最大声的派别;他不是根据政治内容,而是根据语调的强弱来区分派别。这种深邃的思维方式不禁使我们想起那位温柔的女士,她在莎士比亚的戏剧中只看到语言的粗俗。

现在,如果不是对党的既定策略作独特理解,那么,党的斯图加特代表大会的讨论至少可以使《前进报》的编辑们幡然醒悟。因为这次党代表大会以一种即便目光不太敏锐的政治家也能理解的方式阐明:**党内没有左派的反对派,而只有右派的反对派**。全党一如既往地站在我们的立场上,只有倾向于机会主义的同志们,只有"实践政策"的支持者,才是党的反对派。那些维护党反对个别同志机会主义骑墙行为的根本立场的人,说话时非要提高声调,如果这要归罪于谁的话,那么只能归罪于《前进报》编辑部干的事情,因为它认为

---

① 见《论策略问题》,载于 1898 年 10 月 16 日《前进报》第 243 号。——编者注

低得难以听清的声调才是中央机关报合适的语调。

2."gr."同志对党的革命派和机会主义派之间的争论对象作了这样的表述:这边是"贫困化和破产",那边是"上升和发展",这证明,他不仅对在整个党内争论双方的立场,而且对整个争论的内容都有混乱不堪的看法。他以为能用"贫困化"和"上升"的对比来说明党内通行的派别和机会主义派别,但这种对比事实上体现的则是完全不同的东西——**无政府主义**和**社会主义**之间的矛盾。只有无政府主义者期待群众的**贫困化**,因此他们一直被视为流氓无产阶级的政策和理论代表。相反,**社会民主党**始终依靠的是工人阶级的**上升**、工人阶级状况的**改善**。"gr."同志想必听说过拉萨尔当时曾痛斥的所谓工人阶级"一无所求"的言论。社会民主党着手进行鼓动的出发点,不是工人阶级的绝对贫困化,而是他们在自己创造的社会财富中所占份额的相对下降,这种下降可以而且确实与其生活状况的绝对提升相并行。因此,资本主义发展使无产阶级**上升的趋势**不是社会民主党**内部**某个特殊派别的基础,而是整个社会民主党的**共同基础**。

因此,社会民主党内部不可能涉及这样的问题:是否在现存社会的基础上通过实际行动为无产阶级能够争取什么,或者是否应该"从崩溃中期待一切"。旨在改善工人阶级状况的实际日常行动,确切地说,是践行社会民主主义,准备迎接资本主义破产的**唯一模式**。正在争论的焦点完全是另一个问题:实际日常斗争、工会、社会改革、国家的民主化,等等,这些是否具有直接的**社会化**效果,即通过简单的社会新陈代谢不知不觉地把资本主义社会转化为社会主义社会,也就是能否逐步实现社会主义——这是机会主义的立场——或者,实际斗争是否仅仅为了在物质上巩固工人阶级,在政治上组织和教育工人阶级,以便使工人阶级为通过政治和社会变革消灭资本主义社会,实行社会主义作好准备。可见,反过来说,存疑的不是积极的日常斗争本身——这种斗争恰恰是社会民主党整体区别于无政府主义的政治特征——,而是关于**效果**的观点,关于这个斗争与客观资本主义发展的这个或那个进程有关的社会后果的观点。

"gr."同志的另一个对比——"灾变"和"发展"——也是完全错误的。如果"gr."同志忘记了他的黑格尔,那我们建议他至少去读读恩格斯《反杜林论》

中关于质和量的精彩章节,以便确信灾变不是发展的对立面,而是发展的**一个因素,一个阶段**;忽视发展路线上的"节点"的人,与那些反过来把事物的进程设想为一系列突发灾变的人一样,都不理解发展的实质。他们认为,发展是不同时期和发展阶段交错进行的,是一个不知不觉的、完全和平的进程,这种观念正是典型的**小市民的、肤浅的思维方式**,**科学社会主义**的辩证观点则相反,认为社会在对立中运动,因此在某个时间发生灾变是不可避免的。可见,正是**我们**与党的既定观点相一致,认为社会崩溃作为资本主义向社会主义社会过渡的形式,是不可避免的,因此懂得将工人阶级的注意力引向前面的**最终目标**;正是我们,也只有我们立足于**发展**,不像那些小资产阶级胆小鬼,而是像科学社会主义那样理解发展。

如上所说,"gr."同志对争论各派的相互关系和争论内容都有荒诞的看法,他最后还专门为实际的争论作了他心中自认为美妙的"**唯物主义**"解释。按照他的观点,**两个派别**都立足于纯粹无产阶级的基础上,存在的只不过是产业工人阶级**内部**的矛盾,而这个矛盾是通过党内的两派得到理论表达。也就是说,按照"gr."同志的说法,存在无产阶级的阶层和其他阶层,无产阶级的阶层正在改善和提升自身的状况,因此更加看重实践活动,而其他阶层,比如家庭手工业者,则日益贫困化,并因此在资本主义下无望改善自身的状况。前者现在的代表是福尔马尔、海涅、彼乌斯和芬德里希,后者的代表则是李卜克内西、蔡特金、考茨基、倍倍尔、辛格尔和整个党。在提出这种"唯物主义的"理论时,他运气不佳,一时疏忽,将党内的**机会主义**派说成了在上升的、**最进步的**产业无产阶级大军的代表,却将**革命**派说成了家庭手工业者这个拘泥于小资产阶级思维方式的、工人阶级中**最落后**阶层的代表。

"gr."同志在其"唯物主义的"构想中又忘记了社会民主主义观点的基本命题,即社会民主党的本质本身恰好在于,面对无产阶级各个分散的群体和阶层,全面代表无产阶级的发展和利益。可见,如果工人阶级中的拥有不同利益和目标的个别阶层,有朝一日真的在社会民主党中发挥作用,那么,结果将不是**策略**上的差异,而是社会民主党本身的解体和垮台。其实,**只要党始终站在无产阶级的立场上**,就不会面临这样的危险,因为党绝不会代表工人阶级中堕落的、贫穷化的阶层;确切地说,这些阶层的状况一旦降到本阶级的水平以下,它们就会变成流氓无产阶级,从此就会从社会民主党的目标范围中消失。只要党本身存在,它就只代表整个产业无产阶级,如果有人,比如"gr."同志,要为党内的各种思潮寻找"最深刻的物质原因",那么,这个原因就不应在无产阶级**内部**,而是应在无产阶级和它的社会邻居——**小资产阶级**——之间的分界线上去寻找。"gr."提出关于无产阶级两个阶层的全部艺术构想,旨在将小资产阶级从讨论中排除出去,整个构想的**前提**是社会民主党的解体,而**结论**是谬论。根据这个结论,机会主义派代表革命分子,而革命派代表工人阶级中的反革命分子。如果人们推翻这种谬论,那么人们就会得到那个"gr."正想不惜代价予以反驳的唯一可能的解释:党通过自己的革命大军代表产业无产阶级,而机会主义一翼则无意间代表混入党内的小资产阶级分子。

这里还有一个问题。如果党内争论中的一派代表工人阶级中正在上升的阶层,而另一派代表正在没落的阶层,那么,在两派之间采取中立的《前进报》编辑部会代表无产阶级中的哪个阶层呢?编辑部在所有的争议问题上,按照"gr."同志的说法,都在机会主义派和革命派之间"基本采取调解的态度",所以它应该代表无产阶级中的一个既不上升也不没落,既不前进也不倒退的阶层。这很可能是那个阶层——**空谈政治家**,据我们估计,这个阶层即使没有进入德国的行业统计,至少也是政治上的一个"毫不动摇的群体"。

四

《新时代》的柏林写信人①关于斯图加特党代表大会这样写道:

"实际上,如果说党代表大会的最高任务是在一定程度上总结党的发展情况,指出在哪些地方一切正常,在哪些地方也许还存在问题,不仅揭示收获,而且也指出不足,那么,我们第一个对斯图加特党代表大会表示高度赞赏。正是因为它在思想上站得高,高于以前的几次党代表大会,所以它才十分清楚地

---

① 1898 年 10 月 12 日《新时代》上的文章《斯图加特党代表大会》的柏林写信人是弗·梅林,见1898—1899 年《新时代》第 17 年卷第 1 卷第 97 页及以下几页。——《梅林著作集》,托·赫勒博士教授、汉·科赫博士教授、约·施莱夫施泰因博士教授编,第 14 卷《政论(1891—1904)》第 254 页及以下几页。——编者注

指出了党在现阶段发展的光明面和阴暗面。在我们看来,这是它最值得称赞的地方,但是,如果赞扬大会在各个方面都很出色,那么,我们则不能苟同,或者说只能在事业的实际方面表示赞同。从理论方面看,斯图加特大会表明,如果党的航船不想迟早撞上非常实际的礁石,那么,党还没有达到它理想的高度。我们相信,我们公开坦诚地说出这一点,将比奉献一大堆赞扬之词更能表达我们对党代表大会的敬意。

当然,我们的判断不会以在斯图加特代表大会的讨论中互相发生冲突的派别的任何一个派别的观点为基础。《新时代》的各个专栏对此还将进行充分的讨论,尝试通过草率的判断事先得出这个讨论的结果,还为时尚早。我们在讨论中最关注的正是斯图加特代表大会上的发言和决议给人留下的总体印象。在需要对实践问题作出决定的各个场合,对这些问题都已作出十分明确和肯定的决定,比如参加普鲁士邦议会选举的问题,这个问题一年多以来一直是积极而热烈讨论的主题。但是,一旦理论在讨论的某个阶段起了[某种作用],就明显地陷入极度的含混不清和犹豫不决,就好像党这时丢失了指南针。

党内总是会存在意见分歧,要求所有党员都以同样的尺度看待各种问题,是绝不可能的,如果真的做到这一点,那反倒是一种不幸。但是,我们必须正视,而且严格区分意见分歧,说不定它们会变成一个取之不竭的源泉;如果不分青红皂白将它们混在一起,那么它们必然导致堕落。党必须避免教条僵化,这是肯定的,但是它同样不能,或者绝对不能罹患毫无原则的软骨病。自我批评是一件必要的和极好的事情,但是,如果那些长期以来一直在党内起主导作用的观点,在没有任何真凭实据的情况下,被不屑一顾地当作陈词滥调予以抛弃,那么,这就不是自我批评,而是另一回事了。在斯图加特,某种观点博得了'热烈的掌声',而一天之后,完全不同的(我们还不说完全相反的)观点同样博得了'热烈的掌声',这会给人留下什么印象呢?

关于策略的讨论不可能结束,或者更确切地说,在斯图加特不可能终结。讨论的目的仅仅是为了断定在党内是否存在策略上的意见分歧,意见分歧有多大。这场讨论已经完全达到了这个目的,可以就此结束,因为通过表决帮助某个观点以多数票胜出,是很愚蠢的;而在实际上存在意见分歧的情况下,通过含糊其词的决议制造一种意见一致的假象,也是愚蠢的。但是,如果真的这样做,那么,斯图加特的讨论也仅仅是讨论的开始,或者说如果非要把此前在报刊上的争论也算作开始,那么,也只能算是这个开始的结束:如果要在党内真正厘清其策略任务,那么,在斯图加特进行的尽可能深入的,但还没有达到必要的深入程度的讨论,就必须继续进行,而这首先是党的报刊的职责。"

"同以往的党代表大会一样,在斯图加特也有人抱怨说,党缺少科学的新生力量。一部科学文献不仅要有人去写,而且还要有人去读,这个简单的事实就能化解这种抱怨。目前,党与其说缺少创作科学文献的人,不如说缺少愿意阅读科学文献的人。十年来,在这方面做得也许很不充分,但是仍然足以让所有资产阶级政党的比较明智的追随者嫉妒不已。最好不要出现那种情况:如果党冷漠地看着这些稚嫩的幼芽日益枯萎,那么,等待马克思和拉萨尔从天上为这些幼芽降下及时雨,不知要等到猴年马月。

我们清楚地知道,早已根深蒂固的顽疾不是一朝一夕能根除的。但是,有害的发展只要还能阻止,我们就应及时阻止。因此,我们应该毫不夸张,但也毫不掩饰地讨论党在斯图加特代表大会上没有表现出自己的历史高度这个问题:如果这次大会能有效地推动德国工人运动的理论的深化,那么它在德国工人运动史上就更有纪念意义了。"[1]

柏林一位知名的老同志[2]给《**莱比锡人民报**》写信说:

"《简评党代表大会》的作者(**我们在其他地方完全同意他的论述**)在第五篇文章中的一些论述值得商榷。"这位老同志随后反驳了柏林的工人没有对《前进报》在策略问题上的态度产生影响的说法,他指出,柏林的同志们选举的**新闻出版委员会**完全可以随时影响中央机关报领导的工作。此外,他对《前进报》的态度发表了以下意见:

"比如对《前进报》的态度问题存在许多意见,这是不容否认的。首先,在一个像《前进报》这样的编辑部班子,很难在所有问题上都取得一致。这是编

---

① 1898 年 10 月 12 日《新时代》上的文章《斯图加特党代表大会》的柏林写信人是弗·梅林,见 1898—1899 年《新时代》第 17 年卷第 1 卷第 254—256、258 页。——编者注

② 即奥·倍倍尔,见奥·倍倍尔致《莱比锡人民报》编辑部:《关于简评的讨论》,载于 1898 年 10 月 19 日《莱比锡人民报》第 243 号。——编者注

辑部班子这个民主组织需要关注的问题。此外,党内在策略问题上产生意见分歧,使同志们分成不同的阵营,这些意见分歧在善于独立思考的同志们那里,比如在编辑们那里,以及除了他们之外,在党的领导那里,都是不可避免的。比如,我们还记得关于农业纲领和参加普鲁士邦议会选举的争论。在《前进报》编辑部和党的执行委员会中,有些人是帝国国会议员,他们后来在国会中往往必须对所讨论的问题表态,他们感到自己负有双重责任,这一事实也造成了在其他情况下不会出现的分歧。

尽管如此,《前进报》仍然应该在比以往更高的程度上履行党的起主导作用的机关报的职责,在所有其他不存在意见分歧的问题上——在大多数问题上没有分歧——采取严格的、以我们党的纲领的主导观点为根据的无产阶级的阶级斗争立场。但是,它却往往不采取这个立场。它采取的立场很少直接犯错误,但是,往往过于软弱和摇摆不定。总而言之:在其大部分社论中,在《政治概况》栏的批判性评论中,也往往缺乏社会民主党的果敢精神。甚至连反对派的资产阶级报刊往往也可以说同样的话,有时甚至说得更好。这是一个错误。

此外,《前进报》编辑部应该注意在所有存在策略上的意见分歧的问题上,都要严格客观地在同等程度上阐述互相对立的立场,争取就这些问题在一定程度上达成较高的一致。

这样做很难,尤其需要大量技巧。但这是可以做到的。

最后,必须说的是,《前进报》与以前相比已有很大改进,在紧密团结一切可以团结的因素方面,还应该而且一定能够做得更好。"①

在答复我们昨天谈到的"gr."在《前进报》上有关策略上的意见分歧的文章时,《简评》的作者在《莱比锡人民报》上这样写道:

"此外,《前进报》断言,我在第五篇文章中试图虚构'小资产阶级的'和'无产阶级革命的'党的策略之间的人为对立。我想让对这个论断感兴趣的各位读者直接看看我的第五篇文章,其中没有一句话试图虚构人为的对立,而是每一句话都以不伤害彼此的方式,历史地解释实际存在的对立。《前进报》

---

① 1898 年 10 月 17 日《莱比锡人民报》第 241 号。——编者注

为了给它在这个问题上纯粹借故挑起的争论添油加醋,以'写文章的人'、'简评人'、'党内怪人'的称谓把我介绍给不满的读者。这种从资产阶级报刊那里偷来的小伎俩曾经激起帕尔乌斯同志这样的真正的斗士的满腔愤怒,这种愤怒在人性上一点也得不到理解和同情,因为它在政治上是不可取的。至于我本人,我毕竟比帕尔乌斯年长一些,我以感伤的开朗态度安慰自己:《前进报》不过如此而已。"①

众所周知,我们上次在这里复述了**爱[德华]·伯恩施坦**发表在《前进报》的题为《夺取政治权力》的文章的主要内容,他在文章中提到了奥地利社会民主党的实际成就,并说:他们是"区分真正的统帅与笨拙的实验者的**机会主义大师**"。② **维克多·阿德勒**在《维也纳工人报》上对此作了答复:

"在党代表大会之后,伯恩施坦在《前进报》上发表文章,授予奥地利社会民主党'机会主义大师'的荣誉称号,他认为机会主义是理想的策略。不错,在奥地利,我们在困难的条件下取得了一些可喜的进步;但是,如果他的意思是我们在这样做的时候,目光始终盯着地面,不漏掉任何坑洼的地方,不抬头展望运动的目标,那他便大错特错了。如果我们匍匐在地面上,不能随意抬头展望运动的目标,那么,我们早就毁灭在奥地利局势的沼泽里了,我们就永远不可能给予运动必要的推动力,以便承受住我们那种'机会主义'。我们奥地利社会民主党人懂得与我们绝大多数德国同志保持高度一致,他们在斯图加特出色地表达了自己的信念。在那里,考茨基在代表们表示赞同的欢呼声中所说的话,说到了我们的心坎上,我们同我们的德国同志一样,准备作为先锋队在艰苦的日常工作中刻苦磨练,但是,我们也同样准备投入战斗,如果我们的敌人非要我们战斗的话。我们还认为,发生这种危机的危险是始终存在的。我们的敌人的愚蠢和残忍不亚于,甚至超过了世界上任何其他地方,我们的全部诀窍只能是努力使战场和战斗的日子不会太不利于我们,但是首先,我们的大军必须随时待命。"③

---

① 弗·梅林:《答复》,载于 1898 年 10 月 17 日《莱比锡人民报》第 241 号。——编者注
② 1898 年 10 月 13 日《前进报》第 240 号。——编者注
③ 《维克多·阿德勒对斯图加特党代表大会的评价》,引自 1898 年 10 月 19 日《前进报》第 245号。——编者注

<h1 style="text-align:center">五</h1>

在莱比锡的一次社会民主党会议上,朗格、盖尔、格伦茨、舍恩兰克和宰弗特同志作了关于党代表大会的讨论的报告,会上通过了以下决议:

"今天,1898 年 10 月 18 日在'万神殿'举行萨克森帝国国会第十二、十三选区社会民主党代表会议,在报告了斯图加特党代表大会的情况并进行了讨论之后,会议作出以下决议:

会议明确强调,坚定不移地坚持原来的久经考验的无产阶级革命策略是党继续发展的重要条件。

在资本主义国家旨在改善工人阶级政治和物质状况的政治和经济活动,是无产阶级的阶级斗争和解放斗争不可缺少的工具和准备阶段,其目的和最终目标是工人阶级夺取政权,打碎雇佣奴隶制,消灭资本主义。

本次党的会议准备全力以赴地以原有方式继续进行斗争,反对阶级国家的剥夺权利、残酷剥削和压迫的政策,使社会民主党作为一个整体反对破坏结社权以及所有使非常法适用于劳动人民的企图。"①

基尔的一次党代表会议也讨论了**策略问题**。会议将自己的观点以下列决议的形式表述为:

"1. 帝国国会议员海涅同志虽然是为今后建议的补偿政策——其突出的内容是赞同资本主义国家及其工具军国主义用大炮交换人民权利,——忽略了这样一种情况:通过强化军国主义,工人阶级将亲自为阶级国家提供消灭自己的手段;

2. 有人认为,最终目标仅仅是党的纲领的装饰品,仅仅在特殊情况下才有必要展示出来,而对于实际鼓动,尤其是对于农村的鼓动来说,它即使不是多余的,甚或有碍的,也是毫无意义的。这种观点可以视为个别同志的错误的个人看法。最终目标不仅可以为整个运动指明方向,而且,强调最终目标还可使

---

① 1898 年 10 月 19 日《莱比锡人民报》第 243 号;1898 年 10 月 21 日《前进报》第 247 号。——编者注

社会民主党富有热情和感召力,使它在所有政党中独树一帜,使无产者的事业成为人类的事业。剥夺在农村的鼓动的这一原则基础,意味着我们承认对手称我们为反集体主义的农民脑瓜这个奇谈,因此,基尔的党内同志热烈拥护党代表大会以多数通过的坚持党的原来久经考验的社会革命策略的决定。

3.有人在党代表大会上试图证明存在理论家与实践家之间的对立,现实中不可能,也不允许存在这种对立。没有得到理论方针指导的实际工作必然在散漫的实验中变质走样。脱离实际的理论早已是被克服的空想社会主义的发展立场。"①

六

在10月20日于**德累斯顿**老城举行的党代表会议上,讨论了关于斯图加特党代表大会的报告,并通过以下决议:

"今天,1898年10月20日在'特里亚农宫'举行萨克森帝国国会第五选区社会民主党代表会议,会议对斯图加特党代表大会的决议表示同意,对有关策略的讨论结果表示特别满意,因为这些讨论结果表明,党坚持原有的无产阶级革命立场,党决心争取在资本主义制度内改善工人阶级状况,同时坚持不懈地遵循最终目标,即无产阶级夺取政权,最终把工人阶级从雇佣奴隶制中解放出来;党将自己的日常政治斗争视为达到这个目标的手段。"

在**斯图加特**,在一次很多人参加的代表会议上,迪特里希同志作了关于斯图加特党代表大会的报告。会议经过热烈讨论,通过了以下决议:

"10月19日在斯图加特举行的党的代表会议声明,在社会民主党的鼓动中,首先必须强调最终目标,党必须坚持迄今的无产阶级革命策略。此外,会议表示深信,必须通过在报刊上和党的代表会议上进行实事求是的讨论,澄清党内存在的原则和策略上的意见分歧。

本次党的代表会议坚决反对福尔马尔同志关于今天的无产阶级还没有达到理智地运用它掌握的政权的成熟程度的论断。"

---

① 1898年10月19日《前进报》第245号。——编者注

在**安哈尔特**举行的一次群众大会上,彼乌斯同志作了关于斯图加特党代表大会的报告,然后通过以下决议。

"会议声明:只有通过将生产资料私有制转变为公有制,通过实现所谓的社会民主党的最终目标才能将被剥夺了生产资料的无产阶级从经济剥削和奴役中,从所有由此产生的后果中最终解放出来。

但是,会议同时声明,只能希望,只可能通过情况的逐步发展来达到这个最终目标,通过灾变干扰这种发展只符合反动派的利益。

会议最后声明:向最终目标的逐步发展也高度符合经历这一发展的一代人的利益,因为只有这样,他们才能日益摆脱资本主义社会的奴役状态。

会议因此认为,党的实际活动的不断增加,以及党的追随者的不断增多,一点也不是危险,确切地说,是唯一的手段,以便使无产阶级将来最终摆脱剥削集团,使无产阶级在当前就能日益获得与其力量发展相应的这种自由。"①

我们在本报的下一号再对安哈尔特的同志们的决议略加评述。

在路德维希港的一次党的代表会议上,埃尔哈特同志作了关于党代表大会的报告,在讨论中,也谈到了策略问题。

亨尼施同志大致阐述说:他非常赞同埃尔哈特同志关于党代表大会讨论的发言,他也强烈地感到有义务阐述自己对在斯图加特所讨论的策略上和原则上有争议的问题的不同看法。如果埃尔哈特说的只是理论家们的意见分歧,那么他,亨尼施将不能不予以反驳。党已经足够强大,可以容忍不同意见。这个有争议的问题的焦点在于,纲领的原则部分在我们的鼓动中应该占什么位置;问题是,我们是否可以在纯粹的"实践政策"面前否认党的无产阶级革命的性质。当然:动辄就提"教条主义者"和"实践政治家"之间的对立,是毫无意义的。"革命者"可曾离开过实践政策吗?确切地说,实践政策是党的生存条件。亨尼施同志在接着的阐述中反对福尔马尔认同的伯恩施坦那句话,即社会民主党目前最大的不幸是争取掌握政治权力。亨尼施认为这句话在策略上是颠倒黑白,在事实上是错误的。亨尼施在反驳了福尔马尔违背整个党

---

① 《德累斯顿、斯图加特和安哈尔特的决议》,载于 1898 年 10 月 23 日《前进报》第 249 号。
——编者注

的传统的关于公社的观点之后,在结束他的阐述时警告说,千万不能让工人们对理想的信仰心灰意冷。如果这么做,那么就会使运动失去自我牺牲的勇气和使之发展壮大的热情。他的阐述仅仅博得零星的掌声。

菲勒同志声明,他完全同意亨尼施同志对福尔马尔关于公社观点的驳斥,然后他尖锐地批驳了海涅和伯恩施坦派。他认为,党绝不能放弃无产阶级的基础。

七

我们收到"gr."同志的以下答复:

在《萨克森工人报》第 243 号上,"rl."对本人在《前进报》第 243 号上发表的反驳《莱比锡人民报》上的一篇文章的论述作了评述。① 我将我的答复寄送给《萨克森工人报》编辑部,是希望编辑部让德累斯顿的读者们读到我的答复的完整内容,因为"rl."进行的争论肯定会将我的论述以完全扭曲的形式展示给那些没有亲自读过我的论述的读者。我补充一点,我因为没有时间和闲情,所以不想仔细研究所有提出的问题。我只想纠正对我的论述的几个错误的指责和误解。

"rl."抱怨说,我把前些年《萨克森工人报》在党内讨论中不时地使用的语言说成是也许"对于党内反对派来说是恰如其分的"。我这样做绝不是想翻旧账,我只是想维护《前进报》的表达方式,反对《莱比锡人民报》的攻击,为了阐明我关于《前进报》,即代表党的统一性的机关报的职责的看法,我暗示了可能对于党内反对派来说是恰如其分的斗争方式和语调。

"rl."认为这里指的是《萨克森工人报》,反对把《萨克森工人报》说成是党内反对派,并以下列方式对我予以痛斥:

"《前进报》的这位同志不像大家一样,将'党内反对派'理解为**与现存状态和全党相对立**的派别,而显然是理解为说话最大声的派别;他不是根据政治内容,而是根据语调的强弱来区分派别。这种深邃的思维方式不禁使我们想

---

① 见第三篇文章,本卷第 326 页。——编者注

起那位温柔的女士,她在莎士比亚的戏剧中只看到语言的粗俗。"

如果"rl."想尽力把我的观点准确地传达给读者,那么,她就不会对我进行这样的痛斥。因为我在文章中已经明确说过,我认为最近一些党内圈子喜欢区分"右派"和"左派",这是**不恰当**的。因此,我所说的"党内反对派"绝不可能是"rl."上面教训我时强加于我的那个意思。

我从未想过要把对《萨克森工人报》的批评理解为对党内"反对派"的批评。可是我知道,比如在邦议会选举的问题上,《萨克森工人报》曾站在"右派"一边。尽管如此,如果把《萨克森工人报》的态度称为"党内反对派的"态度,那也是事出有因。因为《萨克森工人报》在许多问题上都反对最重要的党的机构、执行委员会、议会党团等等。此外,说了这些蠢话的我有一个在这方面肯定权威的好人为伴,即帕尔乌斯同志,他经常口口声声地说,党内必须有一家反对派报纸,对这一看法我完全无可辩驳。我也非常乐意将来把"rl."追随的派别,称为党内保守派。

我在"党内反对派"一词这种小事上费了这么多笔墨,是因为我想说,这种论战方式对"rl."的整篇文章很典型。"rl."从某个先入为主的看法出发,不屑花力气冷静地去理解其他人说的话,如果哪句话不符合她的口味,那么她就用"混乱的"、"肤浅的"、"庸人的"等等亲切的形容词给予冷嘲热讽。

她说我"对整个争论的内容",即"革命派和机会主义派之间的"争论内容,有"混乱不堪的看法"。我曾经说过,《莱比锡人民报》上的《简评》的作者试图确认党内存在"无产阶级革命的"与"小资产阶级的"派别之间的对立,这是错误的。"rl."同志现在也赞同那篇《简评》的论断,她不是在无产阶级内部寻找党内各种思潮的更深刻的根源,而是在无产阶级与其社会邻居,即小资产阶级之间的分界线上寻找党的各种思潮的更深刻的根源。但是"rl."也提不出任何党内存在小资产阶级观点的证据。她很可能令人奇怪地混淆了小资产阶级观点和所谓的机会主义观点。一些党内同志认为必须特别强调的"实践政策",并不是"小资产阶级的政策",而是"温和的"政策(如果非要这样称谓的话),但无论如何是无产阶级的政策。

哪些人是党内的"实践政治家"呢? 如果将实践政治家理解为明确的,实际表现出来的存在,那么,他们便是以特殊的热情致力于解决目前亟待解决的问题的党内同志,他们在从事这种实践活动的时候,有时会忽视为这一活动指明方向和制定计划的社会主义目标。就是这些人,他们看重,在我看来有时过于看重工会运动中的微小进步和劳工保护立法中的微小成就。但是,这些人难道因此就是"小资产者"吗?劳工保护行动纲领——是福尔马尔曾经打算提出的,这也许是我们队伍中推行"实践政策"的最广泛的尝试——难道有"小资产阶级的"性质吗?绝对没有。但是,我认为应该反对党内"实践派"这个名称,因为这个名称会不公正地取笑党内一大批同志——而他们绝不是我们最差的同志——并且会导致工人错误地理解他们的观点。

可见,"混乱不堪"的不是我,而恰恰是"rl."同志,是她将机会主义、实践政策和小资产阶级倾向胡乱地掺和在一起。她那方面存在的这种含混不堪又误导她得出另一个错误论断,断定我把"党内革命派和机会主义派之间的争论对象"一方面表述为"贫困化和崩溃",另一个方面表述为"上升和发展",断定我想用"贫困化"和"上升"来表明党内通行的派别和机会主义派别的特征。"rl."同志反对我的这种所谓的表述,并且发现,我不懂得区别无政府主义的和革命的,如此等等。

然而,在我的文章中也没有任何一句话提到,我把贫困化和崩溃看作革命思想的标志,而把相信发展和上升看作机会主义的特征。我之所以不可能表述这种观点,是因为我认为党内根本不存在两个派别,即不存在一个革命的党内通行的派别和一个"rl."同志误以为存在的那种机会主义的革新派。当然,我不得不承认,从我这方面讲,我读"rl."同志的东西越多,便越不明白她到底是怎么想的和想干什么。现在她解释说:"资本主义发展使无产阶级上升的趋势不是社会民主党内部某个特殊派别的基础,而是整个社会民主党的共同基础。"如果这是正确的,如果在资本主义内部工人阶级的状况有可能得到改善,那么"rl."同志如何能在斯图加特慷慨激昂地说:"**运动是微不足道的**,最终目标才是一切。"

我在党的公开活动中只知道有这样的区别,即认为在资本主义内部可以实现的经济和政治的眼前要求对一些人来说比较重要,对另一些人来说不太重要。我们党内有一些同志说,我们宁可要到手的麻雀,而不要屋顶上的十个鸽子,宁可要看得见的改善而不要说得天花乱坠的未来。我们党内另一些同志则喜欢强调,在资本主义条件下可以获得的一切都是微不足道的,关键在于最终目标。此外,我们还有一些同志——他们是党内的大多数——试图调和这两种观点。他们认为,只能根据最终目标提出各种眼前要求,另一方面只能通过实现眼前要求达到最终目标。为了防止被戴上小资产阶级的帽子,我曾试图在我的文章中就理解的不同,就对日常实际任务的侧重程度的不同——有时重一些,有时轻一些——作出解释。我认为,在资本主义和工人阶级自由发展——在完全不同于德国的条件下,恰恰是大工业的工人更容易高估实践政策。但是,我不会像"rl."同志所强加于我的那样,异想天开地说,德国无产阶级的上升的阶层有机会主义的倾向,而工人阶级的落后阶层则有革命的倾向。德国目前的经济和政治情况过于复杂,不可能用一个简单的公式来说明各个工人阶层以及各个党的领导人各种不同的态度。

总之,"rl."的"革命的"和"机会主义的"公式是毫无用处的。我们一直将"革命的"理解为这样的观点:现代工人运动的目标不是随便改革,而是彻底废除资本主义,建立有计划生产的、没有阶级差别的社会主义社会制度。在德国社会民主党内,大家通过这种理解在理论上达成了完全一致,同样,大家一致认为,必须为最近的经济和政治改革而斗争。差别仅仅在于,明确认识或积极宣传我们的任务的这一部分或那一部分的问题。可笑的是,面对党内这种广泛而令人欣喜的统一,党的有些著作家仍然一而再、再而三地硬要我们相信,党内存在互相完全对立的"革命的"和"机会主义的"派别。

但是,"rl."同志仍然执迷不悟,还说我忘记了黑格尔和恩格斯,因为我忘记了灾变不是发展的对立面,而是发展的一个阶段。我在我的文章中根本没有谈到辩证方法,而是又仅仅试图再次解释,为什么在资本主义的自由发展的过程中,某些工人阶层更多地强调逐步发展的因素,而另一些工人阶层则寄希望于[这里有一个词难以辨认,可能是"彻底"]崩溃。然而"rl."同志——又令人高兴地——乘机错误地叙述我说的话,最后将党内两个对立的派别给我们定性为"革命的"和"机会主义的"。我们听她说,所谓"革命的",就是认为:"实际斗争的目的只是物质上巩固,政治上组织和教育工人阶级,以便使工人阶级为通过政治和社会变革,消灭资本主义社会,实行社会主义作好准备。"而"机会主义的",则是认为:"实际日常斗争、工会、社会改革、国家的民主化具有直接的社会化作用,这种作用通过简单的社会新陈代谢不知不觉地把资本主义社会转变为社会主义社会,也就是逐步实现社会主义"。

革命者与机会主义者在所谓党内生活的严峻现实中那么尖锐的对立,就这样顺利地化为巧妙之极的理论空谈[原本如此!]的稀薄以太挥发了。按照"rl."的上述两个定性,只要承认前者,就是革命者,承认后者就是机会主义者,这样的话,我相信,党内知道自己属于哪类的同志寥寥无几。我们的实践活动不管是**间接地**为社会主义作准备,还是**直接地**作用于社会化,这已经不再是一个理论上有争议的问题,而是咬文嚼字,吹毛求疵。以前,机会主义者似乎是那些无视党的最终目标的人,或者是那些不能始终一贯地从最终目标的角度从事党的实际工作的人。现在,真正革命者的圈子又大大缩小了。如果两个人在工人运动中的工作完全一样,那么,一个人只要相信,他的工作能使工人阶级的"物质状况得到改善",那么他就是革命者,而他只要相信,工人阶级物质状况的改善不仅是社会主义的"前提",而且起到"直接社会化"的作用,那么,他就是"机会主义者"!比如,如果有人认为,工会运动不仅能改善工人的物质状况和教育工人,而且还有助于消灭落后的小企业,促进机器生产方式,如果这个人因为这个看法就成了"机会主义者"——那么,这也没有关系。反正"rl."同志不久就可能是党内唯一真正的革命者了。

我相信,这些解释可以表明,"rl."同志对我的文章的答复是无的放矢,她自己的推测混乱不堪。

我们的党需要明确的理论,就像每天需要面包一样。当然,有许多原则和策略上的问题需要讨论。但是,在理论上钻牛角尖和吹毛求疵,挖空心思地为党设想实际上根本不存在的困难和危险,不仅不能促进,而且只会损害党的发展。此外,阿德勒同志在其对斯图加特党代表大会的评论中所说的话用在这里非常贴切:有些同志对农业问题和邦议会选举的态度表明,他们在实践中完全不是根据自己对灾变论和最终目标的看法,而是主要根据最近的观点站队。

最后,还要就"rl."同志为连她自己都可能觉得枯燥乏味的论战添油加醋时所采取的方式说几句。她错误地叙述我的文章内容,并亲切地冠以"混乱不堪的看法"、"小市民的肤浅的思维方式"、"小资产阶级胆小鬼"、"空谈政治家阶层",等等。我不想以其人之道,还治其人之身,因为我认为,在党内同志之间采取这种讨论方式是不恰当的,因为我不想让德累斯顿的党内同志看到我与《萨克森工人报》新任主编之间上演一场庸俗争吵的不堪闹剧。

gr.

因为版面不够,我们不得不推迟对"gr."文章的答复。

在《安哈尔特人民报》上,彼乌斯同志也论述了同一个题目。他反对党内"实践派"是小资产阶级分子影响的结果这种解释,认为这种解释是"完全错误"的,应当另作解释。

"当然,如果在党的策略中真的存在对立,那么,应当从党的历史发展的角度理解这种对立。这是过去与未来的对立,是党的少年期与日益成熟的成年期的对立。这是完全可以理解的。社会民主党刚诞生时,必须全力强调资本主义世界和社会主义世界之间的尖锐的原则对立,以便使群众意识到,另一个世界,一个不同于他们作为剥削的受害者过着艰辛悲惨的生活的世界,不仅是可能的,而且通过他们自己的努力,总有一天将会到来。过去,党因为薄弱,更形同宗派,所以这就更是主要任务了。当时只有几万人集结在社会民主党的旗帜下,对社会主义理论感兴趣的人的比例却高于今天,因为今天的党已有几百万拥护者。对一个作为讨论俱乐部的党只有很少人感兴趣,选举社会民主党人的数百万人要求党的政策取得实际成果。他们可以要求实行这种"实践政策",也是因为他们人数众多,有力量取得实践上明显的结果。一个还在少年期的党,还不能产生重大影响,为了引人注目,于是便夸夸其谈,而一个强有力的、意识到自己力量的大党无需夸夸其谈,便能为行动创造更大的空间。

'资本主义国家'和'资本主义制度的基础'是符合今天真正存在的事物的固定概念。但是,这些事物与其他事物一样是不断变化的。'资本主义制度的基础'不是一成不变的,现在它每天都遭到破坏,'资本主义国家'也同样如此。它已经没有原来的样子,如果说它的代表人物今天的举止特别粗暴,那么,在我们看来,这不是资本主义力量的证明,而是相反,是那些在绝望中指望通过说大话给自己鼓气的人紧张不安。"[1]

---

[1] 《德累斯顿、斯图加特和安哈尔特的决议》,载于1898年10月23日《前进报》第249号。
　　——编者注

在里克斯多夫,楚拜尔同志在星期四作了关于党代表大会的报告。据《前进报》报道,他说:"关于党的策略的讨论表明,海涅同志所建议的补偿政策或交易政策没得到党内大多数同志的赞同。在党代表大会上批评帕尔乌斯和《萨克森工人报》,说该报有时有越界行为,也许是有道理的,但是,我们高兴地看到,《萨克森工人报》批判了伯恩施坦和海涅的观点,增强了党内同志的良知。"①

八

"gr."在《前进报》上发表的文章的重点是这样一个论断:党内两个不同派别,即"实践政策"派和革命派,不能用小资产阶级分子和无产阶级分子的对立,而要用无产阶级内部的两个阶层,即上升的阶层和没落的阶层之间的对立来解释。这种观点也许是颠倒的,也许是错误的,但它毕竟是明白易懂的,而我们在答复②中也曾尝试将它作为一个错误予以驳斥。而现在"gr."说,这一切都只是我们的诋毁。他说,他根本没有说过这样的话,因为他在提出关于无产阶级的两个阶层的理论时,考虑的是"完全不同于德国的条件"。

这样一来,我们的处境就很尴尬。一方面,我们在德国需要用社会条件来说明社会民主党内的意见分歧;另一方面,我们在其他任何一个国家都有可能很好地说明这种意见分歧的社会条件,但可惜这些条件不适合德国。

但是,鉴于这个新的变化,我们承认我们对"gr."同志的诋毁。也就是说,我们为他在文章中增加了一个**意思**,因为我们认为,他至少想用**德国**的社会条件,哪怕是错误的,来说明德国的党内派别。但这个家伙显然在另外一个完全不同的国家找到了无产阶级的他想要的两个阶层。当然,现在这个"gr."不再深究理论本身,不会因此变得更令人信服,而我们听凭"gr."同志自行定夺,他是想用**德国**无产阶级的两个阶层来说明德国社会民主党在策略问题上的意见分歧,从而再犯一个**理论错误**,还是想用德国完全不存在的条件来解释这两个

① 1898年10月22日《前进报》第248号。——编者注
② 见本卷第326—329页。——编者注

343

阶层,从而顺便犯一个**逻辑错误**。

　　"gr."有一个能使自己在讨论中不受伤害的独特方法:他不像很多人那样,对一个问题只提**一种**意见,而是一下子提出很多意见。而我们不管盯着他在讨论中的哪一种意见,他都能信口提出一个相反的意见来搪塞。比如,我们无论如何不能理解"gr."关于另一个讨论要点,即关于党内事务在大家心目中究竟怎么样这个问题的论述。我们是否有一个反对派? 在关于策略的观点方面,我们有一种、两种还是三种思潮? 这些思潮之间的区别是什么?

　　"gr."在发表于《前进报》的第一篇文章中写道:"当然,党内在策略上存在很大的意见分歧。"他在第二篇文章①中先说,他完全否认"实践派"和革命派的存在。几行之后却谈到,至少"有些党员同志忽视了社会主义的目标",而且"有时过于看重""微小成就"。在这里我们幸运地看到了"实践派"。但"gr."急忙收回自己说过的话,因为他反对这样命名派别,因为这样命名"会不公正地取笑"这个派别。又过了几行,我们又看到了党内存在整整三个派别,它们之间只存在策略上的细微差别。到文章结尾,一切又都消失得无影无踪。他说,我们拥有"党内广泛而令人欣喜的统一",而在策略上的对立只不过是一些恶意的"党的著作家"的捏造。

　　我们无意让"gr."给"gr."难堪,让他自己的观点互相打架。

　　但是,在他关于党的策略的所有论述中,通篇充斥着费解的隐晦,这是一种"方法",这是有**政治原因**的。这是一种政治:施舍所有人而不向任何人索取,使所有人满意而不伤害任何人,模糊所有差别,调和所有矛盾,让所有矛盾淹没在酸甜平缓的柠檬水之中。

　　但是,如果说这种政治对党任何时候都是有害的,那么它在眼下就是加倍的不合时宜。也就是说,这种政治只会使党的斯图加特代表大会所做的好事和要事**毁于一旦**,因为它想再次否认在斯图加特清楚而公开讨论的广泛的党内意见分歧,并使已澄清的事实再次陷入混乱。这就是我们必须坚决反对的。"gr."同志一直不明白的几个问题,如"实践派"与小资产阶级影响之间的联系问题,实践派的观点和党内通行的观点之间的区别问题,理应得到讨论。至于

---

① 见本卷第 326—329 页。——编者注

"gr."同志本人,我们就不打搅他了,他需要安静,以便弄清他的"无产阶级的两个阶层"。在告别的时候,我们只想向他衷心表达一个迫切的愿望,那就是但愿革命的德累斯顿工人阶级的这位政治代表不要完全彻底地沦为《前进报》息事宁人的编辑。

爱德华·伯恩施坦同志在《前进报》上发表了下列声明:①

卡·考茨基和维克多·阿德勒在《前进报》上发表了对我的《夺取政治权力》一文的答复,希望我再写一本书,概要叙述我在《社会主义问题》中所阐述的观点,②他们以前就在信中表达过这个意见。我至今没有听从这两位朋友的建议,因为我曾经认为(而且现在仍然认为),这些文章的倾向与社会民主党的总的发展路线是完全一致的。但是,既然他们现在公开地重复这一意见,而且其他朋友也表示了同样的愿望,那么,我就决定听从他们的建议,写一部著作,系统阐述我对社会民主党的目标和任务的观点,我希望这部著作能在新年之前出版。我在这里宣布这件事,是因为上面提到的要求首先是从这里公开向我提出来的,同时也是为了说明,我认为,在这种情况下没有必要对在此期间已经发表和将要发表的对我的声明的评论专门作出答复。

请允许我在此只谈两点简短的意见。

第一,我的《夺取政治权力》一文中有关奥地利社会民主党的话被多次理解为间接对德国党的攻击。但这完全不是我说这话的目的。而且我完全可以从社会民主党的历史中找一个例子来表达我想表达的意思。于是我找了易于理解而且有说服力的机会主义取得的成就这个现成的例子,以便向一些认为德国社会民主党的态度不够革命的人说明,这种行动可以在不需损害"原则"的情况下,极大地促进工人运动。

第二,阿德勒和另外一些人对于我关于民主设施的发展可能会削弱阶级斗争的看法表示不满,他们说我纯粹是戴着英国眼镜看待事物。这种说法绝对不符合事实。即使假定,"较发达的国家向欠发达的国家所显示的是后者未来的景象"这句话目前已不合时宜,并充分考虑大陆各国的发展与英国的

① 见1898年10月23日《前进报》第249号。——编者注
② 见1898年10月13日、10月19日《前进报》第240、245号。——编者注

发展之间的所有区别(我也不是不知道这一点),那我的观点也是以大陆的现象为依据,人们在激烈的斗争中或许有时会忽略,但不会长期错看这些现象。我们在先进的国家中到处可以看到阶级斗争采取了比较温和的形式,如果不是这样,那就对未来不能抱什么希望了。不言而喻,总的发展过程并不排除间歇性倒退的可能性,但是,如果我们考察一下,比如德国的资产阶级公众中越来越多的人今天对罢工抱什么态度,今天与 10 年或 20 年前相比,有多少次罢工受到了完全不同的,更为明智的对待,那么,我们确实不能否认在这方面取得的进步。虽然用马克思的话说,"这并不是说明天就会出现奇迹"①,但在我看来,这为社会主义运动指出了一条比灾变论更充满希望的道路,并且,这既不会损害它的斗争者的热情,也不会损害他们的干劲。在这一点上阿德勒肯定不会予以否认。

曾经有过一个时期,我所表达的观点在党内似乎没有遭到任何反对。如果今天遭到反对,那么,我仅仅视之为对某些日常现象的可以理解的反应,这种反应将与这些日常现象一起消失,让位于一种得到重新恢复的认识,即随着民主设施的增加,更人道的理解方式会在我们一般社会生活中缓慢而不懈地为自己开辟道路,即使在意义更为重大的阶级斗争面前也不会止步,而是为阶级斗争同样创造更温和的斗争方式。我们今天通过选票、示威游行和诸如此类的强迫手段就能实现改革,在 100 年之前,改革则需要通过流血的革命才能实现。

爱·伯恩施坦

1898 年 10 月 20 日于伦敦

九

爱德华·伯恩施坦同志在他发表于《新时代》上的一组文章《社会主义问题》②中,不厌其烦地对社会民主党的基础,对科学社会主义进行批判,最后对

---

① 《马克思恩格斯文集》第 5 卷第 10 页。——编者注
② 见本卷第 323 页脚注①。——编者注

马克思和恩格斯的纯粹的哲学的世界观,对**唯物主义哲学**也表示怀疑,而对康德的唯心主义哲学推崇备至。如果说伯恩施坦的理论首先还需要从两个方面,一是从社会民主党的实践活动的**策略**方面,二从社会民主党纲领的一般**经济和社会基础**方面,予以反驳,那么,分析爱德华·伯恩施坦以及康拉德·施米特打算用康德的唯心主义来"完善"的**唯物主义自然哲学**,将具有重要意义。普列汉诺夫同志在最近一期《新时代》上论述了伯恩施坦—施米特的观点的第二个方面。① 他彻底驳斥了施米特的哲学谬误,在结尾处出色地解释了他们二位的唯心主义倾向与其在社会民主党的实际斗争中改变阵线之间的联系:

"资产阶级厌恶唯物主义和偏好康德学说是不足为怪的。资产阶级希望在康德的哲学中找到麻痹无产阶级的'鸦片',因为无产阶级'越来越贪婪',越来越不可控制。这种新康德主义对统治阶级来说之所以十分时髦,是因为它为他们提供了为生存而进行精神斗争的武器。"

大家知道,被压迫阶级常常模仿压迫阶级。但是这种模仿出现在什么时候呢? 出现在被压迫阶级尚未反抗,或者已经不再反抗的时候。**这种模仿标志着被剥削阶级缺乏革命感情。因此,有些同志又想回归康德,这是不良征兆。这是机会主义思想的表现,**可惜它在我们的队伍中正在突飞猛进。

伯恩施坦同志恰恰在那个时候,即在他为了抵制被他尊称为革命空话的东西大量使用和滥用机会主义套话的时候,偏爱新康德主义,这个情况理应引起所有关心我们事业的人的注意。②

十

众所周知,《简评党代表大会》的作者在他的回顾中③曾经说明,部分党内同志的机会主义情绪是受到**小资产阶级的影响**。现在,他在《莱比锡人民报》

---

① 见格·普列汉诺夫:《康拉德·施米特反对卡尔·马克思和弗里德里希·恩格斯》,载于1898—1899 年《新时代》第 17 年卷第 1 卷第 133 页及以下几页。格·普列汉诺夫《对我们批判者的批判。1898—1911 年的论文》1982 年柏林版第 39 页及以下几页。——编者注
② 1898—1899 年《新时代》第 17 年卷第 1 卷第 145 页。——编者注
③ 指弗·梅林的文章,发表在 1898 年 10 月 8—13 日《莱比锡人民报》第 234—238 号上。——编者注

上这样写道：

"我们关于党内的历史性对立的评论引起了个别党的报刊的严重不满。其中一家报纸将我们的论述说成是'纯粹瞎胡闹'，是'可笑的诡辩'；同样是这家党的报纸，想把《爱尔福特纲领》的原则部分即使不扔到桌子底下，也要束之高阁，它在作出这种小资产阶级社会主义的壮举之后，如此义愤填膺，毫不罢休，就是因为我们以最忠诚的语调和在最客观的情况下谈论了党内带有小资产阶级色彩的分子。党的另一家报纸的论战更不可小觑，它认为自己首先通过一个'简单的事实'，即从大工业工人阶层中产生的党的领导者们既站在'实践政治家'一边，也站在小资产阶级出身的'无产阶级革命的'同志们一边，其次，通过《共产党宣言》中的一段引文，'有理有据地'和'令人满意地'对我们进行了驳斥。

我们可以更简单地对那个'简单的事实'予以反驳，即我们不认为社会出身本身能对社会政治观点的不同产生影响。如果我们这么做了，那么我们首先便是在自残，因为党的所谓'学者'阶层完全来自小资产阶级阶层。从中也可以看出，我们绝不想把某种污点强加于小资产阶级出身的同志。我们说得很明确：'任何人都无法完全脱离自己成长、工作和活动的社会条件'。除了社会出身之外，我们把产生政治作用的社会环境视为同样有效的因素。'实践政策'的那位最健谈的代表在基本还实行小资产阶级化的巴伐利亚是党的领导，而这位同志一到主要实行大工业化的萨克森工作，便成了最健谈的无产阶级革命策略的代表，这是怎么回事呢？我们选择这个例子，是因为我们认为福尔马尔没有'实践政策'的其他代表那种极度的敏感性；此外，我们最近在另外一个场合，刚刚以毫无保留的认可态度描述了福尔马尔在巴伐利亚的活动，想必他不会怀疑我们要找他的麻烦吧。再说，我们不会再举这种有关个人的例子；例子最好能够确证，凡是规则就有例外，这是规则本身证明的。

向我们展示的《共产党宣言》的引文之所以是不贴切的，因为这段引文虽然描述了小资产阶级的社会主义，但是明显是指三月革命前在英国和法国存在的、今天在德国仅仅以反犹太主义和行会幻想等形式继续存在的小资产阶级的反动的社会主义。到现在为止，没有人断言，我们反正不会断言，这种小资产阶级社会主义在今天的社会民主党内能够受到任何形式的，哪怕微不足道的欢迎,因为我们尽可能明确谈论的是'资产阶级民主的所有任务',社会民主党通过在小资产阶级的广大阶层中的发展理应肩负这些任务。公正地说,我们不能要求《共产党宣言》的作者们在 1848 年就能描述一个在几十年后才出现的历史发展;但是,如果我们尊重他们的观点,那么,1887 年,在党内第一次进行关于'实践政策'和无产阶级革命策略的广泛争论之后不久,恩格斯先是在苏黎世的《社会民主党人报》上,然后在他的著作《〈论住宅问题〉一书第二版序言》中这样写道:

'另一方面,在社会民主党内部,包括帝国国会党团在内,也有某种小资产阶级社会主义的代表。其表现形式是:虽然承认现代社会主义的基本观点和变一切生产资料为社会财产的要求是合理的,但是认为只有在遥远的、实际上是无限渺茫的未来才有可能实现这一切。因此,人们现在只需从事单纯的社会补缀工作,甚至可以视情况同情那些极反动的所谓"提高劳动阶级"的意图。这样一种倾向的存在,在德国这个市侩气甚浓的国家里,在工业发展强制地和大规模地铲除着这个历来根深蒂固的市侩气的时候,完全是不可避免的。不过这种倾向对于运动一点也不危险,因为我国工人在最近八年来反对反社会党人法,反对警察和法官的斗争中恰好出色地证明他们具有惊人健全的头脑。但是必须认识到,这样一种倾向是存在着的。'①

在上面的引文中,今天的无产阶级革命派的代表们的意思和愿望得到了非常清楚客观的表达,不需再作任何补充。恩格斯当时情绪激动,也许他也遭受着'内心犹豫'的折磨,他的观点的代表在党代表大会上,更不用说在我们对党代表大会的回顾中情绪早已不这么激动。这些激烈的话首次发表的时候,是在第一次'实践政策'和革命策略的较大规模争论之后,党内气氛仍然非常躁动不安,尽管如此,在任何地方都没引起丝毫不满。今天,恩格斯在 11 年之前认为有必要进行的讨论,虽然实事求是地进行了,却要窒息在'纯粹瞎胡闹'、'可笑的诡辩'等深情的话语中。"②

明天我们请格·普列汉诺夫同志谈策略问题。

① 《马克思恩格斯文集》第 3 卷第 242—243 页。——编者注
② 弗·梅林:《抵抗之言》,载于 1898 年 10 月 26 日《莱比锡人民报》第 249 号。——编者注

十一

我们为什么要感谢他?

给卡尔·考茨基的公开信。——格·普列汉诺夫①

敬爱的同志!

请允许我首先向您表示感谢,因为听了您在德国社会民主党斯图加特代表大会上的那几次发言,简直是一种享受。这些发言得到了党代表大会代表的压倒多数的热烈赞同,所以是一个具有重大政治影响的事件。如果说从前德国工人党的某些党员——伯恩施坦、康拉德·施米特、海涅等先生们——的言论能够激起我们敌人心中的热切希望,以为德国社会民主党准备放弃**阶级斗争**的革命立场而陷入机会主义的泥坑,那么,现在这种希望已经云消雾散。现在没有人可以怀疑这一点。现在每个人都认识到,伯恩施坦、康拉德·施米特和海涅等先生们所表达的绝不是党的观点,辛格尔同志完全有权在闭幕词中说:我们还是过去的我们,我们没有变,现在还是这样。不错,德国社会民主党确实没有变,一直是这样,是我们时代的革命思想的忠实旗手!

可惜,在您的一次发言中,有些地方很可能在一定程度上会减弱您的发言所产生的深刻而令人欣喜的印象,而且将来还可能引起很大的误会。我这里是指您反对伯恩施坦的发言,因为肯定不是我一个人,而且其他许多人可能都

---

① 这封信当时仅在《萨克森工人报》上发表,后来收入格·普列汉诺夫《对我们批判者的批判》第 41 页及以下几页。他写这封信的起因是卡·考茨基在斯图加特党代表大会上的发言。卡·考茨基在 1898 年 10 月 30 日给爱·伯恩施坦的信中,劝他不要与普列汉诺夫进行争论。"如果你还是不想对普[列汉诺夫]继续保持沉默——我很理解——,那么,要我说,把讨论放到《萨克森工人报》上是完全不合适的。那里不是进行这个讨论的合适场合,我嫉妒卢森堡能有幸成为与你的讨论的主导者。"这个讨论必须在《新时代》上进行。见《爱德华·伯恩施坦与卡尔·考茨基通信集(1895—1905 年)》,蒂尔·舍尔茨-勃兰登堡编辑和作序,苏珊娜·图尔恩协助,2003 年法兰克福—纽约版第 817 页。考茨基设法为伯恩施坦搞到了一份已经售完的《萨克森工人报》,1898 年 11 月 21 日伯恩施坦向他证实收到了这份报纸,见同上,第 833、837 页。罗莎·卢森堡从考茨基那里得知,自从她担任《萨克森工人报》编辑之后,伯恩施坦就没有再得到过这份报纸,1898 年 11 月底,她把自己的那份报纸寄给伯恩施坦。她不知道伯恩施坦不再得到这份报纸,她为这件她毫不知情的丑事感到气愤。(见罗莎·卢森堡 1898 年 11 月 30 日给莱·约吉希斯的信)——编者注

会注意到其中有待争论的问题,所以我想还是以给您写公开信的形式加以讨论,而不是在与您的私人谈话中进行交流。

您在发言中说:"不是的,伯恩施坦没有使我们丧失勇气,而只是促使我们去思考。为此我们要感谢他。"①

这是对的,但只有部分是对的。伯恩施坦确实没有使德国社会民主党丧失勇气。斯图加特党代表大会通过的决议可以证明这一点。但是说到他促使我们去思考,他能做到吗? 我认为——不能。

要启发人去思考,必须举出新的事实,或者就已知的事实作新的发挥。伯恩施坦在这两方面都没有做到,因此他不能启发任何人去思考。

或者说,我对伯恩施坦的著作的评价或许出了错? 那好吧,我们来看看。

不言而喻,我们这里所关心的只是他那些受到某些同志公开指责的著作,其中包括他最近几年所写的著作。至于他从前的著作,可能也有不同的意见,但是我们没有任何理由在这里去谈论它们。

伯恩施坦最近几年一般是反对他所说的革命空谈,特别是反对"灾变论"。他反对灾变论的中心论据,就在于他认为马克思和恩格斯在《共产党宣言》中发表的许多观点,毫无疑问,没有为后来社会生活的发展所证实。他说:"社会关系的尖锐化并没有像《宣言》所描绘的那样实现。想掩饰这一点,不仅没有用处,而且愚不可及。有产者的数量没有减少,反而增加了。伴随着社会财富的巨大增长的,不是资本家巨头的数量越来越减少,而是各等级的资本家的数量不断增加。中等阶层改变了自己的性质,但是他们并没有从社会阶梯中消失。"②如果我们结合伯恩施坦关于某些工业部门的资本集中进展缓慢,而今后商业危机不会像以前那样剧烈和普遍的观点,来看他的这些议论,那么,就可以完全有权说,他为此已经用尽反对"崩溃论"的全部论据。而现在,敬爱的同志,您只要仔细看一下这种论据,您自己就会看到,其中无非是来自我们资产阶级阵营的论敌们对我们说过无数次的内容。到时您也会不

---

① 《德国社会民主党代表大会讨论纪录。1898 年 10 月 3—8 日于斯图加特》1898 年柏林版第 130 页。——编者注

② 爱·伯恩施坦:《致党代表大会的信》,载于《德国社会民主党代表大会讨论记录。1898 年 10 月 3—8 日于斯图加特》1898 年柏林版第 123 页。——编者注

得不承认,我们绝对没有任何理由要感谢伯恩施坦。

您肯定知道舒尔采-格弗尼茨①先生的著作。请拿出他的《论社会和平》,读一读第 2 卷第 487 页及以下几页。舒尔采-格弗尼茨先生也试图驳斥"崩溃论"。他把这一理论表述为:"大工业的发展意味着使工人沦为无差别的无产阶级,财富积聚在少数人手中,中等阶层正在消失,社会革命党登上舞台。"舒尔采-格弗尼茨认为,事实与这一理论不相符:"商业部的详细统计表明,英国的现象恰恰相反;因而社会革命党是没有立足之地的。"②他说,一方面,工人的经济状况最近 50 年来不断改善;另一方面,"那种认为财产集中于越来越少的人手中的流行的观点"③表明是错误的。最后,股份公司的发展,吸引越来越多的小积蓄所有者分享大工业企业的利润。所有这些情况加在一起,舒尔采-格弗尼茨认为,就为和平解决社会问题提供了保证。

他在另外一部著作《大生产——经济和社会的进步》中,也表达了类似的观点。

"富人越来越富,穷人越来越穷这种说法,是毫无根据的;有统计资料证明,英国的情况恰恰相反。当工业雇主们在社会和政治上争得一席之地时,在他们身后就开始出现新的中等阶级,他们首先在经济上,然后在政治上得到巩固。"(第 225 页)④舒尔采-格弗尼茨的议论和结论都是针对的英国。他承认,其他国家的情况不一样,比如在德国,"中等阶级还在不断减少"。但是他只简单地用**德国的落后**来解释这个事实,并以此解释说,他认为,随着时间的推移,他关于英国的论断是有道理的,也会完全适用于德国。

舒尔采-格弗尼茨的议论和结论是多么片面和偏颇,这里不是具体说明的场合。敬爱的同志,关于这一点,您可能比我清楚得多。乔·约·戈申⑤就是那些想证明英国目前正在产生一个新的中等阶级的研究工作者之一。他在

---

① 格·冯·舒尔采-格弗尼茨(1864—1943)——德国经济学家。——编者注
② 格·冯·舒尔采-格弗尼茨《论社会和平》第 2 卷《当代的社会思潮》1890 年莱比锡版第 487 页。——编者注
③ 同上。——编者注
④ 格·冯·舒尔采-格弗尼茨《大生产——经济和社会的一项进步。对棉纺工业的研究》1892 年莱比锡版第 225 页。——编者注
⑤ 乔·约·戈申(1831—1907)——英国经济学家和统计学家。——编者注

1887 年 12 月在伦敦统计学家协会所作的演讲中指出:"'数字能证明一切'的说法是对统计学家的侮辱,充其量只能说明数字从来不说假话,但可以用来证明某些假的东西。数字本身从不撒谎,但是每个人都必须承认,没有任何材料像统计材料一样精确和可信的材料可以轻易为了特殊目的进行随意篡改。"我在翻阅舒尔采-格弗尼茨的上述著作时,每次都要想起戈申的这些话。但是我现在不想深谈这一点。我在此只想对您说,伯恩施坦只在重复舒尔采-格弗尼茨早他几年说过的话。

但是,连舒尔采-格弗尼茨也绝对没有说出什么新的东西。早在他以前,就有几个英国统计学家详细论述过这一问题,例如,上述的戈申;还有几个法国经济学家,如保罗·勒鲁瓦-博利约①的《论财富的分配及社会不平等的趋于缓和》1881 年巴黎版。可以毫不夸张地说,我所引的舒尔采-格弗尼茨的著作不过是保罗·勒鲁瓦-博利约曾特别加以详细论述的旧题之翻版。可见,伯恩施坦只是跟在资产阶级经济学家后面学舌。我们为什么只感谢他而不感谢那些资产阶级经济学家呢? 为什么我们要断定,不是资产阶级经济学家而是他,伯恩施坦,启发了我们去思考呢? 不是这样的,敬爱的同志。如果说我们真的要感谢某一个人,那么,我们要公道一些,不要感谢错了人。一般地说,我们应当感谢"**经济和谐论**"的所有拥护者和崇拜者,首先,当然要感谢**不朽的巴师夏**②。

伯恩施坦经常惋惜地说:"认真打算科学地研究科学社会主义的人寥寥无几。"③他写作《社会主义问题》,显然是希望填补社会主义文献中的这个空白。当一家党报指责他"对久经考验的社会民主党的理论和要求吹毛求疵"时,他得意地回答说:"每一种理论研究都是对以前被人承认的原理的'吹毛求疵'","如果《新时代》想成为社会民主党的理论机关刊物,那它就不能回避别人的'吹毛求疵'"。"而且",他接着说:"哪一个错误在以前某个时候不是

---

① 比·保·勒鲁瓦-博利约(1843—1916)——法国自由派经济学家和社会学家。——编者注

② 弗·巴师夏(1801—1850)——法国庸俗经济学家,资产阶级社会利益和谐论的鼓吹者。——编者注

③ 爱·伯恩施坦:《社会民主党的斗争与社会革命》,载于 1897—1898 年《新时代》第 16 年卷第 1 卷第 553 页。——编者注

'久经考验的真理'呢?"①而他的"理论研究"的结果是什么呢? 那就是一些小市民的想法,如强调"经济上自我负责原则"的重要性,以及后来……坚决**转向科学社会主义的敌人的理论观点**。伯恩施坦给我们介绍现代资产阶级经济学的"真理",而且还自以为是发展了马克思这位伟大思想家没有解决的关于这个问题的理论。这是多么怪异的虚荣心! 我们也可以把浮士德关于瓦格纳所说的话用在伯恩施坦身上:

> 贪婪的两手向着宝藏深挖,
>
> 挖着一条蚯蚓也快活无量。②

在斯图加特党代表大会的闭幕式上,格雷利希③同志为了袒护伯恩施坦,发言如下:"我深信,我们的事业只能通过批评取胜。德国社会民主党继承了自己的伟大思想家马克思和恩格斯的大部分遗产。但是我们从他们那里所得到的也不是终极真理,而是必须不断接受事实考验的科学。"④这是再正确不过的话。但是,难道格雷利希同志真以为,将马克思和恩格斯留给我们的大部分遗产与资产阶级经济学家的学说折中地混合起来,有什么好处吗? 难道他真的下决心要把**毫无批判地照搬这些学说**称为**批判**吗? 而在伯恩施坦那里,我们只看到这种毫无批判的照搬,多亏他这样毫无批判地照搬,才能把他的**蚯蚓**端到我们的桌上。

我顺带说一句,对我们的敌人的学说采取这种毫无批判的态度的,不是伯恩施坦一个人,只不过他在这方面表现得特别鲜明罢了。我们还有另外一些"博学的同志"也一时兴起出来证明,甚至对马克思,他们也可以采取"批判的"态度。因此,他们甚至搬出被资产阶级论敌歪曲的马克思理论,然后借助

---

① 爱·伯恩施坦:《社会民主党的斗争与社会革命》,载于 1897—1898 年《新时代》第 16 年卷第 1 卷第 554 页。——编者注
② 歌德:《浮士德》,郭沫若译,北京人民文学出版社 1978 年版。——编者注
③ 海·格雷利希(1842—1925)——德国社会民主党人,瑞士社会民主党的创始人之一。——编者注
④ 《德国社会民主党代表大会讨论记录。1898 年 10 月 3—8 日于斯图加特》1898 年柏林版第 226 页。这里没有逐字逐句地引用格雷利希的阐述。他的原话是:"你们不能把这部分遗产看成不可触碰的宝库,(很好!)你们必须把它看成应当通过时间和形势的变化加以照料、丰富和有效保护的财富。(鼓掌)我们不能满足于终极真理,只能满足于科学,而作为科学,必须随时接受事实的考验(很好!)。——编者注

从这些论敌那里抄袭来的论据,得意地进行他们的"批判"。

敬爱的同志,您当然理解,社会主义理论从**这样的**"批判"中不会得到什么好处,从中得益的充其量是那些"**批评家**"先生们在有教养的资产阶级圈子内所享受的**威望**。

马克思的理论不是永恒的终极真理。这是对的。但它是**我们时代最高的社会真理**,我们既没有理由把这一理论换成廉价的现代巴师夏和萨伊的"**经济和谐论**",也没有理由把这种批判当作**严肃的批判**来欢迎,并且献上我们的掌声。

敬爱的同志,请原谅,我有点离题了。我现在回头来谈伯恩施坦,谈谈现已成为著名插曲的"**最终目标**"。①

十二

我们为什么要感谢他?

给卡尔·考茨基的公开信。——格·普列汉诺夫(续)

伯恩施坦在对最终目标表示自己的无所谓态度以后,觉得有必要作一番说明和辩解。但是这些说明和辩解没有起到任何作用。我读了这些说明和辩解的文章以后,我就越发相信那个久经考验而且是任何一个著作家都应当认真遵守的规则,那就是,首先要反复修改自己的论文,**然后才能付印**,因为**在论文印出以后**再来修改,就于事无补了。同时我又自问,到底是什么原因使得伯恩施坦写这一篇没有任何逻辑意思的文章,或者如俗话所说,既没有道理也没有调子的文章呢。起初我以为他是在把一句名言(如果我没有记错的话,是莱辛说的)依照自己的意思,照伯恩施坦的方式,来加以翻新。这句名言是:"如果造物主一手握着全部真理,另一手握着对真理的追求,要我选择,我宁愿要那对真理的追求而不要那现成的真理。"

---

① 指爱·伯恩施坦的论断:"我坦率承认,我对大家将'社会主义最终目标'一般理解为什么东西,没有感觉,也没有兴趣。最终目标无论是什么,反正对我来说是微不足道的,运动才是一切!"(爱·伯恩施坦:《社会民主党的斗争与社会革命》第二部分《崩溃理论和殖民政策》,载于1897—1898年《新时代》第16年卷第1卷第556页)——编者注

但是后来我偶尔翻阅了一下《论社会和平》，发现这句绝妙的话原来另有出处。

按照舒尔采-格弗尼茨的看法，旧英国的经济学仇视劳动立法，而它之所以仇视劳动立法，是因为后者会限制成年人的个人自由。然而这种对个人自由的限制是工厂立法的必然结果，工厂立法又随着工人阶级政治影响的扩大而进步。这些条件在英国就为接受和传播大陆社会主义理论准备了土壤，然而这个理论也经历了重要的变化，因为据说"工人阶级处于绝望境地的说法"已经被消除。舒尔采-格弗尼茨继续写道："社会主义正在丧失自己革命的锋芒，只被用作论证立法者的要求。**不管是将所有生产资料的国有化当作最终目标来接受还是反对，实质上是无关紧要的；因为这一要求对于革命的社会主义来说是必需的，但对于优先考虑近期目标的实践政策的社会主义来说，就不是必需的了。"**①

据舒尔采-格弗尼茨的意见，约·斯·穆勒也是英国的"实践政策的"社会主义的代表，他的社会主义虽然不是"恩格斯和马克思所说"的社会主义，却赞成国家大规模干涉个人的经济活动，而且是"主张必须尽可能保护成年男子的第一个国民经济学家"。② 我断言，现在，爱德华·伯恩施坦作为主张"实践政策的"社会主义者也属于同一类的。舒尔采-格弗尼茨向我们叙述约·斯·穆勒的"社会主义"观点发展史，而且是根据他的自传中的材料。在我们一方面，也同样能想象爱德华·伯恩施坦的发展过程，我们根据的是他自己所作的说明，而且**结合**上引舒尔采-格弗尼茨关于最终目标对**"实践政策的"社会主义者**无关紧要的议论。

伯恩施坦在吸收了舒尔采-格弗尼茨和其他和谐论者的观点，即认为英国社会生活的发展过程已经驳倒恩格斯和马克思的观点之后，就醉心于舒尔采-格弗尼茨所描写的"实践政策的"社会主义，这种社会主义的观点认为，最终目标——所有生产资料的国有化——确实几乎是无关紧要的，虽然不完全是空想的。而伯恩施坦深受这种社会主义精神的感染，于是急忙公开表明自

---

① 格·冯·舒尔采-格弗尼茨《论社会和平》第 2 卷《当代的社会思潮》1890 年莱比锡版第 2 卷第 98 页。——编者注

② 同上，第 99 页。——编者注

己对最终目标的新态度,而且上面所引的舒尔采-格弗尼茨关于最终目的意见不仅决定了他的思想倾向,而且决定了他的表达方式。这样,问题就完全清楚了,而那句绝妙的一看就知道荒谬之极的名言,就有了极为清楚明确的含义。当然,伯恩施坦本人也被这一含义吓了一跳。他的说明和辩解可以证明这一点。他给斯图加特党代表大会的信也可以证明这一点。他在信中说:"《共产党宣言》对现代社会发展作出的预言,就其对这种发展的一般趋势的描述,是正确的。"①但是该信下面的内容就与这句话产生极为明显的矛盾,不管伯恩施坦是没有发现还是不愿发现这个矛盾,但对我们的事业的朋友,甚至对它的敌人来说,这个矛盾依然是明摆着的。您在斯图加特的发言中也充分强调了这一点,您说:"他(伯恩施坦)对我们解释说,有产者、资本家的人数在增加,可见,我们赖以确立观点的基础是错误的。的确,如果这样说是正确的话,那么,不仅我们胜利的时刻要大大推迟,而且我们根本达不到最终目标。"②

李卜克内西同志也表达了同样的意思:"如果伯恩施坦的议论是正确的,那么,我们可以埋葬我们的纲领,埋葬我们的整个过去,那么,我们就不再是一个无产阶级的政党。"③

另一方面,在伯恩施坦的《社会民主党的斗争和社会革命》一文发表以后不久,尤利乌斯·沃尔夫教授就写道:"对于他的议论的重要性,怎么评价都不为过。这是对现代社会主义理论的一记耳光,是对它的公开宣战。"④我绝不否认,伯恩施坦有权扇他以前宣传过其观点的那个党一记耳光。任何人都可以改变自己的观点。但是他不能试图向我们保证,说他的观点的改变是无足轻重的。他应当知道和理解,从他的新观点是得不出**阶级斗争**这个结论的,而这是国际社会民主党立足的基础;这些新观点必然导致舒尔采-格弗尼茨一伙所鼓吹的"社会和平"。总之,伯恩施坦有权反对社会民主党,但是他应

---

① 《德国社会民主党代表大会讨论记录。1898 年 10 月 3—8 日于斯图加特》1898 年柏林版第 123 页。——编者注
② 同上,第 127 页。——编者注
③ 同上,第 133 页。——编者注
④ 尤·沃尔夫:《国民经济中的幻想家与现实主义者》,载于 1898 年《社会科学杂志》第 4 期第 251 页。——编者注

该面对面地反对。既然他没有面对面地反对,他也就不值得我们感谢,而值得我们严厉地谴责。在文艺复兴时期,甚至更早的时候,有些学者力图证明,古代的某些哲学家是基督徒。当然,他们实际上并未能证明他们所要证明的东西,而是证明了他们完全没有想要证明的东西,即他们自己抛弃了**基督教**的观点,自己成了**异教徒**。我们的一些袒护伯恩施坦的"学者"与他们很相似,他们未能证明伯恩施坦始终忠于社会主义("恩格斯和马克思所说的社会主义"),而是证明他们自己感染了资产阶级"社会政治家"的观点。国际社会民主党应当警惕这样的"学者",否则它就会深受其害。(待续。)

十三

我们为什么要感谢他?

给卡尔·考茨基的公开信。——格·普列汉诺夫(续完)

伯恩施坦事件对于每个愿意思考这个问题的人都大有教益,——而且,敬爱的同志,也只有在这个意义上我才愿意对您说,伯恩施坦值得我们感谢。他由**社会民主党**变为**"社会政治家"**的历史,要求我们党内每个愿意思考的人永远铭记在心。李卜克内西同志曾以英国条件的影响来解释这一转变。他说:"像马克思那样的天才必须来到先于其他各国发达的英国,然后在那里研究资本主义社会的本性,并写作《资本论》。伯恩施坦却非常敬佩英国资产阶级的巨大的同时也是民主的。"①但是,难道真的必须像马克思那样的人才可以住在英国,而不受英国资产阶级的影响吗? 我相信,德国社会民主党内有不少同志虽然住在英国,却还是继续忠于社会主义("马克思和恩格斯所说的社会主义")。不是这个原因,原因不在于伯恩施坦住在英国,而在于他没有进行"科学的研究"。没有很好地弄懂那种科学社会主义,我知道,许多人不会相信这一点,但这是事实。

---

① 《德国社会民主党代表大会讨论记录。1898 年 10 月 3—8 日于斯图加特》1898 年柏林版第 134 页。——编者注

我在发表于《新时代》的《伯恩施坦与唯物主义》①一文中曾经指出,这个人的哲学知识贫乏得令人吃惊,他关于一般唯物主义的观点是颠倒黑白。在我目前正在为《新时代》写的论文中,我将指出,他掌握的唯物主义历史观是多么欠缺。② 现在我请您注意,他本人简直一点不懂他"严厉"批判的崩溃论。

关于"目前在社会民主党内对现代社会发展过程的主流观点",他向我们描述如下:

"按照这种观点,迟早将爆发一场来势凶猛、规模巨大的商业危机,而它所造成的贫困将激起人们猛烈反对资本主义经济制度的感情,促使人民群众深信,在这种制度统治下不可能为了全体的福利来管理现存的生产力,因而反对这个制度的运动将获得不可抗拒的力量,在它的压力之下,这种制度本身将不可救药地崩溃。换句话说,不可遏制的巨大经济危机将发展成一个席卷一切的社会危机,结果将是无产阶级作为当时唯一觉悟的革命阶级取得政治统治,而在这个阶级的统治下,将对社会进行社会主义意义上的全面改造。"③

敬爱的同志,您说,这是不是您设想的、作为阶级斗争的必然结果,迟早必然发生的那种社会"灾变"呢? 难道您也以为,这样的"灾变"只能是巨大而普通的商业危机的结果吗? 我认为不可能。我相信,在您看来,无产阶级的未来胜利,不一定取决于**急剧而普遍的商业危机**。您从来不是这样公式化地看问题。而且,就我的记忆所及,也没有其他人这样理解问题。虽然在1847年的危机过后,才爆发1848年的革命运动。但是,仍然不能由此得出结论说,没有危机就不可能发生"灾变"。

的确,在工业蓬勃发展的时期,很难指望阶级斗争的极端尖锐化。但是谁能向我们保证,工业的蓬勃发展将来不会中断呢? 伯恩施坦相信,鉴于现代国

① 见格·普列汉诺夫:《伯恩施坦与唯物主义》,载于1897—1898年《新时代》第16年卷第2卷第545页及以下几页。——编者注
② 格·普列汉诺夫可能是指他《康拉德·施米特反对卡尔·马克思和弗里德里希·恩格斯》一文,载于1898—1899年《新时代》第17年卷第1卷第133页及以下几页,或《唯物主义还是康德主义》,同上,第589页及以下几页和626页及以下几页。——编者注
③ 爱·伯恩施坦:《社会民主党的斗争与社会革命》,载于1897—1898年《新时代》第16年卷第1卷第549页。——编者注

际交通的便利,已经不可能再爆发急剧而普遍的经济危机。假定果真如此,假定商业停滞真像法国经济学家巴特比在 1865 年所说的,只是局部的("l'engagement des produits ne Sera que partiel")。但是谁也不能否认我们刚经历不久的那种可怕的工业萧条有再度出现的可能。这些萧条难道不能直观地、令人信服地证明,现代社会生产力的增长已超出它的生产关系吗?难道工人阶级真的那样难以理解这个事实的意义吗?美国向我们清楚地表明,在工业萧条时期,由于大量失业、极端贫困和匮乏,适合促进阶级斗争的异常尖锐化。

伯恩施坦不考虑这一切。他把我们对未来的期望完全寄托于急剧而普遍的商业危机。他说完这样的危机将来很难发生的话以后,就以为整个"崩溃论"就消灭了。他强令我们接受**他的**死板公式,接着又证明这个死板**公式**的确十分**死板**。而接着他就因这些廉价的胜利而狂喜不已。这从他教训"教条主义者"时的那种语气就可以看出来。

最敬爱的同志,您也许还记得,有多少同志在斯图加特党代表大会上责备帕尔乌斯与伯恩施坦争论时的那种语气。我相信,如果帕尔乌斯在争论时使用的是另一种语气,那么,伯恩施坦就不会有借口保持沉默,那时大家或许就能发现伯恩施坦那惊人的思想贫乏。因此,我对帕尔乌斯的不能自制深表遗憾。但是我完全理解他的愤慨。依我的浅见,他的愤慨完全是环境所致。此外,责备帕尔乌斯的人却没有一个注意到伯恩施坦自己那种令人讨厌的语气。这是一种自信、自满的学究气十足的语气。当我读到伯恩施坦教训"德国的以及一部分英国社会民主党的教条主义者"的话语时,我就对自己说,如果将桑乔·潘萨①任命为社会科学的教授,而不是任命为总督,如果他天生健全的理智不是一时被蒙蔽,那么,他说话恐怕就是伯恩施坦的那种语气。我知道各人有各人的品位(de gustibus non est disputandum),但是我以为,许多人对这样的语气与其说着迷,不如说讨厌。

敬爱的同志,您自己也承认,伯恩施坦那组文章的标题《社会主义问题》令人喜欢,而内容却是惊人的贫乏。然而您居然还说,这组内容空洞的文章能

---

① 桑乔·潘萨——塞万提斯的小说《唐·吉诃德》中的人物,唐·吉诃德的侍从。——编者注

启发我们去思考。您这是偏袒伯恩施坦,所以您是非常不对的。

您在斯图加特说:"有人指责伯恩施坦,说他的文章会削弱我们对胜利的信心,束缚无产阶级的手脚。我不是这样认为。……如果说伯恩施坦的文章当真能动摇这一些人或那一些人的社会主义信念,那么这只能证明,不值得为这些人感到可惜,因为他们的信念很不坚定,他们一有机会就会背弃我们。如果他们现在就背弃我们,而不是在我们需要每一个人的时候,即发生灾变的时候背弃我们,那我们应当感到高兴才对。"①

伯恩施坦的文章能使哪些人丧失信心呢? 显然,只能使那些赞成(即使是暂时的)伯恩施坦的新观点的人丧失信心。接受这一观点必然会使任何一个具有逻辑思维的人与旧的社会民主党的纲领彻底决裂。但是,没有人能不谴责这样的阵线转变;因为这样的阵线转变必然不可避免地——哪怕只是暂时地——减弱自己的力量;要知道,那些拥护伯恩施坦观点的人的力量和相信社会民主党胜利的人的力量是完全不一样的。他们对于**斗争**的理解必然和我们绝对不一样,因此他们对于胜利的信念也与我们完全不同。所以不得不说,**我们的**党所必需的力量的削弱与拥护伯恩施坦的人的增加(哪怕是暂时的)成正比。我也和您一样相信,国际社会民主党没有理由特别重视这些人的忠诚,确切地说,国际社会民主党有充分的理由希望,这些人在党接受严峻考验的时刻到来之前离开党的队伍。在我看来,您对这些人的严厉谴责是完全有道理的。但是,我觉得您不够彻底,因为,如果您决心做到完全彻底的话,就一定会更加严厉谴责那个直接影响这些人的人,即伯恩施坦本人。

我绝不想干涉德国社会民主党的内部事务,不想过问您在《新时代》上刊不刊登伯恩施坦的文章。我从来没有过这样的非分要求。但是,敬爱的同志,您自己也知道,在斯图加特所争论的问题对全世界的社会民主党具有巨大的影响。只是因为这一点,我才给您写这一封信。您说,与伯恩施坦的论争的确只是现在才开始。我不完全同意这样的说法,因为伯恩施坦所提出的问题在帕尔乌斯的文章发表以后就在很大程度上得到基本解决。这是帕尔乌斯对全

---

① 《德国社会民主党代表大会讨论记录。1898 年 10 月 3—8 日于斯图加特》1898 年柏林版第 130 页。——编者注

世界无产阶级所立的一个大功劳。① 但是现在谈的不是这个问题。最关键的问题是,我们在与伯恩施坦继续进行论争时,必须记住我所引用过的李卜克内西的话:如果伯恩施坦的议论是正确的,那么,我们可以埋葬我们的纲领,埋葬我们的整个过去。我们必须坚持这一点,并向我们的读者**公开解释**,今天的问题就是**谁埋葬谁的问题:是伯恩施坦埋葬社会民主党,还是社会民主党埋葬伯恩施坦**? 我个人不会怀疑,而且过去也没有怀疑过这一论争的结局。但是,敬爱的同志,在我结束这封信的时候,请允许我再向您提一个问题:难道我们真要感谢这样一个给了社会民主理论一记耳光,并且——不管是自觉地还是不自觉地——竭力以埋葬这一理论而取悦于勾结在一起的"反动的一帮"的人吗? 不能,不能,千万不能! 这样的人不值得我们感谢!

您的忠实的格·普列汉诺夫

1898 年 10 月 16—21、23、25—26、28 日—11 月 2、3 日
《萨克森工人报》(德累斯顿)第 241—245、247—249、251—255 号

---

① 见亚·拉·帕尔乌斯:《爱·伯恩施坦的社会主义变革》,载于 1898 年 1 月 28 日、3 月 6 日《萨克森工人报》第 22、54 号;帕尔乌斯:《"可怜的汤姆"爱·伯恩施坦》,载于 1898 年 3 月 26 日《萨克森工人报》第 70 号。——编者注

非 常 法！①

反动派将利用对德国皇帝的再次"暗杀"②制定反颠覆法，这是明摆着的事。③ 这是明摆着的事，以致每个明白人在听到这个来自亚历山大里亚的冒险计划之后，肯定马上会说：这十有八九是**警察骗人的把戏**。但是，反动报刊自然要借这件事大作文章。

《十字报》声嘶力竭地叫道："在此需要非常法。非常法首先要制止对罪恶思想的继续宣扬，国家及其机构要力所能及地加大宣扬罪恶思想的成本。宽容是今天最危险的弱点，谁要袖手旁观，就必须分担对这个灾祸的责任；这个灾祸威胁着所有非无政府主义者以及与无政府主义者有不同想法的人。"

不管我们多么看不起我们的对手从历史中学习的才智水平和能力，但是，我们仍然难以相信，竟然有人**如此**真诚地坚信，非常法能够切断无政府主义的生路。德国反动派根据20多年的经验肯定足以明白，如果说非常法对付任何一个政治派别都是极为不合适的手段，那么，它对无政府主义来说恰恰是真正的温床和培养基。我们经常听到，无政府主义与社会民主主义一样，都深深扎根于现代的社会条件。这种说法又对又不对，因为社会民主主义和无政府主义之间，在这方面存在巨大区别。社会民主主义确实扎根于资本主义的**社会条件**，它在所有国家，不管在民主的瑞士还是在专制的俄国，到处都硕果累累。资本主义本身最内在的本质，即**雇佣制度**是我们扎根的土壤，只有消除了这个

① 本文没有署名，但是作者很可能是罗莎·卢森堡。俄罗斯国家社会政治历史档案馆（Fonds 209）中的这份抄件是为出版克·蔡特金、阿·瓦尔斯基编，保·弗勒利希审定的罗莎·卢森堡《著作集》的其他卷次所收集的材料。——编者注
② 《北德总汇报》根据来自英国的消息，揭露了一个准备在威廉二世1898年访问巴勒斯坦期间对他实施刺杀的无政府主义计划。——编者注
③ 见本卷第301页脚注②。——编者注

土壤,才能让我们从这个世界上消失。无政府主义则不同。它不是资本主义本身的果实,而是它的**赘生物**、社会和政治的**畸形产物**的果实,它们是从资本主义中产生的,但**不是必要的**,更高的资产阶级发展就能把它们铲除。这些赘生物就是人民的彻底**愚昧**和**贫困**,正如我们在意大利和西班牙看到的,特别是而且首先是政治上的反动与**非常法**。谁想培育无政府主义,那就去颁布非常法! 我们的反动派肯定也了解这一点。他们已经了解到,在德国实行反社会党人法的 10 年间,创立了无政府主义运动,虽然没有成大器,而反社会党人法废除以后,无政府主义运动也很快销声匿迹。反动派在自己的内心深处和我们一样清楚地知道,非常法为无政府主义创造了温室环境,而平稳的社会民主主义运动则是反对无政府主义的最可靠的手段。如果他们还是叫嚣制定反颠覆法、制定非常法,那么,他们的矛头所指不是无政府主义,而是**社会民主主义**。他们想以新的残酷的迫害政策对付我们,而无政府主义在这方面一如既往地扮演可悲的角色——被人利用。我们不相信,政府和资产阶级政党现在真的能容忍这个新的、对他们来说可能是灾难性的政治错误。但是,不管怎么样,我们毫不畏惧。我们将竭尽全力抵制反动派的企图。如果统治阶级再次尝试以破损的非常法之剑与我们搏斗,那么,他们不久将为新的失败后悔莫及。我们在任何政治制度下都能大显身手。我们就像影子一样,跟着各种形态的资产阶级社会。谁要是想摆脱这个影子,就必须把剑插入自己的胸腔。

1898 年 10 月 20 日《萨克森工人报》(德累斯顿)第 244 号

二十年之后①

　　明天是 10 月 21 号,从德国历史上最大的污点——反社会党人非常法——在《帝国通报》上发表生效之日至今已经过去整整 20 年了。整体上说,这只是弹指一挥间,仅仅两个十年。但是,如果我们回首看看这逝去的德国历史的两个十年,那么我们不得不说,在这短暂的两个十年中,发生的事件数不胜数。德国内部的力量和关系在此期间发生了巨大变化。资本主义社会在其发展过程中向前迈进了一大步——"死人骑快马"。……

　　1866 年和 1871 年的战争②为在政治上重建德国打下了基础。③ 统一的德意志帝国为资本主义提供了发展其内部蕴藏着的强大力量所需的政治条件。1871 年以后,在德国马上进入了一个狂热建设大工业的时代,招致所有资本主义的原始幽灵登上社会舞台:企业主的欺骗、充当不可缺少的牟利工具的资产阶级政党的政治腐败、对工人阶级肆无忌惮的剥削。但是,资本主义的原始幽灵也包括工人运动。另一方面,这个建设大工业的时代的另一个密不可分的结果是——**社会民主党**的蓬勃发展。1871 年,在第一次德意志帝国国

---

① 本文是匿名发表的,但是作者很可能是罗莎·卢森堡。她从 1898 年 9 月 25 日起担任《萨克森工人报》主编,主要负责该报的前两版(见罗莎·卢森堡 1898 年 9 月 24 日给莱·约吉希斯的信)。在费·蒂希《卢森堡文献索引》1962 年版中,本文被标为第 99 号。——编者注
② 指 1866 年的普奥战争和 1871 年的普法战争。1866 年 6 月 25 日—8 月 23 日,奥地利和普鲁士之间为争夺在德国的统治权而发生的战争,这场战争以奥地利的失败而告终。战争的结果是建立了北德意志联邦。1870 年 7 月 19 日,法国为了阻止德国的统一,向普鲁士宣战,1871 年 2 月 26 日,德意志帝国和法国在凡尔赛签订预备性和约;该和约承认普鲁士占领的地区,而法国必须将阿尔萨斯和洛林的拥有丰富矿产资源的大部分地区割让给普鲁士,并在三年内支付 50 亿法郎战争赔款。——编者注
③ 德意志帝国于 1871 年 1 月 18 日在凡尔赛宣布成立,并在普鲁士霸权下自上完成了德国的统一。普鲁士国王威廉一世成为德意志帝国皇帝。——编者注

会选举中,社会民主党获得了大约 10 万张选票。在大工业繁荣发展六年之后,1877 年,社会民主党在选举中为自己的候选人争得了 **50 万张**选票。但是,社会民主党在短期内不仅在数字上成为一种令资本主义德国刮目相看的力量,而且,社会民主党自大工业发展以来所得到的巨大发展也在内部对它起到巩固和加强的作用。1875 年之前,社会民主党分裂为两个派别,"拉萨尔派"和"爱森纳赫派",它们各自依靠自己的力量与资产阶级社会作斗争。1875 年,社会民主党决定合并为**一个**牢固的政党,从此,它便以双倍的力量去打击工人阶级的敌人。①

社会民主党的鼓动日益深入人民群众,影响日益扩大,斗争武器不断增加。1878 年,社会民主党已经拥有 47 家政治报刊,它们在德国的各个角落播撒了阶级斗争的种子,社会民主党建立了一系列以许多工会为依托的合作社。

资产阶级社会对他们的死敌的惊人的发展不可能无动于衷。资本主义封建剥削和奴役利益的天才辩护士俾斯麦企图通过蛊惑人心的诡计使工人运动成为他自己的计划的盲目工具,这一企图破产以后,他对社会民主党恨之入骨,一心寻找借口,以便以新的手段——赤裸裸的野蛮的暴力对付这个仇敌。

另一方面,大工业建设时期在资产阶级剥削者集团内部也引起了对立和斗争。工业的蓬勃发展和疯狂追逐利润的不可避免的后果是全面崩溃。② 对丰厚的利润永不满足的大工业家设法寻找补偿在国外市场上的损失的手段,而保护关税是这方面的最佳手段,也就是通过人为抬高商品价格,欺诈国内的消费者,即德国人民。易北河以东地区的容克也在力争保护关税,因为美国粮

---

① 1863 年 5 月 23 日,拉萨尔派成立了全德工人联合会。1869 年 8 月 7—9 日,爱森纳赫派召开了代表大会,即全德社会民主党工人代表大会。在马克思和恩格斯的影响下,主要由奥·倍倍尔和威·李卜克内西参与,在代表大会上成立了社会民主工党。1875 年 5 月 22—27 日,在哥达举行了德国社会民主工党与全德工人联合会合并代表大会,成立了德国社会主义工人党。代表大会一致决定,制定新的党纲和新的党章。早在 1875 年 5 月 5 日,马克思就把他的《对德国工人党纲领的几点意见》寄给威·白拉克,让他转交伊·奥尔、奥·倍倍尔、奥·盖布和威·李卜克内西,他们为了合并,没有考虑马克思的批评,没有把马克思的意见告诉党员。——编者注

② 1873 年的所谓公司倒闭潮在德国引起了 19 世纪最严重的周期性生产过剩危机,它是 1871 年帝国统一后在迅猛的经济热潮中偏向重工业和军事工业比例失调的发展造成的后果。——编者注

食的竞争妨碍了他们对德国人民的残酷剥削。同时,政府也在急切地寻找新的榨取德国纳税人的手段,并因此谋求制定新的税法法案,因为它必须承担军国主义通过"幸运的"战争给它增加的沉重负担。然而,70年代末的帝国国会不利于保护关税派和财政部门计划中的掠夺行动。因为,其他资本主义剥削者的利益——特别是批发贸易的利益反过来要求商品流通自由,如果保守派和教皇至上主义派要求保护关税,那么,民族自由党人和进步党人就会加以反对。俾斯麦政府要实现自己的计划,就必须粉碎帝国国会的抵抗,或以某种借口解散帝国国会。

德国1878年的情况便是如此。一方面,政府为了整个资产阶级的利益加强与工人阶级的斗争;另一方面,政府为了这个社会的反动阶层的利益,必须反对这个社会的不那么反动的阶层。帝国国会的[法案]和反对社会民主党的暴力措施,都是俾斯麦[反对我们]①党的明确而既定的计划,缺少的只是一个借口,而借口很快就可以找到。这时发生了众所周知的赫德尔②和诺比林③刺杀德国皇帝的两次事件。④ 赫德尔是一个堕落的人,工人运动不想与他有任何牵连,而诺比林也尽人皆知是臭名昭著的基督教社会党人施特克尔⑤的追随者,尽管如此,这两件荒唐的行刺案还是马上被算到了社会民主党的账上,使资产阶级在野党陷入恐惧和惊慌,帝国国会被解散,在警察的高压之下,组成了一个新的帝国国会。这总算大功告成,新的帝国国会是政府的反动计划的驯服工具。这时,马上有人提出反社会党人法,经过长时间的讨论之后,这项法律获得通过,1878年10月21日这一天对德国工人运动来说是一个新时代的开端,这是一个遭受最残酷最严重迫害的时代,但也是争取生死存

---

① 在[ ]中的两个表述代替了原文中字迹难以辨认的两个地方。——编者注

② 麦·赫德尔(1857—1878)——德国莱比锡的帮工,1878年谋刺德皇威廉一世未遂,政府借此实行了反社会党人非常法。——编者注

③ 卡·爱·诺比林(1848—1878)——德国无政府主义者,1878年谋刺德皇威廉一世未遂,政府借此实行了反社会党人非常法。——编者注

④ 麦·赫德尔行刺发生在1878年5月11日,诺比林行刺发生在1878年6月2日,威廉一世受了重伤。在帝国首相俾斯麦的策划下,帝国国会于1878年6月11日被解散,1878年7月30日选举了新的帝国国会。——编者注

⑤ 阿·施特克尔(1835—1909)——德国教士和政治活动家,接近保守党极右翼的基督教社会党的创始人(1878)和领袖,社会主义工人运动的敌人,反犹太主义的鼓吹者。——编者注

亡的绝望的、英勇斗争的时代。典型的是,自 10 月 21 日起的 12 年中,从查禁莱奥波德·雅各比的诗集《光明!》①开始,相继发生了不计其数的迫害事件。是的,社会民主党为工人阶级带来的光明,为他们照亮了通向解放的艰难的遍布荆棘的道路,现在要让它熄灭,资本主义黑暗的守护者全力守护着黑暗。

在社会民主党的 47 家报刊中,45 家报刊立即遭到了查禁,党的组织被驱散,各种工人协会以及几乎所有工会都被解散,合作社被破坏,许多人的生计被毁于一旦。1878 年,还对柏林及周围地区实行了戒严,67 名党员立即被驱逐出柏林,使他们的妻子儿女陷入困境……

这一波打击非常猛烈,它使社会民主党这样的曾经的庞然大物也一时不知所措。但是,这种状态没有持续多久。党像一头雄狮,马上重新振作起来,开始不断还击。为了弥补被摧毁的党报党刊,在国外创办了周刊《灯笼》②和《自由报》③,特别是爱·伯恩施坦主编的《社会民主党人报》,一直是英勇的斗争大军的尖锐武器,直到废除反社会党人法。为了集结被驱散的力量,1880年,在瑞士的维登宫举行了党代表大会④,向政府坚决有力地回击了反社会党人法,因为它突出强调了哥达纲领中"党力求用一切**合法**手段来达到自己的目标"一句中的"合法"一词。如果人们不愿在法律的范围内为工人运动提供生存的空间,那么,工人群众就必须**反对**这个法律。政府方面又以新的花招来回答:1880 年,对社会民主主义运动的第二个中心——汉堡实行戒严。在短短几个月的时间里,政府下达了 105 个驱逐令,又有许多人的生计遭到毁灭。社会民主党对此作出的反应是,在德国大规模组织散发它在国外出版的文献。党的喉舌《社会民主党人报》就像政府咬牙切齿地证实的那样,被"以确实该死的技巧"偷运到国内。迫害与个人生活的毁灭只能激励斗争者的英雄气概和勇于牺牲的精神。一大批忠诚的同志宁可冒着随时失去生命和自由的危险,为散发党的机关报而工作。1881 年,政府又第三次使用它的主要花招:对

---

① 见莱·雅各比《光明!》,诗集,1893 年慕尼黑第 4 版。——编者注
② 《灯笼》于 1878 年 12 月 15 日在布鲁塞尔出版第一期,后来在伦敦出版。1879 年 6 月底出版最后一期。编辑是卡·希尔施。——编者注
③ 《自由报》于 1879 年 1 月 4 日在伦敦出版第 1 号。编辑是约·莫斯特。从 1882 年起,该报在瑞士出版,此后在纽约出版,直到 1908 年。——编者注
④ 德国社会民主党代表大会 1880 年 8 月 20—23 日在维登召开。——编者注

莱比锡实行戒严。结果,53 名党员立即遭到驱逐。莱比锡工人的回答是:选举倍倍尔进入萨克森邦议会。政府于是使用了新的武器,即叛国罪审判,判处几个同志总共 **19 年的苦役监禁**。

一切都徒劳无获。相反,运动蓬勃向前发展。从 1882 年起,被摧毁的工会也开始重新恢复。1883 年,在哥本哈根党代表大会①上,党检阅了自己的力量,在同一年,党创立了一件新的武器——科学周刊《新时代》。党在最艰难困苦的实际斗争中,不忘在自己的队伍中进行理论教育和培训。……1884 年,党在柏林创办了一家日报《人民报》②。

当时,迫害还在继续,每天都有人成为苦难深重的受害者。党在敌人最致命的火力打击下平静地、坚定不移地继续战斗和前进,仿佛戒严状态是家常便饭。从 1886 年起,政府的暴行变本加厉,反社会党人法这个濒临死亡的怪物盲目绝望地进行垂死的挣扎。它通过普特卡默的反罢工法对工会③,通过秘密同盟审判案对社会民主党发起新的攻击。结果,社会民主党的选票大幅度增加。如果说党在 1878 年一票未得,1881 年还只有大约 30 万张选票,那么 1884 年它又重新获得了 50 多万张选票,1887 年,投它票的德国选民超过了 76 万!

在 1887 年选举之后,每个人都能感觉到,这个该死的法律气数已尽。但它还在愤怒地垂死挣扎,还在疯狂地逮捕、审判和迫害社会民主党人。但是,反动派的戏已经演完了。接着是 1890 年 2 月 20 日这一值得纪念的一天。在这一天,**150 万德国选民**以震耳欲聋的声音表示拥护遭受惩罚、驱逐和迫害的社会民主党。在人民的这种狂暴的致命的判决下,反动派的这个杰作完蛋了,这个杰作把自己的创始者铁血首相俾斯麦一起拉入了深渊。倍倍尔在反社会党人法刚刚开始实施时,曾在帝国国会的讲台上当面斥责残忍的掌权者:"你

---

① 德国社会民主党代表大会于 1883 年 3 月 29 日—4 月 2 日在哥本哈根召开。——编者注
② 《柏林人民报》1884 年 4 月 1 日出版第一号,后来改名《前进报》。《前进报》1891 年 1 月 1 日出版第一号,主编是威·李卜克内西。——编者注
③ 罗·冯·普特卡默 1881—1888 年任普鲁士内务大臣,他残酷地执行反社会党人法,不仅迫害社会主义者,而且还迫害一切进步力量。在 1886 年 4 月 11 日的一份反罢工公告中,他要求所有国家机器强化反对罢工、罢工者、罢工领袖的措施,公开要求警察采取反对工人运动的非法行动。——编者注

们的武器在这次斗争中将像玻璃撞击大理石一样被撞得粉碎。"①——这句话现在应验了。无产阶级这个党独自胜利而自豪地站在战场上,经受战斗考验的手中握着砸碎了的锁链。它历经了 12 年的艰苦斗争。反社会党人法存在了 12 年,现在,敌对势力——资本主义社会——和工人阶级的力量对比已经完全不同了!社会民主党已经在斗争中成长起来,内部已经得到巩固,原则上已经得到澄清,道德上已经得到提高。在反社会党人法的统治下,社会民主党的力量得到了磨炼,培养了现在使敌人胆战心惊的铁的纪律、团结一致的精神和火一般的热情。而资本主义社会及其政府在经历了非常法时代之后,政治失败,道德沦丧。它们在疯狂迫害无产阶级的 12 年中收获的只是一系列的严重失败,而暴露出来的只是整个内部的分崩离析、腐化瓦解。

意大利的历史哲学家维科②断言,人类在转圈,其历史是缓慢地不断重复同一个圈子。对于整个人类来说,这句话是不恰当的。人类不是在转圈,而是在前进,尽管有时是沿着奇怪的绕来绕去的路线,但是总是在向着光明和幸福前进。然而,当我们看到,没落的阶级、衰败的社会不惜一切代价地维护自己在历史书中已被删去的存在权利,竭尽全力试图窒息进一步发展的新的萌芽的时候,这位老哲学家的话又是恰如其分的,它们确实在转圈,它们在反对新兴阶级的斗争中势必总是重复那些同样的、绝望的,但是徒劳的努力。

废除反社会党人法之后,过去了还不到八年,德国的状况又开始变得与20 年前惊人的相似。我们又进入一个资本主义繁荣发展的时代,接着必定是萧条的圣灰星期三,剥削者阶级又要求保护关税,政府又要求增税,二者又怒不可遏地开始与工人阶级作斗争。八年的平稳发展为社会民主党注入了新鲜血液,它向目标又迈进了一大步。资本主义社会又打算动用暴力手段。非常

---

① 引自 1889 年 11 月 7 日奥·倍倍尔在帝国国会反对无限期延长反社会党人法的演说,在演说中他说:"面对这个文化运动,你们根据这项法律所使用的最尖锐的武器将像玻璃撞击大理石一样被撞得粉碎。"(奥·倍倍尔《演说与论文》1978 年柏林版第 2 卷第 1 册第 630 页)——编者注

② 指人道主义者、历史学家、哲学家和人类学家卓·巴·维科,他 1668—1744 年住在那不勒斯,马克思和赫尔德尔也接受他的历史哲学思想。1725 年出版的《关于民族共同性的新科学的原则》一书被视为他的主要著作。他系统地分析了三种社会形式组成的周期,将这三种社会形式称为神的时期、英雄时期和人的时期,他断言,原始的合作精神将被斤斤计较的自私自利所取代。——编者注

法这把生了锈的剑又被从武器库里拿了出来,反社会党人法的时代再次到来,又开始转一个新的圈子。①

但是,如果一个阶级开始在一个圈子里转圈,那么,它的日子便屈指可数了。剥削和压迫的捍卫者还将反复地纠集他们的力量,反复地竭尽最后的力量给予工人阶级绝望的一击。但是,最后的胜负现在已经不言自明。这把满是缺口的剑在第二次交锋中将马上断成两截,第二次踏上通往深渊的道路时,将更快更深地走向深渊。资本家阶级最终将跌进在历史的教堂墓地上早已为其敞开的墓穴。

社会民主党可以镇定地迎接新的斗争。不管遇到什么,它都将向前迈进,坚定不移,满怀胜利的信心,不屈不挠,无所畏惧——就像 20 年前那样。

1898 年 10 月 21 日《萨克森工人报》(德累斯顿)第 245 号

————————

① 见本卷第 301 页脚注②。——编者注

穆拉维约夫在巴黎①

欧洲新闻界对穆拉维约夫访问巴黎的意义有各种不同的猜测。他的访问与英法在法绍达的摩擦有关,这是从一开始便清楚明了的。② 而部分法国报刊希望穆拉维约夫的访问能使俄国在目前事件中支持法国,反对英国。实际上,这位俄国大臣与法国政府的谈判,对法国来说,不会取得多少令人欣喜的成果。《新时报》在最近一期上写道:

"只要一位**毫不犹豫地拒绝支持马尔尚远征**③**的政治家在主导法国的对外政策**,那么,彼得堡内阁就不可能在英法争端问题上表达举足轻重的看法。我们不认为,俄国因为与法国结盟,便有'义务'为布里松这样的内阁解除困境。"此外,布里松内阁的日子屈指可数了,议会开会之后,它便会倒台。"**但是,试想,能与这样一个垂死的政府认真谈判吗?**布里松内阁……与共和国政治生活中的两个因素存在公开的矛盾,而**俄法联盟的基础**主要是这两个因素:**军队和人民。**只有共和国总统费利克斯·富尔与这一事态无关,但是,可惜他被束缚了手脚。""富尔先生尽管受到束缚,但仍然有机会从最可靠的来源了解俄国对法国的牢不可破的友谊,他在很短的时间内,有机会与俄国政府很有影响的三位代表即财政大臣、陆军大臣和外交大臣进行会谈。"

---

① 本文是匿名发表的,但是作者很可能是罗莎·卢森堡,另见本卷第 VI—232 页脚注①。在费·蒂希《卢森堡文献索引》1962 年版中,本文被标为第 100 号。——编者注
② 1898 年 9 月,英法两国为占领苏丹而爆发冲突期间,在法绍达附近发生摩擦,结果两国差一点爆发战争。1899 年 3 月,冲突得以调停,条件是法国正式放弃苏丹,换取非洲的其他几个地区。——编者注
③ 1897 年,法国将军让·巴·马尔尚受命远征,他率队伍从法属刚果的布拉柴维尔出发,横跨中非,于 1898 年 7 月到达白尼罗河畔的法绍达。此举引起英法两国关系的紧张。——编者注

　　因此,穆拉维约夫访问的意义是不言而喻的。俄国把参与英法争端当作一个内阁问题。布里松内阁倒台、①遏制重审德雷福斯案、②总参谋部的为所欲为,这些都是俄国提供支持的必不可少的条件。…… 法国与沙皇帝国结盟③以来尚未获得一点好处,这个反常的联盟迄今为止仅仅带来了道德上的屈辱和经济上的损失。但是,在目前法国内部发生社会危机的情况下,这个联盟将成为一个可以起举足轻重、极为显著的作用的因素。鉴于俄国的态度共和国卷入的与英国的争端,对外政策上的困难,在议会开会时会对这个激进派内阁产生致命的影响,因为军国主义天主教反动派在与英国的战争的幽灵中可能会找到一个新的令他们喜爱的恐吓法国公共舆论的手段。

　　此外,布里松内阁的态度对俄国来说只是一个借口,俄国本身根本不想支持法国,而仅仅打算为了自己在亚洲的事务,充分利用可能与英国发生的战争,这一点应该是尽人皆知的。法国现在是而且一直是联盟中被愚弄的一方。

载于 1898 年 10 月 22 日《萨克森工人报》(德累斯顿) 第 246 号

---

①　1898 年 6 月组成的以欧·昂·布里松为首的政府,在对布里松的信任表决没有获得通过之后,被迫于 1898 年 10 月 25 日辞职。布里松反驳了君主派和军国主义者说他在德雷福斯事件中没有足够地保护军队,使其免受攻击的指责。(见《法国的内阁危机》,本卷第 377—381 页)——编者注

②　见第本卷第 258—261、266—267、270—271 页。——编者注

③　从 1887 年起,法国公债、俄国向法国工业的订货和日益激化的国际局势使两国关系不断改善,两国通过 1891 年的协商条约和 1893 年的军事协定结成了牢固的联盟。——编者注

巴黎罢工运动的结果①

寄于罢工运动的希望没有得到实现。它草草收场。目前还在继续斗争的大多数是木工和屋顶工人。这是发出耀眼光芒但瞬间熄灭的一次闪烁。

如果说这次没有取得有利结果，那首先是因为缺乏组织，强调这些人人皆知的理由是多余的。我在最近的一篇文章中从一开始就怀疑工人大军会遵照工会的罢工决定。我一看到法国工会目前的状况，就不由得产生这样的怀疑。更有启发意义的是这次运动的另一方面——由于将纯粹的工会要求与总罢工思想混在一起，所以未能成功地利用有利的劳动市场景气。

我们可以随便设想总罢工，但是在目前的情况下，有一点是清楚的：如果运动的发展超出了建筑工人的范围，那就等于埋下了失败的种子。众所周知，强烈的行动欲望是法国工人运动的优点之一，而这种性格的缺点——低估乃至完全无视从产生想法到付诸行动之间的困难——几乎从没有像在最近的罢工运动中表现得那样淋漓尽致。

两个相互依存的流派控制着法国几大工会，他们低估政治行动和迷信总罢工的神奇力量。法国总罢工的支持者似乎对拥有强大得多的工会的其他国家②最近的大罢工的失败经验，像对自己国家的政治行动取得的成功一样反而无动于衷。不仅如此。在主张总罢工的"劳动总同盟"历次工会代表大会

---

① 本文是匿名发表的，但是作者很可能是罗莎·卢森堡。另见本卷第365页脚注①。此外，她还写了在内容上与巴黎罢工运动直接相关的其他文章，见本卷第313—316页。——编者注
② 指1896—1897年约16 000名汉堡码头工人参加的罢工、1897—1898年70 000名英国机器制造工人参加的罢工，以及1898年约100 000名南威尔士煤矿工人参加的罢工等。——编者注

上,人们总是抱怨总罢工思想对群众缺乏吸引力。三周前在雷恩召开的代表大会①也是这种情况。但是,尽管如此,为了迎合事先确定的总罢工思想还是尝试把巴黎的罢工变成一场总罢工。

这种尝试必然以工会历史上前所未有的失败而告终。对冶金工人全国联盟的罢工号召和铁路工人工会联盟的罢工决议,工会会员直接表示漠视。于是,总罢工狂热主义对铁路工人工会理事会,特别是对理事会总书记盖拉尔实施严厉报复。只有极少数铁路工人停止工作。甚至在理事会刚才询问时还表示支持罢工的大多数地方组织——按理事会的说法,恰恰是最强大的地方组织——也没有贯彻他们的决议。不久以后,10 月 16 日,即作出罢工决议三天之后,理事会不得不宣告结束尚未开始的罢工。这堪比那个总参谋部发布的战时动员令,总是纸上谈兵。

如果考虑到铁路工人工会在今年 4 月举行的代表大会上授权理事会,无需征求各个组织的意见,就可在适当时机宣布总罢工,而这个决议是不顾铁路工人的强烈反对强制作出的,那么,这个过程就显得特别具有代表性。(关于这一点,我不久前已在《萨克森工人报》上作了详细分析。②)

那么,罢工决议流产的原因何在呢?如果认为要唯一或主要归因于政府的恐怖主义措施、理事会的被搜查以及军队对各火车站的占领,那么这是荒唐的幻想。的确,在法兰西资产阶级共和国每次爆发起义时,"国民"军队为了企业主的利益都会进行干涉,这是一种正常现象。但是,政府的恐怖主义无论如何阻挡不了**大多数人自行决定的罢工的直接爆发和开始**。这只能用工会组织上的软弱,其次用不利的一般政治形势来解释。在极为可恶的反动派依靠教权主义—军国主义—沙文主义,逼迫所有进步人士在政治领域转攻为守的时刻,工会很难采取像铁路工人在首都建筑工人大罢工时举行罢工那样的广泛的**进攻行动**。

铁路工人的罢工在发起者的想象中本应是总罢工的序幕。一些行业参加这次罢工,明显说明它们相信铁路工人将来的罢工。而铁路工人工会理事会

---

① 劳动总同盟代表大会 1898 年 9 月 26 日—10 月 1 日在雷恩召开。——编者注
② 见本卷第 313—316 页。——编者注

的失败的影响因此更加不可避免。

然而,总体上说,没有任何理由担心工会运动会出现持续不利的倒退。但是,铁路工人的组织可能遭受了明显的打击。它的理事会刚刚已经辞职,同时对地方组织不服从自己的罢工决议表示抗议,并决定最近召开非常代表大会,明确说明这次行动失败的后果。

至于参加斗争的其他工会,它们没有费太大的代价就获得了这样的经验,即大规模动员无产阶级,不能毫无准备。大罢工的力量较量只持续了两三周,就给许多贫困行业的罢工者带来了直接的成果。不要忘记,在建筑工人参加斗争以后才确保了土方工人的全面胜利。如果不是建筑工人的罢工对政府来说像火烧眉毛那样万分紧急,那么,政府绝不会同意市镇参议会给企业主发出的最后通牒。运动还为取得意义深远的、根本性的成果铺平了道路:在市镇和国家工程中实行法定的最低工资制度。巴黎的罢工为实现这个在工会和政治运动中长年提出的要求,创造了目前条件下最广阔的前景。此外,许多行业达成的团结这个例子必将产生积极的意义。最后,罢工者,包括粗鲁的、没有组织的土方工人模范地遵守纪律也属于运动的光明面——当军队占领首都,外加警察肆无忌惮的挑衅,迫使工人以冷静的态度接受严峻的考验时,这种纪律就更是难能可贵。

这是一次探索性的、不成熟的、——在考虑总罢工计划的情况下——毫无希望的尝试,但从长远看,这种尝试必将对工会的发展产生富有教益的、强烈的影响。

1898 年 10 月 23 日《萨克森工人报》(德累斯顿)第 247 号

法国的危机①

10 月 28 日于德累斯顿

布里松内阁的倒台,特别是使他栽倒②的众议院的议事日程,已经清清楚楚地表明,当前法国的社会生活的轴心是什么:是资产阶级政权,即共和国与军政权的斗争。这种现象,资产阶级共和国和自己的军队之间的斗争,军政权最近在法国所扮演的重要角色,一看就使人感到惊讶。简单认为军队最高层对共和国发动的运动是君主派的阴谋,是错误的。君主派当然要设法为自己利用这次危机,事态一旦对他们有利,他们也能很轻松地到达战场并有可能获得胜利。然而,在目前的危机中,扮演主要角色的并不是君主主义,与共和国进行拼死斗争的是军队,是军政权本身。问题涉及自己的存在,涉及最高军政权自己的利益,而君主主义在反共和主义民政权的斗争中只表现为军政权的天然盟友。军队目前在法国扮演着一个独立的角色,而这一点具有广泛的历史意义,我们想说,具有代表性的意义。

军政权这个为了防御,为了为整个社会机构服务而设立的部门,现在开始显示独立的存在,转而反对自己的社会,却靠社会养活,这在历史上不是第一次。古罗马在最后几个世纪已经给我们上演过这一幕,禁卫军自喻为国家的统治者,可以拥戴皇帝上位和推翻皇帝,对国家可以像对待外国一样进行破坏和掠夺。17 世纪,在古波兰也出现过同样的画面,军队比土耳其人更加可恶

---

① 本文没有署名。它被收入克·蔡特金和阿·瓦尔斯基编辑、保·弗勒里希审定的《卢森堡著作集》。——编者注

② 1898 年 6 月组成的以欧·昂·布里松为首的政府,在人们拒绝对布里松投信任票之后,被迫于 1898 年 10 月 25 日辞职。布里松驳回了君主派和军国主义派提出的关于军队由于德雷福斯案件未能有效防御攻击的指责。——编者注

377

地操持国内事务,擅自掌控外交政策,成了民政权和整个社会的恶魔。而这个现象每一次都是现存社会**瓦解**的一个确定的、不容置疑的标志。每一个社会机体只有在它的各个机构有序地履行各自的职能,特别是服从整体的时候,才能正常运转。但是,如果一个社会面临衰落,那么,首先表现出来的是,有些机构,特别是对外防御的机构——军队,形成自己的力量,不再为社会服务,而是反对社会,加速社会的瓦解。然而,军队本身确实没有特殊的、在社会的物质编制中固定的利益,所以,军队利益的自成一体,无非意味着军队中的**腐败**、拉帮结伙、卑微的**私人利益**的滋长。

我们在今天的法国也看到了这样的现象。因此,德雷福斯案件①之所以具有如此重大的意义,是因为这个案件在外人看来就像一个已化脓的政治和道德的脓疮,在法国军队中肆意蔓延。如果说军队的腐败在法国比其他任何一个资本主义国家都要猖獗得多,那么,顺便说一句,这也是法国实行共和政体的结果,因为共和政体一方面使民政权和军政权实行彻底的分离,另一方面作为适合资产阶级社会发展的政治形式也会加速这个社会的瓦解。

今天的资产阶级法国面对肆无忌惮的军政权简直束手无策。农业部门与高尚的金融业一样,从一开始,即有了君主主义思想以来就仰仗军国主义直接支持军政权的反共和主义计划。而广大资产阶级,即金融共和派,由于千丝万缕的关系——家族联系,集体腐败,但首先由于害怕无产阶级——也与军队捆绑在一起,以致他们丝毫不怕面临军事专政的危险,反正丝毫伤不到自己。

这样的事态**使小资产阶级激进派**临时执掌政权。它本身就是资产阶级和无产阶级之间的中间物,由于资产阶级的瓦解和无产阶级的无权,颤颤巍巍地肩负着拯救资产阶级共和国免于灭亡的使命。巴拿马丑闻②造成的危险将资产阶级内阁扶上台,而德雷福斯案件将布里松内阁扶上台。然而,正是小资产阶级激进派的中间物性质使它临时扮演共和国救星的角色,另一方又不可能

---

① 见本卷第 230 页脚注②。——编者注
② 见本卷第 247 页脚注①。——编者注

使它胜任这个角色。对资产阶级来说,小资产阶级激进派及其社会改革的纲领太激进,而不太资产阶级化,对小资产阶级激进派来说,无产阶级又太革命。因此,如果小资产阶级激进派采取行动,那么,资产阶级总是背叛激进派政府,而激进派则背叛无产阶级。因此,激进派在议会中不可能拥有稳定的多数,多亏有偶然的多数和议会花招,他们才能勉强生存。但是,激进派政府深感自己的无能,所以表现出暧昧、动摇和怯懦的态度,而这样的态度在短期内就肯定毁了它自己。今天的小资产阶级激进派仍然与半个世纪之前马克思在《雾月十八日》中所描画的完全一样:他们以震耳欲聋的前奏曲开始行动,以便一有机会就寻找自己遭到失败和从舞台上消失的借口。① 资产阶级内阁紧紧抓住毫无意义和无足轻重的参议院的不信任投票,以便背弃和解散议会。布里松自己没有掌控最重要且最危险的部门——陆军部,而是把它交给了一位将军。他因这位将军的背叛而倒台。

激进派无法拯救资产阶级共和国,资产阶级共和国也无法拯救机会主义的资产阶级。

法国的**无产阶级**在现有的情况下——像在目前所有的资本主义国家中一样——应当承担义务,保护反对资产阶级本身所取得的资产阶级的历史成就。资产阶级共和国并没有为无产阶级进行哪怕细微的社会改良,反而用子弹招待战斗的工人,疯狂地迫害工会组织,而腐败堕落的资产阶级共和国今天唯一忠实可靠的守护者——就是无产阶级。议会中的社会党议会党团,至少是其中的优秀分子,不顾激进派怎么背叛,怎么动摇和失误,每一次都始终是共和国唯一忠实的追随者。但是,社会党的议会党团自身太弱小了,以致无法长期保证一个政府的存在;另一方面,社会党的议会党团在人员配备方面不够完备和统一,以致不能对国内的政治形势产生应有的影响。法国陷入了绝境;由于在资产阶级共和国的框架内无法改变现有的矛盾重重的局面,所以社会党议会党团在周期性的危机和万花筒似的政府更替中可以松一口气。共和国现在还有一具尸体——德雷福斯案件,由于共和国无法凭自己的力量搬走这具尸体,所以共和国面临被这具腐烂躯体的腐化瘴气窒息的危险。

---

① 参看《马克思恩格斯文集》第 2 卷第 503 页。——编者注

英国的社会和政治生活使爱德华·伯恩施坦坚信,资产阶级社会是不可动摇的,稳固的,它还面临长期的发展。他根据英国的条件得出结论说,资产阶级社会还很强大,内部健康而且有发展能力,以致工人阶级不可能在可预见的未来动摇它的基石。今天的法国表明,恰恰可以得出与此相反的结论。在法国,资产阶级的统治可以说已经腐烂,现在已经危及社会的正常存在,而社会生活正在变成一种隐性的危机。在法国,我们看到的是这样一个国家,在那里,资产阶级社会不是缓慢地,而是迅速地走向衰落,不是无产阶级的政治发展赶在资产阶级的衰落之前,而是相反,资产阶级的衰落赶在无产阶级的政治发展之前。在法国,我们没有看到一个在政治上成熟的工人阶级,它面对强大的不可动摇的资产阶级制度,没有能力掌控政治生活,倒是期待果断有力的人来掌控;工人阶级在人数、组织和教育方面远远不足以掌控全局。可见,公式化地解决资产阶级普遍发展的问题被证明是彻底错误的。如果说英国能因其资产阶级设施的稳固而令人敬佩,那么,法兰西必然会因其资产阶级的过早腐烂而引起恐慌。

然而,从法国目前的局势看,还能得出另一个教训。对法国来说,资本主义制度现在已经成了一个生死危险,它就像一条失控的小船在腐烂的恶性循环中四处漂游,正是这个衰落的国家在西欧大国中是大工业发展最少、小手工业和中等阶层最为强大的国家。如果仅仅根据行业统计来破译法国的社会命运,那么,就必然会得到这样的结论:法国尚在资产阶级发展的初期,距离健康蓬勃的繁荣又遥远。但事实与这个结论完全相反,而且证明,如果根据几个干巴巴的数字来判断一个社会的发展大方向,那是僵死的教条主义,因为教条主义从来无法理解社会生活的整体性、多样性和复杂性。正是今天的法国证明,深刻影响资本主义发展速度的,除了纯经济因素外,还有政治因素和历史因素,因此,这些因素可以推翻任何挖空心思提出的关于资本主义制度寿命的理论。

最后,谈谈第三个教训。有人断言,法国的无产阶级——如果它有所准备的话——能够不管其他国家的情况,利用今天的局势来废除资本主义制度,这是非常可笑的。不容置疑的是,无产阶级在这次危机中本来可以扮演无比重要的角色,本来可以为阶级斗争赢得比今天更大的优势。法国工人阶级由于分裂、不和以及不果断而不能完全应对局势,那么原因何在呢,原因在于缺乏**明确的原则、社会主义教育、理论和策略认识**。在法国和在其他地方一样,必须首先由我们自己为有效影响由经济和政治发展带来的局势创造先决条件,而现在首要的先决条件是:**明确的原则**。

1898 年 10 月 29 日《萨克森工人报》(德累斯顿)第 252 号

法国的内阁危机①

发生内阁危机,在法国可以说是家常便饭。第三共和国在存在的 28 年中更换了 37 届内阁,每届内阁的平均任期为九个月。因此,在一般情况下,发生内阁危机,即使对那些平时关心政治事件的公众来说,也是见怪不怪。只有那些狭义的政治圈子、各种有可能执政的议会帮派和他们的合伙人,即职业政客和记者,才把每一次内阁危机都当作一回事。

然而,最近几年——出于在此不便明说的原因——内阁更替的重要性被提升了。莱昂·布尔茹瓦政府的倒台(1896 年 4 月)意味着激进派的破产,意味着中小资产阶级改革派向代表大资产阶级的参议院的投降。随后梅利纳内阁的垮台(1898 年 6 月)表明了金融共和党人和教权派保皇党人之间的秩序联盟在最近一次议会选举中的失败。布里松内阁的倒台②也具有特别的意义,但这种意义不是体现在议会派和纲领派的组合方面。

布里松内阁的一般纲领,可以很有把握地说,必将为下一届政府大体上所接受,因为纲领中只有内阁就职声明中不可或缺的最起码的装饰性改革内容。考虑到"共和党人的联合"即激进派和金融共和党人之间全部对立的消失,布里松的纲领中没有一点是金融共和党人所不能认同的。布里松纲领的主要部分,即所得税"改革"的主要内容甚至是一名资产阶级共和党人挖空心思想出来的。

---

① 本文是匿名发表的,但是作者很可能是罗莎·卢森堡。她从 1898 年 9 月 25 日起担任《萨克森工人报》主编,主要负责该报的前两版,见罗莎·卢森堡 1898 年 9 月 24 日给莱·约吉希斯的信。而且这篇文章与她的《穆拉维约夫在巴黎》一文(本卷第 372—373 页)有关。——编者注

② 见本卷第 377 页脚注②。——编者注

与此相反,内阁危机在目前的情况下使一些非常重要的问题,即**合法的政府与独裁的总参谋部之间的关系**,让人怀疑。虽然我们知道,布里松很少操心,甚至在他摆脱总参谋部的傀儡卡芬雅克的独裁以后,也不操心他的"民政权至上"这个庄严承诺的兑现。但他毕竟确定了民政权和军政权之间的冲突要点,即反对军政权。提出重审德雷福斯案件本身——根据《时代报》关于本案的权威的、无可置疑的证词——不仅是法国任何一届内阁都不会采取的行动,它同时也是一份担保,保证总统无论如何不会像梅利纳治下那样,充当总参谋部实行国家政变阴谋的帮凶。在布里松治下,军人朋党感到被监视、被束缚,这在一定程度上限制了他们。

现在人们担心,岌岌可危的共和国的薄弱但忠诚的哨所会恰恰受到军方朋党的袭击,而人们这时才明白形势的危急。布里松内阁不是在一般的议会斗争中垮台的,它是失足掉进了卑鄙的总参谋部事先为它设置的陷阱。议会开幕式上装模作样的辩论、贪恋权力的钻营者卑劣的奸计、推翻和拯救内阁的那一套陈腐的吹毛求疵、对不能明说的、模糊的和自相矛盾的言论的表决——在关于内阁危机的一次会议上的十分普通的争吵,这次演变成了一场比以往更为笨拙、更为愚蠢的骗局,而且是一场无比危险的骗局,因为这次是军政权充当争吵的操纵者,也就是说,他们甚至不用躲在幕后。总参谋部通过食言的陆军部长沙努安将军本人在议会讲坛上公开将自己的意志强加给人民代议机构。……资产阶级共和党人对将军的声明的多少有点真诚的抵制只是昙花一现,这种抵制随着关于"民政权至上"的决议的投票通过而化为乌有。随后,军政权的意志便得到了贯彻,并以"被侮辱的军队"之名将布里松赶下了台。

布里松的倒台是军人朋党的权势最具威胁性的征兆。民主主义者和社会主义者日益紧张地担心发生公开的军事政变。然而,他们没有认识到,如果将军们真的能够有充分的把握实行真正的独裁,那他们为什么要冒险走这致命的一步呢,难道共和国总统没有誓死效忠总参谋部这伙骗子朋党吗?难道议会不是总参谋部的卑躬屈膝的家奴吗?难道众议院不也是因形式问题而只敢推迟几天将布里松赶下台,在纯粹议会的领域就事论事吗?不说布里松,难道司法机关设法阻止军方谋杀皮卡尔,阻止军方对他粗暴地进行调查违反规定了吗?……只有最高法院——从它目前的态度判断——能够拒绝服从总参谋部。但是,我们可以十拿九稳地说,重审德雷福斯案件不会对这个犯罪团伙造成任何物质损害,同样,司法揭露也不会给叛国者埃斯特哈齐及其同伙迪帕蒂·德·克朗造成损失。但是,只要与这伙人最亲近的社会集团把已经定为误判死刑的骗子昂利甚至奉为爱国主义的英雄,只要议会多数派以"军队荣誉"之名要求追究抨击已定罪的犯人的媒体,他们就无需操心道义上的损失。

对于已经败絮其中的共和国的继续存在来说,真正的危险不是将军们的政变欲望,而是广大人民群众始终不变的冷漠态度。因此,结果可能是,在目前的情况下公开实行政变的危险会完全消失。那时,勇敢的军方就会欣喜若狂地扼死共和国,并以爱国主义的名义确保祖国的衰败。

1898 年 10 月 30 日《萨克森工人报》(德累斯顿)第 253 号

声　明

从今天起,我辞去《萨克森工人报》编辑部的工作。我辞职的原因,我认为不方便在《萨克森工人报》,而应当在另一家党报上陈述,明白说,我将在《莱比锡人民报》上陈述。①

罗莎·卢森堡

1898 年 11 月 2 日于德累斯顿

1898 年 11 月 3 日《萨克森工人报》(德累斯顿)第 255 号

---

① 见本卷第 386—388 页。——编者注

党 内 争 论

我与格拉德瑙尔争论的余波

10月29日的《前进报》刊登了格拉德瑙尔对我的长篇答复,并为它加了按语,《前进报》的愤怒在其中表露无遗,说我不愿意在《萨克森工人报》刊登这篇答复。

《前进报》写道:"我们觉得特别奇怪的是,恰恰是一家始终主张在党的问题上可以展开自由讨论并指责《前进报》规避讨论的报纸,现在开始**禁止**一位遭到人身攻击的党员同志**对自己的选民说话**。"

我们感到特别高兴的是,《前进报》终于也有一次机会支持讨论自由的原则了,要是它的道义上的愤怒发泄得恰到好处,那该多好啊,真是可惜了。从一开始就完全没有涉及允许或阻止格拉德瑙尔同志发言的问题,而仅仅涉及他应当在哪儿,是在《前进报》还是在《萨克森工人报》上发表他的思考。因为格拉德瑙尔是《前进报》的编辑,其次因为他在《前进报》上发表了他的第一篇文章①,所以我为他的第一篇答复,即答复我对他的文章的批评②,提供了《萨克森工人报》的整整两栏半的版面——两倍于我自己关于他的文章,这在我看来,完全是一种**特殊的照顾**。但是,从我这方面来说,我已经仁至义尽了,这是我在退回格拉德瑙尔的手稿时向他"吐露"的。他在《萨克森工人报》上曾两次发文,一是摘要发表他在《前进报》的第一篇文章,二是刊登他的

---

① 《关于策略的讨论》,载于1898年10月16日《前进报》(柏林)第243号。该文由《前进报》编辑格·格拉德瑙尔("gr.")撰写。——编者注
② 见本卷第326—329页。——编者注

长篇答复①,试想有哪一家编辑部还能给他更多的照顾呢,因为都要考虑报纸和读者的利益。当然,如果格拉德瑙尔在他的文章中继续实事求是地阐述任何具有普遍意义的问题,那么,我会在《萨克森工人报》上无限制地为他提供版面。然而,他的第一篇文章引起了一些误解,而我利用这些误解是为了澄清一些具有普遍意义的问题,从此格拉德瑙尔就一直为了这个问题耿耿于怀。

论战不能无休止地进行下去。正因为如此,我写信告诉他,我简短地写了第二篇答复②,并且完全忽略了他关于"恶意诋毁"等等不计其数的人身攻击;正因为如此,我还将有关机会主义、党内的小资产阶级等等的进一步讨论和专门**与他**的论战分开,因为从一开始就很清楚,他这一次不能在《萨克森工人报》上再出声了。

格拉德瑙尔在《萨克森工人报》上刊登长篇回复,利用《前进报》与我继续论战,最后为了咬我,不惜借用维也纳的阿德勒博士的牙齿③;但他对此并不满足,他还"不顾一切地"呼吁德累斯顿的同志们对我进行评判。当然,要是我知道,格拉德瑙尔在论战中最终竟然丧失理智,采取申诉的步骤,那么,我为了读者的利益,从一开始就会让他采取这个步骤,我也用不着花力气与他辩论。这再一次表明,《前进报》的编辑们还不如他们的读者挺得住。但我绝不想再次"嘲笑"中央机关报。我们,正如格拉德瑙尔有理由提醒的,在一定程度上是难友,因为我们在斯图加特都挨了不少打:《萨克森工人报》支持糟糕的语调,而《前进报》支持糟糕的内容。

《萨克森工人报》编辑部的三位成员④在 10 月 30 日的《前进报》上发表声明,说他们对我不刊登格拉德瑙尔的答复毫无所知,说他们不可能赞同这样的做法。我的编辑同事自然有权不满意我的行为方式,我从来都没想过要否认这一点。就这一点而言一切都很正常。但是他们竟然认

---

① 《关于策略的讨论》,载于 1898 年 10 月 18、25 日《萨克森工人报》(德累斯顿)第 242、24 号。——编者注

② 见本卷第 343—346 页。——编者注

③ 格·格拉德瑙尔引自维·阿德勒关于斯图加特党代表大会的一篇文章,其中罗莎·卢森堡因其革命的态度而遭到诽谤。——编者注

④ 埃·艾希霍恩、埃·尼采和亨·维茨克尔。——编者注

为,有必要将他们的不满公之于众,在我看来这只能证明他们品位的
低下。

罗莎·卢森堡

10 月 31 日于德累斯顿

1898 年 11 月 4 日《莱比锡人民报》第 256 号

关于与格拉德瑙尔的党内争论的声明①

上述简讯本应在《萨克森工人报》上发表。但是,曾经拒绝格拉德瑙尔申诉的德累斯顿新闻出版委员奇怪地认为,他们能够阻止我发表这个简讯,尽管这是一篇要在我主编的报纸上发表的由我署名的声明,也就是说,是一篇针对说我删除了某人的意见的指控的个人辩护。我竭尽全力向委员会说明,这样的决定严重损害了我作为编辑的权利,并且迫使我离开编辑部,而委员会仍然固执己见。②

但是,新闻出版委员会的上述决定只是为我提供了离开编辑部的理由。迫使我离开编辑部的真正原因,是委员会在这次会议上表明的意图,即不仅要让我的四位编辑部同事投票决定《萨克森工人报》是否采纳投来的稿件,③连我自己的文章也要接受这几位同事的审查,而他们务必齐心协力地"删减"所有"尖锐的词句"。对于我来说,关键当然不在于权限问题,也不是编辑部内这个或那个职位,只要让我有机会,哪怕以我个人的名义,毫无阻碍地充分表达我的观点。但是,如果要满足新闻出版委员会的上述意愿,那么,就等于说,我连这样的机会也被剥夺了——当然也就谈不上一个没有完全疯掉的作家会忍受多数派的审查和他们的"删减"。

结果只能是,我必须承担报纸的领导责任,却不能实际行使领导权;此外,我作为《萨克森工人报》的编辑,不能像任何一家党报的撰稿人那样服务于自己的信念。

---

① 题目是编者加的。——编者注
② 《萨克森工人报》新闻出版委员会会议于 1898 年 11 月 2 日召开。——编者注
③ 首先指埃·艾希霍恩、埃·尼采和亨·维茨克尔,他们在 1898 年 10 月 30 日《前进报》上发表了反对罗莎·卢森堡的声明。第四位编辑部同事是海·瓦尔费施。——编者注

　　既然新闻出版委员会会议上的争论主要围绕我设立的专栏《关于策略的讨论》，而我在党内目前的形势下又特别重视这个专栏，对我来说，上述观点对我在《萨克森工人报》的职位也就毫无意义，因此我立即放弃这一职位。

罗莎·卢森堡①

1898 年 11 月 3 日于德累斯顿

1898 年 11 月 4 日《莱比锡人民报》第 256 号

---

① 这次表态在她的文章《党内争论。我与格拉德瑙尔的争论的余波》（见本卷第 386—388 页）发表之后不久，就刊登在 1898 年 11 月 4 日《莱比锡人民报》上，但不知何故，本卷第一版没有收录。详细信息，参看罗莎·卢森堡 1898 年 11 月 24 日给莱·约吉希斯的信。——编者注

两种补偿政策

12 月 1 日于莱比锡

鉴于著名的引自恩格斯的（关于轮船津贴的争议方面的①）引语，奥尔同志在已经讨论过的他给亨尼施的答复中问道：

"提案中是否含有**海涅的补偿政策②**？"他自己回答道："**只有精神不健全的人才会否认这一点**。"③[着重号是我加的。——罗·卢·]

反过来才是正确的；这是两件在本质上完全不同的事情。首先，这完全是根本不同的两回事。恩格斯在评论轮船津贴问题时谈到了社会民主党的分裂。人们现在可以这样或那样评判这个问题，但无论如何要涉及国家对**资本主义利益**的支持。基于这个原因，原则上说，社会民主党不能反对促进资本主

---

① 1884 年底，奥·俾斯麦为了加紧推行德国的殖民政策，要求帝国国会批准对轮船公司发放年度津贴，以筹办通往东亚、澳洲和非洲的定期航行。政府的这个要求使社会民主党议会党团内部产生了意见分歧。以奥·倍倍尔和威·李卜克内西为首的左翼遵循恩格斯的指示，反对支持政府的要求。党团中具有机会主义倾向的多数派议员（约·狄茨、卡·弗罗梅、卡·格里伦贝格尔等人）在发展国际关系的借口下打算投票赞成对轮船公司发放津贴。在他们的压力下，党团通过了决议，宣称关于津贴的问题是非原则性问题，党团的每个成员都有权根据自己的看法投票；决议还指出多数社会民主党议员准备投票赞成对轮船公司发放津贴。

党团右翼的机会主义立场受到广大党员群众和党的中央机关报《社会民主党人报》的强烈谴责，该报反对机会主义者的斗争得到恩格斯的全力支持和指导。受到尖锐批评后，党团内有机会主义倾向的多数派在 1885 年 3 月帝国国会讨论政府提案时不得不稍微改变自己对政府提案的态度，他们以帝国国会接受党团的一些建议作为投票赞成政府提案的条件。只是在这些要求被帝国国会拒绝以后，社会民主党党团的全体成员才投票反对这项提案。——编者注

② 沃·海涅 1898 年 2 月 10 日在柏林第三选区发表的讲话中支持机会主义的观点，认为社会民主党为了"人民的自由"可以同意普鲁士容克政府的军国主义要求。海涅想以这个妥协来修正德国社会民主党的反军国主义斗争。——编者注

③ 1898 年 11 月 28 日《莱比锡人民报》第 275 号。——编者注

义的发展,因为确切地说,党自身的立足之本是资本主义发展并从中汲取生命的乳汁。因此,社会民主党在这个问题上的态度只能取决于各种具体情况,也就是说,党的态度一般应视情况而定:在现有情况下,对资本主义的支持同时带有普遍促进文化的性质(利用公共资金建设铁路、开凿运河、建立科学实验室等等),或纯粹只是给资本家阶级利益集团的、与国家的普遍利益毫无关系的捐助。

社会民主党议会党团在判断轮船津贴时也确实以这个观点为指导。在1898年2月17日的帝国国会会议上,莫尔肯布尔作为我们议会党团的发言人说:"我之所以也不反对轮船津贴,因为我是社会民主党人。我们社会民主党人始终支持一切有利于促进贸易的事情;如果能向我们证明,轮船津贴能使经济蓬勃发展,那我们就会投票赞成轮船津贴,因为工人从中也会有所得。"

最后他还表示:"至此,我没有看到发放轮船航线津贴的迫切理由。它只对个别股份公司有利,而人民群众从中什么也得不到,却必须为这种津贴掏钱。"①

如果说莫尔肯布尔说得太过分了,竟然说社会民主党人"**始终**支持**一切**有利于促进贸易的事情"——要知道关税政策、殖民政策等等也有助于促进贸易,而社会民主党在支持这些事情的过程中至少至今还没有犯过错误,那么,他在轮船津贴问题上就有充分的理由强调纯粹的实用性观点,之所以反对批准轮船津贴,因为这种津贴不具有普遍促进经济的性质,而是给少数企业主集团的纯粹的捐助。

海涅的问题则不同。他的问题是主张同意**大炮**预算,也就是主张同意资本主义国家的直接而绝对的权力手段,同意加强我们原则反对的军国主义。

---

① "现在我甚至也不会成为某项津贴的坚决反对者,因为我是社会民主党人;我们作为社会民主党人,即使以前承认这样的津贴是合理的,原则上也不能成为坚决的反对者,因为我们迄今一直支持一切在某方面有利于促进交通的事物。……此外,如果有证据证明,这样的津贴在某方面能有助于促进经济的发展,那么我们作为工人的代表也都会给予支持,因为经济的发展对工人也是有利的。""综上所述,我不认为存在批准那项津贴的必要理由。那项津贴还是有利于几家股份公司的,而人民群众除了掏钱以外,从中什么也得不到。"(《帝国国会讨论速记记录,1897—1898年第九立法会议任期,第五会期》1898年柏林版第2卷第1106—1107页)——编者注

莫尔肯布尔说的是同意为资本主义利益提供国家帮助,弗·恩格斯自己承认,这种国家帮助可能也间接有利于工人;而海涅说的是同意国家反对工人阶级的斗争手段。可见,莫尔肯布尔说的同意是一个**实用性问题**,而海涅说的同意则是一个**原则性问题**。这就是分歧的核心。

但是,事情还有另外的并非不重要的一面。弗·恩格斯预计的**补偿**有一个特定的性质。首先,它与国家要求的对象属于**同一个领域**:在为促进资产阶级经济利益提供国家帮助的同时,应为工人阶级经济利益提供国家帮助,在为资本家集团提供补偿的同时,应为工人组织提供补偿。因此,补偿在一定程度上表现为国家要求的最直接的对立面。如果政府每年要给船主提供几百万的补偿,那么恩格斯就要求政府同样给工人合作社提供几百万。此外,他还要求将国有土地租赁给工人合作社,而不是租赁给大租佃者,将公共工程承包给工人合作社,而不是承包给资本家。总而言之,他要求为无产阶级提供一种在广泛基础上组织起来的经济的国家帮助,作为轮船津贴的对立物。他用一项经济上慷慨的**国民政策**反对国家的经济上片面的**阶级政策**。这里所说的意思无非是巧妙地杀一个回马枪,把政府想要的东西直接变成它的对立面,破坏并妨碍国家的阶级政策,总的来说,就是扣留政府所要求的东西,以"回报"的形式强迫政府自食其果。

当然,这样一来,恩格斯的整个建议就失去了所有的"实际"价值。提出显然不可接受的要求作为补偿,使得补偿本身——这是这个问题的第二个核心——失去了实用的**议会活动**的性质,并使它变成了只起**鼓动作用**的议会行为的特定形式。可见,这是恩格斯和海涅的"补偿政策"之间的另一个巨大区别:海涅想通过**同意**来取得直接的**实际成果**,而恩格斯只是为**反对**而寻找一个有效的**鼓动**形式。如果恩格斯按照海涅的方法来行事,那么,他就会为了同意轮船津贴而在其他方面要求某种让步,比如说取消在柏林的戒严。那么,像海涅这样建议,至少从意图看,是一次实际的交易,但是,即使不从批准的对象的角度看,而是从社会民主党议会斗争的一般原则的角度看,无疑也是对原则的践踏。相反,如果海涅想以恩格斯为榜样来行事,那么,他也要调转枪口,在同意大炮,同意国家反对工人阶级的权力手段的同时,同意工人阶级的防御手段,也就是要求武装人民。因此,这种"补偿政策"归根结底只是要求建设民军,我们的议会党团也一直在提这样的要求,也就是说,要是在恩格斯看来,那只是反对政府要求的一种有效的鼓动形式。当然,海涅的整个"实践政策"即使因此泡汤了,它也会从一种资产阶级的肮脏交易转变成支持社会民主党原则的鼓动。

奥尔想通过恩格斯的证明来支持海涅关于议会斗争的观点。但他这样的精心安排所达到的目的,只是更加突出了海涅的补偿政策对原则的加倍的破坏作用。此外,他还证明,他自己因为把轮船津贴和大炮相提并论而没有区分实用性问题和原则性问题;因为他把恩格斯的和海涅的补偿一视同仁而没有区分反对和同意政府的要求,没有区分议会的肮脏交易和议会的鼓动。此外,他认为,只有精神不正常的人,才能区别议会斗争的基本原则,这样的话由一位议会党团的领导人说出来,至少令人吃惊。

1898 年 12 月 1 日《莱比锡人民报》第 278 号

经济和社会政治评论①

一 资本主义的骗局

资本主义的发财致富来得十分蹊跷,据说是通过"诚实的企业主的劳动",也就是通过工业资本的积累,这看起来与盗窃极为相似。但是,这些在工业中积累的、"节约"的资本无非是那些无偿的、从工人那里榨取的劳动。资本主义经济——除了这个合法地靠他人养活的主要方法之外,还创造了大量其他的形式:自己不动一根手指,甚至还不直接让其他人劳动,也不与现行法律发生冲突——就能获得财富。为此成立了各种投机性的股份公司。最近在柏林就建立了这样一家极为典型的现代保险股份公司,名为艾德思。根据公司简介,公司的宗旨在于:"为土地所有权人办理保险,以免承担由于不支付地产的抵押利息和附加费而产生的后果。"什么是不支付地产的抵押利息的后果,我们知道,就是土地的强制管理和强制拍卖。不支付地产抵押债务的人如何能在后果发生之前被"入保",这是普通人难以理解的。只有一点是清楚的,就是必须千方百计地筹钱,而股票就是为此向公众出售的。由于大量投放广告——在这种事情上已习以为常,所以总有这个或那个小资产者可能上当受骗,把"省吃俭用积下的小钱"买了股票。但一个小资产者通过这样一支"股票"获得的,——像工业股票一样——不是实际存在的、所生产的财富的一部分,而是外债的一部分。明确地说,面向公众运营的保险股份公司的目的无非是用别人的钱来偿还土地所有者的债务。

---

① 这篇评论以"ego"署名。罗莎·卢森堡 1898 年 11 月 28、30 日写给莱·约吉希斯的信表明,她是这篇评论的作者。——编者注

但是,煽动罢工要被判处苦役监禁。①

二　法国公务员的贫困

法国的《经济学家》杂志公布了关于法国的官僚人数持续增加的有趣数据。官僚主义虽然是所有现代国家的弊病,并且与资本主义制度密切相关。但是在法国,它还有这个国家的政治和社会状况方面的特殊原因。下列数字可以表明,第三共和国时期的公务员人数增加得多么迅速。1846 年,内政部的公务员共有 3 777 名,1873 年为 4 114 名,1896 年为 9 129 名! 外交部的公务员:1866 年、1873 年和 1896 年分别为 388 名、450 名和 931 名。目前,各个部的公务员总人数达 415 671 人,堪称一支庞大的军团。因此,国家为这支官僚大军的支出也相当庞大,总计达 627 350 653 法郎②。总额本身虽然巨大,但公务员人数众多,分摊到每个人身上的部分却微不足道。如果所有公务员薪资相同,那么每个人的年薪平均为 1 490 法郎,也就是每月 124 法郎(100 马克)。但是,在资本主义国家的官僚制度下与在资本主义社会中一样,平等是不存在的。确切地说,与规律正好相反——是最尖锐的矛盾,在这种情况下,在德国也一样,规则是:薪金的量与劳动的量和难度成反比。我们用数字来说明这一点。在法国 415 671 名公务员中,有 141 061 名,即占总数的**四分之一以上**,是大量从事疲劳而枯燥的文书工作的低级公务员,薪金却只有 200—1 000 法郎;另外 210 627 人,即**占总数的一半以上**,薪金却只有 1 000—2 000 法郎;但少数高级官员——321 名,他们工作通常是"演讲"和赴宴,但他们的年薪却超过 20 000 法郎!

官僚人数快速增长的一个原因在于法国的议会制度,或确切地说,在于这个制度在政治上的堕落,而这种政治上的堕落导致内阁频繁更迭,为每一届新内阁的走狗设置大量新的职位,这已成为常规。而另一个更深层次的原因是小资产者的贫穷。法国是典型的小资产阶级国家,它没有大工业的发展,而只

---

① 　见本卷第 301 页脚注②。——编者注
② 　1 法郎等于 80 分尼。——编者注

有负债且破产的小地产,大量的小人物既不能在生产中也不能在商业中安身立命,因此只能听命从事公务。一位颇有见地的省长曾经说过,蜂拥而至的公务员求职者人群在行业统计中可以比较清楚地表明一个地区的工业和农业状况。我们引用的数字证明,法国政府善于利用小资产阶级的贫困并将大部分公务员的薪金压低到只够勉强糊口的最低生活水平。

三　俄国的钢铁工业

最近,俄国南部的煤矿业主和钢铁企业主在哈尔科夫举行了他们的年会。在会上宣读的报告表明,俄国钢铁工业的发展相当惊人。报告中首先提到顿涅茨河南岸地区的表现尤为突出,该地区的生铁生产占帝国总产量的40%,钢的生产占42%,而煤炭开采占54%。该地区的生铁生产1896年还只有3 800万普特①,1897年就已经达到4 600万普特,今年是6 000万普特,而明年预计可达到8 670万普特!该地区的生铁生产发展非常迅速,1897年为400万普特,而今年就达到了2 000万普特。最后,根据代表们的报告,俄国南部的铁矿石开采1896年为550万普特,1897年就达到1 300万普特。俄国钢铁工业的惊人发展是俄国政府在最近几年坚持奉行的保护关税政策的直接结果,该政策使人几乎不能再从英国和德国进口生铁,并在国内将生铁价格抬得很高,以致企业主的利润不断增长。例如,1897年,俄国生铁的市场价格为每普特85戈比②;当时**生产成本为45戈比**,其中,**工资为每普特4戈比——而企业主利润达40戈比!** 沙皇政府奉行独特的保护关税政策,目的在于不惜代价发展本国的钢铁工业,使帝国在经济上不依赖外国。为了这个目的,沙皇政府不怕掏空国库,因为它为大规模的铁路建设,以高得夸张的价格,从俄国的工厂获得巨额订单,以便帮助"祖国的"工业。沙皇政府甚至还有极为大胆的计划:它力求使俄国成为工业出口国,特别是在亚洲与英国和德国的工业争夺地盘。俄国南部的企业主——政府的宠儿——也知道,用什么办法能够为自

---

①　沙俄时期的重量单位,1普特等于16.38公斤。——编者注
②　1戈比等于2芬尼。——编者注

已进一步提高关税并获得各种各样的好处:哈尔科夫会议声明,俄国的铁矿石不久就能出口外国。如果说暂时可将这个消息看作是迎合政府内心愿望的炫耀,那么,这个消息背后的真实内容应当是:俄国,特别是俄国南部的铁矿含量极其丰富(仅克里沃罗格的铁矿就含有约 37 亿普特最优质的铁矿石),外加如今钢铁工业的快速发展,迟早能够与外国展开竞争。

四　美国的水利建设

美国正在进行两项对本国和欧洲诸国的经济发展具有重大影响的新的水利工程。其中一项是**拓宽伊利—休伦湖之间的河道**,与**苏必利尔**、**密歇根**和**休伦**三大湖水系与**伊利**和**安大略**两小湖水系相接,并延伸至**圣劳伦斯河**,最后与大西洋相贯通。这条水路现在可以视为样板;载重 250 吨的轮船可以 24 小时行驶 70—100 公里的速度通过这条水路。但是现在,这条水路需要拓宽和改造,以便使海洋轮船通过这条水路直达芝加哥。为达到这个目的,要修筑一条深 10 米、宽约 100 米的运河,其修筑成本约为 40 000 万马克。这项新工程的主要困难在于,这条水路在不同的地方有不同的水位,比如,伊利湖和安大略湖之间水位落差达 100 米。由于这种情况,就必须建造带有升降机的船闸。而且要建五个这样的船闸,在每个船闸中,海洋轮船由气压驱动的升降机向上提升。这项新工程尤其对于谷物贸易具有重大的意义。由于芝加哥——谷物贸易的主要中心——的谷物从此无需转运,可以经海洋直接船运至欧洲,因此可以大幅削减运费,减轻美国粮食在欧洲的竞争压力,而对西欧以及俄国的农业经济状况都会产生深远的影响。

美国计划中的另一项水利工程,是修建一条**通过尼加拉瓜湖的运河**,连接太平洋和大西洋。这处地峡虽然远宽于巴拿马地峡,但中间有湖却能方便这项工程建设。这条运河总长将达 169.4 英里,将有六个大型船闸与之相配套。费用将高达 28 000—100 000 万马克。这条运河建成后,美国将有能力短时间内将自己的船只从大西洋的港口直接派往太平洋,而不用像现在这样走很长的弯路,绕过整个南美洲。这条新水路的巨大的政治和经济意义是显而易见的。如果美国佬早一点启动这项工程,那么,他们的出口就可能有一条比**巴拿**

马运河工程更加通畅的通道,要知道巴拿马运河白白挥霍了法国小资产阶级那么多的金钱和法国资产阶级那么多的政治声誉。这两项大型工程一度是十分庸俗的商业利益和军事利益的产物,但它们的寿命将会比它们的创造者——资本主义经济——更长久。它们再次表明,它们一旦摆脱资本主义利益的束缚,就会发现,在我们社会的母腹中孕育着多么巨大的生产力,进步和文化将会获得多么大的发展。

五　殖民政策的目的何在?

今年来自亚洲和美洲的德国等国的领事报告显示,德国在这两个大洲的贸易中所占的份额在最近几年增长惊人。例如,德国驻**符拉迪沃斯托克**①(俄国在太平洋的港口)的领事报告称,几年前还没有德国商船进入那片水域,在1897 年驶入这个港口的 244 条商船中有 84 艘德国商船,而俄国只有 56 艘,日本 45 艘,挪威 29 艘,英国 22 艘。德国的商船定期在俄国、日本和中国的港口之间从事货物运输。在符拉迪沃斯托克进出口的全部商品中,约有三分之二是由德国商船运输的。

在**中国**,正如不来梅的《威塞尔报》不久前报道的,也是**不来梅的瑞克麦斯**公司第一次组织德国商船经长江在**上海**和**汉口**之间每两周定期从事商贸运输。该报道称,瑞克麦斯的长江航线将在 1899 年 6 月开通。在上述两个城市间的商贸运输非常重要,而上述航线则会在中国的贸易中扮演重要角色。

另一方面,德国商品在东亚市场的销售也直线增长。在这方面,汉口港占据首要位置,并在不久后将成为中国最重要的贸易中心,因为北京和广州之间已开通铁路线。前往汉口的商船是逆流而上;有时会受到急流的妨碍。不久前,汉口的全部贸易还是由英国人垄断,而现在,正如美国驻汉口领事所报道的,完全由德国人统治。**汉口与德国**的贸易在 1896 年就已达约 4 500 万马克。

英国驻里约热内卢(巴西首都)的领事记录了德国工业相同的成果。不久前英国人还是里约热内卢的局面的掌控者。"现在",这位领事写道:"德国

---

① 　中国称海参崴。——编者注

人在每个工业部门都在与英国人展开激烈的竞争,几乎找不到一个英国人在其中有望战胜竞争对手的部门。"

在智利,据英国的《经济学家》杂志报道,德国的销售额自 1887 年以来也几乎翻了一番,并且很快就会超过在同期内只增长了三分之一的英国。

现在,如果拿德国同非洲贸易的糟糕结果与德国在亚洲和美洲的贸易数据相比较,那就自然会产生这样的疑问:德国奉行殖民政策究竟目的何在? 正是那些需要用民众大量金钱购买和维护的国家,对德国的贸易和工业来说,毫无意义。另一方面,德国工业却在这些极为遥远的国家的自由竞争中需要站稳脚跟。在中国,德国工业也早已竖起了自己的旗帜,而在铁拳出击之前完全不依胶州的取得①为转移。

因此,《德国经济学家》在评论新一届帝国国会会期所面临的经济任务,提到完全被忽视的、还在襁褓中的德国出口,进而尝试论证建立一支强大的陆上和海上军事力量以及制定大规模的海上世界政策,对德国的必要性时,**事实**直接给了这种论点一个耳光。德国的出口是自行发展起来的,完全不需要军国主义和海上霸权主义。世界冒险政策可能给德国人民带来的不会是商业和工业的发展,只能造成生命财产的巨大牺牲与对和平发展不断增加的风险。

六　美国的经济发展

不久前,美国还是一个以农业为主的国家,它的工业需求主要靠从欧洲的进口来满足。关于畜牧业的最新统计数据首先证明,这种情况在最近几年发生了巨大变化。结果表明,自 1894 年以来,美国的牲畜存栏数持续减少——1895 年有 1 650 万头奶牛,1898 年有 1 580 万头;1894 年有 3 660 万头肉牛和其他牲畜,1898 年就只有 2 920 万头。在同一时期,美国的牲畜进口不断增长,1894 年进口还不超过 1 600 头,现在就达约 30 万头。而且畜牧业的倒退不能归因于偶然的、暂时的原因,而是应归因于饲养成本的不断增长,外加人

---

① 1897 年 11 月 14 日,德国吞并了胶州地区。在 1898 年 3 月 6 日的协议中,中国政府被迫将胶州湾租借给德意志帝国,建设海军基地,为期 99 年,并承认胶州所在的山东省是德国的势力范围。——编者注

口密度不断增大。

另一方面,工业则以惊人的速度发展。只需举一个部门,即金属薄板的生产为例。1891 年,这个部门在美国还完全不存在,全部需求都靠进口别国的、主要是英国的产品来满足,总额超过 10 亿磅。1892 年新建了这个工业部门,起初生产金属薄板 1 300 万磅,通过跳跃式的增长,1898 年规模达到 65 000万磅。因此,从外国的进口由 10 亿降至 1 710 磅,不久就不再进口。

而美国在最近几年也已经成为一个出口型工业国。以向一个国家——日本的出口为例。1896 年,美国只占机车总进口的 26%,英国占 65%;1897 年,美国所占的份额升至 57%,而英国降至 43%,而且从此不再从其他国家进口。这一点适用于其他铁路物资的进口。

正如在东亚,美国的工业,特别是在南美,引发了同英国工业的恶意竞争。一句话,美国从一个欧洲工业的销售市场已经发展成为能与其他国家竞争的资本主义出口国。而结果呢?世界市场变得越来越狭窄,发达的生产力日益超过市场的容纳能力,竞争斗争越来越激烈,而多少带有普遍性的贸易冲突,作为不可避免的后果,迟早会动摇资本主义国家。美国的工业发展及其各种联系为生产资本主义地"适应"需求这个著名理论再次出了一道难题。

七　资本主义的大工厂

欧洲殖民强国之间最近在亚洲和非洲日益频繁地发生冲突,结果产生了一种也对普遍的经济和社会发展具有重大意义的新趋势,即殖民国家的趋势。它们分散在欧洲之外的领地,通过庞大的铁路网联合成了一个互相联系的整体。英国现在正计划通过铁路线将自己在亚洲和非洲的殖民地联系起来。这条**铁路线**起始于**埃及**,经过**北阿拉伯**和**南波斯**,沿波斯海岸到达印度河口的**卡拉奇**。由于在**卡拉奇**,连接印度各主要城市——拉合尔、加尔各答、孟买和马得拉斯——的铁路交通已经开始运行,所以,随着这条计划中的铁路线的建设,在印度和埃及之间将建成直通的铁路线。这个发表于《现代评论》的铁路建设计划在四年前就已经制定完毕,现在为实行这个计划,已经组成一个企业辛迪加。

另一方面,英法两国之间最近发生的法绍达冲突①,使法国重新考虑原来制定的建设规模宏大的跨撒哈拉铁路的计划。25 年前,这个铁路建设计划就由工程师杜旁歇尔制定完毕。20 年前就组成了一个实际实施计划的筹备委员会。但直到今天,法国在尼罗河上游与英国发生冲突以后,这个老计划才引起舆论的关注。特别是资产阶级利益的"博学"代表——保尔·勒罗瓦-博利约怀着满腔热忱,试图在《辩论日报》和《经济学家》上阐明将分散的区域连在一起,从而建立法国的"非洲帝国"的必要性。由于之前成立跨撒哈拉铁路建设筹备委员会的弗雷西内②现在也是内阁成员,所以得以实施这个老计划。这条计划中的规模庞大的铁路始于阿尔及利亚的**比斯克拉**,通往撒哈拉沙漠中的**塞卜哈**,再向南横穿沙漠到达**乍得湖**,从这里开始,一条通向法属**塞内加尔**,另一条通向法属**刚果**。这样,非洲的北部和西部就能运营铁路交通。

如果这两条计划中的铁路在不久的将来能够建成,那么,这个庞大的工程——特别是在法国,在巴拿马地区——首先使少数资本家有机会玩弄资本骗局,发财致富,牺牲靠借贷度日的小资产者大众和卖苦力的无产者的劳动。在政治方面,交通的便利,特别是殖民军的机动,只会使欧洲强国之间在亚洲和非洲的冲突越来越频繁、越来越尖锐。最后,正因为如此,还因为贸易的增长,这些新的交通线会加速资本主义的发展,也会加速资本主义的最终崩溃。大型交通工具和资产阶级创造的其他东西一样,最后只会对资产阶级产生毁灭性的作用,但对于普遍的文化进步却具有巨大且持久的意义。

八　必须从酗酒中得到拯救?

把"贱民"从酗酒造成的经济破产和道德堕落中拯救出来,这种圣徒般的事业通常由资产阶级的"比较美好的社会"来完成。它利用一切机会向"人民"宣扬节制的道德。有意思的是,借助统计数据可以知道,究竟应当向**谁**宣

---

① 1898 年 9 月,英法两国为占领苏丹而爆发冲突期间,在法绍达附近发生摩擦,结果两国差一点爆发战争。1899 年 3 月,冲突得以调停,条件是法国正式放弃苏丹,换取非洲的其他几个地区。——编者注

② 沙·德·弗雷西内(1828—1923)——法国政治家,工程师。——编者注

扬节制饮酒,是向"人民"还是向民族的贵人和君子？关于非军事的资产阶级社会的确凿数据很难弄到,但各种比例关系——阶级社会的全部道德观念——却在军队中有忠实的反映。最近,在彼得堡反酗酒委员会宣读了一份关于**俄国军队**中的比例关系的报告。报告称,1896 年,军官中每千人的**酒精中毒**案例数为 3.6%,而在普通士兵中只有 0.1%。1897 年,同比为 3.1% 和 0.1%。可见,出身于资产阶级和贵族的军官因酗酒而中毒的案例比出身于农民和市民的士兵高 30 倍。这个有利于人民的差距在西欧国家肯定还要大得多,在那里,国民学校教育、特别是工人运动,使劳动人民的精神生活优于俄国人民,而各国资产阶级的道德规范大体相同。在这个方面和在其他方面一样,较高的道德规范不能在上层的几万人中,而应当在劳动人民中去寻找。

九 帝国罢工统计的实行

实行"社会改革"的国家,在社会政策中一个最重要的问题上,最终会慢慢效仿所有其他的工业大国:根据今年 6 月 1 日的议会委员会决议,从 1899 年 1 月 1 日起,在德意志帝国对罢工和解雇事件进行统计。英国 1888 年起就有这样的统计,法国做这样的统计也近 10 年了,意大利自 1892 年,奥地利自 1894 年开始这类统计,在美国也定期进行有关劳动争议的统计调查。只有德国,至今只有几个邦,即在普鲁士和巴伐利亚进行相关的统计,然而,普鲁士官方从不公布结果,巴伐利亚只是去年和今年摘要公布结果,因而对公众没有任何价值。

就一个工业大国发生的罢工和解雇事件进行定期而准确的统计,具有多方面的意义,对此无需赘言;统计资料是国家的社会政策不可或缺的材料,同时也能为工人阶级本身提供其经济斗争的全貌和在这种斗争中组织的有用性的数字证明。这是迄今为止在已经有这方面统计的国家进行罢工统计的结果和部分目的。但是,关于劳资之间经济冲突的统计资料也可能反过来,被当作材料用于**国家与工人阶级的斗争**,这是非常令人担心的,年轻的德意志帝国统计就说明这一点。这些都取决于统计及其组织工作本着什么精神,在这方面,未来的德国统计在本质上有别于其他国家。

　　首先,德意志帝国在**调查**方式上没有仿效在这方面最先进的英国,而是仿效了法国、意大利和奥地利,统计不以争议双方——企业主和工人的报告,而只是以行政当局的调查为基础。在英国,利用的是工会的报纸报道,劳工局驻各大工业中心的兼职通讯员的报告,特别是通过向企业主和工人以及工人组织发放问卷而查证的材料,而在德国,问卷的填写完全绕开工人组织,成为地方警察机关的专职。当然,高级的行政机关可以在将报告呈送统计局之前进行完善,并征求直接参与者的意见。但是,德国的警察和行政机关敌视工人的思想是众所周知的,从一开始就该明白,这些机关可能只听取企业主的意见,因此,调查从一开始就带有片面的,甚至直接偏袒的性质。

　　其次,统计局本身的调查这样安排,就带有最令人不舒服的警察的怪味。在其他国家,问卷只需询问罢工的地点、行业、期限、规模、原因和结果,而在德国,问卷中还设置几个与统计的经济目的无关的问题。问卷第 11 问是这样的:"行业联合会或第三方在多大程度上**影响了罢工的爆发**,它们提供特别的资助吗?"其次,第 13 问为:"在罢工期间,**愿意劳动的人在多大程度上需要警察的保护**?"最后,第 14 问为:"为了罢工,**动用检察机关了吗**?"上述三个问题与结社权①方面的最新动向的联系是显而易见的。罢工统计应明确地提供关于工会和"社会民主党的煽动者"——因为他们显然是问卷中所说的"第三方"——"怂恿"罢工的材料,以及关于保护愿意劳动者、反对罢工者的"恐怖主义"的必要性的材料。就是说,其他国家只负责通过罢工统计——至少在原则上——为社会改革,为有利于工人的措施收集材料,而德国的统计则是作为诉讼材料,用于反对现代工人运动,支持反动计划,剥夺人民的权利。这与目前德国社会政策的整个精神极其一致:甜点和鞭子吉祥地联系在一起。结社权始终"毫无异议",但人们不得行使这种权利;可以进行罢工统计,但不能用于社会改革的目的,只能用于政治上反动的目的。因此,工人阶级及其组织和报刊对未来的官方罢工统计,从一开始就要投以警惕的目光,可能的话,立刻揭露它们的错误和片面性。不管这种统计创造者抱有什么样的意图,这种

---

① 1898 年 1 月 15 日《前进报》发表了帝国内务大臣阿·冯·波扎多夫斯基-魏纳伯爵 1897 年 12 月 11 日的秘密通告,要求德国各邦政府为反对工人罢工权利和结社自由的法律措施提出建议。随后,这个反动方针在经济和政治生活的各个领域都得到强化。——编者注

新的制度无论如何一定要有利于工人运动,因为人们无疑能够从这种单方面进行的统计中得出一些有益的教训,特别是关于工人组织在与资本的经济斗争中不可或缺这个教训。

十　女工和童工

《德意志帝国统计》季刊最近一期公布了关于 1897 年在接受行业监督的工厂中工作的少年男工和女工数量的惊人数据。数据显示,在工业企业工作的不满 14 周岁的儿童以及在 14—16 周岁之间的男女少年人数达 265 721 人,**比 1896 年多 20 861 人**。其中,男童 3 770 人(1896 年为 3 343 人),女童 2 381(1896 年为 1 969 人),男性少年为 172 398 人(1896 年为 159 214 人),女性少年为 87 172 人(1896 年为 80 334 人)。可见,少年工人群体中的两性比例与过去几年几乎一样,没有变化。男性约占总人数的三分之二,女性占三分之一。

1897 年,从业的成年女工(超过 16 周岁)人数达 732 909 人,**比 1896 年多 33 330 人**。

可见,被德国工业束缚的童工和女工的总数在一年中就剧增 54 191 人!这是工业发展的、最新创始时代的第一个结果。在一年的时间里,人民中 50 000 多妇女和儿童被无产阶级化的铁扫帚从家庭扫到劳动市场,扫到活商品的市场;50 000 多名妇女和儿童一年前还能靠他们丈夫或父亲挣钱养活,现在就不得不自己动手劳动。因此,对工人阶级的这 50 000 多名妇女和儿童来说,家庭生活、健康、生存的安全现在变成了空话。对整个工人阶级来说,女工和童工的增长也意味着他们状况的恶化。女工和童工越是增加,工资就越是降低,竞争就越激烈,工人们在他们所创造的社会财富中所占的份额就越减小,生存就越不安全。因此,经济发展用一只手给予工人的,又用另一只手拿回去。

女工和童工的惊人增长又是驳斥著名的"资本主义适应"论的一个令人信服的证明。工人阶级的状况正在改善,意思是说低级劳动排挤高级劳动的速度没有像人们普遍认为的那么迅速。但是,女工和童工的巨大增长意味着什么呢？像非熟练劳动者大力排挤熟练劳动者一样，无非是一方面意味着技术的快速进步和随之而来的整个经济的革命化，另一方面意味着劳动力的贬值和工人阶级状况的恶化，对于经济发展的这个最新成果，工人阶级必须像以前一样明确地回答:通过革命的阶级斗争。

十一　世界市场上的变化

英国对世界市场的统治目前明显衰落,这使英国资产阶级越发感到不安。两年前在英国引起轰动的《德国制造》一文的作者**威廉姆斯**,又出版了一本描写同一主题的新书,书名为《倒退运动》。按照威廉姆斯的说法,英国工业在倒退。其他工业国家的出口在飞速增长,而英国的出口从 21 500 万英镑跌到 19 600 万英镑,相反,英国的进口却逐年增长。可见,在进出口的性质发生了有趣的变化。按照威廉姆斯的说法,在总计 19 600 万英镑的英国出口商品中,约有 4 500 万英镑是原料,而这些原料随后又以工业成品的形式——主要从德国——进口到英国。这样一来,英国就退回去扮演大多数国家以前对它扮演的角色。在世界市场上——在亚洲、美洲,英国工业逐步遭到排挤。就是说,现在有一流潜力在世界市场上取得霸主地位的是两个国家——**德国和美国**。

各种不同的消息都能充分证实威廉姆斯的这个论断。几年来,英国政府本身也在抓紧扩大岛国与外国的贸易。它向亚洲和美洲派遣特使,考察那里的竞争条件和英国贸易存在的不足,并在两个月前出版了关于"对外贸易中的竞争"的文集,其中汇集了涉及严肃评论英国贸易方式的各种领事报告的 171 份摘录。但是,在这样的情况下,国家措施已经难以消除积弊,英国在世界市场上的霸主地位不可阻挡地走向终结,这在资本主义的普遍发展过程中是不可避免的。

正像英国以前独自称霸一样,它目前在世界贸易中的倒退,对**英国工人运动**的进程具有极为深远的意义。贸易方式已经发生变化,所以英国资产阶级在与工人阶级的斗争中也在逐步改变方式方法。最近出现的一些重要征兆表明,在英国,"资本与劳动的和谐"也见鬼去了,而阶级斗争的历史已经翻开新的一页。这里还需要说明,威廉姆斯在上述那本书中也别具匠心地将这两个现象联系到了一起。"你们失去了几百万",他对英国资产阶级说,"却与工人为了几分钱而讨价还价。仲裁法庭在一天之内就能调解的争议,却逼得你们差一点发动毁灭性的工业战争,而这时,邻国正在占领销售市场。"(第117页)他继续写道,机器制造工人的斗争①的费用与一场正规战争一样巨大。

如果英国工业衰落的结果能快速推动阶级斗争,而英国无产阶级及其广大群众在经济和政治生活中能够摆脱极乐的和谐醉态的残余,那么,工人阶级就没有理由对英国商业的衰落感到遗憾。

1898年12月4、11、18日《萨克森工人报》(德累斯顿)第281、287、293号

---

① 1897年7月—1898年1月,英国70 000名机器制造工人为争取八小时工作日而举行罢工。虽然英国和德国的工人运动给予了强大声援,但罢工还是以失败而告终。——编者注

一次胜利的代价

12 月 19 日于莱比锡

西班牙和美国之间的和平谈判确认了后者的胜利。① 美国得到了拥有约 1 200 万居民的 40 万平方公里的土地,其中有 700 万黄种人和 100 万黑种人。

如果问这一胜利究竟使美国付出了多么大的代价,那是很有意思的。牺牲的人数我们不去计算,这一胜利首先要用花费了多少金钱来衡量,因为金钱在今天是衡量一切事物价值的最高尺度。

缅因号巡洋舰那次爆炸②以后,美国人立刻看清楚战争是不可避免的,而且迅速着手进行战争准备。3 月 9 日,国会一下子批准了一项用于"国防"的 5 000 万美元③的贷款,而且这笔贷款在几周内就支付了。为建立一支拥有 101 艘舰艇的新的机动舰队用去了 1 800 万美元。在战争期间,像哈佛号和耶鲁号这样的巡洋舰**每天**要花 2 000 美元,而圣路易号和圣保罗号则每天各需 2 500 美元。同样,海军大炮的费用也很高。一门口径十三吋的大炮**每发射**一枚炮弹需 560 美元,一门口径八吋的大炮发射一枚炮弹需 134 美元。

舰队全部更新一次弹药就要耗费 650 万美元以上。海军上将杜威在马尼

---

① 1898 年 4—12 月的美西战争是第一场为重新瓜分世界而进行的帝国主义战争。其结果是美国加强了它在拉丁美洲的影响,将殖民范围扩大到古巴、波多黎各和关岛,并占领了东亚重要军事基地菲律宾。——编者注
② 1898 年 2 月停泊于哈瓦那港的美国缅因号巡洋舰发生爆炸,这一事件要由西班牙负责,因而美国有充分的理由在 1898 年 4 月向西班牙宣战。——编者注
③ 1 美元等于 4.50 马克。——编者注

拉消灭西班牙舰队使美国人花费**50 万美元**,消灭塞韦拉①舰队的花费也大致相同,而西班牙在圣地亚哥的舰艇遭到的损失为 1 650 万美元。

同时,战争刚一开始就有 125 000 人应征入伍,因此军队预算增加了四倍。

总的来说,美国在战争期间**每天**用于陆军和海军的经费为 125 万美元,而它在和平时期(1890—1897 年)每天用于这一方面的经费只有 25 万美元。

国会在 3 月份批准的 5 000 万贷款当然很快就用完了,而且新批准的贷款一项接一项,因此贷款总数高达 361 785 095 美元。爱国的国会(其中糖业托拉斯私下的意见起了很大的作用)在批准贷款时兴高采烈。但是贷款也是必须用现金支付。如果不是由美国**广大**人民担负这一费用,那又由谁来担负呢!

用于战争的爱国贷款也的确是用双重方式筹集的。首先是通过采用各个资本主义政府屡试不爽的那个手段,即间接税。刚一宣战,啤酒税就增加了一倍,总额达 3 000 万美元。追加的烟草税又提供了 600 万美元,新的茶叶税收入 1 000 万美元,提高了的印花税收入 9 200 万美元。**间接税总计增加了 15 000 万美元**。但是,大约还需要 20 000 万,为此,美国政府便发放了一只利息为 3%、为期 20 年的公债。这笔公债也要出在"小人物"身上,因此政府拨出大量经费,大做爱国广告,并且敲锣打鼓地开展这一行动。"爱国公债"的公告发到了各个银行、各个邮局以及 24 000 家报刊。"再小的"猎物也不能放过。**500 美元以下**的认购者所认购的数额占总额(10 100 万美元)的一半以上,认购者的总人数达到 32 万这一惊人的数字,而在这以前,例如在克利夫兰总统任期内发行的那只公债只有 5 700 人认购。正是在这一次,在爱国主义喧嚣声的引诱之下,"小额存款"从最隐蔽的角落和处所流进了国防部和海军部的保险柜。可见,这笔费用确确实实是劳动阶级和小资产阶级直接自掏腰包来支付的。

但是,如果仅仅以进行战争所花费的金钱的多少来衡量一场战争的代价,那就等于以小商贩的尺度来衡量巨大的历史事件。美国还必须为战胜西班牙

---

① 西班牙海军上将,他率领的舰队在圣地亚哥港被美国海军全部消灭。——编者注

付出真正的代价，而且这笔费用将大大超过最初那笔。

美国夺得菲律宾以后，就不再仅仅是美洲的一个强国，而是成了一个**世界强国**。门罗主义①这个防御性口号让位于一种进攻性的世界政策，一种在其他大洲实行兼并的政策。但这意味着彻底变革美国的整个对外政策。从前它只需维护它在美洲的利益，现在由于它在亚洲、中国、澳大利亚有了利益，所以就会卷入与英国、俄国、德国的政治冲突，卷入一切重要的世界性事件，从而遭遇进一步发生战争的危险。内部平静发展的时代现在已经过去，新的一页揭开了。历史会在那上面记下根本无法预料和极其令人震惊的事件。

但是，要维护对新近夺得的领土的统治地位，美国现在就必须对本国的物质状况进行彻底改造。以前它拥有一支不大的军队（共 30 000 人，其中步兵 12 000 人，骑兵 6 000 人，炮兵 4 000 人，官员 8 000 人，还有 60 座炮台）和一支附属舰队（81 艘舰艇，其总吨位为 23 万吨，18 名将军，703 名军官，12 000 名水兵，7 500 名见习水兵）。

现在它必须大大扩大陆上和海上的军队。在古巴和波多黎各，美国至少要有 40 000—50 000 人的驻防军，在菲律宾至少也要有同样多的军队。总之，即使常备军不一定要十足地增加到 20 万人，也必须有 15 万人。但是，在美国迄今的制度下是绝对无法征集这样一支军队的，因此毫无疑问，在最短的时间内它将转而效法欧洲的榜样，采用普遍兵役制和常备军，这样一来，地道的**军国主义**就大张旗鼓地进入美国了。

同样，美国的**舰队**也不可能再保持今天这样寒酸的规模。现在美国不得不维持它在太平洋和大西洋的霸主地位。它简直是不由自主地同欧洲列强特别是英国进行角逐，这样它就不得不也力图很快地建立一支第一流的舰队。这就是说，伴随着世界政策的推行，它的不可分开的一对孪生子女——**军国主义和海上霸权主义**——也进入了美国。美国把未来也寄托在"海上"，而那些远洋的浩瀚水面看来却是混浊不清的。

但是，战争的结果不仅会极其深刻地影响军事组织，甚至也会影响美国人

---

① 指美国总统詹·门罗于 1823 年 2 月 2 日发表的原则声明。据此，一方面，任何欧洲强国都不允许干涉美洲各国的争议，不得占领美洲的土地，另一方面，美国也不干涉欧洲国家的事务。美国试图借此确保整个美洲大陆成为其未来的势力范围。——编者注

民在国内的政治生活和经济生活。美国新近占领的土地要么**不是**作为具有同等权利的一部分并入美国。那样的话,以民主制为基础的美国就变成了一个**宗主国**。但是,以什么方式来实行这种统治呢?关于这一点我们可以从南北战争①以后最初几年的那个时期举出一个小小的例子,那时南部各州受北部各州支配,受到抢劫者(carpet-baggers)肆无忌惮的统治。对异国的统治即使是比较人道,也一定会对一个**民主**国家产生有害影响,它将逐步挖空那里的民主制的基础,为政治腐败留下空间,这是无需详述的。

要么美国就把那些新的领土并入本国,并使其在国会享受同等的代表权。天知道一条如此不同的支流涌入美国人民的政治生活将引起什么后果。从前的克利夫兰任内的财政部长卡莱尔在《哈珀氏杂志》上写道,那时很容易产生这样的问题:不是我们将怎样对待菲律宾,而是**菲律宾会怎样对待我们?**

在后一种情况下还会产生一个重要问题。如果将菲律宾居民作为美国享有同等权利的公民来对待,那么,根据宪法就不能以任何方式拒绝他们移居美国。但是,这样一来,劳动人民就要面临"**黄祸**"这个令人生畏的幽灵,面临菲律宾群岛的马来人和大量在那里定居的中国人的恶意竞争。建议选择一条中间道路,仅仅确定对被征服的领土的保护关系或者类似关系,以便防止出现这一危险,以便至少能够在理论上把它们作为"外国"对待。但是很明显,这样一种关系是个折中办法,因此仅仅是一种过渡,它必然发展到要么彻底对它们实行统治,要么充分地给予它们平等的权利。

美国的巨大胜利也产生了另一些经济后果和政治后果。既然进入了广泛推行海上政策的时代,美国理所当然地感到有必要迅速地沟通与本国利益有关的两大洋。同西班牙的战争使它清楚地看到被迫围绕整个美洲大陆环行的无奈。因此他们积极着手开凿**尼加拉瓜运河**。但是这样一来,美国就把它的

---

① 南北战争即 1861—1865 年的美国内战。19 世纪中叶,美国南部种植园主奴隶制与北部资产阶级雇佣劳动制的矛盾日益尖锐。1860 年 11 月,主张限制奴隶制的共和党候选人林肯当选为总统,美国南部的奴隶主发动了维护奴隶制的叛乱。1861 年 2 月,南部先后宣布脱离联邦的各州在蒙哥马利大会上成立南部同盟,公开分裂国家,并于当年 4 月 12 日炮轰萨姆特要塞(南卡罗来纳州),挑起内战。1865 年 4 月,南部同盟的首都里士满被攻克,南部同盟的联军投降,战争结束。北部各州在南北战争中取得了胜利,维护了国家的统一,并为资本主义的蓬勃发展扫清了道路。——编者注

极其重要的利益放在**中美洲**,并且竭力要在那里站稳脚跟。于是在征服一些地方之后,又要进一步顺理成章地征服中美洲那些迄今独立的小共和国。关于这一点,英国已经有人看得很清楚,并且不得不听天由命地去对待要发生的事情。英国的《经济学家》杂志写道:"要同事实进行争辩,不仅是发疯,而且很危险,而事实是,如果美国想在中美洲海岸实行统治,那么地理位置也是有利于它实行这种统治的。"可见,对西班牙的胜利不仅使美国对待世界政策的态度,而且也使**美国**本身发生了深刻的变革。目前还无法预料的一些后续影响是不会少的。

可见,由于美国在战争中的胜利,它面临着外交和内政、军事、政治和经济等方面的全面变革。只要看一下美国面临的、现在完全难以预料的未来,就很容易把它获得胜利的代价概括为一句话:胜利者有苦难言啊!(Vae Victori!)

今天美国的生存条件的变革并不是一蹴而就的。战争这个政治飞跃是由缓慢的、不引人注目的经济变化作准备的,政治关系的革命通过最近十多年的平静的资本主义发展才得以实现。美国变成工业输出国。

财政部长盖奇先生在他的三年工作报告中说,我们的出口额为 246 297 000 英镑,进口额却只有 12 321 万英镑(1 英镑等于 20 马克)。他自豪地证实:"在我们的贸易史上,我们的工业产品的出口额第一次超过了外国产品的进口额!"资本主义的这种飞速发展既促使美国兴奋地对西班牙发动兼并战争,也为它提供了支付这场战争的费用的手段。美国资产阶级对于它本身的历史的这个辩证法也是十分清楚的。

纽约的《银行家杂志》写道,进入世界市场的渴望早已要求实行一种强硬的对外政策(a strong foreign policy)。**美国一定要成为世界强国**(a world power)。

即使缅因号巡洋舰那次爆炸是个偶然事件,对西班牙的战争却绝不是偶然的。美国今天的世界政策尤其不是偶然的。

如果我们像歌德那样认为,凡是存在的东西都是值得灭亡的,并且密切地注视现行制度的情况,那么,我们只能对美国发生的那些事件的过程感到满意。

历史狠狠地刺了一下自己的这匹赛马,它漂亮地向前跳跃了一大步。但对于我们来说,宁可生龙活虎地疾驰,也不要令人昏昏欲睡地慢跑。我们要快速地达到目的。

但是,另一个半球发生的这场巨大变革已经形成使人震撼的政治和经济飓风的一个新的中心。如果有人根据德国近十年的统计材料就向全世界宣布,资本主义制度的存在是遥遥无期的,因为它建筑在一块几乎不可动摇的岩石上,那么,这种过分聪明的推理显得多么滑稽可笑。这就像一只青蛙瞪大眼睛凝视着泥塘的一个角落说,地球停止转动了,因为没有一丝风吹皱池塘绿色的水面。历史的联系所表现的那一片世界恰恰要比从青蛙的"实践政治"的视野所能观察到的那部分大得多。

1898 年 12 月 19 日《莱比锡人民报》第 293 号

亚当·密茨凯维奇

波兰在自己文学中没有一个人能像在 12 月 24 日庆祝自己百年华诞的诗人那样，有充分的理由要求在世界文学中占有一个光荣的位置，跻身一流文明民族之林。

亚当·密茨凯维奇不仅是波兰最伟大的诗人和世界最伟大的诗人之一，而且还是这样一个诗人，他的名字与波兰的民族史和思想史有着极为密切的联系。密茨凯维奇这个名字在波兰意味着整整一个时代。

虽然瓜分①使波兰处于全新的政治环境，但是它的精神生活和文化生活在本世纪头 20 年却基本上仍然是旧的贵族共和国末期的继续。贵族仍旧是统治阶级，贵族阶级仍然是社会的精神领袖，以徭役为基础的农业仍旧是这个社会的物质基础。精神生活和政治生活尚未集中于城市，而是集中在乡村，集中在贵族的世袭庄园。

但是，那个时期对俄属波兰的大贵族和贵族阶级来说，却是一个非常幸运的时期。大多数旧制度都保留了下来，尤其在立陶宛还保留了农奴制。所有的公职，甚至在俄国的许多公职都由波兰人担任。同时代人 K. 科兹米安说："普遍认为，在许多方面我们现在远比波兰时期好得多，我们拥有祖国给予我们的大部分东西，却摆脱了农民起义的负担和危险；没有波兰，我们却生活在波兰，我们就是波兰人"。

贵族的祖宅依然是精神生活和文化生活的中心。贵族依然是艺术的资助者。艺术，特别是文学，部分还是那些"出身名门"、佩剑或身着黑袍的半吊子的业余爱好和闲情雅致，部分还是宫廷侍从精神生活的一种形式。

---

① 见本卷第 104 页脚注①。——编者注

很清楚，在这种特定情况下，精神生活对民族的历史并不感到兴奋。精神生活的主要内容和全部特点，确切地说，是模仿外国。特别是拿破仑法国，它是那个时候的波兰人创作的源泉。而在法国本土，经过粉饰的伪古典主义当时正趾高气扬地阔步前进，移植到波兰的却只是这种伪古典主义的苍白无力的仿制品。它的特征是圆滑、呆板而空洞的形式，整体缺乏个性，缺乏内在的感情和深刻的思想。

但是，在这个社会的母腹中一开始就孕育着一场变革。1807年拿破仑在华沙大公国废除了农奴制（没有触动徭役负担和土地关系）、实行民法典①、建立工厂、在农业中实行变革（向轮作制过渡）、实行新的官僚行政制度、大大加大赋税和国家垄断——这些都是各种各样的不安定因素，它们在社会内部蠢蠢欲动，并为新的阶级斗争准备土壤。掌握所有行政机关的贵族阶级和资本当时的代表忠实于现存制度，即忠实于俄国，而广大乡绅，尤其是没有产业的小贵族却在酝酿成立一个狂热的反对派，他们自然带有民族性质，并且过去当作理想来怀念。这就为1831年的起义②作好了准备。

与此同时，精神生活的条件也在发生变化。当旧的生活标准瓦解以后，小贵族认为必须寻找新的生活途径。新的官僚制度使专业知识成了谋生手段，学校、新文学对于贵族具有了新的意义，波兰产生了一个新的社会阶层——**贵族知识分子**。他们从事文学是把它当作职业，而不再像贵族阶级那样把它当成业余爱好或是宫廷差事。根据这个"天生的"社会（波兰人用语）的两个阶层在经济与政治地位和意向方面的矛盾，下等乡绅的知识分子所代表的思潮也具有完全不同的性质。如果说居统治地位的贵族阶级的官方文学靠法国的伪古典主义的题材而生存，那么，下等乡绅的反对派文学则倾向民族题材；古典派颂扬当代，而民族派则倾向于在他们眼中焕发神秘色彩的过去，并在德国**浪漫派**那里找到了合适的形式和样本。

古典主义和浪漫主义是移植到艺术领域的一对矛盾，它们在经济和政治

---

① 民法典是1804—1810年法国在拿破仑统治时期制定的五部法典之一，又通称为拿破仑法典。——编者注

② 1830年11月29日在华沙爆发的军人暴动演变成一场反对沙皇外来统治的人民起义。1831年9月7日沙皇军队占领华沙，镇压了起义。——编者注

上日趋尖锐化,并且不久就能在起义的刀光剑影之中见分晓。但是,如果现存制度的代表,即俄国的统治,在格罗霍夫和普拉加战场上赢得胜利,那么,他们在思想的战场上必然失败。"古典派"只能让一群平庸的乌合之众、缺乏思想的形式雕刻匠上场,而浪漫派却一夜之间从社会内部幻化出整整一批由天才的青年才俊组成的星座,晨曦中最璀璨的一颗星——伟大的天才**亚当·密茨凯维奇**在波兰文学的天空冉冉升起。

他是整整一代人的领唱者和代言人,根据他所代表的思潮,他同时是抒情诗人,又是史诗作家;他既是歌颂对民族的热爱和眷恋的诗人,又是客观地描绘民族的过去的画家。

他的两部主要作品《先人祭》(Dziady)和《塔杜施先生》(Pan Tadeusz)为浪漫派建立了不朽的丰碑。像《先人祭》中那样,用波兰语言表达那种感情的力量,情感的深邃和精神大胆无畏,是前无古人,后无来者的,诗人在书中意识到自己对祖国的爱具有无所不能的威力,所以自觉向造物主挑战。而《塔杜施先生》这部完美的杰作对于波兰贵族昔日的生活所作的色彩斑斓的描绘是空前绝后的。诗人以他的朴素无华的谦虚态度,认为自己写了一部有些类似于歌德的《赫尔曼和窦绿苔》——他起初也确实视它为典范——的作品。对于这种比较,读者只能一笑了之,因为歌德的这部叙事诗既不能和《塔杜施先生》相比,也不能和《伊利亚特》相比。密茨凯维奇的这部主要作品无疑也可以与《伊利亚特》并列,只是有些方面与《唐·吉诃德》有共同之处。它反映的恰恰不是荷马所描写的洋溢着健康活力、陶醉于发展极盛时期的舒适和安宁的社会,而是一个没落的社会,一个"垂死"的社会。因此,——尽管在古典式冷静的描写中不缺少高超的客观性——他那带着忧伤的嘲讽,带着尖刻而又宽容的幽默的纤美笔调,宛如落日的霞光照耀着的巨幅画面。

毫不奇怪,密茨凯维奇通过诗歌表明的态度,像启示录一样影响了波兰社会。诗人的一些处女作,尤其是《青年颂》(他在其中以富于魅力的青春热情和锤击般的节奏,号召他那一代人,齐心协力地"彻底改造腐朽的世界",并把它引上新的轨道)一发表,他立刻就成了整个思想运动的中心,成了无限崇敬,当然只是青年一代人崇敬的对象,他也只属于青年一代,正如当时的那一刻的波兰历史也属于青年一代一样。他的天赋甚至对毗邻的俄国也产生了强大的影响,因而当他被放逐到俄国时,受到了两国首都的知识界的尊重,尤其在后来的十二月党人①中,赢得了许多知心朋友。

但是,浪漫派赞颂过去,而现实却满不在乎地走自己当代的路,这条路距离密茨凯维奇及其学派的理想越来越遥远。他们把一项从一开始就受历史束缚的事业当成了自己的事业。由于浪漫派遭到现实的越来越猛烈的打击,因此,只要他们不想自暴自弃,就只能更执着地坚持想象的王国,在想象中更多地规避现实。民族运动失败后,浪漫派下一步必然走向**神秘主义**。密茨凯维奇和他的许多伙伴一样,最后也化身阿波罗②,终结于空虚冷漠的宗教的神秘主义。这是这个思想流派的合乎逻辑的结局,同时也是诗歌本身的破产。起义失败之后不久,波兰民族主义的夜莺就销声匿迹了。密茨凯维奇在逝世(1855年)前大约20年就已经不再创作。《塔杜施先生》是他留下的最后一部完成的著作。

但是,这部著作也是波兰民族主义的最后一座雄伟的纪念碑。在第二次失败(1861—1863年)③后,在波兰,废除了自然经济,开始实行大工业生产,从而整个社会生活开始实行全面的变革。波兰的整个内部和外部生活好像变戏法似的在短期内就变得面目全非。今天的波兰无论与密茨凯维奇描写的波兰,尤其是与他所讴歌的波兰相比,还是与随便哪一个操另一种语言的异国相比,共同之处都差不多。浪漫派诗歌的背景是平原、绿色的森林和草地;浪漫派诗歌的主角是贵族,这些都已经退到幕后。今天的波兰是大城市的资产阶级的波兰。华沙的密茨凯维奇纪念碑——这座承蒙全俄罗斯至高无上的沙皇

---

① 十二月党人是俄国贵族革命派,因领导1825年12月14日彼得堡卫戍部队武装起义而得名。起义前,十二月党人建立了三个秘密团体:北方协会、南方协会和斯拉夫人协会;这三个团体的纲领要求废除农奴制和限制沙皇专制;他们试图通过军事政变实现自己的要求;1825年12月14日,即向新沙皇尼古拉一世宣誓的当天上午,北方协会成员率领3 000名同情十二月党人的士兵开进彼得堡参议院广场,计划用武力阻止参议院和国务会议向沙皇宣誓,并迫使参议员签署告俄国人民的革命宣言,宣布推翻政府、废除农奴制、取消兵役义务、实现公民自由和召开立宪会议;但尼古拉一世派忠于他的军队到广场包围并残酷镇压了起义者,十二月党人的起义虽败犹荣,对后来的俄国革命运动产生了很大影响——编者注
② 阿波罗是古希腊神话中的太阳神和光明之神,艺术的保护神。——编者注
③ 1860—1861年的农民起义浪潮导致1863年1月22日在波兰王国、立陶宛、白俄罗斯和乌克兰部分地区的人民起义,这次起义由于没有全国性的领导机构而于1863—1864年遭到血腥镇压。——编者注

陛下恩准、由肩负历史使命的波兰民族主义掘墓人,由波兰资产阶级,在已经工业化的、去民族主义化的华沙建立的纪念碑——在今天举行揭碑仪式,只是要清楚地向世界宣告,对官方的波兰社会、资产阶级、贵族、小资产阶级的群众来说,民族主义最终已经成为浪漫主义,独立的政策已经成为诗歌。在密茨凯维奇成长、吟唱和活动的维尔纳竖立着穆拉维约夫①的全身雕像,而在波兰社会刚刚卑躬屈膝地欢迎沙皇访问的华沙②却竖立着密茨凯维奇的全身雕像。历史把密茨凯维奇的迭句改写成:"民族主义最后一位诗人就此终寝",为原本十二章的《塔社施先生》续加上第十三章,作为尾声。

在今天的波兰,德意志—犹太—波兰的资产阶级是资本家阶级中最具国际性和最反民族性的典型;上等贵族一部分资产阶级化了,一部分堕落成了愚昧无知的蛮族;低等贵族一部分融入了城市小资产阶级,一部分变成了农民,而农民阶级则被压到了文化水平以下;在这里,**有阶级觉悟的产业无产阶级**是唯一的阶层。这个阶层有兴趣,也有社会机会成为政治上已经破产的民族主义的**文化**方面的保护者。不惜一切代价引证密茨凯维奇的作品来证明自己的**社会主义**观点,这是波兰社会主义者的习惯。我们不喜欢作这样的尝试。在密茨凯维奇作品的字里行间表露的空想社会主义思想,源自他一生中的那个不幸时期,那时他那诗人的天才已经被宗教神秘主义的面纱遮盖了、窒息了。

因此,我们认为,受过教育的无产阶级在思想上已经足够成熟,可以因伟大诗人的诗才而热爱和尊敬他,却不会被诗人在诗才衰落时期所产生的隐晦神秘的空想社会观所收买,既然是一个想革新世界的阶级,那它的视野不应当如此狭隘。当然,密茨凯维奇在他创作的全盛时期也是一个真诚的**民主主义**者,正如第一次起义的整个思想就是争取民主一样,但他不是也不可能是现代工人阶级及其阶级斗争的代表或先驱。他是**贵族民主主义**最伟大和最后一个歌手,作为这样的歌手也是波兰民族文化最伟大的体现者和代表。而作为这样的歌手现在也属于波兰工人阶级,工人阶级也接纳他——工人阶级完全有

---

① 米·尼·穆拉维约夫(1796—1866)——俄国国务活动家,陆军上将,1857—1861 年任国家产业大臣,1863—1865 年任西北边区总督;因残酷镇压 1863 年波兰起义得绰号"刽子手"。——编者注

② 参看本卷第 114—128 页。——编者注

权接受昔日波兰最伟大的精神遗产。在德国,用马克思的话说,有阶级觉悟的无产者是古典哲学的继承人。① 在波兰,由于不同的历史联系,无产阶级是浪漫派诗歌的继承人,从而也是浪漫派诗歌的泰斗亚当·密茨凯维奇的继承人。

1898 年 12 月 24 日《莱比锡人民报》第 298 号

---

① 参看《马克思恩格斯文集》第 3 卷第 495—496 页。——编者注

普鲁士兼并区波兰社会党柏林
第四次代表大会[①]

1898 年 12 月 25—26 日

波兰社会党第四次代表大会利用两天假期在柏林召开,因为大家知道,在大会原定的举办地博伊滕,会堂已经被戒严。

来自布雷斯劳、汉堡、格涅兹诺、波兹南、哈雷、莱比锡、德累斯顿、劳拉许特、卡托维兹和扎布热的 25 名代表出席大会。

工作报告称,去年,他们因政治和新闻出版违法被判总计 39 个月零 14 日监禁,罚款 1 121.10 马克。大会强调了最近上西里西亚选举的意义。[②] 一名代表建议与德国社会民主党保持更为紧密的联系。

第二天,大会通过多项决议。主要是:

1. 大会强烈反对波兰工人所受到的警察限制,特别是反对**禁止在社团和集会上使用波兰语的无理禁令**,这一禁令有悖于普鲁士最高法院和德意志其他邦惯常作出的裁决。大会请求德意志帝国国会社会民主党议会党团处理此事,并设法不要让这种显然违法的事情再度发生。2. 大会强烈谴责野蛮**驱逐波兰和丹麦工人**的行为,而这些工人先前是为了取悦于资本家而被引进的,当他们尽了自己的本分以后,就被无情地驱逐出境,使他们陷于贫困的境地。3. 大会反对**教士干预政治**,尤其反对他们日益频繁地滥用布道台侮辱和诽谤社

[①] 本文没有署名,但很可能是罗莎·卢森堡在 1898 年 12 月 27 日给莱·约吉希斯的信中提到的那篇简讯。——1893 年 9 月 10 日,建立于 1890 年的波兰社会主义者联盟在弗·莫拉夫斯基和弗·麦尔柯夫斯基的领导下,与其他波兰社会主义团体一同组成了普鲁士兼并地区波兰社会党。到 1903 年为止,该党是德国社会民主党的一个自治的组成部分。——编者注
[②] 见本卷第 720—722 页。——编者注

会民主党。

在另一份声明中,大会称**沙皇的和平宣言**①是蓄意的欺骗,并对俄国政府这个国际无产阶级的,特别是波兰无产阶级的主要敌人表示最强烈的鄙视,同时对俄国的波兰同志表示最深切的同情。

最后,大会对阻止民众参加华沙密茨凯维奇纪念活动的行为表示抗议,并表示,这位诗人是在社会主义旗帜下战斗的波兰无产阶级的"革命英才和第一位波兰社会主义者"。(关于密茨凯维奇及其对社会主义的态度,参看罗·卢森堡上周六的散文。②)

关于鼓动的问题,大会决定,建议波兰社会党各组织务必订阅党的机关报《工人报》。

最后,大会通过以下决议:

鉴于每个民族只有口头和书面上都能自由顺畅地使用自己的母语,才能在精神上得到发展,才能起到必要的教育作用,波兰社会党第四次代表大会全体代表声明:1. 必须保持波兰社会党迄今的策略,但一有机会就要强调波兰人民取得民族独立的必要性,反对政府或私人方面发起的日耳曼化,根据国际社会主义的基本原则,促进和培植波兰精神;2. 鉴于波兰语课程已被排挤出波兰各学校,大会建议创办波兰语的私立学校,或全力支持现存的波兰语私立学校,以防止波兰的孩子精神成长上的畸形。

在讨论经济问题时,大家要求马上取消对牲畜的关税壁垒,限制矿产业、冶金业的夜班劳动。③

1898 年 12 月 27 日《莱比锡人民报》第 299 号

---

① 俄国跟不上国际军备竞赛的步伐,因此它建议,就维持和平和限制军备的问题召开一次国际代表会议。1898 年 8 月 12 日,沙皇政府向所有驻彼得堡的外国公使递交了相关的照会。在 1899 年 1 月 11 日的第二份照会中,它拟定了会议日程,作为 5 月 18 日—6 月 29 日将在海牙召开的所谓和平代表会议的谈判基础。——编者注

② 见本卷第 414—419 页。——编者注

③ 关于普鲁士兼并区波兰社会党 1900 年举行的第五次代表大会,参看本版第 2 卷。——编者注

经济和社会政治评论①

一　柏林的大小企业

《1720—1890 年柏林工业发展史统计研究》是**奥托·维德费尔特**最近撰写的一部著作,据称,该书专门研究了首都的手工业与大工业的历史斗争,并总结了这场超过 150 年的斗争的结果。作者统计了每个独立的工商业者雇用的非独立者(帮工和工人)的平均人数并与分摊到这些企业中每个从业者的柏林居民的平均人数相对比。他根据这个统计得出的结果是,柏林的手工业受到大工业的全面排挤和打压,手工业在与大工业的斗争中几乎完败。

维德费尔特的一般观点虽然符合经济发展的实际趋势,但绝不能像作者所做的那样,机械地根据企业数量的统计得出这个观点;特别是迄今为止所进行的那种死板的统计,确切地说,近期的各种事例已经证明,也能使人根据小企业的稳定和健康的发展构思相反的结论。其实,帮工与独立工商业者的平均比例和在企业的从业者与居民数的平均比例,在一个世纪中只出现过极为细微的变化。此外,维德费尔特设定的标准——据此,五名帮工这个数字是手工业与工业的界限——,显然是相当随意的,因为雇用八名或十名帮工的五金作坊总归还是一个手工业企业,而雇用四名职员的银行却绝不是手工业企业。如果只考虑企业及其雇员的表面统计,那么,只能得出一个与其说是完全相反的,倒不如说是有利于小企业的结论。根据 1895 年的企业统计,在柏林,最多雇用 10 名帮工的独立经营的企业和小企业占企业总数的 93.96%,而雇用超过 50 名工人的真正的大企业占比不到 1%。

---

① 见本篇第 395 页脚注①。——编者注

　　所有类似的统计以及以此为基础的理论的巨大错误在于,中小型企业的社会史,**从本质来看**,绝不能用统计数字来表示,至少不能用一直给予考虑的两个数字——工人的数量和在企业中从业的工人的数量——来表示。第一,大工业本身在直属自己领域的某些部门,如纺织业,从社会层面扫除小企业时,会在其他部门建立大量的小型企业,作为后备部队直接为自己服务。

　　第二,许多其他的情况表明,小企业,特别是手工业,在其外部存在没有动摇的时候,其**内在本质**同时会发生彻底变化,因为它们会转变为家庭工业,比如服装生产。第三,手工业的整体经济状况会发生变化,因为大工业完全不依它们的存在而转移,**在数量上**会越来越多地占领销售市场,以致手工业能满足社会需要的部分越来越小。在所有这些情况下,对小企业的表面统计始终没有发生一点改变,而小企业的社会状况却发生了极为深刻的社会变革。如果真的想用数字来表示大小企业之间的斗争史,那么,统计调查必须针对以下几点:第一,**每个企业的存续时间**,以便说明二者相对的生命力,第二,**生产的规模**,以便基本确定它们在整个销售市场上的相互比例。然后才能得出这样的结论:小企业的大得惊人的数量在整体上只能满足社会需求的极小一部分,而大企业微不足道的数量却在这方面扮演主要角色。此外,在这种情况下,小企业极不稳定的存在和数量上的持续波动才会显现出来。至于"独立经营的企业"的大得惊人的数量,这可以表明,"独立经营的企业"这个出色的名字说明的其实无非是阴沉苦涩的贫困,与无产者的贫困相比往往有过之而无不及。明确的统计调查必须证明,"独立经营的企业收入"在大多数情况下低于平均工资,而独立经营的企业的存在比雇佣工人还要不稳定。

　　《德国经济学家》在评论维德费尔特的文章中,根据企业统计的结果解释说,手工业是我们的经济机体中最健康的部位,而整个现代手工业者运动是"教条的悲观主义者、过分热心的治疗行家和野心勃勃的鼓动家们"人为栽培的。文章向反动的中产阶级政策的支持者们大声喊道:"不要再伤害健康的部位。"当然,政府和资产阶级政党所进行的拯救中产阶级运动纯粹是对社会的伤害。但是,就手工业的"健康的部位"而言,小资产阶级中的社会民主主义运动的不断高涨再好不过地证明,这个健康的部位有许多伤口。在纸面上,在官方统计中,雇用一个或没有雇用帮工的"独立的工商业经营者",是一道沟通劳资之间鸿沟的稳固桥梁,是现存秩序的支柱。在社会现实中,他们大多像产业无产者一样,是资本的奴隶,是产业无产者患难与共、生死相依的难友,在阶级斗争中也是产业无产者的天然同盟者。

二　法国的人口普查

　　一个众所周知的事实是,法国的人口长期以来以令人吃惊的速度持续减少。《官报》刚刚公布的 1897 年人口普查的结果再次证实了这个事实。当然,1897 年是在这方面特别顺风顺水的一年,出生人数超过死亡人数的数量是最近整整 10 年中最大的——达到了 108 088 人。但是,这项统计的结果同时表明,法国与其他国家相比,在这样顺风顺水的一年中,死亡率很高,而出生率却极低;此外,在(北部的)几个省,这一年的出生率大幅降低。总的来说,法国的人口减少无疑是在继续,最近 10 年的情况已经明显表明了这一点。比如在德国,(1891—1895)出生超过死亡的剩余量平均**每年**为 64 万人,英国低一些,但也达到了 46 万人,而在法国,从最近 10 年的最终结果看,只增加区区的 292 315 人,也就是平均每年只增加 29 231 人。在此期间,法国**人口的绝对赤字**出现了四次,因为死亡率超过出生率,增加的人数 1890 年约为 38 400人,1891 年约为 10 500 人,1892 年约为 20 000 人,而 1895 年约为 17 800 人。出生的绝对人数持续下降,1872—1878 年,平均每年出生 95 万人,而 1890—1897 年,每年只出生 85—86 万人,而这个简单的数字计算说明,出生人数在 20—25 年中必然减少到 80 万人,或是 76 万人。如果死亡率在以后一段时间内不下降,那么,法国的人口根本就不会增长,并且不久就会出现绝对倒退。产生这种现象的直接的主要原因,是特别受到小资产阶级关注的众所周知的法国二孩制度。但是,人民大众的这种被迫的性节制,有着他们这个民族的、社会的,特别是物质和经济的生活条件方面的深刻原因。这无非是因为物质的匮乏、争取生存的艰难和生存的不安,迫使千百万人民以反自然的方式放弃旨在繁衍后代的生理欲望,损害整个民族的存在基础。当今社会非自然的家庭关系也是在很大程度上不能正常且适时地结婚和不断地大量增加人口的原因。导致当今法国人口减少的罪魁祸首,无非是我们生活在其中的荒谬的社会制度,是资本主义。出生率逐渐下降,因而人口增长持续缓慢——符合当今社会制度的国际特征——也并不是法国独有的现象,确切地说,这是大多数资本主义国家——德国暂时除外——都存在的事实;约 20 年以来,在比利时和瑞士,在英国和美国——在所有这些国家,人口的增长都表现出持续倒退的趋势。而且没有一位没有成见的社会生活研究者会否认,我们在此又看到了一个资本主义制度的典型形象。即使这种社会制度的许多其他后果已经清楚明白地表明它的残忍、短命和病态,它的荒谬最终也一定会在整个民族不知不觉、悄无声息的退化中暴露出来,这一点令人信服地表明,资本主义制度固有的最后趋势就是消灭人性。与这种制度的斗争是人类自我维持的需要。

三 俄国的新工商税

下个月,一部新的关于征收工商业税的法律将在沙皇帝国生效。现行的税制已经历史久远,是源自 1824 年的、仅在 1865 年作了部分修改的法律。在俄国与在其他任何一个国家都不一样,"法律和权利就像一种久治不愈的疾病一样是遗传的"。立法保守主义从不推翻旧的法律,只是试图亦步亦趋地跟着发展的进程,因为它在旧的建筑上不断搭建新的楼层和尖顶,这样一来,就使整个法律大厦成了四不像。19 世纪初实行的旧工商税制只通过"补充的"法律(1884、1885、1889、1892)来不断迎合已经开始的发展。现在进行的改革必然被视为因经济发展所迫而在立法上迈进的新的一步,而改革的真正意义就在于此。这种新的税制实际上是为了吸引工商业资本大规模参与公共税务,并为此目的将以企业主个人为基础的至今为止的同业公会专利制因地制宜地变为**企业**税征收制。与此同时,按比例征收**资本**税和纯利润税作为补充。

当然,沙皇政府在增加资本家阶级的负担方面行事格外小心:扣除上述直接税后,资本税仅为 0.15%。此外,纯利润税从利润的 3% 累进提高到 10%,因为低于 3% 的净收入仍是免税的,而利润的 10% 在立法上已经封顶,立法确定了一个固定的百分比。因此,最受益的仍然是——一如既往是——工商业的最大奸商。

新税制毕竟将工商税从约6 400万马克增加到了约11 000万马克,因此沙皇政府有了用于军事开支和铁路建设的资金。目前的税制改革所准确表达的,是这样的事实:俄国政府最主要的征税对象是农民群众,他们在经济上已经山穷水尽,以致制度的荆条从他们身上再也抽不出什么了;另一方面,资本主义近20年在俄国取得了巨大进步,以致还是那么片面的国有经济也不得不考虑这个事实。

四　世界市场上的变化

我们目睹了资本主义的世界经济中的一个变化过程,工人阶级有各种理由密切关注这个过程。众所周知,最近十多年是**美国工业突飞猛进**的时期。但是,这样一个事实逐渐导致在美国的,接着在欧洲和整个资本主义世界的公共生活的其他领域产生了一系列极为重要的伴生现象。美国向关税保护制度的过渡、它对世界强权的欲望、它对西班牙的战争①、它的殖民征服、它目前向军国主义和海上霸权主义政策的过渡;另一方面,欧洲工业向美国出口的下降、不久以后,美国工业开始向世界其他地区甚至欧洲的出口,以及英国工业倒退和德国在国外竞争的困难——所有这一切都像一条逻辑链条,互为因果,相互作用。现在,全球文明国家内部的经济联系和各个国家的社会生活的各个方面之间的联系,都通过资本主义制度而切实地表现出来。但是,在这个多方面的社会进程中,首先进入人们视野的,是在资本主义世界经济中目前正在发生的变化过程的惊人**速度**。与此同时,在社会民主党队伍内部怀疑的声音不绝于耳,仿佛资本主义的发展不是以社会民主党假定的速度进行的,而在美国,资本主义发展的各个阶段相继疾速而来,这是自资本主义经济存在以来从未有过的。英国发展到统治世界市场花了半个多世纪;德国最近几年才成为重要的输出国,它的大工业时期开始以后经历了25年。而在美国,完成整个变革只用了十多年。大工业的建立、对外来进口的排挤、国内市场的饱和、工业的卡特尔化、对一系列外国市场的占领,这一切都相继疾速地发生。综观大

---

① 　见本卷第408页脚注①。——编者注

量事实,其中有一个很小,但十分典型的例子,即我们在本文中已经提到的**白铁皮工业**的惊人发展,也许能够说明这一点。这个工业部门大约七年前才成立,如今已有了巨大的发展,现有工厂已达300多家,许多新的工厂还在建立。外国的,主要是英国的产品完全被排挤。不仅如此。美国白铁皮工厂的建立热潮**在几年之内**将会导致**生产过剩**和价格暴跌,马上将引起生产的**卡特尔化**。白铁皮卡特尔已在去年11月成立。但是,下述事实证明,企业主组织想充分而有效地解决竞争问题,是多么力不从心。美国的白铁皮卡特尔企图在国内限制生产并提升价格,而同时**在英国**,准备以非常低廉的价格与当地的白铁皮产品展开殊死的竞争。因此,可怕的工业战争不会取消、无法预防,它只会从一个国家转移到另一个国家。可见,英国工业受到双重打击:它已经失去了国外的销售市场,而且现在就连国内市场也极有可能失去。目前,在英国的白铁皮工业中笼罩着危机的阴影,有些工厂,比如在英国乃至全世界都是最大的工厂——威尔士的伍斯特和上福雷斯特的工厂——已经停工很长时间,现在通过拍卖终于脱手了,所以他们拍手称快。原来的所有者在美国宾夕法尼亚州的匹兹堡附近大张旗鼓地建立了一家新工厂。资本就这样从一个国家转移到另一个看起来利用条件更好的国家,而各国之间的未来将符合全社会利益的分工,现在已经按照资本的利润标准完成了。但是,工人阶级也会因这个进程而受到双倍的损害。在美国,工人阶级因生产过剩和卡特尔化倾向而在经济和政治上无条件地听任企业主的摆布。在英国,大量工人被解雇,部分是因为工厂倒闭,部分是因为尚在开工的白铁皮工厂进行技术革新,它们由于美国的竞争而不得不引进新的生产方法。不管在什么情况下,资本主义的发展过程都是踩着无产者的肉体前进,而被摧毁的无产阶级的存在是资本主义利润之花盛开的肥料。

但是,世界市场上的上述事件对于工人阶级历史的意义,不仅是这样直接地表现出来的。今天我们看到的现象,是资本主义通史上极为重要的一章。为资本的统治占领的广大地区、世界市场的严重衰竭、竞争的相应激化、一系列的技术革新——所有这些现象都证明这样的观点:资本主义的发展过程以现代工人运动为基础,并且加速这种发展的终结。工人阶级密切关注的不应是社会的修修补补,即当前国家的所谓社会改良这样的小事,他们首先应该不断关注世界市场和世界政策方面的大事,别只关注日常小事而应时刻不忘大事,不忘未来。

五　兼并政策和美国的工人

《社会实践》杂志报道称,美国工会的中央机关刊物《美国联邦主义者》在两篇有意思的文章中,就美国目前的兼并政策表明了态度。因此,说明美国工人极为坚决地反对兼并菲律宾和夏威夷群岛。也就是说,不像人们料想的那样,他们是担心来自被兼并国家的廉价劳动力可能的竞争,担心与此相关的工资普遍降低的风险。美国的工会会员在自己的抗议中以更为重大的观点为指导。他们担心的是,兼并这些国家对于美国的民主设施及工人阶级的社会和政治地位将产生的灾难性影响,因为在这些国家中,部分还是奴隶制占统治地位,劳动完全受剥削者和公权力的统治。《联邦主义者》指出,在夏威夷群岛不到 10 万人的居民中,有一多半人订有长期的、大多为七年的劳动合同,因而实际上就是奴隶;其中 80% 是中国人和日本人,约 20% 是葡萄牙人和南太平洋海岛居民;劳动合同的各个部分都依法强制要求工人们接受手拿鞭子的监工的驱赶,去勤奋劳动,他们只要消极怠工,就会被关进大牢。菲律宾也有类似的情况,《联邦主义者》正确地预测,由美国人接管该群岛不会改变那里的情况和制度,改变的只是统治。毋庸置疑,这样的情况对美国工人阶级的状况也不会没有影响。这家工会的机关刊物写道:"在这种情况下,这个国家(美国)的上层阶级宁愿使用暴力,也不愿顺从多数人的意志来实现自己的计划,这样的事情还要持续多久? 将对天赋神权的轻视冷漠和菲律宾黄种雇佣工人的愿望,同样移植给我们同血脉的手工业者,移植到我们的国家,这不是轻而易举的吗?"兼并"会导致产生对手工业者的蔑视,助长这种卑鄙的观点:强者可以合法地剥削弱者,使弱者更廉价地为统治提供奢华。"这家工人报纸还十分激烈地反对设立常备军和美国的世界强权政治,并在结尾处说出了我们梦想统治世界市场的政治家们也应记住的一句话:"**一个想要统治世界市场的民族,必须确保工人阶级的自由,必须为他们铺平到达精神发展中的最高生活水平的道路。只有做到这一点的民族才能在世界市场上立于不败之地,才能**

主导世界的命运。"这里表达的观点表明,美国的工会会员在军国主义和殖民政策的问题上站在现代工人运动的立场上,他们清楚国家的一般政策的问题。当然,他们反对美国的兼并的呼声始终是沧海一粟,因为在美国和欧洲,外交政策的大权依然掌握在资产阶级政党手中。但是,工人阶级已经明确认识到自己面临的危险,所以,美国发展的新纪元一定会导致工人阶级更加紧密的团结,并给工人运动以新的推动。

1898 年 12 月 28 日和 1899 年 1 月 8 日《萨克森工人报》
(德累斯顿)第 300 和第 6 号

反无政府主义者代表会议[①]

反无政府主义者代表会议的决议是保密的。[②] 理由据说是,如果公布这些决议,那就等于告诉无政府主义者如何躲避国际刑警当局的罗网。民族自由党的《莱茵—威斯特伐利亚报》写道,如果这个理由确实是权威的,那么是可以接受的。当然,在那些通常十分了解这类事情的人士中,有人却道出了完全不同的原因。会议之所以要求保密,**是因为确实无话可说**。"会议召开了、讨论了、表决了、通过了一些提案、否决了一些提案,但结果无非是一些与会者根据'预案'接受会议作出的决议,而其他与会者以他们所代表的国家的名义,明确拒绝赞同会议作出的决议,当然,也有一些代表马上以他们国家的名义保证落实会议作出的决议。**英国**、**荷兰**和**比利时**的代表拒绝贯彻会议的决议,而法国会首先'关注'这些决议。声明**无条件**同意这些决议的国家有**意大利**、**德意志帝国**、**奥匈帝国**和**俄国**。大家对瑞士等国的态度众说纷纭。但是,也有人相信,瑞士目前是仿效法国,对会议的决议采取观望态度。"会议顾忌这些国家,所以试图在会议决议中既不强调镇压无政府主义,也不强调防止无政府主义者的犯罪活动。但是,即使如此,一些镇压措施也是必需的。比如,会议议程的第二项"必须引渡无政府主义罪犯"和第四项"每个国家必须驱逐它已知的外国无政府主义者",就属于这类措施。**英国**和**瑞士**则认为,这样做会影响它们的庇护权,对此他们绝对不予考虑。但是,根据我们得到的所有消

---

① 这篇刊登在《政治概览》专栏的文章没有署名。它很可能是罗莎·卢森堡在 1899 年 1 月 9 日给莱·约吉希斯的信中提到的那篇简讯。——编者注

② 在德意志帝国的参与下,反无政府主义者代表会议于 1898 年 11 月 24 日在罗马开幕,开了大约四周,在刑法和庇护权问题上没有取得一致意见。另见本卷第 458—462 页。——编者注

息,正是这些规定才是**会议决议的真正核心**。其他的内容主要在于,各国政府有义务相互通告所有与无政府主义者及其行踪相关的消息。但是,这其实无非是有些隆重确认各国警方长期以来早已遵循的惯例。

可见,这次罗马野餐会毫无成果,**庇护权**继续保留。

1899 年 1 月 9 日《莱比锡人民报》第 6 号

1898 年的俄国

一

1 月 18 日于莱比锡

长期以来,沙皇帝国的社会生活就已经"矛盾重重":一边是最现代的形式,一边是最原始的形式;一边是高度发达的资本主义工业,一边是农业中最野蛮的劳动方式;一边是政治统治的亚细亚方式,一边是最先进的社会改革;一边是费用巨大的巨型国有企业,一边是大量饿死的民众。

1898 年,明显的矛盾激增并明确地表现出来。

俄国资本主义的阿基里斯①之踵一直是**钢铁工业**。在所有其他工业部门,如纺织工业,俄国总算懂得通过高额关税保护政策几乎完全不依赖外国,而资本主义的基础工业——钢铁工业,尽管俄国拥有丰富的矿产资源,却由于企业的无与伦比的迟钝和落后一直没有好转。这一点尤其在政府的大型铁路企业中最近表现得十分明显。去年突然有了长足的进步。生铁生产一下子增长了 2 080 万普特②,今年达到了 13 460 万普特,以致俄国在欧洲国家中现在位列**第三**。但是,这种发展还在延续,并且还有 10 个大型工厂正在建设,以致生铁生产在未来几年预计可达 20 000 万普特。

---

① 阿基里斯——古希腊神话中围攻特洛伊的一位最勇敢的希腊英雄,荷马的《伊利亚特》中的主要人物,他同希腊军队的领袖亚加米农的争吵和回到自己的营幕去,构成了荷马史诗《伊利亚特》第一章的情节。据传说,阿基里斯出生时被母亲海洋女神西蒂斯握住脚跟倒浸在冥河水中,因此他的身体除没有浸水的脚跟外,不能被任何武器所伤害,后来,他因脚跟,即他身上那个唯一致命的地方中箭而身亡。后人用"阿基里斯之踵"比喻可以致命的地方和最弱的一环。——编者注

② 1 普特等于 16.38 公斤。——编者注

同样,钢铁生产去年也有大幅增长:1897 年,仅在南部地区,钢铁生产就从 400 万普特增加到 2 000 万普特。虽然从欧洲的钢铁进口暂时还相当可观——这一点恰恰以俄国钢铁工业中大量新建的工厂为条件——,但是,对于西欧来说,俄国作为生铁的**销售市场**,到明年年初,无疑将名存实亡,而俄国的资本主义因此将会迈出新的坚实的一步。

新建的铁路也像**与中亚的贸易关系**一样,越来越有助于**西伯利亚**的复苏。在下诺夫哥罗德上次年市上,正如俄国的《财政信使》所写的,西伯利亚和中亚的商人对瓷器、陶器和玻璃器皿的需求十分巨大。

政府方面千方百计为俄国在亚洲的销售铺平道路。通往**波斯**和**阿富汗**方向的**两条新铁路**于去年建成。一条铁路从彼得罗夫斯克出发,沿里海的高加索海岸到巴库,这仅仅被视为暂时实施的一项宏大计划的一部分。

《新时报》写道:"毫无疑问,这条铁路将会延伸到连科兰、阿斯塔拉、雷士特和德黑兰。通过这条铁路,莫斯科能够将产品比必须绕道苏伊士运河的竞争对手,更快捷、更廉价地运送到伏尔加河、乌拉尔河与顿河地区。"

另一条铁路是从梅尔夫到库什克跨欧亚大陆铁路的支线,这条铁路使英国人激动不已,并非没有道理。而延伸至赫拉特,可能延伸至喀布尔,即阿富汗的中心,只是时间问题。

而在**内政方面**,沙皇政府首先为资本主义的发展也曾孜孜以求。去年实施的度量衡器校准——同时承诺在未来引入欧洲米制——,此外,在工业区周边建设几所新技术高校,在帝国国内新建多条铁路,所有这一切都是为了服务工商业。但是,对资本主义发展来说最重要的措施也许是 1898 年在工厂实行的法定十一个半小时的**最长工作日**,鉴于俄国最重要的工业区——莫斯科区至今为止的强盗经济,这意味着生产方式的整体变革和欧洲化。

去年制定的经济和社会政策方面的计划和已经执行的计划一样证明,沙皇政府不断向"文化之巅"进军:一方面建设**农业女子高校**,另一方面雇用**女性工厂视察员**(!),这就是俄国政府已经在立法筹备阶段的最新计划。

在一年前通过引入金本位制而进行过改革的**金融业**领域,去年采取的最重要的措施是目前正在生效的工商税改革,征收方式据说考虑了工业已经达到的发展水平并向国库额外输送 3 000 万卢布。

现在是沙皇政府寻找新的收入来源的时候了,因为至今为止最重要的农民开始完全指望不上了:1898年——距上一次可怕的饥荒还不到五年,就又是**一个饥荒年**。整个东部地区本来是俄国最富饶的地区之一,这一年却遭遇了歉收,在这个地区,以最原始的方式与其说耕种土地,不如说掠夺土地,以致再度歉收。现在,专制制度遭到实行了几百年的无情压榨农民群众的政策的报复:专制制度现在必须用自己的钱养活数以百万计的纳税人。最初对饥荒的否认于事无补。政府解散了由自由经济协会组成的救助委员会,并作为处罚改组了协会本身;政府检查每一条关于饥荒的报道,使报刊痛苦不堪。然而这一切都于事无补,东部19省的可怕的贫困、骇人听闻的困境未能长期隐瞒,确凿的事实终究难掩公众的耳目。揭开掩盖秘密的面纱以后的景象是可怕的。一位目击者就他在饥荒区一个小城市的所见所闻,在《新时报》11月号上写道:

"早上我拜访了工人区。一家人蜷缩在一间被毁了一半的茅屋中,茅屋只有一扇没有玻璃、用纸糊住的窗户,里面有一个原石垒的炉子和一个弯斜的烟筒。在紧挨着门的黏糊糊的土地上躺着一个两岁的孩子,用半块破布盖着。另一个孩子穿着一件褐色的,原来应该是红色的小衬衫,玩着一张天知道从哪里弄来的糖果盒上的小图片。还有两个半裸的病孩在角落里不停地翻身。主人躺在炉子旁的长椅上。这个人身高马大,原本能用双肩拉动10普特的人力拉车,现在却躺在那里,正受着高烧的折磨。他的妻子,四个可怜孩子的母亲出去乞讨了。茅屋中弥漫着臭味和烟味,还有极度贫困的气味。茅屋中是家徒四壁:既没有长椅也没有餐具,既没有柜子也没有桌子,只有画着笑容满面的女人的小图片落在地板上,仿佛是一块清晰的补丁。'你们吃什么?'我问道。他们回答说:'妈妈乞讨回来的面包圈、橡子。昨天我们用干枯的橡树叶和树枝煮了汤,但味道不怎么好。'——**我看到的到处都是这样的景象。**"

沙皇政府不得不亲自开展救援活动,当然同时将官僚制度的一切德行发挥得淋漓尽致。大臣们和各级官员走访灾区,撰写并呈送了大量报告。而这时,农民就像饥饿和患病的苍蝇一样纷纷倒下。

二

1 月 20 日于莱比锡

竖立在陶土底座上的著名巨人雕像的历史已经很久远。俄国每发行一次新公债,每遇到一次歉收,西欧的,特别是我们的党刊就会预言专制制度的破产。但是,枯竭的国库总是不愿意破产,这个巨人总是稳稳地竖立在陶土底座上,他站在那里,精神饱满,催人奋进。

过去的一年,沙皇的外交在**对外政策**方面取得了一系列重大胜利:解决了克里特岛问题、占领了亚瑟港和中国大连湾、确立了在满洲里和阿富汗的权力地位、发表了曾一度使彼得堡内阁成为国际外交中心的裁军宣言;所有这些胜利都表明,俄国的专制制度即使在世界政治上也绝不想退缩。

认为沙皇帝国在过去十多年中日益扩大的权力仅仅是外交戏法上的花招,这是政治上不可原谅的自欺欺人。低估敌人的实力,是最大的政治错误。遗憾的是,俄国沙皇制度的权力仍然建立在一个比其外交代表的戏法艺术更为稳固的基础之上。

任何一种社会形式,在其内在发展和进步力量充分发展之前,在其过时且与发展不再协调之前,是不会消失的。

这也适用于**政治形式**。在西欧,人们一想到俄国的专制制度,就很容易把历史上在法国和德国曾占统治地位的专制制度的概念嫁接给它,而且很容易忽视沙皇制度的特殊本质,要知道,正是这种特殊本质使它成为世界史上独一无二的政治现象。

其实,俄国的专制制度一直是,而且直到今天仍然是——**它的历史和权力的秘密就在于此**——俄国经济和社会进步的推动者;因此,数百年来它都是为自己换取**政治落后**的权利。只有一种历史的世界强权——天主教会——还像俄国沙皇制度一样懂得适应不断变化的社会条件。但是,就连天主教会在资本主义时代也无所适从,而俄国的专制制度直到现在都反复地表明,它还懂得忘记,懂得学习。彼得大帝曾扯着他的贵族们的长胡子,无情地下令剃掉善良的古俄罗斯人的这个神圣传统,他还拽着闭门不出的女贵族们的辫子,把她们拽入公共生活中并扯下她们脸上的古老面纱,同样,他的继承人也忠诚于这个使命:使俄国在**社会上、经济上欧洲化**,以便使它**在政治上保持亚洲人的方式**。

正如黑格尔的命题,俄国的专制制度每次——即使在历史确定的最后的衰落日期——都懂得自我否定,在自己的机制上进行革新,并对俄国的社会基础进行彻底变革,从而一再作为经济发展和政治落后的良好综合体,从历史的旋涡中完好无损地显露出来。这项职能如何成了俄国专制统治的本质,有以下的事实为证:将中世纪的俄国在18世纪初期改造成一个现代的俄国,是一个天才的杰作;将自然经济的俄国在本世纪中叶改造成一个以货币经济为基础的俄国,毕竟需要一位杰出思想的执行者(亚历山大二世);而目前僵化的俄国资本主义正在实行欧洲化,并在一个思想上年轻的政体下将俄国资本主义赶往世界市场。

最终,俄国的专制制度不仅十分懂得容忍经济的发展过程,而且懂得容忍这个过程在**其他国家**产生的政治副作用,然后善于每次将自己的国际地位确立为自己的优势。俄国的专制制度在本世纪上半叶从西欧专制政权的残余中获益匪浅,并依靠其保护这个政权的国际地位,反对民主的人民运动。今天,由于民主到处都程度不同地最终取得了胜利,所以,沙皇制度的地位——我们党的政治家也应该好好记住——已经发生了彻底的变化。有些人总是把俄国沙皇制度视为随时会对欧洲民主发动攻击的敌人,认为他们在等待机会重建欧洲的专制政权,这些人是拘泥于那种十多年来一直在修正的陈旧观念。

自从俄国在欧洲的外交中占有出色且常设的一席之地以来,它就从欧洲国家——它们使其政府在金融手段方面,在外交上的肮脏交易的保密方面携手合作——的民主宪法中获得了最大的好处。沙皇制度获得各种好处,是因为它不能成为立宪国家中**唯一**的专制制度,它是最后一个为欧洲立宪主义的压迫而感到高兴的制度。自从神圣同盟①成立以来,沙皇制度的国际角色所发生的变化是十分显著的,俄国作为嘉宾出席台伯河畔西欧**反无政府主义者**

---

① 神圣同盟是欧洲各专制君主镇压欧洲各国进步运动和维护封建君主制度的反动联盟。该同盟是战胜拿破仑第一以后,由俄国沙皇亚历山大一世和奥地利首相梅特涅倡议,于1815年9月26日在巴黎建立的,同时还缔结了神圣同盟条约。几乎所有的欧洲君主国家都参加了同盟。这些国家的君主负有相互提供经济、军事和其他方面援助的义务,以维持维也纳会议上

代表会议①,而它邀请欧洲各国政府到涅瓦城观看——**裁军喜剧**③。

但是,对于工人运动和民主来说,俄国的专制制度因此而变得更加危险。正是这种对历史发展的出色的适应能力,使俄国的专制制度顽强生存,不断取得新的胜利——就像去年那样。它总是懂得抓住服务俄国发展这个重要职能,所以依然稳稳地竖立在陶土底座上,不管多么严重的歉收和饥荒,它是岿然不动。

在俄国内部没有任何资产阶级反对派的迹象,而工人阶级自行安排的反对派,在闻所未闻的斗争条件下,面临着十分艰巨的任务,这仅仅是这种历史现象的另一面。去年发行的大量社会主义传单、许多起义等等都证明,俄国无产阶级中最优秀的部分非常理解,而且越来越理解自己的利益和为这种利益而斗争的必要性。但是,在这段时间进行的不计其数的逮捕行动表明,专制制度目前掌握着强硬手段,足以使它唯一强劲的敌人极为难以开展斗争。

但是,专制制度担心自己不能成长为参天大树,到现在为止,在越过历史给它设置的陷阱时表现的那么诡谲,但最终没有骗过历史。一方面,专制制度现在已经开始的事业——将俄国的资本主义引入世界市场——足以使它为俄国的发展提供最后一次重要服务;但另一方面,正是这种要求半个世界来执行它的计划的目标,会不可避免地迫使它与所有欧洲国家发生冲突。专制制度源于亚洲,而灾难迟早也会在亚洲降临到它的头上。

但是,在当前迅速瓜分中国的时候,如果俄国和欧洲达成共识,那么,决策就会一是取决于沙皇帝国内部的阶级斗争的发展,二是取决于西欧民主的发

重新划定的边界和镇压各国革命。神圣同盟为了镇压欧洲各国资产阶级革命和民族解放运动,先后召开过几次会议:1818 年亚琛会议,1820—1821 年特罗保会议,1821 年 5 月莱巴赫会议以及 1822 年维罗纳会议。根据会议的决议,神圣同盟曾于 1820—1821 年间镇压意大利的革命运动,1823 年武装干涉西班牙革命,并企图干涉拉丁美洲的独立运动。由于欧洲诸国间的矛盾以及民族革命运动的发展,1830 年法国七月革命后神圣同盟实际上已经瓦解。——编者注

① 在一个无政府主义者于 1898 年 9 月 10 日行刺奥国皇后伊丽莎白之后不久,意大利政府邀请欧洲各国代表于 1898 年 11 月 24 日到罗马举行会议,制定共同对抗无政府主义的具体细节。——编者注

② 见本卷第 421 页脚注①。——编者注

展。**只有民主**——不是目前在德国成为笑柄的民主,而是社会民主党要求的那种民主,才能提高人民群众的觉悟、热情和政治成熟度,从而成功克服没有主见的俄国群众这个专制制度的工具的盲从态度。

1899 年 1 月 18、20 日《莱比锡人民报》第 14、16 号

俄国的一家工人报纸[1]

L. 一家在**莫斯科审查机关**的眼皮底下为工人编辑的、名为《旗帜报》的周报第一期刚刚出版。它的社论表明,编辑部完全立足于现代工人运动,以在俄国无产阶级中传播阶级意识为己任。

编辑部从俄国现代经济发展的角度,批判了俄国早期的社会主义流派——俄国民粹派和民意党[2],随后以这样的话来概述编辑部的信念:"我们相信,我们能够积极地影响和干预基本的生活进程,而无意使历史的车轮倒转。不,我们有其他完全能够实现的目标。向工人阶级阐明自我活动、团结友爱、对现状的理解、对自身利益的意识——这是目前发展阶段的需要。"

该报的第一期编辑得相当巧妙,它探讨个人与社会生活的关系问题、约翰·拉斯金的社会观[3]、军国主义与裁军宣言,等等;以目录学的形式评论拉布里奥拉的唯物主义历史观[4]和悉尼·(詹姆斯)·韦伯夫妇撰写的英国60

---

[1] 这篇简讯的开头标有一个字母 L.。罗莎·卢森堡在 1899 年 1 月 14 日给莱·约吉希斯的信中写道,她从俄国移民席尔曼那里收到"一期新出版的马克思主义的通俗报纸","这家报纸在俄国是合法出版的,似乎没有接受普列汉诺夫—司徒卢威等人的集团的影响。"它给人一种"非常喜欢,但不太成熟的印象"。她不会为自己写的简讯署名 rl.。——编者注

[2] 见本卷第 2 页脚注②。——编者注

[3] 见约·拉斯金《给未来者言——关于政治经济学第一原理的四篇论文》1884 年森尼塞德—奥尔平顿—肯特版。关于他的社会观,参看格·冯·舒尔策-格弗尼茨《关于社会和平——论 19 世纪英国人民的社会政治教育》1890 年莱比锡版第 1 卷第 400 页及以下几页。——编者注

[4] 参见安·拉布里奥拉《论历史唯物主义》1896 年罗马版。——当时没有德文译本。参看安·拉布里奥拉《论历史唯物主义》,安·阿舍里-奥斯特洛和克·博茨措利编,1974 年美因河畔法兰克福版第 139 页及以下几页。另见《安东尼奥·拉布里奥拉论伯恩施坦》(本卷第 579—582 页)。——编者注

年的劳工状况①(这两本著作都出版了俄文译本)。

顺便说一件怪事:在俄国竟然能在女皇陛下的恩准下,官方出版一家读者指定为劳动人民的报纸——《工人救济》。这家官方报纸关于目前的饥荒写道:"面对居民的严重贫困化这个事实,我们不能一如既往地漠不关心。这次席卷全国的严重灾害导致贫困化的危险日益增大。在最近八年内,俄国已经遭遇四次歉收。如果出现国家全面崩溃这样严重而可怕的问题,如果贫困的幽灵危及人类的生存基础,那么,我们必须集中所有人力和财力,向正在逼近的灾祸宣战。"这家官方的报纸认为,"劳动的组织"——当然"在法律的范围内"——是斗争的手段。

总而言之,"社会沙皇制度"目前的势头正盛,不久我们将刊登一份新近被逮捕的俄国社会主义"煽动者"和"鼓动者"名单,作为进一步的佐证。

1899 年 1 月 19 日《莱比锡人民报》第 15 号

---

① 可能指悉尼·韦伯夫妇的著作《英国 1837—1897 年的工人阶级》,多·兰代审定,1898 年哥廷根版。——编者注

经济和社会政治评论[①]

一　辉煌的殖民政策

帝国政府显然还远远没有满足自己的殖民胃口,或许不需要多长时间,我们就能收到令人欣喜的消息:由于收购加罗林群岛,我们的"保护区"又扩大了。[②] 这次收购对劳动人民意味着什么,这在德国迄今的殖民政策实验中已经表现得足够清楚。保护区 1899 年的预算又为这一政策画上了点睛之笔。据此,殖民地的收入和所需的帝国补贴如下:1. 新几内亚等保护区:收入 75 000 马克,帝国补贴 657 000 马克;2. 多哥:收入 804 000 马克,帝国补贴 254 000 马克;3. 喀麦隆:收入 730 000 马克,帝国补贴 983 400 马克;4. 西南非洲:收入 60 万马克,帝国补贴 700 万马克;5. 胶州湾:收入 0,额外支出 850 万马克。因此,来自殖民地的收入总共约 220 万马克,而**支出**约 1 740 万马克。然而,这么大笔的钱用到哪里了呢? 几乎全部用于行政管理和驻防军的维护! 德国殖民政策的全部荒谬可以直接表达为:在世界各地收购土地,不仅没有什么好处,而且还吞掉纳税人口袋里的好几百万,只是赤裸裸地为了维护统治!

工人阶级有许多比单纯的经济考虑更深层次的理由反对殖民政策:他们认为,这种殖民政策是竭力支持海上霸权主义和军国主义、反动的内政、民族间的敌视、国际摩擦和战争;最后,工人阶级**原则**谴责通过殖民政策对其他国家和其他民族实行暴力统治。但是,殖民政策也有它的两面性。至少从纯粹资本主

---

① 见本卷第 395 页脚注①。——编者注
② 西班牙在对美战争中遭到失败,所以它在 1899 年 2 月 12 日的协议中,被迫以 1 700 万马克的经济补偿将加罗林群岛、巴布亚群岛和马里亚纳群岛割让给德国。——编者注

义的角度看,以前英国和荷兰的殖民政策有一点是有意义的:它首先关注国家的生产和贸易利益。尽管工人阶级从**自己**的阶级立场出发必须坚决反对**任何**殖民政策,但是,德国的殖民政策,甚至从资本主义的角度看,也完全是滑稽的模仿,它甚至在企业主和国家的利润利益上也不具备多少历史合理性。它纯粹是挥霍帝国的资金,是纯粹的殖民政策,是试图不惜任何代价将德国完全变成世界强国、在世界政治上与其他老牌殖民强国竞争的结果。工人阶级必须全力以赴地利用一切机会遏制这种昂贵且危险的欲望。一个国家,如果没有资金用于改善工人阶级的状况而进行哪怕微小的社会改革,没有资金用于各种文化事业,那么,人民就不会无视为世界政策的幻想而花费巨额资金;人民为了自己的利益首先密切关注殖民政策方面的事情,并大声强烈抗议任何计划中的新的领土扩张,如目前正在计划收购的加罗林岛,这是上述形势赋予人民的义务。

二　关于贫困化问题

众所周知,最近一段时间我们队伍中出现这样一种观点,认为社会民主党过去的、马克思和恩格斯在《共产党宣言》中概要表述的策略,特别是它对当前的社会制度行将崩溃的信念,是没有根据的,因为现在的结果表明,工人阶级没有像马克思和恩格斯设想的那样,随着时间的推移,越来越**贫困**,而是相反,正在逐步达到一定的富裕程度。

现在——正如在这家报纸多次强调的——认为马克思和恩格斯以及德国社会民主党分别谈到整个工人阶级直接的物质贫困化,或希望它成为革命阶级斗争的基础,是完全错误的。科学社会主义的创始人在谈到经济上的**贫困化**,大众的贫困化时,认为这只是资本主义发展的一个**标志**,资本主义发展的表现总是以**一小部分**工人阶级为代价。贫困化绝不涉及整个无产阶级,但总是会或多或少地影响**一部分**无产阶级,《共产党宣言》中明确指出,资本主义的发展甚至会将这部分无产阶级排挤出工人阶级的队伍,将它压迫到"本阶级的生存条件以下"①而成为流氓无产阶级。许多数据,其中包括**巴黎社会资**

————————

① 《马克思恩格斯文集》第 2 卷第 43 页。——编者注

助的最新统计都证明,《宣言》中所说的话至今仍完全符合事实,工人阶级中许多人的贫困化一如既往地继续存在。

在这个有 200 万居民的世界大都市中,每年不少于 13 万人获得社会资助。而且这个令人遗憾的数字还在快速增长,在 1893—1895 年的两年内从 128 152 人增加到 130 133 人,其中约有 50 000 人不是临时地或例外地,而是长期完全地依靠社会资助。1896 年(有统计数据的上一年),这样的人已达 50 102 人。这个赤贫大军来源于工人阶级,这是从一开始就很清楚的;而下面的情况直接表明,所有的贫困人群都集中在巴黎的工人区,以致在全市每 100 人中就有 4 人必须长期靠区乡养活。这 50 000 人加上约 13 万需要临时资助的人是一支壮观的赤贫大军,但是,社会资助的统计资料表明,巴黎的贫困事实上还要严重得多,因为第一,有些社会资助是附带一定条件的,如证明完全没有劳动能力、在首都居留满三年、法国国籍等等,而这些条件不是所有需要资助的人都能达到的;第二,还必须将依靠私人慈善机构资助的人计算在内。根据实际占统治地位的贫困的概念,那些寄宿在城市小客栈的人也可以算作实际赤贫的人,比如在 1896 年,这样的人在巴黎就有 20 万!

巴黎的这种情况在所有其他现代大都市都存在。资本主义发展的牺牲者——无产者不再能养活社会,而是要靠社会养活,这些人的数量确实巨大,要比人们通常在理论上或凭社会表面观察所想象的大得多。对于工人阶级的革命斗争来说,这些贫困化的人不仅不是支柱,而且恰恰是障碍,因为他们大多合适于充当无政府主义混乱的社会基础。但这种现象是为资本主义经济作出死亡判决的社会**标志**。一种制度如果将大城市成千上万、资本主义大国数以百万计的工人的彻底贫困化作为其正常的存在条件,那就无可辩驳地证明,这种制度是不正常的、疯狂的,它与社会的继续存在是不相容的。

但是,各种抵制这一现象的尝试的失败都证明,整个居民阶层的日益贫困化与当今的社会制度是分不开的。巴黎按籍贯所作的社会资助统计也表明,如今大量人口从农村迁到城市。50 000 名长期受资助的人中,有超过 36 000 人来自外省。为了人为创造从城市到农村的逆流,几年前在沙尔梅勒(马恩省)建立了一个劳动证明机构,负责收留迁入巴黎的贫困的农业工人,然后再设法把他们安置到农业,甚至雇用求职者去暂时耕种自己的田地。而结果怎样呢?这个机构的作用一年不如一年,1895—1896 年,该机构共收留 93 名工人,只安置了其中的 61 人,而这些得到岗位的幸运儿很快就离开了自己的职位,甚至连自己的工资都不要!这一条连我们劳动证明机构的领导也应切记的经验,同该机构上届慕尼黑代表会议一样证明,给刚刚逃出农业地狱的农业无产者再次戴上枷锁,是沉溺于甜美的空想。发展的车轮不会再倒转。劳动力如今从农村流向城市,在资本主义社会中是自然而然的,就像无药可救的贫困人群聚集在工业城市一样,反过来也一样,阶级斗争将在工人阶级的上层发展,最后必将埋葬资本主义及其所有典型形象。

三 俄国的裁军

资本主义政府是如何言行一致的,谁想扼要地确切地了解个中原委,就请看刚刚公布的具体的**俄罗斯帝国明年的国家预算草案**。根据这个草案,国家收入约为 15 亿卢布,而支出,常规支出和特殊支出的数额与此相仿,共计 1 571 732 646 卢布。具体分配如下:

陆军和海军部	406 856 710
交通部	397 148 125
教育部	28 761 171

俄国预算中的这三项简短而紧凑地描绘了一幅沙皇帝国内部经济即将枯竭的画面:支持资本主义和世界政策的军备和铁路建设——概括了国家的全部活动。仅军备一项就吞掉了总预算**三分之一**以上,与铁路建设一起大约占总预算的**一半**,而一个拥有 10 000 万居民的国家用于教育的支出则不足 2 900 万卢布,也就是不足预算的**五十分之一**!

只按照官方的预算草案来预估俄国的军备开支,将是完全错误的。在沙皇帝国,人们不习惯太过于把预算当回事,比如,政府不久前就在预算外划拨 9 000 万卢布用于建造军舰,因此,军国主义在本年度就用掉了约 **50 000 万卢布**。政府因此而裁军,现在还邀请其他各国政府到圣彼得堡参加裁军会议。① "我们熟悉这歌词和曲调,作者老爷我们也都知道,他们背着人们喝葡萄酒,却公开宣讲清水最好。"②

四 "日益提高的国民福利"

各家资产阶级的报纸和官方报道在回顾 1898 会计年度时,都得出了可喜的结论:这个会计年度是一个辉煌的年度,结果是"日益增长的国民财富"。

当然,有足够的证据证明,在过去的一年,生产和贸易都有极大的发展。**德国对外贸易**的统计首先表明了这一点。1898 年,进口达 4 270 万吨,或按价值计,为 547 760 万马克;与 1897 年相比,增长了 250 万吨或 60 130 万马克。出口则为 3 010 万吨或 400 170 万马克,与 1897 年相比,增加了 200 万吨或 21 500 万马克。

此外,普鲁士王国**所得税调查**的结果也表明,去年国内的财富增长较之前几年都强劲得多。在普鲁士的自然人的全部有纳税义务的收入共计约 677 490 万马克,而 1897 年为 637460 万马克,1896 年为 608 600 万马克,1895 年为 563 890 万马克,1894 年为 578 480 万马克,1893 年为 572 530 万马克,1892 年为 572 430 万马克。增长速度在上一个 10 年初还十分缓慢,而在末期则越来越快,以致仅去年的收入增长就超过了 40 000 万马克!

最后,**普鲁士储蓄银行**的统计得出了关于经济发展的相同结论。储蓄存单的数量从 1883 年起翻了一番多,存款达 496 769 万马克,每 100 名居民就有 23.4 个账户,每个账户上平均有 649.97 马克。

1898 年,德国的"国民财富"的整体景象看起来十分辉煌。但是,我们现在想问:这份巨大的财富是如何分配给各个国民阶级的? 去年这样的巨大经济发展对谁最有利,是工业的增长还是贸易的增长? 下列数字可以对此作出回答。1898 年**来自贸易**的收入增长了 10 010 万马克;税收分级所表述的"**赢利职业**"的收入增长了 8 940 万马克,**资产**的收入增长了 5 370 万马克;**地产**的

---

① 见本卷第 421 脚注①。——编者注
② 海涅:《一个冬天的童话》,参看胡其鼎译,河北教育出版社 2003 年版。——编者注

收入增长了 3 120 万马克。可见,企业主、地主、商人和资本家的收入增长惊人。大中资产者的收入(每年超过 3 000 马克)也在最近几年飞速增长,因此,1892—1895 年的增长还不足 4 400 万马克,而 1895—1898 年的增长则**超过 56 800 万马克!**

储蓄银行的存款余额至少可以部分说明,去年的财富增长或许也会惠及劳动人民了吧? 只要仔细看看储蓄银行的统计结果,就会明白,这个推测是多么荒谬。存款不足 150 马克的存单占存单总数的 44%以上,存款 150—600 马克的存单占 29%以上,而存款 3 000—10 000 马克的"储蓄存单"占将近 3.5%,存款超过 10 000 马克的"储蓄存单"只占 0.5%! 后两类存单一定不是工人的,而是资本家的,他们为储蓄银行较高的利息所吸引,托管他们的资产或一部分资产,共计约为整个银行资产的**一半**。可见,这份统计也说明,增长的财富属于资产阶级,而不属于无产阶级。

如果我们想直接看看去年的工资水平,那么,我们根本不可能找得到与资本家阶级的财富增长相似的增长。工资的增长普遍不值一提,在有些生产部门甚至完全没有增长。在所有工业中,分享去年的发展最多的是采矿业。煤矿主大发横财。而工人阶级的工资怎么样呢? 工人阶级(某个阶层)的工资与去年相比增长:

(单位:马克)

	1897 年	1898 年
上西里西亚	2.58	2.76
北多特蒙德	3.64	3.83
南多特蒙德	3.44	3.66

可见,在最繁荣的采矿业,尽管没有女工和童工的竞争,但工资的增长微乎其微。而在统计数据证明雇用廉价女工和童工迅猛增长的其他部门,就几乎谈不上工资增长了。这难道还谈得上工人阶级财富的微弱增长吗? 这里首先还要考虑**食品价格**这个最重要的因素。工人通常将自己的全部收入用于维

持生计,所以,食品价格哪怕略微上涨,也会对他们的生计产生严重影响。1898 年,尽管地主及其报刊散布各种谎言,但**官方**报告还是显示物价的普遍上涨。与 1897 年的物价的比较结果显示,1898 年比较便宜的只有稻草、草料、菜豆(便宜 1.5%)和食用黄油(便宜 0.5%)。**而价格上涨**的有:鸡蛋 0.9%,兵豆 1.5%,羊肉 1.6%,牛肉 2.7%,小牛肉 4.0%,猪油 4.0%,猪肉 5.3%,土豆 5.5%,肥肉 6.7%,豌豆 7.2%,燕麦 10.5%,大麦 12.1%,黑麦面粉 12.5%,小麦面粉 13.3%,小麦 13.8%,黑麦 15.3%。可见,工人的所有食品的价格都上涨了很多。因此,在一些工业中实现的细微的工资增长不仅转变为名义上的现金补贴——这些钱立刻就从工人的口袋转移到地主的无底的口袋——,而且基本可以说明工人阶级的预算的亏空,因为工资增长远没有食品价格上涨得那么普遍和明显。

在资产阶级报纸异口同声地歌颂的关于这个辉煌的 1898 会计年度和"民族财富的大幅增长"的考察结果中,我们发现,全部的好处又被资产阶级——商人、企业主、地主、食利者——捞走了。工人阶级丝毫没有从工业发展中获益,还深受政府的农业政策之害。可见,1898 年还证明,当前的整个经济都是为了利润;年景不好,工人就承担失业和被压低工资的压力;年景好,全部利润就归资本家阶级。

但是,工人阶级应当从去年的"财富"增长的数据中吸取一个实际的教训:他们在组织能力和应对能力方面还远远不足以为自己争得工业繁荣的一杯羹。发展还在继续,即将到来的逆转还没有开始。**工人阶级现在要利用这个时机,加强**他们最重要的斗争工具——**组织**,并作好斗争准备。

五 一个世界粮食卡特尔?

《芝加哥先驱时报》不久前提出的一个计划——它的实现是很不可能的——,很能说明我们的整个经济形势,特别是美国目前的趋势的特点,按照这个计划,美国和俄国建立一个粮食卡特尔,以便垄断世界市场上的粮食和随意"调整"价格。《芝加哥先驱时报》的这个想法是基于一项简单的概算。目前,全世界每年的粮食生产情况如下:

（单位：蒲式耳①）

美　国	3 575 000 000
俄　国	2 120 000 000
奥地利	780 000 000
法　国	724 000 000
德　国	682 000 000
英　国	301 000 000
其他国家	1 126 000 000

可见，俄国和美国有 20 500 万居民，生产 569 500 万蒲式耳，而世界上的其他国家有 80 000 万居民，只生产 361 300 万蒲式耳。很清楚，世界市场完全听命于俄国和美国，它们是其他所有国家的主要粮食供应商。1891—1895 年它们的粮食**出口**分别为：

（单位：吨）

美　国	4 470 000
俄　国	2 000 000
阿根廷和智利	1 040 000
印　度	800 000
罗马尼亚	730 000
加拿大	240 000
奥匈帝国	150 000

可见，在出口的全部粮食储备——943 万吨中，仅美国和俄国就占 647 万吨，也就是占三分之二以上。鉴于这个情况，美国的报刊就冒出了这个想法，美国和俄国通过协议完全操控世界的谷物贸易，并人为提高粮食价格，从而捞取前所未有的巨额利润。

如上所述，这项宏大的暴利计划的实施对人类来说幸好是极不可能的，因为土地的分散不利于俄国和美国农业的发展，这对建立大规模的卡特尔是一个障碍。但是，这个建议可以让人想起中世纪粮食暴利的美好时光。其实，发

---

① 计量单位，在英国等于 36. 368 升，在美国等于 35. 238 升。——编者注

展到今天这种水平的资本主义又患上了它最初犯的毛病——垄断谵妄症。去年上半年,莱特的投机故事证明,特别是在美国,目前不仅在工业领域,而且在贸易领域都垄断肆虐,只是《芝加哥先驱时报》的想法经受了一次实际的考验。这位著名的芝加哥粮食商人想要投机性地购买大部分粮食储备,从而独当一面地操控世界市场和获取巨额利润。他买入了3 000万蒲式耳,并因此而在欧洲大幅抬高粮食价格。如果他的投机没有因阿根廷和德克萨斯的意外提前丰收而化为乌有,并在6月以彻底破产而告结束,那么,这种单纯的实验就有时间开始犯罪,给欧洲各国的劳动人民造成大规模的贫穷和困苦,因为美国的投机也要间接地为比如意大利最近一次的饥民暴动①负责。美国资本主义的当今这个时代在垄断的疯狂驱动下,赤裸裸地表现出这种经济秩序不人道的、危害社会的特点。

六 书 评②

保罗·德罗西埃《美国的垄断化工业(托拉斯)》1898年巴黎版

近来,有关企业主联盟的著作飞速增加。毫不奇怪,没有一个月、没有一周——尤其在美国——没有新建的企业主组织;到处都能感觉到这种新的经济组织的经济和社会权力,但是,人们普遍还很不了解卡特尔在整个现代发展过程中的内在本质、社会影响、历史意义,——不仅资产阶级不了解,而且我们自己的队伍中有些人也不了解。可是,最近有人竟然在党报上发表这样的观点,认为企业主联盟适合成为一种相对普遍的、占统治地位的生产形式,并在保留资本统治和雇佣制度的条件下消除或至少严格地限制资本主义的无政府状态。因此,每一本关卡特尔的形成和历史的真实情况的新作一出版就广受欢迎。从这个角度看,几个月前出版的法文著作也理应得到重视。该书是关于美国托拉斯的一项专门研究的成果,是作者保罗·德罗西埃受法国社会博物馆的委托于1896年在当地撰写的,他此前已经出版了两部关于英国工人

---

① 1898年,意大利多个城市的经济不景气引发了暴动,在米兰形成了革命起义的高潮。政府在军队的帮助下,通过残酷的报复措施镇压了起义。——编者注

② 标题是编者加的。——编者注

问题的重要著作①。

德罗西埃首先简要总结了有关企业主联盟的社会舆论的各种往往互相矛盾的思潮,然后仔细描述美国最重要的几个托拉斯的形成和组织:美孚石油公司,煤炭托拉斯、糖业托拉斯、钢铁托拉斯、威士忌托拉斯(美国烧酒)、船缆卡特尔和一系列小型卡特尔;最后,他表述了对卡特尔的起因、影响和未来的一般考察结果。

德罗西埃的研究最重要的结果是,在美国托拉斯的惊人的发展过程中,美国政治和经济生活的一些特殊因素共同起了强有力的作用——首先是**铁路的私营企业**。铁路公司提供的优惠运价及其在各方面的直接入股,为著名的石油托拉斯战胜独立竞争者起了决定性的作用。但是,铁路公司的这种股份被美孚石油公司收购了,后者将一部分股票转让给铁路公司的主要股东,使他们实际成为石油公司的共同所有人和利益相关者。铁路公司的这种行为方式和铁路私营企业的几乎毫无限制的自由,完全与美国铁路私营企业的独特历史,与第一批这类企业的困难和风险有关,他们当时说服美国政府,几乎毫无保留、毫无限制地出具新建铁路的许可证,因此政府如今对铁路公司的无政府主义行为简直无能为力。

美国的贸易保护主义的**关税政策**是应为卡特尔的无序发展负责的第二个极为重要的因素。如果说哪一个工业部门不仅在美国,而且在欧洲各国的历史上都能极为清楚地表明关税政策的影响,那自然就是——制糖工业。糖业卡特尔的存在与关税保护主义是紧密相关的,因此美国的每次关税调整对它来说都是生死攸关的问题。比如,1894年,当下院讨论威尔逊法案②,民主党想要降低关税时,美国食糖提炼公司(托拉斯的名称)的股份持有者,秘密地迅速转让自己的股票,以便在公司可能破产时将损失转嫁给其他比较幼稚的人。这种花招差不多在每次税率调整时都会重复上演,企业主组织闪烁的生命之光——恰如其分地——在股票的波动中反映出来。1897年,开始讨论丁

① 保·德罗西埃:《英国工人问题》,昂利·德图维尔作序,1895年巴黎版;《英国工联》,德·卡博纳尔参与写作,1897年巴黎版。——编者注
② 下院议员威·莱·威尔逊提出的大幅进口初级产品的关税税率于1894年8月生效。——编者注

利税率标准①时,食糖的股价为 110 美元,而在讨论结束时,——大家知道,这次讨论以"糖业利益相关者"的胜利而告结束——飙升到 140 美元,这意味着在公司的全部资本上又增加了 1 300 万美元。糖业卡特尔懂得给美国立法者施加压力,结果,这个组织每次都能成功地规避关税调整的风险。

德罗西埃说,卡特尔形成的另一个"人为的"因素是**发明专利**。在这样的工业中,既不是生产本身——通过对原材料的货源的简单限制——,也不是关税政策造就一个充分的垄断,作为企业主组织的基础,而是对生产过程中的特殊技术程序进行垄断,形成这样的基础。卷烟卡特尔和橡胶卡特尔的形成可以说明这一点。现在几乎统治整个美国卷烟生产的美国烟草公司,也就是这个公司旗下的企业,除卷烟外还生产板烟丝、鼻烟、口嚼烟丝、雪茄和雪茄烟叶;尽管如此,它们只将**一个**生产部门,即卷烟的生产作为卡特尔垄断的对象。原因在于,只有这个部门的企业能够通过与某家卷烟机器工厂的协议,不仅垄断最好的生产工序,而且还以这家工厂的各种借口,对这个领域的每一个想把自己的新发明转让给其他企业的发明人进行司法追究,因此,每一项新的技术改良事实上都只能被迫卖给美国烟草公司。这种独特的买卖十分兴隆,因此这家 1890 年以 1 000 万美元注册资本成立的公司,在三年后(1893 年)就已经能够赚取 430 万美元的纯利润。

最后,社会生活中还有一个美国特有的现象在卡特尔的迅猛发展中扮演重要角色,这个现象就是:在美国,一直以来都通行把公共服务交给私人资本去开发。我们已经提到,私营的铁路企业是几家大型卡特尔建立的基础。但是,许多城市的煤气照明、有轨电车也同样组成了卡特尔,甚至电报今天也正由一家在 1856 年起吞并了大约 50 家个体小企业的西部联盟托拉斯负责在整个美国的开发,这样的情况在欧洲任何一个国家都没有发生过。

因此,作者得出结论是:在一个生产部门的集中本身即使程度很高也完全不足以形成卡特尔。大多数,特别是最大的美国托拉斯的形成,我们已经看到,有些是普遍的、有些是美国特有的,但都是外在的"人为"因素——铁路政策、关

---

① 1897 年 7 月 24 日,美国下院议员纳·丁利提出的保护关税税率法案获得通过,此法案规定,平均关税税率为 50% 以上,并于 1909 年生效。——编者注

税政策、私人经营公共服务——共同作用的结果，没有这些因素，卡特尔就不可能形成和持续存在。作者将美国这些"人为"因素及其特殊形态归因于美国社会生活的一般特征：特别是归因于美国人关于公法的错误观点。根据这种观点，公共的、一般的国家利益不能与私人利益分开，因此国家不能通过统一的、巧妙的政策禁止私人利益去开发。德罗西埃从中得出一个令欧洲国家感到安慰的结论：形成卡特尔的危险对我们来说非常小，因为我们在对公法的理解方面要先进得多。这整个考察方式自然是错误的，也使我们看到，法国人特别喜欢从纯形式的**公法**角度考察事物。其实，即使在美国，卡特尔雨后春笋般的形成所依据的，不是关于权利的这个或那个"抽象的"观点，而是实际的关系，即部分经济的，部分政治和历史的关系。但是，在德罗西埃的结论中有一点比较真实，而且十分重要，那就是强调美国当地的特殊情况对企业主组织发展的影响，并提出这样的命题，工业的卡特尔化不是生产发展在集中的某个阶段上的一个正常而必要的阶段。他说："集中是一个普遍而且绝对正常的现象；垄断（德罗西埃理解为卡特尔化）是一种带有人为因素的排他性现象。"需要多种特定的因素，部分天然的、部分"人为的"因素共同作用，才能组成卡特尔并保证其长期存在。因此，在所有国家的所有重要工业部门都普遍成立卡特尔是不可能的——这是一个完全正确的结论，当然，德罗西埃为了得出这个结论，不仅就美国托拉斯的历史和组织作了许多外部考察，而且还考察了企业主组织的一般的内在本质。

总之，德罗西埃将**废除保护主义关税**视为欧洲国家抵制美国式的卡特尔普遍化的最有效的手段，这是完全正确的。

如果说有人有理由全力以赴地反对通过疯狂的保护关税人为地培植工业垄断，那就是工人阶级。完全撇开食品涨价不谈，无产者不仅作为消费者，而且直接作为雇佣工人支持遏制卡特尔运动。早在 19 世纪 90 年代初，舍恩兰克就在关于卡特尔的著作[1]中指出，企业主组织和工业的垄断化本身是对工人运动和工人阶级的整个存在的巨大危险。关于托拉斯对美国工人阶级状况［的影响］的专门的官方研究清楚地证实了这一点。比如，国会委员会[2]就宾

---

[1]　布·舍恩兰克：《卡特尔。评企业主联盟的社会形态学》，载于《社会立法和统计档案》1890年蒂宾根版第 3 卷第 489—538 页。——编者注

[2]　指众议院。——编者注

夕法尼亚铁路辛迪加和煤炭辛迪加统治下的工人状况描述如下：

"委员会认为，煤炭公司手中掌握着成百上千的剩余工人，以便他们在就业需求和低三下四地屈从各种要求方面彼此竞争；公司故意不让工人知道，何时下井作业，何时不下井，以致工人们无法在其他地方寻找工作；公司让工人作为房客住公司的房子，让他们交纳房租，不管工人有没有领到工资，如果工人举行罢工，那就可以在寒冬将他们连同老婆和孩子一起赶出去；公司强迫工人装满比工资协议中规定的更大的货车；公司要求工人在公司高价购买炸药和其他劳动资料，同时强迫工人以卡特尔的价格购买煤炭，而且要求购买一定的量，通常都超过工人的需要；它们要求工人给公司请的医生付费，不管他们要不要看医生；工人必须在公司的商店购买食品，以致他们在发薪日就一分钱都拿不到了；比如，一个长年，甚至一生从事艰苦劳动的矿工，手里却没有一美元现金；如果煤里的石块或其他杂质没有清除干净，公司就会取消工人的全部劳动，这样在有偿开采的每 100 吨煤中无偿多出 5—50 吨，等等。"

上述并非从德罗西埃的书中摘录的景象告诉我们，工人完全是被卡特尔资本家奴役的工具，被剥削、被折磨、被歧视、被压迫、被剥夺人的尊严！资本通过卡特尔庆祝自己最残酷、最卑鄙的疯狂。

但是，不管在什么情况下，有阶级觉悟的工人阶级都没有办法使历史的车轮倒转，像美国的小资产阶级那样，完全徒劳地在立法方面追究企业主联盟，从而抵制卡特尔的形成。一个与发展同时前行的阶级在现有情况下所能做的唯一的事情，就是一方面**反对**保护关税，另一方面**支持**劳工保护立法的全面普及和培训，热情似火地反对任何对结社权的攻击。

七 帝国银行法案

上周经济领域中的重大事件是帝国国会关于德意志帝国银行法案的讨论。这个法案中使我们感兴趣的是以下几点：1. 将帝国银行的名誉资本从 12 000 万马克提高到 15 000 万马克，即提高 3 000 万马克；2. 私人货币发行银行必须以不低于德国银行的百分比贴现。

乍一看，**这个**问题似乎真的只与资本家、金融家、地主，总之与银行有业务往来的阶级有点关系,而与工人阶级无关。但这是谬论。当然,工人阶级对帝国银行,对银行业的这种或那种形态根本不感兴趣。但是,后者在很大程度上间接地涉及工人阶级的利益。既然工人阶级当时的状况等等,以及他们从资本主义的桎梏下最终解放出来的意图,是基于资本主义社会自身的经济和政治发展,那么,无产阶级的斗争在很大程度上取决于影响资本主义发展的一切因素。在这方面,银行业,也就是汇兑和信贷业起着巨大的作用。

政府关于帝国银行的法案中的上述两点首先要表达的,一是工商业的巨大发展和最近几年的**经济发展**,二是与之携手并进的汇兑和信贷业务的**集中化**趋势。帝国银行始建于 1875 年,从那时起它在下述重要部门的业务扩展情况如下:

1876 年,银行的**汇票贴现**达 40 290 万马克,而 1897 年达 71 390 万马克,也就是业务扩大了 77%。

1876 年的纸币流通达 68 490 万,去年为 112 400 万马克;即经营扩大了 64%。

最后,1876 年帝国银行的外币达 21 880 万,现在则是 47 460 万马克,增长了整整 117%,也就是业务规模翻了一番多。为了管理日益扩大的汇兑和信贷往来,帝国银行的分行逐年增加:帝国银行成立那年有 183 家分行,15 年之后有 243 家,如今已经达到 294 家。既然帝国银行像其他所有银行一样,要经营和保障各种汇兑业务,就需要一笔自有资本,所以这笔自有资本必须与银行业务的扩大成比例地相应扩大。因此,法案要求将帝国银行的名誉资本扩大 3 000 万马克。

在最近 10 年中,汇兑和信贷业务的另一面是它的集中。70 年代,在德国经营这些业务的,除帝国银行外,还有 17 家私营纸币银行。但这些私营纸币银行日益减少,1887 年减少到 15 家,1890 年 12 家,1891 年 8 家,到今天只剩下 7 家。集中化趋势在今天经济生活中的巨大影响,不仅以这种机械的方式表现出来,大家知道,今天的信贷对资本主义社会来说起着十分重要的作用。提供贷款的一个最重要的形式是所谓的汇票贴现。我们已经看到,帝国银行的汇票贴现已有大幅度增长。这说明工业在发展,用于创办企业和经商等的货币需求在扩大。而贷款利息的高低,可以直接决定国内工业和商业活动的难易。帝国银行在提供贷款时兼顾国内的一般营业状况,以及流通的货币量,等等。帝国银行是否给商界提供贷款,取决于国内一般业务状况是否安全,货币的多寡,等等。比如,帝国银行在去年的最后几周提高了所谓的汇票贴现率,也就是大幅提高贷款利息和难度,因为创办企业的热情似乎过于高涨。以这种方式,通过所谓的"贴现政策",也就是提高或降低贷款利息,在某种程度上等于给资本主义货币经济的无政府、无计划、无约束的经营活动安排一个管理者、一份计划。但是,除帝国银行外,私营纸币银行也给实业家、商人等提供贷款。而且私人银行只想从扩大的业务本身获取利润,所以它们一般比帝国银行提供利息更低、手续更容易的贷款。这样一来,国内信贷业的管理和秩序就遭到帝国银行的严重破坏;比如,帝国银行为遏制创办企业的热潮而提高贷款的难度,所以企业主拿着汇票到私营纸币银行兑现,拿到想要的现金。目前的帝国银行法案要求,禁止私营纸币银行提供的贷款利息低于帝国银行当时发放的贷款利息。这样一来,就等于又在货币经济这个问题上限制无政府状态和无计划性,取而代之的是加强中央的,即帝国银行的统一管理。

我们已经在这里出色地证明了我们关于资本主义经济普遍发展的观点。无政府状态从资本主义经济的一个领域蔓延到另一个领域;私人利益的自由支配,私人利润的无限支配,被宣告为资本主义经济的基础和福音,这在发展的一定阶段证明是不可能的、不可持续的,甚至与资本主义经济本身是不相容的。制定统一的计划,列出整个经济的一览表,由同样自然形成的中央对经营活动的管理——这是资本主义经济独特的结果。因此,这个结果的最终结果——将是彻底消灭资本主义,其无政府状态最终将无法维持,必须把计划和统一管理引入整个社会经济,也就是实行整个生产和交换机制的社会化。

目前的银行法案体现了两个事实:第一,资本主义经济在飞速发展;第二,资本主义经济在朝着实现社会民主主义理想的方向发展。

八　古巴关税政策的新纪元

从1月1日起,在古巴群岛,美国的关税政策最终取代了西班牙的关税政策。自美国取得美西战争①的胜利并兼并古巴以来,人们就热切地期望选用具有美国影响的关税政策。美国目前要在新获得的地区实行"门户开放的",即自由贸易的原则,还是坚持以自己的保护关税制度禁止殖民地与其他工业国家进行自由竞争呢? 后面一点是极为可能的。对古巴的新的关税税率证明,人们的担心是多余的,同时还清楚地表明,一个腐朽的中世纪国家和一个现代的新兴工业国家的统治之间存在差别。

西班牙在古巴的管理直到最后都是采用纯中世纪的方法。甚至在 1869 年还实行比较适中的关税税率,而在 1870 年为了提高西班牙的关税收入,出于纯财政方面的原因为古巴确定了经过大幅提高的关税税率。根据这个税率,特别是古巴主要产品——食糖、蜂蜜、石蜡、木材、烟草——的出口因**出口关税**而雪上加霜。直到 1875 年,还把这么高的出口关税提高两倍,而进口关税提高了 25%。进口关税完全根据中世纪的原则,也就是按照商品的产地和进口的船只分级。用西班牙船只运输的西班牙商品缴纳商品价值的 4% 的关税,用其他国家的船只运输的西班牙商品就要交 6% 的关税。用西班牙的船只运输的其他国家的商品要交 8% 的关税,而用其他国家的船只运输的其他国家的商品要交纳 10% 的关税。每一项关税税率几乎每年都有变化,总之,古巴的关税政策十分混乱,以致无论本地的和外地的商人,还是官员都弄不明白。整个税率制度估计都是为了人为地保持西班牙在古巴贸易中的垄断地位。但是,尽管存在上述关税税率,但在古巴的贸易中,特别是在古巴的食糖出口方面占有统治地位的不是西班牙,而是美国,这个事实表明,经济关系与人为设置的壁垒相比,有多么强大。美国早在西班牙的统治时期就要求古巴给予关税优惠。为此,在麦金利法案②中增加了一项相关的附加条款。根据这一条款,美国总统有权对那些将食糖、糖浆、咖啡、茶叶和皮草等产品出口美国,而不给美国的产品提供充分的关税优惠的国家,征收差别关税。这明显是针对古巴,给古巴敲响了警钟并引发了一场强烈的运动。以致西班牙在美国的压力下,被迫于 1891 年 8 月 1 日与其签署了关于古巴和波多黎各的贸易协

---

① 见本卷第 408 页脚注①。——编者注
② 指美国总统威廉·麦金利在 1890 年 7 月提出的旨在提高垄断利润的保护关税法。——编者注

定,为美国减免了一系列关税,并为其他商品降低关税 50%—75%。上述古巴关税比例的历史明确地告诉我们,尽管西班牙尽了一切努力,但它与古巴群岛之间的经济关系越来越疏远,而与美国的经济关系却越来越紧密。因此,发展的进程为古巴脱离西班牙和美国兼并古巴作了准备,并以这种方式为古巴人民的民族运动和美西战争奠定了物质基础。

美国对古巴的新的关税税率取代了旧的西班牙制度,取消了商品产地方面的所有差别关税,极大地限制了出口关税,彻底废除了大量商品的进口关税,没有被废除的关税也平均降低了 62%。古巴内部还在实行的旧关税体系也很快就被废除。总而言之,古巴的贸易摆脱了人为的枷锁,实现了现代化。

在欧洲的,特别是德国的保护关税派看来,美国着手所做的这些是完全难以理解的。比如,《德国工业报》认为,对古巴的新的关税税率是"令人惊讶的",自由贸易的表面趋势其实是一个隐患,是美国的一个见不得光的狡猾意图。保护关税派无法理解,显而易见的是:美国能够完全依赖自己的内部贸易力量,不需要人们给它提供垄断的优惠。在 1898 年的 8、9、10 三个月,美国通过使用西班牙对古巴的关税税率的最小值便获得了 221 000 美元的关税收入,而去年同期使用税率的最大值只获得了 165 000 美元。这个事实证明,关税减免制度即使在纯粹的财政方面也是比较有利的。

西班牙和美国在古巴的关税经济上的比较也充分证明,贸易没有经济作基础,再好的保护关税也不能使它发展;相反,如果贸易以两国产品的自然的相互关系为基础,那么,贸易也就**不再需要**保护关税。

1899 年 1 月 24、29 日、2 月 7、14 日《萨克森工人报》(德累斯顿)第 19、24、31、37 号

沙皇的又一个通告[①]

俄国外交大臣**穆拉维约夫伯爵**12月30日(公历1月11日)在彼得堡向列强驻彼得堡代表发出如下通告:我尊贵的陛下在去年8月曾责成我提出建议,凡在彼得堡驻有代表的各国政府召开一次代表会议,会议的宗旨是寻求有效手段,为各国人民保障真正持久和平的福祉,而首先限制目前军备的持续增长,[②]因为这个符合人性的计划迟早总会实现,似乎不存在任何障碍。帝国政府这一举措得到了几乎所有国家的热情赞同,因而可以巩固这种共识。帝国内阁懂得高度评价各国政府多数表示赞同的信中所使用的友好的表达方式,同时,对于这些已经收到,而且还会从社会各界和世界各地陆续收到的表示热

---

① 本文没有署名,但作者可能是罗莎·卢森堡。因为它与《穆拉维约夫在巴黎》、《俄国的一家工人报纸》(本卷第372—373、439—440页)和《1898年的俄国》(本卷第432—438页)在内容上有联系,比如她在第436—437页写道:"自从神圣同盟成立以来,沙皇制度的国际角色所发生的变化是十分显著的,俄国作为嘉宾出席台伯河畔西欧**反无政府主义者代表会议**,而它邀请欧洲各国政府到涅瓦城观看——**裁军喜剧**。"在本卷第444—445页还谈到了俄国的裁军问题。她在1899年1月给莱·约吉希斯的信中多次提到关于俄国的研究。她在1898年12月31日给他的信中写道:"我在《新时代》不如在《莱比锡人民报》那里自如,在后者那里,我想怎么写就怎么写,想写多少就写多少,一旦有需要,我能够像在论战中所必须表现的那样火花四射。"此外,布·舍恩兰克1898年12月约请卢森堡撰写关于俄国的文章,因为他必须首先出版他的书,继续与伯恩施坦进行论战。弗·梅林的文章《争执一触即发》(1897—1898年《新时代》第16卷第2卷第737页及以下几页)、卡·考茨基的文章《民主的和反动的裁军》(同上,第740页及以下几页),以及社论《俄国外交的诡计》(1898年8月30日《前进报》第202号)都主要是对1898年8月沙皇的裁军宣言的表态,主要是从历史和政治的视角进行审视。而本文与这些文章不同,不仅介绍了关于莫拉维约夫伯爵新近发布通告的准确消息,而且揭示了帝国主义、世界政策和扩张政策所导致的国际性危害以及错综复杂的关系,这是罗莎·卢森堡典型的写作方式。——编者注
② 见本卷第421页脚注①。——编者注

烈赞同的证明,帝国内阁表示非常满意。**尽管社会舆论**对普遍和平的理念**汹涌如潮**,但政治观点已经明显带有别样的特性。最近,许多国家开展新的军备竞赛,它们竭力再次提升各自的军事力量,鉴于这种动荡不安的形势,人们不得不提出**这样的问题:列强是否认为目前这个时机适于就8月12日通告中提到的设想进行国际讨论**。然而,帝国政府希望,正在影响政治界的不稳定因素马上能够让位于更为安定的形势,因为这种安定的形势适宜于促进预定的代表会议成功召开,因此,帝国政府认为,各国现在就可以进行临性时的思想交流,目的是毫不犹豫地设法限制海上和陆上军备明显的持续增长,考虑到军备最近达到的规模,解决这个问题**显然越来越紧迫**;目的是为讨论通过国际外交的和平手段,阻止发生武力冲突的可能性问题铺平道路。

如果列强认为目前的时机有利于在这个建议的基础上召开代表会议,那么,这肯定是十分有益的,除非各国内阁就会议的工作议程不能达成一致。我们把会议上将进行**国际讨论的问题**大致归纳如下:1. 为确定一个期限达成协议,在这个期限内不得提高目前陆海军力量的实际实力以及战争预算和与战争相关的支出;并就未来削减这些实际实力和上述预算的途径进行临时性磋商。2. 禁止在陆海军中使用任何**新式火器和炸药,或威力大于**目前用于机枪和大炮的**火药**。3. 限制将现存的有毁灭性作用的炸药用于陆战;**禁止使用气球或者其他类似手段投放炸弹或任何炸药**。4. **禁止在海战中使用水下或水面鱼雷艇**或其他类似的毁灭性武器;承诺将来不再建造**带有舰艇撞角的军舰**。5. 根据1868年《日内瓦公约》的附加条款,将1864年《日内瓦公约》①的规定运用于**海战**。6. 受命**救援**海战伤病员的舰船在海战期间或海战以后,据此公

---

① 1864年8月22日关于"改善战时伤员境遇"的《日内瓦公约》的缔结,要归功于日内瓦商人昂·邓南在1862年的一本书中公布的他在1859年6月24日索尔费里诺会战以后的经历。公约的内容还包括关于成立志愿救助协会以及保护和照料战时伤病员的建议。这一由12个国家(巴登、比利时、丹麦、法国、黑森、意大利、荷兰、葡萄牙、普鲁士、瑞士、西班牙、符腾堡)在一次外交会议的框架内签署的协议,包括10条关于救助伤兵和保护参与照料伤兵的救助人员,以及采用白底红十字作为保护标志的规定。1864年的《日内瓦公约》是规定战争规则的第一个国际法协定。挪威和瑞典、英国、奥地利、俄国和美国先后在1864年12月、1865年、1866年、1867年和1882加入《日内瓦公约》。1868年,人们建议把协议的应用范围扩大到海战。尽管15个国家签署了附加条款,但没有一个国家批准这些附加条款,这些附加条款由于缺乏支持而没有得到贯彻。——编者注

约保持**中立**。7. 修改 1874 年布鲁塞尔会议上拟定、至今未获得批准的关于**战利品**的声明。[①] 8. 在适宜的事件中，原则接受调解和选择仲裁程序这些良好服务，目的是避免各国之间发生武装冲突。9. 在这些手段的使用形式以及为使用这些手段设定统一的程序方面达成一致。当然，**所有关于国家的政治关系和经协议确定的议事规则的问题**，以及一般说来不属于直接由内阁通过的计划的**问题**，都不在会议的讨论之列。

报刊上已经公布这个通告的主要建议，而且足以断定，穆拉维约夫先生的这个第二份通告，为了沙皇的利益，比国际和平闹剧的第一幕更明显、更清晰地表现出精心设计的表演性质。

这个第二份通告致力于明确说明，如果外交官野餐会真的举行，那么，所进行的只是言之无物的闲聊，用蹩脚德语来说，便是"冗长空洞的谈话"，而在这样的谈话中，从一开始就可以断定，无非是说一些悦耳的客套话，发表一些柏拉图式的声明，而在这些军事大国的充满武器撞击声的王国，军备依旧增长，即永远增长。

但是，沙皇"计划"中的八项"实际建议"即使往最好的方面想，也是臆想地、无端地假定，它们会从学院式的建议变成现实，这无非是一支止痛剂，根本不触及反文明的**军国主义的实质**及其**存在**。

人们想以此把战争"人道化"，而不是想消除战争，可以说，人们想把列强的**大屠杀的企业**打造成具有生产的一定规则和界限的、限制野蛮竞争的**产业卡特尔**。

但是，这一切无非是一个幻想。彼得堡的《政府信使》在一份官方通讯中强调说，12 月 30 日（公历 1 月 11 日）的通告表明，政府**绝不打算拿出代表会议工作的最终计划**。政府是出于这样的考虑，厘清现存问题的各个方面，是与会成员的事。因此，它认为，暂时只需提出一些核心问题，供大家在共同确定

[①] 1874 年 7 月 27 日—8 月 27 日，15 个欧洲国家的代表聚在布鲁塞尔，举行旨在就战争的规律和习惯达成国际协议的会议。会议是由俄国沙皇亚历山大二世发起的。然而，会议用《关于战争的规律和习惯的声明》表述的决议，因没有得到任何一个国家的批准而没有取得有约束力的国际法协定的法律地位。这个决议成了 1899 年和 1907 年海牙和平代表会议上通过的《海牙陆战规则》的基础。——编者注

具体的会议议程时加以考虑。至于技术问题,当然要在专家们的帮助下解决,必须允许大家深入研究和详细讨论遏制目前军备过度增长的有效手段。我们应该为解决这些纷繁复杂的问题提供方便,从而有助于列强之间达成一致,进而有助于实现皇帝的宏伟目标。

陆军大臣冯·戈斯勒以明白无误的讥讽口吻引用沙皇的和平宣言,论证新的德国军事法案①,大大小小的军国主义国家,从华盛顿到斯德哥尔摩,从金角湾到伦敦,争先恐后地以倍增的精力准备和落实加强陆海军的计划,而目前拿着和平棕榈叶装腔作势的沙皇制度正在集结自己所有强大的力量,准备与骄横的阿尔比恩②争夺在亚洲的优势地位,这时,俄国的第二份通告看起来简直就是对整个和平政策的无情嘲弄。

这次计划中的代表会议按照目前预定的会议日程,哪怕有一丝一毫采取外交上可双解的保留态度,柏拉图式地作出某种决议的诚意,也会成为与会国全体陆军大臣以再次加重人民负担的要求而站出来表示欢迎的理由。或者,冯·施杜姆先生最近在讨论军事法案时难道没有指出,德国必须赶紧从速使陆军建制达到尽可能高的水平,以便往后在签订关于军备最高标准的理想协定时不致措手不及,而要确保自己的利益吗?③

如果我们毫不怀疑,尼古拉二世隆重发出的第一个通告,是俄国外交为了保护俄国免遭过早的攻击,为沙皇制度保证必要的活动空间,不受欧洲的战争和战争叫嚣的干扰,在财政、交通和军事政策方面为皇帝高瞻远瞩的世界强权计划作准备,而耍的一个老谋深算的花招,那么,这第二个通告简直给我们留下这样一种印象:**仿佛国际外交界向"慈父[沙皇]"预订了这个通告。**这是伪装的花招,目的是蒙蔽那么多轻易就被统治者眉飞色舞的预告和富丽堂皇的

---

① 这个军事法案是 1898 年 12 月 6 日在帝国国会提出的,1898 年 12 月 12 日,帝国财政大臣冯·梯尔曼男爵将它论证为 1899 年帝国财政预算草案。该草案规定,将 1904 年以前服役两年的士官和士兵的人数增加 26 576 人,扩大炮兵军团和骑兵军团。参看《帝国国会讨论速记记录,1898—1900 年第十立法会议任期,第一会期》1899 年柏林版第 1 卷(总字第 165 卷)第 19—20 页。普鲁士陆军大臣亨·冯·戈斯勒的发言,参看同上,第 186 页。——编者注

② 指英国,源于希腊人和罗马人对英格兰或不列颠的称呼。——编者注

③ 这里复述的不是保守派议员卡·冯·施杜姆的原话,参看《帝国国会讨论速记记录。……》第 1 卷,第 199 页及以下几页。——编者注

声明所收买的人,从容地继续浑水摸鱼。

在今天,在上演**政治豪华剧**,盛装展示优势的时代,这两个辞藻华丽的通告的意思就不言而喻了。揭去俄国人的外表,你就会在下面看到鞑靼人。波拿巴的这句话可以说明这个国际和平宣言的全部道貌岸然的虚伪。披着博爱和民族团结的哲学外衣的统治者们,在骗人的服饰下穿着钢铁铠甲,在和平代表会议的玫瑰花下藏着寒光闪闪的刀剑。

在大资本主义和军国主义紧密相连相互依存的这个发展阶段上,资产阶级共和制、立宪君主制和专制君主制都不过是工业资本、商业资本和农业资本组织空洞的招牌。它们不得不抑制资产阶级经济形式激发的生产力,抑制势不可挡地上升的、具有阶级意识的无产阶级。可见,这场和平闹剧是采用先进的政治舞台艺术的一个必然结果。

军队造成的负担的压力十分可怕,而且越来越大,使劳动人民作为义务服兵役者和义务纳税人深受其害,他却以空洞的裁军宣言来应对! 帝国主义、世界政策和扩张政策造成的危险和纠纷与日俱增,日益尖锐,而且极为严重的冲突甚至危及文明世界,他却以不负任何责任的辩论俱乐部决议这剂安眠药来应对!

可见,统治者以为人民是好蒙骗的"群氓",可以对他们的贫困和受压迫的残酷事实瞒天过海。统治者误以为可以用有声有色的客套话蒙骗劳动阶级,以便将来继续压制和剥削他们。当权者错误的估计自己的权力手段和伪装能力。具有阶级意识的无产阶级不会再掉入他们的陷阱,并且已经认清,这第二个通告从其实质看无非是一场拙劣的闹剧,对它只有一种评说:**置之不理**!

1899 年 1 月 25 日《莱比锡人民报》第 20 号

船舶制造业的变革

2 月 16 日于莱比锡

在海运业和造船工业中,还从来没有像过去的 1898 年这样繁荣的时期。最有说服力的,自然是全世界的供货商——英国造船厂的一派欣欣向荣的繁忙景象。在英国 1898 年建造的全部船舶中,有 22%(按吨位计算)是为外国建造的。在这段时间内,英格兰、爱尔兰和苏格兰的造船厂总共建造了近 200 万吨位的船舶,其中 376 000 吨位是英国的战船,其余是英国和外国的商船。这个巨大的产量超过联合王国 1897 年的产量 50 万吨,超过其他所有国家同年生产的总量整整 150 万吨,即超过 300%! 英国五大造船厂的生产可以特别表明去年海运业的急速增长:

(单位:吨)

造船厂	1898 年	1897 年
哈特尔浦的威廉·格雷	72 323	47 462
沃尔森德的斯旺—亨特	68 696	48 570
贝尔法斯特的哈兰德—沃尔夫	84 905	84 240
纽卡斯尔的阿姆斯特朗	54 379	29 242
贝尔法斯特的克拉特·沃克曼	53 475	24 743

去年的发展仍在继续。英国目前建造的船舶共 1 186 000 吨位,德国 168 000 吨位,意大利 90 000 吨位。《每日邮报》写道:"造船业在克莱德河畔十分兴旺,大部分造船厂抱怨**缺乏劳动力**,因此不得不拒绝订单。"

造船业在数量上的快速增长也加速了过去几年开始的技术方面的变革。首先是在这方面快速开辟道路的两个趋势。

第一，坚决从小型商船的制造转向体现造船艺术的真正的巨轮的制造。去年在英格兰，特别是在克莱德河畔大量建造了大载客量的大型快艇。而这样的巨轮可以说每个月都能成为主流型号。20 年前建造 200 米长的著名的大东方号时，人们普遍将它视为怪物。这次大胆的尝试在当时较之一般的样式和对海运的要求是超前的，后来人们将这个巨大的大东方号改造成一座码头栈桥或一个仓库。如今，海运的所有条件都改变了，以致哈兰德—沃尔夫造船厂为利物浦—纽约航线建造的 220 米长、17 000 吨位，刚刚在白星线下水的海洋号显得十分正常。

因此，我们认为，这是运输业明显的**集中化趋势**。运输业的集中化，从技术上说，只有在造船时由使用**钢**而不再使用铁的时候才有可能。这种材料的变化可以使船舶自重减轻 13%—14%，因而也能够大大提高吨位。现在是用钢替代铁，就像早先用铁替代木材一样。12 年前，英国商船的十分之九是用铁制造的，甚至在 1897 年，在 1 040 万吨位的英国船舶中，只有 135 万吨位的船舶是用钢建造的，而在 1898 年，英国造船厂中几乎再不使用铁了：铁的使用量只占 1%，而船舶吨位的 99% 都是用钢建造的。这个事实证明，如今的变革与以前进行的变革相比，是多么迅速。现在，铁只用于那些以前木材作燃料的船舶，即用于小型船舶，最大吨位的只有 225 吨。

第二，也是坚决从**帆船的建造转向汽船的建造**。80 年代中期，不仅在各国的商船队中，而且在舰队中，帆船还是主流船型。后来，当蒸汽机和蒸汽锅炉的完善为船舶提供了高速航行的可能性以后，船帆也就日益被汽船所取代。最关键的是，英国在这方面也是这么做的：它几乎在一年之内就换掉了舰队中的所有帆船。法国也率先决定组成帆船和汽船的混合舰队，而俄国在 1891 年才表现出在战船上使用蒸汽机的强劲趋势。在造船业的上一个年度中，帆船终于告别了英国的造船厂。法国目前还有 63 000 吨位的帆船正在建造，而英格兰在 1898 年总共就只造了 17 艘共 4 253 吨位的帆船，也就是船舶总吨位的 0.3%。苏格兰前几年还建造了许多大型帆船，而 1898 年只卖掉一艘。目前，英国在建的总计 125 万吨位的船舶中，仅有 2 790 吨位是帆船。

从帆船到汽船的过渡首先意味着船舶空间的节约和速度的加快，最终的结果又是运输业的集中化。但在另一方面，这种技术的变革也引起了船队作

业人员的彻底改变。在帆船上的作业与在汽船上的作业完全不同：它对全体船员有体力、灵活性、耐力、勇敢和奉献方面的要求，而汽船上的作业没有这样的要求。帆船和汽船上的水手类型也是完全不同的：帆船造就了一批性格特征十分明显的职业水手，而汽船则将这些人归为一般的普通工人或职员，他们会做海上作业和其他性质类似的作业。帆船队的作业人员的这种肉体和精神上的专业化至今还是他们的主要护身符。比如在俄国，人们首先用水手吃苦耐劳的论据反对蒸汽战舰；德国也是这样，那些眷恋昔日美好时光的人最近还在一本海事杂志上为旧型"海狼"帆船的灭绝而流下热泪，并劝告北德意志的民众要维系帆船航行的兴旺。1898年英格兰造船业的结果表明，浪漫即使在造船业也因平淡的蒸汽的毁灭性作用而无可救药地走向毁灭。

这样，在运输业中也表现出标志着资本主义工业发展进程的两个基本趋势：一方面是经营的**集中**受到技术变革的影响和制约；另一方面，技术变革的另一面，即**劳动的简化**，抹杀了职业中的专业化和个人因素，把工人从一个人和艺术家贬低为无差别劳动力的非个人的载体。

总而言之，一切都像"书本中描述的"，也就是马克思的分析已经证明的。那些看到德国企业统计的结果就对马克思的"教条"几乎感到绝望的人，应该去看看克莱德河畔的大型造船厂，那里正在热火朝天地建造大型船舶：在那里，或许还能底气十足地将这个"教条"再回敬给他们。

1899 年 2 月 16 日《莱比锡工人报》第 39 号

经济和社会政治评论①

一　国有化问题

我们上周在这里讨论的帝国银行法案②目前搁置在委员会，一方面是地主反对派的反对，另一方面是为这个法案举行的辩护行动还在继续。从我们的角度看，还有一个因帝国银行法案而经常提出的、我们社会民主党人特别感兴趣的问题——德意志银行的**国有化**问题——值得讨论。

首先，我们一般怎么看待国有化？大家知道，我们主张社会经济的社会化，而国有化可能是这个变革过程的一个阶段。恩格斯在《反杜林论》中写道："在一定的发展阶段上，这种形式（股份公司——罗·卢·）也嫌不够了：资本主义社会的正式代表——国家不得不承担起对它们的管理。"但他马上解释说："我说'**不得不**'，因为只有在生产资料或交通手段真正发展到不适于由股份公司来管理，因而国有化**在经济**上已成为不可避免的情况下，国有化——即使是由目前的国家实行的——才意味着经济上的进步，才意味着达到了一个新的为社会本身占有一切生产力作准备的阶段。"③

因此，国有化对我们来说远不是一个原则问题，它只有在完全确定的条件下，也就是它在经济上、也就是从经济运营的角度上看已经成为必要的时候才有利于我们的事业。

帝国银行在这方面的情况怎么样呢？帝国银行的国有化之所以不能说是经济的进步和运营等级的提高，因为它在**经济运营**方面已经国有化。银行的

---

① 见本卷第 395 页脚注①。——编者注
② 见本卷第 453—455 页。——编者注
③ 《马克思恩格斯文集》第 9 卷第 294 页。——编者注

纸币发行和货币政策由帝国立法进行调节,银行的领导权掌握在帝国官员的手中。那个唯一能使我们接受国有化的因素,已经在帝国银行目前的组织中得到实现。当然,帝国银行是一个中间物。银行的利润无视国家的管理,大部分流入私人股东的口袋。然而,私人的东西在这里就是**占有**,但在国有化的问题上能使我们感兴趣的只有**运营**,因为只有运营实行国有化以后才能意味着经济的进步,而这种或那种形式的占有从一般经济发展的角度看,在某些具体情况下是无关紧要的。当然,在通常情况下,私人运营和私人占有、国家运营和国家占有是重合的,很难将二者区别开来。然而,在帝国银行出现了罕见的经济的这两个方面相分离的情况,因此,国有化问题在此具有独特的意义。由于帝国银行仅仅是占有,所以就略去了那些我们首先作为指导思想的经济观点——经济发展的观点——,而其他的纯**政治性质**的观点占了突出的位置。如今的帝国银行的国有化问题,可归结为这样一个问题:我们要不要如此这般地每年从私人资本家那里抽回数百万,送到帝国银行,这个问题与我们的纲领、我们的原则毫无关系,不是我们能从一般经济发展的角度,而是要从当前政治权力对比的角度决定的问题。

但是,用帝国银行的利润使私人资本家发财,而不是用来降低税收,从而减轻人民群众的负担,这不是错误的吗? 当然,但是只有在事先或同时设立保证金的情况下,这个基金才能实际用于减轻人民群众的纳税负担,而不是用于加强军国主义和豢养封建的反动军队。如果不设立保证金,那么,从利润的国有化中可能产生的政治利益就会转向它的反面——成为巨大的政治风险。也就是必须考虑到,动用国家资金使剥削来的私人资本持续膨胀,虽然不是受人欢迎的,但当前的利润分配却导致大笔资金分别落入单个资本家的口袋,并通过生产和贸易的一般借贷机制吸吞资金。而国有化会把这笔资金压缩成能轻易**对付**我们的强大**政治**潜能。用这种方法降低税收和减轻人民群众的负担,在我们看来,其实是"减轻"人民代表动用税收分配权的"负担",为帝国政府募集资金,用于军事和其他反动目的提供"方便"。

还有私人银行的问题。在这里我们必须区分运营和占有。上述观点已经阐明了从**占有**利润的角度看的国有化,而运营的国有化似乎是一项进步的、受人欢迎的改革。

但是,这项改革得以进行,一是因为私人纸币银行逐渐消亡,二是因为帝国银行对私人纸币银行的运营进行干涉。从这个角度来看,法案中关于私人银行的贴现率不得低于帝国银行的规定,是局部的国有化,是经济进步,因为这可视为跨越地方分治主义,迈向经济的集中化、统一化和社会化的一步。

二　来自这个饥民暴动和无政府主义国家的消息

意大利政府的管理不善是举世闻名的。饥民暴动①和社会主义的领袖被放逐、银行盗窃和无政府主义的犯罪,使翁贝托国王的出色治理名噪一时。但是,现在有一个人自称是意大利占统治地位的犯罪团伙的无情的控诉者,他的意见之所以能接二连三地起决定性作用,正是因为他不是社会主义者、"鼓动者"、甚至不是激进的民主党人,而是一名纯粹的资产者,一位务实的金融家。他就是**蒂托·卡诺瓦伊**,此人在最近出版的意大利文著作《当前的意大利及其道德、政治、经济和金融问题》中严厉地谴责了自己国家的政府。美丽的意大利正在急速地出现经济和社会的衰退,濒临深渊;这是事实,而且是卡诺瓦伊公开说出,并用大量赤裸裸的事实说明的事实。产生这一弊端的原因何在呢?卡诺瓦伊直截了当地回答说:在于错误的、违法的政府制度。他说,将去年的饥民暴动归因于高昂的面包价格,是错误的。它只是潜滋暗长的社会病症的突然爆发,首先要归功于意大利野蛮的**税收政策**。卡诺瓦伊通过独特的计算证明,公共税收,特别是军事预算和公共债务,虽然按人头计算,低于其他大国,但与这个国家的私人资产相比,却是一个比其他各国大得多的负担。

这种公共税收为下层的人民加上了令人窒息的负担,而最富裕的阶层几乎完全免税。

此外,他还用数字证明,意大利政府每年为经营铁路投入 5 500 万法郎。这种滥用的公共资金从何而来的呢?卡诺瓦伊在这里揭露了政府可耻的阶级

① 1898 年,意大利多个城市的经济不景气引发了暴动,在米兰形成了革命起义的高潮。政府在军队的帮助下,通过残酷的报复措施镇压了起义。——编者注

政策：在剥夺财产、建设"政治"和"选举"通道方面的各种骗局，一句话，经营铁路是让单个资本家发财和支持政治腐败的手段。按照卡诺瓦伊的观点，人民贫困的另一个根源是意大利的**保护关税制度**。在这方面，少数人的食品恰恰是最沉重的负担。关税与产品价格相比是多么高昂，请看下表：

（单位：法郎）

	每公担的价格	关　税
煤　油	17	48
咖　啡	220	150
糖（纯）	37	99
糖（粗）	28	88

卡诺瓦伊证明，对本国产品的必要保护是一句多么骗人的空话。同样，农业也证明这一点，意大利政府为农业实行异常的谷物关税，逼得人民举行暴动。尽管谷物关税在1887—1894年每公担从1.4法郎提高到7.5法郎，但粮食生产直到1896年才只从3 470万公担提高到3 990万公担。可见，谷物关税明显不是用于提高生产，而是为了地主轻松致富。

最后，卡诺瓦伊说，不是社会主义者通过鼓动在人民中制造不满情绪和传播反对派思想，而是金融和政治上的经营不善逼迫人民走向绝路。此外，议会丑闻、银行丑闻，也动摇了政府在公众舆论中的威望，降低了人民对国家的尊重。甚至现在，政府的政策，即迫害、驱逐反对派、压制公众舆论也表明，完全与改善现状背道而驰，这是一场治标而不治本的斗争。减轻税收负担，特别是税收负担的更公正的分配、废除保护关税制度、整治铁路经济丑闻和政治腐败，这是能使意大利重新振兴的唯一办法。

这就是意大利人民久病不起的根本病根，它真正的名字叫：**肆无忌惮的阶级统治**，富而吝啬的野蛮政府。因此，今天也不能奢望意大利政府会遵从卡诺瓦伊振聋发聩的警告，就像不能奢望飞廉灌木会结出无花果一样。只有劳动人民自己能够整治意大利的一般状况，因为他们能毫无顾忌地向肆无忌惮的阶级政府宣告阶级斗争。

三 法国教授们关于马克思主义的智慧

里昂天主教派法学院的政治经济学教授，
约瑟夫·朗博《经济学说史》1899 年巴黎版

在至今出版的大多数经济学说史中，完全没有考虑科学社会主义的理论；最多在一两部有关的著作中列出的其他"青年经济学家"的长长的名单上泛泛地提到马克思的名字，而对他的学说则几乎完全没有论及。最近在法国出版的新政治经济学说史就显得十分有趣，从篇幅看，整整三分之一的篇幅是描述社会主义的，而且对马克思的学说进行了深入的分析。

当然，如果想根据这位法国教授描述社会主义理论的相对较大的篇幅，便认为他理解这个理论，那就大错特错了。我们在德国完全没有受社会问题上的书本知识的诱惑；德国的教授们对一般的社会经济规律的无知，尤其对科学社会主义理论的令人震惊的误解，已经是十分专业了。但是结果表明，他们与各种身份的法国同行可谓旗鼓相当。资产阶级官方在经济问题上的无知赖以开花结果的基础是**一样的**，它不在于德国或法国，而是在于整个资产阶级发展的现阶段。区别仅仅在于，德国教授的胡言乱语表现为模棱两可和高深莫测，而法国教授至少形式上是温文尔雅的——就像掼奶油。只可惜这成了法国特有的进行胡说八道的可爱方式，在评论和批判一个叫马克思的人时给人留下了非常滑稽的印象。

这位法国教授在一开始批判马克思时就说："马克思是一个饶舌的著作家，他表面上的深沉无非是模糊的幻想，在《资本论》第三卷于 1894 年出版之后，发现它无非是第一卷的简单重复。"这个可怜人显然根本不敢碰"饶舌的"马克思的第三卷，甚至不敢接触马克思的利润、利息和地租理论。但这丝毫没有妨碍他严肃地讲授并否定马克思的学说。

朗博说得对，科学社会主义的基石是马克思的价值理论，根据这个理论，劳动是唯一构成价值的因素。"而由此得出的结论（所谓马克思的！）是，所生产的商品的全部价值或价格都应该归工人所有。"（第 450 页）当然，一个资产阶级的国民经济学教授没有必要知道,像马克思那样,尖锐、无情地反对直接根据劳动价值论推断出工人所谓要求全部劳动收益的权利这种做法,是绝无仅有的。他像德国、奥地利和美国那些在讲台上侃侃而谈的同行一样,自然非常厌恶这种劳动价值论,因为不能说劳动是唯一构成价值的因素,否则按照这些先生的说法,工人可能会据此提出十分苛刻的要求;构成一个商品的价值的是——需求、习惯形成的内心要求、得不到这个商品的痛苦,一句话,是操德语的——奥地利的——教授们的陈词滥调,他们把这些陈词滥调深奥地粉饰成一种十分"主观的价值理论"。朗博说道:"在这方面,奥地利学派①与杰文斯和**卡尔·门格尔**的精确分析作出了诚实的贡献,因为他们用另一种形而上学的、混乱的,但重要得多而且完全没有危害结论的理论反对卡尔·马克思的理论。"(第 450 页)马克思理论的另一块基石——剩余价值理论——同样遭到了简单扼要的批判。剩余价值(朗博为详细说明,在括号中逐字逐句地用德语写着"**剩余价值或赚钱**"!!)不是马克思所说的雇佣工人的无偿劳动,因为许多企业主尽管赚取所谓的剩余价值,但还是会破产。这位教授以为根据这个否定性暗示,就能彻底击败马克思的整个学说。

最后,他还轻松地彻底否定马克思关于资本主义经济向社会主义经济发展的一般理论,一位资产阶级的教授只能这样做,因为他从政府那里额外获得薪水,就是为了向学生证明现存制度的稳固和完美。

一家社会民主党的报纸竟然用一位资产阶级的经济学教授的陈旧的、俗套的、过时的、腐朽的、重复了上千次的陈词滥调来折磨读者,这似乎也可以被看作一次极其无聊的行为。但是,由于党内近来的事件,我们没有权利以高傲藐视的姿态对资产阶级在社会问题上的胡说八道视而不见。如果看看里昂天主教派法学院的政治经济学教授在上面证明马克思发展理论的错误的那些报纸,那么,人们乍一看会误以为手中拿的是**伯恩施坦**发表在《新时代》上的《社

---

① 欧·庞巴维克(1851—1914)——奥地利资产阶级经济学家,所谓的边际效用学派的主要代表人物;威·斯·杰文斯(1835—1882)——英国资产阶级经济学家和哲学家,庸俗政治经济学的数学派的代表人物;卡·门格尔(1840—1921)——奥地利资产阶级经济学家,所谓的边际效用学派的创始人之一。——编者注

会主义问题》①。伯恩施坦反对"崩溃论",而资产阶级天主教派教授反对社会主义的未来,他们完全是一脉相承。

首先,**"工人阶级的状况最近有了改善"**,他们正得益于资本主义的普遍发展。

其次,马克思预言的资本集中没有得到证实。中等阶级没有毁灭。朗博几乎是逐字逐句地复述了伯恩施坦(或者相反?):"我们绝不否认,中等阶级正在发生变化,越来越多的成员正从独立的企业主和商人变成雇佣工人。"但另一方面,现代的大资本家的发展正为中等阶级创造一系列新的生存机会,它归根结底没有消失,反而扩大了。

而按照这位天主教派教授的观点,"适应"资本主义的方法是什么呢? 又与爱德·伯恩施坦如出一辙:**信用**、**股份公司**,等等。

最后,朗博与伯恩施坦一样认为,"摆脱企业主的愿望",用后者的话说,"在工人那里不会那么强烈";对工人来说,作为雇佣工人能从一般的经济发展中得到更多的好处,而且不用担心独立管理社会经济的风险和麻烦,等等。

总而言之,马克思的分析没有得到证实,经济的发展走向与马克思预测的不同,伯恩施坦和朗博的表述是一致的,只是从中得出形式上不同的结论罢了:伯恩施坦的结论是,必须实现**社会改良**的目标,而不是革命的社会主义;而这位天主教派教授则**否认整个社会主义**。当然,这位教授做得更彻底。

工人阶级的一个反动的官方敌人、反对社会民主党的斗士与社会民主党的革命斗争方式,即"崩溃论"的反对者,在理解方式上竟然如此一致,这就有力地证明,必须**反对**这个反对者、**支持**党的迄今观点和策略。但是,在这种情况下,必须使党员同志了解这位"科学"的资产阶级代表的极为干瘪、极为平庸的理论。这样,党也可以防止发生这样的情况,而党员们以为在对马克思主义学的评论中看到了新东西和值得重视的东西,而这些东西无非是对某个社会民主党资产阶级的小教授凭借自己的职位年复一年地用来逐字逐句地重复反对社会民主党的那些陈词滥调。

---

① 爱·伯恩施坦《社会主义问题》,载于 1896—1894 年《新时代》(斯图加特)第 15 年卷第 1 卷第 164—171、204—213、303—311、772—783 页;第 2 卷第 100—107、138—143 页。——编者注

对于这位新出现的政治经济学和社会主义的现代历史学家的特点,我们还想说,他所知道的科学社会主义的著作,除《资本论》外,只有恩格斯的《从空想到科学》①和倍倍尔的《妇女》②"这本伤风败俗的书,他在书中宣扬妇女解放和在自由和暂时联合的基础上与男人的平等"。顺便说一句,朗博竟然知道引用这本伤风败俗的书的第 28 版。

1899 年 2 月 21 日、3 月 7 日《萨克森工人报》(德累斯顿)第 43、54 号

---

① 弗·恩格斯:《社会主义从空想到科学的发展》。——编者注
② 奥·倍倍尔:《妇女和社会主义》。——编者注

世界政策的变化

3 月 13 日于莱比锡

无论意大利把自己的旗帜插在中国①的尝试是否成功,这无论如何是亚洲的东方对所有欧洲国家政策具有强大吸引力的有趣证据。不能活但也不想死的濒临崩溃的意大利感觉到,目前将在黄海之滨决定资本主义世界的命运。

其实,中日战争不仅是亚洲的,而且是普遍的资本主义发展的一个阶段。现在有一个流行的说法:我们自马关条约(1895 年 4 月 17 日)②以来面临**两个东方问题**——博斯普鲁斯海峡问题和黄海之滨问题。准确地说,我们现在只有**一个东方问题**——东亚问题,因为君士坦丁堡的老问题现在已经失去了它的巨大意义,取而代之的首先是**中国**问题。

从那以后,所有在土耳其的保护下的重要的斯拉夫国家于 80 年代取得了独立,而欧洲的国际政治利益必然阻止土耳其帝国的历史性瓦解,所以土耳其问题至今为止的作用暂时告终。正当**维护**土耳其的**完整**成为国际外交,特别是成为俄国外交的口号的时候,原来的整个东方问题对欧洲政策来说也陷入了僵局。一方面,最重要的经济和政治利益在博斯普鲁斯海峡相互交叉,同时交叉的还有欧洲列强之间最重要的矛盾;另一方面,欧洲列强在现在这个时间点感觉进退两难。世界政策的动力可以说取决于高门宫③,这些矛盾既不能

---

① 众所周知,1899 年 2 月 28 日,意大利要求中国割让或租借三门湾。但中国于 1899 年 3 月 5 日拒绝了这个要求。由于英国只同意意大利的外交行动,所以意大利在 5 月发表声明说,意大利在中国不谋求获得领土,只谋求一个煤炭中转站。——编者注

② 为争夺在朝鲜的优势地位而进行的中日战争以有利于日本的 1895 年 4 月 17 日的《马关条约》而告结束,而中国被迫承认日本的领土要求。从此开始了帝国主义列强在中国划分势力范围的阶段。——编者注

③ 土耳其苏丹的王宫,也指 1924 年以前的土耳其政府。——编者注

爆发也不能消除。

最近这个政治上风平浪静的时期同时也是欧洲经济衰落的时期:资本主义及其外交几年来一直进退两难。

1895 年的中日战争就像上天恩宠一样,发生在资本主义欧洲的政治和经济的疲软时期:亚洲的历史帷幕似乎一下子被拉开了。世界的这个部分为资本主义发展的狭窄河道打开了。欧洲的政策首先获得了一片新的、巨大的势力范围。欧洲政策最后不得不在土耳其坚持唯一的战略要点,而一个巨大的帝国向它开放了;占领君士坦丁堡对欧洲国家的**经济关系**而言只具有一般的意义,中国的开放对国际政治和资本主义来说,是一个用之不竭的培养基;最后,在博斯普鲁斯海峡,重要的只有俄国、英国和奥地利,其他大国只是间接参与,而它们,包括美国现在对大规模瓜分中国都十分有兴趣,还有那个僵而不死的意大利,不惜代价地设法参与这件事。

首先,这几天在我们面前上演的世界历史的大戏中,特别令人吃惊的是,欧洲国家在经济和政治上占领新地区的史无前例的速度。自《马关条约》以来贸易的突然繁荣——只需参看神户贸易的数字——对这种关系是十分**典型**的:

(单位:日元)

中国与下列国家的贸易	1895 年	1897 年
日　本	19 839 469	32 262 459
英　国	20 686 561	30 309 669
印　度	10 645 534	25 310 298
美　国	14 236 202	22 086 780
德　国	6 538 951	7 727 376

此外,请注意大规模的铁路建设——目前约有 6 000 公里正在建设,俄国人从北方经满洲向西修建,英国人从东南方经缅甸向西北方修建,法国人从南方由东京(越南)向北修建,比利时人从北京向汉口,美国人从汉口向广东,德国人和英国人从天津向上海,德国人从胶州向济南,英国人从天津向牛庄和从上海向汉口修建——这样一幅画面甚至在资本主义的历史上也是独一无

二的。

但是，资本主义的经济和资本主义的政策占领新地区的速度越快，其内部病灶的增加和发展速度也越快。这是资本主义经济的厄运：如果资本主义经济不能发展和繁荣，它的内在矛盾就不会发展并同时加速资本主义经济最终的崩溃。

国际政治新的势力范围首先而且立刻导致资本主义国家之间国际矛盾的尖锐化。这些矛盾在博斯普鲁斯海峡陷入僵局，而在中国可以通过不间断的斗争得到发展并因此而加剧。这一点在大规模**扩充陆上和海上军备**的新纪元得到了完美的体现，这是我们最近几年在欧洲亲历的。

同样，国际资本主义新的势力范围也直接导致各国之间的经济矛盾和竞争的尖锐化。这一点也在我们亲历的欧洲**保护关税主义**的新纪元得到了体现。

但是，资本主义国家之间的国际矛盾只是资本主义社会内部的**阶级矛盾**的另一面。由中国的开放开创的军国主义、海上霸权主义和保护关税主义的新纪元反作用于欧洲国家内部的社会关系，因为它加强反动派，加剧以政府和统治阶级为一方和以劳动人民为另一方的矛盾。导致开辟亚洲新的销售市场的强大的工业发展，正在老牌欧洲国家加速小生产者的灭亡和无产阶级化。可见，这仿佛在经济和政治上给阶级斗争注入一股强劲的新鲜空气。

但是，目前的整个发展时期**极有可能是最后一个时期**，这是最诱人和最重要的一点。

随着亚洲被瓜分和被吞噬，欧洲资本主义再没有新的地区可以征服了，世界被真正瓜分了，每个地方都各归其主。在旧的东方问题陷入僵局的阶段，新的东方问题迟早会出现：欧洲的敌人必然会逐步彼此接近，直到最终碰面为止。而在此期间觉醒的经济和政治实力：高度发达的大工业、强大的军国主义，如果没有找到新的发泄渠道，就开始全力压在社会的躯体上。资本主义的接踵而至的不景气能持续多长时间，实质上取决于主要的资本主义国家**工人运动**的状况和进步。资本主义一旦合围全世界——随着亚洲的瓜分将最终完成合围——一旦国际的经济和政治矛盾发展到极限，资本主义就会最终黔驴技穷。只要资本主义的继承人——社会主义的无产阶级还没有成熟到足以继承这份历史遗产,那么,资本主义尚且还能苟延残喘。

鉴于资本及其政治工具投入亚洲,并在三年内几乎征服半个世界的速度和饥渴,鉴于所有资本主义国家像饥饿的野狗抢夺一根骨头一样,争抢**最后**一块肥沃土地时表现出的从未有过的急不可耐,鉴于这部世界史的戏剧,去奢谈资本主义的发展"放缓"、资本主义崩溃的不可预见性和不可能性,这当然是政治鼹鼠的盲目性,只埋头于堆土堆这类纯粹的"实际工作",而对即将喷发的维苏威火山视而不见,充耳不闻。

1899 年 3 月 13 日《莱比锡人民报》第 59 号

Sozialreform

oder

Revolution?

Mit einem Anhang:

Miliz und Militarismus.

Von

Rosa Luxemburg.

Leipzig 1899

Buchdruckerei und Verlagsanstalt der Leipziger Volkszeitung
(G. Heinisch.

《社会改良还是革命?》

社会改良还是革命？

附录：民军和军国主义

《莱比锡人民报》出版社 1899 年莱比锡版

引　言①

本文的标题乍一看令人感到惊奇，社会改良**还是**革命？社会民主党难道会**反对**社会改良吗？或者说，它难道会把构成它的最终目标的社会革命、推翻现存制度同社会改良**对立**起来吗？当然不是。社会民主党认为，为了社会改良，为了在仍然是现存制度的基础上改善劳动人民的生活状况，为了实现各种民主设施而进行的日常的实际斗争，确切地说，即引导无产阶级的阶级斗争，是力求达到最终目标，掌握政权和废除雇佣制度的唯一道路。社会民主党认为，社会改良和社会革命之间有着不可分割的联系，因为在它看来，为社会改良而斗争是**手段**，而社会革命是**目的**。

我们在**爱德华·伯恩施坦**的理论中**首次**看到把工人运动的这两个要素对立起来。在他发表于1896—1897年《新时代》上的以《社会主义问题》为标题的一组文章②中，特别是在他的《社会主义的前提和社会民主党的任务》一书中，他表述了这种理论。这全部理论归结起来实际上无非是劝说大家放弃社会民主党的最终目标，即社会主义革命，而反过来把社会改良从阶级斗争的一个**手段**变成阶级斗争的**目的**。伯恩施坦自己极为中肯、极为精确地表述了他的观点，他写道："最终目标无论是什么，反正对我来说是微不足道的，运动才是一切！"③

---

① 本文的编辑基础是《莱比锡人民报》出版社版。罗莎·卢森堡在1908年版中所作的修改予以保留，在第二版中所作的补充在脚注中注明，删去的内容放在方括号内。——编者注

② 爱·伯恩施坦：《社会主义问题》，载于1896—1897年《新时代》（斯图加特）第15年卷第1卷第164—171、303—311、772—783页；第2卷第100—107、138—143页。——编者注

③ "我坦率承认，我对于人们普遍理解的'社会主义的最终目标'没有什么感觉，也没有什么兴趣。最终目标无论是什么，反正对我来说是微不足道的，运动才是一切！"（爱·伯恩施坦：《社会民主党的斗争和社会革命》，载于1897—1898年《新时代》第16年卷第1卷第556页）——编者注

但是,既然社会主义的最终目标是唯一的决定性因素,它把社会民主主义运动同资产阶级民主主义和资产阶级激进主义区别开来,它把整个工人运动从用以挽救资本主义制度的无谓的修补工作变成**反对**这个制度的、为废除这个制度而进行的阶级斗争,那么,伯恩施坦所理解的社会改良还是革命这个问题,对于社会民主党来说,也是一个生死存亡的问题。在同伯恩施坦及其追随者的争论中,[党内的每一个人必须弄清楚]①不是这种或那种斗争方式的问题,也不是这种或那种**策略**的问题,而是社会民主主义运动的生死存亡的问题。

[如果匆匆忙忙考察一下伯恩施坦的理论,可能觉得这是夸大其词。难道伯恩施坦没有不断提到社会民主党和它的目标吗?难道他自己没有一再重复并明确表示,他也同样追求社会主义的最终目标,只不过是通过另一种方式吗?难道他没有特别强调,他几乎完全承认社会民主党当前的实践吗?当然这一切都是真实的。但是,同样真实的是,在理论发展和政策方面,任何新方针一开始总是以旧方针为依据,尽管新方针实质上与旧方针是直接矛盾的,新方针首先适应它所发现的形式,说已经说过的语言。随着时间的推移新果实才会脱去旧外壳生长起来,新方针才会获得自己的形式,自己的语言。

指望科学社会主义的反对派在一开始就明确地、彻底地表达出它的本质,指望它公开地、直率地**否定**社会民主党的理论基础,那就意味着低估科学社会主义的力量。谁今天还算作社会主义者而同时又想向本世纪人类思想最伟大的成果马克思主义学说宣战,那他首先必须不自觉地尊敬它,因为他首先必须承认自己是这一学说的拥护者,在马克思学说中寻找攻击它的支撑点,并且宣称这种攻击是对马克思主义学说的继续发展。因此,人们应当不为这种表面现象所迷惑,揭露伯恩施坦的理论中隐藏的内核,而这恰恰是我们党内广大的产业无产者阶层迫切需要做的事情。

有人说理论上的争论仅仅是"学者"的事,对于工人来说,没有别的侮辱和诽谤比这种论断更大更令人愤慨了。拉萨尔曾经严肃地说过:只要科学和工人这两个社会中对立的两极结合起来,它们就会抡起自己钢铁般的双拳把

---

① 第二版在这里插入了"归根到底"一词。——编者注

一切文化障碍扫除干净。现代工人运动的全部力量就建立在理论认识上面。①]

［但是］，认识这一点对于工人来说［在目前的情况下］特别重要，因为这里正好涉及他们和他们在运动中的影响，因为这涉及他们自身。伯恩施坦从理论上表述的党内机会主义思潮无非是确保那些参加党的小资产阶级分子占据上风，按他们的精神来改造党的实际工作和党的目标的一种不自觉的意图。社会改良和社会革命的问题，最终目标和运动的问题，从另一方面看，就是**工人运动的小资产阶级性质还是无产阶级性质的问题**。

［正因为如此，为了党的无产阶级群众的利益，我们必须积极地、深入地了解目前同机会主义的理论争论。只要理论认识仍然仅仅是党内少数"学者"的特权，那它就总会有走上歧路的危险。只有广大工人群众掌握了科学社会主义的锐利的、可靠的武器，那么，所有小资产阶级倾向，所有机会主义思潮就会化为乌有。到那时，运动就会拥有可靠的、坚实的基地。"人多力量大。"

罗莎·卢森堡

1899 年 4 月 18 日于柏林]

［由于党内同志的多次建议，我们将《莱比锡人民报》上刊载的两组文章（第一组：1898 年 9 月 21—28 日第 219—225 号；第二组：1899 年 4 月 4—8 日第 76—78 号）以小册子形式出版。**罗莎·卢森堡博士**同志在这些文章中对**伯恩施坦**关于社会民主党的策略和原则的观点进行了深入的批评。其中第一组文章已经售罄，所以这些批评应该以这种形式同更广大的读者见面。我们在附录中收录了卢森堡同样发表在《莱比锡人民报》（1899 年 2 月 20、21、22、25、26 日第 42、43、44、47、48 号）上关于民军和军国主义的文章，这样做必然有助于认识实践中的机会主义思潮。我们同意上述说明，也完全同意它对伯恩施坦文章的评论。

《莱比锡人民报》]

---

① 参看斐·拉萨尔：《科学和工人》，载于《拉萨尔全集》1919 年柏林版第 2 卷第 276 页。——编者注

编 者 的 话①

考虑到对早已售罄的《社会改良还是革命?》一书的大量需求,我们出版该书的第二版。我们相信,这样做可以适应特别是最近在党内明显兴起的对理论问题的兴趣,因为该书以简洁明了的形式论述了一系列具有长远意义的原则的和科学的问题。作者对这本书作了很多适时的小修改,经征得作者的同意,我们除了反对伯恩施坦的论文以外,还增加了她另外的几篇论述相关问题的文章,因此,我们认为,应当把它们合在一起。这样,读者可以在这本小册子中看到从各个方面阐述的关于工资规律、危机、工会、合作社和社会改良等问题。

---

① 第二版前言。——编者注

第 一 部 分①

一　伯恩施坦的方法②

如果说,理论是外在世界印在人类头脑中的反思③,那么,对于伯恩施坦的[最新]理论无论如何得加上一句——往往是颠倒了的反思。伯恩施坦的理论是在施杜姆-波扎多夫斯基时代④主张通过社会改良来实现社会主义的理论,是在英国机器制造工人失败⑤之后主张由工会监督生产过程的理论,是在萨克森已经修改了宪法⑥、帝国国会的普选权遭到扼杀⑦之后主张社会民主党在议会中争取多数的理论! 但是,伯恩施坦论述的重点,在我们看来,不是他关于社会民主党的实际任务的观点,而是他关于资本主义社会客观发展过程所说的话,当然,那些观点同这些话有着极为密切的联系。

伯恩施坦认为,资本主义及其发展的普遍崩溃越来越不可能。因为一方面,资本主义制度越来越具有适应能力;另一方面,生产越来越分化。在伯恩

---

① 这是对伯恩施坦发表在 1896—1897 年《新时代》上总标题为《社会主义问题》的一组文章的评论。——编者注
② 第二版改为"机会主义的方法"。——编者注
③ 第二版改为"反映"。——编者注
④ 第二版改为"在德国的社会改良最终长眠之后"。——编者注
⑤ 1897 年 7 月—1898 年 1 月,英国机器制造工人约 70 000 人为争取八小时工作日举行罢工。这次罢工得到了英国和德国工人的大力声援和支持,但还是遭到了镇压。——编者注
⑥ 1896 年 3 月 27 日萨克森实施选举第二议院的反动的三级选举制。——编者注
⑦ 内务部国务大臣阿·波扎多夫斯基-魏纳伯爵于 1897 年 12 月 11 日向帝国各邦政府发出秘密通告,要求采取法律手段反对罢工权和结社权。德国社会民主党成功得到了这一秘密文件,并在 1898 年 1 月 15 日的《前进报》上发表。1898 年 9 月 6 日,威廉二世在奥文豪泽的一次演说中宣布了这项预定于 1899 年实行的法案,这就是所谓的"苦役监禁法案"。——编者注

施坦看来,资本主义的适应能力表现在三个方面:第一,由于信用制度、企业主组织、交通和通讯工具的发展,普遍危机消失了。第二,由于生产部门不断分化,由于无产阶级中有一大批人提升为中等阶层,中等阶层表现出顽强性。最后,第三,由于工会斗争的结果,无产阶级的经济地位和政治地位提高了。

由此可以为社会民主党的实际斗争得出一个一般结论:它的活动的方针不是去掌握国家政权,而是去改善工人阶级的状况,不是通过一次社会政治危机去实行社会主义,而是通过逐步扩大社会监督、逐步贯彻合作社原则去实行社会主义。

伯恩施坦自己也认为,他的议论中没有什么新东西,他倒是以为,这些议论同马克思和恩格斯的有些说法,同社会民主党迄今为止所采取的总的方针曾经①是一致的。可是,在我们看来,[如果更深入地考察一下他的观点的实质,那就]很难否认,它②实际上与科学社会主义的思路存在根本的矛盾。

如果可以将伯恩施坦的全部修正归纳为资本主义的发展进程比人们通常设想的要慢得多,那么,这实际上只是要**推迟**人们一贯主张的由无产阶级掌握政权的步伐,因而在实际上最多能够得出斗争的速度应当放慢的结论。

但是,情况不是这样。伯恩施坦作为问题提出的,不是资本主义社会发展的速度,而是资本主义社会的发展进程本身,以及同这个发展进程有关的向社会主义制度过渡的问题。

如果说以前的社会主义理论认为,社会主义变革的出发点将是一个普遍的、毁灭性的危机,那么,我们认为,必须区别两个方面:一是其中包含的基本思想,二是这些思想的外部形式。

这个基本思想认为,资本主义制度将由于自身的矛盾自行使时机日趋成熟,那时它将崩溃,它将简直不可能生存。人们把这个时机设想为一个普遍的、震动一切的商业危机的形式,我们认为③是有其充分理由的,但是,尽管如此,对于那个基本思想来说,这个形式是非本质的、次要的东西。

众所周知,社会主义的科学论证依据资本主义发展的**三个**后果:第一是资

---

① 第二版删去"曾经"一词。——编者注
② 第二版改为"伯恩施坦的观点"。——编者注
③ 第二版改加了"一定"。——编者注

本主义经济不断蔓延的**无政府状态**,这使它的崩溃成为不可避免;第二是生产过程的不断**社会化**,这可为未来的社会制度设计积极的方案;第三是无产阶级不断增长的**力量**①和**阶级觉悟**,这是即将到来的变革的积极因素。

伯恩施坦所铲除的是上述科学社会主义基石中的第一个。他断言,资本主义的发展不会走向普遍的经济危机。

但是,这样一来,他就不仅否认资本主义灭亡的一定**形式**②,而且也否认资本主义灭亡本身。他明确地说过:"可能有人会回答说,我们说到当前社会的崩溃时,所想的不止是一次普遍的并且比以前更加猛烈的商业危机,也就是说,是指资本主义制度由于它本身的矛盾而引起的全面崩溃。"对此他回答说:"目前的生产制度几乎在同时完全崩溃,这件事随着社会的不断发展,可能性不是更大了,而是更小了,因为社会发展一方面提高了工业的适应能力,另一方面(或者与此同时)加深了工业的分化。"③

但这会产生一个大问题:究竟我们为何能够和怎样能够达到我们的奋斗目标呢? 从科学社会主义的观点看,社会主义变革的历史必然性,首先是从资本主义制度的不断蔓延的无政府状态中表现出来,而无政府状态迫使这个制度进入死胡同。如果人们同意伯恩施坦的观点,认为资本主义的发展不会走向自己的灭亡,那么,社会主义也就不再**是客观上的必然**了。那时,在社会主义的科学论证的基石中,就只剩下资本主义制度的另外两个后果:社会化了的生产过程和无产阶级的阶级觉悟。这一点,伯恩施坦也是知道的,他说:"社会主义的思想界(在废除了崩溃论后——罗·卢·)绝不会因此丧失丝毫说服力。因为细想一下,我们上面列举的消除或缓和旧危机的一切因素究竟是什么呢? 这一切同时是生产和交换社会化的前提,部分甚至是这种社会化的方案。"④

然而,只要稍作考虑,就可以证明这也是一个错误的结论。伯恩施坦认为,卡特尔、信用制度、交通工具的完善、工人阶级状况的提高等等现象是资本

---

① 第二版改为"组织"。——编者注
② 第二版未加着重号。——编者注
③ 1898 年《新时代》第 17 年卷第 1 卷第 18 期第 555 页。——编者注
④ 同上,第 554 页。——编者注

主义的适应手段,而这些现象的意义何在呢? 显然在于,这些现象消除或者甚至缓和资本主义经济内部的矛盾,防止这些矛盾的发生和激化。由此可见,消除危机,就是意味着在资本主义的基础上消除生产和交换之间的矛盾,而工人阶级中部分人的状况得到改善,部分人上升到中等阶层,则意味着劳资矛盾的缓和。可是,由于卡特尔、信用制度、工会等等能消除资本主义的矛盾,因而挽救资本主义制度于灭亡,维持资本主义,所以伯恩施坦才把它们称为"适应手段"。——那么,它们对于社会主义又怎么会同时表现为许多"前提,部分甚至是方案"呢? 显然意思是说,它们日益强烈地表现出生产的社会性。但是,既然它们使生产的社会性保持**资本主义**的①形式,那么反过来说,它们也就使社会化了的生产向社会主义形式的过渡在同样程度上成为多余的了。因此,这些现象仅仅在概念上,而不是在历史的意义上是社会主义制度的方案和前提,也就是说,根据我们关于社会主义的设想,我们**知道**这些现象与社会主义有着连带关系,但是事实上它们不仅不会引起社会主义变革,反而会把社会主义变革变成多余的。这么一来,社会主义的依据就只剩下无产阶级的阶级觉悟。但是,在这种情况下,阶级觉悟也不是资本主义日益尖锐的矛盾和行将到来的灭亡——适应手段能予以防止——在精神上的简单反思②,而只是一个理想,这个理想的说服力以它自己赋予社会主义的完美性为依据。

总而言之,我们在这条道路上得到的是一个通过"纯粹认识"作出的对社会主义纲领的论证,即理想主义的论证,而客观的必然性,即通过物质的社会发展进程所作的论证已不复存在,伯恩施坦③理论面临"非此即彼"的选择。要么根据资本主义制度的客观矛盾,一如既往地进行社会主义改造,那时,这个制度发展了,它的矛盾也就发展了,在某种形式上,在某个时候,崩溃就是结果④,这样"适应手段"就会无效,而崩溃论是正确的;要么"适应工具"确实是好东西,能防止⑤资本主义制度的崩溃,让资本主义能够生存下去,并消除它

---

① 第二版未加着重号。——编者注
② 第二版改为"反映"。——编者注
③ 第二版改为"修正主义"。——编者注
④ 第二版在"结果"前面加了"不可避免的"。——编者注
⑤ 第二版改为"'适应工具'真正能够防止"。——编者注

的矛盾,但这样一来,**社会主义**就不再是一种历史的必然性,而是人们随意想象的东西,唯独不是社会物质发展的结果。这个非此即彼的抉择最后会得到另一个结果:要么伯恩施坦①关于资本主义发展进程的看法是正确的,这样,社会的社会主义改造就会变成空想,要么社会主义不是空想,这样"适应工具"论就必然站不住脚。这就是问题所在。

二　资本主义的适应

在伯恩施坦看来,使资本主义经济能够适应的最重要的手段是信用制度、改善了的交通工具和企业主的组织。

先从信用说起,信用在资本主义经济中行使多种职能,但是大家知道,它最重要的职能是增加生产力②的膨胀能力③,是中介和方便交换。在资本主义生产要求无限扩张的内在倾向同资本主义的界限即私人资本的有限范围④发生冲突的地方,信用就插进来,作为用资本主义方式冲破这个限制的手段,把许多私人资本融合成一个资本——股份公司,并使资本家能够支配别人的资本——工业信用。另一方面,信用作为商业信用能加速商品交换,也就是加速资本向生产的回流,加速生产过程的整个循环。信用的这两个职能对于危机的形成所起的作用很容易被忽视。大家知道,既然危机是由于生产的膨胀能力和膨胀趋势⑤与有限的消费能力之间的矛盾而产生的,那么,如上所述,信用恰恰是使这种矛盾尽可能经常发生⑥的特殊手段。首先,信用把生产的扩张能力提高到极限,造成使生产不断超越市场限制的内在动力。但它是从两个方面进行的。如果它有时作为生产过程的因素引发生产过剩,那么,在危机时期,它又作为流通手段⑦彻底地摧毁它自己焕发的生产力。销路停滞的

---

① 第二版改为"修正主义"。——编者注
② 第二版改为"生产"。——编者注
③ 第二版改为"扩张能力"。——编者注
④ 第二版改为"规模"。——编者注
⑤ 第二版改为"扩张能力和扩张趋势"。——编者注
⑥ 第二版改为"爆发"。——编者注
⑦ 第二版改为"商品交换的媒介"。——编者注

征候刚刚露出苗头,信用就紧缩了。在最需要它的地方抛弃交换,在该它出现的地方证明自己不起作用和没有用处,而在危机时期,把消费能力缩减到最低限度。

信用对于危机的形成,除了上述两个最重要的后果外,还有许多影响。信用不仅向资本家提供支配别人资本的技术手段,而且同时刺激资本家肆无忌惮地利用别人的财产,也就是,进行大胆的投机。它不仅作为不讲信义的流通手段①使危机尖锐化,而且还使危机容易发生和扩大,因为信用把整个流通②变成了一个十分复杂的、人为的机构,只用最低限度的金属货币作为现实的基础,因而一有机会就会引起混乱。

可见,信用根本不是排除危机的手段,也不是减轻危机的手段,恰恰相反,它对于危机的形成倒是一个特别有力的因素。事情只能是这样。信用的特殊职能一般来说,无非是消除各种资本主义关系中最后的一点稳定性③,处处设置最大可能的弹性,在最大程度上使各种资本主义的潜力④变成弹性的、相对的、敏感的。因此,危机无非是资本主义经济中互相对抗的潜力⑤的周期性碰撞⑥,只能促进和激化,这是明摆着的事。

这同时使我们想到了另一个问题:信用究竟怎样才能表现为资本主义的"适应手段"呢?通过信用来达到"适应",不论从什么方面和用什么形式来设想,它的本质显然都只是平衡资本主义经济的某一种对立关系,消除或缓和它的某种矛盾,因而在某一点上释放被束缚的力量。可是,在现代资本主义经济中,如果说有一种手段可以使它的各种矛盾发展到极致,那就是信用。信用激化**生产方式**和**交换方式**之间的矛盾,因为它使生产变得极度紧张,而一有机会就使交换陷于瘫痪;信用激化**生产方式**和**占有方式**之间的矛盾,因为它使生产脱离所有权,因为它使生产中的资本变成社会的资本,而使利润⑦采取纯粹资

---

① 第二版改为"商品交换的不讲信义的手段"。——编者注
② 第二版改为"交换"。——编者注
③ 第二版改为"固定性"。——编者注
④ 第二版改为"力量"。——编者注
⑤ 第二版改为"力量"。——编者注
⑥ 第二版改为"冲突"。——编者注
⑦ 第二版改为"利润的一部分"。——编者注

本利息的形式①,也就是说,变成纯粹的**财产权**;信用激化**财产关系**和**生产关系**之间的矛盾,因为它强力剥夺许多小资本家,从而把巨大的生产力集中到少数人手中;信用激化生产的社会性和生产的私有性②之间的矛盾,因为它使国家干预生产(股份公司)成为必需。

　　总而言之,信用复制资本主义世界的一切主要矛盾,把它们引向荒谬绝伦的地步③,[它也暴露出资本主义世界本身的不足]加快它走向自己灭亡(崩溃)的速度④。可见,资本主义在信用方面的第一个适应手段想必就是废除信用,撤销信用。这样的信用,绝不是适应手段,而是具有高度革命影响的毁灭性手段。正是信用的这种革命的、超越资本主义本身的性质,诱导人们制定涂上社会主义色彩的改良计划,使信用⑤的伟大代表人物,如马克思所说的,变成一半是预言家,一半是骗子。⑥

　　经过仔细考察,资本主义生产的第二个"适应手段"——**企业主联盟**同样也是想象的⑦。在伯恩施坦看来,这些企业主联盟可以通过对生产的调节,遏止无政府状态,预防危机。当然,只有在卡特尔、托拉斯等变成近乎包罗一切、居于支配地位的生产形式时,才谈得上通过企业主联盟预防资本主义无政府状态。⑧ 但是,卡特尔本身的性质排除了这种情况的发生。企业主联盟的最终经济目的和影响在于,消除行业内部的竞争,从而影响在世界市场取得的利润的分配,以便提高这个工业部门在这些利润中所占的份额。而这样的联盟要提高一个生产部门的利润率,就只有牺牲其他部门的利益。因此,它们恰恰不能普遍化。它们扩展到各个重要的工业部门以后,它们的影响也就自行消失。

---

① 第二版改为"采取资本利息的形式"。——编者注
② 第二版改为"生产的社会性和资本主义的私有制"。——编者注
③ 第二版改为"推动它们达到极端"。——编者注
④ 第二版改为"过程"。——编者注
⑤ 第二版在"主张信用"之前加了"像法国的伊萨克·贝列拉这样的"。——编者注
⑥ 参看《马克思恩格斯文集》第 7 卷第 500 页。——编者注
⑦ 第二版改为"站不住脚的"。——编者注
⑧ 第二版在"只有在卡特尔……"前面加了一段话:"当然,卡特尔和托拉斯的发展及其多方面的影响还是一个有待研究的现象。这才是一个运用马克思的学说才能解决的问题。但是无论如何清楚的是,只有在……才谈得上通过企业主联盟遏制资本主义无政府状态。"——编者注

但是,企业主联盟即使在它实际实现①的范围内所起的作用,也与消除工业无政府状态恰恰相反。卡特尔在国内市场能显著提高利润率,通常是因为他们将那部分不能用于满足国内需求的追加资本,用于满足国外需求的利润率要低得多的生产。② 结果是国外日益加剧的竞争,世界市场上日益扩大的无政府状态,就是说,与想要实现的愿望正好相反。国际制糖业目前的状况③就是这方面的一个例子。

最后,整个说来,企业主联盟作为资本主义生产方式的表现形式,只能被理解为资本主义发展的一个过渡时期、一个特定的阶段。的确是这样!归根结底,卡特尔本来就是资本主义生产方式的一个用来制止某些生产部门利润率急剧下降的手段。但是,卡特尔究竟用什么方法来达到这个目的呢? 从根本上来说,无非是把一部分积累的资本闲置起来,使用的方法同危机时一样,不过形式不同而已。但是,这种药剂与疾病一模一样,只能到一定时刻用来治疗小病。一旦销售市场开始紧缩④(不可否认,这样的时刻迟早会来到),一部分强行闲置起来的资本就达到这样的规模,使药物转化为疾病,使已经被这些组织充分社会化了的资本又重新变回私人资本。在销售市场上为自己寻找一席之地的可能性日益减少的时候,各个私人资本部分都会凭本领去碰碰运气。到那时,这些组织必然同肥皂泡一样破灭,而让位于大大加强了的自由竞争。⑤

---

① 第二版改为"应用"。——编者注
② 第二版在这句话后面加了"就是说,它的商品在国外销售时价格比国内低得多。"——编者注
③ 第二版改为"国际制糖业的历史"。——编者注
④ 第二版改为"当世界市场发展到极限,其地盘已被相互竞争的资本主义各国所占满,因而销售市场开始紧缩的时候"。——编者注
⑤ 第二版在这里加了一个注:"恩格斯1894年在《资本论》第3卷的一个脚注中说,'自从写了上面这段话以来(1865年),由于一切文明国家,特别是美国和德国的工业的迅速发展,世界市场上的竞争大大加剧了。迅速而巨大地膨胀起来的现代生产力,一天比一天厉害地不再顺从它们应当在其中运动的资本主义商品交换规律——这个事实,资本家本人今天也越来越强烈地意识到了。这一点特别表现在下述两种征兆中。第一,普遍实行保护关税的新狂热。这种保护关税和旧的保护关税制度的区别特别表现在:它保护得最多的恰好是可供出口的物品。第二,整个大生产部门的工厂主组成卡特尔(托拉斯),其目的是调节生产,从而调节价格和利润。不言而喻,这种试验只有在经济气候比较有利的时候才能进行。风暴一

可见,整体说来,卡特尔同信用一样,也表现为一定的发展阶段,它们归根结底只能使资本主义世界的无政府状态更为严重,使它的一切固有①矛盾凸显出来并更加成熟。它们加剧生产方式和交换方式之间的矛盾,因为它们把生产者和消费者之间的斗争推向极端。② 此外,它们加剧生产方式和占有方式之间的矛盾,因为它们使组织起来的资本的优势③同工人阶级相对立,因而使劳资矛盾变得更加尖锐。④

最后,它们加剧资本主义世界经济的国际性和资本主义国家的民族性之间的矛盾,因为它们使普遍的关税战争成为伴生的现象,因而使各个资本主义国家之间的对抗⑤达到极端。⑥ 此外,卡特尔对于生产集中和技术改进等等还有直接的、非常革命的作用。

可见,卡特尔⑦及其对于资本主义经济的最终影响,不仅不是消除资本主义矛盾的"适应手段",反而是资本主义自己造成的加剧它固有的无政府状态、暴露它内含的矛盾、加速它灭亡的一个手段。

但是,如果说信用制度、卡特尔等等不能消除资本主义经济的无政府状态,那 20 年以来怎么没有发生普遍的商业危机呢⑧? 难道这不是一个标志,说明资本主义生产方式至少在主要方面实际上"适应"社会的需要,而马克思所作的分析已经过时了吗?⑨〔我们相信,目前世界市场上的平静可以用另一

到来,它们就会被抛弃,并且会证明,虽然生产需要调节,但是负有这个使命的,肯定不是资本家阶级。在此期间,这种卡特尔只有一个目的,那就是使小资本家比以前更快地被大资本家吃掉。'"(《马克思恩格斯文集》第 7 卷第 136 页)——编者注

① 第二版改为"内部"。——编者注
② 第二版在这句话之后加了一句:"就像我们特别是在美国所看到的那样"。——编者注
③ 第二版在这里插入"以最残酷的方式"。——编者注
④ 第二版改为"达到了极端"。——编者注
⑤ 第二版改为"对立"。——编者注
⑥ 第二版全句改为"把各个资本主义国家之间的对立推到顶点"。——编者注
⑦ 第二版加了"和托拉斯"。——编者注
⑧ 第二版改为"怎么会从 1873 年以来 20 年之久我们没有看到普遍的商业危机呢?"——编者注
⑨ 第二版在这句话后面加了这么一段话:"这个问题的答案接踵而至。伯恩施坦在 1898 年刚刚把马克思的危机理论当作废物抛掉,1900 年就爆发了一场普遍性的剧烈危机,而七年之后,即 1907 年一场新的、席卷世界市场的危机又从美国爆发。可见,资本主义'适应'论早已被不争的事实所驳倒。同时,这一点也证明,有些人只因为看到马克思的危机理论两次似乎

种方式来解释。

人们习惯于认为,以前发生的周期性大商业危机是马克思用公式分析的资本主义的老年危机。大约 10 年一个生产周期似乎可以出色地证明这个公式。然而,在我们看来,这个观点是基于某种误解。只要仔细考察以前的历次国际性大危机爆发的各种原因,就会相信,它们全都不是资本主义经济年老体弱的表现,确切地说,是资本主义幼稚的表现。只要稍作思索,就能立刻明白,在 1825 年、1836 年和 1847 年,资本主义不可能造成像马克思的公式所描绘的那种周期性的、从完全成熟状态中产生的生产力同市场限制的不可避免的冲突,因为那时资本主义在大多数国家还在襁褓之中。]其实,1825 年的危机是大规模投资修筑道路、开凿运河和开设煤气厂的结果。这些事情和危机一样,主要是前 10 年间发生在英国。接着而来的 1836—1839 年危机,同样是大量投资兴建新的交通设施的结果。1847 年的危机,大家知道,是英国狂热地建筑铁路引起的(1844—1847 年,也就是说,在这三年期间,议会准许签订建筑铁路租让合同价值约达 15 亿塔勒!)可见,在所有这三种情况下,危机都是由于以各种不同的形式**重构**社会经济①、为资本主义发展奠定新基础引起的。1857 年危机的发生是由于欧洲工业突然在美洲和澳洲开辟了新的销售市场,而这又是因为发现了金矿,在法国尤其是因为步英国的后尘大规模兴建铁路(1852—1856 年,法国花费大约 125 000 万法郎,兴建了新铁路)。最后,1873 年的大危机②,大家知道,是德国和奥地利重构大工业的直接后果,是这种大工业在 1866 年和 1871 年③的政治事变之后第一次获得迅猛发展的直接

到了'支付日期'而没有兑现,就放弃了这个理论,他们将这个理论的核心同这个理论在形式上的非本质的表面细节,即十年一个周期混为一谈。马克思和恩格斯在 60—70 年代把现代资本主义工业危机的周期定为十年,这只是简单地陈述事实,这个事实并不是依据什么自然规律,而是依据一系列特定的历史情况,而这些情况与年轻的资本主义的作用范围跳跃式的发展有关。"——编者注

① 第二版改为"资本的经济"。——编者注

② 1873 年的公司倒闭引发德国 19 世纪最严重的周期性过剩危机,这次危机是由于 1871 年德意志帝国统一后在经济迅猛发展的高潮中重工业和装备工业比例失调的发展造成的。——编者注

③ 奥地利在 1866 年 6 月 15 日—8 月 23 日为取得在德国的统治而发动的战争中遭到失败,这表明在由反动的普鲁士自上而下统一德国的道路上出现了一个极为重要的阶段,战争的结局建立了北德意志联邦。1871 年 1 月 18 日德意志帝国在凡尔赛宣布成立,结束了在普鲁士

后果。

　　因此,到现在为止,引起商业危机的原因,每一次都是因为资本主义经济区域的突然**扩大**,而不是因为它的活动范围的**缩小**,也不是因为它的力量已经用尽,所以到目前为止发生的国际性危机十年一个周期,这纯粹是表面的、偶然的现象①。马克思关于危机形成的公式,如恩格斯在《反杜林论》和马克思在《资本论》第三卷②中提出的公式,之所以适用于迄今为止的危机,因为它揭示了一切危机的**内在机制**及其深刻的**一般原因**。③〔但是,整个说来,这个公式更为适合于充分发展的资本主义经济,在这里,世界市场被假定为已经存在的事物。只有这样,正如马克思的分析中所设想的,危机才能因生产过程和交换过程的内在的、固有的运动而机械地重复,而不是由生产关系或交换关系中发生突然震动的外部原因引起的。如果想一想目前的经济状况,那么,无论如何必须承认,我们还没有进入马克思的公式中所设想的那种发生周期性危机的资本主义成熟阶段。世界市场仍然处在形成阶段。德国和奥地利在 70 年代,俄国是在 80 年代才进入真正大工业生产阶段;而法国到现在大部分还处于小手工业生产阶段;巴尔干各国大部分甚至还没有摆脱自然经济的枷锁;只是到了 80 年代,美洲、澳洲和非洲才同欧洲进行活跃的、经常的商品交换。因此,一方面,我们已经摆脱了 70 年代以前周期性出现的那种对资本主义经济新领域进行的突然的、跳跃式的开拓,摆脱了先前的危机,也就是随之而来的所谓的年轻的危机;另一方面,我们还没有看到世界市场的发展和力量消耗已经达到那种程度,以致生产力同市场的限制发生严重的周期性碰撞,即发生资本主义的老年危机。我们现在正处于这样一个阶段,现在危机不再伴随资本

领导下自上统一德国的行动。普鲁士国王威廉一世成为德皇。这个新建立的民族国家由最反动、最富于侵略性的阶级即容克和大资产阶级统治。——编者注

① 第二版将这句话改为"至于那些国际性的危机恰恰都是十年重复一次,其本身纯粹是表面、偶然的现象"。——编者注

② 第二版改为"第一卷和第三卷"。——编者注

③ 第二版改为"适用于一切危机,只是因为它揭示了它们的内在结构和它们的深刻的一般原因"。在这句话之后增加这样一段话:"而不管这些危机是十年一次,五年一次,还是交替出现,每二十年和八年一次。但是,最能有力证明伯恩施坦的理论缺乏根据的是这样一个事实:最近的 1907—1908 年的危机恰恰是在著名的资本主义'适应手段'——信用、通信和托拉斯——在最发达的国家闹得最凶"。——编者注

主义的繁荣昌盛,也不伴随着资本主义的衰退。这个过渡时期的特征也就是20年来普遍表现出来的营业萧条过程,在这个过程中,短期的繁荣与长期的萧条交替出现。

但是,那些以暂时未发生危机为条件的现象正好说明,我们正在不断地接近末日的开端,即资本主义的最后危机时期。如果将来世界市场基本形成,不再可能由于突然的扩充而扩大,同时劳动生产率又在不可遏止地提高,那么,生产力与交换的限制之间的冲突迟早就会发生,而且这种冲突由于反复发生会变得更加尖锐、更加猛烈。如果有什么东西特别适合于使我们接近这个时期,能够迅速建立世界市场,又能很快使它力量耗尽,那么,这恰恰是伯恩施坦的资本主义的"适应手段"所依据的那些现象——信用制度和企业主组织。]资本主义生产能够使自己"适应"交换这个假设,以下述两种情况之一为前提:要么世界市场无穷无尽地发展,要么相反,生产力的增长受到阻碍,以致不能超出市场的限制。前者在物质上不可能,后者违反下面的事实:技术革命正在各个生产部门逐步前进,每天都焕发新的生产力。

在伯恩施坦看来,还有一个现象与上述资本主义事物发展进程相矛盾,那就是他告诉我们的中等企业这个"简直不可动摇的密集队伍"。他认为,这是一个标志,说明大工业的发展不会产生像"崩溃论"所期望的那种革命的和集中的作用。然而,他在这里成了自己错误理解的牺牲品。他曾经说过,如果期待中等企业会逐步**消失**,那么,这确实是完全误解了大工业的发展。

在资本主义发展的一般进程中,小资本恰恰起着技术革命的作用①。而且这种作用表现在两个方面:一方面,在旧的、稳固的、深深扎了根的部门应用新的生产方法;另一方面,建立新的、还没有被大资本利用的生产部门。有人认为,资本主义的中等企业的发展②是直线下坡逐步走向灭亡,这是完全错误的。确切地说,实际的发展过程在这里也是纯粹辩证的,是在矛盾中不断运动的。资本主义的中等阶层,和工人阶级一样,也处在两种对立趋势的影响之下:一种是提高它的趋势,一种是压低它的趋势。压低的趋势是在现有情况下

---

① 第二版改为"恰恰按照马克思的设想,小资本起着技术革命的先锋作用"。——编者注
② 第二版改为"历史"。——编者注

不断扩大生产规模,周期性地超过中等资本的生产力①,因而中等资本反复被抛到竞争之外;提高的趋势是现存资本的周期贬值总要使生产规模——根据资本的最低限度的**价值**——压缩一段时间,此外还有资本主义生产进入新的领域。我们不能把中等企业同大资本的斗争设想为定期的会战,在这里,军队中较弱的一方是直接在数量上日益减少的,确切地说,像割草,小资本被周期性割掉,而后很快又长出来,让大资本的镰刀再来割。这两种趋势好比在玩抢球的游戏,资本主义的中等阶层是个皮球,结果同工人阶级的发展相反,最后总是**压低**[它的]趋势取得胜利。但是,这不一定表现为中等企业的绝对数量的减少,而是表现在:第一,在旧的工业部门中,企业所必需的②最低限度的资本额逐渐增加;第二,小资本独立地利用新工业部门的时间越来越短。因此,就个人的小资本来说,生存时间越来越短,生产方法和投资方式的变换越来越快,就**整个阶级**来说,社会的新陈代谢越来越快。

最后这一点,伯恩施坦知道得很清楚,他本人曾确认过。但是,他似乎已经忘记,这样也就有了资本主义中等企业发展③的规律本身。如果小资本将来成了技术进步的先锋,而技术进步又成了资本主义经济生死攸关的脉搏,那么,小资本显然是资本主义发展的不可分离的伴生现象,它将随着资本主义的消失而消失。中等企业的逐步消失(在伯恩施坦所指的统计上的绝对总数的意义上)并不像伯恩施坦所认为的那样,表示资本主义的革命性发展进程,而是正好相反,它表示资本主义发展的停滞和休眠。"利润率即资本的相对增长率,首先对一切新的独立形成的资本嫩芽来说,是重要的。只要资本的形成仅仅发生在某些可以用利润量来弥补利润率的少数现成的大资本手中,使生产活跃的火焰就会熄灭。**生产就会进入睡眠状态。**"④

[总之,伯恩施坦的适应手段表明是毫无效用的,他认为是适应的征候的那些现象应当归于完全不同的原因。]

---

① 第二版改为"范围"。——编者注
② 第二版改为"企业生存所必须的"。——编者注
③ 第二版改为"运动"。——编者注
④ 《马克思恩格斯文集》第 7 卷第 288 页。——编者注

三 通过社会改良实行社会主义

伯恩施坦否定"崩溃论"是走向社会主义社会的历史道路。那么,从"资本主义的适应论"的观点看,走向社会主义的道路究竟是什么呢? 伯恩施坦对于这个问题只作了一个暗示性的答复,试图按照**伯恩施坦**的意思详细论述这个问题的,是**康拉德·施米特**。① 按照施米特的说法,"为社会改良而进行的工会斗争和政治斗争"将带来"对生产条件的日益广泛的社会监督",通过立法"限制资本所有者的权利,把他们逐步降到管理者的地位",直到最后,"资本家看到自己的财产对自己越来越没有价值,就可以剥夺被拖垮了的资本家对企业的领导和管理权",这样,就可以最终建立社会的企业。

可见,工会、社会改良,还有伯恩施坦补充的国家的政治民主化,这就是逐步实行社会主义的手段。

我们先从工会谈起。工会最重要的职能(伯恩施坦自己七年前②就在《新时代》上解释过,而且没有人比他解释得更好)③在于,它站在工人一边,是实现资本主义工资规律,即按照劳动力当时的市场价格出卖劳动力的手段。工会给无产阶级提供的服务,就是使无产阶级能够随时为了自己的利益利用市场的行情。这种行情本身包括:一方面是由生产情况决定的对于劳动力的需求;另一方面是由无产阶级化④和自然繁殖造成的劳动力⑤的供给;最后,还有当时的劳动生产率水平。但是,这一切都处在工会的影响范围之外。因此,工会不能推翻工资规律,它在最好的情况下也只能让资本主义剥削在当时"正常"的范围内进行,但绝不能逐步消灭这种剥削本身。

---

① 1898 年 2 月 20 日《前进报》。伯恩施坦对于《前进报》上关于他的观点的评论,没有一句话表示不同意,因此,我们宁愿认为,应当联系伯恩施坦的说明来考察康拉德·施米特的说明。——编者注

② 第二版改为"伯恩施坦自己在 1891 年"。——编者注

③ 爱·伯恩施坦:《论铁的工资规律》第 4 节《结束语》,载于 1890—1891 年《新时代》第 9 年卷第 1 卷第 600—605 页。——编者注

④ 第二版改为"中间阶层的无产阶级化"。——编者注

⑤ 第二版改为"工人阶级的劳动力"。——编者注

当然,康拉德·施米特把现在的工会运动看作"软弱的开始阶段",他相信将来"工会对生产本身的调节会产生越来越大的影响"。所谓生产调节,人们只能有两种理解:第一是干预生产过程的技术方面,第二是决定生产本身的规模。在这两个问题上,工会的作用会具有什么性质呢? 很清楚,在生产的技术方面,[单个]资本家的利益同资本主义经济的发展和进步是完全①一致的。因而是他们的利益迫使他们进行技术改良。而单个的工人则直接反对改进技术:任何技术变革与它直接涉及的工人的利益相矛盾并直接恶化工人的状况,因为它会降低劳动力的价值②。既然工会可以干预生产的技术方面,那么,它显然只能在后一个意义上,即代表直接有关的单个工人集团的利益采取行动,即反对革新。但是,在这种情况下,工会的行动就不是为了整个工人阶级及其解放的利益,确切地说,这些利益同技术进步,同单个资本家的利益是一致的,因此恰恰相反,工会的行动是反动的。其实,我们要努力对生产的技术方面产生影响,但这种努力的源泉不是在康拉德·施米特所向往的未来,而是在工会运动的过去。这种努力标注的是英国工联主义的旧阶段(60 年代以前)。那时,英国工联主义还同中世纪行会的传统有联系,它的特点是遵循"相应劳动的获得权"③这个过时的原则。而工会努力参与生产规模和商品价格的确定,倒是最近出现的新现象④。我们最近才看到——又是在英国——有人作这样的尝试。⑤ 但是,从性质和趋势看,这种努力与上述努力同样重要。那么,工会对商品生产的范围和价格确定的积极参与归结起来是什么呢? 是工人同企业主结成卡特尔反对消费者,并且采取强制措施来反对与之竞争的企业主,这些措施同普通的企业主联盟采取的方法相比也毫不逊色。从根本上说,这已经不再是劳资之间的斗争,而是资本和劳动力团结一致同消费社会的斗争。从它的社会价值看,这是一种反动的开端,不能构成无产阶级解放斗争的阶段,因为确切地说,这是代表阶级斗争的反面。从它的实践价值看,这是一种

①　第二版改为"在一定范围内"。——编者注
②　第二版在这句话之后加了"使劳动更紧张,更单调,更繁重。"——编者注
③　悉·韦伯《工会的理论和实践》第 2 卷第 100 页及以下几页。——编者注
④　第二版改为"一个新现象"。——编者注
⑤　悉·韦伯《工会的理论和实践》第 2 卷第 115 页及以下几页。——编者注

空想,稍作思索就可明白,它绝不可能扩展到较大的、为世界市场而生产的部门。

因此,工会的活动主要限于进行工资斗争和缩短工作时间,也就是说,仅限于根据市场状况来调节资本主义剥削。至于影响生产过程,从事物的本质看,这仍然是工会不可能做到的。不仅如此,工会发展的整个进程与康拉德·施米特设想的恰恰相反,是要完全切断劳动市场与其他商品市场的任何直接联系。这方面最典型的事实是,努力实行滑动工资率制度①,从而使劳动合同与一般生产状况至少消极地直接联系起来,但这种努力现在已经跟不上事物的发展,英国工联越来越放弃这种努力。②

但是,即使工会运动在实际作用的范围内,也不像资本适应论所设想的那样可以无限制地扩展。完全相反! 如果考虑社会发展的更大的范围,那就不能掩盖这样的事实:我们面临的基本不是工会运动蓬勃发展的时代,而是不断没落的时代③。如果工业的发展已经达到顶点,资本在世界市场上开始走"下坡路",那么,工会斗争还会更加困难:第一,对于劳动力来说,市场的客观情况正在恶化,因为同现在的情况相比,需求增加缓慢,而供给增加迅速。第二,资本本身为了弥补世界市场上的损失会夺回④应该归工人的那部分产品。降低工资不正是阻止利润率下降的最重要的手段之一吗!⑤ 英国已经为我们展示正在开始的工会运动第二阶段的面貌。同时,工会运动只得日益单纯地维护既得的成果,并且连做到这一点也越来越困难。这就是上面所说的事物的一般进程。而这个进程的另一面⑥及其相关的意思必然是政治的和社会的阶级斗争的高涨。

在社会改良问题上,康拉德·施米特同样犯了颠倒历史观的错误,他相信

---

① 这种工资制度的基础是企业主与工人签订的协议。协议规定,工资的高低取决于与产品的市场价格变化的一定比例。这明显有利于企业主操纵工人,因而遭到工人的反对。——编者注
② 悉·韦伯《工会的理论和实践》第 2 卷第 115 页。——编者注
③ 第二版改为"不是工会运动胜利发挥力量的时代,而是越来越困难的时代"。——编者注
④ 第二版改为"夺回"前面加了"越来越顽固地"。——编者注
⑤ 《马克思恩格斯文集》第 7 卷第 262 页。——编者注
⑥ 第二版改为"在这一进程的背面"。——编者注

社会改良"同工会组织携起手来能强迫资本家阶级接受利用劳动力的条件"。伯恩施坦也是这样理解社会改良的,他认为工厂法含有一些"社会监督",既然含有一些"社会监督",那就也是含有一些社会主义。康拉德·施米特只要一谈到国家的劳工保护,也总是使用"社会监督"一词,他既然这样巧妙地把国家变成了社会,他也就可以心安理得地补充一句:"这就是正在上升的工人阶级";通过这样的手法,德意志联邦参议院通过的无辜的劳工保护条例就摇身一变而成为德国无产阶级的社会主义过渡措施。

这种欺骗手法一目了然。今天的国家恰恰不是"正在上升的工人阶级"所说的"社会",而是**资本主义**社会的代表,即阶级国家。因此,它所安排的社会改良也不是"社会监督"的实现,也就是说,不是自由劳动的社会对自己劳动过程的监督,而是**资本的阶级组织对资本的生产过程**的监督。因此,在这里,社会改良也发现,资本的利益有其自然的局限。当然,伯恩施坦和康拉德·施米特认为,现在这个方面也仅仅是"软弱的开始阶段",相信将来会有一个有利于工人阶级的、无限上升的社会改良。可是,这样一来,他们就犯了与他们在设想工会运动会日益高涨①时一样的错误。

通过社会改良逐步实行社会主义的理论,是以一定的客观发展——既包括资本主义所有制的发展,也包括**国家**的发展——为先决条件,**而这是这个理论的重点**。关于资本主义所有制,康拉德·施米特设想的其未来发展的公式是:"限制资本所有者的权力,把他们逐步降到管理者的地位"。他看到似乎不可能一下子突然剥夺生产资料,于是就准备了一套逐步剥夺的理论。为此,他构思出一个必要条件,就是把所有权分为"最高所有权"和使用权。"最高所有权"安排给"社会",他希望它不断扩大。使用权留在资本家手中,使之日益缩小为单纯的管理权②。这种想法要么是一种无害的文字游戏,不值得认真去考虑,所以,逐步剥夺论是毫无根据的;要么它是一个关于权利发展的严肃公式,但它是完全错误的。分割包含在所有权中的各种权限(康拉德·施米特在这里为"逐步剥夺"论找了庇护所),是典型的封建自然经济社会,在那

---

① 第二版改为"工会运动的力量的无限发展"。——编者注
② 第二版改为"对他的企业的单纯管理权"。——编者注

里,产品在各个社会阶级中的分配是采取实物形式,并且根据身份关系①来进行。在那里,把所有权分割为各个部分②,是事先安排的对社会财富的分配。随着向商品生产的过渡,随着社会生产过程的参与者之间的一切身份联系的消失,人与物之间的关系(私有制)反倒得到了巩固。由于分配不再是通过身份关系,而是通过**交换**来实现,所以对于参加社会财富的各种权利的计算,不再靠分割一个共同对象的所有权,而是靠各人投放市场的**价值**。随着中世纪城市公社中商品生产的兴起,出现了权利关系的第一次突变,在所有权处于分割状态的封建权利关系的母腹中,形成了绝对的、完整的私有制。但是,在资本主义生产中继续进行这种发展。生产过程越是社会化,分配过程就越是以纯粹的交换为基础,私有制③就变得越不可侵犯、越完整。④ 只要资本家自己管理工厂,那么,分配在一定程度上总还是取决于本人对生产过程的参与。随着工厂主个人的管理成为多余,而且在股份公司中已经成为事实,资本所有权作为在分配过程中的权利证书会完全脱离生产中的个人关系⑤,而且以最纯粹、最完整的形式表现出来。资本主义所有权只有以股份资本和工业信用资本的形式,才能充分形成。

康拉德·施米特关于历史的公式⑥,即"从所有者到纯粹的管理者",是颠倒了的实际发展。这种发展正相反,从所有者兼管理者到纯粹的所有者。在这里,歌德的诗句用在康拉德·施米特身上倒是很恰当:

他眼前的所有已遥遥迹隐,

渺茫的往事却一一现形。⑦

从现代股份公司的角度看,他的历史图式经济上是退到手工工场,甚至退到手工作坊。同样,在法律上是想将资本主义世界塞进封建自然经济的蛋壳。

---

① 第二版改为"领主和臣属之间的身份关系"。——编者注
② 第二版改为"各种局部权利"。——编者注
③ 第二版在"私有制"前面加了"资本主义"。——编者注
④ 第二版在这里加了一句话:"资本所有权就越是从一个对自己劳动产品的权利变成纯粹占有别人劳动的权利"。——编者注
⑤ 第二版改为"与生产的关系"。——编者注
⑥ 第二版改为"康拉德·施米特所描绘的资本家发展的公式"。——编者注
⑦ 歌德《浮士德》献词,参看董问樵译,复旦大学出版社 1993 年版。——编者注

从这个角度看,那个"社会监督"也同康拉德·施米特设想的不一样了。今天作为"社会监督"发挥作用的,如劳工保护、对股份公司的监督等等,实际上同所有权的份额,同"最高所有权"没有丝毫关系。它们的活动不是**限制**,而是**保护**资本主义所有权。或者用经济学的语言来说,它们不是**干预**,而是**规范**、调整资本主义剥削。如果伯恩施坦问:在**工厂法**中是否多少含有一些社会主义,那我们可以回答他说,在市参议会关于清扫街道和点燃汽灯的规定中有多少"社会监督",在最好的工厂法中也就含有多少"社会主义"。

四　关税政策和军国主义

在伯恩施坦看来,逐步实行社会主义的第二个前提是国家发展成为社会。今天的国家是阶级国家,这已经是常识。但是,在我们看来,这个命题与所有关于资本主义社会的命题一样,不能按照固定的、绝对的有效性去理解,而要根据不断的发展去理解。

随着资产阶级政治上的胜利,国家已经成为资本主义国家。当然,资本主义发展本身会大大改变国家的本质,因为它不断扩大国家的作用范围,不断赋予国家新的职能,特别是在经济生活方面使国家的干预和监督日益成为必要。在这个意义上,它正在逐步为将来的国家与社会的融合,即所谓国家职能归还社会作准备。从这一角度看,也可以说资产阶级国家在向社会发展。马克思曾经说过,劳工保护是"社会"对于它的社会生活过程的第一次有意识的干预,伯恩施坦也引过这句话,毫无疑问,这句话也是在这个意义上说的。

但是,另一方面,由于资本主义的这种发展,国家的本质正在发生另一种变化。首先,今天的国家是占统治地位的资本家阶级的组织①。如果国家为了社会的发展担负具有共同利益的各种职能,那只是因为,而且只有在这个范围内,这些利益和社会发展同整个统治阶级的利益基本相符。例如,劳工保护就是为了作为一个阶级的资本家和整个社会的直接利益。但是,这种协调只能延续到资本主义发展的一定阶段。如果发展已经达到一定高度,那么,资产

---

① 第二版改为"一个组织"。——编者注

阶级作为阶级的利益就同经济进化①的利益甚至在资本主义意义上也会开始发生矛盾。我们相信这一阶段已经到来,这一点表现为今天社会生活的两个极为重要的现象:**关税政策**和**军国主义**。关税政策和军国主义在资本主义的历史上曾经起过不可缺少的作用,甚至是进步的、革命的作用。在一些国家,如果没有关税保护,大工业的兴起是不可能的②。但是,今天的情况不同了。③［在所有最重要的国家,特别是在那些极力推行关税政策的国家,资本主义生产的水平几乎是一样的。］从资本主义**发展**的角度看,也就是从世界经济的角度看,不管德国向英国出口的商品多,还是英国向德国出口的商品多,都是一样的。从这个发展的角度看,尽了义务就可以走人,甚至必须走人。现在各个工业部门是互相依赖的,对某些产品征收关税,就会抬高国内其他商品的生产价值,也就是说,又会束缚工业的发展。但是,从**资本家阶级**的利益的角度看,就不是这样了。工业为了自己的**发展**不需要关税保护,但企业主却需要关税来保护他们的**市场**。这就是说,关税在今天已经不再是正在发展的资本主义生产对抗更成熟的资本主义生产的保护手段,而是成了一个民族资本集团用来反对另一个民族资本集团的斗争手段。此外,关税已经没有必要了,它不再是形成和占领国内市场的工业保护手段,而是成了工业卡特尔化的一个不可缺少的手段,也就是说,成了资本主义生产者同消费型社会进行斗争的不可缺少的手段。最后,最鲜明地表现今天关税政策特征的是这样一个事实:今天在关税政策方面到处起决定作用的根本不是工业,而是农业,也就是说,关税政策已经变成将**封建利益注入资本主义形式**并且用来表现封建利益的手段。

军国主义也发生了同样的变化。如果我们考察的不是本来的或理想的历史,而是事实上的历史,那么我们必须承认,战争曾经是资本主义发展不可缺少的因素。美国和德国、意大利和巴尔干半岛各国、俄国和波兰,所有这些国家都将资本主义发展的条件或动力归功于战争,不管胜利还是失败,都无所

① 第二版改为"经济进步的利益"。——编者注
② 第二版改为"几乎是不可能的"。——编者注
③ 第二版在这句话后面加了这样一句话:"今天,保护关税不是用来扶植年轻工业,而是用来人为地保持过时的生产形式"。——编者注

谓。只要有这样的国家,其国内还有分裂状态或者自然经济的闭塞状态需要克服,军国主义也就起着资本主义意义上的革命作用。今天即使在这样的国家,情况也不同了。[军国主义不可能再为资本主义开放任何一个国家。]如果中国今天成为可怕冲突的舞台,那么,问题不仅在于为欧洲资本主义开放中国,而且在于把现成的**欧洲**矛盾移植到中国,并在中国土地上赤裸裸地凸显出来。① 今天,无论在欧洲,还是在世界其他地方,手持武器互相对抗的,并非一方是资本主义国家,另一方是自然经济国家,而恰恰是由于资本主义都同样高度发达而引发冲突的那些国家。对于这种发展本身而言,冲突在这种情况下一旦爆发,就自然只能具有致命的意义,因为它将[这一次完全无目的地]给一切资本主义国家的经济生活带来深刻的震动和变革。但是,从**资本家阶级**的角度看,事情就是另一种样子。今天,军国主义对它们来说,已经在三个方面成为不可缺少的东西:第一,它是正在竞争的"民族"利益反对其他民族集团的斗争的手段;第二,它对于金融资本和工业资本来说都是最重要的投资形式;第三,它是国内阶级统治对付劳动人民的工具。这一切利益与资本主义经济发展本身②是毫无共同点的。而最明显地暴露今天军国主义的这一特殊性质的,首先是军国主义在所有国家因竞争而普遍高涨,即所谓受本身内在的机械动力的推动而普遍高涨。这是一二十年前还没有的现象。其次是日益临近的爆发的不可避免性和致命性,但同时爆发的原因、特别是利益相关的国家、争执的对象和其他情况还非常模糊,军国主义也从资本主义发展的发动机③变成了资本主义的弊端。

在上述社会发展与占统治地位的阶级利益的冲突中,国家站在统治阶级一边。国家同资产阶级一样,在政策上同社会发展处于对立的地位,因而它日益丧失整个社会代表的性质,同样,它日益变成纯粹的阶级国家,或确切地说,国家的两种身份彼此分离了,矛盾尖锐化了,日益发展成为国家本质内部的矛

---

① 第二版改为"如果世界政策已经变成可怕冲突的舞台,那么,问题不仅在于为资本主义开放新的国家,而且在于把现成的欧洲矛盾移植到世界其他地方并在那里凸显出来"。——编者注

② 第二版改为"同资本主义生产方式进步本身"。——编者注

③ 第二版改为"动力"。——编者注

盾,而且这种矛盾越来越尖锐。因为,一方面,国家的一般职能、国家对社会生活的干预、国家对社会生活的"监督"增长了。但是,另一方面,它的阶级性质总是迫使它把活动重点和权力手段放在只对资产阶级的阶级利益有用,而对社会只有消极意义的领域——军国主义、关税政策和殖民政策。其次,由于这种情况,它的"社会监督"也就越来越为阶级性质所渗透和支配(参看[除英国以外的]所有国家的劳工保护措施)。

上面所说的国家本质方面的变化,与伯恩施坦所说的逐步实行社会主义的手段,即民主并不矛盾,确切地说,是完全吻合。

康拉德·施米特解释说,社会民主党在议会中取得多数,甚至是社会的这种逐步社会化的直接道路。政治生活的民主形式无疑是最清楚地表明国家向社会发展的一个现象,在这方面,它是通往社会主义变革的一个阶段。但是,我们上面描述的资本主义国家本质中的那种矛盾,却极其鲜明地表现为现代民主制①。固然,从形式上看,民主制②的宗旨是在国家组织中表现整个社会的利益。但是,另一方面,民主制所表现的仍然只是资本主义社会,即**资本主义利益发挥决定性作用的社会**。因此,从形式上看是民主组织,但实质上已经变成占统治地位的阶级利益的工具。下述事实可以非常明显地说明这一点:只要民主制有意否定阶级性质,变成实际的人民利益的工具,民主形式本身就会成为资产阶级及其国家代表的牺牲品。在这种情况下,社会民主党在议会中取得多数的思想就是一种片面的估计③,只考虑民主的形式的一面,而完全忽视它的另一面,即它的实际内容。民主制④整个说来不像伯恩施坦所设想的那样,是逐渐渗透到资本主义社会中的直接的社会主义因素,而是相反,它是使资本主义的对立趋于成熟和形成的资本主义的特殊手段⑤。

由于国家的这种客观发展,伯恩施坦和康拉德·施米特关于可以直接长入社会主义的"社会监督",就成了与现实日益矛盾的空话。

---

① 第二版改为"现代议会制"。——编者注
② 第二版改为"议会制"。——编者注
③ 第二版在"片面的估计"前面加了"完全以资产阶级自由主义精神作出的"。——编者注
④ 第二版改为"议会制"。——编者注
⑤ 第二版改为"资产阶级阶级国家的特殊手段"。——编者注

逐步实行社会主义的理论归结起来就是逐步[以社会主义制度为方向①]对资本主义所有制和资产阶级国家进行改良。可是,由于现代社会的客观进程,这两者恰恰朝着相反的方向发展。生产过程日益社会化,而国家对这个生产过程的干预和监督日益广泛。但与此同时,[资本主义]私有制越来越完整和不可侵犯②,国家监督越来越为排他的阶级利益所渗透。因此,国家即资本主义的**政治**组织和所有权关系即资本主义的**权利**组织,随着发展越来越成为**资本主义**的,而不是越来越成为社会主义的。它们向逐步实行社会主义的理论提出了两个不可克服的困难。

傅立叶想用他的法伦斯泰尔③制度把地球上的海水[一下子]变成柠檬汁,真是异想天开。但是,伯恩施坦想把资本主义的苦难的海洋加进一瓶社会改良的柠檬汁就把它变成社会主义的甜蜜的海洋,这种想法不仅更荒唐,其异想天开的程度也毫不逊色。

资本主义社会的生产关系越来越走向社会主义,而它的政治关系和权利关系则相反,它们在资本主义社会和社会主义社会之间筑起了一堵越来越高的墙。这堵墙靠社会改良和民主的发展是打不通的,相反,它会因此更高更牢固④。要打垮这堵墙,只有靠革命的铁锤,即由无产阶级夺取政权⑤。

五　理论⑥的实际结论和一般性质

我们在第一部分⑦曾试图说明,伯恩施坦的理论是抽掉社会主义纲领的物质基础,并代之于理想主义的基础。这是涉及理论根据的问题。那么,这个理论应用到实践中又会怎样呢? 首先在形式上,它与社会民主党的斗争迄今

---

① 第二版改为"本着社会主义精神"。——编者注。
② 第二版改为"越来越变成对别人劳动的赤裸裸的资本主义剥削形式"。——编者注
③ 按照法国空想社会主义者沙·傅立叶的学说,这是理想的社会主义社会中生产消费协作社成员居住和劳作的场所。——编者注
④ 第二版改为"更牢固更结实"。——编者注。
⑤ 在本文中,"夺取政权"中的"政权"一词,德文原文为"polische Macht"。——编者注
⑥ 第二版改为"修正主义"。——编者注
⑦ 第二版改为"第一章"。——编者注

通行的实践毫无区别。工会、争取社会改良和政治设施民主化的斗争,这就是通常构成社会民主党活动内容①的东西。因此,区别不在于干**什么**,而在于**怎么干**。从现在的实际情况看,应把工会斗争和议会斗争理解为逐步引导和教育无产阶级夺取政权的手段。按照伯恩施坦的观点,既然掌握政权没有可能,没有益处,这种斗争应该只是为了取得直接的结果,也就是说,为了提高工人的物质生活,为了逐步限制资本主义剥削和扩大社会监督。如果我们把直接提高工人生活这一目的撇开不谈(因为在这一点上党内的普通观点和伯恩施坦的观点是一样的),那么,全部区别可以概括为:按照一般的观点,工会斗争和政治斗争的社会主义意义就在于,这种斗争为进行社会主义变革,准备无产阶级即社会主义变革的**主观**因素。按照伯恩施坦的观点,斗争的社会主义意义在于,工会斗争和政治斗争要逐步限制资本主义剥削本身,剥掉资本主义社会的资本主义性质,赋予它社会主义的性质,一句话,在**客观**的意义上促成社会主义变革。只要仔细观察就能发现,这两种观点几乎是截然对立的。党内普通的观点认为,通过工会斗争和政治斗争可以使无产阶级深信②,通过这些斗争彻底③改善它的状况是不可能的,最后夺取政权则是不可避免的。用伯恩施坦的观点看,夺取政权不可能成为通过单纯的工会斗争和政治斗争实行社会主义制度的前提。

可见,在伯恩施坦看来,工会斗争和议会斗争的社会主义性质在于相信,这种斗争能对资本主义经济逐步产生社会主义的影响。但是,这种影响,正像我们力图说明的那样,其实纯粹是想象④。资本主义的所有制和国家制度是朝着相反的方向发展的。但是这样一来,社会民主党的日常实际斗争归根结底也就同社会主义没有任何关系了。工会斗争和政治斗争的伟大社会主义意义在于,使工人阶级的**认识**和意识社会化⑤。既然把这种斗争理解为直接使资本主义经济社会主义化的手段,那它们不仅会失去自己莫名的影响,而且会

---

① 第二版改为"形式上的内容"。——编者注
② 第二版改为"无产阶级通过工会斗争和政治斗争可以深信"。——编者注
③ 第二版改为"从根本上改变"。——编者注
④ 第二版改为"幻觉"。——编者注
⑤ 第二版改为"使无产阶级的意识社会化,把无产阶级作为阶级组织起来"。——编者注

丧失其他[唯一可能的社会]意义:它们不再是教育工人阶级进行无产阶级革命①的手段。

因此,伯恩施坦和康拉德·施米特自己安慰自己说,即使把斗争转移到②社会改良和工会斗争方面,也不会使工人运动丧失最终目标,因为在这条道路上每前进一步都会引出后一步,所以社会主义目标作为一种趋势也包含在运动本身之内。这种说法完全出于误解。当然,就德国社会民主党当前的策略而言,如果为工会斗争和社会改良斗争预先规定一个夺取政权的自觉的坚定的目标作为指路明灯,那这是完全正确的。可是,如果这种**预先确定**的目标脱离运动,而首先视社会改良为目的本身,那么,[事实上]社会改良不仅不能导致实现社会主义的最终目标,而且会达到相反的结果。康拉德·施米特单纯地相信所谓一发不能自止的机械运动,他以"越吃越想吃"这个简单的俗语为依据,认为工人阶级不完成社会主义变革就绝不会对改良心满意足。后面的这一假设当然是正确的,而且资本主义社会改良本身的缺陷已经向我们证明了这一点。但是,只有在设计一个链条般的连续不断的、日益发展的社会改良,把今天的制度③直接引向社会主义[制度]的条件下,由此得出的结论才是正确的。然而这是一种空想。这个链条按照事物的本质很快就会断裂,而运动从这一点出发所选择的道路是多种多样的。

到那时,最直接最可能的结果是在策略上作一些改变,以便千方百计地实现斗争的实际成果——社会改良。一旦直接的实际结果成为主要目的,这个只在致力于夺取政治权力方面有意义的不可调和的、严峻的阶级立场,就会日益变成一种消极的力量④。因此,下一步就是采取补偿政策和迎合迁就⑤的、对政客而言明智的态度。但是,在这种条件下,运动也不可能经常保持平衡⑥。因为社会改良在资本主义世界一直是而且现在仍然是一个空壳,所以不管采取什么策略,下一个逻辑步骤就是对社会改良产生失望,也就是说,对

① 第二版改为"夺取政权"。——编者注
② 第二版改为"即使把全部斗争局限于"。——编者注
③ 第二版改为"今天的社会制度"。——编者注
④ 第二版改为"单纯的障碍"。——编者注
⑤ 第二版改为"'补偿政策'(确切地说,应为贿赂政策)和可调和的"。——编者注
⑥ 第二版改为"长久停滞"。——编者注

施穆勒①之流②正在停泊的避风港失望了。他们在社会改良的大海上漫游之后,已经决定让一切听天由命③。可见,社会主义绝不是工人阶级的日常斗争作为一种趋势所固有的,它在这里只能是资本主义经济日益尖锐化的客观矛盾所固有的,也是工人阶级主观上认识到必须通过社会变革来消灭这些矛盾所必需的。④ 如果像伯恩施坦在他的理论中所作的那样⑤,否认前者,又反对后者,那么运动首先就会降格为简单的工会活动和社会改良活动,最后由于自身的重力而放弃阶级立场。

如果我们从另一方面考察伯恩施坦的理论,并且提出一个问题:这个观点的一般性质是什么? 那么上述那些结论也是很清楚的。伯恩施坦不是以资本主义关系为基础,不是同资产阶级经济学家一起否认资本主义的矛盾。确切地说,他在理论上也和马克思的观点一样,以这种矛盾的存在为前提并以此为出发点。但是,另一方面——这是他的整个论述⑥的核心,也是同迄今为止流行的社会民主党的观点的根本分歧——,他在理论上的出发点不是认为**消灭**这些矛盾要通过自己本身的彻底发展。

他的理论处于两个极端之间,他不想[让]矛盾⑦发展到完全成熟,通过革命的突变在矛盾萌芽时**消灭**矛盾,而是折断矛盾的萌芽,弱化矛盾。因此,

---

① 第二版加了"教授"。——编者注
② 指古·施穆勒、阿·瓦格纳和路·布伦坦诺。他们都是讲坛社会主义的重要代表人物,将资产阶级自由派的改良建议当作社会主义来宣传,目的是抵制社会民主党的影响,在思想上反对马克思主义。——编者注
③ 第二版在这里加了一个注:"1872 年,瓦格纳、施穆勒、布伦坦诺等教授在爱森纳赫召开了一次代表大会,大张旗鼓地宣布,他们的目的是实行社会改良,以保护工人阶级。这些被自由党人奥本海默讽喻为'讲坛社会主义者'的先生不久之后建立了'社会改良同盟'。几年后,在反对社会民主党人的斗争尖锐化的时候,这些'讲坛社会主义'的鼓吹者以议员资格投票拥护延长反社会党人法的期限。此外,这个同盟的全部活动就是常年开大会,在会上以各种题目宣读一些学术性报告,其中关于经济问题的论著已经由该同盟出版了 100 多部。同盟最后放弃了社会改良,转而从事研究危机、卡特尔等问题。"——编者注
④ 第二版将这句话改为:"社会主义绝不是在任何情况下自发地从工人阶级的日常斗争中产生出来的,它的是资本主义矛盾日益尖锐的结果,也是工人阶级认识到绝对必须用革命手段来消灭这些矛盾的结果"。——编者注
⑤ 第二版改为"如果像修正主义那样"。——编者注
⑥ 第二版改为"观点"。——编者注
⑦ 第二版改为"资本主义矛盾"。——编者注

［按照他的理论］,危机的终止和企业主组织能弱化生产与交换之间的矛盾,无产阶级状况的改善和中等阶层的继续存在能弱化劳资之间的矛盾,监督和民主的发展能弱化阶级国家和社会之间的矛盾。

当然,社会民主党的通行策略也不是说要**等待**资本主义矛盾发展到极端并且到那时才发生突变。相反,人们只是依靠既定的发展**方向**,但是,在政治斗争中要使它的后果达到极端,［人们预先推定这种发展,人们可以说是推定下一步的客观发展,并且**随时**以发展了的矛盾完全成熟为基础,］这是任何革命策略一般具有的本质。因此,社会民主党即使在例如关税和军国主义在资本主义发展中还起着革命作用①的时候,也要反对它们。但是,伯恩施坦在策略上根本不是以资本主义矛盾的进一步发展和尖锐化为基础,而是以矛盾的弱化为基础。他在谈到资本主义经济的"适应"时,就十分贴切地表明了这一点。这种观点在什么条件下才是正确的呢? 今天的社会的一切矛盾只不过是资本主义生产方式的产物。如果我们假定,这种生产方式还要继续朝着迄今已知的方向发展,那么,它的一切后果必然会不可分割地同它一起向前发展,也就是说,将会激化,而不是弱化矛盾。因此,反过来说,矛盾的弱化是以资本主义生产方式本身在其发展过程中的受阻为条件。总而言之,伯恩施坦理论的一般前提就是**资本主义发展过程中的停滞**。

但是这样一来,这个理论也就自己对自己下了定论,而且这个定论表现为两个方面:第一,这个理论在社会主义最终目标方面暴露出**空想**的性质——这是一开始就清楚的,发展停滞的资本主义不可能导致社会主义革命。我们对这个理论的实际结论所作的叙述已经证明这一点。第二,这个理论在资本主义确实迅速的发展方面,暴露出它的**反动**性质。现在不得不提出这样一个问题:面对资本主义的实际发展,该怎样解释,确切地说,该怎样描绘伯恩施坦思考方式的特征呢?

伯恩施坦在他对于今天社会关系的分析中用来作为出发点的经济前提,即他的资本主义"适应"论,是站不住脚的,这一点我们相信在第一章中已经

---

① 第二版改为"在任何时候都要反对军国主义,不是等到它的反动性质完全暴露时再反对"。——编者注

说清楚了。我们看到，不论信用制度还是卡特尔，都不能理解为资本主义的"适应手段"，不论危机的停滞①还是中等阶层的继续存在，都不能理解为资本主义适应的象征。但是，上面所说的适应论的一切细节（姑且不论它们的直接错误），都以一个共同的特征为基础。这个理论把它所研究的一切经济生活现象，不理解为它们是整个资本主义发展的有机部分，不理解为它们同整个资本主义的经济机制的联系，而是割裂这些联系，将它们当作独立的存在，理解为一部无生命的机器的拆散的零件。比如，对于信用的适应作用的理解就是这样。如果把信用视为交换的一个自然发展的更高阶段，而且与资本主义交换所固有的一切矛盾有联系，那就不可能把信用视为仿佛置身于交换过程之外的机械的"适应手段"。同样，也不能将货币本身、商品和资本视为资本主义的"适应手段"。但是，信用也是资本主义经济的一定发展阶段的有机的一环，在这一点上，它毫不亚于货币、商品和资本。在这个阶段上，它也与它们一样，既是资本主义经济机器中的一个齿轮，也是一个破坏工具，因为它会加剧和复制资本主义经济的内在矛盾。

关于卡特尔和完善的交通工具，情况也是一样。

伯恩施坦把危机的停滞视为资本主义经济"适应"的征候，这同样表现出他的机械的、非辩证的理解方式。他干脆把危机看成经济机器的故障，危机一旦停滞，这部机器就可以正常运转。但是，危机事实上不是本来意义上的"故障"，确切地说，它是一种故障，但没有这种故障，整个资本主义经济就根本不能运转。危机，简单说来，只有在资本主义的基础上才可能发生，因此它是周期性地解决生产力的无限发展能力和价值增殖的狭小范围②之间的矛盾的完全正常的方法，只要这是事实，那么，危机就是整个资本主义经济的不可分割的有机的现象。

在资本主义生产"无故障"的进程中，确切地说，存在一种比危机本身更大的危险。这就是利润率的不断下降。它不是由生产与交换的矛盾产生的，而是由劳动生产率的发展本身造成的。利润率的不断下降有一个最危险的趋

---

① 第二版改为"暂时停滞"。——编者注
② 第二版改为"生产的无限扩张能力和销售市场的狭小范围"。——编者注

势,就是它使一切中小资本不可能生产,因而限制新的投资的形成和进步。在这同一过程中,作为另一个结果产生的危机,由于它周期地使资本**贬值**,由于它使生产资料变得便宜和使一部分活动中的资本处于停顿,恰恰是它反倒起了提高利润的作用,因而为生产中新的投资和新的进步留下余地①。所以危机表现为使资本主义发展之火重新旺盛的手段,而危机的停止(如果不是像我们设想的那样在世界市场形成中的一定阶段②停止,而是根本不出现危机),那就会不是像伯恩施坦所设想的那样,很快使资本主义经济兴旺发达,而会把它直接带入泥潭。标志着整个适应论的机械的理解方式,使伯恩施坦既看不到危机的积极意义,也看不到资本的分散趋势③。因此在他看来,小资本的不断复活是资本主义停滞的标志,而不是事实上的资本主义的正常发展。

当然,有这样一种观点认为,上面所讲的一切现象实际上就像适应论④所描述的那个样子,这就是单个资本家的观点,他们了解的经济生活的各种事实都因竞争规律而变了形。单个资本家事实上首先把整个经济的每个有机组成部分视为完全独立的东西。其次,他只是从对他,即对单个资本家发生作用的那个方面看,因此把它们看成单纯的"故障"或单纯的"适应手段"。对于单个资本家来说,危机实际上只是故障,而危机的停止可以保证资本家延长寿命;对他们来说,信用同样是他们不充分的生产力"适应"市场需要的手段;对他们来说,他们所参加的卡特尔实际上也能消除生产的无政府状态。

总之,伯恩施坦的适应论无非是单个资本家的理解方式的理论概括。但是,这种理解方式在理论表述上有什么不同于庸俗经济学的实质和特点呢?这个学派在经济学上的一切错误,正是基于误解,即将单个资本家眼中的竞争现象错误地理解为资本主义的整个经济。例如,像伯恩施坦把信用视为"适应手段"一样,庸俗经济学也把货币视为对市场需要的巧妙的"适应手段",它也是从资本主义的现象本身去寻找治疗资本主义病症的解毒药,它同伯恩施

---

① 第二版改为"空间"。——编者注
② 第二版改为"不仅在世界市场形成中的一定时期"。——编者注
③ 第二版改为"既看不到危机是不可缺少的,也看不到中小资本周期性的不断增长的投资也是不可缺少的"。——编者注
④ 第二版为"适应论"一词加了引号。——编者注

坦一样,也相信调节资本主义经济的可能性,最后,归根结底,它也同伯恩施坦的理论一样,总是想弱化资本主义的矛盾,给资本主义的伤口贴膏药。换句话说,它采取的是反动的而不是革命的方法,因此是一种空想。

因此,伯恩施坦①的全部理论可以概括为这样一句话:这是**符合庸俗经济学精神的以资本主义停滞论为依据的社会主义停滞论**。

---

① 第二版改为"修正主义"。——编者注

第 二 部 分[①]

一 经济发展和社会主义

无产阶级的阶级斗争在发展过程中取得的最大成就,是在资本主义社会的**经济关系**中发现了实现社会主义的方法。由于这一发现,社会主义就从几千年来人类模模糊糊憧憬的"理想"变成了**历史的必然**。

伯恩施坦否认在现代社会中存在这种社会主义的经济前提。在这个问题上,他的论证经历了一个有趣的发展。最初,在《新时代》杂志上,他只是否认工业集中的速度,他的依据是 1895 年和 1882 年德国工业统计结果的对比。而为了利用这个结果来达到自己的目的,他不得不采用纯粹累计的和机械的方法。但是,即使在最顺利的情况下,伯恩施坦用他关于中等企业顽强性的论证也丝毫不能损害马克思的分析。因为这个分析既没有把工业集中的一定**速度**,即实现社会主义最终目标的一定**期限**设定为实现社会主义的先决条件,也没有把我们已经指出过的[第 17 页[②]]小资本的**绝对消失**,或小资产阶级的消失设定为实现社会主义的先决条件。

伯恩施坦在书中进一步发挥自己观点的时候,引证了新的证明材料,这就是**股份公司的统计材料**。他以这些统计材料证明,股东人数会不断增加,而资本家阶级不会萎缩,相反,会越来越扩大。伯恩施坦多么不熟悉这些现存的材料,多么不懂得为自己运用这些材料,真是令人吃惊!

如果他真想用股份公司来证明什么东西能反驳马克思的工业发展规律,

---

① 这是对爱·伯恩施坦《社会主义的前提和社会民主党的任务》1899 年(斯图加特版)的评论。——编者注

② 参看本卷第 495—496 页。——编者注

那他本来应该使用别的材料。每个了解德国股份公司历史的人都知道,平均投入每个企业的创业资本几乎定期**减少**。这种资本在 1871 年前约 1 080 万马克,1871 年只有 401 万马克,1873 年 380 万马克,1883—1887 年不到 100 万马克,1891 年仅 56 万马克,1892 年 62 万马克,从此,创业资本在 100 万马克上下摆动,但它又从 1895 年的 178 万降到 1897 年上半年的 119 万马克。[①]

多么惊人的数字! 伯恩施坦大概会利用这个数字,设计一个从大企业返回小企业的完全反马克思的趋势。但是在这种情况下,任何人都会反驳他说,如果您想用这个统计材料证明什么,那您就必须首先证明,这些统计材料指的是同样的工业部门,在**这些**部门中,小企业**代替了**原来的大企业,而小企业不会在当时还没有企业[②]或只有作坊或小微企业的地方出现。但是您无法作出这样的证明,因为大股份公司过渡到中小股份公司只能用股票业不断渗入新的部门来解释,而且如果在开始时它只适用于少数大企业,那么,现在越来越适用于中等企业,有些地方甚至适用于小企业。(要知道,已出现用不足 1 000 马克建立的股份公司!)

但是,股票业的不断扩大,在国民经济方面意味着什么呢? 它意味着资本主义形式的**生产不断社会化**,不仅大生产社会化,中等的甚至小生产也社会化了,可见,这种现象不仅不同马克思的理论相矛盾,而且是这一理论的无比辉煌的证明。

的确是这样! 发行股票这种经济现象说明什么问题呢? 一方面,说明许多小的货币资本联合成**一个**生产性资本,联合成**一个**经济单位;另一方面,说明生产同资本所有权的分离,可见,这是说明在两个方面克服资本主义生产方式,但仍然在资本主义的基地上。但是在这种情况下,伯恩施坦引证的统计材料中所说的入股一个企业的股东数量很大又说明什么呢? 无非是说明,**现在一个资本主义企业不像过去那样相当于一个资本所有者**,而是大批的、人数不断增加的资本所有者,因而"资本家"这个经济概念不再与"人"[③]画等号,今

---

① 万德博格《政治科学手册》第 1 册。——编者注
② 第二版改为"当时有单个资本"。——编者注
③ 第二版改为"个人"。——编者注

天的资本家①是一个由几百甚至几千人组成的集体,"资本家"这个范畴本身在资本主义经济的范围内已变成社会范畴,它**已经社会化**。

面对伯恩施坦把股份公司这个经济现象反过来理解为资本的粉末化②,而不是理解为资本的集中,伯恩施坦在马克思认为是"资本所有权的扬弃"③的地方,看到的是资本所有权的扩张,这又该怎么解释呢? 可以用一个简单的庸俗经济学的谬误来解释:因为伯恩施坦理解的资本家不是一个生产的范畴,而是一个所有权的范畴,不是一个经济单位,而是一个税务政策的单位,他理解的资本,不是一个生产整体,而是一个简单的货币财产。因此,他认为英国纺线托拉斯不是 12 300 人合为**一体**,而是整整 12 300 个资本家,因此,在他看来,他的工程师舒尔采也是个资本家,因为他从食利者缪勒那里得到了"一大笔股票"作为妻子嫁妆(见第 54 页)④,因此,在他看来,**全世界密密麻麻一大片都是"资本家"**。⑤

但是,这里和通常的情况一样,庸俗经济学的谬论纯粹是伯恩施坦把**社会主义**庸俗化的理论基础。由于伯恩施坦把资本家这个概念 从生产关系搬到财产关系,"不谈企业主而谈人们"(第 53 页),所以也就把社会主义从生产范围搬到财产关系的范围,从**劳资关系**搬到**贫富关系**。

这样一来,我们就被顺利地从马克思和恩格斯那里带到《一个贫苦罪人的福音》的作者那里,区别只是:魏特林正是凭着正确的无产阶级直觉在原始

---

① 第二版在"资本家"前面加了"工业"。——编者注

② 第二版改为"分散化"。——编者注

③ 参看《马克思恩格斯文集》第 7 卷第 499 页。——编者注

④ 从这里开始,罗莎·卢森堡在圆括号中注明的页码均为伯恩施坦:《社会主义的前提和社会民主党的任务》1899 年斯图加特版的页码。——编者注

⑤ 注意! 伯恩施坦显然认为,小额股票的大量推广可以证明,社会财富已经开始把它的股票之福降于小民。实际上,除了小资产者或者甚至工人以外,谁还去购买比如 1 镑或 20 马克这样小额股票呢! 很遗憾,这个假设的根据是一个计算错误;用的是股票的**票面价值**,而不是市场价值,而这是两回事。可以举一个例子,在采矿业市场上,其中就有南非边区的股票交易。其中大部分股票的票面价值 1 镑(等于 20 马克),但它目前的**价格**已经是 43 镑。(见 3 月底的行情表)也就是说,已不是 20 马克,而是 860 马克。一般情况都是如此。因此,"小额"股票虽然听起来很民主,实际上大部分是中等资产阶级"对社会财富的票据",而绝不是小资产阶级的,更不是无产阶级的,因为按票面价值能获得这种股票的人,在全部股东中只占极小部分。——作者注

形式的贫富对立中**认识**到阶级对立,并且想把它作为社会主义运动的杠杆,而伯恩施坦则相反,认为化贫为富——采用抹杀阶级对立的办法,即小资产阶级的办法——是社会主义的前途。

当然,伯恩施坦不仅拿出收入统计材料,他还拿出了企业统计材料,而且有许多国家的,有德国、法国、英国、瑞士、奥地利和美国的材料。但是,这是些什么样的统计材料呢?这不是一个国家**不同时期**的可以比较的材料,而是不同国家同一个时期的材料。因此,他不是把一个国家在不同时期的企业组成情况作比较(除德国外,他重复了德国 1895 年和 1882 年的对比情况),而只是把不同国家的**绝对**数字作比较(英国是 1891 年的,法国是 1894 年的,美国是 1890 年的,诸如此类)。他得出的结论是,"如果大企业今天事实上在工业中已经占优势,那么把依靠它的企业一起计算进去,即使在普鲁士这样先进的国家,最多只代表从事生产的一半人口",在整个德国、英国、比利时等国,情况也是一样。(第 84 页)

他用这种办法要证明的,显然不是**经济发展**的这种或那种**趋势**,而只是不同企业形式,或者说不同行业的**绝对的力量对比**。如果这可以证明社会主义前途渺茫,那么,这样举证的理论根据是:斗争双方数量上的、物质上的力量对比,即单纯的暴力因素决定社会目标的结局。伯恩施坦处处反对布朗基主义,但他在这里却产生了最严重的布朗基主义式的误解。当然,这里有一个区别:布朗基主义者作为社会主义的、革命的派别,认为社会主义在经济上自然可以实现,在这一基础上他们指望暴力革命,甚至是少数人的暴力革命,而伯恩施坦却相反,他根据人民在数量上没有达到多数而得出了社会主义没有前途的结论。社会民主党获得自己的最终目标既不是依靠少数人的胜利的暴力,也不是依靠多数人数量上的优势,而是依靠经济必然性和对这种必然性的认识。这种必然性引导人民群众消灭资本主义,而且这种必然性首先在**资本主义无政府状态**上表现出来。

至于最后这个关键问题,即资本主义经济的无政府状态,伯恩施坦本人只否认重大的、普遍的危机,而不否认局部的、民族的危机。因此,他否认太多的无政府状态,同时却承认存在一点无政府状态。在伯恩施坦看来,资本主义经济——用马克思的说法——就像那个怀了"小不点的"孩子的傻处女一样。

问题的严重性在于,像无政府状态这样的事,少一点和多一点是同样糟糕的。如果伯恩施坦承认有一点无政府状态,那么商品经济的机制本身就会注意使这种无政府状态强化到极大的程度,直至崩溃。但是,如果伯恩施坦在保持商品生产的条件下,也希望使这一点无政府状态逐步得到调整和协调,那么,他又犯了资产阶级庸俗经济学的一个根本性错误,因为他把交换方式视为不以生产方式为转移的东西。①

伯恩施坦在他的著作中暴露出他对政治经济学基本原理的惊人的混乱。要把它们一一列举出来,这里不是合适的场合。但是,有一点与资本主义无政府状态的基本问题有关,我们要作一个简单说明。

伯恩施坦宣称,马克思的劳动价值规律纯粹是一种抽象,在他看来,这显然是政治经济学中的一句很不体面的话。但是,如果劳动价值只是一种抽象,一种"思想映象"(第 44 页),那么,每个服了兵役、纳了税的正直的公

---

① 第二版删去这里的一个脚注:[伯恩施坦对我们刊登在《莱比锡人民报》上的第一组文章的有些地方的答复是相当广泛的,不过他还是暴露出了自己的狼狈相。比如,他为轻易地答复我们关于他对于危机所持的怀疑态度的批评,竟认为我们把马克思的整个危机理论变成了未来的音乐,但这是随意曲解我们的话,因为我们说的仅仅是危机的通常的**机械的周期性**,确切些说,是仅仅适合于充分发达的世界市场的十年一次循环的危机公式。至于马克思的危机理论的内容,我们认为它是对机制的唯一科学的表述,也是对迄今发生的**一切**危机的内在经济原因的唯一科学表述。

　　伯恩施坦对于我们其他的批评的答复更加令人吃惊。比如,他说,卡特尔按其本质来说,不可能提供对抗资本主义无政府状态的手段。因为它们——如制糖业所表明的——只是在世界市场上造成了激烈的竞争。对于这一点,伯恩施坦回答说,这固然是正确的,但是英国制糖业的激烈竞争却有力地促进了果酱和罐头的生产。(第 78 页)这个回答使我们想起了奥伦多夫的语言自修课本第一部分的会话练习:"袖子短而鞋子小,父亲个子高而母亲已经睡觉了。"

　　我们说,**信用**也不可能是应对资本主义无政府状态的"适应手段",因为确切地说,它会加剧无政府状态。伯恩施坦对于我们的这个论证也用同样的逻辑回答说,信用除了有破坏性外,还有积极的"创造"性,这一点连马克思也是承认的。对于那些站在马克思主义理论的立场上,认为整个资本主义经济是社会的未来社会主义变革的一切积极方案的人而言,即使关于危机的这个论据也一点不新鲜。这里争论的问题是,信用的这种积极的、超越资本主义范围的特性是否也能在资本主义经济中积极地发挥作用,这种积极的特性是否像伯恩施坦所断言的那样,能够克服资本主义的无政府状态,或确切地说,他是否像我们指出过的那样,本身会蜕变为一个矛盾,只会扩大无政府状态。伯恩施坦一再重复的"信用的创造能力"——这就是整个辩论的出发点——在这种情况下无非是"在理论上逃往彼岸",即逃往讨论范围以外的彼岸。]——作者注

民,都同马克思一样,有权把任何无稽之谈制造成这样一个"思想映象",也就是制造成价值规律。"马克思本来也可以远远地抛开商品的属性不谈,以便使商品最终仅仅成为大量的简单人类劳动的化身,庞巴维克—杰文斯学派①就听凭把商品的一切属性——有用性除外——抽象掉"。(第41—42页)

可见,在他看来,马克思的社会劳动和门格尔的抽象效用都是一样的,都纯粹是抽象。因此,伯恩施坦完全忘了,马克思的抽象不是一种发明,而是一种发现,它不存在于马克思的头脑中,而存在于商品经济中。它不是想象的存在,而是一种现实的社会存在,现实到可以拿来剪裁、锤打、称量和模压。马克思发现的抽象人类劳动,其发达形式不是别的,正是**货币**。这恰恰是马克思的天才的经济学发现之一,而对于整个资产阶级经济学,从最早的重农学派到最后的古典学派,货币的神秘本质一直是一本不可理解的天书。

相反,庞巴维克—杰文斯学派的抽象效用其实只是一种思想映像,确切地说是一种没有思想的映像,是一种不能张扬的愚蠢,这既不能由资本主义社会负责,也不能由任何别的人类社会负责,唯一应该负责的是资产阶级庸俗经济学。伯恩施坦、庞巴维克、杰文斯和他们的一大批伙伴一样,头脑里装着这种"思想映像",就是在货币的神秘面前再站20年,也只能得出一种解决办法,而这又是不用他们指点,一个皮匠都早已知道:货币也是一种"有效用"的东西。

可见,伯恩施坦对于马克思的价值规律一窍不通。但是,凡是对于马克思的经济学体系有几分了解的人,不用多说就会明白,如果没有价值规律,整个体系就完全不可理解,或者具体说,如果不了解商品和商品交换的本质,整个资本主义经济及其种种联系就必然始终是一个谜。

马克思有一把带魔力的钥匙,这把钥匙使他揭开了一切资本主义现象最深奥的秘密,使他能够轻易地解决甚至连斯密和李嘉图这样的资产阶级古典经济学大师都不知道其存在的问题,但是,这把钥匙是什么呢? 这不是别的,就是将整个资本主义经济当作一个**历史现象**来理解,并且不仅往后看,像古典

---

① 见本卷第471页脚注①。——编者注

经济学在最好的情况下也懂得的那样,而且还往前看,不仅看到自然经济的过去,而且看到**社会主义的未来**。马克思的价值学说、货币分析、资本理论①,从而他的整个经济学说体系的秘密在于,资本主义经济的短暂性,它的崩溃,因而也就是——这不过是另一面——**社会主义的最终目标**。正是因为,而且仅仅是因为马克思一开始就作为社会主义者,**用历史的观点**观察资本主义经济,所以他才能破译资本主义经济的秘密,正是因为他把社会主义的立场作为对资产阶级社会进行科学分析的**出发点**,所以他能反过来科学地论证社会主义。

这一点也可以当作尺度来衡量伯恩施坦在他的书的结尾抱怨"二元论"②的一段话。他说:"二元论贯穿于马克思的这一整部宏伟著作","二元论在于,希望这一著作成为科学的研究,同时却希望证明在一个早在它起草之前就已完成的论纲;这一著作的基础是一个公式,而在这一公式中,发展要导致的结果从一开始就已经确定。追溯《共产党宣言》([在这里]也就是回到社会主义的最终目标! ——罗·卢·),就可以看到,马克思的体系中确实存在空想主义的残余"。(第 177 页)

但是,马克思的"二元论"无非是社会主义的未来和资本主义的现在的二元论,资本和劳动的二元论,资产阶级和无产阶级的二元论;它辉煌而科学地反映了资产阶级社会中存在的二元论,即资产阶级的阶级对立。

如果伯恩施坦认为,马克思的这个理论上的二元论是"空想主义的残余",那么,这只是一个天真的自白,说明他否认资产阶级社会中存在的历史二元论,否认资本主义的阶级对立,对他来说,社会主义本身已经变成了"空想主义的残余"。伯恩施坦的一元论是永恒的资本主义制度的一元论③,是一个放弃了自己最终目标的社会主义者的一元论④,认为一个不可改变的资产阶级社会是人类发展的终点。

---

① 第二版在"资本理论"之后加了"利润率学说"。——编者注
② 第二版在"二元论"之后加了("分裂")。——编者注
③ 第二版改为"'一元论'即伯恩施坦的统一性也就是永恒的资本主义制度的统一性"。——编者注
④ 第二版改为"统一性"。——编者注

但是,如果伯恩施坦认为,资本主义的经济结构不是矛盾,不是向社会主义的发展,那么,为了至少在形式上挽救社会主义的纲领,他就不得不求救于在经济发展之外的理想主义结构,把社会主义本身从社会发展的一定历史阶段变成一个抽象的"原则"。

可见,伯恩施坦的旨在粉饰资本主义经济的"合作社原则",这个社会主义最终目标最稀薄的"沉渣",不是他的资产阶级理论承认社会的社会主义未来,而是对伯恩施坦的社会主义过去作出的让步。

二 经济民主和政治民主①

我们已经看到,伯恩施坦的社会主义归结起来就是让工人分占社会财富,变贫者为富者的计划。这一点怎样实现呢?他在发表于《新时代》上题为《社会主义问题》的一组文章中,只有一些几乎不可理解的暗示,而在他的书中对这个问题作出了充分说明:他的社会主义要通过两条道路,即通过工会或者像伯恩施坦所说的通过经济民主或合作社来实现。他想通过第一条道路抓工业利润,通过第二条道路抓商业利润。(第118页)

至于合作社,而且首先是生产合作社,那它们在资本主义经济中本质上具有**二重性**,是在资本主义交换条件下的一种小规模的社会化生产。但是,在资本主义经济中,交换支配生产,而且面对竞争,使肆无忌惮的剥削,即资本利益对生产过程的完全支配成为企业的生存条件。这一点在实际上表现为:必须尽量增加劳动强度,必须完全依据市场状况来缩短或延长劳动时间,必须完全依照销售市场的要求吸纳或辞退劳动力,把他们抛到大街上去,总之,必须运用大家知道的一切办法提高资本主义企业的竞争能力。因此,在生产合作社中,工人处于极为矛盾的境地:他们一方面必须用完全必要的专制制度来管理自己,另一方面必须对自己扮演资本主义企业主的角色。这种矛盾也就把生产合作社引向毁灭,因为它要么变成资本主义企业,要么在工人利益日益强大的时候自行瓦解。这是伯恩施坦本人证实过,但是误解的事实,因为他按照波

① 第二版改为"工会、合作社和政治民主"。——编者注

特·韦伯女士①观点,认为缺乏"纪律"是生产合作社②垮台的原因。这里他肤浅平淡地称之为"纪律"的东西,无非就是自然发生的、绝对的资本制度,工人当然不可能将这种制度用在自己身上。③

由此可见,生产合作社要在资本主义经济中生存,就必须采取迂回曲折的道路,消除隐藏在它内部的生产方式和交换方式之间的矛盾,同时巧妙地回避自由竞争的规律。而它要能够做到这一点,就必须保证自己一开始就有一个销售市场,有一批固定的消费者。作为辅助手段为它服务的正是**消费合作社**。伯恩施坦曾经探讨过为什么独立的生产合作社会垮台,只有消费合作社才能保证它生存的秘密就在于此,而不在于区分为购买合作社和销售合作社(或者像奥本海默曾经想过的名称)。

但是,如果说在今天的社会里,生产合作社的生存条件取决于消费合作社的生存条件,那就可以得出进一步的结论:生产合作社即使在最顺利的情况下,也只能在当地进行少量的销售,销售直接需要的少量产品,主要是粮食。资本主义生产的一切最重要的部门,如纺织、煤炭、冶金、石油、机器、机车和造船工业一开始就排斥消费合作社,从而也排斥生产合作社。因此,撇开生产合作社的二重性不谈,它也根本不可能表现为普遍的社会改良,因为生产合作社普遍实行的先决条件,首先是取消世界市场,把现存的世界经济分成小规模的、地方性的生产和交换团体,也就是说,本质上是要从大规模的资本主义经济退回到中世纪的商品经济。

但是,生产合作社即使在它可能实现的范围内,在现存社会的基础上也必然要下降为消费合作社的单纯的附属品,而消费合作社则因此成了站在前面充当拟议中的社会主义改良的主要载体。但是,这样一来,通过生产合作社进行的全部社会主义改良,就从反对生产资本的斗争,即反对资本主义经济的躯干的斗争,下降为反对商业资本的斗争,而且是反对小商业资本、中等商业资

---

① 　比·波·韦伯(1858—1943)——英国女社会活动家,悉尼·韦伯的夫人。——编者注

② 　第二版在"生产合作社"前面加了"英国的"。——编者注

③ 　第二版在这里加了一个脚注:"工人自己的合作工厂,是在旧形式内对旧形式打开的第一个缺口,虽然它在自己的实际组织中,当然到处都再生产出并且必然会再生产出现存制度的一切缺点。"(《马克思恩格斯文集》第 7 卷第 499 页)——编者注

本的斗争,就是说,不过是反对资本主义躯干上的小**分枝**的斗争。

至于工会,在伯恩施坦看来,它要成为反对生产资本剥削的一种手段,我们在上面[第18页及以下几页①]已经指出,不论在生产**规模**方面还是在**技术**方法方面,工会都不能保证工人能够影响生产过程。

至于纯粹经济方面,即伯恩施坦所说的"工资率和利润率的斗争"方面,我们也已经指出,这个斗争不是在自由的蓝色天空中进行,而是在工资规律的一定界限内进行;它不能打破,只能实现这个规律。我们只要从另一个方面考察这个问题,并提出工会的职能究竟是什么这个问题,就能明白这一点。

在伯恩施坦看来,工会在工人阶级的解放斗争中所起的作用,就是向工业利润率展开真正的进攻,将它逐步融入工资率。但是工会根本没有能力实行反对利润的经济进攻政策,因为工会[恰恰]不过是劳动力对利润进攻实行的**防御**,是工人阶级对资本主义经济的下降趋势实行的防卫,理由有两点:

第一,工会的任务是通过自己的组织影响劳动力这一商品的市场状况,但是,这种组织不断地遭到破坏,因为中等阶层无产阶级化的过程不断将新商品输入劳动市场;第二,工会的目的是要提高生活水平,扩大工人阶级在社会财富中所占的份额,但是,由于劳动生产率随着自然过程的厄运而提高,所以这个份额不断下降。要认识这最后一点,无须成为马克思主义者,只要手中拿着洛贝尔图斯②的《社会问题书简》就行了。

因此,资本主义社会的客观进程使工会斗争在两个主要经济职能方面变成了息息法斯③的劳动。但是,如果工人要得到依照当时市场行情应得的工资,如果资本主义工资规律要得到实现,如果要弱化,或者确切地说,要减缓经济发展的下降趋势及其影响,那么,息息法斯的劳动是不可缺少的。但是,如果要把工会变成逐步减少利润增加工资的手段,那么,首先要以两个社会条件

① 见本卷第496—500页。——编者

② 约·卡·洛贝尔图斯-亚格措夫(1805—1875)——德国庸俗经济学家和政治活动家,资产阶级化的普鲁士容克的思想家,1848—1949年革命时期是温和自由派政治活动家,普鲁士国民议会中间派左翼的领袖,后来成为普鲁士"国家社会主义"的鼓吹者。——编者注

③ 息息法斯——古希腊神话中的科林斯王,因欺骗了众神,被罚终生推滚一巨石到山上,而每当推到山顶,巨石就滚回山下。"息息法斯的劳动"源出于此,意为吃力而徒劳的劳动。——编者注

为前提:第一是中等阶层停止无产阶级化和工人阶级停止增长;第二是劳动生产率停止提高。这两种情况,也与消费合作社经济的实现一样,都是**回到大资本以前的状态**。

可见,伯恩施坦提出的两种社会主义改良手段:合作社和工会,表明根本无法改造资本主义的**生产方式**。其实伯恩施坦自己也隐约意识到了这一点,他把它们仅仅视为可以降低资本主义利润并使工人致富的手段。但是这样一来,他就是自己放弃同**资本主义生产**①的斗争,而把社会民主主义运动的斗争矛头对准**资本主义分配**。伯恩施坦一再说他的社会主义是争取"公平的"、"比较公平的"(第 51 页)、甚至"更加公平的"(1899 年 3 月 26 日《前进报》)分配。

资本主义制度的"不公平的"分配,自然也是社会民主主义运动的下一个动因,至少在人民群众中是如此。既然社会民主党为争取整个经济的社会化而斗争,那它当然也要追求社会财富的"公平"分配。可是,根据马克思的考察,一定的分配不过是一定的生产方式的合乎自然规律的结果,所以社会民主党的斗争方向,不是资本主义生产**范围**内的分配,而是消灭商品生产本身。一句话,社会民主党想废除**资本主义生产方式**,从而创造**社会主义的分配**,而伯恩施坦的做法刚好相反,他想反对资本主义的分配,并且希望通过这种途径逐步创造**社会主义的生产方式**。

但是,在这种情况下,能怎么解释伯恩施坦的社会主义改良的手段呢?难道是根据资本主义生产的某种发展趋势吗?绝不可能,因为,第一,他否认这种趋势;第二,如上所述,在他看来,生产的理想的改造是分配的结果,而不是分配的原因。因此,**他**的社会主义的根据就不可能是经济的。在他颠倒了社会主义的目的和手段以及经济关系之后,他**不能**为他的纲领提出任何唯物主义的论据,他**不得不**采用唯心主义的论据。

我们听到他说:"为什么要从经济的强制中推导出社会主义呢?为什么要贬低人类的**判断力**、**正义感**和**意志**呢?"(1899 年 3 月 26 日《前进报》)可见,伯恩施坦的公平分配凭借的不是人类服务于经济必然性的意志,而是人类

---

① 第二版改为"生产方式"。——编者注

自主的①意志,确切地说,既然意志本身只是一个工具,那就靠公平的理解力,总之,靠**公平的观念**。

好了,我们幸运地找到了公平原则,这是一匹古老的劣马,千百年来,所有想改变世界的人,在缺乏可靠的历史运动手段②时都骑过这匹劣马,这是一匹瘦弱的洛西南特③,历史上所有的唐·吉诃德们都骑着它干过伟大的改革世界的事业,最后总是除了被打肿了的眼睛以外,什么也没有带回来。

把贫富关系作为社会主义的社会基础,把合作社"原则"作为社会主义的内容,把"公平分配"作为社会主义的目的,把公平观念作为唯一的历史证明——**这一种**社会主义,魏特林早在 50 年前就主张过,并且有力得多,聪明得多,出色得多! 当然,这位天才的裁缝当时还不知道有科学社会主义。如果在半个世纪之后的今天,被马克思和恩格斯撕成碎片的魏特林的[全部]观点幸运地被重新缀补起来,当作科学的最新发现献给德国无产阶级,那么这件事也要归功于一个裁缝,但绝不是天才的裁缝。

正如工会和合作社是伯恩施坦理论④的经济支柱一样,那么,**民主**的不断向前发展的是这个理论的最重要的**政治**前提。今天发生的反动在他⑤看来不过是"痉挛",是暂时的,偶然的,在制定工人斗争的总方针时可以不必加以考虑。[但是,关键不在于根据伯恩施坦向朋友们作出的口头和书面保证,他就反动的持久性是怎么设想的,而在于民主和实际的社会发展之间存在什么样的内在的客观联系。]

伯恩施坦认为⑥,民主制是现代社会发展的一个不可避免的阶段。他像资产阶级自由派理论家一样认为,民主制是整个历史发展的伟大基本规律,而政治生活中一切起作用的力量都必须服务于民主制的实现。但是,这种绝对化的观点是彻底错误的,它无非是对最近 25—30 年资产阶级发展幼年期的结

---

① 第二版改为"自由的"。——编者注
② 第二版改为"促进手段"。——编者注
③ 洛西南特——塞万提斯的小说《唐·吉诃德》中的唐·吉诃德的马("洛西"在西班牙语中意为"劣马")。——编者注
④ 第二版改为"修正主义理论"。——编者注
⑤ 第二版改为"修正主义"。——编者注
⑥ 第二版在这句话前面加了"比如"。——编者注

果作了小资产阶级的,而且是肤浅的公式化。如果仔细考察民主在历史上的发展,同时考察资本主义的政治历史,那就会得出根本不同的结论。

关于前者,我们在各种不同的社会形态中,即在原始共产主义社会、在古代奴隶国家、在中世纪的城市公社中,都[一再]发现存在民主制。我们在各种不同的经济联系中也遇到专制制度和有限君主制①。另一方面,资本主义在其发展初期——作为商品生产——在城市公社中创立了[纯粹]民主的宪法。后来,它有了比较发达的形式,即工场手工业,这时它在专制君主中找到了自己相应的政治形式。最后,作为发达的工业经济,它在法国交替创造了民主共和国(1793 年)、专制君主制(拿破仑第一)、复辟时期的贵族君主制(1815—1830 年)、资产阶级立宪君主制(路易-菲力浦),后来又是民主共和国,又是君主制(拿破仑第三),最后第三次又出现共和国,[从共和国方面说,它似乎危在旦夕]。在德国,唯一实际的民主制度——普选权不是资产阶级自由主义的成果,而是政治上联合各个小邦的工具,只有这一点在德国资产阶级的发展中具有意义,他们过去满足于半封建的立宪君主制。在俄国,资本主义光辉灿烂地②在东方式的专制制度下繁荣成长,资产阶级没有一点渴求民主的样子。在奥地利,普选权大都成了这个四分五裂的**君主制**的救生圈。[第十四条③这个霸王条款证明,它与真正的民主制关系不大。]最后,在比利时,工人运动的民主成果——普选权毫无疑问与军国主义的软弱有关,因而与比利时的特殊地缘政治状况有关。而且这首先是**反对**资产阶级,而不是**由**资产阶级争来的"这一点儿民主"。

可见,民主的不断高涨(伯恩施坦和④资产阶级自由思想党都以为这是人类历史的、至少是现代历史的伟大基本规律),仔细看来不过是空中楼阁。在资本主义发展和民主之间不可能建立内在的⑤绝对的联系。无论什么时候,政治形式都是国内外政治因素的总和的结果,在政治范围内,允许存在从专制

---

① 第二版改为"立宪君主制"。——编者注
② 第二版改为"长期"。——编者注
③ 指奥地利宪法第 14 条,即 1876 年 7 月 16 日的所谓临时紧急条款。该条款规定,没有奥皇及内阁的批准,不得发布命令。其目的是便于当局利用一切手段镇压人民起义。——编者注
④ 第二版改为"我们的修正主义如"。——编者注
⑤ 第二版改为"普遍的"。——编者注

君主制到最民主的①共和制的完整阶梯。

因此,如果我们即使在现代社会范围内也无视民主发展的一般历史规律,而只注意资产阶级历史的现阶段,那么,我们会认为,政治形势不是这样的因素,它不会导致实现伯恩施坦的公式,恰恰相反,倒是会导致资产阶级社会放弃迄今所取得的成果。

一方面,非常重要的是,民主制在很大程度上为资产阶级的发展起过作用。在这方面,它对于联合各个小邦和建立现代大国是必需的(德国、意大利),[是必不可少的;]经济发展这时才会导致内在的有机的愈合[,而且政治民主的绷带就可以取掉,不会给资产阶级社会的机体造成危险]。

在把整个政治的和行政的国家机器从半封建或封建机构改造成资本主义机构方面,情况也是一样,这个在历史上同民主制不可分离的改造,今天已经达到这样的高度,国家制度中的纯粹民主成分即普遍投票权②和共和制国家形式可以轻松取消,而不用使行政、财政和国防等等回到三月革命③以前的形式。

如果自由主义就这样对资本主义社会成为完全多余的,那么另一方面,在一些重要方面它已经成为直接的障碍。这里需要考察两个正支配着当前国家的全部政治生活的因素:**世界政策**和**工人运动**——二者仅仅是资本主义发展在现阶段的两个不同方面。

世界经济的形成和世界市场上竞争斗争的尖锐化和普遍化,使军国主义和海上霸权主义这个世界政策工具,在所有大国的内政和外交生活方面都成了决定性因素。但是,如果说世界政策和军国主义[由于同资本主义的经济

---

① 第二版改为"民主的"。——编者注

② 第二版改为"选举权"。——编者注

③ 三月革命是德国1848—1849年资产阶级民主革命的开端。1848年3月初,柏林群众举行集会,要求取消等级特权、召开议会和赦免政治犯。国王弗里德里希-威廉四世调动军队进行镇压,遂发生流血冲突。3月13日,维也纳人民推翻梅特涅统治的消息传到柏林,斗争进一步激化。国王慑于群众的威力,并企图拉拢资产阶级自由派,阻止革命发展,于17、18日先后颁布特别命令,宣布取消书报检查制度;允诺召开联合议会,实行立宪君主制。资产阶级自由派遂与政府妥协。柏林群众要求军队撤出首都,在遭到军警镇压后,于3月18日构筑街垒举行武装起义,最终迫使国王于19日下令军队撤出柏林。起义获得了胜利,但是起义成果却被资产阶级窃取,3月29日普鲁士成立了康普豪森—汉泽曼内阁。——编者注

需要和经济意图有关,毫无疑问]是现阶段的一个**向上**发展的趋势,那么,资产阶级民主就必然沿着**下降**路线运动。[最鲜明的例子是:西班牙战争①以来的美国。在法国,共和国得以生存,主要得益于国际政治局势,它没有引发战争。如果发生战争,如果法国(根据各种迹象可以认为)不为世界政策而备战,那么,对法国在战场上的第一次失败的答复就将是,宣布在巴黎建立君主制。]在德国,大规模扩充军备的[最新的]时代(1893 年②)和从占领胶州湾③开始奠基的世界政策,立即从资产阶级民主制方面得到两份献礼:自由思想党的垮台和中央党的转变。④

如果对外政策把资产阶级推入反动派的怀抱,那么,对内政策也会严重影响力求上升的工人阶级。伯恩施坦自己也承认这一点,因为他认为,社会民主党的"贪食传奇",即工人阶级的社会主义意图应对自由派资产阶级背叛自己的旗帜负责。接着,他劝告无产阶级放弃自己的社会主义最终目标,以便把吓得要死的自由主义再从反动派的老鼠洞里引诱出来。但是,伯恩施坦今天认为,消灭社会主义工人运动是资产阶级民主制的生存条件和社会前提,所以他自己就最清楚地证明,正如社会主义工人运动是今天社会的内在发展趋势的**一个直接产物**,民主在同样程度上也与这一趋势发生矛盾。

但是,他因此还证明了另外一点。由于他认为工人阶级放弃社会主义最终目标,是复兴资产阶级民主的前提和条件,所以他自己指出,资产阶级民主不可能反过来成为社会主义运动和社会主义胜利的必要前提和条件。在这里,伯恩施坦的推理陷入了恶性循环,最后的结论"贪食"了它的第一个前提。

其实摆脱这个恶性循环很简单:资产阶级自由主义在蒸蒸日上的工人运

---

① 见本卷第 408 页脚注①。——编者注
② 第二版改为"是从 1893 年开始的"。——编者注
③ 见本卷第 400 页脚注①。——编者注
④ 第二版改为:"中央党从反对党变成执政党。最近的 1907 年的帝国国会选举,是在殖民政策的旗帜下决出胜负的。这次选举同时也是德国自由主义的历史葬礼。围绕着新的军事提案发生争论,使德意志自由思想党分裂为自由思想联盟和自由思想人民党。1893 年 7 月 15 日,除社会民主党外,自由思想人民党和中央党也投票反对军事提案。但是,中央党却竭力维护政府的反颠覆法案和其他针对社会民主党和工人阶级的措施。"——编者注

动和它的最终目标面前吓破了胆,根据这一事实只能得出这样的结论:社会主义工人运动在今天正是而且能够是民主的**唯一**支柱,不是社会主义运动的命运取决于资产阶级民主制,而是民主发展的命运取决于社会主义运动;民主的生命力不是工人阶级越是放弃解放斗争而越强,而是相反,是社会主义运动越有足够的力量抵抗世界政策和资产阶级背叛自己旗帜的反动后果而越强;谁希望民主制强大,谁就必然希望社会主义运动强大,而不是希望它软弱,放弃社会主义的斗争,也就意味着放弃工人运动,放弃民主。

[伯恩施坦在 1899 年 3 月 26 日《前进报》上结束对考茨基的"回答"时宣称,他完全同意社会民主党纲领的实践部分,他只是对这一纲领的理论部分有些异议。尽管如此,他显然相信,他还有权在党的行列中前进,因为"理论(部分)是否存在与我关于发展进程的观点不相吻合的命题"这一点值得"重视"。这个说法充其量表明,伯恩施坦完全不懂社会民主党的实践活动与它的一般原则的联系,对伯恩施坦来说和对党来说,已经不再用同样的话说同样的事情了。事实上,我们已经看到,伯恩施坦自己的理论使社会民主党得到了一个起码的认识:没有原则基础,全部实际斗争也就失去了价值,放弃**最终目标**,运动本身也就必然灭亡。]

三 夺取政权

正如我们先前看到的,民主的命运与工人运动息息相关。但是,民主的发展即便在最好的情况下,真的会使掌控国家权力和夺取政治权力的无产阶级革命成为多余的或不可能吗?

伯恩施坦解决这个问题的办法,是精确衡量合法改良和革命的好的方面和坏的方面。他悠然自得地衡量着,不禁使人想起消费合作商店称桂皮和胡椒的情景。在他看来,合法的发展过程是理智的作用,革命的发展过程是感情的作用;改良工作是缓慢的工作,而革命是历史进步的急速方法;立法是有计划的工作,而变革是不可抗拒的暴力。(第 183 页)

在小资产阶级改良主义者看来,世界上的一切事物中都有"好的"和"坏的"方面,这是老生常谈。但是,事物的实际进程很少注意小资产阶级的各种算计,从世界上一切可能的事物中精心搜集的一大堆"好的方面"稍一碰撞就会化为灰烬,这同样也是老生常谈。实际上,我们在历史上看到,合法的改良和革命所起的作用,和这个或那个方法的优点和缺点相比,有着更为深刻的原因。

恰恰是在历史的过程中,合法的改良总是服务于上升阶级的逐步巩固,① 直到它感到已经成熟,足以夺取政权,推翻整个现存的法律体系,建立新的法律体系。伯恩施坦反对夺取政权,把夺取政权咒骂为布朗基主义的暴力论,他的不幸就在于,把千百年来已经成为人类历史的轴承和动力的东西视为布朗基主义的计算错误。自从存在阶级社会,阶级斗争成为社会历史的基本内容以来,夺取政权② 一直是一切上升阶级的目的,又是每一历史时期的起点和终点。这种情况,我们在古罗马农民同货币资本家③ 的长期斗争中,在中世纪城市贵族同主教的斗争中,在手工业者同贵族的斗争中,在近代资产阶级同封建主义的斗争中,都可以看到。

可见,立法④ 和革命不是历史进步的不同方法,——不能像在历史的食堂里那样任人挑选热炒或冷盘——,而是阶级社会发展过程中的不同**要素**,既是相互制约和相互补充,同时又像南极和北极、资产阶级和无产阶级一样相互排斥。

也就是说,当时法定宪法都不过是革命的**产物**。革命是阶级历史上的政治创举,而立法则是社会在政治上维持生存的手段。合法的改良工作本身并不具备自己独特的、不以革命为转移的动力,在每个历史时期,它只是在最后一次变革所给予它的推动在它身上还发生作用的方向上和时间内运动,具体地说,也只是在最后一次变革建立的社会形态的范围内运动。这正是问题的核心。

以为合法的改良工作只是放宽了范围的革命,革命只是压缩了范围的改良,这种说法是根本错误的,是完全违背历史的。社会变革和合法改良是不同

---

① 第二版改为"在资产阶级社会的历史上,合法的改良服务于……"——编者注
② 第二版改为"恰恰夺取政权"。——编者注
③ 第二版加了"和贵族"。——编者注
④ 第二版改为"合法的改良"。——编者注

的要素,不是时间长短不同,而是本质不同。历史上运用政治权力进行的革命变革,其全部秘密正在于由单纯的量变为新的质,具体地说,在于从一个历史时期、一个社会制度过渡到另一个历史时期、另一个社会制度。

因此,谁**赞成**合法改良的道路,而**不赞成**甚至反对夺取政权和变革社会,谁其实选择的不是达到**同一个目的**的比较温和、稳妥和缓慢的道路,而选择了**另一个目的**,即不是建立一个新的社会制度,而是仅在旧制度中作一些量的①变动。所以,从伯恩施坦②的政治观点中和他的经济理论中都可以得出同样的结论:从根本上说,其目的不是为了实现**社会主义**制度,而仅仅是改良**资本主义**制度,不是要为了消灭雇佣劳动制度,而是为了多少减缓剥削,一句话,是为了消灭资本主义的赘疣,而不是消灭资本主义本身。

但是,上述关于合法改良和革命的作用的言论,也许只在迄今的阶级斗争问题上是正确的吧? 也许,从今以后,由于资本主义法律制度的形成,合法改良也可以有责任把社会从一个历史阶段引向另一个历史阶段,而无产阶级夺取国家政权③"变成了毫无内容的空话"(第183页)了吧?

情况正好相反。资产阶级社会区别于以前的阶级社会即古代和中世纪社会的特征是什么呢? 正是这样一种情况:现在的统治不是基于"既得权利",而是**基于实际经济关系**;雇佣劳动制度不是法律制度,而是纯粹的经济制度。在我们整个的法律制度中,找不到现在的阶级统治的任何法律用语。如果还能找到一些痕迹的话,如奴仆制度,那么,这恰恰是封建关系的残余。

既然雇佣奴隶制度在法律上根本没有得到表现,又怎么"通过合法道路"逐步消灭雇佣奴隶制度呢? 伯恩施坦想从事合法的改良工作,从而结束资本主义,但他陷入了乌斯宾斯基④所说的那个俄国巡警的处境。这位巡警在叙述他的冒险故事时说:"我一把抓住那个家伙的领子,结果怎样呢? 那该死的家伙竟然没有领子!"麻烦就在这里。

----

① 第二版改为"非本质的"。——编者注
② 第二版改为"修正主义"。——编者注
③ 第二版在此处插入"正如伯恩施坦在他的书中第183页说的那样"。——编者注
④ 格·伊·乌斯宾斯基(1843—1902)——俄国作家和政论家。——编者注

"至今的一切社会都是建立在压迫阶级和被压迫阶级的对立之上的。"
(《共产党宣言》第 17 页①)。但是,在现代社会的前述阶段上,这个对立曾经
表现为一定的法律关系,因此,在某种程度上,新兴的关系还可以在旧的关系
的范围内找到地盘。"农奴曾经在农奴制度下挣扎到公社成员的地位。"(《共
产党宣言》第 17 页)。怎么做到的呢? 通过在城市郊区逐步废除一切零碎
的、加起来构成农奴制的权利,如徭役、选畜权②、衣着权、借地继承税、人头
税、强制婚姻、遗产分割权,等等。

同样,"小资产者曾经在封建专制制度的束缚下挣扎到资产者的地位。"
(《共产党宣言》第 17 页)。怎么办做到的呢? 通过局部地在形式上废除行会
的束缚,或事实上削弱行会的束缚,通过逐步地在最必要的范围内改造行政、
财政和国防制度。

因此,如果抽象地而不是历史地研究问题,那么,在以前的阶级关系下,
至少可以设想通过纯粹合法改良的办法从封建社会过渡到资本主义社会。
但是,实际情况怎么样呢? 即便在那时,合法改良也不会使资产阶级夺取政
权成为多余,而是相反,为夺取政权作准备和引导。无论对于废除农奴制度
来说,还是对于废除封建制度来说,真正的政治—社会革命都是不可缺
少的。

但是,现在的情况完全不同了。强迫无产者接受资本奴役的,不是法律,
而是贫困,是缺乏生产资料。然而,世界上任何法律都不会在资本主义社会范
围内宣布生产资料属于无产者,因为他们并不是被法律,而是被经济的发展剥
夺了生产资料。

其次,雇佣关系内部的剥削,同样也不是基于法律,因为工资的高低不是
通过法律的途径,而是由经济因素决定的。剥削这个事实本身就不是依据某
种法律规定,而是依据纯粹的经济事实,即劳动力作为商品出场,它除了具有
其他特性外,还有一个令人满意的特性,就是它能生产**更多的**价值,并且生产

---

① 《马克思恩格斯文集》第 2 卷第 43 页。——编者注
② 物权或人身依附于主人的人在去世时需要交纳所有权变更税,一般以最好的牲畜或最好的
衣服或类似的东西交纳,主人享有选择权。——编者注

的价值比它自己消耗的①价值还多。总之,资本主义的阶级统治的一切基本关系是不能在资产阶级的基础上用合法改良的手段来改造的,因为这些关系既不是由资本主义的法律创造的,也没有获得这些法律的形态。伯恩施坦在设计社会主义"改良"时虽然不知道这一点,但是他也不知道这是他自己说过的话,因为他在他那本书的第 10 页上写道:"经济动机目前在早先用各种统治关系和意识形态掩盖着的地方自由地出现了"。

但是还要补充一点。资本主义制度的另一个特点是,在这个制度中,未来社会的一切因素在发展过程中首先采取这样的形式:它们不是接近社会主义,而是远离社会主义。在生产中日益表现出社会性。但是采取什么形式呢? 采取股份公司、[国有化]、卡特尔②的形式,在这里,资本主义的对立,劳动力的被剥削和被奴役得到极为加强。

在国防方面,发展使普遍义务兵役制得到推广,使服役期限缩短,也就是在物质上接近人民军队。但是,这些都采取了现代军国主义的形式,在这里,人民受军事国家的统治,国家的阶级性质得到最明显的表现。

在政治关系方面,民主的发展,只要它具备有利的条件,就使各阶层人民参与政治生活,也就是说,在某种程度上导致建立"人民国家"。但它采取资产阶级议会制的形式,在这里没有消灭,反而展开和强化阶级对立和阶级统治。既然整个资本主义的发展在矛盾中运动,那么,为了把社会主义社会的内核从与它相矛盾的资本主义外壳中剥离出来,也正是为了这个缘故,就需要由无产阶级夺取政权,彻底消灭资本主义制度。

伯恩施坦当然知道另一个劝告③:如果说民主的发展导致激化,而不是缓和资本主义矛盾,他就回答我们说:那时"社会民主党如果不想给自己的工作增加困难,那它就必须尽力阻挠社会改良和民主设施的扩大。"(第 71 页)当然,除非社会民主党不学小资产阶级的样子,喜欢从历史上选择一切好的方面,抛弃坏的方面的吃力工作。不过那时社会民主党势必也要"尽力阻挠"整个资本主义,因为资本主义无疑是罪魁祸首,是它处处设障阻碍社会民主党走

---

① 第二版改为"比它自己以工人生活资料的形式消耗的"。——编者注
② 第二版改为"大企业"。——编者注
③ 第二版改为"伯恩施坦从这里得出的当然是另一个结论"。——编者注

向社会主义的道路。实际上，资本主义在设置**障碍**的同时，也提供了实现社会主义纲领的唯一**可能性**。这一点也完全适用于民主的问题。

如果说民主制对资产阶级来说［我们在第45页及以下几页①上已经指出］，已经部分成了多余，部分成了障碍，那么，它对于工人阶级却是必要的、不可缺少的。首先，民主制是必要的，因为它创立了各种政治形式（自治、选举权等等），在无产阶级改造资本主义社会时可以给它充当跳板和支撑点。其次，民主制是不可缺少的，因为无产阶级只有在民主制中，在为民主而进行的斗争中，在行使民主权利的过程中，才能意识到自己的阶级利益和历史使命。

总而言之，民主制之所以不可缺少，不是因为它使无产阶级夺取政权成为**多余**，而是因为相反，它使无产阶级夺取政权成为唯一**可能的**，也是**必要的**。当恩格斯在《法兰西阶级斗争》导言中审定当前工人运动的策略并将合法斗争与街垒战相对照时，——**从导言的每一行都看得很清楚**——，他论述的不是最终夺取政权的问题，而是当前日常斗争的问题，不是无产阶级在夺取国家政权时**对资本主义国家的态度**问题，而是它在资本主义国家**范围内**的态度问题。总之，恩格斯当时是为**被统治**的无产阶级，而不是为胜利的无产阶级规定准绳。

马克思关于英国土地问题的著名言论则相反（伯恩施坦也同样引用过），他说："假如对地主实行赎买，也许是最便宜的。"②这里说的不是无产阶级在胜利**之前**，而是胜利**之后**的态度。因为显然只有在工人阶级掌握政权时才谈得上对统治阶级的"赎买"。而马克思在这里是作为可能性来考虑的，是**和平实行无产阶级专政**，而不是用资本主义的社会改良来代替这个专政。

无产阶级夺取政权的必要性，不论马克思还是恩格斯，都从来没有怀疑过。只有伯恩施坦有资格认为，资产阶级议会制的鸡窝是负有使命的机关：完成伟大世界历史意义的变革，使社会从**资本主义**形式过渡到**社会主义**形式。

---

① 参看本卷第525—528页。——编者注
② "我们决不认为，赎买在任何情况下都是不容许的；马克思曾向我讲过（并且讲过好多次！）他的意见：我们能赎买下这整个匪帮，那对于我们最便宜不过了。"（《马克思恩格斯文集》第4卷第529页）——编者注

但是,伯恩施坦总是以恐惧和警告开始阐述自己的理论:无产阶级不能**过早地**掌握政权啊!在这种情况下,在伯恩施坦看来,无产阶级应当原封不动地维持资产阶级的现状,而宁愿自己遭受惨重的失败。这种恐惧首先表明,无产阶级由于种种情况一旦执掌政权,伯恩施坦的理论对无产阶级来说也就只是一个"具体"指示——躺下睡觉吧!因此,这个理论直截了当地认为,无产阶级在斗争的紧要关头注定会无所作为,即消极地背叛自己的事业。

我们的整个纲领如果不能在斗争的**一切**场合和**一切**时机为我们服务,也就是说**执行**它,就能为我们服务,**不执行**它,就不能为我们服务,那它实际上就是一张废纸。[的确!]如果我们的纲领将来表述社会从资本主义到社会主义的历史发展过程,那么,它显然也必须表述这一发展过程的各个过渡阶段及其基本特征,因而它也要能够安排①在**每个**时机为加速实现社会主义而必须采取的适当行动。由此可见,无产阶级根本**一刻**也不会强迫自己放弃自己的纲领,同时也不会被这个纲领所抛弃。

其实,这也说明这样的事实:无产阶级没有任何机会通过事态的发展执掌政权,它不能而且无须为实现自己的纲领采取任何措施,采取某种社会主义意义上的过渡措施。有人断言,社会主义的纲领在无产阶级实行政治统治的任何时候都会完全失灵,根本不能指望实现自己的纲领。这个论断真实意思是说:**社会主义的纲领是根本而且在任何时候都无法实现的。**

要是提前采取这些过渡措施呢?这个问题其实是对社会变革的实际进程的严重误解。

无产阶级,即广大人民群众夺取国家政权,首先不能是人为的。它本身以经济政治情况的一定成熟程度为**前提**,撇开巴黎公社那样的情况不谈,那时无产阶级取得统治不是目标明确的自觉斗争的结果,而是作为被遗弃的无主货物例外地落到了无产阶级的手中。这也就是布朗基主义的国家政变同由广大[而且]有阶级觉悟的人民群众夺取政权之间的根本区别。前者是由"坚定的少数"发动政变,任何时候都毫不犹豫,因此总是不合时宜;而后者本身只能是已经开始的资产阶级社会崩溃的产物,因此它本身就带着合乎时宜出现的

---

① 第二版改为"向无产阶级指出"。——编者注

经济和政治的合法证书。

因此,如果说从社会前提的角度看,工人阶级绝不会"过早"夺取政权,那么,另一方面,从政治效果,即从保持政权的角度看,它必然"过早"夺取政权。使伯恩施坦寝食不安的过早爆发的革命,在我们看来,就像达摩克利斯之剑①,对于这把剑,任何请求和祈祷,忧虑和警告②都无济于事。这里有两点十分简单的理由:

第一,要想通过无产阶级的**一次**胜利打击,一下子完成将社会从资本主义制度变成社会主义制度这样巨大的变革,是完全不可想象的。如果设想这是可能的,那就是再次表现出真正的布朗基主义观点。社会主义变革以长期的、顽强的斗争为前提,在这场斗争中,各种迹象表明,无产阶级会不止一次地被击退,因此,从整个斗争的最后结局的角度看,第一次必然是"过早地"掌握政权。

但是,第二,这种"过早地"掌握政权也是不可避免的,因为无产阶级的这种"过早的"进攻,正是为最后胜利创造**政治**条件的一个因素,而且是十分重要的因素,也正是这种进攻参与创造和参与决定最后胜利的**时机**。③ 从这个角度看,认为劳动人民过早地夺取政权的想法本身,在政治上是荒谬的,这种想法从社会的机械发展出发,假定阶级斗争胜利的一定时机产生于阶级斗争**之外**,不以阶级斗争为**转移**。

但是,既然无产阶级因此不能"过早地"夺取国家政权,换句话说,既然它必须一次夺取国家政权④,以便最后持久地掌握政权,那么,反对"**过早**"夺取政权的反对派无非就是反对**整个无产阶级为夺取国家政权而斗争**的反对派。

---

① 达摩克利斯——古希腊传说中叙拉古暴君迪奥尼修斯(公元前 4 世纪)的宠信。"达摩克利斯剑"一词是经常的、迫近的和可怕的危险的同义词;据传说,达摩克利斯应迪奥尼修斯之约赴宴,席间迪奥尼修斯想使羡慕他的达摩克利斯相信人的安乐是不长久的,就把达摩克利斯安置在自己的宝座上,并用一根马鬃把一把利剑悬挂在他的头上。——编者注

② 第二版改为"恐惧"。——编者注

③ 第二版将后半句改为"因为无产阶级只有在伴随着夺取政权而来的那种政治危机的过程中,只有在长期顽强斗争的烈火中,才能达到足以完成最后的伟大变革所必需的政治成熟程度。因此,无产阶级的那种对国家政权的'过早'进攻,本身就是参与创造和参与决定最后胜利的时机的重要历史因素。"——编者注

④ 第二版改为"或多次"。——编者注

可见,正如条条大路通罗马,我们从[伯恩施坦理论的]这一方面也会逻辑地得出这样的结论:**伯恩施坦**[1]的放弃**最终目标**[2]的指示,也就是放弃整个[3]**运动**的指示。[他劝告社会民主党在夺取政权时"躺下睡觉吧",也就等于劝告它**现在去睡觉**,**永远去睡觉**,也就是说,放弃阶级斗争。]

四 崩 溃

伯恩施坦修正社会民主党的纲领是从抛弃资本主义崩溃论开始的。但是,既然资产阶级社会的崩溃是科学社会主义的基石,那么,抛弃了这个基石,逻辑上必然导致伯恩施坦的全部社会主义观点彻底崩溃。他在辩论过程中,为了保持他的第一个主张,就一个接一个地放弃社会主义的阵地。

没有资本主义的崩溃,就不可能剥夺资本家阶级,于是伯恩施坦就放弃剥夺,把逐步实行"合作社原则"作为工人运动的目标。

但是,合作社原则在资本主义生产内部是行不通的,于是伯恩施坦就放弃生产社会化,着手改良商业,发展消费合作社。

但是,消费合作社,哪怕与工会一起来改造社会,同资本主义社会事实上的物质发展不相容,于是伯恩施坦就放弃唯物主义历史观。

但是,**伯恩施坦**关于经济发展进程的观点与马克思的剩余价值规律不相容,于是他就放弃剩余价值规律和价值规律,从而放弃卡尔·马克思的全部经济理论。

但是,没有确定的最终目标,没有现代社会的经济基础,无产阶级的阶级斗争就不能进行,于是伯恩施坦就放弃阶级斗争,声明与资产阶级自由主义和好。

但是,在阶级社会中,阶级斗争是一个十分自然而又不可避免的现象,于是伯恩施坦就在进一步的结论中甚至否认我们社会中存在阶级斗争。在他看来,工人阶级是一群不仅在政治上和思想上,而且在经济上都是四分五裂的个

---

① 第二版改为"修正主义"。——编者注
② 第二版改为"社会主义最终目标"。——编者注
③ 第二版改为"社会主义"。——编者注

人。在他看来,资产阶级也不是由于内在的经济利益,而是由于外部的(自上或自下的)压力而在政治上走到一起的。

但是,如果没有阶级斗争的经济基础,并且根本没有阶级,那么,不仅不可能有无产阶级同资产阶级的未来斗争,而且也不可能有它们迄今为止的斗争,社会民主党本身及其成果也就无法理解。或者说,如果是可以理解的,那么这也只是来自政府方面的政治压力的结果,不是历史发展的合乎规律的结果,而是霍亨索伦方针的偶然产物;不是资本主义社会的合法的儿子,而是反动派的私生子。这样一来,伯恩施坦就极为合乎逻辑地从唯物主义历史观转到了《法兰克福报》和《福斯报》的立场。

在否定了对资本主义社会的全部社会主义批判以后,剩下的基本上就是满足于现状了。而且对于这一点伯恩施坦并不退缩:他发觉现在德国的反动派并不是很强大,"西欧各国政治上的反动派也不是很多","在西方几乎所有的国家,资产阶级对待社会主义运动的态度至多是防御而不是镇压"(3月26日《前进报》);工人不是越来越贫穷,而是相反,他们越来越富裕了;资产阶级在政治上是进步的,甚至在道德上也是健康的;看不到反动和压迫,——万事都在向这个最好的世界的最好的方向发展。

就这样,伯恩施坦完全合乎逻辑地从头走到尾。为了运动,他以放弃最终目标为起点,但是,由于没有一种社会民主主义运动真的没有社会主义的最终目标,所以他必然也是以放弃运动本身而告终。

这样一来,伯恩施坦的全部社会主义观点就崩溃了。雄伟、对称和神奇的马克思体系的建筑物,在他那里现在变成了一个巨大的垃圾堆,认为各种体系的碎片,所有大小思想家的思想片断,在这里都有一个共同的归宿。马克思和蒲鲁东、莱奥·冯·布赫和弗兰茨·奥本海默、弗里德里希·阿尔伯特·朗格和康德、普罗柯波维奇先生和李特尔·冯·纽鲍威尔博士、赫克纳和舒尔采-格弗尼茨、拉萨尔和尤利乌斯·沃尔夫——所有这些人都为伯恩施坦的体系贡献了片断,伯恩施坦从他们那里都学到了一些东西。毫不奇怪!他抛弃阶级观点,就失去了政治罗盘;而他抛弃科学社会主义,也就失去了把个别事实凝结成彻底的世界观这个有机整体的精神上的结晶轴。

这个把一切可能的思想体系的残片毫无区别地混杂在一起的理论,乍一看似乎是毫无偏见的。伯恩施坦不接受什么"党的科学",或确切些说,阶级的科学,同样,不接受什么阶级的自由主义,阶级的道德。他想代表的是一般人类的、抽象的科学,抽象的自由主义,抽象的道德。但是,现实社会是由阶级组成的,这些阶级有截然相反的利益、目标和观点,所以在社会问题上的一般人类的科学、抽象的自由主义、抽象的道德暂时是一种幻想,一种自我欺骗。伯恩施坦所谓的一般人类的科学、民主和道德,只不过是占统治地位的,即资产阶级的科学,资产阶级的民主和资产阶级的道德。

的确是这样! 当他拒绝马克思的经济学体系,效忠于布伦坦诺①、庞巴维克—杰文斯②、萨伊、尤利乌斯·沃尔夫的学说的时候,他除了用资产阶级的辩护词代替工人阶级解放的科学基础外,还能做什么呢? 当他谈论自由主义的一般人性,把社会主义变成它的变种的时候,他除了抽去社会主义的阶级性,抽去它的历史内容,因而也就抽去一切内容外,除了反过来把自由主义的历史代表即资产阶级当作全人类利益的代表外,他还能做什么呢?

当他反对在社会民主党内"把物质因素提升为影响最大的③发展力量",攻击"轻视理想"④的时候,当他起来维护理想主义和道德,但同时又竭力反对复活无产阶级精神的唯一源泉,即革命的阶级斗争的时候,除了向工人阶级宣传资产阶级道德的精髓,即宣扬与现存制度妥协,把希望寄予世俗的观念世界的彼岸以外,他还能做什么呢?

最后,当他用利箭对准辩证法的时候,除了反对正在兴起的有阶级觉悟的无产阶级的特殊思维方式外,他还能做什么呢? 他反对的是这样一把剑,这把剑曾帮助无产阶级穿破黑暗,看清自己历史的未来。他反对的是这样一个精神武器,这个武器能帮助物质上还处于奴役之下的无产阶级战胜资产阶级,因为它向资产阶级证明,资产阶级的存在是暂时的,而无产阶级的胜利是不可避

---

① 路·约·布伦坦诺(1844—1931)——德国资产阶级庸俗经济学家,讲坛社会主义的主要代表人物。——编者注
② 见本卷第471页注①。——编者注
③ 第二版在这之后加了"(万能的)"。——编者注
④ 爱·伯恩施坦《社会主义的前提和社会民主党的任务》1899年(斯图加特)第187页。——编者注

免的,因而在精神王国已经完成了革命! 当伯恩施坦道别辩证法①,使用"一方面,另一方面"、"虽然,但是"、"尽管,不过"、"或多或少"这些思想上的跷跷板的时候,他就完全合乎逻辑地陷入没落资产阶级取决于历史的思维方式,这种思维方式正是资产阶级的社会存在和政治行为的忠实的精神肖像。[卡普里维②、霍亨洛埃③、贝莱普什④、波扎多夫斯基⑤、二月法令⑥、苦役监禁法案⑦]目前资产阶级在政治上的"一方面,另一方面"、"虽然,但是"与伯恩施坦的思维方式如出一辙,而伯恩施坦的思维方式是他的资产阶级世界观的最精细、最真实的表现。

但是,在伯恩施坦看来,连"资产阶级"一词也不是阶级表现,而是一般的社会概念。这只不过说明(这是完全合乎逻辑的,不言而喻的)他已经用资产阶级的语言代替了无产阶级的历史语言,代替了无产阶级的科学、政治、道德和思维方式。既然伯恩施坦把"资产者"理解为既是资产者,又是无产者,即毫无区别地理解为一般的人,那他实际上已经把一般的人与资产者,把人类社会同资产阶级社会等同起来。

[如果说,在同伯恩施坦讨论之初,还有人希望用社会民主党的科学武库中的论据来说服他,使他能够回到运动中来,那么,这个人现在就不得不彻底

---

① 第二版改为"向辩证法告别"。——编者注

② 莱·卡普里维(1831—1899)——德国国务活动家和军事活动家,继俾斯麦之后任德意志帝国首相(1890—1894);他在政策上的"新方针"是企图通过承认社会民主党,达到釜底抽薪的目的,这个企图没有得逞。——编者注

③ 克·霍亨洛埃-席林菲尔斯特公爵(1819—1901)——德国国务活动家,继莱·卡普里维之后任德意志帝国首相(1894—1900);在他的首相任期内,政府试图对工人阶级再次动用与反社会党人法一起失败的暴力方法。——编者注

④ 汉斯·海尔曼·贝莱普什——1890—1896 年任普鲁士商业大臣。——编者注

⑤ 阿·波扎多夫斯基-魏纳伯爵是内务大臣和副首相(1897—1907),激烈反对工会和社会民主党,主张用暴力镇压工人阶级,在 1897 年 12 月 11 日向德国各邦政府发送了一份秘密通告,建议采取反对罢工权和结社自由的法律措施。——编者注

⑥ 指威廉二世 1890 年 2 月 4 日颁布的关于劳工保护立法的两个法令;这是俾斯麦社会政策失败的结果,也是德国工人的经济和政治斗争的结果,威廉二世在当天晚上就对这两个法令实行限制。——编者注

⑦ 1899 年 6 月 20 日,政府在帝国国会提出了"关于保护工厂劳动关系"的法案,即上述苦役监禁法案,旨在应对日益高涨的罢工运动,废除工人的结社权和罢工权。1899 年 11 月 20 日,这个法案因保守派的投票反对而未获通过,提出这个提案,是因为 1898 年 1 月 15 日《前进报》发表的 1897 年 12 月 11 日的一个秘密法令。——编者注

放弃这种希望。因为现在对双方来说,用同样的语言已经不再表示同样的概念,用同样的概念已经不再表示同样的社会事实了。同伯恩施坦的讨论已经变成两种世界观、两个阶级、两种社会形式的争论。伯恩施坦和社会民主党现在完全站在不同的立场上。]

五 机会主义的理论和实践

伯恩施坦的书对于德国工人运动和国际工人运动具有巨大的历史意义:它是为党内①的机会主义思潮建立理论基础的第一个尝试。

我们运动中的机会主义思潮,如果把一些偶然的表现,如大家知道的轮船津贴问题②也计算在内,那已经存在很长时间了。但是,明显表现出来的统一的机会主义思潮是在 90 年代初开始的,是在反社会党人法垮台、社会民主党重新获得合法地位之后开始的。福尔马尔的国家社会主义③、巴伐利亚的预算表决④、南德意志的农业社会主义⑤、海涅的补偿提案⑥,最后还有席佩耳的关税和民军观点⑦,这些都是机会主义实践发展的路标。

机会主义实践的外部标志首先是什么呢? 是对"理论"的敌视。而这是

① 第二版改为"在社会民主党内"。——编者注
② 见本卷第 391—394 页。——编者注
③ 德国社会民主党 1892 年 11 月 14—21 日在柏林召开的代表大会一致通过一项决议,揭露所谓的国家社会主义理论是诱使工人脱离社会民主党的手段。根据这种理论,给工人阶级的少许让步和资本主义经济的全面国有化可以冒充社会改良。——编者注
④ 1894 年 6 月 1 日,社会民主党巴伐利亚邦议会党团在格·福尔马尔领导下投票赞成该邦的预算,从而第一次破坏了奥·倍倍尔提出的"不给这个制度一个人和一文钱"这一革命原则。——编者注
⑤ 在关于农业纲领的讨论中,爱·大卫和麦·夸克主张由资本主义国家以冒充社会主义的改良的形式支持小企业。他们否认向大企业发展的历史趋势,从而否认在农村实行社会主义社会化的可能性和必要性。——编者注
⑥ 沃·海涅 1898 年 2 月 10 日在柏林第三选区发表的讲话中支持机会主义的观点,认为社会民主党为了"人民的自由"可以同意普鲁士容克政府的军国主义要求。海涅想以这个妥协来修正德国社会民主党的反军国主义斗争。——编者注
⑦ 麦·席佩耳用伊塞格里姆这个笔名发表在 1898 年 11 月号《社会主义月刊》——修正主义的理论刊物——上的《弗里德里希·恩格斯推崇的民军是什么?》一文中,试图修正社会民主党的革命的反军国主义立场。他赞同加强大土地和大工业垄断主义者、深化各民族之间的利益对立的保护关税政策。——编者注

不言而喻的,因为我们的"理论",即科学社会主义的原理,无论在追求的目标方面,在应用的斗争**手段**方面,还是在斗争的**方式**方面,都为实践活动设定了十分明确的界限。因此,那些只想追求实际成果的人就很自然地力图使自己的手脚不受束缚,也就是说,力图让我们的实际工作脱离"理论",不依赖于理论。

但是,就是这个理论对于他们的每一个实践企图都给予迎头痛击。国家社会主义、农业社会主义、补偿政策、民军问题,对机会主义而言都遭到了失败。显然,这个思潮如果想反对我们的基本原理,那就势必向理论本身,向基本原理挑战,而不是对它视而不见。它们总要试图动摇这些基本原理,并且建立自己的理论。伯恩施坦的理论正是朝着这个方面进行的一个尝试。因此,我们在斯图加特党代表大会①上看到,所有机会主义分子立刻集合在伯恩施坦的旗帜下。如果说,一方面,实际工作中的机会主义思潮是一种十分自然的、可以由我们的斗争的条件和斗争的发展加以解释的现象,那么,另一方面,伯恩施坦的理论也同样是一个不言而喻的尝试,这就是它想用普遍的理论表述概括这些思潮,找出它们自己的理论前提,与科学社会主义相较量。因此,伯恩施坦的理论一开始就是机会主义在理论上的耐火试验,是机会主义的第一个科学证书。

这次试验的结果如何呢? 我们已经看到了。机会主义无法提出任何②能够经得起批评的积极理论。它所能做的就是:首先反对马克思学说的各个具体的基本原理,最后是把整个体系从最上层到基础统统毁掉,因为这个学说是一个牢固结合的建筑物。这就证明,机会主义实践及其本质和基础是同马克思的体系格格不入的。

但是,它还进一步证明,机会主义同社会主义也是根本格格不入的,它的内在趋势就是要把工人运动纳入资产阶级的轨道,也就是说,要使无产阶级的阶级斗争完全瘫痪。当然,历史地看,无产阶级的阶级斗争与马克思的体系不是等同的。**在马克思以前**,不依赖马克思,就有了工人运动和各种社会主义体

---

① 德国社会民主党代表大会 1898 年 10 月 3—8 日在斯图加特召开。——编者注
② 第二版改为"某种程度上"。——编者注

系,每一个体系都是某种[完全]适合当时条件的工人阶级解放目标的理论表现。用道德上的公平概念论证社会主义;不是反对生产方式,而是反对分配方式;把阶级对立理解为贫富对立;在资本主义经济范围内企图实行"合作社"原则,——我们在伯恩施坦体系中看到的这一切,早已存在了。这些理论在**它们那个时代**尽管有各种各样的不足,但仍然是无产阶级阶级斗争的真正的理论,它们都是大型的**童鞋**,无产阶级就是穿着这样的童鞋学会走上历史舞台的。

但是,当阶级斗争**本身**的发展和它的历史条件已经足以摆脱这些理论,并形成科学社会主义的基本原理**之后**,除了马克思的社会主义以外,就不能再有社会主义,离开了社会民主党就不能有社会主义的阶级斗争,至少在德国是如此。自那以后,社会主义和马克思主义,无产阶级的解放斗争和社会民主党就是一回事了。因此,回到马克思以前的社会主义理论,现在甚至不再意味着重穿无产阶级的大型童鞋,不是的,现在这是意味着重穿资产阶级的已经穿破了的家居便鞋。

伯恩施坦的理论是给机会主义奠定基础的**第一次**尝试,同时也是**最后一次**尝试。我们说第一次,是因为机会主义在伯恩施坦的体系中,无论在消极方面,即在否定科学社会主义方面,还是在积极方面,即把一切理论上的混乱东西杂乱无章地堆在一起方面,都已经走得很远,以致再没有更多的事情可做了。由于伯恩施坦的这本书,机会主义在理论上的发展也就完成了[正像由于席佩耳在军国主义问题上的表态,机会主义在实践上的发展完成了一样],并得出了它的最后结论。

马克思的学说不仅是能够在理论上推翻机会主义的学说,而且是唯一能够把机会主义放在党的成长过程中加以**说明**的学说。无产阶级为达到它的最后胜利而举行的具有世界历史意义的进军,确实"不是一件简单的事"。这个运动的全部特点在于,这是人民群众有史以来第一次自己实现自己的意志,并且是违反统治阶级的意志而实现自己的意志,而这个意志必须超越现今社会,到达它的彼岸。但又只能在同现存制度的不断斗争中,在现存制度的范围内培养群众的这种意志。广大人民群众与一个超越全部现存制度的目标相结合,日常斗争与伟大的世界改良相结合,这就是社会民主主义运动的大问题,这个运动因此在整个发展过程中也必然在两块礁石之间前进：一边是放弃群众性，一边是放弃最终目标；一边是回归宗派，一边是堕入资产阶级改良运动；一边是无政府主义，一边是机会主义。

当然，马克思的学说及其理论武库中早在半个世纪以前，就提供了既反对这个极端又反对那个极端的致命武器。可是，正因为我们的运动是群众运动，而威胁着运动的危险不是从人们的头脑中，而是从社会条件中产生的，所以那种无政府主义和机会主义的骑墙现象，不是一开始就可以用马克思主义理论一劳永逸地防止的；这种危险在实践中形成以后，就必然只有通过运动本身才能克服，当然只有借助马克思提供的武器才能克服。较小的一种危险，即无政府主义的小儿麻疹，社会民主党已经把它和"独立派运动"①一起克服了。较大的一种危险，即机会主义的水肿病，社会民主党正在克服。

近年来，运动在广度上有了巨大的增长，斗争的条件复杂化了，斗争的任务也复杂化了。在这种情况下，必然会到来这样一个时刻，那时，在运动中对能否达到伟大的最终目标会产生怀疑，对运动的思想因素会产生动摇。伟大的无产阶级运动就是这样发展的，它只能这样发展；动摇和畏缩的时刻，对于马克思的学说来说，不是意外的事，确切地说，是马克思早已预见到和预言过的。马克思在半个世纪以前②写道："资产阶级革命，例如 18 世纪的革命，总是突飞猛进，接连不断地取得胜利；革命的戏剧效果一个胜似一个，人和事物好像是被五彩缤纷的火光所照耀，每天都充满极乐狂欢；然而这种革命为时短暂，很快就达到自己的顶点，而社会在还未学会清醒地领略其疾风暴雨时期的成果之前，长期沉溺于消沉状态。相反，无产阶级革命，例如 19 世纪的革命，则经常自我批判，往往在前进中停下脚步，返回到仿佛已经完成的事情上去，以便重新开始把这些事情再做一遍；它十分无情地嘲笑自己的初次行动的不彻底性、弱点和拙劣；它把敌人打倒在地，好像只是为了要让敌人从土地汲取新的力量并且更加强壮地在它前面挺立起来；它在自己无限宏伟的目标面前，再三往后退却，直到形成无路可退的局势为止，那时生活本身会大声喊道：

---

① 　见本卷第 232 页注③。——编者注
② 　第二版在这句话之后加了"在他的《雾月十八日》中"。——编者注

　　这里是罗陀斯,就在这里跳跃吧!

　　这里有玫瑰花,就在这里跳舞吧!①"②

　　即使在科学社会主义学说建立之后,这段话仍然是定律③。因此,无产阶级运动不会一下子就变成社会民主主义运动,甚至在德国也不是这样。它是一天天地变成社会民主主义的,它这样的变化也是在不断克服无政府主义和机会主义的骑墙现象的过程中发生的。而这两种现象不过是作为**过程理解的**社会民主主义运动的要素。

　　鉴于这一点,令人吃惊的不是机会主义思潮的产生,确切地说,倒是这个思潮的虚弱。这个思潮一旦只在党的实际工作的个别场合突然冒出来,人们总以为在它后面有一个稍微严肃的理论基础。但目前它在伯恩施坦的书中得到了完整的表述,所以每一个人都会奇怪地喊道:怎么,这就是你们所能说的一切? 竟然没有一点新思想! 没有哪个思想不是早在几十年前就被马克思主义驳倒过、踩踏过、嘲笑过、摧毁过!

　　机会主义说的话已经够多了,这就证明它没有东西可说了。伯恩施坦的书在党的历史上所具有的真正意义就在于此。

　　伯恩施坦在与革命无产阶级的思维方式,与辩证法和唯物主义历史观告别的时候,还得感谢它们为自己的变化创造了宽容的环境。因为只有辩证法和唯物主义历史观的宽宏大量,才让伯恩施坦表现为合适的,但不自觉的工具,而这个工具使奋勇向前的无产阶级表现了自己一时的动摇性,后来在仔细观察之后,冷笑着将它远远抛到了自己的后面。

　　[我们已经说过:运动会变成社会民主主义的,而这种变化是在克服随着它的发展必然产生的那种在无政府主义和机会主义的骑墙现象的过程中发生的。但是,克服并不意味着按上帝的意愿让一切都平安无事。**克服现在的机**

---

① "这里是罗陀斯,就在这里跳跃吧!"这句话出自伊索寓言《说大话的人》。一个说大话的人自吹在罗陀斯岛上跳得很远很远。别人就用这句话反驳他。其转义是:这里就是最主要的,你就在这里证明吧!"这里有玫瑰花,就在这里跳舞吧!"这句话是从上面那句话演变而来的。罗陀斯在希腊语中既是岛名,又有"玫瑰花"的意思。黑格尔在《法哲学原理》一书的序言中曾使用这种说法。——编者注

② 《马克思恩格斯文集》第 2 卷第 474 页。——编者注

③ 第二版改为"**仍然是对的**"。——编者注

会主义思潮意味着杜绝这种思潮。

伯恩施坦在结束他的那本书的时候劝告党,要党敢于表现出自己本来的样子:一个民主的社会主义的改良党。在我们看来,党,也就是说,党的最高机关——党代表大会必须对这一劝告给予回敬,也要伯恩施坦正式地表现出他实际的那个样子:一个小资产阶级民主主义的进步党人①。

---

① 进步党人是指 1861 年 6 月成立的普鲁士资产阶级进步党的代表。其著名的代表人物有贝·瓦尔德克、鲁·微耳、舒尔采-德里奇、马·福尔肯贝克和莱·霍维尔贝克。进步党在纲领中提出如下要求:在普鲁士领导下统一德国,召开全德议会,成立对众议院负责的强有力的自由派内阁。进步党没有提出普选权、结社和集会权以及新闻出版自由等基本的民主要求。进步党政治上的动摇反映了它所依靠的商业资产阶级、小工业家和部分手工业者的不稳定性。1866 年,进步党分裂,其右翼组成了屈从于俾斯麦政府的民族自由党。
　　——编者注

附　录

民军和军国主义①

一

在党的队伍内部,对我们纲领中的个别要求和我们的策略发出批评的声音,这不是第一次,但愿也不是最后一次。批评本身是最值得欢迎的。但是,问题首先在于是怎样的批评,而我们所说的"怎样",不是指凡事都要纷纷议论一番的"风气",而这种风气在党内已成为时髦,我们指的是重要得多的东西,即批评的一般基础,在批评中表现出来的某种世界观。

伊塞格里姆-席佩耳发动的反对建立民军的要求和拥护军国主义的十字军讨伐,其基础实际上是一套前后一贯的社会政治世界观。

席佩耳维护军国主义的总的出发点,就是确信这种军事制度是必要的。他用各种莫须有的军事技术的、社会的和经济的论据来证明常备军是不可缺少的。当然,从某种角度看,他是正确的。常备军、军国主义确实是不可缺少的,但是对谁是不可缺少的呢? 对今天的统治阶级和现在的各国政府。但是,

① 本文发表于 1899 年 2 月 20—22、25 日《莱比锡人民报》第 42—44、47 号,是对麦·席佩耳的文章的答复。席佩耳发表过两篇文章,一篇是用伊塞格里姆这个笔名发表在 1898 年 11 月号《社会主义月刊》的《弗里德里希·恩格斯推崇的民军是什么?》,另一篇是在考茨基驳斥伊塞格里姆的文章以后[考茨基《弗里德里希·恩格斯和民军制度》(1898—1899 年《新时代》第 17 年卷第 1 卷第 335—342 页),用席佩耳自己的名字发表在 1898—1899 年《新时代》第 17 年卷第 1 卷第 19、20 期的《弗里德里希·恩格斯和民军制度》]。

[大家知道,引起争论的伊塞格里姆的文章用了这样的结束语:即使对党来说,最后也会(在民军要求方面)说:"废话少说,我不需要说废话! 废话毫无用处!"为了使本文的第四部分便于理解,我们将在同一期《莱比锡人民报》上先于第四部分发表席佩耳的答复。]——编者注

对于现在的政府和统治阶级来说,废除常备军,采用民军制度,即实行人民武装,从**他们的阶级立场**出发是不可能的、荒谬的,除了得出这样的结论外,难道还能得出别的结论吗? 如果说,席佩耳自己也认为建立民军是不可能的、荒谬的,那么,这只是表明,他在军国主义这个问题上也**站在资产阶级的立场**上,用资本主义政府或资产阶级的眼光看待民军。他的每一个论据都能清楚地证明这一点。他断言,用武器武装所有公民(这是民军制度的基础)是不可能的,因为我们没有钱办这件事,"文化任务已经使人苦不堪言了"。可见,他的主张是单纯从**今天的**普鲁士德国的财政经济出发的,除了米凯尔的办法①,即使在实行民军制度的条件下,他也根本不可能想出其他的办法,例如对资本家阶级采用累进税制度。

席佩耳认为青年的军事训练(民军制度的另一基石)是不适宜的,因为在他看来,军士做教官会让青年养成腐化的习气。当然,在这里他指的是**今天的**普鲁士军营中的军士,把他们简单地带到他设想的民军制度中去当青年的教官。他的这种理解方法使人生动地想起了尤利乌斯·沃尔夫教授。这位教授反对社会主义社会制度的一个重要的理由就是,照他的计算,在社会主义统治下,利息率会普遍提高。

席佩耳认为,今天的军国主义在经济上是不可缺少的,因为它"减轻"社会所承受的经济压力。考茨基用尽一切心思去猜测这位社会民主党人席佩耳怎么会想出用军国主义来"减轻"负担,并且对于每一个可能的解释都作了中肯的答复。但是,席佩耳显然不是作为社会民主党人,不是从劳动人民的立场理解这个问题的。他在谈到"减轻"负担时,很显然,他想到的是**资本**。当然在这一点上他是正确的:对于资本来说,军国主义是最重要的投资形式,从资本的角度看,军国主义确实是一个减轻负担的办法。席佩耳在这里作为资本利益的真正代表讲话,还有下面的事实可以证明:他在这个问题上已经找到了

---

① 第二版改为"这样的办法"。约·冯·米凯尔(1828—1901)——德国政治活动家和金融家,民族联盟创始人之一(1859 年),1867 年起是民族自由党右翼领导人之一,普鲁士众议院议员和北德意志联邦议会议员,后为德意志帝国国会议员,曾任普鲁士财政大臣(1890—1901);他在 1891 年的税制改革中,将所得税列为直接税制度的重点,根据这个制度,收入在900 马克以下不缴税,高于这个数目的一切所得最高须缴纳 4% 的所得税。——编者注

一个合适的见证人。

在帝国国会 1899 年 1 月 12 日的一次会议上有人发言说："各位先生，我敢说，如果说 20 亿国债完全用于非生产性的支出，一点也没有向你们提供生产性的收入，这也是完全错误的。**我断言，再没有比军事支出更带有生产性的投资了！**"（着重号是我加的。——罗·卢·）当然，速记记录还记着："左边大笑"。发言人是**冯·施杜姆男爵**①。

席佩耳的所有主张的特点，恰恰不在于其本身是错误的，而在于以资产阶级社会的观点为基础。正因为如此，从社会民主党的观点看，在席佩耳那里一切都是头足倒置的：常备军不可缺少，军国主义在经济上有用，民军不切实际，等等。

惊人的是，席佩耳在军国主义问题上的观点，在一切主要方面同他在另一个最重要的政治斗争问题，即关税政策上的观点非常一致。

第一，我们不时地看到，他坚决拒绝把对这个问题的这种或那种态度与民主或反动相联系。他在斯图加特党代表大会的发言中②说，主张自由贸易就是进步，而保护关税就是反动，这是错误的。回顾悠久而广泛的历史就可以证明，一个人可以是一个很好的自由贸易派，同时也可以是一个反动派，反过来说，一个主张保护关税的人，同时也可以③是民主制的好朋友。我们现在又听到几乎是同样的话："有热衷于**民军制度的人**，设置无穷无尽的障碍来破坏我们的职业生活，他们想把下士的精神移植到我们的孩子的每一个年级，甚至最低的班级，——**这些要比今天的军国主义糟糕得多**；也有**反对民军制度的人**，誓死反对军事干涉和军事要求的各种形式的蔓延。"④

资产阶级政治家在这个问题上与在别的问题上一样，是没有原则立场的，他们奉行的是随机应变的政策，社会民主党人席佩耳从这个事实出发，认为自己也有权和有必要否认保护关税和军国主义的反动实质，或者说，否认自由贸易和民军制度的进步意义，这也就是说，**在这两个问题上同样采取无原则的**

---

① 　卡·施杜姆（1836—1901）——德国工业大王，保守党人，工人运动的反对者。——编者注
② 　第二版改为"席佩耳在斯图加特党代表大会的发言中"。——编者注
③ 　第二版改为"也可能"。——编者注
④ 　1898—1899 年《新时代》第 17 年卷第 1 卷第 19 期第 580—581 页。——编者注

立场。

第二，我们经常同时看到，他一面反对保护关税或军国主义的一些弊端，一面又坚决拒绝与这两个现象本身作为一个整体作斗争。在斯图加特，我们听到席佩耳在发言中说，必须反对个别过高的关税，但是同时他又警告说："把自己拖住了"，"束缚了自己的手脚"，也就是说，总是到处反对保护关税①。现在我们听到，席佩耳还是容许"对**具体的军事要求**进行议会斗争和宣传斗争"②（着重号是我加的。——罗·卢·），不过他警告说，不要把"**纯粹表面的偶然东西**和（军国主义——罗·卢·）对其他社会领域的十分次要的、当然也是十分引人注目的**反作用**，理解为它的本质和核心"③。

最后，第三，这是上述两个观点的基础，有时从迄今资产阶级发展的观点出发，排他性地，也就是从受历史制约的**进步的**一面出发，估价这个现象，而完全抹杀进一步的、即将来临的发展，因此也抹杀正在讨论的现象的**反动的**一面。在席佩耳看来，保护关税还是已故的弗里德里希·李斯特半个多世纪以前看到的那个样子：是超越德国中世纪封建经济的分裂状况的一个巨大进步。在今天，普遍的自由贸易已经成为超越统一的世界经济的内部经济界限的同样必要的进步，因而各国的关税壁垒已经是一种反动，这种情况，在席佩耳看来是不存在的。

在军国主义问题上也是一样。他仍然从巨大进步的角度看待军国主义，认为建立在普遍义务兵役制基础上的常备军，同以前的雇佣军队和封建军队相比，是一个巨大进步。但是，在席佩耳看来，到这里，发展也就停止不前了。在他看来，历史是不会超越常备军制度而进一步实现普遍义务兵役制的。

但是，席佩耳在关税问题上和军国主义问题上采取的这些具有特色的观点意味着什么呢？它们意味着：第一，用**随机应变的政策**代替原则立场，因此④，只反对关税或军国主义的**赘瘤**而不反对**这个制度**本身。但是，这种政策

---

① 第二版改为"不要把自己'拖住了'，不要'束缚自己的手脚'，也就是说，不要总是到处反对保护关税"。——编者注
② 1898 年《社会主义月刊》11 月号第 495 页。——编者注
③ 1898—1899 年《新时代》第 17 卷第 1 年卷第 19 期第 581 页。——编者注
④ 第二版在"因此"前面加了"第二，"。——编者注

除了是我们的这位老熟人在党的历史的最近时期看到的**机会主义**,还能是什么呢?

伊塞格里姆-席佩耳公然拒绝实行民军制度的要求,而这是我们政治纲领的一个基本点,所以这是"实践政策"的又一次凯旋。从政党政治的角度看,席佩耳发言的真正意义就在于此。只有联系整个机会主义思潮,并从机会主义的一般基础和后果的角度出发,才能正确判断和估价社会民主党最近发出的有利于军国主义的公告。

二

机会主义政策的重要标志,就是必然导致这样的结果:为了工人阶级眼前的利益,而且是臆想的利益而牺牲运动的最终目标,牺牲工人阶级解放的利益。席佩耳在军国主义问题上的一个主要论点,可以鲜明地证明,上述原理不言而喻地适用于①席佩耳的政策。在席佩耳看来,迫使我们坚持军国主义制度的最重要的经济原因是,这个制度可以在经济上"减轻"社会的负担。我们姑且不说,这个稀奇古怪的主张连最简单的经济事实都不顾。相反,为了勾画出这种理解方式的特征,我们暂时假定这个荒谬的主张是真理,军国主义确实能"减轻""社会"过剩的生产力的负担。

这种现象对于工人阶级来说会变成什么样呢?显然是这样:维持常备军,从而摆脱一部分劳动后备军和廉价工人,从而改善劳动条件。这意味着什么呢?只是意味着:为了减少劳动市场上的供给,为了限制竞争,第一,工人要把自己工资的一部分以税②的形式交出去,以便把自己的竞争者当作士兵来养活;第二,工人把这些竞争者变成一种工具,而资本主义国家可以利用这个工具,镇压,必要时血洗工人为改善自己生活状况而进行的每一项活动(起义、结社等),也就是说,工人生活的这种改善就可能会烟消云散,而在席佩耳看来,军国主义之所以必要就是为了这种改善;第三,工人把这些竞争者变成整

---

① 第二版改为"确切适用于"。——编者注
② 第二版改为"间接税"。——编者注

个反动派最可靠的基石①,也就是说,变成他们自己在社会上受奴役的基石。

换言之,工人可通过军国主义,预防直接减少一定量的工资,但是为此却会在很大程度上丧失**持续**为提高工资、改善自己生活状况而进行斗争的可能性。工人作为劳动力的出卖者得利了,但同时作为公民却会丧失政治上的活动自由,归根到底,作为劳动力的出卖者,也会受到损失。工人消除了劳动市场上的一个竞争者,结果却看到产生了一个雇佣奴隶制度的保护者,他们防止工资的降低,结果却使不断改善自己生活的前景,也使自己在政治上、经济上和社会上最后获得解放的前景越来越暗淡。这就是通过军国主义在经济上"减轻"工人阶级负担的实际意义。这一点与所有机会主义政策的推想一样,使我们看到,为了眼前的小小的实际利益而牺牲社会主义阶级解放的伟大目标。而且只要仔细考察就能发现,这种利益完全是虚幻的。

但问题是:席佩耳怎么会如此荒谬地想到,也从工人阶级的角度宣布军国主义可以"减轻"负担呢? 我们记得,从**资本**的角度看,这个问题是什么样的。我们已经说过,军国主义为资本创造了最赚钱最不可缺少的投资方式。[的确!]很清楚,通过税收到达政府手中用于维持军国主义的那笔资金,如果仍然留在居民手中,那就是对生活资料[和享受资料]的一个不断增长的需求,或者说,如果由国家大量地用于文化目的,那同样可以造成对社会劳动相应的需求。同样清楚的是,这样一来,对于整个社会来说,军国主义完全不会"减轻"负担。但是,从资本主义利润的角度看,从企业主的角度看,这个问题就完全变成另一种样子。对于资本家来说,对产品的一定需求来自分散的私人买主,还是来自国家,那是完全不一样的。国家的需求的特点是可靠,量大,价高,大都是垄断价格。这些特点使国家成为资本的最有利可图的顾客,而向国家供货就成了资本最辉煌的业务。

但是,军事供应同比如国家用于文化目的(学校、道路等等)的支出相比是特别有利的,这是因为有不断发生的技术变革和不断增长的各种支出,因此,军国主义是资本主义利润永不枯竭的源泉,而且是越来越丰富的源泉。它使资本上升为一种社会权力,正像在克虏伯和施杜姆的企业中对抗工人的社

---

① 第二版改为"整个国家中政治上的反动派最可靠的基石"。——编者注

会权力一样。军国主义对于整个社会来说,经济上是完全不合理的对生产力的巨大浪费;对于工人阶级来说,意味着压低他们的经济生活标准①,目的是使他们在社会上受奴役;对于**资本家阶级**来说,军国主义是经济上最光辉的、无法代替的投资方式,正像在社会上和政治上是他们的阶级统治的支柱一样。因此,如果席佩耳不假思索地将这样一种军国主义宣布为经济上"减轻"负担的必要手段,那么,他显然就是把**社会利益**的观点和**资本利益**的观点混为一谈(正如我们在开头已经说过的,他这样也就站到了资产阶级立场上),而且他的出发点是劳资之间的**利益协调**的原则,因为他认为,企业主的每一个经济利益必然也是工人阶级的利益。

这又是我们在关税问题上曾经从席佩耳那里领教过的观点。在这个问题上,席佩耳在原则上拥护保护关税,因为他把工人视为**生产者**,想保护他们免遭外国工业的毁灭性竞争。在这个问题和在军国主义问题上完全一样,他只看到工人直接的经济利益,而忽视他们其他的与实行自由贸易或废除常备军这种一般社会进步有关的社会利益。他不时地设想工人的直接经济利益,也正是②资本的利益,因为他相信,凡是对企业主有利的事,对工人也是有利的。从劳资之间利益协调的角度,关注眼前的实际利益,而牺牲运动的最终目标,——这两个基本原理互相之间既有和谐地联系,又是一切机会主义政策的重要标志。

一个拥护**这种**政策的人居然设法引证社会民主党纲领的创始人的话,尽管他在军国主义问题上的保护人是冯·施杜姆男爵,而又十分严肃地把弗里德里希·恩格斯视为自己在这个问题上的保护人,这种情况乍一看是令人吃惊的。席佩耳自以为在关于军国主义的历史必然性和历史发展的理解方面同恩格斯是一致的。但是,这只不过再一次证明,在头脑中引起惊人混乱的东西,过去是消化得不好的黑格尔辩证法,现在则是消化得不好的马克思主义的历史观。而且这再一次表明,不论是一般地说,辩证的思想方法,或者特殊地说,唯物主义的历史哲学,这两者只要正确理解是非常革命的,只要错误地理

---

① 第二版改为"他们的经济生活水平"。——编者注
② 第二版改为"毫无疑问是"。——编者注

解,就会得出危险的反动结论。如果人们读一读席佩耳引证的恩格斯的话,即从《反杜林论》中摘引的关于军事制度正走向自我消灭和向民军发展的观点,那么,乍一看,席佩耳在这个问题上的观点同党通常所持的见解究竟有什么区别,是不清楚的。我们本来认为,军国主义本身是社会发展的自然的、不可避免的果实①,席佩耳也这样认为。我们认为,军国主义最后会发展到民军制,席佩耳也这样认为。那么,究竟是什么区别导致席佩耳疯狂地反对民军制要求呢? 非常简单,我们和恩格斯一样认为,军国主义向民军制的内在发展不过是它自行消亡的**条件**,而席佩耳则认为,未来的民军也会从今天的军国主义"内部"自然而然地成长起来。我们想通过推广普遍兵役制和缩短服役期这些客观发展给我们提供的物质条件,**通过政治斗争**实现民军制度,而席佩耳却听任军国主义和随之而来的种种现象自己发展,把促进实行民军制度的每一项自觉的干预都斥之为幻想和"啤酒馆政治"②。

这样,我们获得的不是恩格斯的历史观,而是**伯恩施坦**的历史观。伯恩施坦认为,资本主义经济可以自然而然地,不是飞跃地,而是逐步地"长入"社会主义,同样,席佩耳认为,从今天的军国主义中可以自然而然地长出民军。不管伯恩施坦在整个资本主义的问题上,还是席佩耳在军国主义的问题上,他们都不理解,客观发展只为我们提供一个更高的发展阶段的**条件**,但是,如果没有我们**目标明确的干预**,没有工人阶级为社会主义变革或者为实现民军制度而进行的政治斗争,无论社会主义或者民军制度都不会实现。因此,既然舒舒服服"长入"的想法只是一种幻想,是逃避有明确目标的革命斗争的一种机会主义,那么,**通过这条道路**可以达到的社会变革和政治变革也就成了资产阶级可怜的点缀品了。伯恩施坦"逐步社会化"的理论认为,我们所理解的社会主义的一切,最后都会从社会主义的概念本身中全部消失,社会主义会变成"社会监督",也就是变成无害的资产阶级社会改良;同样,席佩耳的观点认为,"民军"也会从自由的、自己决定战争与和平问题的武装人民(这是我们的目标),变成按照今天短期服役的常备军制度,将普遍义务兵役制推广到所有适

---

① 第二版改为"结果"。——编者注
② 意为没有实际价值的空论。——编者注

合服役的公民。如果将席佩耳的观点用于我们政治斗争的所有目标,那么结果就是直接否定整个社会民主党的纲领。

席佩耳维护军国主义的主张是对我们党内整个机会主义①思潮的明确说明,同时也是机会主义思潮发展过程中的重要一步。我们以前也曾听到社会民主党的一位国会议员海涅说过,我们也许可以同意资本主义政府的军国主义要求。而这在当时,仅仅是为了民主的更高目标而考虑作出的一个让步。按照海涅当时的看法,大炮至少可以当作人民权利的交换对象来使用。现在席佩耳却宣布,大炮是必需的,这是为了大炮的缘故。虽然二者的**结果**是一样的,都是支持军国主义,但是,在海涅那里,这充其量不过是由于错误地理解社会民主党的**斗争方式**,而在席佩耳这里,这单纯是为了改变**斗争的**目的。前者只是建议用**资产阶级策略**代替社会民主党的策略,而后者大胆提出用**资产阶级纲领**代替社会民主党的纲领。

在席佩耳"对民军的怀疑"中,"实践政策"已经得出了自己的最后结论。它在反动的方向上已经无法再前进,剩下要做的事只有在纲领问题上做文章,脱掉披在自己身上的社会民主党外衣的破片,赤裸裸的露出瑙曼②牧师的典型面目。

三

[如果社会民主党是社会政治问题的讨论俱乐部,那么,它可以认为,席佩耳事件在理论上同他争论之后已经了结了。但是,既然社会民主党是一个政治上的斗争的党,那么对它来说,理论上证明席佩耳观点的错误,并没有解决问题,确切地说,才刚刚提出问题。席佩耳关于民军的声明不仅仅是某种思想的表现,而且也是一种政治行动。因此,党必须回答这一声明,这不仅是对这些观点的反驳,同时也是一种政治行动。而且这种行动也必须与席佩耳观

① 第二版改为"修正主义"。——编者注
② 弗·瑙曼(1860—1919)——德国基督教新教神学家,国家社会联盟的创始人,试图通过资产阶级社会改良的办法,用社会自由主义的空话使工人阶级与帝国主义国家实行和解;他与金融资本家紧密合作,而且与德国社会民主党的改良派领袖有联系。——编者注

点的影响成正比。

在过去几年中,一向作为社会民主党基石的所有行之有效的原理,由于来自我们自己队伍内部的攻击,在它们的有效性方面产生了动摇。爱德华·伯恩施坦解释说,对他来说,无产阶级运动的**最终目标**是微不足道的。沃尔夫冈·海涅通过他的补偿政策提案表示,对他说来,社会民主党通常的**策略**确实是微不足道的。现在,席佩耳证明,他也完全不受党的**政治纲领**的约束。无产阶级斗争的基本原理几乎没有一个不被党的个别代表弄得支离破碎。这本身就呈现出一个令人极不愉快的征兆。然而,从党的利益的角度看,我们还必须区分其中他们公开表达的十分重要的意见。伯恩施坦对我们的**理论**成果的批评无疑是一个极为危险的现象。但是实践的机会主义对运动更是无比危险。只要运动在实际斗争中是健康的、有力的,对**最终目标**的怀疑往往能够被运动本身清除掉。但是,一旦对**最近**目标,即实际斗争本身存在疑问,那么,整个党,包括最终目标和运动不仅是在这个或那个党的哲学家的主观想象中,而且也在客观的现实中变成"**微不足道的**"。

席佩耳攻击的目标仅仅是我们政治纲领的某一点。但是,从军国主义对现在的国家所起的基本作用看,这个点实际上已经意味着否定社会民主党的**全部**政治斗争。

军国主义是资本主义国家和资产阶级的实力和统治的反映,而社会民主党是原则反对军国主义的唯一的政党,同样,反过来说,原则反对军国主义的斗争是社会民主党的**本质**。放弃同军国主义制度的斗争**在实践上**就会导致根本否定同现存的社会制度的斗争。我们在上一节结束时说过,机会主义剩下要做的事,只有用席佩耳关于民军问题的态度在纲领问题上做文章,以便彻底否定社会民主党。我们在这里想到的只是这一政策的拥护者**主观上**的自觉发展。**客观方面**,这一发展在席佩耳的观点中实质上已经完成。

最近在机会主义公开表达的意见中,特别是在席佩耳的发言中,还有一个方面,至少鉴于它的象征性意义,应当引起我们的重视。那就是游戏般的草率,我行我素的镇静,比如最近发生的情况,甚至欢快地故作风雅,在人们从这种姿态动摇社会民主党的基本原则,而每一个不是完全表面理解党的事务的同志都把这些基本原则当作自己最切身的东西,而动摇这些基本原则至少会在每一个正直的社会民主党人中引起严重的信仰危机。撇开其他一切不谈，这也是我们革命水准降低、革命本能受到抑制的真实标志。这种现象本身可能是不可捉摸的、不重要的，但是，对于社会民主党这样一个政党来说，无疑是重要的，因为这个党暂时主要依靠的不是实际的成果，而是理想的成果，因此，它对自己党员的个人水平必须提出很高的要求。机会主义对资产阶级的思维方式所作的调和补充，是它的资产阶级的**感悟方式**。

席佩耳公开发表的意见影响了各个方面，所以党有必要公开发表相应的反对意见。这种针锋相对的行动能够，而且必须包括哪些内容呢？第一，党的全部报刊对这个问题要明确地、毫不含糊地表明态度，党的各种会议也必须就这个问题进行讨论。按照席佩耳的看法，民众集会只不过是使人有机会向群众散发老掉牙的"口号"，以便在既定的时间内把政治上的"强势人物"选进帝国国会。如果党总体上不赞成席佩耳的这一观点，那么，党就是认为，党的最重要的政治原则的讨论会不是"群英会"，仅仅是为了少数人，而不是为了广大党员同志准备的聚会。相反，只有在党的最广大的范围内进行讨论，才能有效地防止席佩耳观点可能的扩散。

但是，第二，社会民主党的议会**党团**在**表态**时，更重要的是，它首先有责任对席佩耳问题发表权威性的看法，一方面，因为席佩耳是国会议员和党团成员；另一方面，因为他所说的问题是议会斗争的主要课题之一。我们不知道，党团在这个问题上是否已经采取了什么措施。既然在伊塞格里姆的文章发表后不久，作者的真名已经成了公开的秘密，那么，党团不管怎么说都不应袖手旁观，看着自己的一个成员嘲笑自己的活动。

如果党团事先没有采取什么措施，那么，在考茨基剥去了席佩耳的狼皮以后，它应当事后设法弥补。不管党团对席佩耳事件是否已经表明态度，只要它没有通知全党，那么结果大概是一样的。社会民主党既然不得不在与其真正本质相违背的资产阶级议会制的镶木地板上进行活动，那么，它显然也会不自觉地、下意识地接受这种议会制的许多习惯，而这些又不能与党的民主性质完全协调。在我们看来，比如说，党团不仅对于资产阶级政党，而且对于自己的党都是以完整的团体出现。对前者是完全必要的，对后者则不恰当了。资产阶级政党的党团的议会斗争主要使用幕后操纵、互相吹捧这种枯燥无味的手段进行,它有各种理由避开公众的视线。相反,只要是涉及党的原则问题或者重要的策略问题,社会民主党的党团既不需要,也没有理由把他们的讨论结果看成内部事务。我们的党团(资产阶级政党的党团也是一样)只有最后要在国会中达到一定的票数时,才召开党团秘密会议来解决这样的问题。但是,对于社会民主党来说,它的党团所进行的议会斗争,从纯粹鼓动的观点来看要比实际活动重要得多。问题不在于党团形式上的多数决议,而在于它的讨论本身,在于澄清事实。对于党来说,重要的至少是,了解自己的代表对国会讨论的问题是怎样**想**的,了解他们在国会中是怎样就这些问题作为整体**投票**的。在一个彻底实行民主的政党内,绝不能认为,选民和议员之间的关系就是开展选举行动,给党代表大会提交更为表面的、形式上的简略报告,确切地说,党团必须尽可能同党员群众保持活跃的、经常的联系,鉴于最近在党的国会议员中出现的机会主义思潮,这尤其要成为保存自己的硬性规定。党团对席佩耳的观点公开表明态度之所以过去和现在都是必要的,就是因为党及其党员群众不管有多么强烈的愿望,也不可能有**实际**的机会在这个问题上作为**整体**登台发言。党团是全党指派的政治代表,它有资格通过自己的公开行动,间接地帮助党表明必要的态度。

最后,第三,党本身也必须对席佩耳事件直接表明自己的观点,而且应当以它所掌握的唯一形式,即**在下一次党代表大会上**表明自己的观点。

在斯图加特讨论伯恩施坦的文章时,有人说党的代表大会不能就理论问题进行投票。现在我们在席佩耳事件中遇到的纯粹是实际问题。有人说,海涅关于补偿政策的提案无非是不合时宜的未来派音乐,党用不着去考虑它们。现在我们在席佩耳那里听到的是现代音乐。而且在席佩耳关于民军问题的态度中,我们已经说过,机会主义政策已经发展到了它最后的结局,已经成熟到可以作出决定了。对于我们来说,现在党的迫切任务就是从这一发展中明确地、毫不含糊地表明态度,从而得出正确的结论。

党有各种理由这样做。在现有的情况下,问题在于委托人,党的政治代表,按照职务,他应当是党在斗争中的一把利剑,他的行动应当是阻挡资产阶级国家进攻的堤坝。但是,如果这个堤坝像浆糊一样随时坍塌,如果这把利剑在搏斗中像纸做的一样不堪一击,那么,党自身也要向这种政策大声疾呼:

放弃浆糊——我不需它！用纸锻造不出利剑！]

1899 年 2 月 24 日《莱比锡人民报》收到席佩耳[在读了前两篇文章①之后]寄来的信函,作者要求公开发表:

亲爱的朋友舍恩兰克②:

我总是怀着浓厚的兴趣阅读《莱比锡人民报》上"rl."③的文章,这并不是因为我始终同意这些文章的所有论点,而是因为我非常尊重这些文章的生气勃勃的战斗精神,诚实的信念和引人入胜的辩证法。

这一次也不例外,我看到这个根据**一个前提**就得出完美极致的结论,不能不感到惊奇:

按照席佩耳的看法,**迫使我们**不得不坚持军国主义制度的经济原因是,实行这个制度,可以在经济上减轻社会的负担。席佩耳也**从工人阶级的角度出发**,声称军国主义可以减轻负担…… 因为他的出发点是劳资利益和谐的原则。

那些结论是可敬的,不过前提是绝对错误的、站不住脚的！我在《新时代》上只是说,巨大的非生产性支出——无论是个人用于荒唐的奢侈和古怪的蠢事,还是国家用于军队、俸禄和形形色色的胡闹——可以减轻危机的热度。如果非生产性的挥霍,除了为生产性目的而进行的积累,不占越来越大的比重,那么,一个"生产过剩"的社会就会经常因这种热度而发生震动。很自然,我这样说丝毫没有赞成浪费和非生产性支出的意思,更没有为了**工人阶级的利益**要求人们挥霍。我不过是想指出它们"**对现代社会**"所产生的不同于习惯强调的其他**实际影响**。

最初,我毫不怀疑,谁也不能不把我评价为"这个现代社会"的一个先锋战士。至于社会民主党的辩论,我还是有一些经验,为了避免引起任何误会,我在谈到生产过剩的那一节中还补充了简短的一句话:

当然,对我来说,这并没有使我对军国主义感到舒服一些,而是更不舒

---

① 指本文的第一、二部分。——编者注
② 布·舍恩兰克(1859—1901)——德国社会民主党人,新闻工作者和政论家;1893 年起为帝国国会议员;90 年代曾为《前进报》撰稿。——编者注
③ 指罗莎·卢森堡。——编者注

服了。

这句话的意思是说，越来越不能容忍。但是，就连这种从我这方面来说是多余的防范，看来也无济于事："永远如此！"真是的，仿佛在同一个资产阶级妇女辩论似的。

我在指出了《莱比锡人民报》的撰稿人"rl."的坦率以后，相信她会认识到，她在文中采取的出发点是完全错误的，因此，我们之间为争夺无产阶级革命信念奖章的竞争必须再一次从头开始。

您的麦克斯·席佩耳

四

如果席佩耳同志例外地看到，从他发表的一个观点就得出的"完美极致的结论"，这不过再一次证明，即使在人们没有逻辑的时候，观点也有它的逻辑。

上面提到的席佩耳的答复，首先是对于他在《新时代》上表述的关于实行军国主义，可以在经济上"减轻"资本主义社会的负担这种思想来说，是一个值得注意的补充：现在，除了军国主义以外，还有"俸禄和形形色色的胡闹"和"个人荒唐的奢侈和古怪的蠢事"可以作为经济上减轻负担和预防危机的手段。这样一来，关于军国主义的经济作用的特殊观点就发展成为一个一般的理论，根据这一理论，挥霍是调整资本主义经济的措施，而且，这个观点证明，我们对待作为政治经济学家的冯·施杜姆男爵是不公道的，因为我们在第一篇文章中称他为席佩耳的保护人。当施杜姆把军事支出称为最富生产性的支出的时候，他至少考虑了军国主义在争夺销售市场和保卫"祖国工业"方面的意义。但是，我们已经清楚了，席佩耳在谈军国主义的时候，却完全忽视它在资本主义社会中的特殊作用，他认为，军国主义只是每年耗费一定量的社会劳动的一种巧妙形式；在他看来，军国主义在经济上就像德·于采公爵夫人①的16条小狗一样，它们占据了整整一座公寓，雇用了一些仆人，为小狗们安排了

---

① 第二版改为"巴黎的德·于采公爵夫人"。——编者注

一整间更衣室,从而为资本主义经济"减轻"负担。

很可惜,席佩耳同志在他的经济和政治倾向变幻无常的过程中,每次都同过去的倾向决裂得那么彻底,以致过去的东西连一点影子都没有留下。否则,他作为洛贝尔图斯的门徒,必然会想起在《给冯·基尔希曼的社会问题书简。第四封》(第 34 页以下)①中的经典篇章,其中,他从前的老师曾经驳倒过②他今天的那种以奢侈医治危机的理论,但是,危机理论要比洛贝尔图斯早得多。

如果说,专门实行军国主义能在经济上减轻负担这种想法,能够产生新奇的魅力——至少在社会民主党的队伍中存在这种想法——,那么,关于挥霍对于资本主义社会可以起挽救作用的一般理论,就同资产阶级庸俗经济学一样历史久远。

庸俗经济学在它发展的迷途中的确提出了许多危机理论,而我们的席佩耳今天所据为己有的理论,是属于其中最陈腐的一种,至于这种理论对于资本主义经济的内部机制的认识,它甚至还不如庸俗经济学极为令人厌恶的丑角让·巴·萨伊,按照萨伊的看法,生产过剩其实就是生产不足。

那么,席佩耳理论的一般前提是什么呢? 之所以产生危机,是因为与所生产的产品总量相比,消费显得太少,因此,通过扩大社会内部的消费,可以防止危机的发生。照这种说法,资本主义危机的形成,不是由于生产中超越销售市场限制的内在趋势,不是由于生产的无政府状态,而是由于生产和消费之间的绝对的比例失调。照这种说法,资本主义社会的产品总量可以说是一座一定数量的米山,社会必须把它咬穿。消费得越多,作为消化的剩余压在社会的经济良心上的负担越轻,"减轻的负担"就越大。这是一个**绝对**的危机理论,它同马克思的相对的危机理论的关系,正如马尔萨斯的人口理论同马克思的相对人口过剩规律的关系一样。

但是,对于社会来说③,究竟谁是消费者并不是无关紧要的。如果消费仅仅是为了同时使生产重新活跃起来,那么,米山会再度增高,而"社会"一无所

①　约·卡·洛贝尔图斯-亚格措夫《资本。给冯·基尔希曼的社会问题书简。第四封》,泰·科扎克编并作序,1884 年柏林版第 32 页及以下几页。——编者注
②　第二版改为"反驳过"。——编者注
③　第二版改为"按照这个聪明的理论,对于社会来说"。——编者注

得,危机的热度一如既往震动着社会。只有把产品一劳永逸地吸收掉,只有把它们用于人们的消费,而人们又不再生产,那么,社会才会真正松一口气,才能防止危机的形成。

企业主辛某不知道怎么处理他们(即他的工人)生产的商品。幸好企业主孔某醉心于荒唐的奢侈生活,向他的窘迫万分的阶级同志买下了成为累赘的商品。而孔某自己也生产过多的货物,成了他的"负担"。幸好上述那位辛某同样十分喜欢"奢侈和蠢事",他自己也就成了忧心忡忡的孔某热烈渴望的顾客。现在,在交易顺利结束之后,我们的这两位企业主相对愕然,他们很有兴致地喊道,是你疯了还是我疯了? 其实他们两个都疯了。那么,他们照席佩耳所劝告的办法去做了,可得到了什么呢? 当然,他们双方诚心诚意地互相帮助,消灭了一定量的产品。但是,哈哈! 企业主的目的不是消灭物质财富,而是把剩余价值兑现为闪闪发光的黄金。而在这方面,这场有趣的交易救国,就是两个企业各自吞噬、消费了自己多余的全部剩余价值。这就是席佩耳减缓危机的方法。威斯特伐利亚的煤矿大王们的煤炭生产过剩了吗? 笨蛋! 他们只要把自己的宫殿烧得暖和一些,煤炭市场就"减轻负担"了。卡拉拉的大理石矿主们抱怨商业停滞了吗? 他们只要用大理石盖马厩,大理石行业的"危机热度"马上就可以降低。普遍的商业危机的乌云只要一开始翻滚,席佩耳就向资本主义喊道:"多吃些牡蛎,多喝些香槟酒,多用些穿制服的侍者,多要些舞女,你就得救了!"我们担心的是,那些老奸巨猾的家伙会回答他说:"先生,你以为我们真的很笨!"

可是,这个聪明的经济学理论还可以得出有趣的社会和政治结论。这就是说,如果只是非生产性消费,即国家的和资产阶级的消费在经济上可以减轻负担,并且是缓和危机的良药,那么,为了社会的利益,为了使生产循环平稳地进行,就必须尽量扩大非生产性消费,尽量限制生产性消费,尽量扩大社会财富中归资本家和国家的部分,尽量缩小留给劳动人民的部分,尽量提高利润和税收,尽量压低工资。工人是对社会的一种经济"负担",而于采公爵夫人的小狗则是经济上的救命恩人,这就是从席佩耳"减轻负担"论中得出的结论。

我们已经说过,这个理论即使在庸俗经济学理论中也是最陈腐的一种。

衡量庸俗经济学的陈腐程度的尺度是什么呢？庸俗经济学的本质在于,它对于资本主义经济发展过程不是从它的客观的联系[①]和它的内在本质中去观察,而是从被竞争规律搞得四分五裂的现象中去观察,不是用科学的望远镜,而是用资产阶级社会个别当事人的眼光去观察。但是,社会的图景也随着这些当事人的立足点而改变,这个图景多少会以扭曲的形式反映在经济学家的头脑中。立足点越接近真正的生产过程,理解就越接近真实。研究者越是离开交换市场,走向由竞争完全控制的领域,那么,从这里看到的就越是颠倒的社会图景。

我们已经指出,席佩耳的危机理论从资本家作为阶级的角度看,是绝对站不住脚的。这一理论归结起来无非是这样一个忠告:资本家阶级应当自己消费掉自己生产的剩余产品。但是,就连单个的**资本主义实业家**也会对这个忠告嗤之以鼻。某个冯·施杜姆男爵[②]或某个冯·海尔要聪明得多,不会愚蠢到以为自己和自己阶级的同志们的奢侈挥霍会有助于克服危机。只有资本主义的商人,确切地说,**资本主义的小生意人**,才会有这种想法,因为在他们看来,他的直接主顾"大人老爷们"和他们的奢侈挥霍就是整个经济的基石。席佩耳的理论甚至连资本主义企业主观点的翻版也不是,倒是地道资本主义**小生意人**的观点的理论表现。

席佩耳通过军国主义"减轻"社会负担的想法,同爱德华·伯恩施坦那时的观点一样,又一次表明,机会主义[③]在政策上采取资产阶级立场,在经济前提上依据庸俗经济学。

但是,席佩耳否认我们从他的"减轻负担"论得出的政治结论,说他只说过减轻**社会**的负担,没有说过减轻工人阶级的负担。为了避免产生误会,他还明确地作了补充,保证说,在他看来,这并没有使他对军国主义感到舒服一些,而是更不舒服了。人们可以相信,席佩耳从**工人阶级**的立场出发,也认为军国主义在经济上具有破坏作用。

那么,他提出在经济上减轻负担是为了什么呢？他从中要为工人阶级对

---

① 第二版改为"不是从它的深刻的联系"。——编者注
② 第二版改为"某个克虏伯"。——编者注
③ 第二版改为"修正主义"。——编者注

军国主义的态度得出什么样的结论呢？请看，"当然，对我来说，这（经济上减轻负担——罗·卢·）并没有使我对军国主义感到舒服一些，而是更不舒服了。**但是，即便我从这个立场出发，也不能同意小资产阶级自由思想党的那种叫嚣，说非生产性的军事支出会引起经济破产**"。①（着重号是我加的。——罗·卢·）可见，席佩耳把那种认为军国主义在经济上有破坏作用的观点看作是**小资产阶级的**、错误的。可见，在他看来，军国主义不是破坏，在他看来，"同意"反对军国主义的"小资产阶级自由思想党的叫嚣"，也就是说，反对军国主义的斗争，是荒谬的。要知道，他的整篇文章的目的，就是要向工人阶级证明，军国主义是不可缺少的。在这种情况下，他所作的保证，即军国主义不是使他舒服一些，而是更不舒服了，还有什么意义呢？这不过纯粹是一种心理上的保证，说明席佩耳不是带着愉快的心情，而是带着厌恶的心情来维护军国主义的，说明他对于他的机会主义政策本身并不感到高兴，说明他的心好于他的头脑。

鉴于这个事实，我不能接受席佩耳的邀请，同他一起进行"争夺无产阶级革命信念奖章的"的竞争。忠诚不允许我同这样的人竞争，因为他背朝起跑点走进跑道，这时他已经处于非常不利的地位。

1898 年莱比锡版

---

① 1898—1899 年《新时代》第 17 卷年第 1 卷第 20 期第 617 页。——编者注

生命如草芥！①

5 月 4 日于莱比锡

上个月的 26 日上午，在舍恩豪斯大街 54 号，38 岁的商人威廉·黑斯特曼杀死了他两个女儿，八岁的玛格丽特和六岁的埃纳，而后自缢身亡。在桌子上留下一封信，信中写道：由于视力不断下降，丧失了劳动能力，生活的窘迫，使他不得不离开这个世界，他希望找到一个更好的世界，带着孩子们一起去更好的彼岸，不想让任何人为抚养她们而增加负担。尸体被暂时安放在停尸间，这封信由警察保留并移交给法庭。

柏林简讯

又一个人倒下了，波兰的一句谚语正适合他：在太阳升起前，露水淋湿了我们的双眼。

他在想自杀和杀人的时刻，人们嘈杂的生活调子通过敞开的窗户飘入他的耳中。在楼下的院子里，少尉先生的公子一边拍打地毯，一边与房东的两颊绯红的女仆插科打诨。隔壁的管道工像啄木鸟一样敲打，发出单调响亮的金属声。手摇风琴开始演奏歌剧《茶花女》的片段，因看门人粗鲁的驱赶戛然而止。路过的马车的叮当声不时从街上传入房内。大城市的生活紧张忙碌，闹哄哄的场面随处可见。在同一个城市，在同一条大街，在同一所房子中，甚至墙挨墙，只隔一步之遥，到处都挤满了人，他们按照每天要做的事来去匆匆，每个人都按照自己的生活轨迹奔走，没有心思去关心这正在与犯罪和死神搏斗的人生命，没有人向这里的不幸和三个正在走向毁灭的生灵瞥上一眼。仅仅

---

① 本文署名是一个锚。卢森堡在 1899 年 5 月 5 日给莱·约吉希斯的信中提到，她写的这篇文章是以锚的标志发表的。——编者注

565

一堵薄薄的墙,几步路的距离就将这个不幸的人与自己的同胞阴阳两隔,他与他们之间可有一道不可逾越的深渊。他们是同样的人,讲着同一种语言,来自同一个国家,但是现在如同来自不同的世界,不同的种族,来自月球一样,他对他们来说,再陌生、再无所谓、再卑微不过了。所谓"社会",所谓由单个的人结合成的"更高级的统一体",所谓"有机的整体"在那一刻是一个无耻的谎言,是一个幻影,它并不存在,也没有存在过。这个"社会",它不存在,那个即将逝去的生命痛苦不堪地在那里无助地颤抖,不与任何人联系,不属于任何整体,不与任何人结盟或结伴,被所有人隔离和遗忘,只能依靠自己,在熙攘的人群中就像大海中的溺水者,就像大气层旋涡中的一粒微尘。这个脱离整个人类的个体,在孤寂中,在精神和肉体的幽暗中奋力地抗争,最终在他无限的"个人自由"中无助地死去,"一个自由人"在争取生存的斗争中倒下了,一个男子汉,一个文明人,在自己简陋的住所崩溃了,就像一条人人追打,最后惨死在垃圾堆上的狗。

直到这种违反人性的可怕罪行,这种谋杀孩子和自杀的行为发生以后,这个"社会"才真的存生,虚构才变成现实。"社会"威风凛凛地走来,穿着保护人的制服,带着佩剑,它要行使自己作为"整体",作为"更高级的统一体"的各项权利:他们没收遗体,记录这出已经演完的三个人生的戏码,并开始调查,以便对这种罪行作出判决。

在古代的奴隶被自己的主人钉在十字架上,身体由于无法言说的痛苦而蜷缩,农奴在徭役监管人的荆条下,或经不住劳动和困苦的重压而倒下时,这种人对人的犯罪,社会对个人的犯罪简直残暴得骇人听闻,但至少是公开的、明显的,甚至是赤裸裸的。被钉在十字架上的奴隶,经受折磨的农奴临死前念着咒语,满含恨意的目光渐渐暗淡,仿佛发誓要向折磨他的人复仇。

只有资产阶级社会才为自己的罪行遮上无形的面纱,只有它才撕裂了人与人之间的各种纽带,让单个的人听天由命,任他甘于贫困或沉沦,以便在他通过谋杀式自杀,在精神上或肉体上失去价值的时候想起他。正是这个社会迫使人们自杀和杀害自己的孩子,而且在光天化日之下,在喧嚣的市场中街,在日常生活单调乏味和冷漠无情的吵闹声和马车的辚辚声中,而日常生活没有因为这位死者而停留一秒钟,也没有对尸体瞄上一眼。只有资产阶级社会丧失了对屠杀的畏惧，因为它每天在进行屠杀，受害者和施暴者的知觉都变得麻木，人类的存在的戏剧都被日常琐事，沉沦者的呐喊被管风琴的咏叹调，阵亡者的尸体被大城市的灰尘所掩盖。

而我们本身，不也是每天在百无聊赖地浏览我们日报最后第二版的"社会新闻"，这个每天接收资产阶级社会的垃圾——盗窃、谋杀、自杀和事故——的大型垃圾箱吗？我们不也是冷漠平静地去上班，然后回来睡觉吗？难道我们不是默默地这样以为的吗？不是吗，那位鼻音浓重的理发师怡然自得地向我们讲述对面房子发生的盗窃案；有轨电车按机械的节奏叮叮当当地在大街上行驶；公园里的花木萌芽和开花，就像一切都正常无比；剧院中每晚照常都有演出；我们自己不也是默默地以为，历史一刻不停地匀速向前发展；没有特别的事情发生；我们还能平静地喝着杯中酒吗？

在我们周围随时随地都有受害者倒下，他们无辜、无助、被遗弃，心间带着一个可怕的谜，呢喃着一个可怕的问题，用惊恐和绝望的眼光看着这个又聋又盲的怪物——资产阶级社会，这个社会拥有上百万个有脑袋却没有脑子，有心在跳动、却没有良心，有人形却没有人性的人！

斯拉夫民族有一个关于威季的可怕的民间传说：从前，在一个人类居住的地方，曾经隐居着恶魔。它们是无形的，只像一道道淡淡的影子来去无踪；它们为非作歹，奸淫杀戮，吸吮人血。它们的罪行不胜枚举，骇人听闻，以致人们不敢彼此传说，那些悄悄议论它们的人，头发会未灰先白，成为白发苍苍的老人。人们没有方法，也没有希望对付这些恶魔，因为人们看不见，也碰不到它们，尽管人们感觉到它们就在身边，并觉察到它们阴森森的飞行和可怕的触碰。据说，只有一个人拥有能制服恶魔的力量，他就是威季。威季是**一个铁人**，他藏身于深深的地下，双眼的眼睑长至垂地，能够发现并指认恶魔。于是人们就去寻找威季并找到了他。人们带着这个步伐沉重、双眼紧闭的铁人来到恶魔的栖身之所。"抬起我的眼睑"，威季说道。他的声音就像生锈的铁块发出的嗡嗡声。人们费力抬起他沉重的，垂至脚边的铁眼睑。他睁开眼，用他的铁手指指一下恶魔们，而恶魔们瞬间就现出原形，惊恐地扑腾几下翅膀，便倒地而亡。

这个"铁人"，有铁的肌肉、铁的犁铧、铁的锤子和铁的轮子，这个人找到了,他就是**劳动的人**,这个人原来被社会赶到了阴暗的地底下,现在来到了阳光明媚的地面。我们必须抬起他那沉重的眼睑,直到他能睁开眼睛,并伸出他的铁手,让折磨人类数千年的无形的恶魔轰然倒地。

1899 年 5 月 4 日《莱比锡人民报》第 101 号

英 国 眼 镜

一

5月9日于莱比锡

在对党的报刊上就伯恩施坦的书①进行的讨论作一次总的回顾以前,我们还想逐一探讨在讨论中人们所强调的几个具体问题。这次我们考察的是英国的工会运动。工人阶级的"经济权力"、"经济组织"这些口号在伯恩施坦的拥护者那里起着很大的作用。沃尔特曼②博士在埃尔伯费尔德《自由报》第93号上这样写道:"工人阶级的主要任务是获得经济权力。"同样,爱·大卫③也用"通过经济组织得到解放"这一口号结束他论述伯恩施坦这本书的一组文章(《美因茨人民报》第99号)。根据这一观点,即按照伯恩施坦的理论,工会运动,(连同消费合作社)将使资本主义生产方式逐渐转变为社会主义生产方式。我们已经指出(见《社会改良还是革命?》这本小册子),这种设想源于对工会以及合作社的经济性质和经济职能完全错误的认识。而且还可以举一个明显的例子,用不那么抽象的形式证明这一点。

在谈到工会在未来的工人运动中将起重大作用的场合,不言而喻,马上就会谈到**英国的工会**,它们既是人们能够获得"经济权力"的证明,又是德国工人阶级必须努力仿效的光辉典范。但是,如果说在工人运动史上有那么一个篇章会有助于彻底打破关于工会在未来将起社会化作用,并将普遍发展的信

---

① 指《社会主义的前提和社会民主党的任务》。——编者注

② 路·沃尔特曼(1871—1907)——德国社会学家和人类学家,德国种族主义的先驱之一,认为工人运动的主要任务是开展经济斗争;1902年创办《政治人类学评论》杂志。——编者注

③ 爱·大卫(1863—1930)——德国经济学家,社会民主党右翼领袖之一,《社会主义月刊》创办人之一。——编者注

念,那么,这就是英国工联主义的历史。

伯恩施坦以英国的情况作为他的理论根据,他透过"英国眼镜"观察世界,这种说法在党内已成为老生常谈。如果人们只想用此来说明,伯恩施坦在理论上的改变是由于他的流亡生活和他个人对英国的印象造成的,那么,这种对于个人心理上的解释也许是十分正确的,但是它对于党、对于讨论却没有多大益处。而如果有人想戴着"英国眼镜"说,伯恩施坦的理论对英国适合、对英国说来是正确的,那就错了,这既不符合英国工人运动以往的历史,也不符合它的现状。

人们一直津津乐道的英国社会生活的特殊性究竟是什么,对这些特殊性应当怎么解释呢? 通常都是说:英国的特殊性在于,它是一个没有军国主义、没有官僚制度、没有农民阶层的资本主义国家,并且它的大部分资本都是用于在其他国家的剥削,正是由于这一切,才提供了使工人运动发展起来的政治自由,以及对工人运动有利的舆论倾向。

如果这种说法是正确的,那么,无疑英国的工人运动自从产生以来,也就是自从本世纪初以来,就享有像今天这样的政治自由和舆论的好处了,因为英国社会生活的上述全部特点早在一个多世纪前就有了。但工联主义的历史告诉我们的情况却完全相反。

这一运动的最初阶段,从本世纪初直至40年代,全部是工人联盟为争取生存权而进行严酷斗争的历史,这种斗争就像大陆上的无产阶级曾经进行过,而且现在部分地区仍在继续进行的斗争。这个"社会改良的国家"长达数十年拒绝颁布最低限度的保障工人利益的法律。在这个"社会和平的国家"里,工人在他们的生存斗争中采取了极端的暴力手段,如举行游行示威、骚扰性罢工、谋杀、逃跑。而政府的应对手段则是大陆上至今仍在使用的一切行之有效的手段,如逮捕、审讯、判重刑、流放、在工人游行示威时大量投入间谍、警察和军队、等级司法和警察专制等。总之,我们在英国工人运动的前半个世纪看到,正在成长的工人阶级及其对于社会改良的最低限度的要求受到种种形式的残酷镇压。[①] 当时这个国家同今天一样已经没有军国主义、没有官僚制度、

---

① 悉·韦伯《工会史》第50—130页。——编者注

没有农民阶级,但就是这个国家却具备应有尽有的用暴力镇压工人运动的手段。可见,如果说自从本世纪中叶以来,我们看到英国采取另一些办法对待工人阶级,那么,这并不是同它的政治生活中的那些特点有关,而是同其他随着时间的推移才出现的情况有关。

事实上,英国的情况在 50 年代前后发生了一系列重要的变化,这些变化表现在以下两个方面。首先,在这一时期,英国的工业垄断了世界市场。40 年代以前,英国的生产不得不经历频繁而严重的停滞,50 年代以后开始持续而急剧的高涨。这种高涨使英国的整个企业主阶级遇到了与个别厂主在景气时期所遇到的那种处境:同工人发生争执,并像以往那样进行连绵不断的工业战争,对他们已经极不合适,他们最迫切关心的是,有秩序的环境、安定和"社会和平"。

因此,我们看到企业主立即改变斗争的手法。同工人的争执从实力问题变成谈判、调停、让步的议题。工业的黄金时代使对工人的让步既必然有利于繁荣经营,又在物质上无足轻重,如果说在最初那个时期[1]代表英国资产阶级的是施杜姆那样最残暴的主张严刑峻法的人,那么这个时期它的真正的代言人就是那个企业主,他曾经在 1860 年说:"我认为,罢工既是为购买劳动而进行商业谈判的行动手段,又是它的必然结果"[2]。

另一方面,在工人运动内部也发生了重要的变化,而这无疑同上述情况密切相关。在本世纪的 20 年代、30 年代和 40 年代初,我们看到工人运动热衷于政治改良和社会改良,热衷于包罗万象的计划和社会主义思想。"在议会中,他们(工人们)是梦想新的天堂和新的世界的理想主义者、人道主义者、教育之友、社会主义者和道德学家。"[3]弗兰西斯·普莱斯[4]写道,在欧文学说的影响下,英国工联主义者相信,有可能通过所有雇佣工人普遍的、非政治性的联盟,提高工资并缩短工时"到这样的程度,以致他们的全部劳动产品在不久

---

① 第二版改为"在德国的社会改良最终长眠之后"。——编者注
② 悉·韦伯《英国工会的理论和实践》第 1 卷第 196 页。——编者注
③ 悉·韦伯《英国工联史》第 121 页。——编者注
④ 弗·普莱斯(1771—1854)——英国工人运动活动家,改良主义者。——编者注

的将来就可以归他们自己所有"①。当时英国的阶级运动具体地表现为全国性工会联合会的组织(全国各业大统一工会),这个联合会在工会斗争中表明自己是相当死板的组织,而且不久也就垮了,但它清楚地表达了阶级及其整个团结起来争取共同目标的观念。我们同样认为,宪章运动就是英国无产阶级通过政治行动追求社会主义的目标。

这一切在50年代初都改变了。宪章运动和欧文主义运动失败后,工人阶级放弃社会主义目标而致力于完全的日常要求。联合(尽管这种联合很不完全)在欧文的大统一工会中的阶级彻底瓦解成分散的、各自单独行动的工会。不是把工人阶级的解放,而是把争取尽可能有效地经营"租约事务所"当作奋斗的目标,不是努力同现存制度进行斗争,而是谋求在这一制度的基础上舒适地安排自己的生活,总而言之,不是进行社会主义的阶级斗争,而是进行争取资产阶级生活方式的资产阶级的斗争。

工联的成就是通过这样两个途径取得的:同企业主进行直接斗争和对立法施加压力。但是,在这两种情况下,它们的这些成就都应直接归功于它们曾经赖以生存的**资产阶级基础**。至于同企业主的斗争,全国工会代表大会在1845年就已宣布"工会活动的一种新方法——**调解和仲裁的政策**"②。但是,调解和仲裁只有以共同的基础为前提才有可能。这样一个基础很快就具体表现为广泛推行的滑动工资率制度③,而这种制度又以企业主与工人的经济利益和谐一致为基础。正如我们在80年代以前所见到的,只是因为企业主同工人都立足于这一共同的基础,才有可能广泛推行集体合同、建立调解机构和仲裁法庭。但这样一来,劳资之间的冲突和摩擦就从阶级斗争变成了买主同卖主之间的讨价还价,同任何一件商品成交时的情况一样。如果说,一方面企业主懂得了罢工在"就购买劳动而进行商业谈判时是不可避免的",那么另一方面,劳动也甘愿被看作单纯的"商业谈判"的对象。

---

① 悉·韦伯《英国工联史》第125页。——编者注
② 悉·韦伯《英国工联史》第151页。——编者注
③ 这种工资制度的基础是企业主与工人签订的协议。协议规定,工资的高低取决于与产品的市场价格变化的一定比例。这明显有利于企业主操纵工人,因而遭到工人的反对。——编者注

工联承认资产阶级国民经济学关于供求是工资唯一调节器的学说作为整个工会斗争的基础,"由此得出的理所当然的结论就是:它们巩固或者改善自身境况的力所能及的唯一办法就是**减少供应**"①。

因此,我们看到,那个时期工会斗争的手段是取消加班、限制徒工数量和向国外移民(个别行业直到 80 年代还这样做)。这就是说,除第一点外,纯属行会式的方法。

工会运动的政治方面具有同样的性质。这方面的两个观点尤其典型。首先是英国工联主义者自身的政治态度。他们在 80 年代中期以前曾经是而且今天大都仍旧是彻底的、纯粹的资产者——自由派或者保守派资产者。其次是他们在争取劳工保护法的斗争中所采取的方法和手段。这绝不是像德国或者大陆上其他国家所进行的那种群众鼓动,而是一套十分特别的、复杂的、对资产阶级议会议员(不问其党派立场)进行劝说和施加影响、进行肮脏的交易、执行没有丝毫原则性和阶级性的议会外幕后政策的体系,这种政策特别是在棉纺织业工人中已完整地形成。② 工会的最伟大的立法成就恰恰是要归功于这些手段。与此完全相反,一种更有阶级觉悟的态度却成了争取实际成就的障碍,矿工联合会曾经必须与之斗争的那些困难已说明了这一点。③

我们看到,英国工会的建设和整个性质在本世纪下半叶发生变化,这与如此安排的活动有关。运动的领导权从那些"非专职的热心人和鼓动家"手里转到了"固定的、支薪的官员阶层"手中,而这些官员有时甚至是根据正规的学校考试来任命的。④ 工会运动由进行阶级团结教育的活动和社会主义道德教育的活动变成了交易活动,工会成为一个特别复杂的机构,一所为长期生活布置得舒适的住宅,而且在那个时期的所有工人存在"一种谨慎的、纵然有些**狭隘的**政客思想"。

---

① 悉·韦伯《英国工联史》第 160 页。——编者注
② 悉·韦伯《英国工会的理论和实践》第 1 卷第 230 页。——编者注
③ 同上,第 234 页。——编者注
④ 悉·韦伯《英国工联史》第 163 页。——编者注

二

5 月 10 日于莱比锡

我们在上一篇文章中已经指出，从 50 年代以后，英国的工人和资产阶级在经济上、政治上以及道德上就有了共同的基础。"他们（工联领袖）十分虔诚地忍受他们的资产阶级敌人经济上的个人主义，仅仅要求联合的自由，而资产阶级中比较开明的人士愿意给他们这种自由…… 他们对资产阶级思维方式的理解和对形势中实际困难的估计，使他们不去做一个只会进行煽动的人…… 讲礼貌看起来虽然是普通的小事，却是他们最大的长处。他们具有完满的自尊心和端正的品行，在私人生活中，举止言谈都恰到好处，完全无可指责，没有任何举止使人联想到小店主，值得赞赏。"①

这种政客式的个人主义政策必然导致这样的结果：工联的纯经济斗争和它们争取劳工保护法的斗争都不像在德国、法国和其他国家那样，由所有的工会为了整个工人阶级的利益统一进行，而是分散地、由各个工会独自进行，有时相互之间还发生直接的冲突（参看达勒姆郡和诺森伯兰郡的代表在议会中反对矿工联合会②意图的行动③）。缺乏共同的经济基础和政治基础，即阶级立场，大小工会之间、熟练工人工会与非熟练工人工会之间以及新老工会之间的矛盾，也注定使他们的共同行动——他们的全体代表大会和他们的议会委员会——无果而终并陷于瓦解。④ "代表大会代表**许多不一致甚至相互冲突的利益**，因而无非是一种松散的联盟。"⑤

除上述两点即工业的持续繁荣和工人运动的资产阶级基础外，英国的情

---

① 悉·韦伯《英国工联史》第 194 页。——编者注
② 矿工联合会是一个积极的政治组织，它面对政府维护矿工的利益。相反，达勒姆郡和诺森伯兰郡的伯爵联合会则反对实行八小时工作日和扩大手工业的法律调节。——编者注
③ 悉·韦伯《英国工会的理论和实践》第 1 卷第 234 页。——编者注
④ 最近一个证明是在加的夫举行的工会代表大会采用的表决方法，这种方法的"目的显然是为把全部权力交给职员"，也就是少数老工会和大工会的职员。（《英国工会的理论和实践》第 1 卷第 248 页）——编者注
⑤ 悉·韦伯《英国工会的理论和实践》第 1 卷第 248 页。——编者注

况还有与此有必然联系的第三个特点,即舆论对工人的友好态度。并不像有人经常断言的那样,使英国舆论对工人运动表示友好并给予有力支持的是"人所共有的同情心",是英国资本大部分用于国外这个事实。

持这种见解的人,只看到舆论对工人产生影响的一个方面,即它为工人提供的**物质**援助,他们却忽略了另一个方面,即它向工人施加的**精神压力**。英国的舆论毕竟不是对一般的工人运动,而是对特定的、现存的,即已在英国形成的工人运动,也就是对经济上、政治上都站在资产阶级社会的立场上的运动抱亲切态度。它并不支持阶级斗争,相反,它防范阶级斗争。当发生罢工,发生争取提高工资的斗争时,大家知道,舆论就专横地迫使人们去仲裁法庭,进入仲裁程序,即使工人正好处于优势,舆论也不会让斗争成为力量的较量。如果工人不愿听从舆论的呼声,那他们就要遭殃。英国工人在同企业主进行斗争时,作为资产阶级社会的成员、资产阶级的政治家、资产阶级的**选民**,得到英国资产阶级社会的支持,而这种支持又使工人进一步成为这个社会的忠实成员。

明智的企业主和同样明智的工会会员,体面的资本家和体面的工人,胸怀宽大的、对工人友好的资产者和心胸狭窄的、带有资产者局限性的无产者相互制约,他们不过是表述同一种关系的相关概念而已,而这一关系的共同基础是本世纪中叶英国经济的特殊地位:英国工业的**稳定**和世界市场的唯一霸主。

上述情况在英国一直持续到 80 年代。但是从此以后,各个方面,尤其是工会在迄今的发展基础发生了深刻的变化。英国在世界市场上的地位由于俄国、德国以及美国资本主义的发展遭到彻底的动摇。英国的迅速衰落不仅表现为销售市场一个接一个地失去,而且对于当时资本主义的发展来说,也表现出很典型、很重要的特征——落后的**生产方法和贸易方法**。而贸易方法总是比进出口统计本身更早、更可靠地表明资本主义工业的繁荣或萧条。一个上升国家的资本家阶级首先以熟练的和灵巧的生产技术和贸易技术而出众(请看直到 60—70 年代的英国和当前的德国),同样,在一个工业发展不畅的国家,落后的和拙劣的生产方法和贸易方法是主要的、无可怀疑的标志。现在,英国就是这种情况。多年来,在英国各领事馆的报告中,对英国商人的冷漠和生硬态度的抱怨是一个固定的题目。至于说到生产方法,由于外国的竞争和为了保护本国的国内市场,英国目前不得不采用现代的生产技术(这在不久前还是闻所未闻的事),比如请看当前英国白铁工业在美国竞争的压力下实行的变革。①

基础的动摇、商业情况的不稳定、营业状况的市场不景气,使英国的资产者和工人的态度都发生了变化。英国工业的普遍萧条暂时还由于国际军国主义和国际贸易对船舶建造业的需求而得到弥补和抵偿,而船舶建造业又支持了一系列重要工业部门,如冶金工业。但是,在这一方面英国不久也将面临德国竞争的威胁。

如果说资本在繁荣时期对于向工人作出让步感到无所谓,那么,这种让步在当前却变得越来越敏感,越来越使人恼火。它对调解程序不满,它利用调解委员会的裁决"拒绝工人更高的要求",而在另一些场合,它"利用战略地位迫使工人接受比调解委员会的裁决更加不利于他们的条件"②。另一方面,滑动工资率制度③以前曾保证工人享有工业繁荣带来的份额,现在由于营业不景气它就越来越频繁地使工人的利益受到损害。各工会坚决反对这种滑动工资率制度。由于工人方面反对这种滑动工资率制度,而企业主方面有计划地破坏仲裁裁决,伴随英国工联主义全盛时期的整个调停仲裁程序就失去了基础,"社会和平"也就随之消失。这种变化得到了正式承认,因为前几年废除了规定一切劳资之间的冲突必须经过调停程序的 1867 年和 1872 年法律。同时,随着营业持续兴旺的景象和工人安定状况的消失,也不可能再像从前那样巧妙地建立工会,并使它们错综复杂的机制像从前那样正常地、顺利地运转。随着滑动工资率制度和常设的调解程序的废除,这种巧妙的机制和工会专业化的官僚制度大部分也都失去了作用,所有在最后 15 年内建立的工会同从前的工会相比,都以组织和职能的简化见长。在这方面,它们和大陆上的工会相似。但是,由于心平气和的仲裁程序越来越无效,正如我们在机械制

---

① 见 1898 年 12 月中的《德国工业报》——编者注
② 悉·韦伯《英国工会的理论和实践》第 1 卷第 182 页。——编者注
③ 见本卷第 572 页脚注③。——编者注

造工人的罢工①和威尔士煤矿工人的罢工②中所看到的,劳资之间的冲突便越来越变成权力问题。"社会和平"在英国也让位于社会战争——**阶级斗争**,工会逐渐由保障工业和平的组织变成以德国、法国、奥地利的工会为榜样的战斗组织。

最近两个重要的迹象表明,无论是英国的资产阶级,还是英国的无产阶级都意识到了这一变化,并武装自己,进行严肃的阶级斗争。在企业主那里成立了**反对工会的议会行动联盟**,在工人那里重新出现了**工人总同盟**的观念。这种观念憎恨资本家和老派的工会会员,憎恨"社会和平"的拥护者。在英国的无产阶级大众中则清楚地表现出团结的需要,表现真正意义上的**阶级意识**的觉醒。

从我们对英国工联主义简史所作的概述中,可以就反对伯恩施坦及其拥护者的争论得出三点结论。

首先,关于**工会对于社会主义**具有直接的意义这种想法是完全错误的。恰恰是人们引以为证的英国工会运动以往取得的成就,大部分应归于它们纯粹的资产阶级性质,归于它们对社会主义"乌托邦"的敌视。英国工联主义的历史编纂者悉·韦伯③和比·韦伯反复而明确地强调,英国的工会运动只要充满社会主义思想,就会失败,相反,它只要变得狭隘、肤浅、摆脱社会主义,就会获得成功。④

可见,正是英国工联主义(其典型代表是资产阶级式地思想和感觉的工人绅士,他们大腹便便、光鲜体面、心胸狭隘、无聊浅薄。)证明,工会运动本身还丝毫不是社会主义的东西,甚至可能是传播社会主义意识的直接障碍。反过来也一样,社会主义意识可能是纯工会取得成就的障碍。

---

① 1897 年 7 月—1898 年 1 月,英国 70 000 名机器制造工人为争取八小时工作日而举行罢工。虽然英国和德国的工人运动给予了了强大声援,但罢工还是以失败而告终。——编者注

② 1898 年 4 月 1 日,南威尔士的 10 万名煤矿工人举行罢工,要求提高工资 20%,然而,这次罢工因罢工者的资金耗尽而在 1898 年 9 月 1 日无果而终。——编者注

③ 悉·韦伯(1859—1947)——英国政治活动家、经济学家和历史学家,费边社创始人之一;与其妻比·韦伯合著了许多关于英国工人运动的历史和理论的著作,宣扬在资本主义社会中和平解决工人问题的改良主义思想。——编者注

④ 比如参看悉·韦伯《工会史》第 121、142 页;《英国工会的理论和实践》第 1 卷第 213 页等。——编者注

在德国和整个大陆,工会一开始就是在阶级斗争,也就是在社会主义斗争的基础上形成的,简直可说是社会民主党的产物,是它的产儿(请看比利时和奥地利的情况)。这里的工会事先就隶属于社会主义运动,并且同英国的情况相反,它们只有依靠社会主义阶级斗争并在得到它保护时,才能指望获得成功(请看现在德国社会民主党为保护结社权的行动)。从这个角度,即从无产阶级解放斗争的角度看,德国的(以及整个大陆的)工会,尽管有自己的弱点,并且部分地由于有这些弱点,但比英国的工会**更先进**。推荐英国的例子,等于建议德国工会放弃社会主义阶级斗争的基础,而立足于资产阶级的基础。为了有助于社会主义事业,不是德国工会应当效法英国工会,而是相反,英国工会应当效法德国工会。可见,英国眼镜之所以不适合德国,并不是因为英国的情况比德国**先进**,而是因为从阶级斗争的角度看它**落后**于德国。

其次,如果我们抛开工会对社会主义的主观意义,和它对**阶级意识**的影响不谈,而去看看它的客观意义,即根据机会主义的理论,工会应当交给工人并让他们用来粉碎资本的那种"经济权力",那么,这种权力也表明自己不过是一个童话,而且是"一个古代的童话"。即使在英国,工会那不可动摇的经济权力(完全不谈它是付出怎样的代价获得的)大部分已经成为过去。正如我们所看到的,这种权力同英国资本主义的某个特定的并且是例外的时期——对世界市场的唯一统治有关。唯独这一时期由于它的稳定和繁荣成了工联主义的真正全盛时期的基础,但是它既不会在英国也不会在其他任何一个国家再现。

如果说德国工人运动甚至能够和愿意听从机会主义的建议,为了"经济权力"而放弃"贪食传奇"即它的社会主义性质,仿效英国工联主义,那么,它将永远不可能获得英国工联从前的那种经济权力。原因很简单:因为老工联主义的经济基础不可能由机会主义用法术人为地变出来。

那么,概括地说,伯恩施坦的"英国眼镜"是什么呢? 这是他理解方式的一枚凹面镜,其中显示的一切图像都是头足倒置的。他所认为的社会主义斗争最有力的手段,实际上对于社会主义却简直是一种障碍,他所认为的德国社会民主党的未来,则是英国的运动在向社会民主主义发展的过程中日益消失的过去。

1899 年 5 月 9、10 日《莱比锡人民报》第 105、106 号

安东尼奥·拉布里奥拉论伯恩施坦[①]

    意大利最杰出的马克思主义理论家之一,罗马的安东尼奥·拉布里奥拉教授为法国杂志《社会主义运动》五月号撰稿,就伯恩施坦的书及其对各国工人运动的意义发表了看法。我们的读者肯定也会对这篇文章感兴趣。

    拉布里奥拉在给编辑部的信中写道:"我刚刚通读完伯恩施坦的书,阁下想知道我对这本书的意见,说实话,我只是匆匆地浏览了一遍,而且我主要是为了自己写作,而不是为了对它作出评论。何况我也没有时间以应有的认真态度阅读大量为了回答这本书而写的文章,特别是考茨基、阿德勒、帕尔乌斯和罗莎·卢森堡写的论战性文章。

    "如果从德国社会民主党的角度看问题——我在去年 12 月 21 日给阁下的信中已经说过,这是关键所在——那么,我认为,伯恩施坦的思想和名字不会构造成新的流派,新的运动,而德国社会民主党既然已经胜利地克服了如此之多的障碍和困难,它在这些讨论中也只会变得更强大,更清楚地认识到自己的目标。人们草率地称之为马克思主义危机的东西,在我看来,一般从实践的角度看,特别是从政治的角度看,只对德国有意义,因为只有在德国才完成了社会主义工人运动和马克思主义的相互渗透,甚至完全的融合。而这就是只有德国人才讨论伯恩施坦的书的原因。

    "我作为一个外国人,首先很难理解,关于社会主义原理的争论在法国会引起什么反响,因为在法国有五个社会主义组织,它们分别代表无产阶级运动

---

① 1899 年 5 月 1 日《社会主义运动》第 8 期刊登安·拉布里奥拉的《试论伯恩施坦的书》一文。根据罗莎·卢森堡在 1899 年 5 月 8、11 日给莱·约吉希斯的信中的说法,她是从阿·瓦尔斯基那里知道拉布里奥拉的文章的,并让后者寄来了这期杂志,翻译了这篇文章,加了引言,在文后加了注释,寄给了《莱比锡人民报》。——编者注

的不同阶层和革命传统的不同阶段。如果撇开那个能称为马克思主义的组织不谈，那么，在我看来，其他四个组织都极为弱小，碰到这个在德国人心目中会影响其实际生活的正常运转的问题，只会无动于衷。如果说能加强你们那些都已步入正轨的派别的联合，那么，肯定不是根据和因为理论公式，而是因为运动本身所处的条件，是因为法国一般的政治形势造成的结果。那个事件（拉布里奥拉指德雷福斯事件）甚至对社会主义的政策来说，足够富有启发意义。

至于伯恩施坦的书，关键在于：逐步讨论、分析和斗争。但是，所有这些都有一个前提：为了一个政党的利益，在一个熟悉的领域，以经验和活动的某些传统为依托，进行讨论和斗争。如果阁下读读那些因为这本书而在德国发表的文章——我目前已经收到罗莎·卢森堡发表在《莱比锡人民报》上的非常生动和透彻的文章——难道阁下不觉得，这是一个活的机体的直接反应，而只有这种活的机体才有这样的反应吗？这样才能理解，反复强调这些原理，不是学说上的固执，而是有机体的生命本身，而这个有机体因这些变得有血有肉的原理而维持生命，它用这些原理维护自己的范畴、自己的指导性观点、自己的行为方式，一句话，维护自己的存在。

……当然，也有这样的人，他们随时准备重新讨论价值理论、辩证法、历史唯物主义、阶级斗争、崩溃论、未来世界和未来国家。但是，我们真的能每天强迫自己完全批判地修订整部百科全书吗？从这个形式的角度看，伯恩施坦的书有一个重大错误，那就是它太百科全书了。如果作者鉴于德国的特殊条件，直接谈论党的实践活动和政治行动（我们这些非德国人不太可能了解这一点），那么，他这本书就会更有益，更有用，至少是方便讨论。但是，他从根本上（ab imis fundamentis）描写了整个信念，这样，他就迫使那些想反对他的人花费许多时间去写一大本书。

至于意大利，阁下也能确定，它那微不足道的社会党（相对于强大的德国社会民主党，我只能这么称呼它）或许由于各种外部原因而不堪一击，但是，它不会给自己制造麻烦，不会尝试把自己分裂成各个派别。这是事实，而且是不争的事实。这一判断是实事求是的，因为我同样关注各国的社会主义运动，我对这个党至今的发展没有作出一份特殊的贡献。这个党不会遭遇危机，它目前正在为自己的生存进行保卫战。可见,德国的理论和政治斗争很难在这里引起强烈的反响和持续的回应。

我坚信,罗曼语族国家的社会主义还需克服大量空想,而目前的讨论对它不无裨益。我同时相信,社会主义总是到处受到激进分子、犹豫改良分子和粗鄙革命分子的影响,而这次讨论将会为再次澄清问题提供可能。

多么凑巧!德国党重要的战斗机关报《社会民主党人报》在非常法的淫威下出版——阁下知道,该报是先在苏黎世,后搬到伦敦出版——的最后一号上,我们看到:'如果允许德国社会民主党参加谈判,《社会民主党人报》就会重新出版,以示抗议。'①《社会民主党人报》回国之后还不到九年——已不再是那种用轻质纸张印刷的小报,而是已经发展成为读者众多的大报——就自己起来在德国反对还在流亡地的伯恩施坦,要知道,伯恩施坦在 1879—1890年是乐于斗争的《社会民主党人报》勇敢而精明的编辑!如果日常生活让我们如此意外,我们中还有谁敢有把握预言未来?

这场争论其实反映了一个重要的基本问题,即几年前大家抱有的赤诚、热烈、急躁的希望。而这些希望明显太过具体和概括,目前遇到了经济关系的敏感的阻力,遇到了政治界犬牙交错的问题。而有些人的精神时代(也叫耐心和观察能力)已不符合事物的时间尺度,于是他们半途而废,脱离正轨。但是,**只有**无产者能够无限期地存在下去,只有他们的数量以无法估量的规模增长。不管资本主义世界随意变得多么复杂,它都不得不增加和教育无产者。

马克思主义的危机无非表明了一个非常简单,非常明了的事实:一些人离开我们,另一些人半途而废。让我们祝愿离开我们的人旅途愉快,给予半途而废的人留下足够的食物和饮料。但是,至于那些把我们这种表示当作哗众取

---

① 弗·恩格斯在 1890 年 9 月 27 日《社会民主党人报》的最后一号上,说了意思相近的话:"一旦有人对普通法适用于我们这一点提出异议,《社会民主党人报》就会重新出版。为应对这种局面而保存下来的旧的机构将重新进行活动,这将是一个更加完善、更加有力和重新整顿了的机构。"(《马克思恩格斯文集》第 4 卷第 401—402 页)曾以笔名 X.y.o.为《社会民主党人报》撰稿的拉布里奥拉本人在给编辑部的信中写道:"请允许 X.y.o.也向《社会民主党人报》悲伤地道别,他对这家无畏的报纸——堪称国际社会主义长达 12 年的英勇学校——的停刊深表遗憾。德国社会民主党万岁!现代革命的先锋万岁!现代历史的教育大师万岁!致以兄弟般的祝福和敬意,您的安·拉布里奥拉。"(1890 年 9 月 20 日《社会民主党人报》第38 号)这使我们感到自豪。——编者注

宠的废话,当作诽谤的借口或合适的工具的人,那么,我们可以平静地付之一笑。"

这里复述的意大利最出色的理论家之一的意见,虽然只以简单的书信的形式,但清楚地表明,社会民主党的头脑清醒和善于思考的人,即使在外国,对机会主义理论家的看法也是一致的。特别值得注意的是这封信的最后一段,如此平静、坚定和清晰地描述了机会主义危机的真实背景:运动中一些动摇分子的反复无常和怯懦软弱。伯恩施坦在《前进报》发表的辩护文章中夸口说,来自五湖四海的大批拥护者聚集在他的旗帜下。现在,不仅奥地利社会民主党,而且意大利社会党也使他当众出丑。事实上,国际运动中以理论为指导和政治上坚定的分子,现在和将来到处都会坚决地反对他。正如拉布里奥拉贴切地所说的,资本主义本身不管变得多么复杂,都将不断增加无产者群众的数量,并培养他们进行社会变革。

1899 年 5 月 13 日《莱比锡人民报》第 108 号

一个策略问题

7 月 6 日于莱比锡

米勒兰①加入瓦尔德克-卢梭内阁不仅使法国社会党人,而且使其他国家的社会党人有合适的理由重新审视某些策略和原则。社会党人主动参加资产阶级政府,无论如何是一种超越社会主义常规活动方式的现象。这难道与在议会和市镇参议会中的活动一样,也是为无产阶级事业服务的一种合理的、适宜的方式吗? 还是相反,是对社会主义的原则和策略的践踏呢? 最后,社会党人参加资产阶级政府是一个例外情况,难道在一定的条件下是可以容许和必要的,而在另一些条件下则是不能容许的和有害的吗?

最近,在我们党内,尤其是在伯恩施坦的理论中,提出了关于社会主义的机会主义观点,即所谓社会主义逐步长入资产阶级社会的观点。根据这种观点,社会主义者加入政府既是值得欢迎的也是自然的。如果人们将来可以将**社会主义逐步地、一点一滴地偷偷塞入**资本主义社会,而另一方面,资本主义国家也能自动地逐步变成社会主义国家,那么,社会党人加速参加资产阶级政府就可以说是资产阶级国家民主发展的一个自然结果,完全符合他们所谓的日益接近在立法机构中取得社会主义多数。如果说这一事件以这种方式符合机会主义的理论,那么,它同样也符合机会主义的实践。既然取得直接的、明显的成果(而不管通过怎样的方法)是这种实践的指导路线,那么,社会党人

---

① 亚·埃·米勒兰(1859—1943)——法国政治家,80 年代是小资产阶级激进派,90 年代加入社会党,法国社会主义运动中的机会主义派别的首领;1899 年参加资产阶级的瓦尔德克-卢梭内阁,1904 年被开除出法国社会党后,与原来的社会党人(白里安、维维安尼)组织了"独立社会党人"集团;1909—1910 年、1912—1913 年和 1914—1915 年历任部长职务;十月社会主义革命后,是武装干涉苏维埃俄国的策划者之一;1920—1924 年任法兰西共和国总统,1924 年6 月,当拒绝与他合作的资产阶级左派政党在大选中获胜以后,不得不辞职。——编者注

加入资产阶级内阁在"实践政治家"看来,应是一个不可估量的成就。一位社会党人部长为什么不能作一些细小的改善、调和,以及各种各样的社会补缀工作,从而实现一切呢!

如果从另一个观点看,那问题就不一样了。这种观点认为,只有在资本主义制度崩溃以后,才能开始实行社会主义,目前的社会主义活动只限于通过阶级斗争为这一时刻的到来作好客观的和主观的准备。当然,社会民主党为了进行实践活动,必须占据现今国家中的一切可以取得的阵地,到处向前推进,这是事实。但是,前提必须是在这样的阵地,人们可以在那里开展阶级斗争,即反对资产阶级及其国家的斗争。

但是就这方面来说,在一个资产阶级国家的立法机构及其政府之间存在本质上的区别。在议会中,工人代表虽然不能达到自己的要求,但至少可以采取反对派的立场继续斗争。相反,政府的任务是贯彻法律、是行动,它决不容许在自己内部有一个原则上的反对派,它必须使自己的所有机构不断地行动,因此,即使政府是由不同党派的代表组成的,就像几年来在法国的混合内阁中那样,它始终立足于一个原则上是共同的基础,这个基础使它能够采取行动,总之,这就是现存的基础,即资产阶级国家的基础。资产阶级激进派的最极端的代表就整体来说可以同最反动的保守派并肩进行统治。相反,现存制度的原则上的敌人面临着这样的抉择:要么逐步地反对政府中的资产阶级多数派,也就是说,实际上不当政府的积极成员,这种状况显然是难以持久的,它势必导致社会党人成员被逐出政府,要么最后进行合作,每时每刻为保持和延续国家机器而在每一政府部门完成必要的职能,也就是说,实际上不再做社会党人,至少是在政府职务的范围内不再做社会党人。

当然,在社会民主党的纲领中有许多要求,至少抽象地说,也可能被资产阶级政府以及资产阶级议会所接受。因此乍一看来可能会觉得,一个社会党人不管在政府还是在议会,都同样可以为无产阶级的事业服务,因为他力争实行有利于自己的,而且可能的和可以实现的社会改良。然而,这再一次表明,机会主义政策总是考虑不到,社会民主党的斗争首先不在于争取什么,而是怎样争取。如果社会民主党在立法机构中的代表试图实行社会改良,那么,他们完全有可能同时反对资产阶级立法和整个资产阶级政府(在否决预算时极为明显地表现出这一点），从而使他们争取资产阶级改良的斗争具有原则上是社会主义的性质，即无产阶级的阶级斗争性质。相反，一个社会民主党人作为政府的成员，也就是说，在同时积极支持整个资产阶级国家的情况下，力图实行同样的社会改良，实际上把自己的社会主义充其量压缩为资产阶级民主或资产阶级的工人政策。因此，社会民主党人进入人民代议机构，是为了加强阶级斗争，推进无产阶级的事业，而社会民主党人参加政府，结果只会导致社会民主党队伍内部的腐化和混乱。工人阶级的代表只有在一种情况下可以参加资产阶级政府，而不致背离自己的使命，那就是为了夺取政府并把它变成占统治地位的工人阶级的政府。

当然，在资本主义社会的发展或者不如说衰亡过程中，可能会出现这样的时刻，那时无产阶级的代表还不可能最终夺取政权，但是他们参加资产阶级政府是必要的，尤其是在涉及国家的自由或民主成果（例如共和制）的时候，那时资产阶级政府本身已经声誉扫地，处于瓦解状态，以致没有工人代表的支持就无法领导人民。在这样的情况下，劳动人民的代表当然不应为了奢谈抽象的原则，而不去捍卫共同的事业。但是，即使在这种情况下，社会民主党人参加政府的形式，既不能引起资产阶级，也不能引起人民对其行动的暂时性质和特殊目的产生丝毫怀疑。换言之，社会党人参加政府即使到那时也不能同政府的活动及其存在保持完全一致。法国目前是否已经形成上述形势，还是一个问题，因为各国社会党从一开始就没有考虑参加政府，他们当时就声明，支持任何一个真诚的共和主义政府。相反，米勒兰的入阁——无论如何没有得到他的同志们的授权——使各国社会党部分放弃这种支持。总之，问题不在于对瓦尔德克-卢梭内阁的特殊事件作出判断，而在于从我们的原则得出一个普遍的准则。从这个角度看，社会党人加入资产阶级政府是一种只会损害阶级斗争的试验。

在资产阶级社会中，社会民主党按照其性质来说，只能扮演反对党的角色，它只有在资产阶级国家的废墟上才能表现为执政党。

1899 年 7 月 6 日《莱比锡人民报》第 153 号

被蛀空的核桃

7 月 22 日于莱比锡

白尔尼①曾经说过,每当他读他的半官方反对者的著作时,都觉得自己好像是在咬一个被蛀空的核桃。每一次他都一丝不苟地用力将这个半官方的核桃咬开,然而出乎意外,牙齿没有遇到什么阻碍就狠狠地碰到一起,神经陡然一颤,口里留下来的只有令人作呕的味道——虫子。现在阅读那些不可胜数的关于"马克思主义危机"的书籍、小册子和文章的人碰到了类似的情况,而最近几个月里,这类作品简直像被强风吹落在地的核桃一样接二连三地被抛了出来。

在《康拉德年鉴》的最新一期中,一位初出茅庐的西姆克霍维奇博士打扮得怪里怪气,登上了舞台。他在题为《社会民主党的危机》②的 60 页的大作中,引述马克思主义从前的和新近的所有著作,援引近两个世纪以来的大部分哲学家的著作,让那些所有用活的和死的语言写作的有权威的证人都出来为他发誓作证,还用一些诗句点缀其间。所有这些哲学家、学者和诗人在他那里都以咄咄逼人之势证明,马克思的学说的一切论点早已被生活和科学统统抛进了垃圾堆。

这个最近战胜马克思的人从纽约射出他那致命的毒箭,但显然他是在德国的某所大学里被弄傻了,下面一句话恐怕就足以说明他的"学术"水平:"卡

---

① 卡·路·白尔尼(1786—1837)——德国政论家和批评家,激进的小资产阶级反对派的代表人物之一;写有向德国人介绍法国革命事件的《巴黎来信》;晚年是基督教社会主义的拥护者。——编者注

② 《国民经济学和统计学年鉴》,约·康拉德编,第 3 辑第 17 卷第 6 期第 721—781 页。——编者注

尔·马克思的……**重大错误在于，他提出了一个不是确定社会的未来，而是解释社会的现在的体系**。"①这就是说，他没有制定建立一个理想社会的社会方案，而是写出了对现存社会进行研究的成果，也就是说，他不是空想主义者，而是科学的研究者。他的"重大错误"就在于此。

在本世纪末的今天，如果在其他某个科学领域有一个西姆克霍维奇提出某种类似的论断，例如，认为达尔文的重大错误在于，他解释了动物界的实际发展情况，却没有指出这个世界应该如何发展，那么一家科学杂志的编辑部就会把他的文章立刻退回去。唯独在社会科学领域里，尤其是在涉及反对马克思主义的问题时，这种中学生式的判断却可以在教授们办的一个杂志上心安理得地公诸于众，而这远不是一种偶然的现象，确切地说，对资产阶级杂志上和大学里的当今官方社会科学而言，这是很典型的。

"这个受过科学训练的人相信形式上的正义原则的胜利，并对社会组织的技术安排漠不关心，而理解力没有受过培养的人却相信一个物质上确定的组织，相信一个具体的乌托邦式的社会图景，而不相信抽象的 suum cuique（各得其所的原则）。"②这是西姆克霍维奇的另一个判断。我们看到，在他这个人身上有着取得文凭的蠢材们的一切受过科学教养的优点，因此他也不乏自负。只有那些未受过教育的群氓，才会拘泥于那种想法，认为要实现公平原则，就需要有一个具体的社会组织；用施塔姆勒③式的智慧加以科学训练的人却仅仅拘泥于"形式上的原则"，也就是说，"拘泥于"这个原则在麻雀和德国教授们在其中运动的元素——虚幻的空气——中的存在。读者自己一定也会说，西姆克霍维奇首先在为社会民主党所致的悼词中，认为社会民主党的所有原则——"革命"、贫困化理论、价值规律、唯物主义历史观就像秋天的落叶一样接二连三地败落了，然后福尔马尔、康普夫麦尔④、康拉德·施米特和作为所有这些人泰斗的**伯恩施坦**就仪表堂堂地列队出场了。几个月来，在所有资产

---

① 《国民经济学和统计学年鉴》，约·康拉德编，第 3 辑第 17 卷第 736 页。——编者注
② 同上，第 17 卷第 6 期第 780 页。——编者注
③ 鲁·施塔勒姆（1856—1938）——德国法哲学家，从新康德主义立场出发反对历史唯物主义。——编者注
④ 保·康普夫麦尔（1864—1945）——德国新闻工作者，80 年代末加入社会民主党，90 年代初是"青年派"领袖之一；后为修正主义者。——编者注

阶级的报纸、杂志和一大批厚薄不一的书籍中奏起的这个陈腐的曲调过分无聊和单调,不值得人们对它去作进一步的分析。

然而,不管怎样,在所有这些关于社会民主党危机和战胜马克思主义的乏味的老生常谈中,毕竟提出了一个问题:最近到底发生了什么事情?众所周知,长期以来,战胜马克思就是德国教授们乐此不疲的事,也是在德国谋取大学非公聘讲师职位的屡试不爽的好办法。事情还不止于此。如果人们看一下德国近 25 年来社会科学的一般发展过程,就会发现,这个过程无非就是要彻底战胜马克思,而这个过程的最重要、最积极的原动力,就是试图否定马克思的学说。

我们可以国民经济学为例。经过斯密和李嘉图到马克思,从剖析资产阶级制度到揭示这个制度的运动规律和它的灭亡,这是古典经济学合乎逻辑的发展。对于资产阶级科学的最坚决的代表人物说来,他们必然要否定马克思所得出的社会主义的结论,因此也顺理成章地要诋毁整个古典经济学。所谓的历史学派就是作为这个经济学的最了不起的工具——导致揭示资产阶级社会的**普遍基础**的演绎法——的对立面而创立的,这个学派的原则是,像蚂蚁那样将零碎的"事实"生拉硬扯地拖到一起,并把"历史的"草茎和历史的垃圾堆成一座座山丘,将资产阶级社会的普遍运动规律成功地掩盖和藏匿在这些山丘的下面。他们就这样用一种十足的资产阶级的"思辨"来满足现代国民经济学的要求,也就是提供历史的观点,同时又削去真正的历史方法的任何革命锋芒。

古典经济学,包括它的最后一个代表人物马克思的另一个根本特点,是对经济现象的**客观的**研究。而庞巴维克—杰文斯①的"主观学派"是"战胜"这种危险的研究方法的一个产物,这个学派不想从人们之间的外在关系,而是想用个人的灵魂深处的想法来解释社会现象,并想通过这种办法来消除资产阶级关系的危险的后果。

尽管采取了这种办法,然而面对社会民主党的斗争,却仍然有必要以这样或那样的方式对资产阶级制度的那些也是由马克思一度加以揭露的,现在还

---

① 见本卷第 471 页脚注①。——编者注

裂开的伤口进行处理。布伦坦诺的讲坛社会主义①,这个"由肮脏的垃圾形成的怪胎",就负责处理这件事。

哲学,尤其是它的社会学部分,也经历着与国民经济学类似的发展过程。如同古典经济学经过斯密和李嘉图而发展到马克思那样,古典哲学经过黑格尔和费尔巴哈顺理成章地发展到马克思,从辩证法和唯物论发展到唯物主义历史观。因此同"战胜"古典经济学的研究方法完全相似,也必须战胜古典哲学的主要成果:辩证法和唯物论。由于从黑格尔那里开始的哲学的条条道路都不可避免地通向费尔巴哈和马克思的最危险的强盗巢穴,于是资产阶级的哲学家们只能简单通过一道诏令将黑格尔从哲学的发展中一笔勾销,让科学"回到康德那里"。

但是,最难办的还是"战胜"历史唯物主义。为了满足一切现代史观的要求,满足**一元论**,也就是满足**统一性**,同时也是为了避开唯物主义学说的那些危险的结论,资产阶级的社会学经过长期的反复折腾之后,终于在施塔姆勒的帮助下发明了一个新的、对整个古典哲学来说都是陌生的"一元论",它将社会生活的所有现象都在教授们的大脑里磨成一片毫无差别的糊糊,可见这个一元论既不是唯物主义的,也不是唯心主义的,而简直就是胡言乱语。它作为衡量各种社会意图是否合理的标准所能办到的仅仅是提出一个"形式上的社会理想",而这个理想的最美妙之处就在于它永远也不能实现。

这样,在本世纪的最后四分之一时间里,德国的整个官方社会科学就已经大大地"战胜"了马克思,马克思成了它们的整个存在的秘密根源。不过,战胜者们所有经济学的、社会学的和哲学的"学派"本身都有一个明显的特点:它们的出现不是要去说服马克思的天然追随者,即各个大众阶级,而仅仅是为

---

① 讲坛社会主义是19世纪70—90年代一个资产阶级思想流派。该派的代表人物主要是德国的大学教授,他们在大学的讲坛上宣扬资产阶级改良主义。讲坛社会主义的代表人物阿·瓦格纳、古·施穆勒、路·布伦坦诺、卡·毕歇尔、韦·桑巴特等人认为国家是超阶级的组织,因而鼓吹资产阶级和无产阶级之间的阶级和平,主张不触动资本家的利益,逐步实行"社会主义"。因此,讲坛社会主义的纲领仅局限于提出一些社会改良措施,如设立工人疾病和伤亡事故保险等,其目的在于削弱阶级斗争,消除革命的社会民主党人的影响,并使工人同反动的普鲁士国家和解。马克思和恩格斯对讲坛社会主义进行了坚持不懈的斗争,揭露了它反动和反科学的性质。——编者注

了使马克思的天然敌人，即资产阶级能够自我安慰，或至少能够自我麻醉。不论是罗雪尔①还是庞巴维克，是施穆勒②还是施塔姆勒，这些教授的所有夸大其词而又晦涩的废话，都摆脱不了那样一个社会阶层的某种穷极无聊的情调，这个社会阶层只在自己人中间相互取悦，并从一开始就准备不加区别地相信针对可憎的马克思的一切。这个讲坛上的小集团以"科学性"自负，他们自我满足和彼此欣赏，但是在这种傲态的背后却透露出他们非常尴尬地意识到劳动场所的庞大的马克思追随者队伍的强烈的、无声的蔑视。在"历史学派"故弄玄虚的空话后面，可以听到马克思在进行无情嘲讽时得意的笑声，而社会民主党的坚定脚步声则轻蔑地盖过了讲坛社会主义最卖力的鼓吹社会改良的长篇大论。

他们所鼓吹的简直就是一种"消化科学"，一种促进消化剩余价值的科学，这种科学丝毫也不企求或者希望有朝一日得到剩余价值生产者的尊重。

但是，一件出人意料的事情却突然发生了。社会民主党在广度上的巨大发展所带来的许多结果之中，有一种就是最近几年出现的机会主义思潮。机会主义处在与无产阶级运动的革命性对立的立场上，很自然，它必然要从头至尾经过在它之前几十年资产阶级科学已经采取过的所有一切相同的步骤，确切地说，是倒退的步骤。那些以在讲坛上从理论方面反对社会民主党为职业而领取俸禄的好人，突然发现自己已经转移到社会民主党的营垒中去了，这是他们自己也感到惊奇的。在伯恩施坦及其门徒们的理论中，由于冗长的、无的放矢的空论而早已死亡和腐烂，早已自然而然地被埋葬和被忘却的讲坛社会主义者突然复活了，"主观论者"复活了，施塔姆勒的那个变幻莫测的"社会理想"复活了。这个社会理想就像一只故意捉弄人的蝴蝶，让人永远也捕捉不住（"最终目标对我说来是微不足道的，运动［捕捉］才是一切，"③）。不言而

_____

① 威·格·弗·罗雪尔(1817—1894)——德国庸俗经济学家，政治经济学中所谓历史学派的创始人。——编者注

② 指古·施穆勒、阿·瓦格纳和路·布伦坦诺。他们都是讲坛社会主义的主要代表人物，将资产阶级自由派的改良建议当作社会主义来宣传，目的是抵制社会民主党的影响，在思想上反对马克思主义。——编者注

③ "我坦率承认，我对于人们普遍理解的'社会主义的最终目标'没有什么感觉，也没有什么兴趣。最终目标无论是什么，反正对我来说是微不足道的，运动才是一切！"（爱·伯恩施坦：《社会民主党的斗争和社会革命》，载于 1897—1898 年《新时代》第 16 年卷第 1 卷第 556 页）——编者注

喻,资产阶级的消化科学的内在性质不会因为有几个迷途的、头脑发昏的社会民主党人对它盲目模仿而有丝毫改变。当然,马克思主义的城墙同样也不会因为现在有些社会民主党人充当志愿兵吹响资产阶级的号角而倒塌。①

不过,只要党还没有正式地明确无误地将这些事实摆出来,资产阶级战胜马克思的那整个一伙人就总会舒舒服服地躺在最甜蜜的幻境之中:他们甚至做梦也没有想到,在社会民主党内竟然也有人追随他们;他们终于开始相信自己战胜了马克思,开始相信他们自己!

正是我们党内的这股机会主义的微风,使得关于"马克思主义危机"这种资产阶级的观点像被蛀空的核桃一样,在最近几个月中如此密集地倾撒下来。调子还是老的,其中的新货色不过是信心和希望,此外还有爱。因为甚至年轻的西姆克霍维奇也向我们保证说,如果我们发誓与业已被战胜的马克思主义完全决裂,他就不会忘记我们,而且还要"与我们同舟共济"。

如果教授们及其虔诚的信徒关于社会民主党内部事务的单调而无聊的"评论"也值得给予回应,那真是无聊到了极点。但是,将他们从前受到的尊敬,从前应有的自我批评再次回敬给他们,而且要通过彻底的批判,这是社会民主党对马克思应有的纪念。令人痛心疾首的是,社会民主党人自己在这方面也应受到批判。

1899 年 7 月 22 日《莱比锡人民报》第 167 号

---

① 出典于圣经传说:公元前 2000 年的下半年,占领巴勒斯坦的以色列人吹响用羊角制成的号角,使久攻不破的耶利哥城墙随之倒塌(见《旧约全书·约书亚记》第 6 章第 2—5、12—20 节)。——编者注

"经济权力"[1]

9 月 4 日于莱比锡

我们的机会主义的"实践政治家"最喜爱的一个口号是"**经济权力**",认为工人阶级首先必须掌握经济权力,以便镇服资本主义社会。即使在理论上、科学上向他们证明,对无产阶级来说,在资本统治下夺取"经济权力"是一种空想,也无济于事。那么,也许**事实**胜于雄辩呢? 整个企业主阶级和各国政府一段时间以来,似乎在密谋不断残忍扼杀"实践政治"的乐观主义者所有美好的愿望。丹麦的**大规模解雇事件**[2]再一次特别明确地阐释了"经济权力"这个口号。

这个事件目前值得工人们的普遍重视和同情,它令人震惊的地方是,我们发现,劳资之间顽固的、暴力的大规模斗争竟然发生在一个极小的(约 250 万居民)、主要以农业为主的国家。它的工业的发展只有大约 20—25 年的历史,即便现在,总体上也没有超过中等的生产规模。原来我们习惯认为,资本与工人组织之间的激烈斗争和斗争的残酷方法,只会在老牌大工业中心才会出现,在那里,资本主义关系的高度发展允许将对立激化到顶点。这就表明,最近在所有国家都没有例外,资本一方不久就会不惜一切手段开始斗争,产业工人只有组织起来,与资本相对抗。在这方面,甚至连民主的小资产阶级的瑞士也不例外:有最新消息称,仅仅为了消灭工会,普朗特昌(伯尔尼州)发生了**解雇鞋**

---

[1] 这篇文章没有署名。罗莎·卢森堡在 1899 年 9 月 3 日写给莱·约吉希斯的信中强调,她这篇文章没有署名就寄给了《莱比锡人民报》。——编者注

[2] 1899 年 4 月,在哥本哈根爆发了一次木匠帮工争取提高工资的罢工,建筑行业的工人全部参加了这次罢工,结果遭到大规模解雇。在企业主的巨大压力下,工人们在 1899 年 9 月不得不放弃他们的工资要求。——编者注

匠事件,这一点表明,瑞士的企业主所采用的方法之残忍,一点不亚于他们德国的阶级同胞。①

此外,在最近发生的所有大规模的经济斗争中,表现最明显的是这样一个事实:斗争涉及的不再是这种或那种劳动条件,不再是工资、劳动时间或类似的事情,而是**工人联合会的生存问题**,是工会本身。另一个具体问题可能也是爆发斗争的诱因。德国汉堡的码头工人罢工②,英国的机器制造工人罢工③,还有现在丹麦解雇事件都是这种情况。对资本家来说,每次在其肆无忌惮地公开发表声明之后,重要的是消灭工人组织,即消灭要帮助工人夺取"经济权力"的工人组织。在这些事件中,企业主的阶级本能有多么强烈,请看下面的事实:只要是反对工会,长期的顽固的斗争造成再大的损失,出口再萎缩,等等,他们都不怕,照样将鞭打饥民的皮鞭挥舞得肆无忌惮、无所顾忌。

资本家对工会的仇恨越来越强烈,而工人争取结社权的斗争前景则越来越渺茫。工会运动的本质促使工人在越来越广泛的基础上组织起来,从地方性的联合会发展到全国性的联合会,从全国性的联合会发展到国际性的联合会。组织越广泛,取得成功的前景就越光明,权力就越强大。但是,工人联合会的发展本身,到处导致企业主沆瀣一气,抵制这种组织。丹麦发生的事件就是这种情况。此外,这种抵制是造成劳资之间的**斗争规模**越来越大的机会和诱因,这也给工人造成越来越大的困难。

这在某种程度上也是一个规则,罢工或解雇的规模越小,工人的前景就越光明,因为在斗争期间容易得到非劳动者的支持。但是,如果斗争发展成持续较长时间的——数周或数月——的大罢工或大解雇,那么,对当事人(罢工者和被解雇者)的支持就是一个大难题。工人的——民族的或国际的——团结在这种情况下绝不能放弃;但尽管如此,最近的所有大规模斗争,到目前为止的结局充其量是输赢参半。对于丹麦的工人,我们当然期待并祝愿获得一个

---

① 企业主以采取强硬手段相威胁,企图迫使工人签署退出工会的声明。——编者注

② 1896年11月—1897年2月,汉堡的大约16 000名码头工人为提高工资和缩短工作日而举行罢工。尽管有德国和国际无产阶级的声援,但汉堡工人只获得微不足道的工资增长。——编者注

③ 1897年7月—1898年1月,英国70 000名机器制造工人为争取八小时工作日而举行罢工。虽然英国和德国的工人运动给予了强大声援,但罢工还是以失败而告终。——编者注

更好的结果,我们也不怀疑,德国的工人阶级为此会不遗余力地履行他们的责任。但是,可以看出,丹麦工人阶级已经为这次斗争付出了代价,斗争使工人组织在物质上已接近枯竭,这一切足以用来正确评估无产阶级在这种情况下的极为艰难的处境。从理论上说,劳动需要资本,资本也同样需要劳动,因此双方至少是一样强大的。而在实践中,二者之间却存在巨大的差别:资本只要认为自己的目标是关键,就可以等待数月,而工人费尽九牛二虎之力也只能坚持几周。

最近几年和当前的教训可以总结如下:工会组织越发展,接受艰难的大规模斗争的考验就越频繁,他们为维护自己单纯的存在所必须投入的物质力量就越多。这时,资本鞭打饥民的皮鞭是实际的障碍,工人的理论上的"经济权力"在它面前会撞得粉碎。

这就是工人运动**政治**和**经济**方面的原则区别。

我们的**政治权力**存在于阶级意识,存在于群众的**意志**。这是资本家阶级和国家都无法摧毁的。而剥夺我们的政治权利也不是容易的,因为最后必须采取极端行动,即进行实力较量,到那时,目标明确的人民大众与政府之间如果爆发政治冲突,胜利一定属于人民。因此,我们**会**一天一天地接近政治权力,而工人的"经济权力"是一个幻想,因为它的实现存在于资本主义社会秩序的彼岸。

1899 年 9 月 4 日《莱比锡人民报》第 204 号

"巴伐利亚的情况"

一

9 月 6 号于莱比锡

9 月 1 日的《法兰克每日邮报》引用了我上月 29 号在莱比锡发表的关于巴伐利亚邦议会选举的①演讲中的一段话,并补充说:

"根据这些话可以得出结论,卢森堡女士似乎对巴伐利亚的情况毫无所知,因此她的判断完全无关紧要。证明是:她使用了'选举联盟'、'有助于'、'起决定性作用'这些措辞。因此,我们没有任何理由针对这些攻击,为巴伐利亚的策略进行辩护。"

几年来,只要谈到巴伐利亚国务活动家的政党政治的任何一个新的杰作,在党内就有人习以为常地强调巴伐利亚的情况的特殊性,而强调这种特殊性会造成两个方面的后果:第一,大家都知道是白色的东西,在巴伐利亚就一定是黑色的,反之亦然;第二,不是出生在巴伐利亚或没有在那里至少居住过几年的人,不可能对巴伐利亚的策略形成有根据的观点。

当然,几年时间过去,这种所谓普遍的常识在党内已经完全没有人相信了。现在讨论的巴伐利亚邦议会选举这个个案恰好最合适用于破灭"巴伐利亚的特殊性"这个神话。正因为如此,恰恰从这个方面审视这个问题是有意义的。

巴伐利亚的同志们最近的行动最出人意料的,是取得辉煌的实际的结果。

---

① 罗·卢森堡在这次演讲中尖锐批判了与反动的中央党达成选举联盟的巴伐利亚改良派的策略。——编者注

595

他们通过与中央党的协议赢得了那么多的,而且是各个派别的选票①,以致我们通常的帝国国会选举,甚至迄今所有不妥协的选举与它相比,都显得极为可悲。

试想:按照帕尔乌斯的观点,我们找到了为与中央党争取**选民**的办法;按照一个"参与的"巴伐利亚同志的观点,我们击败了中央党在巴伐利亚的**政治统治**;按照**埃尔哈特**同志的观点,我们摧毁了自由党的政治统治;按照**福尔马尔**同志的观点,我们还给了现行的邦议会选举法致命的一击。所有这一切还没有计算社会民主党选票的显著增加以及社会民主党议会党团的强劲扩大。

这次取得如此多的,如此多方面的成果,人们不禁要问,好事是不是**太多了**一点,特别是在一个辉煌成果与另一个辉煌成果相矛盾的时候。

事实上,一个局外人可能对于迄今的争论不是十分清楚,为什么一定要投中央党的票。帕尔乌斯认为,中央党的反动已经过时,也就是说,中央党比自由党**更反动**。《慕尼黑邮报》的观点则相反,认为**自由党**比中央党更反动。

还有一个问题也不清楚,社会民主党的协议究竟是针对哪个政党的? 根据协议一方的承诺,要终止自由党的政治统治;根据协议另一方的解释,这个诡谲的政治协议的目的正好相反:必须让**中央党**承担对邦议会政策的责任,从而使它出丑,使它在政治上毁灭。

观察者可以同样的方式,想到所有其他论据的反面。

社会民主党本来可以通过选举协议争取中央党的选民。中央党自己与社会民主党达成选举协议这个事实,可以使选民群众相信,社会民主党这个魔鬼并没有像中央党画在墙上的那么可怕。但是这个论点是双刃的,可以用来**反对**社会民主党,同样可以**为**中央党所用。选民群众同样可以从该协议中得出结论:**中央党**这个魔鬼并没有像社会民主党迄今所描绘的那么邪恶,而且社会民主党还帮助中央党取得多数。此外,已经扩大了的社会民主党议会党团计划大力鼓动**反对**中央党,中央党的选民都来自群众,他们都是普通人,不是精明的政客,在他们眼中,社会民主党是一个骗人的、两面三刀的政党,它先是帮

---

① 1899 年 7 月 17 日在巴伐利亚邦议会选举中,巴伐利亚社会民主党在一些选区与中央党结成针对民族自由党的选举联盟。在此之后,巴伐利亚邦议会社会民主党议会党团的成员虽然由 5 名增加到 11 名,但中央党拥有了绝对多数。——编者注

助自己的敌人取得统治,然后再严厉谴责并反对这个敌人的统治。

而最重要的论点是:通过邦议会选举的结果给现行选举法以致命的一击。今天的选举制,按福尔马尔的说法,"有利于彻底动摇现行的选举程序"。怎么动摇呢? 是这样的,"自由党对自己始料未及的、也许是注定的失败感到的惊恐和悲伤,以及对中央党的可想而知的认识——现行的选举制如果长期存在,中央党有朝一日也会遭遇同样的命运"——,都会推动邦议会"最终启动已经搁置很长时间的选举改革"。

现在,为了选举改革,有**太多**事情要做。因为选举花招已经彻底失败的自由党,和已经确保获得绝对多数的中央党,都想在这个时候启动改革。如果这两个政党真的把上一次选举过程当作推动选举改革的契机,那么,改革朝哪个**方向**进行呢? 很显然,而且用福尔马尔自己的话说,朝这个方向:中央党将设法自己统治,不再取决于社会民主党的选票,而自由党则设法不受社会民主党的打击。在这两种情况下,关键在于,社会民主党要**降低**,而不是增加在选举中的预期。

但是,在取得大量成果的时候,还有第三种办法,即通过扩大了的社会民主党议会党团自身的活动将选举改革推向前进。**这样**的展望在选举改革问题上确实是**唯一**的、无懈可击的展望。但是,增加**数量**的社会民主党议员将扮演怎样的角色呢? 有人曾经说过,社会民主党议会党团在上一届邦议会中能发挥重要作用,应归功于两个资产阶级政党相互之间的数字比例,《慕尼黑邮报》对此愤怒地回答说:"小小的社会民主党议会党团不是通过扮演'起决定性作用'的角色——他们在当时的情况下完全不可能扮演这个角色——,取得他们的成果的,这些成果**只是他们巧妙和努力工作的结果,是他们原则上坚定地对抗这两大政党的结果!**"

说得很好。一个占少数的反对派在人民代议机构中产生影响和作用,不是靠**数字比例**,而是靠"巧妙和努力的工作",靠他们"原则坚定地"对抗所有多数派。但是在这种情况下不计代价地增加议会席位是什么目的呢? 通过与中央党的妥协而新获得的六个邦议会席位,似乎**削弱**了,而不是加强了"原则坚定的对抗"。

总之,根据经过夸大的计算,在选举协议取得的全部辉煌成果中,作为无可争辩的,明确的事实**只有邦议会席位的增加**,而其他打算争取和期待的成果,大多列为这个主要成果的点缀。

在巴伐利亚邦议会中,中央党议员**奥尔特尔**曾面对 1893 年当选的五位社会民主党人只是一个楔尖的说法,解释说:"我们必须注意,中央党不会被这个楔尖刺中"。而这一次,社会民主党的楔子,不会带着对中央党的楔尖,而是相反,带着中央党的多数这个坚实的后盾进入邦议会。

二

9 月 7 日于莱比锡

现在我们要问,在整个巴伐利亚的选举协议中,什么东西是"**巴伐利亚的**"特殊性。

难道是巴伐利亚中央党有别于该党在德国其他地区的政策的、相对进步的、民主的性质?

对此,《巴伐利亚邦议会选民手册》给了我们下面的回答:"不,在德国中央党中丝毫没有来自这些人(如克林德①和曼宁)的思想,在中央党内部,不存在社会经济和政治上的现代想法。**在德国中央党这个团中,巴伐利亚是最落后的连队。**"(着重号是原文中原有的,见第 35 页)

或者说,巴伐利亚的中央党——与它的其他反动派相反——同情选举改革,同情普选权吗?

议员奥尔特尔的发言给了我们答案,他以中央党的名义在巴伐利亚邦议会说:"我们无论如何都不会赞同一部内含危险的选举法,在大城市的无产阶级迅速而持续增长的情况下,农村居民及其利益不仅受到排挤,而且直接受到压迫。"(《巴伐利亚邦议会选民手册》第 16 页)此外,手册(第 12 页)中还说:

---

① 克林德(Klemens Freiherr von Ketteler 1853—1900)来华后,曾任广州、北京等地领事;1899 年起任德国驻华公使,1900 年 6 月 14 日,他指使德国士兵对路经使馆旁的义和团民开枪,打死无辜团民 20 余人;6 月 19 日,清政府因联军攻陷大沽而对外宣战,由总理衙门照会各国驻华使节 24 小时内离京;6 月 20 日,克林德带着翻译,乘轿前往总理衙门会晤,途经东单牌楼时,与清军发生冲突,被端王载漪的虎神营士兵开枪打死,翻译受伤。——编者注

"(中央党的)先生们个人的解释就已**无可辩驳地证明**,为了**最重要**的一点,即实行直接选举权,只要起决定性作用的中央党愿意,**立即**就能取得必要的三分之二多数。"社会民主党慕尼黑代表大会上的声明也对此作了回答,这个声明说,选举改革至今没有启动,不是有宪法法的或其他的障碍,而**仅仅是由于中央党的恶意**,不能归咎于其他人。(同上,第16页)

"巴伐利亚的特殊性",这次无论如何不在于需要考虑的各个资产阶级政党的特征。当然,巴伐利亚同志的选举行动有一些特色。但是,这些特色体现在另一个方面,即体现在社会民主党的政治斗争的**方法**上。

例如,为了达到推翻一部现行的选举法的目的,需要帮助一个**敌视改良**的党派创造前所未有的绝对多数,这无疑是一种非常独特的想法。此外,按照整个传统,社会民主党总是以另一种形式与选举的不公正作斗争,也就是说,它应利用一切机会向人民尽可能明确地揭露选举的不公正。从**这个**角度看,巴伐利亚社会民主党在邦议会选举中限于仅靠自己的力量采取的所能想到的最有效的措施。社会民主党在**当选的候选人**增加一倍的情况下,竟然没有争得哪怕一个新的席位,那是对选举法多么具有毁灭性的指控! 如果一些选区尽管反复采取选举行动,但正如福尔马尔在《天平》周刊上所说的那样,仍然"全然无人当选",那是在全邦面前对这种扭曲的选举模式的多么血性的嘲讽! 这样一个结果本来正好可以在人民中大力掀起选举改革的运动,并给资产阶级政党施加巨大压力。

从这个角度看,巴伐利亚同志的行动使事情**复杂化**了,因为他们虽然在现行的选举法的基础上确保了议会席位的体面增加,但他们对选举法的指控却因此而失去了大部分说服力。

巴伐利亚的同志们将选举改革的杠杆用错了方向,也就是说,他们直接期待资产阶级政党,以为它们会为了自己的统治利益,为了反动派的利益,被这次选举结果所迫去进行改革。在第一种场合,在议会外的本邦的**人民本身**的运动会得到有力的推动,而在这个场合,改良却要指望邦议会的资产阶级政党和它们的议会利益。在第一个场合,资产阶级政党可能为人民运动的压力所迫进行改革,而在这个场合,它们将间接地为了反人民的利益,动用议会手法被动地进行改革。

总而言之:巴伐利亚的同志们不是希望仅仅通过人民的压力,而是通过议会的把戏改革选举法。这个策略的确很有特色。但是这个特色显然不是巴伐利亚特有的。相反,这个特色对各邦的所有**资产阶级**政党的政策来说,都是典型的,它们的政治斗争注重的都不是人民,而是议会。

此外,如果以加强敌对党派的实力,**改变不利于社会民主党的鼓动活动的力量对比**为代价,换取几个邦议会席位,那确实有些特色。我们说的是改变不利于社会民主党的鼓动的力量对比。巴伐利亚的同志们当然反对说,他们在旧的邦议会中作出重大决策时,起到了决定性作用。但是,关键问题不在于**投票**,不在于对法律草案的表决,而首先在于社会民主党代表机构的普遍的鼓动效果。《慕尼黑邮报》说得很有道理:社会民主党到处都将自己的重要性只归功于"自己努力的工作和原则坚定地对抗资产阶级政党"。但他们的成果完全取决于环境。但是,如果说在什么地方已经具备条件,可以使社会民主党方便自己的工作,也就是方便自己采取原则性的反对立场,那么,就在巴伐利亚邦议会。在那里,两个必须反对的资产阶级政党都以相同的方式敌视人民,但同时由于它们的力量对比又不得不联合起来去干各种反动勾当。这时,两个资产阶级阵营的内部争执就退到了幕后,并组成实际与人民相对立的"反对团体"。这时,每次揭露**两个**资产阶级政党,以最明显的方式展示邦议会的**阶级性**,展示整个资产阶级政治的社会背景,也是一件容易的事。而这正是社会民主党议会党团开展卓越活动的基础。

现在,情况不同了。由于中央党的统治,自由党的失败,两个资产阶级政党之间的矛盾又尖锐化了,原来清清楚楚的**阶级**区分,现在也变得模糊了。现在中央党自然要为巴伐利亚反动政体承担"责任",如果这个责任迄今一直由**中央党**和自由党,由**资产阶级**本身承担,那么,对于解决阶级觉悟问题,是比较有利的。

可见,巴伐利亚的同志们的处事方面的特色在于,他们以普遍的教育利益为代价换取了邦议会的席位,他们认为,议席不是达到目的的手段,而是目的本身。

但是,就连这个富有特色的政治思考方式也不是巴伐利亚特有的,即使它在社会民主党那里至今没有得到应用,但对各邦的所有**资产阶级**政党来说都是典型的。巴伐利亚的选举过程的真正的特色在于:指望议会把戏,而不是指望人民运动来推动选举改革,并以国民教育为代价追逐议席,只要仔细观察就能发现,这一切绝不是**巴伐利亚**本身的特色,相反,这是全国普遍盛行的**机会主义**的确切无疑的特征,不仅在巴伐利亚,而且在美因河畔法兰克福、埃尔伯费尔德和美因茨都宣扬机会主义。这个例子以及迄今所有的例子都表明,在政党政治问题上强调"巴伐利亚情况的特殊性",其实无非是为通常的政客政治,为地道的老机会主义打掩护。

另外,这还证实一个情况,鉴于即将召开的党代表大会,记住这一点并非毫无益处。

如果随时在巴伐利亚的同志们身上表现出来的机会主义政治真的以巴伐利亚的情况的特殊性为条件,那么,巴伐利亚的同志们在适用于德国**其他**地区的**普遍的**政党政治的全部问题上,必然合乎逻辑地主张最激进的和最革命的行动。罕见的是像福尔马尔同志在斯图加特的态度所表明的那样①,情况正好相反。在他看来,"实践政治"对整个德国社会民主党,对完全没有特殊性的"巴伐利亚情况"的地方,都是必要的。可见,问题涉及一个**策略**,而不是涉及一个**邦**,涉及机会主义,而不是涉及巴伐利亚。

如果将来要巴伐利亚在这方面扮演一个特殊的角色,那么,我们认为,只有这么一个角色:巴伐利亚的实验正好最适合使这个策略出丑,最近的"选举胜利"也表明了这一点。增加六个邦议会席位自然是一件了不得的事,但是议席自有天命(habent sua fata-mandata)。

1899 年 9 月 6、7 日《莱比锡人民报》第 206、207 号

---

① 在 1898 年 10 月 3—8 日于斯图加特召开的社会民主党代表大会上,格·福尔马尔支持伯恩施坦和平长入社会主义的论点,并试图诋毁革命的社会民主党人,特别是诋毁罗·卢森堡。——编者注

普鲁士的大臣更换和社会民主党

9月9日于莱比锡

对普鲁士的政治情况来说,极为典型的是,在最近的大臣更换①过程中,新闻界完全迷失了,一味地对这次更换的真实原因和政治意义作矛盾百出的猜测。

这些被换掉的人一方面被称为对运河提案②不作为的牺牲品,他们被辞退也就成了"在与反对运河建设的地主的斗争中壮大政府力量"的手段。另一方面他们又被称为辞退县长③的替罪羊,他们的下台也是对地主的屈服。

同样,将要继任的人的性格也是矛盾百出的猜测的对象。在普鲁士,人们已经对许多事情习以为常,所以往往见怪不怪,但这件事确实十分怪异。其实人们在想,一个自认为在经济上、思想上或文学上是时代先锋的伟大民族,对自己在国家中的"第一公仆"的来去却不能产生丝毫影响。它甚至没有想过,为什么它的这个或那个政治总管会离开,**什么人**会来接替他们的职位。在法国、英国,大臣们都是**由人民代议机构**任命和罢免的,在那里,令政府首脑最头疼的问题是,什么样的政治原因能引发内阁危机,什么样的人才能满足人民代

---

① 1899年9月4日,由于在修建莱茵河与易北河之间的运河网问题上存在分歧,内务大臣埃·冯·德雷克男爵和宗教事务大臣罗·波瑟博士被解除职务。继任者是克虏伯的亲信格·冯·莱茵巴本男爵和康·冯·施杜特博士。——编者注

② 1899年3月中旬,在普鲁士邦议会中,政府在自由派与工业和军事集团的支持下,提出了一个关于修筑连接莱茵河、埃姆斯河、威悉河和易北河的运河的法案,但是遭到易北河以东地区地主代表的否决,因为他们担心廉价的输入费用导致谷物价格降低,农业居民流向工业中心,同时想对关税政策施加压力。——编者注

③ 几个县长和行政官员作为普鲁士邦议会议员,由于1899年8月对政府关于在莱茵河与易北河之间修建运河网的提案投了反对票,被安排退休,理由是他们没有尽到为皇室效力的义务。——编者注

议机构的意愿和意图。在那里,弗里德里希二世时代所说的关于政府是对人民服务的职位这句话,因此也成了现实,这句话至少在内阁的议会性质方面得到了正式的政治表达。在德国,人民完全迷失了,一味地毫无依据地猜测政府首脑的意愿和意图,人民在这里的服务职位低微,等待着上面的示意和指示,等待着统治者的新总管及其意愿表达。

人民的完全政治上的**幼稚**,在新闻界目前关于普鲁士的大臣更换的清谈政治中表露无遗,而我们的资产阶级奴性十足,对这种局面的可耻、丑恶和丢人的一面毫无感觉。

但是,当前的危机从另一个角度看也是富有教益的。即使人们对两位大臣被辞退的原因可能还不清楚,但他们**迄今的工作**也是有目共睹的,要对他们的工作作出评价,不管按哪个政党的立场都不会有障碍。而我们看到的是什么呢?看到的是非常怪异的事情:没有一个政党,没有一家报纸为被辞退者说过一句好话。地主们取得了胜利,自由党人幸灾乐祸,社会民主党人肆意嘲笑,而国家元首亲自免了两位大臣职务。可见,这两位大臣既不能使国王,也不能使具有自由思想的资产阶级满意;既不能使工业巨头,也不能使封建贵族满意;既不能使反动派,也不能使社会民主党满意!这也许是独一无二的事情,只可能在普鲁士出现的事情。

而发生这场悲喜剧的原因何在呢?有人提到了德雷克们和波瑟们的软骨病,提到了他们的无足轻重,这无疑是正确的。如关于曾经的内务大臣的人格,也许只能说,他是头发整理得最规矩的普鲁士国务活动家;关于曾经的"精神"大臣,他也许可以说,与路德不一样,路德可以说:"我站在这里,不能说别的",而他,确切地说,往往"还能说别的"。

但是,这两位大臣的意志薄弱无疑不是原因,确切地说,是他们工作的逻辑前提。从一开始就需要在很大程度上没有性格,才能在现有条件下履行大臣的职责。可见,真正的原因是深层次的,尤其是在于最初强调的因素,**在于人民政治上的不成熟**。

一个不是由人民代议机构,而是由国家元首个人雇用的大臣的工作能怎么做呢?为他的工作规定了哪些普遍规则,哪些稳固的基础呢?他**不代表任**何政党的利益和意图,只代表他的君主的个人意志。但是,如果君主的意志,像每个人的意志一样,突然有了改变,那么,这位大臣也得按照为他规定的节奏来跳舞——一会儿向右,一会儿向左,一会儿前进,一会儿后退。但是,既然物质上**没有**人民代议机构的合作,君主的意志也不能实现,那么,这位大臣就不得不设法同时与人民代议机构的各政党和睦相处,由于他实际上**不代表任何政党**,所以他时而向这个,时而向那个政党表示友好。可见,无体制和无性质就是内阁真正的体制和性质。这样做的后果是吃力不讨好,内阁的活动不能使全国任何人感到满意。人民代议机构的各政党不满意,因为它们没有看见任何体制,而且不认为大臣们是它们的总管;国家元首不满意,因为他用这个工具确实无法实现自己的意志。

可见,目前这个非常事件不能归因于个人及其身份,只能归因于体制,归因于**个人的统治**。个人的统治把大臣们变成没有意志的工具,然后再砸碎这些工具。只有**议会制内阁的体制**,即内阁对人民代议机构负责,才能改变这种状况。

个人的统治通过不断更换自己的工具,在封闭的圈子——在自身内部矛盾的圈子内运转。个人的统治本身源自一种强力的欲望,要采取行动,要产生有力的影响,要大有作为。但是依靠这样造就的大臣们就不会有作为,不会起作用,不会有行动。而大臣们只要在人民代议机构的意愿中没有稳固的基础,只要他们还是个人统治的产物,他们就不可能成为人,他们的公务活动就不可能富有成果。可见,今天的体制必定会走向自我否定,个人的统治必定会走向议会制统治,这是铁的逻辑。当前的危机只是普鲁士政府体制向自我否定迈进的一步。

但是,还需要补充说明一点。在议会只是人民代议机构的扭曲的形象的场合,议会制内阁只是立宪制政府的扭曲的形象。因此,名副其实的内阁任命的人民代议机构必须产生于人民的真实意愿,产生于**普遍的**、**直接的**、**无记名的**投票权。普鲁士内阁很少表达普鲁士邦议会的意愿,而这个以三级选举制①为基础、仅由一小撮特权者组成的邦议会则很少表达普鲁士人民的意愿。

---

① 这是 1848—1849 年革命失败后根据 1849 年 5 月 30 日颁布的选举法而在普鲁士实行的制度,这个制度规定了很高的财产资格和各阶层居民不平等选派代表的权利。——编者注

可见,要改革普鲁士的政府体制,不仅必须废除个人统治,而且首先必须废除三级选举制。个人统治的内部意图也会迫使它认识到这一点。

个人统治力求产生有力影响,开展富有成果的活动,在这方面,它不仅指望所有作为大臣的个人和政治家,而且指望充满现代精神、生气勃勃、富有创造性的活动都能得到理解和认同的人民代议机构。但是,从间接的、有限的选举权中产生的邦议会由于其组成恰恰注定要政治上无性繁殖,要整个政治生活的堕落。围绕运河提案展开的、结果导致大臣更换的斗争,必然会使政府极为清楚地意识到这一点。

如果这次无益的大臣更换能使政府认识到,个人统治不能造就有思想和骨气的国务活动家,那么,邦议会中地主代表的反对必然还能使它认识到,即使极有聪明才智、意志极为坚定的大臣,也不可能与反动的、腐朽的、病入膏肓的邦议会一起有所作为。德雷克之后可能有莱茵巴本,在莱茵巴本之后还会有其他人;只要不从两方面——议会制内阁取代个人统治,普选权取代三级选举制——进行改革,那么我们在普鲁士就不能避免潜滋暗长的危机。这是目前这次大臣更换的教训。

我们可以任由"自由党"和"自由思想党"资产阶级在政治的家庭教育中围着桌椅板凳玩耍,并猜测即将上任的人物的身份。那些仆从们的性格、出生年月和迄今的经历与**我们**有一点关系吗? 他们从来不是我们的仆从。

社会民主党肩负着这样的使命,从日常政治生活的杂乱琐事中,整理出重要的和普遍的事情,至于目前这次大臣更换,只需使人民意识到以下三点:

普鲁士发生危机的责任一方面在个人统治,另一方面在三级选举制;

为维持和康复普鲁士的政治生活,实行普选和政府对人民代议机构负责制已成为迫切的需要;

最后,早已提出这些要求并为之奋斗的社会民主党,再次成为唯一的、真正名副其实的"维护国家的政党"。

1899 年 9 月 9 日《莱比锡人民报》第 209 号

更　正

［**编者按**：卢森堡同志给《前进报》寄来一篇短文①，其中要求我们更正本报关于第三选区党的代表会议的报道中的有些说法。我们现在再次刊发这篇短文，因为《法兰克福报》利用在此期间已经由这篇短文予以更正的《前进报》的报道企图浑水摸鱼。短文全文如下：］

在报道的第二段中，《前进报》似乎非要我开口骂娘，这一段给人一种假象，好像是我竭力反对党内"理论研究"的自由；最后一句还加了**引号**，仿佛是它逐字复述了我的原话。

我**其实**既没有说过这句话，也没有表达过类似的意思。**其实**我说的话如下：

会务办公室提出的决议案有一段敦促党保护科学研究的自由，关于这一段可以说是二者择一：要么这是毫无理由地侮辱党，因为即使没有会务办公室的同志们的敦促，党也一直是在党内保护科学研究的最大自由，从这个角度看，这一段是完全**多余**的。要么这是"以科学研究"的名义，就像伯恩施坦、席佩耳等人所做的那样，直接向党的基本观点发动攻击。决议案接着敦促党——只是形式更加隐蔽——为优秀的同志对党的全部活动提出批评留有余地，不要对这个问题表态。但是，不要对这个问题表态，从党的利益的角度看，是完全错误的，因为我们虽然在最大的范围内保护批评的自由，但是，社会民主党不是一个清谈馆，而是一个战斗的党。它应该有权呼吁自己的党员，如果

---

① 1899年9月7日《前进报》报道了社会民主党选举联盟9月5日为筹备社会民主党的代表大会在柏林帝国国会第三选区召开的代表会议情况，罗莎·卢森堡在讨论中发了言。——编者注

你们想改变立场,那好吧,你们就与同道者为伍,与他们保持一致;如果你们想与我们为伍,与我们并肩战斗,那就站到我们的立场上。因此,最后那一段如果确实需要,或许可以这样表述:代表会议虽然想保护党内讨论的自由,但这样的讨论应当在党内一般的原则基础上进行。

我更不理解的是,《前进报》的报道怎么恰恰在这个问题上,恰恰在海涅同志硬说我企图阻止党内的理论研究,蓄意分裂党的时候,给我的发言加上相反的意思。而海涅同志的发言是**被全场暴风雨般的反对声打断的**。在拒绝我的修正案方面值得一提的是,海涅同志在发言结束时把接受——抑或拒绝当成了个人问题,他说:"我认为,通过卢森堡同志的修正案,是对我的不信任。"总的说来,报道关于会议对我的发言的反应的描述是非常欠缺的。

1899 年 9 月 9 日《莱比锡人民报》第 209 号

"巴伐利亚的情况"

　　《法兰克每日邮报》在 9 月 9 日的一篇社论中,《慕尼黑邮报》在 9 月 12 日的一篇政治评论中,分别就我们对巴伐利亚选举协议①的发言作出了回音。

　　我们已经提醒大家注意这次选举花招所取得的令人不安的各种辉煌成就。而结果表明,他们还远远没有把所有的成就都告诉我们,只要稍微给巴伐利亚的同志一点暗示,他们就会慢慢说出他们作出妥协的更充分的理由。比如,《法兰克每日邮报》最近向我们披露了一个全新的成就:社会民主党议会党团由于自己的扩大,得以将一名代表选入**财政委员会**,而财政委员会是"邦议会的灵魂"。

　　如果某个人至今还不彻底相信与中央党进行这场肮脏交易的必要性,那么,他现在必定死心塌地相信这一点。要知道,在邦议会的灵魂——财政委员会有一名社会民主党人,这难道不是与中央党妥协的价值吗? 当然,我们对巴伐利亚的同志表现出的**谦虚**不得不感到惊奇,因为在妥协的道路上还可以走得更远,比如说挺进"政府的灵魂——**财政部**。既然可以与中央党达成妥协,那同样也可以与政府达成妥协;巴伐利亚政府在选举法改革的问题上无论如何比中央党更先进,更可靠。

　　但是,《法兰克每日邮报》叫道,中央党没有我们照样也能获得多数,而我们却空手而归! 这是一个出色的推论,它使我们生动地想起俄国的贪官们对那些不知廉耻的同行常说的结论:"拿着,笨蛋! 你不拿,别人会拿,不拿白不拿!"

　　这个推论对社会民主党的策略来说,包含一个极为重要而普遍的规则。

---

① 见本卷第 595—601 页。——编者注

如果我们可以支持一切即使没有我们的帮助照样也会发生的、我们阻止不了的事情，那么，我们也可以同意装甲战舰、粮食关税、军事法案等等，因为这些事情反正没有我们也能获得批准。

这个推论的真实意思就是一句话：不反对我们无法阻止的事情，确切地说，我们支持它们，从而保证我们的利益。这是一首著名的曲子，我们已经听过这首歌，那是在汉堡，有人对我们说："士兵是听令的，队形和一切都是听令的；我们无法改变，无法掌控。……如果我们处在这样的位置，就无法阻止战争，但我们不能为士兵提供劣质步枪，劣质火炮。"①

这就是巴伐利亚的同志们的思路。但是，他们这样做就是在令人极为信服地证明，他们用自己的选举协议抛弃了**原则反对**的策略。那么，究竟什么叫原则反对呢？说穿了就是在我们还没有力量改变局势的地方进行反对，正因为我们在资本主义社会无法**阻止**统治势力的所作所为，所以我们才要原则反对，因为我们反对为它们的存在承担部分责任。而社会民主党在资产阶级社会的斗争的整个"原则性"正是在于，在我们无法**阻止**事态发展的时候，**拒绝**给它们提供任何**支持**。

但是，现在，而且在可预见的将来，我们无法阻止整个资本主义国家的继续存在，因此，我们必须要按照巴伐利亚的规则行事，只要发现对我们有好处，就到处支持它。只要以这种方式推广巴伐利亚的选举妥协的结论，我们就从一个**社会主义**的工人党蜕变为一个**资产阶级**的工人党。

"巴伐利亚的特殊性"就会导致这个结果。此外，这种"特殊性"是一个很棘手的问题。我们在德国北方不太了解巴伐利亚的情况，因此我们不能对社会民主党的原则在巴伐利亚的落实情况作出权威的判断，那么，巴伐利亚的社会民主党的报刊比如凭什么能对**东非**的殖民管理作出判断呢？我们担心，福尔马尔同志有一天就殖民问题发言时，联邦参议会的议员们会向他叫喊：什么，糟糕的管理！鞭挞女人违反人道！这是抽象的教条主义，我们必须了解情况，如果我们不使用鞭子，那里的人肯定感到非常不解。"凡是从事实践政治工作的人，都不可能是对原则很重感情的人，不会为了教条主义的古怪念头而

---

① 《汉堡党代表大会记录》1897 年版第 137 页："席佩耳的发言"。——编者注

轻率地"损害威望","从而由于盲目相信原则的有害性而伤害他们所服务的事业"。①

但是,这正是巴伐利亚的同志们的花招,他们这样叙述这件事,仿佛人们反对他们的选举协议是出于抽象的原则。这种手法真是太自以为是了,以为社会民主党的原则是最大的不公,人们只会将巴伐利亚的事情视为违反原则。而这件事的最重要的一点恰恰是**实践的**一面,是"唾手可得的成就"。大家知道,这个成就首先在于,这些同志通过创造一个敌视选举改革的中央党的多数,以为可以最有效地带来选举改革。我们指出了这个"实践政治"的相反的结果。那么,巴伐利亚方面是怎么回答我们的问题的呢?《法兰克每日邮报》尴尬地回答说:"必要的(选举方式的)改革,如果有可能进行,那将使社会民主党受到伤害,这是**很可能的**,而且符合**资产阶级通常的意图**。……但是,反动派在巴伐利亚能走或将走多远,**我们要拭目以待**。"

这就是所谓彻底"动摇选举法"、给选举法以"致命一击"后留下的一切!《法兰克每日邮报》不得不承认,用这种选举花招没有为彻底的选举改革提供任何保证,而且面对这种情况只知道一个忠告:"**拭目以待!**"这就是机会主义的实践政治的辉煌的"唾手可得的成就"。

的确,非常遗憾的是,我们不能将机会主义者目前在巴伐利亚运用于中央党的那种天才策略运用于机会主义者,将领导权交给他们一段时间,以便他们对运动承担责任,并随心所欲地出洋相。我们肯定,只需一年时间,我们的"实践政治家"及其"唾手可得的成就"就会——不是**原则**上,我们绝对不这么说,而是实践上,纯粹**实践**上——毁掉整个运动。

可惜,这样一种策略只有对"巴伐利亚的情况"来说是政治智慧。党必须对机会主义采取一种完全相反的策略。它不能与《法兰克每日邮报》一起"拭目以待",而是必须对《慕尼黑邮报》说:"从事实践政治的人,可以是重感情的人",因此可以与"实践政治家"争辩是非。

1899 年 9 月 13 日《莱比锡人民报》第 212 号

---

① 1899 年 9 月 12 日《慕尼黑邮报》第 2 版。——编者注

关于即将召开的党代表大会

9 月 14 日于莱比锡

几周后,德国社会民主党的代表们就要在汉诺威开会,进行一年一度的讨论。乘此机会,资产阶级报刊从一开始就已作出不同以往的深刻而丰富的观察和预测。我们由衷地乐于看到他们一派胡言的廉价消遣,同时我们也会一如既往地走自己的路。党的汉诺威代表大会也将尽到自己的职责,而现在已经是抓紧就党代表大会的议题、意义和任务作一个总体概括的时候了。

一 关于议程

根据党的执行委员会的建议,本次党代表大会的议程依次分为以下八项:1. 确定议程;2. 执行委员会的工作报告;3. 监察员的报告;4. 关于议会活动的报告;5. 苦役监禁法案;6. 讨论党纲①的第三条;7. 关于对党的基本观点和策略的攻击;8. 1900 年的五一节庆祝活动。

除关于党的活动的常规报告以外,第六项和第七项显然是本次党代表大会讨论的重点。苦役监禁法案虽然是极为重要的具有现实意义的议题,但我们在党内完全清楚它的意义和所占据的地位,第五项很难引起热烈的讨论,却很难找到理由。相反,后面两点肯定会引起热烈的讨论,它们涉及的领域非常广泛,并且遭到了党内各种观点的评判,因此大范围的激烈辩论完全是不可避免的。出于这个理由,为了使代表们在精力旺盛的时候跟得上辩论,像《莱比

---

① "培植普遍义务兵役制;国民军取代常备军;人民代表机构决定战争还是和平;以仲裁方式调停所有国际争端。"(《德国社会民主党代表大会会议记录。1898 年 10 月 3—8 日于斯图加特》1898 年柏林版第 4 页)——编者注

锡人民报》在一个月前已经要求①的那样,有必要把第六项和第七项放在两个报告之后和关于苦役监禁法案专题报告之前,也就是说,作为第五项和第六项。而且根据逻辑联系,将"关于对党的基本观点的攻击"的讨论作为一般问题和基本问题往前移,即移到有关席佩耳攻击我们对军国主义的态度②(现为第六项)的讨论之前,也就是说,第六项和第七项不仅要往前移,而且要相互调换次序。

我们对议程提出的第二个意见是,按常规,我们应当增加**关于国际社会党代表大会**(它将在 1900 年,我们的下一次党代表大会之前,在巴黎召开)这一点。鉴于法国的形势③,去年出现的许多问题都具有国际性意义,应当给予重视,至少应当简明扼要地阐明即将召开的党代表大会的意义和任务,就像布雷斯劳党代表大会④对待伦敦代表大会⑤所做那样。

在报刊迄今就汉诺威代表大会的议程所提出的建议中,那些旨在任命关于第六项和第七项的辅助报告人的建议,我们必须坚决拒绝。只有在党员群众对某个问题有不同理解,需要作出决定的时候,才允许有人作辅助报告。布雷斯劳代表大会关于农业问题⑥或汉堡代表大会关于邦议会选举⑦的辅助报告就是这种情况。

这不仅是党作为一个整体对自己队伍中少数派的意见表态的问题。倍倍

---

① 1899 年 8 月 11 日《莱比锡人民报》第 184 号。——编者注

② 麦·席佩耳用伊塞格里姆这个笔名发表在 1898 年 11 月号《社会主义月刊》——修正主义的理论刊物——上的《弗里德里希·恩格斯推崇的民军是什么?》一文中,试图修正社会民主党革命的反军国主义立场。他赞同加强大土地和大工业垄断主义者、深化各民族之间的利益对立的保护关税政策。——编者注

③ 法国一些社会主义团体对德雷福斯事件和改革派米勒兰参加资产阶级的瓦尔德克-卢梭内阁的不同态度,在法国工人运动中引发了阻碍阶级斗争的危机。——编者注

④ 德国社会民主党代表大会 1895 年 10 月 6—12 日在布雷斯劳召开。——编者注

⑤ 国际社会主义工人和工会代表大会 1896 年 7 月 27 日—8 月 1 日在伦敦召开。——编者注

⑥ 在社会民主党 1895 布雷斯劳代表大会上,在关于农业纲领的讨论中,存在各种相互对立的观点。以麦·夸克和爱·大卫为代表的修正主义者,否认发展大企业的趋势,从而否认在农村实行社会主义社会化的可能性和必要性。考茨基首先反对这种观点,但从另一个方面解释说,只有无产阶级化的小农可以考虑作为同盟者,可以争取他们直接进行社会主义革命。而奥·倍倍尔又解释说,可以争取农民来实现民主的目标。党代表大会多数反对修正主义者在农业问题上的观点。——编者注

⑦ 见本卷第 544 页脚注①。——编者注

尔作为报告人不代表我们党的任何一个"倾向",而是代表党、党的纲领、党的策略和党的过去。因此党不需要通过辅助报告,让机会主义反对派与我们党进行平起平坐的讨论。

因此,我们完全不必,也不想压制伯恩施坦和席佩耳的追随者的辩护权。相反,党代表大会可以保证伯恩施坦的代表以及施佩耳同志一个小时或一个半小时的发言时间,而不把他们看成辅助报告人。在这个问题上我们也有一个先例。在爱尔福特党代表大会上,处理了福尔马尔最初的机会主义的言论①和独立派的问题②,倍倍尔履行了**报告人**的职责,也给了福尔马尔和维尔德贝格尔一个半小时的发言时间,但没有人想过让福尔马尔或维尔德贝格尔作"辅助报告",难道1899年的福尔马尔比1891年的福尔马尔在党内更受欢迎,还是机会主义者在我们中比当时的独立派更得到认可?我们认为反过来说才是正确的,应当反对关于辅助报告的想法,因为它与需要讨论的方针的实际作用,与党的立场是不相容的。

二 误 解

上面已经说过,与伯恩施坦、席佩耳和机会主义思潮的其他代表人物的论战自然会成为讨论的中心。根据这些代表人物的反复表白,首先需要讨论的问题是,在党和机会主义的拥护者之间究竟存不存在有争议的问题,争议何在?只要听听比如福尔马尔在斯图加特对于同伯恩施坦的辩论曾说过的话,海涅和格拉德瑙尔在他们的发言中对这一问题的论述③,费舍不久前在柏林第二选区

---

① 格·福尔马尔1891年6月1日和7月6日在慕尼黑的两次演说中,要求社会民主党放弃自己的改革策略,确定对资本主义社会实行改革派改造的方针。这两个演说以《关于德国社会民主党今后的任务》为题,印成小册子散发。爱尔福特党代表大会毫不犹豫地驳回了福尔马尔的观点。——编者注

② 见本卷第544页脚注①。——编者注

③ 格·格拉德瑙尔、沃·海涅和格·福尔马尔在社会民主党1898年10月3—8日于斯图加特召开的党代表大会上代表改良主义的观点,并企图掩饰他们的立场,声称他们的观点并没有从根本上偏离党迄今的实践。——编者注

的会议上发表的意见①，最后再看看伯恩施坦本人最近发表在《前进报》上的一篇文章②的内容，那就可以得出这样的结论：引起极大轰动的与伯恩施坦的全部争论，原来不过是出于一场严重的**误会**。伯恩施坦以及他的拥护者面对党并不想标新立异，但人们总是从反面理解他们，非说他们的话完全是另一种意思。

如果情况真是这样，如果伯恩施坦、福尔马尔、席佩耳真的根本不想标新立异，只想坚持党迄今所做的一切，那么，我们不禁要问：这么吵吵嚷嚷为了什么呢？阁下需要什么？我们不得不把倍倍尔 1891 年说过的话拿来对伯恩施坦说了，倍倍尔在爱尔福特反对福尔马尔的慕尼黑演说时对福尔马尔说："假如关键是**保持**过去的策略，那么，根本不需要发表这些演说。"③如果伯恩施坦面对党不想标新立异，那么，他的文章、来信和著作④同样完全是**多余的**。

此外，关于"误会"的假设之所以特别可疑，是因为迄今为止，不管何时何地，我们中间只要出现机会主义倾向，只要遭到党的批判，它们立刻就变成所谓的"误会"。在爱尔福特，当党明确指出这个思潮的第一个声明，即上面提到的福尔马尔的慕尼黑演说的性质时，福尔马尔就宣称："你们把我的策略称作新的策略，这是不对的，我根本不想要全新的策略，我站在迄今的策略的立场上，但是我希望连续实行这一策略。"⑤但是一大批发言人，其中包括奥尔同志，都这样回答他："福尔马尔在他的演说和小册子中，**无疑**主张**改变迄今的策略**。"⑥（着重号是我加的。——罗·卢·）

---

① 理·费舍在 1899 年 9 月 5 日在柏林第二选区的社会民主党选举协会为参加汉诺威党代表大会而召开的会议上，把麦·席佩耳、沃·海涅和爱·伯恩施坦对德国社会民主党革命的基本观点的攻击说成是微不足道的，并断言党内没有机会主义。——编者注

② 爱·伯恩施坦：《我对爱尔福特纲领理论部分的态度》，载于 1899 年 9 月 3 日《前进报》第 206 号。——编者注

③ 《德国社会民主党代表大会会议记录。1891 年于爱尔福特》1891 年柏林版第 278 页。——编者注

④ 爱·伯恩施坦以《社会主义问题》为总标题，在 1896 年 10 月—1897 年 4 月《新时代》上发表了一组文章，他在这组文章中阐述了他的修正主义观点。这种对党的革命基础的攻击，在德国社会民主党内遭到强烈的谴责。因此，他向德国社会民主党 1898 年 10 月 3—8 日在斯图加特召开的代表大会递交了一份声明，坚持他的修正主义理论。1899 年 1 月，在斯图加特出版了他的《社会主义的前提和社会民主党的任务》一书。——编者注

⑤ 《德国社会民主党代表大会会议记录。1891 年于爱尔福特》1891 年柏林版第 190 页。——编者注

⑥ 同上，第 223 页。——编者注

　　舍恩兰克也发表了相同的意见："冯·福尔马尔先生的慕尼黑演说与其说是出自一个社会民主党人之口，倒不如说是出自一个人民党人之口……由于发生偶然的事件，由于俾斯麦的垮台，他要求**改变我们整个运动的方向**，而不仅仅是改变策略；他想用**一个温和的资产阶级工人党代替**唯有通过彻底改变生产方式才能消灭目前对工人阶级的压迫这一革命观点，他想用一些残羹剩饭打发我们！"①（着重号是我加的。——罗·卢·）

　　最后，**倍倍尔**确认："可见，福尔马尔今天带着重音说，**他根本没有想**提出一种**新**策略，这是十足的虚伪。福尔马尔其实……希望党开始实行一种全新的策略。"②

　　接着，倍倍尔还说："福尔马尔说，他的演说中确实有一些内容并不是人们所认为的那样，为了论证这一意见，他从这些演说中引用了许多话。但是有一点十分引人注目：福尔马尔感到有必要把他6月1日的演说拿去付印，因为有人错误地报道了它；然后，他又感到有必要再作**第二次演说**，作为**第一次**演说的注解。但是，他把两篇演说付印以后，又不得不在这里作第三次演说，作为第一次和第二次演说的注解。"

　　我们对伯恩施坦发表在《新时代》上的文章的来龙去脉十分清楚，他后来也不得不致信党代表大会进行解释，接着他写了一本书对这组文章和这封信作了解释，以后他又陆续在《新时代》和《前进报》上发表文章，为这本书辩护，以免发生误解。在做了所有这一切之后，伯恩施坦在今天还是觉得自己被他的批评者误解了，这与福尔马尔在1891年的情况完全相同。

　　在机会主义发展的这两个极端之间，在福尔马尔的头几次演说和伯恩施坦的这本书之间，每次产生"误解"时都要重复几次。据说由于**海涅的补偿法案**（用大炮交换人民的权利）③引起的全部喧嚣是不折不扣的误会，事实上海涅同志所想的仅仅是同意把大炮交给社会主义的政府，而不是资产

---

① 《德国社会民主党代表大会会议记录。1891年于爱尔福特》1891年柏林版第219页。——编者注

② 同上，第273、277页。——编者注

③ 沃·海涅1898年2月10日在柏林第三选区发表的讲话中支持机会主义的观点，认为社会民主党为了"人民的自由"可以同意普鲁士容克政府的军国主义要求。海涅想以这个妥协来修正德国社会民主党的反军国主义斗争。——编者注

阶级的政府。

席佩耳为军国主义的辩护和对民军的嘲弄无非是那些彻底"误解"了他的人的错觉。这种"误解"往往总是这样伴随席佩耳的发言,因此当他在汉堡党代表大会上再次声明说"人们大概误解了我昨天说的话"时,回答他的是"啊!"的喊声和哄堂大笑。[1] 每当机会主义看来有遭到清算的危险时,就会听到"误解"的说法,党内对此早已习以为常了。

但是,如上所说,正是这种情况使人十分怀疑关于没完没了的误会的假设。它的定期出现也只能用两个原因来解释。第一个原因很简单,是出于这样一种动机:每当某个言论或行动不受欢迎或遭到批判时,就想回避争论。这种动机在福尔马尔和席佩耳两位同志身上表现得很明显。倍倍尔在爱尔福特曾公开而明确地说过:福尔马尔否认他的那些观点并拿出"误解"这个遁词,无非是为了躲避一项针对他的严厉的决议。

第二个原因更具普遍性,特别是与伯恩施坦的理论有关,那就是这些理论自身的特殊性质。它们的最危险的一面在于它们的结论,也就是当它们完全成熟时将为运动得出的结论。我们党内所有反对伯恩施坦的人一致认为,他的观点的总的最终结论将是社会主义的阶级斗争的瓦解。但是,这个结论将伯恩施坦吓住了。他发誓说,他既不希望这个结论,也不想争取这个结论。他在某种意义上,也就是在**主观的**意义上是对的。要硬说伯恩施坦蓄意消灭工人运动,这是荒谬的。相反,他以为他的观点能最好地为工人运动服务。然而,关键不在于伯恩施坦的**所思所想**,而在于(撇开他个人不谈)客观上能从他的理论得出什么结论。伯恩施坦不希望从他的观点引申出最后的结论,或者说看不到这一点并且在半路上停下来,这一事实成了大量误解的来源。但是,误解不是来自那些强调他的理论内涵,并把他当作叛徒来批判的人方面,而是相反,来自那些认为他的言论和誓言是有说服力的人方面,这些人认为,从党的原则立场看,在伯恩施坦的理论中"没有什么标新立异的地方"。一些来自工人中的同志尤其是这样,他们没有时间和机会来思考伯恩施坦观点的

---

[1] 《德国社会民主党代表大会会议记录。1891 年于爱尔福特》1891 年柏林版第 136 页。——编者注

进一步的结论,或者完全弄懂他的言论——即使他使用的词句同党使用的一样——的真正含义。可见,在对机会主义理论作出判断时,误会确实起着很大的作用,不过,不是像人们迄今所认为的那样,而是在相反的意义上:不是由于误解,伯恩施坦和他的追随者才受到批判,而是由于误解,才有许多人为他们**辩护**。因此,党代表大会的任务是在**这种**意义上澄清对机会主义的误解。

三 对 立

9月15日于莱比锡

如果要弄清伯恩施坦派和党之间的真正对立,可以重温一下倍倍尔在爱尔福特党代表大会上的讲话,只要把其中提到福尔马尔的那些地方,想成是伯恩施坦就行,再也没有比这样做更准确和清楚的办法了。

"福尔马尔认为,当前的政治条件有了重大改善,他以为已经采取了一种'新方针'……我们应当走上**谈判**的路子,在现行的国家制度和社会制度的基础上探索经济上和政治上的改革。'善有善报!'的愚昧和偏见使不少善良的人成为我们的意图的反对者,我们必须自我批评和**自我克制**……现在我不得不说,如果党遵循福尔马尔的策略,并且暂时撇开我们本来的目标,而首先把党的全部鼓动工作集中到实现这五项要求(最近的纲领——罗·卢·)上面,那么,我确信,这是一场斗争,而且是必然导致党腐化堕落的斗争。这意味着完全放弃我们**本来的**目标。也就是说,同我们本应做的和以前做过的正好相反。迄今我们为争取我们能够从今天的国家争取到的一切东西而斗争,但是,我们得到的始终只是一点微小的让步,**丝毫没有改变事物的真实状况**,这一点我们是经常强调的。我们要胸怀全局,任何新的让步对我们来说只有这样的意义和目的:我们可以把我们立足的斗争基础整治得更好一些,使我们更加拥有防卫能力……但是,对我们来说,问题在于,我们要向群众指出,敌人站在自己的立场上,是如何拒绝群众的最起码和最正当的要求的。我们议会活动的主要任务是教育群众认清敌人,而不是首先达到这项或那项要求的问题。……我们代表工人阶级的、与其他所有阶级相对立的利益,同时,我们无论如何都不能像福尔马尔在第一次慕尼黑演说中所主张，并在第二次演说中进一步主张的那样实行某种妥协。……照他的策略做，我们必然会得到这样的结果：我们只为眼前的任务进行鼓动，而**最终忘记我们是社会民主党**；忘记今天的国家和社会是社会民主党的死敌，不能同它们妥协。……以前我们常说，我们要在消灭现今的资产阶级社会及其政治的上层建筑即现今的国家，从而建立社会主义社会。为了达到这一目的，我们要力图占有一切手段和优势，以便减少我们为这一目标而进行的斗争的困难。这是总目标，是主要的事情，其他目标都是次要的。……**相反**，福尔马尔却宣称，伟大的总目标目前是次要的事情，而我们必须争取实现的**最近的实际要求**是**主要的事情。这是原则的对立，你无论把它设想得多么尖锐都不为过，澄清这一点当然是代表大会的任务。**"①

我们在这里明确而清楚地阐述了党内通行的观点和机会主义观点之间的对立。

这种对立的核心是最终目标和实际斗争的相互关系问题。

既然我们将争取政治自由或者社会改革的斗争视为取得国家政权和消灭现今社会的预备步骤，那么，对于我们来说，在这场斗争中，最终目标就是占主导地位的决定性因素，因此整个斗争带有原则反对派的性质。因而，我们在这场斗争中使用的仅仅是这样的手段，它要符合我们对当今社会所采取的势不两立的立场，此外，我们还运用斗争本身首先对全体工人进行社会主义的**教育**。

从机会主义的观点看，这一切都是颠倒过来的。如果认为每一项政治的和社会的改革都是逐步地实现社会主义，都是斗争的目的，那么，达到这一目的，可以不择手段。不管是投票赞成反动派或批准建造大炮，还是用其他手段取得人民权利，反正都一样。一方面，对群众进行社会主义教育显得完全多余，因为我们每天都在实现社会主义，为什么还要"谈"社会主义！"难道我们除了在每一次发言中反复背诵**陈旧的教义问答**（着重号是我加的。——罗·

---

① 《德国社会民主党代表大会会议记录。1891 年于爱尔福特》1891 年柏林版第 173—174、274页。——编者注

卢·),就没有更要紧的事情可做了吗?"①

另一方面,从资产阶级的改革中期待一切,社会民主党的立场就会失去它迄今的不可调和性。如果我们把从资产阶级政党那里可以得到的东西视为全部目的,那么与所有资产阶级政党作无情的斗争——它只有着眼于我们的最终目标和我们的阶级斗争才有意义——就会变成政治上的蠢事。那时,采取谈判、协商和让步的办法是政治智慧的要求,比如还要求我们,在斗争中一般不强调我们和资产阶级分歧的因素,而强调我们和它们共同的因素,"在对'自由主义'的宣战中,应当把握分寸"②。

这样强调团结,强调工人阶级和资产阶级的共同基础以及在相应程度上遏制不可调和的阶级对立,归根结底就是要理解所谓的民族利益、保护民族工业(见席佩耳在汉堡的发言③)、民族"国防"(见席佩耳在汉堡的发言和他对民军问题的态度)、三国同盟(见福尔马尔1891年在慕尼黑的演说④)、"理性的"殖民政策(见伯恩施坦的《社会主义的前提》⑤)。

机会主义观点,这种看起来"不是标新立异"的观点就这样在党内蔓延开来,渐渐地促使工人运动的整个面貌发生变化。纲领,策略,对待国家、资产阶级、对外政策和军国主义的态度,所有这一切都颠倒了,社会民主党也正在从一个革命的、国际的无产阶级政党变成一个民族的、小资产阶级的、社会改良主义的政党。

---

① 格·福尔马尔发言,见《德国社会民主党代表大会会议记录。1891年于爱尔福特》1891年柏林版第182页。——编者注
② 爱·伯恩施坦《社会主义的前提和社会民主党的任务》1899年斯图加特版第129页。——编者注
③ 麦·席佩耳在德国社会民主党汉堡代表大会(1897年10月3—9日)上为了不让德国工业在外国工业面前吃亏,在关于关税斗争的辩论中发言。此外,他反对社会民主党的反军国主义立场,支持为"祖国的国防"拨款。——编者注
④ 格·福尔马尔1891年6月1日在慕尼黑的演说中断言,德国、奥匈帝国和意大利1882年签订的三国同盟条约(它的矛头首先针对俄国,从此欧洲的军事强国的划分开始形成)可以用于维护和平,因此必须得到社会民主党的支持。——编者注
⑤ 爱·伯恩施坦甚至支持帝国主义的殖民政策,因为他说:承认野蛮人对自己所占有土地的有限权利",而"在最极端的情况下,较高的文明程度也就有较大的权利"。(爱·伯恩施坦《社会主义的前提和社会民主党的任务》1899年斯图加特版第150页)——编者注

四　批评的自由和科学的自由

可见,同机会主义的斗争关系到社会民主党这个进行无产阶级阶级斗争的政党的存在本身。倍倍尔在爱尔福特曾说:"这样一种策略对党来说无异于一个笑话:**打断了一个活生生的人的脊梁**,还要指望他像以往一样干活。**我竭力反对打断社会民主党的脊梁**,(着重号是我加的。——罗·卢·)也就是说,反对采取一种软弱无力的策略和斗争方式、反对仅仅为了所谓的实际目的进行斗争,而把社会民主党的原则,把反对统治阶级和国家政权的阶级斗争抛到脑后。"①

这种反击,这种反对机会主义的无理要求的行动本来是一种完全理所当然的事。但是,近来有些人试图以各种方式就党是否能使用它的自卫权问题进行争论,试图把清算机会主义本身说成是不正当的行为。这首先是以**批评自由**这个口号的名义进行的。有人对我们说,应当允许每个人有批评纲领和策略的自由,确切地说,甚至要感谢那些通过他们的批评把朝气带入党内的人。

目前人们为维护伯恩施坦而唱出的曲子已经是老调了,福尔马尔九年前早就唱过了。当倍倍尔在爱尔福特反驳他的言论时,他喊道:"人们常说的发表意见的自由在哪儿呢?"

"……因此,独立思考是我们的首要任务。但是,怎样才能独立思考呢,应当怀着感激的心情,接受那些可能有错误、但有良好愿望的人们为了党的利益而提出的某种倾向性的想法(诽谤、谎言和侮辱除外)——我这样说不是指我自己,而完全是一般地讲——,我们应当**欣然**接受这种**新出现的观点**,从而使陈旧的、**墨守成规的鼓动方式换换花样**。"②

不用说,没有一个政党像社会民主党那样把自由的和不断的自我批评

---

① 《德国社会民主党代表大会会议记录。1891 年于爱尔福特》1891 年柏林版第 277 页。——编者注
② 《德国社会民主党代表大会会议记录。1891 年于爱尔福特》1891 年柏林版第 261—262 页。——编者注

当作一种生存的条件。既然我们必须随着社会的发展而前进,那我们的斗争方式也应不断地改变,这一过程是我们发展壮大的先决条件。要发展,就必须对我们拥有的理论不断地进行批评。只不过有一个前提是不言而喻的:我们党内的自我批评只有顺着我们斗争的**方向**,它才能达到为发展服务的目的,因此才会受到欢迎。所有的批评,只要能使我们为实现最终目标而进行的阶级斗争更有力、更彻底、目标更明确,都应当受到由衷的感激。但是,如果批评是旨在拉我们的后腿,让我们完全背离阶级斗争和放弃最终目标,那**这样的**批评已不再是前进和发展的因素,而是崩溃和瓦解的因素。

如果有人使我们"陈旧的、墨守成规的鼓动方式换换花样",开展**反犹太人**的宣传,那我们该怎么说呢? 我们的同志肯定不会喜欢如此地"换换花样",而只能发出愤怒的喊声。但是,比如像席佩耳炮制的维护**军国主义**的言论与我们纲领的矛盾,丝毫不比反犹太主义与我们纲领的矛盾逊色。

如果我们同样"欣然地"接受任何一种批评,既接受推动我们向目标前进的批评,也接受把我们从目标引开并把我们完全拉到另外一个阵地的批评,那么,我们就不再是目标明确的战斗的政党,而是一个空谈家的团体。这个团体浩浩荡荡地出发,却连自己也不知道去往哪里,并且准备根据随便什么"建议"改变整个进军路线,或者干脆回家并"躺下睡觉"。

有一点必须考虑,那就是,尽管我们十分需要自我批评的自由,尽管给它以广阔的活动余地,但必须有某种最低限度的基本原则,这些基本原则构成我们的**本质**和我们的**生存**本身,并形成我们作为**一个**政党的成员共同活动的基础。在我们队伍**内部**,我们不能将"批评自由"的原则用于这些为数不多的普遍的基本原则,因为这些基本原则既是一切活动的**前提**,也是在我们队伍内部批评这些活动的前提。我们无需捂着耳朵不听来自外面的涉及这些基本原则的批评。但是,只要我们把这些基本原则视为我们作为政党存在的基础,那我们就必须坚持这些原则,也必须使它们不为我们的党员所动摇。在这方面,我们只允许**一种**自由:**属于**或**不属于**我们党的自由。我们不强迫任何人与我们一同并肩前进,但是,如果某个人自愿加入队伍,我们必须以他同意我们的原则为先决条件。

此外,如果我们愿意使我们的基本原则、我们的全部观点、纲领和策略每天不断遭受不受限制的"自由批评",那么,我们也可以在"自由批评"的范围内,接纳无政府主义者、全国社会联盟派①和伦理主义者,等等,因为我们根本就没有什么固定的、不可侵犯的和约束性的东西。但到那时,我们也就不再是因某些原则而有别于其他政党的政党,我们就会失去根基并消融在"自由批评"的空气中了。

因此,对我们作为一个政党的本质自身实行批评的自由,也有它的实际界限。构成我们本质的是**阶级斗争**,它不屈服于党内的"自由批评"。我们不能以"批评自由"名义自相残杀。但是,正如倍倍尔说过的,机会主义想要**打断**我们的**脊梁**,从而消灭我们——阶级斗争的政党。

最后,伯恩施坦的维护者的最后一招(请看**费舍**同志在柏林第二选区的演说),是把正在讨论的问题说得非常深奥、复杂和困难,以致必然使绝大多数同志对这些问题很难作出判断,更不要说作出决定了。这种(恕我们这样说)"装傻"的政策很可能也会在汉诺威发生作用。但是,连一般的"一知半解者"也很容易看出它的破绽。

要知道,在党代表大会上要讨论的不是学术的、理论的问题,而是一系列关于党的基本**原则**和**策略**的纯粹**实践**的问题,比如,首先是对待军国主义和民军问题的态度。要想劝说工人相信议程第六项涉及的席佩耳同志"对军国主义的科学研究",这确实需要有非常厚的脸皮。如果在党内有人天真地信任这种论断,那么只能说:可怜的施泰格弥勒!要是他能想到在《社会主义月刊》上发表一篇文章,论述他的谋略,今天他或许还能心安理得地享受我们的尊敬,因为谁敢抱怨"关于建造教堂的科学研究"②呢?

其实,席佩耳对民军要求的声讨和施特格弥勒建造教堂一样,是经不起

---

① 1896 年由弗·瑙曼创建的全国社会联盟支持帝国主义的扩张政策,并企图用基督教全国社会联盟蛊惑人心的要求,阻止工人阶级进行政治和社会的斗争。——编者注
② 19 世纪 90 年代初,巴登邦议会社会民主党议员施泰格弥勒为批准用 40 000 马克在勒拉赫建造一所教堂辩护。为此,1894 年 10 月 21—27 日在美因河畔法兰克福召开的社会民主党代表大会对他提出了严厉的谴责。——编者注

"科学"观点的探讨的,席佩耳在他的文章中企图简单地证明:民军——向来是我们最重要的**政治**纲领的条款之一——,是某种在技术上达不到、政治上不受欢迎、经济上困难重重的东西,相反,军国主义却是必不可少的,在经济上是有益的。这就使我们迄今的以反军国主义斗争为轴心的整个议会活动和我们的全部鼓动劈面挨了一记耳光。如果有人想借口科学的自由,否认党有权对向它的基本观点进行如此的攻击表明态度,那么,这是极为恶劣地"滥用"科学,与以前为愚弄群众而滥用"科学"相比,有过之而无不及。

同样,列入议程第七项的那些问题是实践的问题,而不是科学的问题。但愿巴伐利亚邦议会选举的策略①不是使社会民主党代表免于表决的深奥问题。伯恩施坦的理论同样包括**两个**不同的部分,即理论部分和实践部分。在理论部分,伯恩施坦陈述他对价值论、危机和唯物主义历史观的批评意见,在**实践**部分,他论述工会、合作社、殖民政策以及对待现存国家和资产阶级政党的态度。

第一部分自然不属于党代表大会的范围:党内并没有人打算——比如就价值理论或者危机问题——进行表决并作出决议。但是,在相应的程度上,伯恩施坦观点的第二部分——这部分的内容在福尔马尔、席佩耳、海涅等人的实践和言论中已有表现——,必须成为党代表大会作出决议的对象。党员群众可以、能够而且必须对自己的策略,对国家和资产阶级的态度作出决议。谁要否认党员群众的这种权利,谁就是把他们贬低为没有判断力的群氓。

在我们党内,不知名的同志有时因狭隘或无知而产生的各种违规行为受到尖锐的批评或开除出党的处分。难道仅仅因为知名的同志能够用"理论"当佐料把他们的观点端给我们,党甚至不能以严厉的态度对这些同志更加严重的罪过作出判决吗? 今后人们必定也会这样议论我们的党:只许州官放火,不许百姓点灯。

面对上面提到的那些口号,党代表大会的口号必须是:批评的自由要受

---

① 见本卷第 596 页脚注①。——编者注

到充分尊重,"科学研究"的神圣性不可侵犯。但是,正是在伯恩施坦集团长期和畅行无阻地运用了"批评"之后,为了揭露这个集团的内在特性及其倾向,现在是时候了,党作为一个政治整体必须对这种批评的后果表明态度并宣布,**这种批评是一种堕落的理论,它在我们的队伍中已经没有容身之地**。

五　危险何在?

9 月 16 日于莱比锡

最近一年半以来,**伯恩施坦**及其理论是我们党内讨论的中心。在汉诺威党代表大会上,伯恩施坦的观点也将成为争论的主题。

但是,我们切不可忘记,机会主义思潮对党的危险究竟何在。如果我们要对付的仅仅是伯恩施坦、他的文章和他的书,那么本来就不必将其列为社会民主党代表大会的一个专门的议题。一次文字争论就完全够了。但是,党出面解释和正式表态确实是必要的,因为伯恩施坦绝对不是孤立的个人,确切地说,他是党内**一个完整的思潮**的理论诠释者,而且是这个派别发展史中的最后一个环节。

我们在爱尔福特目睹倍倍尔揭露并反对福尔马尔的机会主义侵袭的各个危险的方面。福尔马尔的两次慕尼黑演说包含了伯恩施坦那一整本书的基本内容。但是,今天的情况与 1891 年相比是多么的不同!当时,福尔马尔是孤家寡人。无论在党内,在报刊上,还是在任何会议上、在党代表大会上根本没有人为他说话。他及其观点在巴伐利亚本地,甚至在整个南德意志也完全处于孤立的状态。在爱尔福特,南德意志的代表一个接一个表态拒绝为福尔马尔承担责任。

来自纽伦堡的**勒文施坦**同志说:"我们的选民……完全拥护迄今由党的领导贯彻执行的策略。**他们也表示坚决反对福尔马尔的观点。**"[1](着重号是

---

[1]　《德国社会民主党代表大会会议记录。1891 年于爱尔福特》1891 年柏林版第 221 页。——编者注

我加的。——罗·卢·)

来自美因茨和卡尔斯鲁厄的代表同样激烈地反对福尔马尔。

来自**纽伦堡**的**厄特尔**同志对倍倍尔的决议案提出了如下的著名修正案:

"党代表大会在此明确宣布,它**不赞成**福尔马尔在今年 6 月 1 日和 7 月 6 日的两次慕尼黑演说中在谈到德国社会民主党的最近任务和应当采取的新策略时所持的立场,而且认为这一立场对党的进一步发展是**有害**的。"①(着重号是我加的。——罗·卢·)

在这个不顾情面的修正案面前,福尔马尔仅仅受到另一个南德意志代表、来自**路德维希港**的**埃尔哈特**同志的提案的支持,而这个提案不过是以另一种形式对福尔马尔提出的斥责:

"在福尔马尔同志无条件地赞成倍倍尔和其他报告人(恰恰没有一位报告人支持福尔马尔。——罗·卢·)阐述的保持党的迄今策略的观点之后,党代表大会宣布,关于厄特尔提案的讨论到此为止,并转入下一个议程。"②

顺便说一下,这位厄特尔同志曾以"福尔马尔的阐述不能促使我赞成**他的孤立的立场**"③(着重号是我加的。——罗·卢·)这句话证实了福尔马尔在整个德国和在巴伐利亚的孤立。

而且我们看到全党团结一致地反对福尔马尔,倍倍尔、辛格尔、李卜克内西,以及奥尔同志都发了言,奥尔同志的发言如下:

"在当前的条件下,我认为没有必要改变策略,我甚至认为,按照福尔马尔建议我们的意思改变策略是不妥当的。他说,应当把走谈判的路子当作我们的任务,于是他顺理成章地要求我们必须实行'自我克制'。我认为这种'自我克制'是危险的。按这种做法,我们即使不是自觉的和有意的,但确实会导致这样的结果:我们需要两个纲领,一个为了平日的需要,一个为了星期日的需要。面对所有其他政党,我们党迄今所遵循的严格界限将随着时间的

---

① 《德国社会民主代表大会会议记录。1891 年于爱尔福特》1891 年柏林版第 216 页。——编者注
② 同上,第 287 页。——编者注
③ 同上,第 202 页。——编者注

推移变得模糊。——我们的纲领中写道:工人阶级的解放必须是工人阶级自己的事业。我们必须继续坚持这个观点。现在,厄特尔建议,要十分明确地宣布党代表大会不支持福尔马尔的观点。——这不是责备,不是投不信任票;每个同志必须接受最高权力机关即党代表大会十分友好、充满同志情谊的声明:我们不支持你的观点。我请大家通过附有厄特尔补充提案的倍倍尔的决议!"①(着重号是我加的。——罗·卢·)

这就是**奥尔**同志1891年对孤家寡人福尔马尔所说的话。

从那以后,情况发生了很大变化。福尔马尔播下的种子已经茂密地发芽滋长。从那以后,每一年,每一次党代表大会都显示出"实践政策"这一福音的新进展。今天,我们看到站在福尔马尔一边的有巴伐利亚和南德意志一些曾在爱尔福特极其激烈地反对过他的同志,还有当时热烈同情独立派②(至少在他们的船漏水以前是如此)的**席佩耳**同志,此外,还有经常充当席佩耳同志和所有陷入困境的"实践政治家"的庇护人的那位**奥尔**同志,他曾在爱尔福特那么令人信服地呼吁通过厄特尔的提案。现在,福尔马尔可以开列一个可观的名单作为他的成绩。在那个莱博雷洛③名单中,伯恩施坦同志不过扮演"一千零三位美人"中的最后一位美人。

但是,在这里重要的不仅仅是性质。首先应该看到,正是这些热衷于所谓实践政策的同志占据着党的一大批最重要的岗位,这就保证他们的观点能够得到广泛的运用和传播,也就是说,他们作为**编辑**掌握着一批党的报刊,作为**国会议员**和**邦议会议员**占据一批议会讲台。党在两条战线上的真正的斗争,即反对政府和统治阶级以及教育工人群众的斗争,是在**报刊**上和**人民代表机构**中进行的,但恰恰在这里,代表机会主义策略的信徒人数最多。

这种状况使他们获得的影响和重要性同他们的人数完全不成比例。作为议员和编辑,他们可以在一定程度上"代表"站在他们背后的无产阶级群众,

---

① 《德国社会民主党代表大会会议记录。1891年于爱尔福特》1891年柏林版第223—224页。——编者注
② 见本卷第544页脚注①。——编者注
③ 西班牙浪漫派诗人霍塞·索里利亚的诗剧《勾引女人的唐璜》中的仆人名。——编者注

哪怕他们与这些群众的想法和信念是直接矛盾的,而情况往往就是这样。此外,他们还能够对群众施加持久的、不受监督的影响,按照自己的意图直接对他们进行教育,尤其对新加入党的、出身于工人的、年轻的和未受过训练的成员更是这样。需要注意的是,目前我们恰好不得不越来越多地吸收纯无产阶级分子,而且还要吸收**小资产阶级**分子,而机会主义的编辑和议员的观点正好说出了后者的心里话,这样一来,撒出去的种子也就落在本来就是最合适的土壤上。

最后,很值得注意的是,在"实践政治家"中纯粹是**年轻人**占压倒的多数,他们是**党的**真正的**接班人**,他们作为编辑和议员大约 10—15 年之后在运动中注定要担任指挥。

要是总括地看看所有这些事实,那就必须**非常严肃**地对待倍倍尔所说的那种危险,即社会民主主义运动的脊梁迟早"要被打断"。但是,不要一味地作悲观的估计,一味地发出珈桑德拉①的警告。不错,我们的运动在机会主义逐渐蔓延的这个 10 年中不仅没有每况愈下,反而蒸蒸日上和日益巩固。"此外,老调重弹(指关于机会主义危险的警告。——罗·卢·)也无济于事,因为党毫不动摇地继续'**向上堕落**',才达到今天的水平和成熟度。"②(着重号是我加的。——罗·卢·)当福尔马尔在斯图加特用这样的话指出这一点时,他肯定最没有理由为此感到高兴。

我们的运动不是**托庇**于所谓的实践政策的福音,而是由于蔑视它才壮大起来的。仅仅因为党每次对机会主义的突然袭击进行强有力的自卫,仅仅因为党始终**拒绝**福尔马尔的策略——"新方针"、他的投票赞成预算③、他的农业纲领④等等,党才能作出它已经作出的成就。如果党把"实践政策"的观点变

---

① 珈桑德拉是古希腊神话中的特洛伊公主,能占卜吉凶祸福,但没有人相信她的预卜。——编者注

② 《德国社会民主党代表大会会议记录。1898 年于斯图加特》1898 年柏林版第 105 页。——编者注

③ 1894 年 6 月 1 日,以格·福尔马尔为首的巴伐利亚邦议会社会民主党党团投票赞成邦预算,从而第一次破坏了奥·倍倍尔提出的"不给这个制度一个人和一分钱"这一革命原则。——编者注

④ 格·福尔马尔主张维持农业中的小企业,并建议,由容克和资产阶级的国家与社会民主党合作进行相应的改良。——编者注

成它迄今全部活动的准则,那么,它既不会获得 225 万张选票,也根本不会具有目前它在德国的政治生活中得到公认的重要意义。

但是,从中可以得出的逻辑结论是:今后,运动的发展与壮大仍旧取决于党在与机会主义的斗争中能否找到必要的力量。

六　弥补的方法

很清楚,党的态度首先必须在关于这次党代表大会议程的第六项和第七项的相关**决议案**中表现出来。然而我们认为,局限于各地提出的建议,让党声明,"它没有理由放弃迄今的策略",这是不合适的。这样的决议案就连伯恩施坦、席佩耳及其所有追随者也会平静地赞同,因为他们甚至会断定,党不想提出新的策略。正因为如此,这个决议完全是无的放矢,因为党将不得不用倍倍尔在爱尔福特说过的话来告诫自己,当福尔马尔打算接受他的决议案时,他这样说道:"极右派和极左派会通过决议案的**行文**与我们达成一致,我就会认为,事出反常必有因,必须在决议案中增加一些原本没有的内容。"①如果党代表大会想**明确地**表达自己的意见,那么,它就必须直截了当地声明,它认为伯恩施坦和席佩耳的观点与党迄今的活动以及党的基本原则和策略**格格不入**,并且坚决反对这种观点。同时我们还认为,必须对第六项和第七项进行记名**投票**表决。

但是,期望仅仅通过一个决议案就能克服伯恩施坦—席佩耳的思潮,那是掉以轻心和自欺欺人。在爱尔福特,倍倍尔也想以正确的政治远见"预防未来再次出现比如某个舒尔采、穆勒或科恩",重新接纳福尔马尔的思路。倍倍尔的忧虑得到了证实:舒尔茨、穆勒和科恩都出现了,他们不像路德的魔鬼那样,用笔墨就能战胜的。

如果要真正预防运动被淡化和弱化的危险,那就必须采取一系列**实际的措施**,以应对那里,即在报刊和议会活动中滋生的弊端。因此我们认为必须强

---

① 《德国社会民主党代表大会会议记录。1891 年于爱尔福特》1891 年柏林版第 278 页。——编者注

调以下几点：

1. 党代表大会责成党的报刊，首先是中央机关报，不能只**以报告的形式**对待党的实践中出现的任何策略问题，而是要清楚明确地表明态度。特别是《前进报》，作为中央机关报，必须明白自己有义务和责任为**全党**，而不是为机会主义反对派服务，就像它迄今利用一切机会悄悄地所做的那样；

2. 党代表大会同样责成议会党团，对议会活动领域出现的每一次重要意见分歧表明自己的态度，并且要公开表明态度，因为他们的态度要让全党知道。

3. 最后这一点，我们认为**在实践上极为重要**，汉诺威党代表大会将下次党代表大会（1900年）的议程设定为**讨论社会民主党在邦议会选举时的策略**。迄今为止，在党的实践活动的这个极为重要的领域，帝国各邦的同志们自己酌情行事，甚至摸索前行，凭经验进行实验，我们希望通过这一点，从全党的角度，根据有约束力的基本原则，普遍规定党在这个领域的活动。

显而易见，问题的关键不在于强迫各个邦的组织接受专门的行进路线，束缚它们在斗争中的手脚，特别是规定它们参与或不参与。问题仅仅是提出有**普遍约束力的规则**，而这些规则实际上只涉及主要问题——在选举时同其他资产阶级政党的关系，确切地说是**限制**，是规定，社会民主党在这个方面什么事情可以不做，什么事情必须做。有关**妥协**的问题的讨论至今仍陷于抽象的迷雾和老生常谈而毫无结果。因此现在必须以明确实用的方式找到解决这个问题的办法。党作为一个整体应当对这个最重要的领域进行监督，因为"实践政策"正在这个领域悄悄发展。①

无论汉诺威党代表大会采取什么措施，都将成为德国工人运动史上一个重要的里程碑。广大工人群众有充分的理由密切关注大会的讨论，因为德国阶级斗争的未来进程在很大程度上将取决于这次大会。汉诺威党代表大会是

---

① 我们暂时只对这个问题提出简短的动议，由于其十分重要，自然理应进行深入的讨论。——作者注

19 世纪的最后一次大会,这个世纪见证了社会主义的**兴起和发展**。但愿这次代表大会有助于我们在下一个世纪取得社会主义的完全胜利,而不是遭到失败——哪怕是暂时的失败。

1899 年 9 月 14、15、16 日《莱比锡人民报》第 213、214、215 号

考茨基反对伯恩施坦的书

一

9 月 20 日于莱比锡

迪茨出版社像考茨基在前言中明确所说的那样,刚刚出版了他对伯恩施坦的最后回答,整整 12 印张,题目为《伯恩施坦和社会民主党纲领。一个反批判》。

从内容上看,这本书涵盖了伯恩施坦论及的所有问题,也就是:1. **方法**(唯物史观、方法论、价值);2. 关于**社会民主党纲领的经济基础**的所有比较重要的问题(崩溃论、大企业和小企业、有产者的增加、股份公司、剩余价值的消费、贫困化理论、新中产阶级、危机理论、纲领的起草);3. **策略**(政治和经济、独立或不独立政策,我们能胜利吗?)

我们先来谈谈第一个主要问题(方法),关于这个问题的观点已有论述,我们已经从考茨基在《新时代》上发表的文章中看到,所以我们直接转向最现实的、实践上最重要的第二个主要问题:我们的纲领的经济基础。在那里,考茨基阐明了在同伯恩施坦迄今的讨论只有零零碎碎,没有完全考虑到的问题。这就是伯恩施坦对马克思资本主义生产方式的理论提出的意见:1. 有产者的人数不是减少了,而是增加了;2. 小企业没有倒退;3. 爆发广泛的灾难性的危机的可能性越来越小。考茨基依次分析了这三个问题,其中把第二个问题作为基本的、决定性的问题,进行了审核。

根据马克思的学说,现代社会的经济发展导致自主经营的工人的没落,导致工人变成受资本家剥削的雇佣劳动者。进一步的结果是,资本主义发展导致剥削采取新的形式:导致资本家自己剥削资本家,利用竞争斗争的手段,**资**

本集中的手段进行剥削。这一过程——据马克思的观点——构成剥削的第三种形式的物质基础:不断壮大的、由资本主义生产方式本身培养、联合并组织起来的工人阶级剥夺资本家,换句话说,就是消灭资本主义社会。因此,资本的集中对社会主义的意图具有决定性的意义。它提出这样一个历史任务:实行社会主义的社会制度;它生产解决这一任务的力量——无产者,而且创造解决这一任务的手段——社会生产。既然解决这一任务的办法本身,即实行社会主义变革,只能够产生于无产阶级的**意识**、**意志**和**斗争**,那么资本的集中同样也能创造斗争本身及其取得胜利结果的物质前提。既然伯恩施坦怀疑集中这个事实,他也就怀疑社会主义的最重要的经济前提。因此在这个问题上作出明确的说明,是极为重要的。

伯恩施坦认为中等企业——与马克思的观点相反——没有倒退,他为了强调自己的观点,引用了英国、奥地利、法国、瑞士、美国的一系列统计数据。但是,对其中的每一个国家,他为我们提供的只是**一个**统计的结果,而不是多个统计的结果。所以,他的数据丝毫没有向我们说明每个国家资本主义发展的方向。这些数据充其量告诉我们,集中在那里已经发展到何种地步,社会主义变革的前景有多么光明。但是我们对这些问题并不感兴趣,因为关键甚至不在于我们**多久**能启动变革,而在于我们究竟要不要向变革的方向发展。我们可以不用对这个世界距离未来国家有多远的问题进行统计学研究。那么,在伯恩施坦提供的所有数据材料中**剩下的就只有德国的职业和企业数据**。

伯恩施坦还多次出示 1895 年和 1882 年的综合的统计结果。这个综合要告诉我们什么呢? 如果只想驳斥伯恩施坦,那么这件事做起来很容易:只需让他自己说。早在 1896 年 11 月,伯恩施坦在认真核实 1895 年和 1882 年的统计表以后,就撰文在《新时代》上发表:

"如果考虑到最新工业统计所显示的劳动者按企业等级的分配方面发生的重大变化,把握这样一个没有争议,也无可争议的事实:大企业的劳动生产力有了极为强劲的发展,那么得出下面的结论并不武断:1882 年,据保守估计,工厂化的大工厂生产占工业和手工业生产总值的 47%—54%,这一比例在今天可能不小于生产总值的 60%—70%。德国工业生产总值的三分之二或四分之三属于工厂化的大工业和集体化的大企业。这个事实被许多情况掩盖了,特别是因为,大工业的绝大多数产品都是半成品,还有一部分产品是表面上参与生产的人向我们热心介绍的,事实上他们只不过是掮客。但是,这个事实存在的合理性是不用置疑的。"①

伯恩施坦不久前自己已经确证,工厂化大工业1882年才生产国民生产总值的**一半**,十三年后已经能生产国民生产总值的**三分之二**或**四分之三**。可见,这是不用怀疑的、甚至是迅速形成的集中。

如果我们看看各种企业规模的**企业数量**,就能发现同样的事实:企业的总增长1882—1895年为4.6%,而小企业(1—5名工人)同比增长1.8%,大企业(1 000工人)增长100%!

当然,小企业在企业总数中所占的比率依然很大(1882年为96%,1895年为93%),但是,如果我们考虑到**雇用的员工**,那么这种情况就会发生变化。在上述13年的时间内,雇用的员工总数增加了40%,其中在小企业工作的员工只增加了10%,而在大企业工作的员工却增加了110%!小企业在1882年还容纳接近三分之二的从业人口,而在1895年就只容纳不到**一半**的从业人口了。

可见,最后这两个企业数据的统计告诉我们,在企业的数量方面,生产的总量方面,雇用的工人数量方面,小企业有明显的**倒退**,而大工业则有长足的**进步**。

让我们往下看,究竟在哪些生产部门小企业还有极强的代表性。在原来的工业部门——矿业、化学工业、纺织工业、机械制造业、造纸工业、土木建筑工业和照明材料工业——,在所有这些构成资本主义生产的基础、雇用大量工人的部门,我们发现,小企业正在被大企业所排挤。这些小企业原来雇用的员工中约有一半到四分之三集中到了雇用50名员工以上的企业。

小企业原来的领地是畜牧养殖业、渔业、服装工业、酒店业和商业以及园艺和艺术行业。在这些行业,一半以上到五分之四的雇员都分散在1—5人的小企业。但是,1895年和1882年的统计结果表明,即使在这些行业,集中的趋势也表现得十分明显:在这些部门(园艺业除外)的小企业(1—5人)的雇

---

① 爱·伯恩施坦:《社会主义问题》,载于1896—1897年《新时代》第15年卷第1卷第310—311页。——编者注

员人数增长微乎其微，而大企业(50 人以上)的雇员人数增长了两倍、四倍，有些部门甚至增长了五倍、七倍。可见，即使在小企业原来的领地，小企业也在被大企业超越和排挤。

仔细观察，整个生产最后只剩下小企业雇工人数的增长快于人口增长的两个行当：啤酒店老板和小生意人。但是"饮料店"的生意只够维持正常的独立生存，而实际上他们只不过是大啤酒酿造业的附属品。在这个行业与在中间贸易一样，小企业的增加非常乏力，这是小企业难以**生存**的标志，确切地说是小企业**崩溃**的产物。小企业在这里也是使小企业直接依赖无产阶级的一个手段，同时也是小资产阶级向无产阶级过渡的一个阶段。

最后，还有一个经济部门可以显示小企业十分强劲的普及，那就是**交通行业**。但是，即使在交通行业，统计数据也不能显示完全真实的一面：恰恰最重要的现代交通部门——铁路、邮政、电报、乡镇供水设施、垃圾运输——在数据**中没有体现**，而数以千计的服务人员、公墓管理员、马车夫却可以堂而皇之地声称有许多"企业"。

我们汇总了这些数字，不禁会问，伯恩施坦是否有权断言，马克思描绘的资本主义集中的画面不符合事实。**如果说有什么理论在德国职业和企业普查数据中得到了明确的证实，那么，这就是马克思的理论。**大企业到处都在胜利发展，另一方面它们建立小企业，是为了在自主谋生的表象下使小企业完全依附于自己。伯恩施坦所说的已经妨碍社会主义变革——考茨基在这方面得出的结论与帕尔乌斯①发表在《萨克森工人报》上的反对伯恩施坦的第一组②文章的结论完全相同——的"数十万企业"留下的是什么，是女果农、缝纫女工、理发师、公墓管理员、服务人员和马车夫！

关于工业的集中就谈到这里，现在要讨论的问题是，马克思的理论在**农业**方面是否已经破产。

---

① 亚·拉·帕尔乌斯(格尔方德)(1869—1924)——俄国社会主义者，19 世纪 90 年代末至 20 世纪初在德国社会民主党内工作，接近该党左翼；曾任《萨克森工人报》编辑；写有一些世界经济问题的著作。——编者注

② 这一组文章题为《爱·伯恩施坦的社会主义变革》，共 10 篇，1898 年 1 月 28 日—3 月 1 日在《萨克森工人报》上连载。——编者注

二

当然,农业方面的情况并不像工业方面那样明晰和简单。马克思1864年曾希望,"所有地产在少数人手中的结合",使土地问题的解决异常简单化[①],但这个愿望没有实现。农村的情况不是越来越简单明了,而是越来越混乱和复杂。只要看看土地占有关系的统计资料,就可以发现,农业的集中似乎像休眠,而不是像倒退。

有人认为,地产的统计资料在经济上与工业企业的统计资料是一致的,因而对农业的实际发展是一个启示。但情况并不是这样。比如,农业的**小地产**还不完全是**小企业**。因此,易北河以东地区目前向集约的、更多资本主义的经济的过渡,造成土地面积的紧缩,这有两方面的原因:一是超大地产分解为较小的、便于经营的地产;二是建立小农庄,以便把农业工人束缚在土地上。

此外,地产的统计资料本身,既没有说明农村居民的收入情况,也没有说明他们的实际的占有关系,确切地说,这种实际的占有关系可以在抵押文书中看到。

可见,如果想说明农业的发展情况,那么必须把地产的苍白的统计数字放到一边,而关注现代农业的总体现象。

下面首先请看几个重要事实:

农业人口可以理解为**锐减**:1882年,农业人口占总人口的42.5%,1895年只占35.7%。1882年,农业从业人口占总的从业人口的43.4%,1895年只占36.2%。这一点只能通过工业一个一个地剥夺农业的职能,比如原材料的加工和劳动资料的生产得到解释。

第二,越来越多的农业人口被安排到作为副业的工业。在德意志帝国的农业企业的所有人中,主要从业情况如下:45%为自耕农,13%为农业中的雇佣劳动者,14%多一点从事工业。在各个行政区,工业雇用的"农民"例如在

---

① 参看《马克思恩格斯文集》第3卷第9页。——编者注

梅泽堡区占所有农业企业所有人的 25%,在杜塞尔多夫区占 32%,在阿恩斯多夫区占整整 45%!

第三点,农业中的地产日益被分割,同样是由于**租佃制**和抵押债务。经营完全租赁或部分租赁的土地,1882 年在所有农业企业中占 44%,1895 年已占 47%。**抵押债务**增长同样迅速,虽然抵押债务并不意味着农业的没落,但它无论如何使现代信用机构、银行、储蓄所等等,以**地租**的形式将土地越来越迅速地**集中**起来,而现在的农民对自己逐步丧失的土地私有权的兴趣越来越少。

可见,对农村的关系的分析——考茨基在此阐述了其书中关于农业问题的主要观点——可以得出这样的结论:农业日益丧失其自主的经济性质,从而丧失它的社会意义。小农变为雇佣劳动者,工业与农业日益结合,租佃制和抵押债务日益增多,而且越来越集中于大型的社会机构,这一切导致**农业并入社会的生产进程**。因此,马克思关于资本主义发展的预言在普通的农村也能得到证实。不是直接证实,农业并非正在经历一个类似于工业的**独立的**集中过程,相反,它正在日益**丧失**自己的经济独立性,并以这种方式被卷入以资本集中为主要特征的资本主义发展的大潮。

这一过程的最终的、最成熟的结果是伯恩施坦刚刚想到的**卡特尔、托拉斯**和**辛迪加**,认为它们能为他作证,在阐述危机理论时**反对**马克思,其实他完全忘了,它们是马克思集中理论的正确性的最具说服力的证明。

伯恩施坦没有提出什么东西可以使我们偏离马克思关于日益发展的资本集中的理论。工业数据以及卡特尔和托拉斯的形成,可以极为有力地证明这个理论,而农村的发展也与这个理论相一致。

资本的日益集中意味着小企业的不断(至少相对)减少和大企业的增加,也是无产者——到一定的阶段——和资本家的增加,同时是小企业主的大幅减少,也是一无所有者的增加和有产者的减少。

伯恩施坦认为这种观点是错误的。他在书中写道:

"可见,认为现在的发展使有产者的数量相对减少,甚至绝对减少的观点,是完全错误的。有产者的数量不是'增加或减少',而是完全的**增加**,即**绝对和相对的增加**。如果说社会民主党的活动和前景取决于有产者数目的减少,那么,它真的该'**躺下睡觉**'了。但是情况正好相反。**社会主义的前景取**

决于社会财富的增加,而不是取决于社会财富的减少。"①

为了驳斥伯恩施坦的论断,首先必须确定,他理解的"有产者"的增加是什么? 他想到的是资本家、小资产阶级还是工人群众? 伯恩施坦这句话的意思在阐述过程中多次发生变化。不管我们相信哪一种意思,结果仍然不是支持,而是反对伯恩施坦。

考茨基著作中相关的一章,其叙述的清晰,举证的明确和得当,都是全书最出彩的一章,阅读这一章确实是一种享受。我们愿意扼要点评他的批判的所有要点。

伯恩施坦硬要提到**资本家人数的增加**,实在是多此一举,因为在马克思的学说预测的资本主义生产方式的大力发展过程中,资本家人数的增加显然是不言而喻的现象。但同时,无产阶级的数量也会毫无争议地增加,以致社会对立也会日益尖锐,这恰恰符合马克思的学说。

如果伯恩施坦已经想到**中产阶级**数量的增加,那么,他虽然与社会民主党纲领的观点相矛盾,但是我们还是不想徒劳地证实他的这种论断。

伯恩施坦自然引用了大量奥本海默先生赞叹为"庞大数字材料"的统计资料,然而这些数据材料究竟怎么样呢?

1. 这是为 1895 年"**普鲁士补充税**"确定的税额——仅仅**一年**的数字,不能作任何比较。但是,即使对这样的数字,伯恩施坦的理解也与别人不一样。比如,具有真正资产阶级思维的赫克纳②教授就此写道:

"这种财产分配是不可能得到认可的,因为在分配过程中,最上面的两个拥有百万富翁的阶层共有 5 256 人,比两个最下面的阶层多占有 162 100 万马克,虽然后者有据可查的有 767 204 人。但是这些数字只表现有产阶级内部财产分配的对立。这种收入分配不仅从社会的角度看,而且从经济发展的角度看,都使人深感忧虑。"

2. **法国**的收入数字。它们同样只涉及**一年**,既不说明有产者的增加,也不

---

① 爱·伯恩施坦《社会主义的前提和社会民主党的任务》1899 年斯图加特版第 50—51 页。
　——编者注
② 亨·赫克纳(1863—1932)——德国资产阶级庸俗经济学家,讲坛社会主义的代表人物。
　——编者注

说明有产者的减少;此外,依据的不是征税统计(法国没有所得税!),而是单纯的**估算**,因而没有任何积极意义。

3. 关于**萨克森**,伯恩施坦根据自己从整个统计结果中任意**摘取**的 1879—1892 年收入统计材料作了几点说明。要是看看 1879 年和 1892 年的**整个**统计结果,那么得出的结论又不是**支持**,而是**反对**伯恩施坦。这位具有真正资产阶级思维的赫克纳教授就萨克森的收入波动情况写道:"可以说,现在的收入分配相对而言,最有利于中等**工人阶层**和**百万富翁**集团。"——这完全像马克思说的!

4. 伯恩施坦将普鲁士 1854 年和 1894 年的收入情况作了比较。他显然觉得这是无懈可击的。可惜这样的比较一文不值,因为首先 1894 年的普普士与1854 年相比,无论在领土方面,还是政治方面都完全不同;其次,最后一次所得税统计和 1854 年的所得税统计不是根据同一部**法律**完成的,就是说,想彻底了解普鲁士的收入分配,要到 1891 年以后才有可能。

伯恩施坦为 1876 年和 1890 年的普鲁士编制的第二个图表,不仅由于上述原因是无用的,而且伯恩施坦又是作了**不完整的复述**。看看这个图表,就能发现,它不是支持,而是反对伯恩施坦。编制这个图表的统计学家**泽特贝尔**[①]不得不承认,他证明的结果支持**收入分配不均**的论断,因为下层阶级和上层阶级不断扩大,下层阶级的平均收入下降,而上层阶级的平均收入则增长。

5. 最后是"确凿的"数字中的最后一个数字:英国的资本积累。从英国的关系中得出资本主义的普遍规律是一个错误的结论,因为英国可以说已经成为世界的钱柜。此外,伯恩施坦在其关于英国的统计资料中没有将工业资本与商业资本和借贷资本区别开来,而这二者在社会矛盾的发展过程中扮演着截然不同的角色。最后,这些统计资料没有任何科学价值,因为英国恰恰没有收入的统计资料! 伯恩施坦关于英国的主要资料不是引自某部学术著作,而是引自关于女王周年庆典的带有倾向的、资产阶级的、匿名的即兴之作。

可见,伯恩施坦的全部"确凿的"数字材料一文不值:拿没有可比性的数据作比较、用估计的办法,而不用统计数据、几个不是完整复制的图表和一篇

---

① 格·阿·泽特贝尔(1814—1892)——德国经济学家和统计学家。——编者注

匿名文章——这就是伯恩施坦反对马克思学说的证据材料。考茨基说,伯恩施坦接下来将在舍尔①先生的《周报》上用匿名小品文来反驳《资本论》!

三

9 月 23 日于莱比锡

伯恩施坦用来反对马克思学说的第三个解释"社会财富的增加",还有待**工人阶级**物质情况的改善来验证。伯恩施坦再次反对所谓以党的纲领为基础的"贫困化理论"。但同时,他一直认同马克思理论确证的工人阶级"**贫困化**"的纯**生理学**意义。从这个角度看,他当然是正确的,因为恰恰在最先进的资本主义国家难以确证物质贫困的普遍加剧。

当然,在**这种**意义上也不能高估无产阶级生活条件的改善。赤贫也在极为缓慢地消失。现在有人为我们所作的关于**英国**——工联主义、合作社事业、市政社会主义和民主的天堂——工人阶级生存状况的描述可以证明这一点。

但是,马克思和其他任何一位社会主义者都没有把物质贫困设想为社会主义运动的基础;他们通常关注的是社会贫困,即无产阶级和资产阶级的生活状况之间的差距。比如**拉萨尔**在他著名的"公开答复"中写道:

"人类的一切**疾苦与贫困**都取决于满足手段与**这一时期**已经存在的**需要和生活习惯**的关系。因此,人类的一切**疾苦与贫困**,人类的一切**满足度**,即每**个人的状况**,只能通过与其他人在习惯的生活需要方面**同期**所处的状况的**比较**来衡量。因此,每个阶级的状况只能通过它**与其他阶级同期的关系来**衡量。"(伯恩施坦的版本第 2 卷第 426 页②)而洛贝尔图斯在 1850 年《给冯·基尔希曼的社会问题书简。第一封:国家经济的社会意义》中也有相似的表述:"贫困是一个社会的、也就是相对的概念。现在我断言,工人阶级的合理需

---

① 奥·舍尔(1849—1921)——德国新闻工作者,1883 年 10 月 1 日创办新闻图书康采恩,1883 年 11 月 3 日起出版《柏林地方通报》,1899 年起出版每周一次的《周报》,主要刊登消遣类的杂文。——编者注

② 《斐·拉萨尔演说和著作集》,爱·伯恩施坦编辑和作序,1893 年柏林版第 2 卷第 426—427 页。——编者注

要,自从它获得更高的社会地位以后,已经有了很大提高。在他们已获得这种较高社会地位的今天,即使工资保持不变,不谈他们的物质条件恶化了,也同样是不正确的。……再加上到那时国民财富的增长成为提高其收入的手段,而这个手段只有利于其他阶级,那么很清楚,由于需要和满足、诱惑力和不得已的断念之间的这个矛盾,工人阶级的经济状况必然受到损害。"①

马克思曾经表达过这种意思,我们的纲领也说在资产阶级社会中"贫困"群体会扩大。

无产阶级的生活状况,包括物质方面的状况在缓慢地改善,而资产阶级的财富、劳动生产力在急速增长,这一点向我们证明,无产阶级的**社会**贫困在加剧。此外,女工和童工在增加,而结婚率在相对下降也证明了这一点。

如果说无产者的状况是贫困和受奴役,那么,这是无产者的人数较之其他社会阶层的增加,整个国民中的贫困和受奴役的群体必然相应扩大,而无产者在增加,这是不可否认的事实。

但是,国民中无产者人数的增加又是其他国民阶级不断贫困化的标志,当然也是原因。

当然,许多雇佣劳动者阶层迟早会脱离物质贫困。但是,资本主义生产方式在不断进步,不断征服新的工业部门和新的地区,使那里的独立小企业退化、无产阶级化,使它们陷于贫困,这个过程是没有尽头的,除非资本主义生产方式本身发生变化。

伯恩施坦反对社会民主党纲领的经济基础的第三个主要理由涉及**危机**。伯恩施坦硬说,社会民主党赢得社会主义胜利的希望寄托于一场**世界危机**。他千方百计地证明,这样的希望在短期内是不可能实现的。当然这又是他独特的捏造。马克思学说只是证明,资本主义的发展必然导致产生危机,这种发展会不断加剧危机,最终导致无法克服的生产过剩。

这一点是否正确,我们能否迎来伯恩施坦设想的越来越规范、没有危机的资本主义发展,这才是问题的核心。

---

① 约·卡·洛贝尔图斯-亚格措夫《给冯·基尔希曼的社会问题书简。第一封:国家经济的社会意义》1850 年柏林版第 71—72 页。——编者注

危机形成的趋势本身产生于这样一个简单而没有争议的事实:不断发展是资本主义生产的生存条件,这种发展本身是无限的,而**销售可能性**,即市场,无论内部市场还是外部市场,在每个国家都是有限的。生产的扩大和市场的限制之间的这个矛盾肯定,而且**必然**要达到这样一个时间点,那时资本主义越是因自己的市场状况而失败,越是成为社会的累赘,社会主义的变革就越是成为必然。

这种情况不一定表现为最终的、普遍的世界危机,它可能逐步波及一个又一个生产部门。

现在的**纺织工业**在其传统的所在地已经进入发生周期性生产过剩的时代。虽然市场在不断扩大,但跟不上外部竞争者增加的速度。比如在英国,它的强大的纺织工业已进入滞胀时期。

钢铁工业的情况稍微好一些。因为在野蛮地区和半开化地区的铁路建设,以及军事装备都不断为它输送新鲜血液。但是,这种与落后国家交通设施的完善,在另一方面也使原料源源不断地从落后国家输送到老牌资本主义地区,导致那里的**农业**和工业、酿酒业、制糖业出现周期性生产过剩。

但是,钢铁工业(包括机械制造)——今天是支柱性产业,也是目前这个时期繁荣的基础——的发展总有一个终点,它不仅是一个短期的终点,表现为暂时的危机,而且它最终必然表现为周期性的生产过剩和滞胀;它总是假定,资本主义生产方式会毫无阻碍地继续发展,因为钢铁工业在外国设厂制造机器等于自掘坟墓。如果它首先主要为本国的纺织工业和农业制造竞争者,那么,它自己的竞争对手迟早会自己满足本国的需要,而且会为世界市场制造越来越多的剩余。英国的钢铁工业面对德国,特别是美国的竞争,似乎已经达到发展能力的极限。如果大工业国家的钢铁工业有一天发展到现在英国的纺织工业和农业那样的水平,那么,**资本主义生产方式的扩张能力,还有它的生存能力也就到头了**。这种情况不会持续很久,除非我们忘了,美国、日本、俄国多么迅速地发展了引人注目的大工业。

可见,是否爆发世界危机,是否迟早会发生局部危机,这些都是次要问题,完全可以不用回答。只要知道迟早必然或将要发生普遍的生产过剩就够了。而这就是对资本主义社会的**死刑判决**。

当然,正因为如此,资本主义社会甚至不会存活到生产过剩达到极限的时候。

这种不可救药的周期性生产过剩就是资本主义制度本身得以维持的最后界限,这个界限不能说明一定是它的死因。唯物史观不仅了解社会发展的经济压力,而且了解它的其他因素,这些因素虽然有经济上的动因,但还是具有很多观念的、道德的性质,我们可以简单概括为阶级斗争。无产阶级的阶级斗争可以在资本主义生产方式开始腐烂之前将其颠覆。如果指出周期性生产过剩同预测大规模世界危机相比,具有不同的意义,那么更不要说同预言资本主义生产的特殊形式的衰亡相比了。指出周期性生产过剩的意义在于,设定当今社会生存能力的极限,使我们从许多社会主义者要求指明的那个模糊领域更清楚地看清社会主义,以便社会主义从一个需要 500 年才能实现——也许还不能实现——的目标,变成实践政治的在望的、必要的目标。

但是**卡特尔**呢?难道它不是限制和调节生产、预防生产过剩和危机的手段吗?是的,每个企业主联盟都设法**在国内**限制供应,而**在国外**竞相倾销,从而越来越恶化供应,也就正好为生产过剩作准备。伯恩施坦不得不承认这一点,但他补充说:"'在通常情况下',这种计谋只有**在关税保护为卡特尔提供担保的时候**才能得逞(着重号是我加的。——罗·卢·),关税保护使这种计谋在国外出丑,人家就会以其人之道还治其人之身。"[1]可见,在伯恩施坦本人看来,卡特尔需要规范和抢救的活动取决于废除关税保护制度这个前提。但他也认为,废除关税保护制度是空想,因为只有那些认为今天的世界混乱不堪的人,才会想到回归自由贸易。

我们假定,卡特尔确实能够限制生产,从而消除危机。那么,无产阶级和中等阶层能获得什么呢?卡特尔是剥削小资本家的最有力的手段之一。如果说卡特尔的影响能够抵消危机在同一方向产生的影响,那么,大资本的统治也就不是不能忍受的了。

卡特尔通过什么方式预防危机呢?只能通过限制生产。我们已经看到,

---

① 爱·伯恩施坦《社会主义的前提和社会民主党的任务》1899 年斯图加特版第 78 页。——编者注

生产的不断发展是资本主义生产方式的生存条件,特别是无产阶级的生存条件。卡特尔在能够调节生产的时候,是满足于新积累的资本,还是在新积累的资本的诱惑下又开始扩大生产式自取灭亡,与我们毫无关系。但可以肯定的是,在现今的生产方式下,对生产发展的任何阻碍,都必然造成难以承受的局面;愚蠢的是,以为工人不会敏锐地察觉到这样的局面,他们会误认为这种局面不是由企业主的人为的卡特尔化,而是由危机和破产造成的。相反,如果企业主想让无产阶级在繁荣时期承担危机的害处,从而预防危机,如果他们为了挽救利润,让工人承担限制生产的后果,如果他们在发生生产过剩以前,就让工人承担生产过剩的后果,那么,这只会导致劳资之间的矛盾激化到顶点。

此外,卡特尔不仅远远不能消除危机导致的通向社会主义的影响,而且它们还不得不向相同的方向活动,而这也不可能阻挡危机的发生。卡特尔比任何其他资本主义经济生活中的现象都更会使国民中的劳动阶层感觉到剥夺剥夺者的必要性,并意识到,**无产阶级夺取政治权力是他们克服危机的唯一有效手段**。

伯恩施坦关于现代社会的经济发展的研究以关于危机和卡特尔的论述而结束。这些论述能使我们改变我们的纲领吗?难道经济发展的行进方向与马克思描绘的不一样吗?

考茨基说,我想,我们尽可用"**否**"来回答这个问题。

伯恩施坦在《前进报》①发表的最后一篇文章中,将批评的矛头主要对准我们的纲领论证的**表述**。其实问题不在于**表述**,而在于**论证**,在于整个观点,在于社会主义的纲领本身。伯恩施坦自以为仍要一如既往地坚持社会主义立场。但质疑**他的**社会主义的论证是徒劳的。这样的社会主义只能存于他的主观想象之中。客观上,即从伯恩施坦的理论论述的角度看,他属于考茨基说的那个混乱的**社会改革派的自由主义**阵营,而这个阵营也有理由声明接纳他。

下面我们来看看考茨基关于策略的著作最后一章,也是重要的一章,他在其中面对伯恩施坦关于自由派的"网罗政策"的警告,证明了工人阶级进行独

---

① 爱·伯恩施坦:《我对爱尔福特纲领理论部分的态度》,载于 1899 年 9 月 3 日《前进报》第 206 号。——编者注

立政治斗争的必要性。最后他不顾伯恩施坦因无产阶级**政治上不够成熟**而产生的担心,回答了"我们能否胜利"的问题。

至于无产阶级政治上的成熟问题,考茨基说,它与资产阶级社会的所有其他阶级相比,一点不落后,至少它的精英在夺取政权时能承担领导的角色。但是这种有关成熟度的整个判断根本就是荒谬而无聊的废话,因为无产阶级夺取国家政权不是可以人为造成的结果,而只能是必然的历史结果。

"如果说要推迟一个历史事件的发生是荒谬的,那么发出无产阶级政治上不够成熟的珈桑德拉①的警告又有什么意义呢?我们不是历史发展的指挥者,历史发展取决于远比一些政党及其虔诚的愿望更强大的因素。无产阶级是否现在就足以接受政治统治权,是否将来在夺取政权时就能在各方面发挥必要的政治能力,是否能直接胜任自己肩负的崇高历史使命,它的胜利是否会因失败而中断,未来的政治发展是否是一个缓慢的或迅速的过程,谁能回答这些问题?如果不能回答这些问题,那么,胡思乱想无产阶级现在的政治成熟度,是没有用的,认为无产阶级没有太高的水平,是因为那些不认可它的绝对无能的人的怀疑。我们的任务并不是要贬低无产阶级的政治能力,从而使它在战斗中泄气,而是要严厉要求无产阶级提高政治能力,并千方百计地使它尽可能提高这种能力,以便它随时都能极为出色地发挥自己的效能。

但是,这个任务的内容还不**只是**要将无产阶级组织起来,帮助他们争取更好的生活和劳动条件。此外,我们还要拓宽无产阶级的视野,使它不要一味地只盯着眼前利益和职业利益;我们要让无产阶级认识到自己的所有利益相互之间的,与社会普遍利益之间的广泛联系;我们还要为他们设定远大的目标,让他们怀着这个目标成长,过上较高层次的精神生活;我们还要鼓励他们做那些不同的、生活中迫切需要做的日常琐事,这是我们不得不做的琐事,而不是我们必须怀着特别的热情去做的琐事。我们要设法不让对琐事的热衷削弱无产阶级及其目标,不要让眼前的匍匐前行取代目光远大的原则性政策,换句话说,**不要让**平淡的**日常**琐事磨灭理想主义,而丧失对无产阶级肩负的伟大历史任务的**觉悟**。如果我们在这种意义上投入我们的全部力量,那么,我们就尽了

---

① 见本卷第 627 页脚注①。——编者注

作为社会民主党人的义务：我们活动的成败显然取决于我们尚未掌握的因素。"①

考茨基用这段话结束了他的书，从而为他与伯恩施坦的论战画下了极为圆满的句号。至此，伯恩施坦的每一个论断都得到了检验、回答和彻底的驳斥。

在这本书中，我们需要注意的是那些章节，在那里，伯恩施坦批判的真正基础、他反对社会民主党学说的**统计**证明材料得到了仔细的检验。

现在到处都为了伯恩施坦要求**科学**自由。但愿人们认真地读读考茨基著作中我们提到的章节，但愿人们知道，伯恩施坦的研究使用了**什么样的"科学"方法**；人们也许会明白，来自我们队伍中的对社会民主党的这次最近的攻击，一点不亚于以前来自沃尔夫、文克施特恩、梅伊先生之流的阵营的攻击，有人居然在这时诉诸科学。

1899 年 9 月 20、21、23 日《莱比锡人民报》第 218、219、221 号

---

① 卡·考茨基《伯恩施坦和社会民主党纲领》1899 年斯图加特版第 194—195 页。——编者注

我们的起指导作用的中央机关报

我们要求《前进报》在每次出现意见分歧时应当作为中央机关报代表全党发声①，它回答说，它"**完全承认**对出现的每个策略问题表示态度的职责"。

在去年的一年中，我们党内出现了三个引起激烈意见分歧的主要问题。它们是：

1.**伯恩施坦**的理论。所有党的报刊都参与了关于这个理论的讨论，所有敌对的报刊都抓住这个题目不放，党的最小的地方报也以种种方式对伯恩施坦的书②表了态。中央机关报兼柏林地区的党报《前进报》至今**不置一词**，没有表明它对这个问题的态度。

真的没有吗？《前进报》在3月28日的一篇题为《虚幻的希望》的文章中说，自由派报刊上发出一片欢呼声，认为伯恩施坦已接近他们这些资产阶级改革派政党的观点，这是一场"难以置信的笑剧"。要是"这些资产阶级的正人君子"——他们演出了这幕"双重喜剧"——读一读伯恩施坦的书，"他们就会发现，……**伯恩施坦根本没有触动社会民主党的基础和最终目标**"。（着重号是我加的。——罗·卢·）众所周知，这正是伯恩施坦和他的信徒们所坚持的。《前进报》既然拒不承认伯恩施坦与党处于对立的地位，它在这里就是支持——尽管是偷偷摸摸地支持——伯恩施坦的态度。

2.**席佩耳**对**军国主义**的态度。③ 在辩论这个极为重要的策略问题时，即使在《新时代》和党的地方报纸都极为详尽地探讨这个问题时，中央机关报也没有发表哪怕一篇短评，这使人能看出它对这个问题的态度。真的没有吗？

---

① 见本卷第628—629页。——编者注
② 指《社会主义的前提和社会民主党的任务》1899年斯图加特版。——编者注
③ 见本卷第612页脚注②。——编者注

它已经间接地表明了态度:这就是:1.在转述席佩耳的言论时,完全隐瞒了极为明显的、极为重要的和遭到反对极多的论点,即席佩耳的"**减轻负担论**";2.在转述考茨基与席佩耳就恩格斯的观点所进行的争论①时,竭力使这一争论在读者眼里不具有实际的政治影响,它认为恩格斯的这些观点"**多半只有参考价值**"(2月8日《前进报》);3.向它的读者**完全隐瞒**了党的其他报刊,如《莱比锡人民报》,对这个问题的讨论。席佩耳同志曾两次对该报的论述进行反驳②。可见,这一次它也没有公开表明态度,而是偷偷地支持这种极其严重地违反全党纲领的行动。

3.巴伐利亚邦议会选举③。这个问题也在各报刊,并且也在《前进报》本身引起了激烈争论。李卜克内西同志也在这个问题上——但仅代表**他个人**——公开谴责了巴伐利亚同志的行动④。中央机关报本身对这个问题直到目前仍没有表明任何态度。真的没有吗? 有,**间接**的表态,因为它向广大读者完全封锁了德国党的报刊,如《萨克森工人报》和《莱比锡人民报》——它们的编辑部早在7月中旬就对这项肮脏的交易提出了尖锐批评——的反对意见,却偏偏非常详细地转述了登在奥地利一家非社会民主党杂志《天平》上的福尔马尔的一篇文章,而自己没有加一句按语。

可见,这一次仍旧没有公开表明态度,却偷偷支持机会主义。

即使这样,《前进报》还说得很漂亮:党交给它一个任务,即维护使党保持团结的一切,而使党保持团结的一切,按每个人的理解,只有党正式**通过的纲领**和党正式承认的、证明合适的**策略**。我们已经用事实证明,《前进报》没有做到这一点。中央机关报显然把党的"**团结**"理解为在相互矛盾的观点之间谨言慎行,这种态度在最好的情况下也是以完全不发声为基础。因此,它自豪地认为,下面的事实出色地证明,它"不是十分顺利地完成了这项任务":它没有使党内的任何人**满意**,既没有使那些要求它体现党的纲领和策略的人满意,

---

① 见1899年2月20—22、25日《莱比锡人民报》第42—44、47号。参看本卷第547页脚注①。——编者注

② 麦·席佩耳《弗里德里希·恩格斯和民军制度》(1898—1899年《新时代》第17年卷第1卷第580—588、613—617页)。(参看本卷第559—560页)——编者注

③ 见本卷第596页脚注①。——编者注

④ 威·李卜克内西《不作妥协,不结选举联盟》1899年柏林版。——编者注

也没有使那些想抛弃纲领和策略的人满意。

当然,这是《前进报》的辉煌成绩,甚至连谨言慎行的大师李伯尔先生都羡慕不已。但是,《前进报》忘了,它的职责恰恰就是要激起那些攻击党的纲领和策略的人的"不满",与此同时,如果它没有满足与这些人针锋相对的愿望,即维护全党的基本原则的愿望,那就是严重的**玩忽职守**。

既然中央机关报这样不能区分党的基本原则和它的对立面,那它也就甚至不能判断党内出现的各种有争议的问题及其真正的性质。比如:**农业问题**——在这个问题上有三种不同的观点①,而且它首先涉及党的活动的一个**崭新**的、在理论上和实践上都没有经过检验的领域。此外,就是参加普鲁士**选举的问题**,②根据全体参加者的反复声明,这**不是原则问题**,而仅仅是一个实效问题。《前进报》却把这两个问题同席佩耳对民军的蔑视、伯恩施坦对最终目标的否认③以及巴伐利亚对中央党的投票支持相提并论。

《前进报》在党内出现任何意见分歧时恰恰不注意**意见**,而仅仅注意**分歧**。近年来的党内生活对它来说仅仅是一系列没有差别的"分歧",在发生分歧时,它认为自己作为"起指导作用的中央机关报"的使命就是热心地尽力撮合和调停。但是,它以为只要它本身对一切分歧保持**沉默**,仿佛它已经死亡,已被埋葬,就是最有效地完成这项使命。

但是,如果以为只要对不喜欢的现象默不作声,这种现象就会消失,那么众所周知,这无非是所有软弱无能的人的自欺欺人。事实上,《前进报》的调和政策已走向自己的反面,它**激化**了现有的矛盾,这就使我们不能单纯从可笑的一面来看待我们的中央机关报的安抚行动了。

掩盖矛盾,人为"撮合"不可调和的观点,这只会使矛盾彻底激化;以致它们迟早会猛烈地引发分裂。我们并不像《前进报》所说的那样,要"排斥"(这恐怕是**开除**一词的羞涩表述)机会主义分子,我们在《莱比锡人民报》上已足够清楚地说明**我们**认为必须采取的措施。④《前进报》的调和政策却适得其

---

① 见本卷第 612 页脚注①。——编者注
② 见本卷第 544 页脚注⑦。——编者注
③ 见本卷第 591 页脚注①。——编者注
④ 见本卷第 627—630 页。——编者注

反,在很大程度上有造成分裂的危险。谁突出表现和反对**观点**的分歧,谁就是维护党的统一;谁**掩饰**观点的分歧,谁就是制造党的分裂。

此外,《前进报》本身的言论正好又一次证明,它对有争论的问题虽然从不发表明确而公开的态度,它却听从机会主义的意见。既然它责怪我们想通过严格的原则把党缩小成"宗派",并且喜欢"假激进的行为",所以它这是在**逐字逐句**地重复伯恩施坦对我们党的指责。

自己不发表意见,还想调和所有的意见分歧,掩盖破坏原则的行为,还要捍卫党的原则,中央机关报以为自己的这种行动可以表述为这样一句话:"《前进报》在任何问题上都始终忠实地站在党的纲领一边!"

《前进报》或许想说:"忠实地躺在纲领上"吧?但是,党需要的不是一个站着不动和躺着不干的,而是一个向前**进军**的中央机关报。但愿汉诺威党代表大会能督促它前进。

1899 年 9 月 22 日《莱比锡人民报》第 220 号

这是妥协吗?

帕尔乌斯同志就是我们在考察巴伐利亚邦议会选举①时顺便提到的那个人,他在《萨克森工人报》上全面为巴伐利亚的同志辩护,算是给我们的回答②。他首先指责我们支持中央党与面临**分裂**的民族自由党这个反动**联盟**。

这确实是一次严重的失策! 支持一个反动联盟,而不支持资产阶级的分裂,这几乎走到了工人阶级利益要求的直接对立面。善良的帕尔乌斯可能忘了,在现有的情况下,这个问题说的,不是**联盟**或分裂,而是**联盟**或一个反动党派的绝对**多数**。如果问题真是这样,那么社会民主党自然宁愿是联盟,而不是争取多数。在两种情况下,社会民主党都不可能在邦议会中取得积极的实际成果,但是联盟至少可以在同等的程度上揭露和拆穿所有资产阶级政党,从**鼓动的**角度看,这要有利得多,而让一个政党统治,就给了那些也好不到哪儿去的政党扮演受迫害的无辜者的机会。从这个角度看,我们认为,巴伐利亚的"实践政治"的做法真是严重失策。

中央党"即使没有我们"也会获得多数,这与我们没有丝毫关系。反社会党人法"没有我们"照样获得了通过,但是,我们并没有帮助该法获得通过。

帕尔乌斯说,中央党不比民族自由党更危险,正是因为它更过时(我们说的是更反动)。他以前在谈到这一点时也写道,留一条辫子的中世纪守夜人只是一个滑稽的形象。巴伐利亚为社会民主党选民发放的宣传手册使我们相信,难以区分巴伐利亚中央党和民族自由党谁更反动,就像难以区分天主教修士和托莱多犹太教拉比的气味一样。既然帕尔乌斯向我们展示滑稽的留着辫

---

① 见本卷第595—601页。——编者注
② 亚·拉·帕尔乌斯:《再论巴伐利亚邦议会选举》,载于1899年9月21日《萨克森工人报》(德累斯顿)第219号。——编者注

子的中央党守夜人的善良形象，那我们不得不说，我们在中央党那里，尤其在巴伐利亚中央党那里，发现了反动宣传的最现代的形式。因为，请允许我问，**谁建立的工人联合会**，是中央党还是民族自由党？如果不是中央党，那又是谁试图为反动派古老陈腐的实质甚至披上最现代的——**社会主义的**外衣？这么说，中央党留着"中世纪的辫子"，对我们的危险性很小，就又是无稽之谈了。

当然，帕尔乌斯断言，我们现在要与中央党争夺它的工人选民。为什么呢？"原因很简单：只有我们是**工人利益的代表**。"正是由于**这个**原因，我们迟早会赢得中央党的选民。我们深信社会主义思想的力量。我们甚至认为，可以不阻止巴伐利亚的同志干出策略方面的愚蠢和妥协行为，反正我们**最终会**赢得群众。问题仅仅在于，**现有的**、现在正使用的策略在多大程度上适用于捍卫我们作为"唯一工人党"的性质？

中央党的工人**选民**在与我们顺利地进行这笔选举交易之后，肯定会走到我们一边！这些天主教的工人曾是这笔肮脏交易的真正始作俑者，他们明确表示，像福尔马尔所说的那样，希望摆脱民族自由党令人生厌的控制，他们其实是出于冷静的算计，为了**自己的**目的将我们当作工具，当作驮驴使用！——现在要让这些工人在社会民主党面前自己摘下"眼罩"，走到我们一边！是的，在某种意义上他们已经丢弃眼罩，因为他们以前也许想过，"唯一的工人党"**不会**被他们反动的党派意图所利用，现在他们已经没有**这种**恐惧，确切地说是敬畏。

帕尔乌斯说："必须懂得区分**资产阶级的议会党团和它的选民**。这是我们整个鼓动工作的基础。我们**反对**资产阶级的议会党团，设法**争取**它的选民。"现在，巴伐利亚的例子至少告诉我们**该怎么**做到这一点。我们"争取"资产阶级选民的方法是，为了它的党派意图让它当作工具使用；我们"反对"资产阶级的议会党团的方法是帮助它取得多数。

在争取选举权的斗争中，必须"不仅依靠人民的压力"，而且还要仰仗议会的形势，这又是完全正确的，就像在帕尔乌斯那里，政治的所有普遍规则在这种情况下是最强的一面。但是问题又来了：这些规则怎么应用于巴伐利亚邦议会选举呢？

我们一度没有考虑到，帕尔乌斯原来无论如何也不会热衷于改变"议会的形势"(例如用**大炮**交换人民的权利)。我们只考察局面本身！也就是说,人民的压力对于在巴伐利亚赢得**选举改革**是不够的,还必须在巴伐利亚邦议会中创造有利的党派局面。那么,用什么办法创造这种局面呢? 用这样的办法:确保那个至今没有获得多数、阻止进行任何选举改革的党在邦议会中六年拥有**多数**。这就是选举改革所必要的"议会局面"！您看,亲爱的帕尔乌斯,您在跟我们说些什么！

鉴于邦议会中反对选举改革的占多数这个铁一般的**事实**,社会民主党议员人数的翻倍所付出的代价,对选举权问题来说,不是改善,而是**恶化**了"局面"。当然,现在有 11 名议员可以在邦议会发言,比以前的五名增加了一倍多。但是,他们的发言,考虑到这样的一个议会,无非是沧海一粟。现在巴伐利亚的议员都是被安排在"窗外"发言的,可见,我们的"实践政治家"已经陷入与自己的极为纠结的矛盾:他们由于对取得"积极成果"的渴望,破灭了自己取得成果的全部希望,注定在议会中扮演纯粹鼓动家的角色。

我们认为,他们的活动的**这个**方面自然是极为重要、极为可贵的方面。只是从鼓动的角度看,邦议会的席位的**数量**是一个次要的问题,而对议员人数翻倍作出选举**妥协**,从同一角度看,也完全是荒谬的违背意图的行为。

但是,巴伐利亚的选举协议原本就是**妥协**吗? 我们现在面临最后一个极为重要的问题。对我们而言,清楚明了地回答这一问题,不仅对于评判最近这次巴伐利亚邦议会选举,而且对于决定邦议会选举(可能会在下一次党代表大会提出)时的普遍准则是必不可少的。

什么是妥协,这是党内最近争论最多的问题。如果在我们与资产阶级政党共同行动时,将"小祸害"作为原则投赞成票,那么,我们就不会有妥协的**界限**,因为良好的意愿在最黑暗的反动派那里也能找出难以分辨的微小区别,结果就连巴伐利亚的中央党现在也成了"小祸害"。相反,如果禁止我们大家投票"**支持反动派**",那么,我们不会拥有与资产阶级共同行动的**基础**。因为哪一个资产阶级政党不反动呢?

我们相信,在帝国国会复选时,可以从我们迄今的工作方法中得出非常可信的准则,这个准则应该如下:**我们只能投票支持一个资产阶级政党,因为它在国会或邦议会中出于政治原因自身变得强大,可望有利于工人的利益;绝不**

是因为这种强大本身是有害的，只是我们获得其他利益和回报的条件。

这一准则可以让人认清巴伐利亚协议的政治价值。如果有人要求巴伐利亚的同志们仅仅为了工人的利益，在邦议会中加强中央党，那么，他们会将此视为疯狂的想法而予以拒绝。但是现在，他们正在做他们通常不会做的事，在邦议会中**支持中央党**，不是为了获得任何政治利益，就像我们在帝国国会中支持自由思想党时所做的那样，而是因为他们以这种本身**有害的、不受欢迎的**支持换取几个候选人名额。这显而易见是妥协，是名副其实的讨价还价的选举交易。亲爱的帕尔乌斯，我们的选举传单和竞选演讲再激烈地反对中央党也无济于事。我们投票支持中央党不会因此而变得无伤大雅，我们的演讲和传单只会因这样的投票而成为笑柄。

因此，我们认为，巴伐利亚的选举协议是**原则上**应谴责的肮脏交易，此外，从**实践的**角度看，这种交易只会——屡见不鲜——使人做出糟糕的蠢事。

帕尔乌斯最后责怪我们，一味地坚持与福尔马尔同志所说的相反的东西，他是由于尊重"社会革命党的批评"才反对这一点的。撇开"社会革命党的批评"不谈，他又是完全正确的。我们同样认为，**如果**福尔马尔说地球是圆的，我们毫无必要为了仅对他而硬说地球是圆柱形的。

但是，我们理所当然地认为，帕尔乌斯的与其说是指责我们对福尔马尔的敌意，倒不如说是他因与福尔马尔观点**一致**而所作的间接道歉。

但是，他大可放心，我们没有把**他**在这个具体问题上的态度与福尔马尔的相提并论。福尔马尔的态度是一般机会主义政策的结果，帕尔乌斯的态度只是对一个具体现象的错误判断。

也正因为如此，我们才如此有分寸地回答帕尔乌斯猛烈的攻击，而不是因为我们对可笑的事情缺少感觉，或者缺少将其展示给读者的手段。帕尔乌斯会相信我们的说法。一次偶然的失误不算什么，总体上我们还是同帕尔乌斯站在一条战线的，衷心希望他——虽然他说没有多少时间与我们展开争论——用自己警觉的眼光一如既往地关注党，一旦出现机会主义的苗头就给当事人狠狠的一击，党内无人能够比得过他。

1899 年 9 月 25 日《莱比锡人民报》第 222 号

《前进报》的党性问题

卢森堡同志继本月 24 日在本报发表的书信①以后寄给我们这篇"结束语",题为《博伊特街的民主》。

在收到《前进报》第二封回信之后,我们只能谈以下几点意见:

一、《前进报》不理解,自己在哪一方面没有像其他党报,如《莱比锡人民报》那样尽到自己的义务,后者"只是"对我关于伯恩施坦问题的文章表示认可。它——《前进报》说,它已经**发表了考茨基**的文章!可见,《前进报》以此认为,考茨基的立场就是**它的**立场?!

不错,这些"老实人"为什么不早一点说呢?我们和党员群众一起同样也站在考茨基的立场上!这么说来,我们还是同盟者呢?看来,这又是该死的误解!

但是,《前进报》的文章《虚荣的希望》②究竟是什么意思呢?文中竟然说,考茨基在同一家《前进报》证明的伯恩施坦的突然变卦是自由思想党的庸人们"**可笑的**"想象。

《前进报》正是幸运,它不必冒持有**错误**观点或者**转变**自己观点的危险——它只需追究别人的错误——,原因极为简单,**因为它根本没有观点**。这

---

① 1899 年 9 月 24 日《前进报》发表的这封信的主题,涉及《前进报》作为社会民主党中央机关报对重要的党性问题应采取什么态度的问题。《前进报》曾经认为,每个政治思潮都可以毫无障碍地各抒己见;而罗·卢森堡要求,社会民主党的中央机关报必须根据党的决议维护无产阶级的利益。——编者注

② 1899 年 3 月 28 日《前进报》发表了《虚荣的希望》一文,它在文中驳斥革命的社会民主党人对爱·伯恩施坦修正主义的批判是没有根据的,同时,它也反对资产阶级的报刊,因为它们利用了伯恩施坦为它们的宣传提出的新策略。——编者注

就保证它不仅对《莱比锡人民报》编辑部,而且对它一些最亲近的朋友,如它的精神之父奥尔同志(参看奥尔在爱尔福特和斯图加特的发言①),对它的第一个撰稿人**席佩耳**同志②等等保持强大优势,这是它给我的印象。《前进报》对这些人的观点转变一点不愤慨,或许因为这种观点转变的目的正是倒向机会主义吧。

二、如果《前进报》认为我们对党代表大会上关于《前进报》的辩论③一无所知,那它就**大错特错**了。我们曾经密切关注这些辩论,为的就是事后看看,《前进报》如何得到它认为如此热情服务的"广大党员群众"的拥抱。

我们从党代表大会的辩论中本来只能得出这样一个印象:《前进报》的编辑们当然绝不会像我们在德累斯顿所做的那样,也就是出于**自己的**自由意志,离开编辑部④。也就是说,有两种有机生物,一种有脊椎,因此可以**行走**,甚至还能跑步;另一种没有脊椎,因此只能爬行或者附着他物。我们相信,必须行走肯定使他们感到"悲喜交加"。

三、最后我们还须消除一个误解,这一次是真的误解。

如果《前进报》编辑们沉溺于惬意的想象,认为自己今天的营生是民主的合法产儿,那纯粹是一个误解。他们的出身实际上不太值得恭维,因为我们现在中央机关报的编辑部领导不归功于民主,而是归功于各种犬牙交错的复杂情况。

既然党将其起指导作用的中央机关报托付给李卜克内西同志,而这个人文笔秀美,他的历史就是党的历史,他的政治信念就是广大党员群众的政治信念,那么,他们党就希望有一份符合**他的**倾向和**他的**才能的中央机关报。

但遗憾的是,李卜克内西同志只是名总编,他还必须履行国会议员、深受

① 在1891年10月14—20日德国社会民主党爱尔福特代表大会上,伊·奥尔知道了革命的党纲,并反对格·福尔马尔的社会改良主义要求;在1898年10月3—8日斯图加特代表大会上,奥尔要求党内可以自由发表各种观点,反对革命力量对改良派的坚决斗争。——编者注
② 麦·席佩耳在19世纪80年代末曾接近党内左派机会主义势力,而在90年代转向修正主义立场。他转而反对社会民主党的反军国主义态度和在贸易和关税问题上的经济政策观点。——编者注
③ 1891年爱尔福特党代表大会以后,《前进报》就因为其客观主义态度一再受到批评。大家要求它作为中央机关报以全党的名义对重要的党性问题表明态度。——编者注
④ 见本卷第385页。——编者注

欢迎的鼓动家的义务,以及他的国际义务,以致编辑部的领导权实际上已经落入一伙**没有**才能,没有主见和经历的无名之辈手中,他们中最出色的人,也只能说在谋得《前进报》的编辑职位以后,大家才知道他的社会主义思想。如果情况不是这样,那么,李卜克内西同志必须进行大力整顿,彻底清理整个编辑部,实行**真正的**总编制,以便满足"广大党员同志"的热切愿望。但是,我们还不能为老李卜克内西安排另一个职位,那样,博伊特街的民主倒能享有无政府主义的独立性。

我们说这一切并不是要中伤《前进报》或者取悦某个人,而是要明确地指出,如果《前进报》编辑部以为能使党内所有人都满意,那就大错特错了;即将召开的党代表大会为改善目前可悲的处境,至少必须做在现有条件下所能做的一切。

我们就此结束讨论。

1899 年 9 月 29 日《莱比锡人民报》第 228 号

德国社会民主党汉诺威代表大会①

1899 年 10 月 9—14 日

一 关于资本主义社会的解体的发言

党员同志们！要是我在倍倍尔同志作了出色的报告②之后还想详细谈论这些问题的理论方面,那就是多此一举。倍倍尔如此透彻地探讨了这些问题,提出了许多新的反对伯恩施坦的实际材料,再来谈这些问题就是多余的了。但是,大卫的一些意见(其中一部分是针对我的)使我不得不作出回答。我不会去研究他关于农业的观点③。肥料问题在他的观点中作用极大,使我不禁想起农业委员会中一位波美拉尼亚经济顾问的讲话。他说:"我相信,我用'大粪是农业的灵魂!'来结束我的讲话,你们是会完全同意的。"(大笑和呼叫声)

伯恩施坦及其拥护者的理论观点的最大弱点,是他们关于所谓经济权力的理论,他们认为,工人阶级必须首先在目前社会制度的范围内获得这种经济权力,才能够成功地进行政治革命。大卫以及伯恩施坦的其他拥护者常常指责我们空谈和偏爱死板的公式。我却要证明,在夺取经济权力的问题上,死板的公式和空谈恰恰是在他们那一边。

大家知道,马克思曾经证明,任何政治的阶级运动都是以一定的经济状况

---

① 标题是编者加的。——编者注
② 奥·倍倍尔作了关于大会议程"对基本观点的批评和党的态度"的报告,他在报告中驳斥了伯恩施坦的修正主义观点,维护了德国社会民主党作为阶级组织的政治独立性。——编者注
③ 爱·大卫在讨论中维护伯恩施坦的修正主义观点,并且断言,在农业中,小企业比大企业更赚钱,因此农业中没有小企业发展成大企业。——编者注

为基础的。马克思指出,到目前为止的历史上的一切阶级在取得政权之前,就努力掌握了经济权力。现在,大卫、沃尔特曼和伯恩施坦盲从地把这个公式应用于目前的情况。这表明,他们既不了解过去斗争的本质,也不了解目前斗争的本质。

过去的阶级,特别是第三等级,在获得政治解放之前,就获得了经济权力,这样说是什么意思呢? 无非是指这样的历史事实:迄今的一切阶级斗争的原因要到经济事实中去寻找,一个新上升的阶级同时建立一种新的所有制形式,并且最后在这种新的所有制形式的基础上建立自己的阶级统治。手工业者在中世纪初期反对城市贵族的斗争是以下列事实为依据的:他们面对贵族的土地所有制,建立了一种以劳动为基础的新的所有制形式。这是一种经济上的新生事物,它终于粉碎了政治上的桎梏,并且按照自己的面貌改造了变得无足轻重的封建所有制的残余。中世纪末期,这样的情况重新出现了。那时中等阶级展开了反对封建主义的斗争,建立了以剥削他人劳动为基础的新的资本主义所有制,它最终导致第三等级也在政治上取得统治地位。

请问:难道能把这个公式搬到我们的条件中来吗? 不行。恰恰是那些空谈无产阶级经济权力的人,忽略了我们的阶级斗争同以往一切阶级斗争之间的巨大差别。同以往的阶级斗争相反,无产阶级进行自己的阶级斗争不是为了建立一种阶级统治,而是为了消灭一切阶级统治,这个论断不是空谈。它的根据在于:无产阶级没有建立新的所有制形式,而只是改造资本主义经济所建立的资本主义所有制,也就是把它转为社会所有。可见,以为无产阶级在目前的资产阶级社会中就能够获得经济权力,那是幻想。它只能夺取政治权力,然后才能废除资本主义所有制。伯恩施坦指责马克思和恩格斯把法国大革命的政治模式搬到我国的条件中来。但是,他自己和“经济权力”的其他拥护者却把法国大革命的**经济**模式搬到无产阶级的斗争中来了。

大卫阐述了挖空资本主义所有制的一整套理论。我不知道,他关于社会主义斗争的观点是否真的能最后挖空资本主义所有制;我对此非常怀疑。但毫无疑问的是,这样一种观点必须以挖空我们的头脑为前提。(大笑,骚动)

大卫以及伯恩施坦的拥护者完全是从这种经济权力的观点出发,考虑我们对工会和合作社的态度。他们责备我们,把工会和合作社看作是一种不可避免的祸害。我确信,在我们中间,以及在所谓的政治家(那些想在政治家和工会活动家中间人为地制造区别的人是这样说的)中间,没有一个同志不明白,在德国,在工会领域内,大部分工作还没有完成,我们大家必须集合自己的力量来完成这一任务。我们每个人都明白,如果人们使我们放弃工会斗争,或者工会斗争不再继续发展,那么,政治斗争也必然因此遭到极为严重的损害。因为首要的条件是对广大群众进行阶级斗争的教育,而工会斗争是这一方面的最好手段。但是,在某些方面,那些指责我们对工会的友好态度不是全心全意的人也许是对的,尤其是在他们把友好态度理解为促进关于工会的幻想的时候。的确,如果他们想把事情说成这样,似乎工会不仅是吸引工人参加阶级斗争的手段,而且是教育他们并且改善他们目前状况的手段,如果他们这样理解:工会也能直接把资本主义所有制变为社会主义所有制,挖空资本主义所有制,那么,我们不仅应当,而且必须拒绝支持这种观点。(非常正确!)工人阶级在自己的斗争中的最大敌人是它自己的幻想。从根本上看,代表这种观点的人决不是工会的朋友,因为他们的努力后来必然使人失望。

更为错误的是那一派关于**合作社**的观点。我在这里只想讲几点意见。把合作社与工会、甚至与政治斗争相提并论,已经成为时髦。不,合作社完全是另外一回事。如果我们也完全撇开它对于工人阶级的积极意义和影响不谈,那就可以说,有一点是肯定的:合作社不是阶级斗争。(非常正确!)

其次,有些人认为,合作社现在已经是社会主义制度的萌芽,这些人忘了目前情况下还有一个重要因素,即**后备军**。即使我们假定,合作社逐步排挤一切资本主义企业并取而代之,我们也不可能作出这样荒诞的假设,竟认为在保持目前的市场关系,并且没有一个总的计划的情况下,就能够使生产关系适应市场的需求。后备军的问题一如既往有待解决。

还有一点。我不知道,人们把哪一种合作社看作是理想,看作是抽象的模式。我只知道,到目前为止一直是合作社运动的典范的英国合作社,就其生产部分来说完全没有体现社会主义的理想。(有人喊:我们的典范是比利时的合作社!)在工联代表大会①上一个裁缝工会提议,希望工会的议会委员会同

---

① 英国工联第 32 次代表大会 1899 年 9 月初在普利茅斯召开。——编者注

合作社方面达成协议,以便敦促合作社遵守议会委员会提出的工资和劳动条件;可见,资本主义剥削并没有被消除。

与这种经济观点有关的是伯恩施坦派关于**资本主义社会的普遍社会化**的理论。在大卫的发言之后,详尽驳斥这种思想实际上是多余的了。因为他也**把集体工资协议**看作是一种局部的资本主义社会化。那些同志显然把事情看成这样:整个实践政策仍旧同以往一样,只是也许更多地考虑合作社,这样一来就很方便了:给它贴上社会主义的标签,于是社会主义就大功告成! 人们只是忘了恩格斯说过的话:如果我把鞋刷子综合在哺乳动物的统一体中,那它决不会因此就长出乳腺来。①（大笑。有人喊道:这倒是千真万确!)

此外,就所谓的**崩溃论**谈一点意见。当然,如果我们把目前正在做的一切称作社会主义,那么,还要谈什么崩溃就完全是多余的。但是,那些有着如此疯狂的观点的同志们(**芬德里希**:尊严! ——主席摇铃)——请原谅,我没有侮辱的意思,我想说"错误的"的理论——对社会主义持有如此错误的观点的同志们只是这样理解进化论,以致他们对辩证的历史观稍作修正,历史问题就会重新得到顺利、完满的解决。他们把关于崩溃、关于社会灾变的概念从马克思和恩格斯所理解的进化论中分离出去,通过这种方式得出一个关于进化的非常惬意的概念,某位布伦坦诺先生就是这样理解的。如果我们想向历史学习,我们就会看到,迄今的一切阶级斗争只是通过这样的方式进行的:上升的阶级在旧社会的母腹中通过细小的进步、合法的改良慢慢地日益发展壮大,直到它感到自己强大得足以通过一次**社会的和政治的灾变**来挣脱旧的桎梏。它不得不这样做,尽管它在旧的统治阶级的母腹中就已经能够把它的经济权力发展到极高的程度。我们认为这样做有十二分的必要。那些认为不经过灾变就可以平静地把社会引向社会主义的同志,完全不以历史为基础,我们完全用不着把革命理解为舞刀弄枪和流血牺牲。革命也可以用文明的形式进行,如果说有某一种革命具有这样的前景,那么,这正是无产阶级革命;因为我们最不可能采取暴力手段和希望进行一次残暴的革命。但是,这种事情不取决于我们,而是取决于我们的敌人,(非常正确!)我们可以完全不去考虑我

---

① 参看《马克思恩格斯文集》第 9 卷第 45 页。——编者注

们取得统治地位的形式问题;这是由我们目前还无法预言的形势所决定的事情。对我们来说重要的只是事情的本质,而这一本质就在于,我们力求彻底改造现行的资本主义经济制度,这只有通过夺取国家政权才能做到,绝不能采取在目前社会的母腹中进行社会改良的方式。那些抱有这种希望的人所采取的立场,是只有对过去一无所知并且对将来抱乐观主义的人才会采取的。

下面谈另一个更实际的问题。倍倍尔作了六小时的发言,出色地驳斥了伯恩施坦。请问:如果我们可以假定,伯恩施坦是我们队伍中唯一代表这些理论的人,如果意见分歧没有超出抽象理论的范围,倍倍尔会这样做吗? 我们是一个实践的、政治的、战斗的党,如果发生的事情只不过是一个人同党内其他人的观点有理论分歧,那么,不管这个人有多大的功绩和多么重要,倍倍尔也不会发表这样的演说。但是在我们党内有一批同志站在同他一样的立场上,而意见分歧不仅涉及理论,涉及抽象的概念,而且涉及实践。十多年来,我们队伍中有一股相当强大的思潮,企图按照伯恩施坦的观点把我们现在的实践说成是社会主义,并且(当然是无意识地)把我们力求实现的社会主义、唯一不是空谈和幻想的社会主义,说成是革命空谈,这是大家都知道的事实。倍倍尔有理由蔑视地说,伯恩施坦的观点是如此含糊不清,模棱两可,以致人们无法在一个确定的范围内理解这些观点,因为他总会说,你们误解了我。过去伯恩施坦写文章不是这样的。这种暧昧,这种矛盾不是与他个人,而是与他那一派,与他阐述的内容有关。如果你们仔细看看党十多年来的历史,尤其是读读历次党代表大会的记录,你们就会看到,伯恩施坦派越来越强大,但还没有完全达到成熟;但愿它永远不会成熟。在它目前的阶段,它完全不能明白自己的实质,完全不能为自己的倾向找到正确的语言。伯恩施坦的暧昧就是这么简单。这个伯恩施坦派是怎样使我们的社会主义成为一种无稽之谈的,你们可以在最近几天中找到这方面的小例子。在慕尼黑的一次对目前这次党代表大会表示态度的集会上,有一位发言人①在谈到席佩耳事件时,说了如下的话:

---

① 指格·福尔马尔。他在这次于 1899 年 9 月底举行的集会上曾为麦·席佩耳和爱·伯恩施坦的修正主义观点辩护。——编者注

席佩耳谈到民军,而我们的纲领中说的是国民军。(这是一个在我看来毫无意义的差别;然而这是无关紧要的。)他接着说:为了替席佩耳辩护可以说,我们纲领中这一段话的真正意思只是表明,我们在当前必须力求缩短服役期!我不想在事先就涉及最近几天要举行的关于民军问题的辩论,我举出这一点只是为了说明方法的特征。我们的最低纲领具有完全确定的意思。因为我们知道,社会主义不可能一蹴而就立即实现,而只能这样实现:我们在经济和政治的领域进行顽强的阶级斗争,从现存制度那里争得细小的改良,使我们在经济上和政治上越来越改善,并获得最终能推翻现存社会的力量。所以我们的最低要求只适合于现在。我们接受人们给予我们的一切,但是我们必须要求实现全部政治纲领。("非常正确!")然而,慕尼黑的这位同志不是把明确包含民军制的要求的第三条,而是把缩短服役期的要求说成是党的实际要求。如果我们以这种方式把我们最低纲领中的微不足道的一部分变成我们真正的实际的最低纲领,那么,我们现在视为最低纲领的东西,就会变成最终目标,而我们真正的最终目标就会完全脱离现实的范围,并真正成为"革命空谈"。(热烈掌声)

二　关于"党内批评自由"的个人意见①

福尔马尔根据我在柏林第三选区提出的一个提案,指责我搞宗教裁判所,说我想压制批评自由②。如果他说的是我要提出一个提案,那这与事实不符。事实是海涅提出的一个要求党代表大会通过的无限制批评自由的决议案。对此我发表的意见如下:如果你们对批评自由的理解与每一个人的理解完全一样,那么,这个建议不仅是完全多余的,而且是直接给了党代表大会和党一记耳光。我曾经说过,没有一个党像我们党这样慷慨地给予这么多的批评自由。但是如果你们对批评自由作这样的理解:以批评自由的名义,说党没有权利对最近一个时期的某些意见和批评表态,没有权利通过多数人的决议声明:我

---

① 标题是编者加的。——编者注
② 关于这个提案,见本卷第606—607页。——编者注

们不是站在同一个立场上,那么,我就必须对此表示反对,因为我们不是一个清谈俱乐部,而是一个政治的战斗的党,这个党必须有一定的基本观点。(笑声)

三 关于1899年9月7日《前进报》的报道的个人意见①

我已经明确更正了(1899年9月7日《前进报》②第209号③)的报道;我手头没有这一号报纸。除《莱比锡人民报》外,《法兰克福报》也转载了这个更正,澄清了福尔马尔等人对我提出的指控。(注意听!注意听!)

四 关于德国社会民主党对军国主义的态度的发言①

席佩耳的发言,尤其是第一部分,是为军国主义辩护。某位陆军大臣提出的军事提案也不过如此。④ (大笑)我受到的批评已经很多了:我应该格外温和地露面,我应该温柔亲和地说话。之所以人家这么批评我,是因为我认为,关于机会主义的**一般的**理论争辩没有太大的实际意义。对我而言,重要的是反对机会主义的具体现象,我认为首先要反对席佩耳对军国主义的态度。我本人和我们党的意思是说:这里是罗陀斯,就在这里跳跃吧!这是主要的,席佩耳就证明自己的发言和回答吧。⑤

盖尔同志曾经说过,如果我们放弃迄今对军国主义原则的反对态度,那

---

① 标题是编者加的。——编者注
② 1899年9月7日《前进报》报道了社会民主党选举联盟9月5日为筹备社会民主党的代表大会在柏林帝国国会第三选区召开的代表会议,罗莎·卢森堡在讨论中发了言。——编者注
③ 见本卷第606—607页。——编者注
④ 麦·席佩耳在冗长的发言中,试图修正社会民主党反对军国主义的立场,尤其对民军的要求表示反对。——编者注
⑤ "这里是罗陀斯,就在这里跳跃吧!"这句话出自伊索寓言《说大话的人》。一个说大话的人自吹在罗陀斯岛上跳得很远很远。别人就用这句话反驳他。其转意是:这里就是最主要的,你就在这里证明吧!——编者注

么,我们的斗争就会无限拖延下去。不,我相信,如果我们放弃反对当前这种形式的军国主义的斗争,那么,我们完全可以卷铺盖走人,我们就完全不能再叫社会民主党。(非常正确!)军国主义是资本主义阶级国家极为具体、极为重要的表现,如果我们不反对军国主义,那么,我们反对资本主义国家的斗争就是空话。(鼓掌)在这里我不想深究席佩耳的文章①调子,也不想深究匿名作者姓甚名谁。我相信,他已经被那么多讨厌的印刷错误弄得不胜其烦,因为你们已经看到,麦尔格纳建议开除席佩耳的提案中说,他严重违背了普遍事实的教育。(大笑)这里指的自然是普遍自卫②的教育。我也不想探讨民军问题的技术层面。席佩耳说,考茨基在这个问题上一窍不通。我听到这样的话,吓了一大跳,一个党的理论代表在一个极为重要的理论和实践问题上竟然一窍不通,那这个党还成什么样子!(太棒了!)如果说理解民军的要求需要这么高的文化素养,甚至连考茨基都难以胜任,那么,无产者大众该怎样捍卫自己的要求!我认为,席佩耳关于技术问题的鸿篇大论是一个佯攻计策,旨在转移我们对这个极为重要的**政治**方面的注意力。我们之所以用不着参加关于技术细节的讨论,因为我们没有见到实行民军制的具体方案。如果我们有了这样的方案,那么我们应该选举一个九人常委会来进行讨论。(大笑)今天我们必须提出这个要求及其普遍的形式。席佩耳论证说,防御战必须转为进攻战,因而我们需要常备军。他这样论证又是站在德国政府常规论证的立场上,而德国政府仅仅将进攻设想为防御的一种形式。要证明民军制不会比常备军更好地服务于实际的各种形式的防御,席佩耳会感到非常吃力。

席佩耳在他的文章中曾明确强调,军国主义是为我们减轻经济负担,今天他又试图证明,民军制无论如何不能减轻经济负担。席佩耳的数据证明疑点

---

① 麦·席佩耳发表过两篇文章,一篇是用伊塞格里姆这个笔名发表在 1898 年 11 月号《社会主义月刊》的《弗里德里希·恩格斯推崇的民军是什么?》,另一篇是在考茨基驳斥伊塞格里姆的文章以后[考茨基《弗里德里希·恩格斯和民军制度》(1898—1899 年《新时代》第 17 年卷第 1 卷第 335—342 页)],用席佩耳自己的名字发表在 1898—1899 年《新时代》第 17 年卷第 1 卷第 19、20 期的《弗里德里希·恩格斯和民军制度》]。——编者注

② 指麦·席佩耳文章中所谓印刷错误,"事实"的德文原文是"Wahrhaftigkeit",而"自卫"的德文原文是"Wehrhaftigkeit"。——编者注

重重,但是,即使我们为民军制所花费的代价和军国主义相同,我们还是举双手赞成民军制,因为我们花钱至少是为了获得不仅对付外敌,而且对付国内压迫者的防御手段,但是,我们为军国主义花钱却是为了让人迫害和压迫我们!(太棒了!)

席佩耳不是唯一持这种观点的人;我只提奥尔在汉堡的声明①、海涅②和福尔马尔在慕尼黑的最近一次演说③,就够了。我不理解,认为军国主义在技术上必不可少,在经济上能减轻负担的那个人,头脑糊涂到如此地步,竟然投票支持军费开支。那些同志现在只能二者择一:要么迟早同意军国主义要求,要么放弃原来的立场,支持我们的民军要求。当然,他们目前还在反对军国主义要求,但是他们的观点一旦有了肥沃的土壤,最终还是会投票赞成军事法案。(骚动,反对和支持。)

有些同志曾经问过,你们所说的机会主义究竟在哪里?同志们,席佩耳、海涅和福尔马尔有关军国主义的言论就是给你们的最好答案。在他们的言论中,机会主义得到了极为明显的表现。对此,我们必须采取行动。请你们通过我反对席佩耳观点的提案,并且请你们用席佩耳大声对我们说的话回答他:废话少说,我不需要废话,废话毫无用处!

五　第 66 号提案④

1900 年的党代表大会议程定为:

社会民主党在邦议会选举时的策略。

---

① 在社会民主党的汉堡代表大会(1897 年 10 月 3—9 日)上,伊·奥尔支持麦·席佩耳反对社会民主党的反军国主义立场。——编者注
② 沃·海涅 1898 年 2 月 10 日在柏林第三选区发表的讲话中支持机会主义的观点,认为社会民主党为了"人民的自由"可以同意普鲁士容克政府的军国主义要求。海涅想以这个妥协来修正德国社会民主党的反军国主义斗争。——编者注
③ 指格·福尔马尔。他在这次于 1899 年 9 月底举行的集会上曾为麦·席佩耳和爱·伯恩施坦的修正主义观点辩护。——编者注
④ 这一由罗莎·卢森堡等社会民主党人提出的提案获得通过。——编者注

六　第66号提案的理由①

最近一次邦议会选举②的前因后果证明,各邦的同志们的策略对全党来说绝非是无关紧要的。我们在这方面已有先例。**普鲁士邦议会选举时**的策略就是由党代表大会规定的。③ 对普鲁士的同志们合适的策略,势必也合适于巴伐利亚和巴登的同志们。("非常正确!")巴伐利亚事件对普鲁士邦议会的选举很重要。如果把巴伐利亚协议设想为典范或者是参加普鲁士选举的结果,那么必定会增强反对参加的人的恐惧,并且吓退一些拥护参加的人。倍倍尔的决议案及其关于我们对资产阶级政党的态度的说明已经非常全面,我没有任何理由投票反对这一条④。("非常正确!")我们面对资产阶级政党应采取什么态度,对这个问题的实际指导越少,妥协的概念就越不稳定。因此,我尽管在巴伐利亚的选举问题上持与倍倍尔相反的观点,但我还是同意倍倍尔决议案的第三条,并提出了这个第66号提案,以免巴伐利亚事件的重演。这里说的不是要约束和管制各邦代表,而是要强调普遍的基础,以便统一解决问题。

《德国社会民主党代表大会会议记录。1899年10月9—14日》汉诺威—柏林版
第171—175、219、222、265—267、65、290—291页

---

① 标题是编者加的。——编者注
② 见本卷第596页脚注①。——编者注
③ 见本卷第612页脚注⑦。——编者注
④ 奥·倍倍尔决议案的第三条说,社会民主党为了党和工人阶级的利益,可酌情与资产阶级政党进行合作。——编者注

声　明

　　我刚刚在《莱比锡人民报》(关于帝国国会第十二、十三选区代表会议的报道)上发现,盖尔同志的发言中有下面这样一句话:"甚至罗莎·卢森堡也表示反对莱比锡人。"①

　　盖尔同志的这种说法是基于一个错误:我没有给莱比锡人投不信任票。②尽管我本人在这个问题上主张严格执行党的决定——为了避免发生任何误解——,但我还是认为,给党的最高机关投不信任票是弊大于利,因为这样做更会激怒这些同志,而且直接有违我们的目标。在我看来,不需要投不信任票,只须充分说明事实本身,就能在行动上达到一致。

罗莎·卢森堡

1899 年 10 月 24 日于柏林—弗里德瑙

1899 年 10 月 25 日《莱比锡人民报》第 248 号

---

① 见 1899 年 10 月 20 日《莱比锡人民报》第 244 号。——编者注
② 莱比锡的社会民主党人违反中央的决定,没有参加萨克森邦议会选举。参看罗莎·卢森堡 1899 年 10 月 24 日给莱·约吉希斯的信。——编者注

德雷福斯事件与米勒兰事件①

答"国际调查"

  阶级斗争的社会主义原则要求无产阶级在自己的阶级利益遇到危险时就应介入,比如在资产阶级各个派别发生冲突的时候。资产阶级社会的社会力量对比的任何变化,国家政治关系的任何改变都首先影响工人阶级的状况。只有在资产阶级社会以外能够实现社会主义,比如通过在每一个国家建立独立的移民区,那时,对于资产阶级内部发生的事情,我们才能袖手旁观。但是,我们既然不能梦想从资产阶级社会流亡到社会主义社会,而是相反,我们只能考虑用资产阶级社会自身创造的手段消灭资产阶级社会,无产阶级也就必须在胜利前进的道路上,为了自己的利益影响各种社会事件。它必须致力于成为一种在资产阶级社会的各种政治事件中越来越起决定作用的力量。阶级斗争的原则不仅不会反对,反而要求无产阶级积极介入资产阶级内部的各种政治和社会冲突。

  尤其在德雷福斯事件上,无论从关于资产阶级的无休止的争吵的一般观点看,还是从社会中人性的利益的角度看,无产阶级的介入都不需要任何理由。因为在德雷福斯事件中暴露出直接影响阶级斗争问题的四个社会因素,

---

① 1899 年 7 月法国社会主义运动中爆发危机以后,《小共和国报》主编莱昂-阿尔弗雷特·格劳特-里沙尔经让·饶勒斯的同意,邀请在一份公告上署名的欧洲社会主义政党的代表就如下问题表态:1. 社会主义的无产阶级在资产阶级政党的各个派别发生冲突时,可以不顾阶级斗争的原则偏袒某一方,以捍卫政治自由,以及像在德雷福斯事件中那样捍卫人性吗? 2. 无产阶级可以在多大程度上参加资产阶级的政权,阶级斗争的原则必然在任何情况下都与社会党部分接管内阁权力不相容吗? ——在德国社会民主党内,受到邀请的有:奥·倍倍尔、爱·伯恩施坦、卡·考茨基、威·李卜克内西、罗·卢森堡、亚·拉·格尔方德(帕尔乌斯)、麦·席佩耳、布·舍恩兰克、保·辛格尔、格·冯·福尔马尔和克·蔡特金。——编者注

即:军国主义、民族主义—沙文主义、反犹太主义和教权主义。根据我们的原则和一般倾向,我们以口头和书面的鼓动日益普遍地反对这些社会主义无产阶级的直接敌人。因此,如果说不能用抽象的陈词滥调,只能用活生生的日常事件揭露这些敌人,那么,我们不参加反对这些敌人的斗争,就十分令人费解!

因此,从阶级斗争的角度看,社会党人参与由德雷福斯事件所引起的运动,是毫无疑问的。可见,问题仅仅在于如何参与。从这个角度看,社会主义工人阶级的作用与资产阶级"改良主义"分子之间存在本质区别。对后者来说,问题只在于补偿一次合法的谋杀,而对于社会党人来说,这次事件是揭露资产阶级社会蜕变的宝贵机会。资产阶级分子及其反对总参谋部的表现是想帮助军国主义治愈疾病,使它能够活下去,而社会党人则与之相反,被迫与正在没落的军国主义制度作全面的斗争,并要求建立民军和人民武装,以与之相对立。

可见,社会党的态度与资产阶级的德雷福斯派的态度有**天壤之别**,因此人们没有任何理由说社会党人**支持**资产阶级"改良主义"分子,因为社会党人有能力进行完全独立的斗争,即有别于运动的其他派别的明确的**阶级斗争**。

运动在多大程度上实际具有这种性质,这是另外一个问题。在我们看来,抽象正义和为德雷福斯个人辩护的观点或许到处已经成为我们的同志首先关注的中心,已经忽略对民军制的鼓动了。结果是,无产阶级没有达到它本应达到的阶级觉悟。但是,说起来容易,做起来困难。此外,如果法国的社会主义各派能够理解这一社会事件对无产阶级事业的重要意义,那么,法国的同志还有足够的机会,利用德雷福斯事件的教训及其一切结论为阶级斗争服务。

我们认为,德雷福斯事件本来的政治意义在于,这个事件提供了这样的可能性,使席卷全国的伟大运动成为阶级斗争的对象,在短时间内照样快速地传播社会主义的意识,传播的速度甚至比通过长期抽象地宣传我们的原则更加快捷。

因此,运动以其不可阻挡的进程吸引了多个派别的社会主义者。如果德雷福斯运动在社会主义队伍中引起强烈的反感,那么,我们认为,凭真实的感觉,哪怕是直觉,就知道会产生这样的结果:法国无产阶级的每一次伟大的自发的阶级运动将不会因各个派别的界限而止步,不会清除这种界限的危险。而正是由于这个原因,联合法国社会主义的分散的力量表明是采取任何广泛的、强有力的行动的前提。我们认为,各个社会主义派别在政治的日常斗争的自由竞赛中的联合,丝毫不会损害马克思的理论和社会民主党的原则,因为它们已经在法国扎下了根。对于社会民主党来说,除了伟大的、活生生的、摆脱抽象的陈词滥调的阶级斗争,没有更好的学校。在那里,唯物主义历史观不再允许我们相信能够通过抽象的公式发展生气勃勃的群众运动;相反,只有在席卷整个无产阶级的伟大有力的阶级斗争的物质基础上,我们才能提出明确的理论和原则性方案。

对于如何评价社会党人参与资产阶级政府的第二个问题,回答取决于人们如何理解这种参与:是理解为社会主义斗争的正常形式,如议会活动,还是理解为在国家生活的非常时期采取的非常措施。在我们看来,公民饶勒斯在《我们组织起来》(7 月 17 日《小共和国报》)一文中是以第二个理解为指导的。他明确而肯定地提出这样的问题:"在危机时期,社会党人能否在一定时期内听从资产阶级政党的号召,与他们联合组阁?"他援引我们在 7 月 6 日《莱比锡人民报》上发表的一篇文章①(其中我们也承认,允许社会党人参加政府,但那只是由于绝对的非常情况,而且我们怀疑法国是否存在这种情况。)继续说:"这是一个策略问题"(而不是原则问题)。如果这样提出问题,如果只考虑某次特定的行动,那么,这恐怕的确是最死板的教条主义,是用断然的"否认"来反对时代的要求和复杂的情况。

可见,在米勒兰事件上,可以归结为这样一个问题,法国目前的情况是否真的非要社会党人入阁不可。在这个问题上,只有法国的同志能够作出决定,因为我们不能越俎代庖,考虑这种策略的各种条件。但是,如果局外人在某种程度上可以发表意见,那么我们认为,这个经验是无法接受的,因为这里缺乏一个前提,即缺乏一个能独自全权负责这次危险实验的强大统一的政党。然而,饶勒斯在稍后的一篇文章中似乎以另一种方式提出了问题。在《社会主义的方法》(8 月 3 日《小共和国报》)一文中,他将社会党人在资产阶级政府中的活动与他们在议会、市参议会中的活动等相提并论,他说:"的确,今天的社会主义已经强大到足以进入各个机构,掌握全部权力,而不会被资产阶级社

---

① 见本卷第 583—585 页。——编者注

会所同化。"

照此说来,我们可以原则同意进入政府,将其作为社会主义的许多行动方法中的一种——但这不符合社会主义的本质。在上述7月6日的文章中,我们已经阐述必须作为我们行动指南的观点,这里我们只谈本质的问题。

有助于我们实现社会主义的唯一方法,是阶级斗争。我们能够而且必须进入资产阶级社会的各个机构,利用所有能够进行阶级斗争的事件。从这个角度看,参与德雷福斯事件对于社会党人来说就是一个自我保存的问题。但是,还从这个角度看,参与资产阶级政府又表现出相反的意味,因为这种参与的实质是排除在资产阶级社会内部进行社会主义阶级斗争的可能性。我们为社会党人所担心的不是在内阁中活动的危险和困难。我们不会在与无产阶级的利益使我们占据的职位相关的危险和困难面前望而却步。但是,总体上说,内阁不是一个无产阶级阶级斗争的政党的斗争场所。资产阶级政府的本质不是由其成员的个人品质决定的,而是由他们在资产阶级社会中的基本职能决定的。现代国家的政府从其本质上说是阶级统治的工具,它的有计划的运转是阶级国家存在的条件之一。社会党人入阁以后,阶级统治继续存在,资产阶级政府不会变成社会主义政府,然而,社会党人会变成资产阶级的政府部长。一个部长作为工人的朋友所能实行的社会改良本身没有丝毫社会主义的东西,只有通过阶级斗争实现的社会改良才是社会主义的。而一个部长实行的社会改良不可能具有无产阶级的阶级性质,而只可能具有资产阶级的阶级性质,因为部长由于自己所处的地位,把社会改良与他对资产阶级政府的所有其他职能,如军国主义等的责任联系在一起。我们可以在议会、市参议会中进行有益的改良,因为我们反对资产阶级政府,而我们接受了部长职位,只能保持同样的改良,因为我们支持资产阶级国家。因此,社会党人参加资产阶级政府并不像人们所想象的那样,意味着社会党人部分地征服资产阶级国家,而是意味着资产阶级国家部分地征服社会党。[1]

1899 年 11 月《半月刊》第 77—82 页

---

[1] 见罗莎·卢森堡《法国社会主义的危机》(见本版第 2 卷)。——编者注

民族自由党的没落①

"Qui mange du pape, en meurt"②,这说的是臭名昭著的教皇亚历山大六世博尔吉亚时期的故事,因为他想杀掉谁,他就会设宴款待他们,赐予他们有毒的食物和饮料。今天我们有充分的理由对这句话的形式和内容稍作改动,说:"Qui mange du *socialisme*, en meurt.(谁吃了**社会党**的东西,谁就会因此而死。)"当然,这不是说社会党本身投"毒",让旧政党因此而死,而是说这些旧政党在对待社会党时犯错,它们因此走向灭亡。俾斯麦炮制反社会党人法③,随后一失足就垮台;而煽动者还不慌不忙,直到要了这些旧政党性命的**苦役监禁法案**出台。

然而,在中央党,人们想必期待这种致命作用,要知道,这个政党的态度尚未清晰地表现出来。但是,如果让中央党以某种"变通的"形式赞同苦役监禁法案,那么,"天主教"工人就难以心平气和地接受,而中央党在巴伐利亚下院的态度是一目了然的,因此,李伯尔④先生及其"政客的"伎俩这次至少会陷入尴尬的境地。

但是,**民族自由党**已经陷入一场完全的危机。分裂已经不可避免,以致关于苦役监禁法案的讨论将导致这个本已分崩离析的政党彻底分裂,除非该党的某一位"政治家"能够再次支撑起那摇摇欲坠的危楼,修补裂痕。但是,谁会是这样的"政治家"呢?"年轻人"中无人有足够的影响,而"老年人"要么

---

① 本文是匿名发表的。它可能是罗莎·卢森堡在1899年10月28日给莱·约吉希斯的信中所说的前一天寄往莱比锡的那篇文章。——编者注
② 谁吃了教皇的东西,谁就会因此而死。——编者注
③ 见本卷第291页脚注②。——编者注
④ 恩·李伯尔(1838—1902)——德国资产阶级政治活动家,中央党领袖之一,国会议员。——编者注

感到厌倦,要么已经怀恨退位。卞尼格先①"功成身退"汉诺威,而米凯尔②已经转向大地主一边。

民族自由党因自身的软弱和动摇而频繁遭遇危机和分裂。它设法让"具有民族思想的"**俾斯麦**内阁得到违宪行为豁免权以后,在这位"本世纪的海格立斯③"资助下在帝国成立后成为帝国最强大的政党,它粗暴无礼,贻害四方;它卑躬屈膝、优柔寡断,不断出卖人民权利。

俾斯麦撕掉"自由派的"面具,开始利用帝国的权力和帝国的立法为他的特权阶层捞取好处,随后,失望和分裂也开始笼罩民族自由党。俾斯麦出台新的关税政策和经济政策,该党不打算立即赞同,这时**绍斯—福尔克**④(德语意为"丑陋的部族")集团就分崩离析了。这是发生在 1879 年的事情,到 1880 年就有许多人退党;主张自由贸易的民族自由党人**福尔肯贝克、班贝格尔、里凯尔特、巴尔特**等人都退了党。欧根·**李希特尔**⑤犯的错误,是把这些自由贸易派拉进他的自由思想党,这样一来,他的议会党团就增加到 110 人(所谓"黄金一百一十人"),但同时也为自由思想党的分裂埋下了种子。现在,俾斯麦在大选时发动全体人马反对民族自由党,这样一来,该党 1874 年在国会的党团成员尚有 155 名,到 1884 年只剩下 45 名,它 1878 年在普鲁士下院中有 182 名议员,到 80 年代初就只剩下 65 名。尽管它遭到俾斯麦的各种侮辱,但它还是一再恳求为俾斯麦效劳。

---

① 鲁·卞尼格先(1824—1902)——德国政治活动家,主张在普鲁士霸权下"自上"统一德国;1859—1867 年为民族联盟主席,1867 年起代表大资产阶级利益的民族自由党右翼领袖,帝国国会议员(1871—1883 和 1887—1898)。——编者注

② 约·冯·米凯尔(1828—1901)——德国政治活动家和金融家,民族联盟创始人之一(1859),1867 年起是民族自由党右翼领导人之一,普鲁士众议院议员和北德意志联邦议会议员,后为德意志帝国国会议员,曾任普鲁士财政大臣(1890—1901);他在 1891 年的税制改革中,将所得税列为直接税制度的重点,根据这个制度,收入在 900 马克以下者不纳税,高于这个数目的一切所得,最高须缴纳 4% 的所得税。——编者注

③ 海格立斯——古希腊神话中的一个最为大家喜爱的英雄,以非凡的力气和勇武的功绩著称,他的 12 件功绩之一是驯服并抢走地狱之犬塞卜洛士。这里指俾斯麦。——编者注

④ 弗·冯·绍斯(1832—1893)——德国银行家,政治家,民族自由党人;约·福尔克(1819—1882)——德国政治家,民族自由党人;绍斯—福尔克的德文原文"Schauβ-Völk"与"Scheuβliche Völkerschaft(丑陋的部族)"的词根读音相近。——编者注

⑤ 欧·李希特尔(1838—1906)——德国政治活动家,进步党(1884 年 3 月起为德国自由思想党)领袖,帝国国会议员。——编者注

　　由于 1887 年的战争阴谋和令人不安的选举①，民族自由党在帝国国会中的议席重新上升到 101 个，但是，它在同意这一点（卡特尔政策），并使面包涨价以后，到 1890 年它在国会中的议席就降为 42 个，而目前它在国会中有 44 名议员和 4 名非党议员。在反社会党人法生效的最后时期，民族自由党党内在卞尼格先和米凯尔之间发生了严重分歧，后者为推翻俾斯麦作出了很大贡献，他不顾卞尼格先的反对，主张说服议会党团削弱反社会党人法的作用，以致俾斯麦声明说，不能接受这个"残缺不全的"反社会党人法。而米凯尔当时显然认为自己注定是俾斯麦的后继者。

　　俾斯麦离开政府以后，大家才明白，民族自由党对他是多么依赖；该党的政治意义彻底丧失。它昔日的领袖不时用忧伤的语气哀叹它"辉煌的"过去，民族自由党太过自负，竟敢将他们卑躬屈膝地奉承统治权力的议会会议称为**"光辉岁月"**。当民族自由党人的政治恐怖主义因自己的失败而粉碎时，德国人民中所有不受民族自由党的奴颜媚骨影响的人都松了一口气。

　　其实把民族自由党人视为大工业资本的代表，是不确切的。确切地说，他们是**施杜姆**及其同党的帮凶，帮助后者实施反动的、敌视工人的阴谋。在这种情况下颇让人感到奇怪的是，民族自由党中居然还有人敢于声明不追随煽动者，并谴责苦役监禁法案。

　　对此的主要解释可能是，这些人想挽留少数仍然追随他们的工人，因为苦役监禁法案一旦通过，他们就会把这些工人赶向社会民主党。可以相信"巴塞尔曼②"们有这样的认识。

　　令人奇怪的是，必须赎清许多罪过的沃尔姆斯著名大工业家**冯·黑尔**男爵也出现使在他们中间。③ 特别是在巴塞尔曼先生称苦役监禁法案的支持者为**伪君子**以后，"巴塞尔曼"们自己政党的以煽动者的方针为宗旨的一翼的报

---

① 帝国国会选举于 1887 年 2 月 21 日举行，当时帝国首相俾斯麦正在发动反对法国陆军部长若尔日·布朗热的复仇主义企图的宣传攻势，到处笼罩着沙文主义和恐怖主义的气氛。——编者注

② 恩·巴塞尔曼（1854—1917）——德国政治活动家，民族自由党最后一任领导人，拒绝与社会民主党建立政治联盟。——编者注

③ 有人在背后议论说，黑尔以前在沃尔姆斯社会主义者集会上速记记录了会上的演说，这出于什么目的，也许每个人都能想到。——作者注

刊的指责。煽动者报刊所做的一切,都是为了扩大民族自由党左翼和右翼之间的裂痕。右翼的先生们,**默勒**、**毕辛**以及那些只是由于名字不同而与施杜姆有所区别的同党,想"变通"苦役监禁法案,以便让中央党接受。

可见,民族自由党将再一次分裂,从而慢慢在政治舞台上消失。幸好右翼转向了保守派;巴塞尔曼及其党羽顾忌非社会主义的工人,不愿指责结社权,他们想提高自己的政治信誉,就必须断然拒绝"民族自由主义"这个日益变得可笑的名称。当然,这些先生想怎么做,随他们的便。在民族自由党正日益临近彻底灭亡的时刻,这个政党因犯下的累累罪行终于受到惩罚,哪怕是比较轻微的惩罚,也会使它的政敌心满意足。

1899 年 10 月 28 日《莱比锡人民报》第 251 号

新的舰队法案①

《北德总汇报》②周六作出的首次更正是一个骗局，我们已经及时加以谴责，然而它反而变本加厉地阐述这个臭名昭著的舰队计划。③ 发生这样的事情是不可避免的。海军供应商的机关报《柏林最新消息报》、容克的机关报《十字报》、广告巨头舍尔的机关报都已在周六的晚上版阐述了舰队计划。

而著名的**首相声明**、官方的承诺、"负责任的"政治家的庄严奉承再一次仿佛烟消云散。汉堡的舰队演说④的秋风使它们像干瘪发黄、枯死的落叶一样满街飞舞。首相的话语如过眼云烟，口号是：全速前进！

在半官方的表述中，新的舰队计划将取代 1901 年、1902 年和 1903 年的舰队计划，并且包括**到 1917 年**为止的舰船建造。

这个宏大的新计划的目的在于，建造**第三和第四支中型舰队**，以便扩大 1895 年的《舰队法》规定的由**战列舰和巡洋舰为国内战舰编成的两大舰队**。

这家捣蛋的报纸说，"为了尽快达到一定的军事实力，为了使上述计划在经济上切实可行，建议首先建设由 10 艘战列舰组成，并配备巡洋舰和鱼雷艇的第三支中型舰队，现有的海岸装甲船队作为第四支舰队投入使用。"

意思是说，**在 1912 年前**，还要为这两支新舰队增建 **10 艘战列舰**，1912—1917 年，**再建造八艘战列舰**来替补现有的八艘海岸装甲船。

---

① 本文是匿名发表的。它很可能是罗莎·卢森堡在 1899 年 10 月 28 日给莱·约吉希斯的信中预告的那两篇文章之一。在费·蒂希《卢森堡文献索引》中，这篇文章被标为第 8 号。——编者注
② 1899 年 10 月 28 日《北德总汇报》要求加速建造战舰，从而扩大德国舰队。——编者注
③ 我们将在其他地方复述舰队计划的全文。——作者注
④ 威廉二世 1899 年 10 月 18 日在汉堡查理大帝号战列舰的下水仪式上要求建设一支强大的舰队，以便确立德国的海上优势。——编者注

除了战列舰,**重型巡洋舰的数目**到 1911 年也要**达到八艘左右**。其中两艘编入**新舰队**,六艘编入**海外巡洋舰队**。

要建造多少艘**轻型巡洋舰**,半官方的报纸对此没有说明。估计要为两支舰队建造 **16 艘轻型巡洋舰**,因为 1898 年的《舰队法》为目前的两支舰队规定的数量也是那么多。

在这次增加的战舰数量上,还要加上 1917 年以前需要更新的舰船。

实施这项建造计划必须将**每年建造的舰船份额**从现在的平均 6 000 万马克提高到 **8 500 万马克**。每年其他的**一次性支出将由 900 万提高到 1 200 万马克**,持续性支出每年将提高 **500 万马克**左右。

可以说,**海军的预算**将从 15 000 万马克提高到至少 18 300 万马克。

这个计划还提到:"必须保持《舰队法》实施前三年的建造速度",而根据《舰队法》的规定,1901 年、1902 年、1903 年新建的舰船将少于 1898 年、1899年、1900 年这三年。……

这个面面俱到的舰队计划在公众中仿佛响起了一声晴天霹雳。"克洛德维希大叔"①这位**帝国首相**,这位帝国的最高官员,难道至今对这一可怕的企图**一无所知**?那么,海军上将蒂尔皮茨②为了陈述这一问题,轻易前往巴登—巴登找首相,这又是怎么回事!

这样的计划在公众中广为流传,而**各邦政府**却对此毫无所知,这是史无前例的。

但是,我们生活在一个突发事件频繁的电气化时代,应接不暇的意外事件是推行最新方针的手段之一,而**帝国政府**可以说就是通过发表消息对海洋政策的最新计划作出承诺。

---

① 克洛德维希·霍亨洛埃-席林格菲尔斯特(1819—1901)——1894—1900 年为德意志帝国首相和普鲁士首相。在其任内,政府试图恢复随着反社会党人法的失败而丧失的对工人阶级的权力。——编者注

② 阿·冯·蒂尔皮茨(1849—1930)——德国海军元帅;1889 年任战列舰舰长,1890 年任德国波罗的海舰队总参谋长,1892 年任海军总参谋长,1896 年任东亚巡航舰分舰队司令,曾率舰队侵入中国胶州湾,占领青岛并建立海军基地;1897—1916 年任德意志帝国海军大臣;1898年和 1900 年先后提出两个舰队法案。——编者注

这届遭受失败、推行苦役监禁方针①、使运河计划流产②的政府,在世人面前再一次丢尽了脸面,这是它咎由自取。1898 年,它通过官方和半官方影响的整个杠杆机构,通过精心设计的幕后政策,通过招募出版界和海军界的学究式仆役,强行通过、强行出台、依靠中央党的帮助强行实施了**为期六年的舰队法**。

过去还不到两年时间,这个政治家智慧的杰作就轻得像纸牌搭建的房子一样,悲惨地倒塌了,政府自己声明自己的拙劣作品是站不住脚的。

1899 年 10 月 30 日《莱比锡人民报》第 252 号

---

① 指政府试图以 1899 年 6 月 20 日的《关于工商业劳动关系的保护》这个法案掌控日益高涨的罢工运动,其实是企图取消工人的结社权和罢工权。1899 年 11 月 20 日,苦役监禁法案因保守派的反对而流产。——编者注

② 1899 年 3 月中旬,在普鲁士邦议会中,政府在自由派与工业和军事集团的支持下,提出了一个关于修筑连接莱茵河、埃姆斯河、威悉河和易北河的运河的法案,但是遭到易北河以东地区地主代表的否决,因为他们担心廉价的输入费用导致谷物价格降低,农业居民流向工业中心,同时想对关税政策施加压力。——编者注

一个专业人士的判断[①]

鉴于我们漫无边际、毫无计划的舰队政策，听听一位专家有关扩大舰队的目的和界限的判断就很有意思了。在意大利的《海军评论》1月号，**海军舰长阿斯图托**就舰队爱国者**龙卡利**的警告作出了回答，后者在其《海军、金融和政治》一书中，完全像我们今天的海军狂热者一样，主张扩大意大利的舰队。龙卡利在书中写道："舰队的任务是由国家的政治和地理条件决定的，而不是取决于经济、财政和社会条件，这些条件只有在必须确定人们面临的任务可能过于艰巨时才予以考虑。"

海军舰长阿斯图托对此回答说："任务的艰巨性**不取决于**预算的多少，我们认为，一个国家的民用职能和军事职能之间必须保持恰当的比例。只有在例外的情况下才能打破一个国家的经济实力和军事开支之间必须保持的平衡。在一般情况下，如果要提升一个民族的军事实力，必须**考虑自己的财力。**"

此外，阿斯图托还说："舰队的使命应当受地缘和政治条件的制约——而这是很不确定的，**要看是采取进攻还是防御，舰队的使命应随机应变。**要确定一支舰队的实力，首先必须知道，**它可能面临什么样的敌人。**这个问题首先具有政治经济的性质。**想拥有一支能对付任何敌人的舰队，那纯粹是空想。**首先而且必须根据国家的政策明确，要应对哪些潜在的、可能的或确定的敌人。在做到这些以后，才能在**具体**情况下评估对付敌人所需要的投入，并根据财力，确定达到这种实力所必须的时间和资金。**如果在上述条件下不能建成这样的海军，那么，要么放弃，要么寻求新的同盟者。**"

---

① 见本卷第565页脚注①。——编者注

所以，一个有理智的海军军官会认为，我们的政府及其目前的计划显然是力争无限扩大海军，以应对每一个假想的敌人，而完全无视实际的政治形势，这完全是无稽之谈。他作为地道的专业人士简单明了地提出这样一个问题：到底想建立一支能进行**进攻战**的舰队，还是建立舰队只是为了保卫国土，反对外国的攻击？在后一种情况下，估计外国的攻击最有可能来自哪个方面呢？

如果提出这样的问题，那么，从政治的角度看，德国政府的新的舰队计划就完全是个怪胎。这一漫无边际的计划的制定者显然根本不理解这些棘手问题，丝毫没有考虑过政治形势对德国海军提出的**实际要求**，心血来潮就想与**英国在海上进行较量**！德国海军用于**保卫**我们的海岸线，保卫处于我们舰队势力范围的 8% 的出口，已经足足有余了。现在扩大舰队也许不是为了维护德国在可能的国际冲突中的利益，而是相反，是为了挑起国际冲突；不是为了保护本国的事务，而是为了**使德国干涉各种可能的外国事务**。

与英国进行海上较量虽然非常诱人，但是，有人给我讲了一个关于青蛙的故事，说有一只青蛙为了与公牛相比，使劲鼓起腮帮子，结果——破了。

1899 年 11 月 2 日《莱比锡人民报》第 254 号

舰队狂热和苦役监禁迷[①]

现在普鲁士德国政策的这两个指导思想,在非公聘讲师冯·文克施特恩先生的心中激起了狂涛巨浪。在《十字报》的一组社论[②]中,他再次向**布伦坦诺**证明了苦役监禁法案[③]无可辩驳的必要性,以便彻底消除社会民主党对德国工人阶级的毒害。这位非公聘讲师先生酷爱强力手段:他要"加强雇主的实力,同工人联盟相对抗;哪里着火了,**哪里就出现国家政权机关形式的灭火器**;"他认为,"**必须按俾斯麦的处方,以严酷手段对待社会民主党领导人**;"他最后希望,"这样一个纲领,即一贯延续德国迄今的社会政策,随着时间的推移能在德国获得承认和存在。"

苦役监禁法案和文克施特恩"纲领"中所说的反社会党人法,是"一贯延续德国迄今的社会政策",我们当然同意这种说法,但是,这位刻薄的非公聘讲师希望他的纲领在德国得到普遍的"承认",可能就没有道理了。我们希望,他的希望像迄今对"正式的"讲台的希望一样欺骗他。可怜的非公聘讲师!为了讨好上面,他确实做了**一切**,以便讨得上面的欢心。上面刚"谈到"扩大舰队,他就不假思索地提出一个建设世界强国舰队的爱国主义计划;上面刚喜欢上苦役监禁法案,他就炮制冗长的文章对此进行"国民经济学的"论证。当社会民主党的"啮齿目动物"应当被碾得粉碎的时候,我们的文克施特

---

① 见本卷第 565 页脚注①。——编者注
② 《再论反对红色工会的政策》,载于 1899 年 10 月 25—27 日《十字报》(柏林)第 502—504 号。——编者注
③ 1899 年 6 月 20 日,政府在帝国国会提出了"关于保护工厂劳动关系"的法案,即上述苦役监禁法案,旨在应对日益高涨的罢工运动,废除工人的结社权和罢工权。1899 年 11 月 20 日,这个法案因保守派的投票反对而未获通过,提出这个提案,是因为 1898 年 1 月 15 日《前进报》发表的 1897 年 12 月 11 日的一个秘密法令。——编者注

恩便大发雷霆,怒斥每一个没有立即表示顺从和赞同的教授。

现在他再次不遗余力地谴责布伦坦诺,并证明自己的措施是无可辩驳的。"国家丝毫不关心大学给年轻人教授什么样的思想,难道是正确的吗？拥有国立大学的国家必须确定方向——教授先生们究竟应该向年轻的学生传授什么思想——,**而且凭自己的全部权威也许能现场进行干预**。"

我们作为唯物主义历史观的拥护者非常理解,一个人尽管常年任劳任怨,热心助人,尽管在非公聘讲师的职位上没有寸进,但仍然能达到这种境界,想把所有人送进监狱,或淹死在汪洋大海。但是,文克施特恩先生,您想过没有,德国工人阶级要不要为您没有成为正教授而祷告呢？

1899 年 11 月 2 日《莱比锡人民报》第 254 号

卡特尔经济的后果①

11 月 3 日于莱比锡

多年以来,没有任何一个问题像企业主联盟的问题那样,在一定程度上支配着美国的公众舆论。大资本的这种形成物最近即使在美国也增长得异常迅速,以致公众惊恐地进行调查、成立委员会和制定各种补救计划,也就不足为奇了。根据估计,美国整个工业生产的六分之一(还有说四分之一的)属于卡特尔经济。有熟悉实际情况的人断言,每一个工业部门在短期内都会受到卡特尔经济的危害,也就是说,在美国的整个工业生产中,垄断的统治将取代自由竞争。

社会和国家面对事态的这种发展显得无能为力。许多托拉斯(卡特尔)调查委员会支持和反对的激烈论战,反对卡特尔经济的合法战争众所周知。同样众所周知的是,各种反对企业主联盟的措施全部失败。在 1890 年纽约法院**禁止**企业主联盟之后,它们形式上转为"公司",其实是换汤不换药的做法,法院对此的追究显得鞭长莫及。

尽管如此,或确切地说正因为如此,有关卡特尔问题的热烈讨论在美国一直延续至今,最近,堪萨斯州农业咨询委员会的教授爱德华·柏米思在纽约《商业报和商业新闻》上发表了关于这一问题的十分有趣的文章。

首先,他根据美国大多数研究人员通常采用的典型小资产阶级的方法,权衡用企业主组织的**利弊**。在弊端中自然包括联合起来的资本家在市场上相对于消费者的绝对经济权力,以及在国家中通过政治和新闻腐败而体系而实施的绝对政治权力,自然起主要作用。然后,柏米思转而批判迄今建议采取的对

---

① 见本卷第 565 页脚注①。——编者注

付卡特尔经济的一切补救措施。

有人希望,卡特尔中的一部分经过一个繁荣时期后会相继自行走向衰落,这是毫无根据的,因为一个卡特尔衰落以后会产生十个新的卡特尔,它们绝不想在地球上消失。通过法律和司法措施消灭卡特尔也已表明是徒劳的。对卡特尔经济实行法律**监督**和限制,像最了解这个问题的行家,美国教授延科斯所建议的,虽然非常好,但在实践层面是行不通的。

最后,柏米思提到同卡特尔斗争的最后手段——这是最有意思的——**生产资料的普遍国有化**。他说:"有大量知识分子,尽管他们还是少数,认为,对托拉斯采取有效行动的唯一手段在于,所有人都加入托拉斯,也就是通过国家的干预;国家会占有炼油厂、火柴厂、无烟煤矿、煤矿,等等,并将产品投放市场进行销售,等等。"

你们看,这是扭曲的、戴着小资产阶级的眼镜看到的社会主义经济的计划。当然,在堪萨斯这个正派的教授及其研究卡特尔问题的志同道合者的眼中,看到的无非是社会主义的意图。就连美国的工人群众也才刚刚知道一点社会主义。但正因为如此,敌视卡特尔的中小资产阶级群体寻找对付大资本的经济和政治万能的补救措施的倾向,是值得注意的。迄今与企业主联盟的战争的结果是:在资本主义经济和资本主义国家**内部**试验过的遏制卡特尔发展的**一切**措施都**毫无**效果;如果想采取有效措施,那就必须超越现在的经济,**超越**私人资本主义生产方式的体系,用全社会的计划经济来对抗大资本的垄断型经济。甚至可以向资产阶级本身日益灌输这一认识,这对社会主义的工人运动具有双倍的影响。

这再次证明了社会主义学说的真理及其实现的必然性。同时这也再次证明,想彻底消除资本主义经济秩序的弊端的人,都会无意识地根据必然的逻辑,导向必须废除这一经济秩序、在社会计划性的新基础上改造生产的结果。

但是其次,我们在这里还要实际地指出,卡特尔经济的发展必然会不可避免地将被它碾压的小资产阶级成群地赶到社会主义阵营。一旦企业主联盟的影响清楚地显示出来,而另一方面,美国的社会主义的工人成为一股力量,那么,敌视卡特尔的著作家、教授、法学家今天的模糊的扭曲的观点,就势必会成为小资产阶级群众敌视资本的政治和社会的思想和行动。

　　最近,有人反复将卡特尔的发展想象为社会主义取得胜利的潜在**障碍**。我们不知道,而且没有人今天能够预言,卡特尔是否会首先在我们的大陆成为一种普遍流行的组织。无论如何,我们可以肯定地说,如果美国的卡特尔经济成为国际的弊端,那么,它将不是阻止社会主义的障碍,而是一场鞭笞,用鞭子将资本胜利进军的受害者赶进社会主义的怀抱,而资本主义社会内部的对立将激化到极点,结果是资本主义社会将欢迎社会主义变革将它当作脱离资本统治的苦海的唯一救星。

1899 年 11 月 3 日《莱比锡人民报》第 255 号

关于舰队法案^①

克虏伯的报纸《柏林最新消息报》对下面这种广泛传播的观点极为愤怒：新的舰队计划所考虑的唯一经济利益是**舰船供应商**的利益。

这家报纸写道："对此，当然只要指出这样一个简单的事实就够了：德国造船厂还远远不能满足本国对新船的需求，确切地说，我国的很大一部分新的商用船必须在外国用外国的材料建造；因此，即使不需要扩大德国的舰队，德国的造船厂和其他参与船舶制造的工业也不会没有足够的、有利的活可干。"

大炮制造商的机关报在此装出天真的样子：没有人会真正相信，必须有一个新的舰队法案来拯救船主老爷们免于"失业"；他们的生意本来就做得风生水起，这是公开的秘密。

然而，还有一个事实也是众所周知的：这些老爷的胃口好，本来已经很肥厚的利润再怎么大幅增加，他们也完全消化得掉。此外，装甲钢板制造商的报纸与我们一样非常清楚地知道，即使我们的部分商船可以在国外制造，但**战舰**肯定不会在国外的造船厂制造，这是资本家利润的主要来源。

此外，这家克虏伯的报纸本身也不得不承认这个事实，明知道扩大舰队能产生可预计的利润，但就是死不承认这是它对无限舰队计划表示欢欣鼓舞的理由，而只承认克虏伯和施杜姆公司想以爱国主义的自我救赎忍受一切，是一种不可避免的痛苦。"德国的从业者以及大量工人都会在扩大舰队的过程中获得好处，这一点是无可置疑的。但是，当然不应因此对必须扩大舰队的疑虑，确切地说，这是一种收益，对人民的福祉来说，这种收益可以弥补因扩大我

① 这篇通讯没有署名。罗·卢森堡在 1899 年 11 月 1 日给莱·约吉希斯的信中曾提到这篇通讯。——编者注

们的舰队而造成的必要损失。"为了祖国,置生死于度外! 在扩大舰队的过程中将会产生"为了人民福祉的收益",**苦役监禁法案**①可以证明这一点,这个法案计划排除任何进行争取工资的运动的可能性。

1899 年 11 月 3 日《莱比锡人民报》第 255 号

———————

① 见本卷第 681 页脚注③。——编者注

关于舰队问题的第二个官方通报①

　　《北德总汇报》又发表了一篇半官方的文章,企图为目前在报刊上饱受批评的关于舰队计划的第一篇文章②说明"理由"。

　　首先,文章的最后一句非常重要,它确认,《北德总汇报》有关舰队问题的第一篇文章不是随心所欲、无的放矢的即兴"考察",就像其他半官方文章面对媒体的狂轰滥炸在第一时间试图做的那样。

　　《北德总汇报》写道:"反对派报纸结合皇帝陛下在汉堡的演讲③所作的这种放肆的鼓动,**无疑使政府觉得,有必要与《北德总汇报》的这篇著名文章一起面对公众**,以便以这种方式将建设一支强大舰队的难题交给公众讨论,从而澄清各种意见和观点。"

　　皇帝的演讲不过是一个声明,结果在《北德总汇报》上巧妙地披露了已经制定完成,可能还属于保密的舰队计划。这个计划只是一个草案,**正式的舰队法案**,据半官方报纸报道,**将在 1901 年提交帝国国会审议**。

　　那么这与六年计划④有什么关系呢? 一年半之前才通过"这个计划使联合政府承担了义务"。《科隆人民报》坚信,新的舰队计划的主要部分在 1898

---

① 这篇通讯没有署名。罗·卢森堡在 1899 年 11 月 6 日给莱·约吉希斯的信中曾提到这篇通讯。——编者注
② 在 1899 年 10 月 28 日《北德总汇报》发表的一篇半官方文章中,公布了通过加快舰船制造的速度,以超过 1898 年 3 月的《舰队法》所规定的规模扩大德国舰队的计划。——编者注
③ 见本卷第 676 页脚注④。——编者注
④ 1898 年 3 月 28 日,帝国国会通过了第一个舰队法案。根据这部法律,要在 1904 年以前的六年(六年计划)内花费 48 200 万马克扩大德国舰队。从此德国开始面向海洋的军备竞赛,结果激化了德国和英国之间的对立。——编者注

688

年提出制定舰队法时就已经完成,而这部法律只是其中的一部分。那家半官方报纸对此已经作出明确的回答。当然,应当承认,在"我们祖国的各个阶层,尤其在海军内部",早在 1898 年就有人认为这部舰队法是**不完整的**。但是——人们以为当时不能再对帝国国会提出要求了,因此这是 1898 年舰队法的"**适度**"!

"我们还记得 1897 年夏天人民的普遍情绪。当时没有人想到,除了提出舰队法草案以外,还可以走得更远。是的,当时人们认为,向帝国国会提出这个法案已经是大胆的举动了。如果有人预言,**在德国人民中对强大舰队的意义的理解会这样深刻**,就像最近两年在政治暴力事件的重压下实际发生的那样,那么,人们会毫不犹豫地认为他是空想家。**政府主张的舰队法的适度只能证明,当时——今天也一样——人们希望一切法案都以现实政治为基础。**"

可见,他们有各种重要的政治、军事技术和其他的理由,将最近的舰队法案论证为完全符合德国海洋地位的**需要**,而这些理由全是胡说八道。之所以没有提出更多要求,仅仅是因为人们以为德国的傻瓜们除了以前办的傻事,不会再犯傻了。如果人们当时觉得形势有利,那么就会提出两倍、三倍,甚至更多的要求。可见,帝国国会的容忍和耐心的极点,在任何时候都是政府的舰队要求的唯一"现实政治"的限制;对我们的政府而言,它无需考虑国际形势,无需考虑德国的海洋和贸易地位,无需考虑实际需求,实际危险,等等。它的舰队计划是完全彻底的"无限"。

然而,如果是这样的话,政府每次对法案的**论证**究竟有什么价值呢? 我们已经达到了我们必需的目的,政府每一次这样的承诺有什么价值呢? 政府通过一部法律,声明党至少在一段时间内是**令人满意的**和**有约束力的**,它说的这些话又有什么价值呢?

说真的,任何一届政府都从未如此勤勉地设法损毁自己在群众中的威信;降低自己所说的话的信用,自抽耳光,自降身份。苦役监禁法案在国会遭到否决①以

---

① 见本卷第 681 页脚注③。——编者注

后,是邦议会上演运河悲喜剧①,运河悲喜剧以后,是以这种理由论证的新的舰队计划。

那么,究竟是什么事情——照政府的说法——自 1898 年以来使扩大舰队的想法在德国如此吃香呢? 我们听了很吃惊:居然是**美西战争**②! 由于这次战争,一个败落的、破产的、无耻的政府失去了自己荒芜的、连血都被吸干的殖民地;这场战争让德国学乖了,它为了保卫自己的"殖民地"必须尽快加倍地扩大舰队! 这就是全部"理由"吗? 这就是再次掀起舰队狂热的原因所在吗? 这件事情虽然让德国的纳税人笑不出来,但是,希望也不要让政府有任何理由放声大笑。政府真正的舰队计划暴露了,其承诺和论证的价值,从而使政府信誉扫地。面对最近的事件,即使再善于偏听偏信的人也会感到诧异。而工人阶级至少会从新的舰队计划中汲取好的教训,因为政府自己说,只有享有批准权的国会议员的不满和冷漠能勒住政府的世界政策欲望,那么,他们就应勒紧缰绳。我们要明确告诉各政党的国会议员,他们的选民对新的舰队计划持漠然态度——不管在美西战争以前还是以后!

1899 年 11 月 4 日《莱比锡人民报》第 256 号

---

① 1899 年 3 月中旬,在普鲁士邦议会中,政府在自由派与工业和军事集团的支持下,提出了一个关于修筑连接莱茵河、埃姆斯河、威悉河和易北河的运河的法案,但是遭到易北河以东地区地主代表的否决,因为他们担心廉价的输入费用导致谷物价格降低,农业居民流向工业中心,同时想对关税政策施加压力。——编者注
② 1898 年 4—12 月的美西战争是第一次为重新瓜分世界进行的帝国主义战争,结果使美国加强自己在拉丁美洲的影响,用古巴、波多黎各和关岛扩大了它的殖民帝国,用菲律宾在东亚占据了一个战略上十分重要的军事基地。——编者注

资本主义的发展和工人的联合

11 月 7 日于莱比锡

有一本将会广受欢迎的书,极为合乎时宜地出版了,它向工人阶级,也向掌权者发出了提防苦役监禁法案①的紧急警告,我们指的是亨利希·毕尔格尔所著《汉堡工会及其 1865—1890 年的斗争》②。这本书朴实无华,事例详实,平铺直叙,没有那种可以到处套用的官话,而且结构严谨,简约而不简单,乍一看没有鼓动作用。但是,谁能花力气认真从头至尾通读这本书,并认为书中所列的事实和数据都是使用的生活语言,谁就不会心绪平静地轻松放下这本通俗易懂的书:因遭遇贫困、剥削、奴役而发出的振聋发聩的叫喊声,**这是**向工人阶级发出的在争取人权的斗争中捍卫他们第一件武器的紧急呼吁声——这就是汉堡工会运动的历史。

一

所谓的贫困化理论在最近一段时间遭到了各方面的激烈抨击。大家都知道国民经济学家的理论,如尤·沃尔夫教授的理论,他认为,资本主义的发展,特别是劳动生产率的提高表明,工人阶级的状况会自行好转,最后会自行治愈社会在资本统治初期给他们造成的创伤。但是,在工人群众中也普遍存在这样一种观点,正确地说,这样一种模糊的感觉:随着大工业的发展,工人的状况也会自行逐渐改善;我们现在不管怎么样都比以前好多了。

---

① 见本卷第 681 页脚注③。——作者注
② 1899 年汉堡版。——作者注

凡是关注最近 25—30 年德国资本主义历史的人,都必然指责这种观点是**根本错误的**。工人阶级状况越来越糟糕,是资本主义发展过程中大量极为不同的因素共同作用的结果。

最近 10 多年针对**食品和住房价格的普遍上涨**的抱怨是各行业的工人控诉、呼吁和集会的主要内容。这不是汉堡的特殊情况,下面的事实可以证明这一点:正是在 1875 年实行德国货币,1888 汉堡纳入关税区,也就是正当汉堡居民开始享受德意志帝国的经济政策的好处以后,突然飙升的物价招致民怨沸腾。在 1890 年德国造船工人第一次代表大会上,汉堡的代表在发言中说:"纳入关税区对汉堡及其周边地区的工人群众造成了严重影响。食品的价格上涨了 25%—50% 不等,部分上涨了 100%,甚至更多。通过生活必需品价格的人为抬高,家庭日常支出以同样的比例显著增加,达到约 30%。除食品支出增加外,还有另一项支出也在增加,房租的支出"。"加入关税区以前,房租是 180—260 马克,现在要支出 320—450 马克。"①

撇开工人阶级文化水平的提高暂且不谈,他们的需求——折合成货币——因价格的普遍上涨而增长。与此相比,**工资**的运动在同期的表现又怎么样呢? 在这方面,许多极为不同的因素都对工人的经济状况相应产生了影响。

首先,众所周知的是**计件劳动**。70 年代末 80 年代初,在一个又一个的手工业部门逐渐采用,而且普遍推广这种劳动形式。这样做的直接后果是降低工资现象随处可见。汉堡的泥瓦匠、屋顶工人、铸模工人、码头工人、钣金工人、造船工人、甲板建筑木工——所有这些工人都自 80 年代初起,对于计件劳动令人瞠目的普及和由此产生的工资下降怨声载道。

其次,要考虑的是**机器的运用**和生产方式方面的**技术变革**,因为它们导致劳动力出现过剩,而且使工人完全失去反抗能力。比如,70 年代起,不再建造木船,只建造铁船,甲板建筑木工因此而失去生存基础,而且被现代非熟练的造船工人所排挤。1889 年,汉堡《造船工人》杂志曾经写道:"现在仅存的甲板

---

① 亨·毕尔格尔《汉堡工会及其 1865—1890 年的斗争》1899 年汉堡版第 349 页及以下几页。——作者注

建筑木工已经不受欢迎,将来也不会再培养类似的甲板建筑木工,因为没有人再建造木船,……他们在实行标准化分工的铁船建造业,是今后不会再考虑培养的极小一部分工人。"在木船建造业争取专业化职能的绝望却徒劳的斗争中,甲板建筑木工这个行业无药可救,最终寿终正寝。这首先表现在现存甲板建筑木工的工资压力上。①

在"黑色的"装卸工②那里,煤炭装卸机械的使用,算是对 80 年代末劳资斗争的回答,而与此相关的是许多工人被解雇和所雇用装卸工工资的降低。③

在建筑物的内部装饰中,由于使用制件工,抹石膏工人遭到排挤,取而代之的是石膏造型工。④

制陶行业部分由于大工业,部分由于集中蒸气加热设备等等已经破产。"汉堡的制陶工现在成了临时工。"⑤

随着建筑行业技术的不断改进,木工日益被瓦工所排挤。如果说在 70 年代初,建筑行业雇用的木工人数与瓦工基本相等,那么,他们现在的比例就是 1∶3,也就是说,每雇用三个瓦工,只雇用一个木工。另一方面,他们的工作直接由机器所取代,比如刨光地板、割锯横梁和橡木,而这些工作都是对木工在无工可做的冬季的补偿。⑥

许多其他行业也像前面提到的行业一样,技术的发展表现为劳动的简化,这本身又通过雇用**非熟练工人**给工资造成压力。

在面包行业,在汉堡的学徒工的工资低得令人难以置信(却要每周工作 105 个小时!)结果导致例如 1886 年 250 名学徒工同时失业。⑦

不用熟练工人,而是以极低的工资雇用大量辅助工人,这是对酿酒工人提出的工资要求的回答。⑧

---

① 亨·毕尔格尔《汉堡工会及其 1865—1890 年的斗争》1899 年汉堡版第 333 页。——作者注
② 指煤炭装卸工。——作者注
③ 同上,第 205 页。——作者注
④ 同上,第 413 页。——作者注
⑤ 同上,第 449 页。——作者注
⑥ 同上,第 458 页。——作者注
⑦ 同上,第 150 页。——作者注
⑧ 同上,第 162 页。——作者注

同样,通过培训非熟练工人,排挤画匠和漆匠,并降低他们的工资。①

80 年代末,裁缝们也抱怨由学徒工造成的工资压力。② 雪茄烟工厂的情况也是如此。③

这种趋势在生产技术发展领域的另一个表现是妇女劳动。这方面的一个明显的例子是:汉堡的编筐工人由于不堪忍受极度的贫困(每周工资 6—12 马克!)1886 年与最大的企业主之一发生工资争议,而争议草草收场,因为所有工作岗位都雇用廉价的劳动妇女!④

最近,资本主义剥削的一种新的形式——监禁和苦役劳动——在许多行业产生了致命的影响。这种新的形式在几年内就将上述编筐行业置于淘汰之列。在德国监狱中从事编筐工作的人 1884—1885 年为大约 2 000 人。⑤ 监狱的犯人及其竞争对于雪茄烟工人而言,是压低工资的最大推手。

许多行业的另一种丑恶的制度——也是上个世纪的一种现象——是臭名昭著的**血汗制**⑥,即临时工头制。比如,80 年代初,在装卸行业就形成了脚夫这个行当。脚夫头子或者"副手"原来仅仅是同装卸工人一样的短工,现在他们负责将所有工作都计件,自己不再从事劳动,临时工头从中获得的年收入可达到 10 000—60 000 马克,而装卸工人的工资却越来越低。⑦ 这可恶的用工制度在土石方工人中已经落户,"副手"老爷们负责管理,给他们安排活儿,而寻找工作的人不得不接连到几个分管范围干活。⑧ 血汗制在裁缝行业,特别是在成衣加工业快速蔓延。吸血鬼,这里称"肥山羊",将汉堡等其他大城市的工人阶级推入了贫困的深渊。比如,一只肥山羊从四个缝纫女工一周的劳动定额中获得 112.40 马克,而他只发给她们四人一共 40.20 马克的工资。⑨

---

① 亨·毕尔格尔《汉堡工会及其 1865—1890 年的斗争》1899 年汉堡版第 261 页。——作者注

② 同上,第 364 页。——作者注

③ 同上,第 415 页。——作者注

④ 同上,第 219 页。——作者注

⑤ 同上,第 217 页。——作者注

⑥ 指工人劳动条件差,劳动时间长,工资低的雇佣制。——编者注

⑦ 亨·毕尔格尔《汉堡工会及其 1865—1890 年的斗争》1899 年汉堡版第 206 页及以下几页。——作者注

⑧ 同上,第 275 页。——作者注

⑨ 亨·毕尔格尔《汉堡工会及其 1865—1890 年的斗争》1899 年汉堡版 374 页。——作者注

80 年代,海员们由于海员工头的胡作非为而贫困潦倒,因此,海员们在 1886 年专门成立了海员联合会,目的是废止"陆地奸商",在这个行业称为"吸血鬼"。

最后,在汉堡像在所有其他工业中心一样,在许多小型企业中,**家庭劳动**①破坏了工人——比如烟草工人、裁缝等——的生存基础。

除了上面列举的方法外,随着时间的推移,还有名目繁多的辅助方法,它们的数目十分庞大,而且都是为了以这样或那样的方式克扣工人的工资,变本加厉地剥削工人。首先就是**惩罚性**罚款制,这种制度在汉堡的轮船驾驶员中更是畸形得令人瞠目。② 此外,使用**劳动工具和劳动资料要扣工资**,这种制度在装卸工人中,特别是在服装行业已经实行,这时,工人们不得不为这些东西支付15%—25%的加价。另一个新的做法是将日工资改为小时工资,使工资大幅下降。比如,对汉堡的造船工人来说,小时工资 1888 年才成为普遍规则。对季节工而言,在冬天较短的工作日,小时工资与之前相比实际上意味着劳动收入的损失。

70 年代以来,也就是德国大工业兴起以来,这些名目繁多的事实共同作用的结果是,工人的经济状况越来越不尽如人意,工资降低,而资本家的利润却螺旋形上升。

二

11 月 8 日于莱比锡

大工业兴起以来,在这么多不同因素的影响下,工资就直线下降。由于资产阶级矢口否认这一事实,所以就用几组数据予以证实。

比如,汉堡的《**泥瓦匠**》杂志就工资比例报道说,1842 年,为砌 1 000 块砖

---

① 这里的家庭劳动不是一般意义上的家务劳动,而是血汗制下的工人在家里完成的劳动,其收入非常低微。——作者注

② 由于太过夸张,在这里举一个典型的例子:1885 年轮船驾驶员与易北河渡轮所有者签订了这样一份合同:轮船驾驶员必须随时起航,不论白天和黑夜,每月可得到 100 马克,偏离航线,罚款 30 马克。驾驶不当罚款 36 马克。醉酒罚款 15 马克。一定数量的工作失误还要支付 25、30,最高 50 马克的罚款。(亨·毕尔格尔《汉堡工会及其 1865—1890 年的斗争》1899年汉堡版第 273 页)——作者注

支付 9.60 马克,而 1873 年,就只支付 6.60 马克。这样的比例在 90 年代末仍是司空见惯的。①

轮船驾驶员的收入 1874 年起一直下降,以致他们 1886 年,也就是说在 1888 年出现的物价上涨之前,仍不得不承认 1874 年的工资标准,即日工资 3.60 马克(每天工作 13.5 个小时,没有固定的吃饭时间)。1888 年,由于加入关税区出现物价上涨以后,日工资只涨到 4.00 马克。而且到 1890 年,我们看到,他们还在为这样的工资而再次作徒劳的斗争。②

而**装卸工**的工资从 1874—1887 年降低了 200—300 马克!煤炭装卸工的工资下降可以特别说明工人工资的持续下降:1872 年每装卸一船煤(超过 21 500 公斤)可得 21.60 马克,一年之后为 18.90 马克,1874 年只有 18.00 马克,1875—1876 年为 17.00 马克,最后,1877 年只有 15.30 马克。这样的工资水平一直持续了 10 年。以前,煤炭装卸工人的日工资是 6.00 马克,到 80 年代末只有 3.00 马克。1889 年中提高到了 4.20 马克,然而不久再次下降。

而**编筐工人**的周工资从 1873—1885 年的 22.00 马克下降到 12.00 马克!80 年代中,编筐工人经过多次斗争,作出巨大牺牲后终于将日工资提高到了 4.00 马克,但不久之后再次下降。90 年代中后期,我们看到,编筐工人还在绝望地反对工资下降。③

木匠的工资 1874—1886 年下降了将近一半。80 年代中,他们的平均周工资只有 11.00—15.00 马克,④1888 年物价上涨之后爆发了劳资斗争,然而每次胜利之后总是工资下降。

70 年代,**泥瓦匠**的工资每砌 1 000 块砖 30—50 分尼(根据砖块的大小),80 年代初,砌 1 000 块砖下降 5 分尼,一直持续到 80 年代末。经过反复而顽强的斗争,工人们终于在 1899 年重新恢复 70 年代的工资标准(30—50 分尼)!⑤

---

① 亨·毕尔格尔《汉堡工会及其 1865—1890 年的斗争》1899 年汉堡版第 101 页。——作者注
② 同上,第 191、506 页。——作者注
③ 同上,第 217 页。——作者注
④ 同上,第 225 页。——作者注
⑤ 同上,第 276 页。——作者注

在**白铁匠**中,在 70 年代,做煤油炉的周工资是 27.00—30.00 马克,1887 年为 22.00—24.00 马克;在 70 年代,煤气工和水工的周工资是 24.00 马克, 1887 年为 21.00 马克;到 80 年代末,平均周工资在 12.00—27.00 马克之间浮动。经过艰苦卓绝的斗争,在 1890 年周工资上浮到 20.40—33.00 马克,也就是说大约回到了 70 年代的水平。①

裁缝的工资,自从 70 年代起下跌幅度尤为显著。比如做一件西服之前可获得 12.00—15.00 马克,做一条长裤可得 3.00—3.60 马克,而到 80 年代中,同样做这一套衣服只有 2.40 马克或 0.60 马克!②

鞋匠的工资自 70 年代起大幅下降,到 1886 年,他们的工资比 1874 年工资标准低了大约 4%—5%,1890 年,每周工作 12—14 工时,工资只有 12.00—17.00 马克!③ **烟草工人**的工资自 70 年代起名义上有所上涨,但与飞涨的住房价格和食品价格相比,纯属微不足道。④

与上述 10 个行业一样,在其他各个行业基本也是这种情况:自从大工业在德国发展以来,也就是自从 70 年代初以来,直到 80 年代末,工资都是大幅绝对下降,而不是相对下降。80 年代末期以来,工资虽然部分有所提高,但与食品价格的普遍上涨相比,完全不值一提,有的甚至还是停留在那个低水平上。

工资下降与价格的普遍上涨成反比,这正是最近一段时间,即在德国资本主义的发展时期,而不是它的初期的一个现象,下面的统计可以证实这一点。在 1865—1878 年这 14 年间,在汉堡发生的已知的 56 次劳资冲突中,有三次,也就是所有冲突次数的十八分之一是由**工资下降**引起的。而在 1885—1890 年这六年间共发生 112 次冲突(把 1890 年五一节引起的 22 次也计算在内)中,不少于 24 次,也就是超过所有冲突次数的五分之一——要是去掉 1890 年五一节冲突,那就是超过**四分之一**——的罢工是由工资下降引起的!

---

① 亨·毕尔格尔《汉堡工会及其 1865—1890 年的斗争》1899 年汉堡版第 294—296 页。——作者注
② 同上,第 364 页。——作者注
③ 同上,第 377、381 页。——作者注
④ 同上,第 415 页。——作者注

但是,上涨的物价和下降的工资,还不能充分说明工人阶级的经济衰落,是大工业发展造成的结果。首先还要提到**劳动时间的延长**。劳动时间的延长是通过三种方式实现的:星期日工作、加班、突破常规,甚至完全蔑视作息时间。80 年代中期和末期,整个工人阶级一致呼吁反对星期日工作,遵守作息时间。

星期日工作基本上已经成为一种惯例,例如在制鞋业,工人只要求在紧急情况下星期日工作。1888 年,帆船主们拒绝帆船驾驶员提出的对午休时间加班进行补偿的要求,理由是:"这种要求原则上绝不能同意,因为这意味着承认工人享有午休的权利。"①80 年代,加班已成惯例,所有行业概不例外。每天工作 12、13、14 个小时,甚至 15 个小时已成为一种常态。

还有一种情况——这也是大资本的发展所引起的社会变化的结果——为这种做法推波助澜,即使不延长原来的劳动时间,也会减少工人的休息时间。那就是各大工业中心迫使工人迁到郊区居住,这样一来,工人上下班的时间有时就要多花几个小时。

最后,还有**劳动**的不断**集约化**也导致工资降低和工作时间的延长。许多工业部门都是通过扩大完成的劳动量来实现这一点的。例如帆船驾驶员,他们的运输驳船每次装 500—600 公担货物,到 80 年代增长到 800、1 000 以及 2 000 公担,以前要两个人负责运输,现在只要一个人了。②

同样,泥瓦匠以每砌 1 000 块砖计薪,现在砌的砖越来越大。③ 各个工业部门的普遍的劳动集约化本身是计件劳动普及的结果。在机器制造行业,由于机器的效力和速度的不断提高也造成了同样的结果。轮船司炉工的状况是这方面的典型例子。船长密切关注着蒸汽锅炉中产生和保持的热量,远洋蒸汽轮船的机械张力要不断提高,因此对轮船司炉工的工作效力要求越来越高。1890 年某专业报纸写道:"几年以前,有司炉工晕厥,被从锅炉房抬到甲板上,那是很不寻常的事。**现在几乎天天发生!**"④

---

① 亨·毕尔格尔《汉堡工会及其 1865—1890 年的斗争》1899 年汉堡版第 195 页。——作者注
② 同上,第 192 页。——作者注
③ 同上,第 101 页。——作者注
④ 同上,第 401 页。——作者注

综观所有这些因素,可以看到,德国工人阶级的状况自70年代初起至80年代末,甚至进入90年代,都是不断下降,直至经济[贫困]的深渊,与之相关的,还有精神的堕落。随着大资本的进入,资本的利润以惊人的速度增长,而工人的收入也以惊人的速度下降。工人被捆绑在资本主义的吸血泵上时间越来越长,他们的空闲时间越来越短,他们的劳动负荷越来越重,他们的心血被日益榨干,他们本身被压迫得像牲口一样活着。

但这时**工会运动**开始了。**结社**使工人没有继续走向精神和物质的堕落,他们孜孜不倦,在付出艰苦的努力和大量的牺牲以后,在继续走了一段下坡路以后,他们的状况总算有了一点起色,有了一点尊严。80年代,大工业在汉堡既生产了工人阶级的极端堕落,也普遍唤醒了结社运动。它生产了"大量贫困、压力、堕落、剥削、奴役的增长,但也激怒了不断增强的、由资本主义的生产过程的机制本身训练、联合和组织的工人阶级"。

三

11月10日于莱比锡

工人联盟有意识地介入产业无产阶级以惊人的速度增长的贫困,在80年代末90年代促成了工人阶级的真正的**新生**。

工会斗争废除痼疾,即行会时代的腐朽残余,是第一个杰作。其中首先废除的是**食宿方式**,这种在手工业的家长制时代非常自然和有利的条件,随着大工业的进入,变成了资本主义对工人阶级进行肆无忌惮的剥削和精神压迫的工具。汉堡的工会运动在80年代初就消灭了这些"可眷恋的往昔"的残余。在斗争第一阶段,即1865—1878年,在劳资冲突中结合**20多个行业**的其他要求,提出了废除师傅们的食宿的要求,并逐渐得到了实现。

此外,工会还限制了工作时间的无限延长。在1865—1878年这段时间内,在汉堡发生的23次冲突中都提出了缩短工作时间的要求,其中9次全部得到满足,4次部分得到满足。为了这个目的,80年代末还进行了更加顽强的斗争。1885—1890年,有24次劳资冲突是为了缩短工作时间,其中12次完全成功,4次部分成功。资本主义剥削的恶性赘瘤——13—14小时工作日已经逐渐彻底废除,普遍争得了 10 小时工作日。有些工业部门还争得了 9.5 或 9 小时工作日。星期日工作制已经彻底废除,已实行固定的作息制度。

在工资问题上,工会的主要行动在于,防止任何形式的降低工资,不管是通过食品价格的普遍上涨降低工资,还是直接降低工资。这在一些工业部门中要么全部,要么部分获得了成功。比如泥瓦匠,他们实际的平均年收入,在估算失业率以后 1870 年为 660 马克,1885 年 1 050 马克,1890 年 1 160 马克。① 当然,另一方面,据估算,一个四口人的工人家庭的必要开支在 1884 年达 1 490 马克。② 随着 1888 年加入关税区而出现的普遍物价上涨以后,大家知道,汉堡工人的开支平均增加了 30%。也就是说,到 90 年代初,一个四口人的工人家庭开支达到大约 1 938 马克。由此可以看出,泥瓦匠的收入,无论是 80 年代还是 90 年代,都没有达到与物价上涨相应的水平。确切地说,这个工资水平在 1885 年和 1890 年分别低于工人家庭开支必需的货币额 30% 和 40%。但是在这方面,即在工资问题上,平均周工资 9.00 马克和 12.00 马克的低得可怜的工资标准已经废除,整体来说,生活水平降低的趋势已经有效遏制或放缓。

工会的斗争不仅使工人阶级的物质生活水平得到了提升,同时还使他们得到了精神上的**新生**。早在工会的斗争伊始,它就唤醒被压迫者的自尊心,鼓励他们为工人遭到的大资本践踏的尊严而斗争。早在 70 年代,也就是工会运动刚开始的时候,就有人提出了用"您"作称呼的要求,如面包师③、屠夫④,等等。此外,工会还注意会员的名声,甚至职业态度。比如,在烟丝分拣师专业协会的章程中说,谁连续三次因玩忽职守、工作不认真或行为不道德,将被解雇,并丧失会员资格。⑤

但是,工人阶级真正精神上的复兴首先是通过结社实现的,因为结社将分散的、独立无援的、甚至相互争斗的工人团结起来,并上升为阶级意识。

---

① 亨·毕尔格尔《汉堡工会及其 1865—1890 年的斗争》1899 年汉堡版第 560 页。——作者注
② 同上,第 281 页。——作者注
③ 同上,第 119 页。——作者注
④ 同上,第 122 页。——作者注
⑤ 同上,第 419 页。——作者注

工会成立后的第一个行动是就相关行业的工人条件进行统计调查。比如,汉堡的鞋匠联合会1886年①、烟丝分拣师联合会1881年②、泥瓦匠联合会1884—1885年③、白铁匠联合会1890年④等等都作了这样的调查。因此,单个的工人才大致了解自己同行的状况,而且消除不良现象通过这种方式也成了集体的意识。

此外,工会以多种方式消除工人个体情况的多样性,确定生活状况的一般水平。比如,消除工人状况的差异和矛盾,确定共同的统一标准,直到各行业实行总的**工资标准**,消除经济条件较好的和最受压迫的工人之间的巨大差距,使他们在共同利益方面趋向一致。

工会还可以通过另一种方式达到这些目的,也就是将**不同行业**的工人组成一个利益联盟,弥合由社会分工人为造成的单个工人群体之间的裂隙。在这方面,造船工人工会的发展是最典型的。铁船制造业排挤了木船制造业,从而现代分工排挤了专业熟练工种,所以应当将所有在造船厂工作的工人联合起来,使甲板建筑木工、木匠、铁匠、锁匠、铜匠、车工等等联合成一个工会。⑤

同样,通过消除一些职业之间,**熟练工人和非熟练工人**之间的同行必对态度的最后残余,工人结社还为共同的阶级意识团结所有无产者创造了基础。

在上述造船工人联合会中,长期被认为比较优越的甲板建筑木工,同非专业的工人组织在一起。定制裁缝在工会中放下了对成衣工人的优越感,与他们携手参加工人的斗争。⑥ 制绳工和制缆工曾经彼此充满敌意,认为对方"手工粗糙",现在团结在一个联合会。⑦ 由各种手工业者组成的造船工人联合会在1892年与由普通的短工,如挖泥船驾驶员、帆船驾驶员和码头工人组成的联合会合并成立了码头工人联合会。⑧

---

① 亨·毕尔格尔《汉堡工会及其1865—1890年的斗争》1899年汉堡版第377页。——作者注
② 同上,第417页。——作者注
③ 同上,第280页。——作者注
④ 同上,第294页。——作者注
⑤ 90年代,工会还作了各种组织尝试,并于1896年组成了五金工人联合会。(亨·毕尔格尔《汉堡工会及其1865—1890年的斗争》1899年汉堡版第313页)——作者注
⑥ 亨·毕尔格尔《汉堡工会及其1865—1890年的斗争》1899年汉堡版第364页。——作者注
⑦ 亨·毕尔格尔《汉堡工会及其1865—1890年的斗争》1899年汉堡版第404页。——作者注
⑧ 同上,第312页。两年后,这两个联合会由于纯粹的实际原因重新分开。——作者注

最后,工会以不可辩驳的逻辑,从工人的行业协会发展成地区性的行业协会,又发展成全国性的协会,最后发展成了国际性的联合会。

可见,工会在各个方面都起到调节和团结的作用,到处强调工人的物质利益方面的**共同点**,解决分歧,拔掉资产阶级社会插在工人和工人群体之间的楔子,从而为实行阶级团结、提高政治阶级觉悟和进行社会主义的阶级斗争奠定物质基础。要是德国没有在 80 年代开展强有力的工会运动,那么,德国社会民主党在 1890 年 2 月就不可能获得 150 万张选票。

四

11 月 15 日于莱比锡

工会运动最近 15 年的历史证明,工人的联合使工人阶级在物质上和精神上获得了**新生**。但是,这段历史也证明,**只有**工人的联合及其联合起来的斗争,才能遏制工人阶级在资本主义影响下走向经济和精神的衰败,并且提升工人阶级的地位。面对即将来临的对结社权的攻击,面对苦役监禁法案的始作俑者和支持者的举证,正是问题的这个方面具有极其重要的意义。

只有工人被资本用毒蝎喂养,只有他们被直接推入贫困的深渊,只有在这个时候,结社运动才能开始,工人才能拿起武器进行自卫,这个事实可以证明工会斗争的**不可或缺性**和纯粹防御的性质——作为工人阶级的社会的**正当防卫**性质。

以前的历次工人斗争都具体地提供了这样的证明。汉堡工会的历史不是劳资斗争的唯一例子,在此之前工人没有竭尽全力地通过和平的途径,通过谈判解决冲突。他们罢工者任何时候都极为忍耐,不到穷途末路,不会想到自卫;他们任何时候都是劳动志愿者,在每一个忠告,每一个对正义,对雇主的良知的简朴诉求得到回音之前,他们不会放下手中的工具。而任何时候都有满身铜臭的人,他们粗暴地拒绝进行谈判,通过"家长式"的一脚,用武力逼着工人去斗争,迫使他们将罢工作为同德国企业主进行谈判的唯一手段。

精神几乎完全崩溃的面包房帮工们 1886 年提出了简单的,可以说过于简单的要求(12 小时工作日,星期日 8 小时工作,每位帮工有自己的床位,低微的工资附加费,普通饮食!),想不到师傅们大发雷霆。他们说:"**不仅不给加工资,而且还要扣工资**。各条要求都是**闻所未闻的放肆**。无论如何要告诉帮工们,师傅们不会让帮工约法三章,反而要发号施令……"①

1889 年底,园艺工人要求企业主制定新的工资标准,并为 1890 年春季提出了其他要求,附带声明如下:"为了让您不因突然提出的要求而猝不及防,并且尽量向您作出让步,请允许我们在公开集会上选出的委员会今天就向您通报这些(未来的要求),以便您有时间,有机会,根据将要提出的要求建立您的业务联系。"②

帮工们这些充满善意的请求遭到了直截了当的拒绝,当他们 1890 年 3 月真的提出自己的要求时,得到了老板们刻薄粗鄙的回答:**一些老板声称要对簿公堂,另一些老板以皮鞭等等相威胁!**③

1887 年,码头工人(国家工人)向上级递交了请愿书,请愿书的开头写道:"我们,顺从的(!)在下面签字的码头工人,请允许我们十分顺从地(!)将下列请愿书顺从地(!)呈交尊敬的贸易和航运代表团,顺致敬意。"

这份由国家雇用的草民呈交的、写着三个"顺从"的请愿书得到这样的回复:请愿书的**呈交者**被立刻**解雇**,理由是:"他是挑起事端者。"④

1888 年,制革工人向企业主写了一封十分客气的信,请求实行 10 小时工作日。企业主的回答是:将**工时延长到 11 小时**。而那时工作时间是 10—10.5 小时!⑤

1886 年,手工业同业公会会长在铁匠们的请求信上批文说,他们本来很倾向于同意,但是"**认为与这些帮工谈判有失身份吧!**"⑥

这些例子可以充分说明工会历史的各个方面。**每次**罢工都是工人忍无可忍的结果,不管怎么说,雇主都是罪魁祸首,是他们要进行实力较量,要将罢工变成工人改善自己命运的**唯一手段**。

---

① 亨·毕尔格尔《汉堡工会及其 1865—1890 年的斗争》1899 年汉堡版第 150 页。——作者注
② 同上,第 180 页。——作者注
③ 同上,第 182 页。——作者注
④ 同上,第 199 页。——作者注
⑤ 同上,第 257 页。——作者注
⑥ 同上,第 356 页。——作者注

但是,完全错误的是,认为雇主的这种行为只是工会运动初级阶段的一种现象,随着时间的推移,将会产生比较先进,比较聪明的观点,使工人联盟的进一步行动成为多余。完全相反;迄今为止,德国的雇主仍然是血腥残暴的代表,只有一点对他们起作用,那就是工人联盟的铁拳。他们经常是每次斗争之后就撤回刚刚被迫作出让步,就是确凿的证明。为了同一个要求,德国工人一次,两次,八次十次,不断地进行罢工。随便举两个例子就能证明这一点。1872 年,汉堡的木工进行了为期 10 个星期的罢工,争取 9.5 小时工作日。1887 年(3—5 月),他们为争取 9.5 小时工作日又进行**第二次**罢工,获得成功。同年 6—8 月,他们进行**第三次**罢工,争取这个得而复失的条件,最后,1888 年,他们**第四次**主张当时被剥夺的权利!①

汉堡海员的劳资斗争更是引人瞩目。1888 年,他们通过罢工,为司炉工增加了 65 马克,运煤工 57 马克的工资。1889 年 3 月,他们为增加 10 马克工资再次罢工;同年 8 月,还是为增加 10 马克工资,第三次罢工,他们通过这种方式,为司炉工增加 85 马克,运煤工 75 马克的工资。然而,接踵而来的是倒退。1890 年,他们通过罢工使工资没有减少 10 马克,1891 年又一次降低工资,尽管再次进行了罢工,但无果而终。从那以后工资迅速降低,1892 年末—1898 年,降得**比这个五年斗争开始时还要低**!②

可见,与德国雇主的斗争好比息息法斯③反复往山上推滚的石头,每次推上去,都被顽固而野蛮地抛下来;是一场持久的游击战,战斗的工人们一刻也不能放下盔甲,或者闭一会儿眼睛,必须脚蹬马镫,手握武器,不是为了新的占领,而只是为了守住刚刚取得的成果。

而最终还是这些企业主,他们越来越广泛,越来越频繁地将工会的斗争变成无休止的实力较量。工人在 80 年代联合成行业组织,而雇主们为了能用更

---

① 亨·毕尔格尔《汉堡工会及其 1865—1890 年的斗争》1899 年汉堡版第 78、224—251 页。——作者注

② 同上,第 387—399 页。这是最近一段时间工会斗争的写照。1892—1895 年,在整个德国爆发进攻性罢工 194 次,而同期爆发的防御性罢工是 317 次! 参看德国工会总委员会主席卡·列金在 1896 年国际社会党伦敦代表大会上所作的《关于德国工会运动的报告》第 9 页。——作者注

③ 见本卷第 523 页脚注③。——编者注

加强力的手段进行战争,联合组成了企业主联盟。企业主联盟立即开始行动:开除罢工工人,设立黑名单,组织罢工破坏者,为驯服的工人出具劳动证明。企业主联盟推行的暴力政策导致 1890 年斗争变得极为尖锐,极为残酷。越来越多的工人被迫参与实力较量。因为工人想进行自卫,就必须用双倍的力量,用工人联盟回击企业主联盟,用罢工回击开除,用抵制回击黑名单,用**对付罢工破坏者的自卫行动**回击对软弱的雇主的常规惩罚。

五

11 月 17 日于莱比锡

如果说有什么东西出色地证实了纲领中陈述的我们党关于资本主义发展进程的观点,那么,这就是汉堡工会运动的历史。

汉堡工人最近 30 年的经济史足以明确地阐明资本统治及其对工人施加影响的基本规律。资本主义发展与生俱来的倾向,就是将工人阶级的物质状况降低到最低点。而最后的结果从两个方面表现出来:第一,一方面与工人越来越高的劳动生产力相比,另一方面与社会的越来越高的文化和生活水平相比,工人阶级的状况**相对恶化**;第二,工人生活状况的这种下降趋势表现为他们生活水平的直接的、绝对的恶化、工资降低、劳动时间延长、劳动的集约化——这一切又导致死亡率和发病率的提高,以及肉体和精神上的退化——,总之表现为所谓工人群众的**贫困化**。这种贫困化不是社会主义的臆造,或者资产阶级经济学家预告的"已经克服的观点",而是现存制度的所有捍卫者和拥护者都不能否认的"严峻事实"。如果工人不组织反抗行动,任由资本主义经济自由发展,那么,它迟早会将整个社会推回野蛮状态。如果听之任之,放任自流,那么,资本主义经济只会使劳动人民越来越贫困,越来越退化,它会不遗余力、永无休止、越来越快地裹挟劳动人民走向深渊。无产阶级只有有意识地进行自卫,有组织地进行斗争和联合,才能重新上升,才能抑制资本主义的压迫趋势。

工会运动**不**可能像党内外乐观主义者胡说的那样,把工人变成"车间的主人",把企业主变成车间的纯粹"管理者"。鉴于汉堡工会的教训,这种观念是不切实际、凭空想象的幻影，丝毫不顾及严酷的现实。工会运动也不可能为工人而对生产规模或生产技术施加影响；汉堡工会历史上发生的**唯一的事情**①——当时工人介入劳动过程的技术方面其实是爆发冲突的原因——典型地、实事求是地说明了这种努力的反动性质以及毫无希望。最后，工会运动也无法消除工人阶级的相对贫困化的趋势，也就是说，无法消除工人在社会财富中所占的份额和他们的劳动生产率之间、他们和资产阶级在社会财富中各占的份额之间日益扩大的差距。只要资本主义经济本身存在，那么它的**这个方面**也将始终存在。而这个方面正是工人的状况中的革命性的、具有激励作用的力量，工人一旦理解这种力量及其所有联系，那么，它就会使工人成为社会民主党人，成为资本主义未来的掘墓人。

但是，工会能做而且能完成其他更加重要的事情：他们首先反对工人阶级的**绝对**贫困；他们遏制资本主义的压迫趋势，同时促进的**上升**趋势，并在精神和物质上鼓励被资本压迫得难以喘气的工人重新振作起来。他们引导工人阶级积极反对资本主义，提升工人阶级经济和精神上的地位，组织团结工人，逐步为无产阶级的社会主义解放斗争奠定物质基础。

从这个角度才能看到对工人结社权的攻击——**苦役监禁法案**的真面目。

形式上只是保护"劳动志愿者"，罢工破坏者免遭工人联合的"恐怖主义"。

但是，德国工会迄今的历史——特别是汉堡工会的历史——表明，结社反而一直遭到**罢工破坏者**的恐吓，迄今为止，大多数失败的劳资斗争之所以失败，不是因为斗争者缺乏资金，缺乏耐力，而完全是因为缺乏互助团结，因为罢工破坏者。罢工破坏者迄今还是这样，才得到工会的支持之后不久，就立刻对工会背信弃义，使斗争的无数艰难困苦、重大牺牲和全部的力量消耗都付诸东流。"保护"罢工破坏者，无非是让工人联盟成为罢工破坏者的恐怖主义的牺牲品，让有组织者、讲纪律者和奉献者成为无组织者、涣散者、自私者的恐怖主义的牺牲品。保护"劳动志愿者"无非是不能再进行任何劳资斗争，使每次罢工成为一开始就失败的会战。

---

① 1881 年，专业的甲板建筑木工反对与铁船制造工人实行分工，当时工会支持铁船制造工人，反对甲板建筑木工。——作者注

但是,工会运动的历史又告诉我们,没有劳资斗争,没有罢工,德国工人将一事无成;他们改善物质状况的任何其他办法——谈判、订立和平协议的办法——由于企业主的残暴和专制都行不通。保护罢工破坏者就是禁止劳资斗争,因而就是直接使工人的生活状况不能有任何改善,在资本的压迫面前不能作任何自卫。

可见,苦役监禁法案表面看并无恶意,其实对工人运动是赤裸裸的示威。这是占统治地位的资本的一个尝试,企图把生活刚刚略有改善的工人再次,而且永远推向贫困的黑暗深渊;试图将工人阶级的解放运动斩草除根,排除资本统治及其自由支配工人生存的一切障碍。争夺结社权的会战即将开始,工人阶级及其代表知道有什么危险。

我们前面已经给读者介绍了《汉堡工会……》一书中的部分丰富材料。但是,该书还为一些与工会事业有关的问题提供了大量证据,每一位社会政治家都应当深入研究。我们首先希望,汉堡工会采取的措施对其他工业中心的有组织的工人具有积极的推动作用,能激励人们认真仔细地收集整理有关其他一些城市工会运动史的具体材料,予以出版。像在社会问题上一样,在评价工会及其水平和任务的时候,历史也是最好的老师。

1899 年 11 月 7、8、10、15、17 日《莱比锡人民报》
第 258、259、261、265、267 号

扩大舰队和贸易政策①

  《德国经济学家》发现了支持政府庞大舰队计划②的新的真正的理由：扩大舰队是加强主张**自由贸易的贸易政策**，反对主张关税保护的贸易政策的手段。为了保护世界交往中的自由贸易，我们必须建设世界强国的舰队！

  这家商业资本的机关报写道："早在两年前，我们就建议扩大舰队，因为我们深信，德意志帝国迟早要做一件事，那就是开诚布公地在**争取国际贸易和交往的自由斗争中发挥优势**作用。要做到这一点，只有一支勉为其难地保护我们自己港口的舰队，显然是不够的。我们必须在德国领海以外也有发言权。两年来，关于世界强国的帝国主义思想可能变成现实，这个危险已经日益明显地表现出来，有迹象表明，过分膨胀的民族主义和贸易保护主义可能催生危机。……但愿这次危机不要酿成流血事件。**但是，希望和平、权利和自由在世界交往中赢得胜利的人，就必定希望德意志帝国拥有一支强大的舰队。**"但愿德国帝国主义的滋长"不要使明智的经济政策制定者对**德国未来的舰队政策必将具备的自由贸易性质**产生怀疑。"

  因此，德国有一个新的国际使命，一部新的"福音"：在外国水域用铁拳保护自由贸易，反对关税保护。当然，这也许是一个使命，对此我们也许无法提出任何异议。我们只是想，首先应该在自己家里开始完成这个崇高的使命。在我们将鱼雷艇派遣到世界其他地方去反对保护关税派以前，应当把大炮对准保护关税派在东普鲁士的基地。比如，废除我们自己的谷物关税，也许比几

---

① 本文没有署名。罗莎·卢森堡在 1899 年 11 月 10 日给莱·约吉希斯的信中提到，她是该文章作者。——编者注

② 在 1899 年 10 月 28 日《北德总汇报》发表的一篇半官方文章中，公布了通过加快舰船制造的速度，以超过 1898 年 3 月的《舰队法》所规定的规模扩大德国舰队的计划。——编者注

百枚鱼雷更能动摇美国的关税保护政策。

但是,一种莫名其妙的天真或虚伪是,**把当前的舰队**计划视为自由贸易的桥头堡,因为大家知道,这些计划一度得到资本主义的保护关税的主要支柱——**钢铁工业巨头**的极为热烈的推崇,他们打算通过进一步提高谷物关税来筹措资金,从而实施这些计划的,最后,地主们十分明确地表示,**提高谷物关税**是他们**赞成**预告的舰队法案的**先决条件**。不管怎么说,现在的舰队政策与关税保护存在极为紧密的联系。

对于一个"明智的经济政策制定者"来说,认为舰队是贸易领域取得"和平、权利和自由"的手段,完全是一种独特的观点。侵略性的世界政策与侵略性的贸易政策携手合作,同样,这二者也与国家生活内部的反动的社会政策携手合作。在世界政策、贸易政策和社会政策这三种表现形成之间存在不可分割的逻辑联系。德国工人阶级在俾斯麦统治下,在军国主义的铁血政策、高额关税保护和反社会党人法①的联合下,已经深受其害,他们对此不可能再有怀疑。谁希望采取先进的、和平的贸易政策,谁就必须反对扩充陆上和海上的军事装备;谁希望采取和平的国际政策,谁就必须反对关税保护;谁希望采取现代的、先进的社会政策,谁就必须全力反对陆上和海上霸权主义以及关税保护。贸易中的和平、各民族的变迁和各民族的内部生活的进步,自然是工人阶级的三位一体的口号,同样,政治上的国际敌对、贸易和国内的反动自然也是当今资产阶级的三位一体的口号。

1899 年 11 月 10 日《莱比锡人民报》第 261 号

---

① 见本卷第 672 页脚注③。——编者注

非 此 即 彼！[①]

决定在即，今天是二读**苦役监禁法案**。明天我们将会看到，资产阶级政党是否有推翻苦役监禁法案所必需的那么多反对分子，或者说，反动派再次强力咆哮的洪流是否能卷走所有动摇不定和犹豫不决的人、所有旁观者和一知半解者，投煽动者所好，取消结社权。

国会唯一正确的决议只能是，让这个法案在二读时就去见鬼，无需委员会的讨论。[②] 所有其他的决议都会贻害无穷。我们很早，即政府在关于备忘录的辩论中彻底失败以后，就希望，这个法案在一读时就注定是怪胎的命运。这个希望现在几乎已成泡影。可惜，中央党目前提出的保留条件，以及民族自由党的**默勒—毕辛**煽动者集团现在公之于众的"变通"提案，都让我们能够很有把握地预言，这个法案还将呈交委员会。**巴塞尔曼派**似乎要坚持到底，而如果他们誓死坚守自己所占领的阵地，那么，必然会得到大家的赞赏，因为他们一定会经受不少磨难。巴塞尔曼先生必然感到震惊的是，被他的党内同志戴上"社会民主党的宣传员"这顶帽子；我们对他深表同情。

中央党保持沉默，直到最后一刻：他们预告的提案迟迟未见踪影。如果**李伯尔**这个"政客"想要滑头，那么，他完全不用提出任何独立的提案，而且能够给人一种假象，仿佛他对拖延作出决定毫无责任。因为民族自由党的提案**可能**也包含李伯尔先生所允诺的内容；总之，民族自由党的提案将为"达成谅

---

① 本文是匿名发表的。它很可能是罗莎·卢森堡在 1899 年 10 月 28 日给莱·约吉希斯的信中预告的那两篇文章之一。在费·蒂希《卢森堡文献索引》中，这篇文章被标为第 15 号。——编者注

② 1899 年 6—11 月，工人大规模抗议活动在德国各地十分强大，以致苦役监禁法案在 1899 年 11 月 20 日二读时，因保守派在帝国国会投了反对票而遭到否决。——编者注

解"提供一个适宜的基础,至于要不要再"变通"民族自由党的"变通",那就看李伯尔先生了。

但是,李伯尔先生曾说过要给内阁的先生们施以严酷的惩罚,他会一意孤行吗? 我们担心:遗憾不会。最有效的惩罚是直截了当地**否决苦役监禁法案**,这比李伯尔先生的连篇空话更能无限地刺激**波扎多夫斯基**先生和**米凯尔**先生①的神经,那些空话的虚假激情简直让人发笑。

如果这个法案交到委员会,那么,还不知最终的结果如何。到那时,德国人民中会掀起一场彻底清除这整个法案的怒潮吗? 有可能! 但是,还有一种可能,中央党人"达成谅解",他们——以前"丢尽脸面的欧洲人"——终于可以向政府乞求他们渴望已久的"补偿"或赏赐。因为政府手中握有这张最后的王牌,它很可能会打出这张王牌,以便让抗拒不从的中央党为苦役监禁法案和舰队法案承担责任。②

这样的事情是否会这样发生,没有人知道,但肯定**会**发生。

中央党站在十字路口,这一次它在某种程度上必须确定它未来的政策。这个主张"真理、自由和正义——哈哈!"——的政党可能完全知道人民想要的是什么。这个党**要么**现在就悔过自新,脱离它那不可救药的危险轨道,反对苦役监禁法案和舰队法案,再次靠近那些再也无法承受新增负担的"天主教"民众,敢于冒与政府发生冲突的危险;**要么**接受——当然是变通了的——**苦役监禁法案和舰队法案**,向政府乞求比人民的利益更高的赏赐。这次抉择必然

---

① 阿·冯波扎多夫斯基-魏纳伯爵是内务大臣和副首相(1897—1907),激烈反对工会和社会民主党,主张用暴力镇压工人阶级。普鲁士财政大臣约·冯·米凯尔于1899年12月13日在国会为支持舰队法案时声称,帝国财政有足够的支付能力,无须通过提高税收来扩大舰队。参看《帝国国会辩论速记记录,1898—1900年第十立法议会任期第一会期》1900年柏林版第4卷第3332页。——编者注

② 第一个《舰队法案》于1898年3月28日在德意志帝国国会以212票对139票获得通过,1898年4月10日成为《舰队法》;根据该法,到1904年,德国舰队要增加19艘战列舰,8艘海岸装甲舰,42艘巡洋舰,总费用为48 280万马克;从此,德国开始参与海上军备竞赛,导致德国和英国之间的矛盾不断升级;此后,有人于1899年底提出了第二个《舰队法案》,并于1900年6月12日以201票对103票获得通过;该法案规定,到1917年,把计划中的舰队扩大一倍;据此,德国舰队就应由34艘战列舰、11艘重型和34艘轻型巡洋舰和大约100艘鱼雷艇组成;此外,还有4艘海岸装甲舰,3艘重型和4艘轻型巡洋舰组成一支补给舰队;法案中说明,总费用为186 100万马克。——编者注

是这样，**因为没有第三条道路**。

可见，非此即彼！

反动派与革命派一样不会静止不动；他们必须向前运动，直到越过顶峰。而中央党要是接受了反动派魔力的诱惑，那它就无法摆脱反动派的魔力。

如果用苦役监禁法案的"变通的"规定欺骗工人群众，如果建设军队和舰队的费用大幅提高，使人无法承受，那么，"天主教"工人对中央党的信任就会像三月阳光下的春雪一样消失殆尽。那时，大家会一致同意，在大选时一定要惩罚这个为反动派效力的政党所犯下的敌视人民的罪行；而那时，中央党对煽动者和政客来说就有机可乘了；那时，有人就会利用它对选民的恐惧，尝试追究普选权，并且彻底清除我们仅剩的那点公共自由。恐惧让人盲目，既然这些自以为机智的中央党人惧怕选民的报复，那他们也就干脆认为，与反动派同心协力是唯一的救命稻草。

那时，有人就会剥夺工人的结社权和选举权，资产阶级政党就会在议会中占绝对多数，烦人的社会民主党人就不会再当选，不能再打扰无所事事的议会中的宁静安逸的生活，因为统治阶级的代表分占他们用人民的皮裁成的皮带，人民作为共同作用的因素已被从政治中一笔勾销，人民没有，而且完全没有话语权；人民只能支付费用和保持沉默。①

在反动派集团中，就是这样勾划未来的结果，也许在一些容克、教士和资产者的头脑中会涌现出关于美好岁月的丰富幻想，因为他们不会再被社会民主党的警报从梦中吓醒。

但是，这个预测有一个巨大的漏洞。政党没有群众就是浮云，而工人用头脑和双手的劳动创造价值，没有这种劳动社会就不能存在，今天不能再排挤人

---

① 威廉二世 1899 年夏季北巡时，在谈到提出苦役监禁法案和实行严厉方针的背景时声称："德国的市民阶层完全不听话！政府必须采取行动，否则会失去一切。如果在对外发生严重冲突时存在这样的可能性，即国内总罢工牵制住一半的军队，那我们就失败了。……因此，是进行干预的时候了。我已经知道，相对于国家宪法，我的军权有多大。陆军大臣对我说过，我随时都能够宣布全帝国实行戒严(！！！)。在用士兵把社会民主党领导人赶出国会并枪决他们之前，不能指望有任何改善。我们需要一项法令，其中规定，只要成为社会民主党人，就足以能被流亡加罗林群岛。"(引自伯·毕洛夫：《回忆录》第 1 卷《从国务秘书处到摩洛哥危机》，弗·冯·施托克哈默编，1930 年柏林版第 349 页)——编者注

民参与对社会状况的改造。那是奴隶制和农奴制时代存在的现象，距离我们已经非常遥远。

有成千上万种理由可以说明，反动派理想的状态，从长远看是不可能存在的。

我们假定发生这样的情况：在那种政治状况——我们将其描述为反动派取得彻底胜利后所得到的可能结果——存续期间爆发一场战争，而统治阶级找到筋疲力尽、没有发言权、没有人格尊严的人民，要求他们付出生命和财产，振奋精神，视死如归地在边界抵御敌人的进攻，而统治阶级在这条边界之内建立专制统治，让人民在这种统治下呻吟叹息。

这样的结局是每个人都能想象到的。

1899 年 11 月 20 日《莱比锡人民报》第 269 号

胜 利 之 后

11 月 25 日于莱比锡

胎死腹中的苦役监禁法案①匆匆下葬了,德国工人阶级可以松一口气了。这是全面的辉煌胜利,现在的关键问题是,如何尽可能全力利用这个胜利。社会民主党现在不能戴着荣誉的桂冠惬意地欣赏这个胜利成果,我们的敌人自身的行为就是阻止我们这样做,他们正以一个破产者无以复加的鲁莽追逐一次又一次的失败。即将出炉的**舰队法案**②让我们的鼓动不缺乏丰富的材料,让人民已经燃起的战火继续燃烧。但是,我们要关心的,不是在鼓动中全面追踪报道这些事件,根据"最高层"的方针,毫无头绪地忙这忙那,而是,确切地说,设法尽可能持久地、深入地利用每一次会战,特别是胜利的会战成果。已经埋葬的苦役监禁法案就最合适这样做,也就是说,必须在工会领域取得鼓动的持久不变的成果。

毫无疑问,自泰森道夫③时代以来,德国工会在统治阶级的政策面前,从未受到过像苦役监禁法案造成的那么巨大的威胁。对结社权的攻击在各行业的工人中引起如此剧烈的骚动,这是我们在最近 10 多年闻所未闻的。

工人中脑子最迟钝、思想最贫乏的人,也挨了这个臭名昭著的政府法案的

---

① 见本卷第 681 页脚注③。——编者注

② 1900 年 1 月 20 日公布的第二个舰队法草案规定,将 1898 年决定的战舰数量扩大一倍。不顾大规模的抗议活动与 1900 年 6 月 12 日通过的这个法律,使德国战舰的实力大为增强,足以用于实现帝国主义的扩张政策。——编者注

③ 海·泰森道夫于 1873—1879 年任柏林市法院首席大法官,以组织追捕社会党人而臭名昭著。1886 年起在莱比锡任帝国大法官。——编者注

当头一棒,不禁从梦中醒来。现在必须以双倍的热情充分利用这种骚动情绪,即为工会组织赢得觉醒的群众。在这方面已经达到的目的和能够达到,而且必须达到的目的之间的令人遗憾的关系,反正会迫使越来越多的力量去扩建工会。工会的年轻、会员数量方面的极不稳定、组织关系方面尚在频繁进行的试验、会员缴纳会费的不规律和欠缴,所有这一切都证明,德国工会运动远没有达到稳定和发展,而稳定和发展能持久而深远地影响工人阶级的经济状况。

首先,政府故意打击工人联盟,这确实直接触到了工会运动的敏感之处。"保护劳动志愿者"之所以能对工人联盟造成那么大的伤害,是因为,很遗憾,工人中还有太多的"劳动志愿者"。苦役监禁法案无非是资本主义剥削对被剥削者在经济斗争中**缺乏团结**进行的一次投机。这种投机对工人们造成这样的危险,是工人们对抗阶级团结的罪孽深重的一个重要证明。

在政府发起的打击面前,进行胜利自卫,这还不算什么。苦役监禁法案才使人完全看清了工会运动最黑暗的一面,它同时也是对工人发出的必须加以弥补的**紧急忠告**;它是对工人阶级的侮辱,应该能唤起工人阶级的阶级荣誉感;它企图毁灭工人联盟,在相应的鼓动中可以将它变成巩固工会的杠杆。

打倒苦役监禁法案的呼声在德国的四面八方回响,这个呼声在决战后的一天必将变成:**加入工会!**

目前这个时刻是最有利于工会的**鼓动**和**组织**的时刻,这是可以想到的。

这里还要补充一点。德国和世界市场的经济繁荣尚未发生变化。工业发展和资本主义大发横财的黄金时代还将继续。可见,只要这个政治因素为工会的鼓动播下优良的种子,那么,从另一方面说,经济繁荣就会为群众接受工会鼓动提供最肥沃的土壤。

这两个因素结合在一起,就会为工会运动提供前所未有的优越条件。

关键在于工人自己利用好形势。他们有火药,有霰弹,但愿他们行动起来。打胜一场战斗需要花费很大力气,但是,德国工人阶级如果愿意,它就有这么大的力气。政府在国会遭到了失败,而我们在见到政府在国会中的政治耶拿①变成资本在同工会的斗争中的经济耶拿时,我们才有充分的理由庆祝胜利。那些用苦役监禁法案播下风暴种子的人将收获工人结社的暴风骤雨!

1899 年 11 月 25 日《莱比锡人民报》第 273 号

---

① 指耶拿会战,1806 年 10 月 14 日普鲁士军队在耶拿会战中战败,最后导致普鲁士向拿破仑法国投降,并于 1807 年 7 月 7 日签订蒂尔西特和约。普鲁士丧失了将近一半领土,实际上降到了拿破仑法国附属国的地位。——编者注

附　　录

在苏黎世国际社会主义工人代表大会上为波兰王国社会民主党(SDKP)代表资格的辩护①

1893 年 8 月 8 日

报纸报道②:

在波兰组成了一个新的社会主义派别,③它至今存在了大约五年时间,但是,它声明与旧的社会民主党团结一致。不准在大会上发言的这位代表④就属于这个派别。报纸上没有他的签名,否则我们不能再返回俄属波兰。(同意)波兰的工人们认识我们;不应根据署名,而应根据内容来评价

---

① 标题是编者加的。——编者注

② 报道这样写道:"一位波兰女士要求发言。有人不想让她发言,但是大会[来自 20 个国家的 411 位代表]要求倾听她的意见,并以热烈的掌声向这位充满活力的身材纤弱的女子致敬。她的发言流利动人。"——编者注

③ 指 1893 年 7 月由罗莎·卢森堡、莱·约吉希斯、尤·马赫列夫斯基和阿·瓦尔斯基建立的波兰王国社会民主党(SDKP)。这个新党的组成除了在瑞士的青年流亡者小组之外,还有 1889 年由尤·马赫列夫斯基和扬·莱德尔在华沙建立的波兰工人联盟和马·卡斯普莎克建立的第二无产阶级党或称"小无产阶级"党的一部分。波兰王国社会民主党自称为彻底拥护马克思和恩格斯观点的国际主义政党。这个党从一开始便反对波兰社会党旨在重建波兰的纲领。它以俄国工人阶级通过革命手段推翻沙皇制度为目标,认为民族差别应让位于这一共同的愿望。党报是《工人事业报》。——编者注

④ 指尤·卡尔斯基,化名尤·马赫列夫斯基,他是《工人事业报》编辑部成员,同为编辑部成员的罗莎·卢森堡也不准出席大会。——她的关于波兰王国社会民主主义运动的形势和过程的报告,见本版第 1 卷第 5—13 页。——编者注

一家报纸。而且我们曾对会务处的先生们说,我们愿意向你们提供我们的
签名。(掌声)①

1893 年 8 月 12 日《工人之声报》(苏黎世)第 66 号

---

① 随后的表决结果是:七个国家(其中包括瑞士)同意承认他们的代表资格,九个国家(其中包
括德国和俄国)反对,三个国家弃权。——在《1893 年 8 月 6—12 日在苏黎世音乐厅举行的
国际社会主义工人代表大会记录》,组织委员会编,1894 年苏黎世版第 15 页上这样写道:
"卢森堡小姐用俄属波兰的特殊情况对这一事实[无署名代表资格]进行了解释。报纸由一
个社会民主主义文学协会出版,应该被视为波兰社会主义无产阶级的喉舌。"在代表资格风
波之后不久,1893 年 8 月 10、27 日和 9 月 10 日《前进报》(柏林)第 186、201 和 213 号也对此
进行了报道。——编者注

关于帝国国会选举的讲话①

1898 年 6 月 5 日于布雷斯劳

报纸报道：

　　6 月 15 日任期即将期满的帝国国会前所未有地在一片赞扬声中解甲归田。对于政府给予即将离任国会的赞扬，劳动人民没有任何理由随声附和。这些被盛赞的人对德国人民做了什么有益的事情呢？即将离任的国会做的第一件事是通过卡普里维的军事法案②，最后一件事同样要让德国人民再次作出巨大牺牲。在这方面，资产阶级的爱国主义者没有建议向那些对陆上和海上霸权主义极感兴趣的集团征收落实议会决定的资金，而让人民来支付，让人们去服役。备受称赞的民法典③由于社会的发展早已过时，它的立法继续存在完全得益于个别邦的反动立法。关于改革军事刑事诉讼法条例的讨论，也

---

① 标题是编者加的。——编者注
② 莱·卡普里维伯爵在 1890—1894 年任德意志帝国首相。1892 年 11 月 23 日，卡普里维政府提交了一个新的军事法案，其中要求将常备军增加 86 000 人，达到平均 572 000 人，通过缩短步兵服役时间，到 1914 年春，将后备军增加到 440 万人。一次性增加军费 6 800 万马克，持续增加军费 6 400 万马克，这些军费将主要通过提高啤酒税和烧酒税来筹措。这个军事法案所要求的军队人数超过了 1874 年以来任何一年。直到 1893 年 5 月 6 日威廉二世解散德意志帝国国会和 6 月 15 日举行帝国国会选举之后，略有改动的军事法案于 1893 年 7 月 15 日以 201 票同意，185 票反对获得通过。德国社会民主党、中央党、自由思想人民党的议员、韦尔夫派和阿尔萨斯派投了反对票。——编者注
③ 德意志帝国国会于 1896 年 7 月 1 日通过了民法典草案，社会民主党议员投了反对票。民法典于 1900 年 1 月 1 日开始生效。——编者注

没有取得令人满意的结果。臭名昭著的反颠覆法案①表明,有产阶级对无产阶级满怀深仇大恨。尽管所有政党就像鹿渴望得到新鲜的水一样,都大声疾呼需要这个反颠覆法案,但这个法案还是没有获得通过。导致这个结果,恰恰是因为各个政党都害怕给自己套上绞索。这种方式的否决恰恰表明,对无产阶级来说,这种危险还没有解除。帝国国会还否决了劳工保护法。② 保护矿工的问题还有待解决。新的手工业法③虽然带有拯救中产阶层的假象,但也不意味着任何进步。此外,社会政策的停滞状态也十分显著。而最为典型的是帝国国会在讨论谷物关税时说的最后一句话。④ 法国和意大利所干的事情,德意志帝国国会早就干完了。因此,劳动人民没有理由对离任国会表示感谢。那么,我们对下一届帝国国会能指望什么呢? 对下一届帝国国会的担忧并不仅仅是社会民主党的珈桑德拉的警告⑤。选举权是什么情况,米勒-富尔达议员的解释可以证明。⑥ 尽管《帝国通报》对这一消息予以否认,但是人们从以前发生的情况可以推测这种否认有多少价值。至于结社权是什么情况,波扎多夫斯基伯爵的秘密诏令对此作出了说明。⑦ 社会立法没有结社权就毫无价值,有了结社权它才有稳固的基础。此外,迁徙自由也岌岌可危。大地主,尤其是最可恶的大地主,即西里西亚的大地主,尤其是上西里西亚的大地

① 1894 年 12 月 6 日,政府在帝国国会中提交了一个"关于修改和补充刑法典、军事刑法典和新闻出版法的法律草案"。这个所谓的反颠覆法案要求将镇压社会民主党的政策以法律的形式固定下来。鉴于群众的抗议,特别是社会民主党的强有力的斗争,该草案在 1895 年 5 月 11 日二读时被否决。——编者注

② 在医疗保险法修订之后,从 1892 年起,劳工保护立法完全进入停滞状态。详见《资产阶级党派在帝国国会对劳工保护的虚情假意。根据德意志帝国国会 1896 年 4 月 22—23 日讨论的速记报告。附奥·倍倍尔写的跋》1896 年柏林版。——编者注

③ 指 1897 年 7 月 26 日关于修正工商业条例的法案。这是第一次颁布使手工业工商会合法化的手工业条例,所有手工业者都可加入手工业工商会。——编者注

④ 指帝国财政大臣冯·蒂尔曼男爵于 1898 年 5 月就社会民主党议会党团关于暂时废除虚高的谷物关税的质询所作的说明。蒂尔曼拒绝废除谷物关税。——编者注

⑤ 见本卷第 627 页脚注①。——编者注

⑥ 在 1898 年 5 月初的选举大会上,帝国国会议员米勒-富尔达作了关于政府计划修改帝国国会选举法的报告,《帝国通报》对此予以否认。——编者注

⑦ 1898 年 1 月 15 日《前进报》发表了帝国内务大臣阿·冯·波扎多夫斯基-魏纳伯爵 1897 年 12 月 11 日的秘密通告,要求德国各邦政府为反对工人罢工权利和结社自由的法律措施提出建议。随后,这个反动方针在经济和政治生活的各个领域都得到强化。——编者注

主已经一再声明,在这个方面也必须有所改变。除了压缩这些最重要的权利外,还要让人民承担新的负担。首先,不久为中国就可能花费大笔资金。① 这又是由人民来负担,同时黄色苦力对德国工人构成危险,这是世界强权政治的阴暗面。殖民政策与教会一样,胃口都很大。人民则因此忍饥挨饿。大地主关心的是面包始终保持高价,这样他们可以大发横财。资产阶级政党的航线通向最黑暗的反动,因此它们的意图首先是束缚人民,希望给人民不足温饱的工资,让人民自己以难以承担的价格购买面包。而"没有祖国"的工人有义务使德国免遭耻辱,不选举这样的帝国国会。只有劳动人民是自由的唯一捍卫者,它肩负着使资本主义的生产方式走向崩溃的伟大历史使命。我们今天就必须高呼:要么是守财奴的利益,要么是人民的利益;要么是资本主义,要么是工人阶级。劳动人民可以选择,要么在贫困中毁灭,要么结束贫困。什么时候作出这种选择,取决于我们进行的每一次战斗。即将到来的帝国国会选举就是这样一次战斗。我们的命运掌握在我们自己手中。我们又面临世纪之交,即将开始的帝国国会选举是本世纪的最后一次选举。让我们迎接对我们来说是更美好的明天的朝霞——帝国国会的选举结果。(热烈鼓掌。)

1898 年 6 月 6 日《人民卫报》(布雷斯劳)第 129 号

---

① 1897 年 11 月 14 日,德国占领胶州湾。在 1898 年 3 月 6 日的协定中,中国政府被迫将胶州湾租给德意志帝国作为海军基地,租期为 99 年,山东被划为德国的势力范围。在 1898 年 3 月 28 日,帝国国会就通过了舰队法案,到 1904 年,德国海军舰队的支出将大幅度地增加到48 200 万马克。——编者注

目前的方针与社会民主党①

1899 年 2 月 9 日在夏洛滕堡群众集会上的讲话

报纸报道：

　　女发言人慷慨激昂地描述了上一届帝国国会的活动,这届国会以批准军事法案②为起点以通过蒂尔皮茨的舰队法案③而告结束。她谈到军事开支不断增长,转而谈到本届国会。她说,本届国会的构成,从中央党作为执政党的态度看,不会给工人阶级带来什么好处。随后,发言人提到恐怖的苦役监禁法案④,她说,德累斯顿法院对勒布陶建筑工人的判决⑤证明,这个法案已经产生影响。她随后以动人的语言呼吁工人,包括妇女,组织起来,行使他们已有

---

① 在费·蒂希《卢森堡文献索引》1962 年版中,该文被标为第 121 号。——编者注
② 莱·卡普里维伯爵在 1890—1894 年任德意志帝国首相。1892 年 11 月 23 日,卡普里维政府提交了一个新的军事法案,其中要求将常备军增加 86 000 人,达到平均 572 000 人,通过缩短步兵服役时间,到 1914 年春,将后备军增加到 440 万人。一次性增加军费 6 800 万马克,持续增加军费 6 400 万马克,这些军费将主要通过提高啤酒税和烧酒税来筹措。这个军事法案所要求的军队人数超过了 1874 年以来任何一年。直到 1893 年 5 月 6 日威廉二世解散德意志帝国国会和 6 月 15 日举行帝国国会选举之后,略有改动的军事法案才于 1893 年 7 月 15 日以 201 票同意,185 票反对获得通过。德国社会民主党、中央党、自由思想人民党的议员、韦尔夫派和阿尔萨斯派投了反对票。——编者注
③ 指德意志帝国国会 1898 年 3 月 28 日以 212 对 139 票通过的第一个舰队法案。根据 4 月 10 日的舰队法,到 1904 年,德国舰队将增至 19 艘战列舰,8 艘海岸装甲舰,42 艘巡洋舰,总投资 48 280 万马克。德国以此开始导致激化德英矛盾的海上军备竞赛。——编者注
④ 见本卷第 681 页脚注③。——编者注
⑤ 1899 年 2 月 3 日,德累斯顿刑事陪审法院判决德累斯顿附近勒布陶的 9 名建筑工人共计 61 年苦役和监禁,因为他们反对在建筑工地劳动超过规定的工作时间。当时,工头用"装了假弹的"左轮手枪开枪,从而引发骚乱。——编者注

的权利。她在结束讲话时说:有一种人,我们对他们无比敬畏,有一种自由,我们誓死都要去争取。

1899 年 2 月 14 日《前进报》(柏林)第 38 号

关于党代表大会的任务

在萨克森帝国国会第十二、十三选区党代表会议上的发言①
1899 年 8 月 29 日于莱比锡万神庙

报纸报道:

尊敬的各位来宾!可能没有人会怀疑,为汉诺威党代表大会拟定的大会议程第六、七项,即讨论**伯恩施坦**所建议的**策略**②和**席佩耳**就我们对军国主义态度发起的抨击③,将成为党代表大会最重要的部分。这位女发言人系统探讨了这两项基于党内机会主义的议程。

唯物史观、阶级斗争的学说和社会民主党的实际任务都遭到伯恩施坦的批判。但在今天的党代表会议上,女发言人只谈到伯恩施坦关于社会民主党的实际任务的那一部分议论,因为伯恩施坦说过,你们迄今的全部活动都基于日益贫困化这个假定,但实际上,完全不需要等到资本主义制度的崩溃,确切地说,工人的状况今天就能得到改善。但是,究竟有哪一位社会民主党人在哪里说过,我们的著作中在哪一节写过,社会民主党把实现自己目标的希望寄托在群众日益严重的贫困化呢?相反,党一直以来都认为,没有足够营养的地方,就不可能继续教育劳动人民,那里不是社会民主党的基础,而只是无政府主义的基础。我们究竟应该感谢谁提供了劳工保护,感谢谁进行了一些细微

---

① 1200 人出席了本次代表会议。——编者注

② 1896 年秋季以来,爱·伯恩施坦的表现是竭力修正德国社会民主党的观点。包含他新观点的著作《社会主义的前提和社会民主党的任务》在 1899 年出版。他在该书第 165 页上总结说,如果"社会民主党有勇气放弃实际上已经过时的习惯用语,并且愿意表现出它今天的真实模样:民主社会主义改良党",那么,它的影响会更大。——编者注

③ 麦·席佩耳在 1898 年 11 月以"伊塞格里姆"为笔名在《社会主义月刊》刊文认为,社会民主党要求用民军制取代常备军制度,这是不必要的,因此可以不予理睬。——编者注

725

的社会改良呢？应该感谢社会民主党，它一直为改善工人的状况施加影响。党一直是这么做的，而伯恩施坦说我们在这方面完成了脱毛过程，那他是胡说八道。社会民主党所说的自己的活动基础，不是人民的绝对贫困，而是有产阶级与被剥削阶级的生活状况之间、人民的生活和现实的文化生活之间、工人从社会财富中所得的份额和他们的劳动生产力之间不断扩大的**差距**。如果说在资本主义制度下可以为工人争取微不足道的改善，那么，资产阶级的生活状况相比之下可以改善百倍千倍。工人的状况能够且必须改善，但是，资本家和工人这两个阶级之间的**差距**还是越来越大。社会民主党所依据的不是饥饿的野蛮人的不满，而是追求进步的文明人的不满。

与伯恩施坦的整个争论是基于两种根本不同的观点。如果说伯恩施坦向我们指出，工人通过日常的经济和政治斗争能够改善自己的状况，那么，他却不愿意让我们相信，工人在这方面能够得到**一切**。如果伯恩施坦为了自己的目的，让我们注意，拉萨尔的铁的工资规律已经被消灭、被驳倒，那么，这是无的放矢。马克思早就证明，拉萨尔的铁的工资规律是一个经济学上的错误，确切地说，已经过时。但是，如果伯恩施坦认为，拉萨尔的工资规律被驳倒以后，工人的状况就能一步登天，那么，他同样大错特错。只要工人像其他商品一样可以定价，只要工资制度盛行，那么，工人就难免挨饿。而伯恩施坦让我们注意工会的成果。当然，工会是工人的一所理想学校，是反对资本主义强盗行径、反对残酷剥削的不可或缺的斗争手段。但是，工会无法消除资本主义制度。人们经常让我们关注老式的英国工会，但它绝对不是广大群众的组织，不管怎么说，它不过是工人精英、工人贵族扩大的联盟。但关键在于**群众**的状况，特别是非熟练工人的状况，而最近，对这些有教养的组织来说，在英国也不得不选择其他道路和方法，而无法像熟练工人的组织那样取得那种成果。恰恰在英国已经证明，工会无法消灭资本主义的剥削。

而这是合作社，即生产和消费合作社的职责吗？当然是，就连它们的成果也是多种多样的。但是，我们可以指望合作社把资本主义社会变成社会主义社会吗？经验告诉我们，只有直接依靠消费合作社，或者由消费合作社本身建立的生产合作社，才能有所作为。但消费合作社往往只能听命于当地的市场。消费合作社销售的商品大多只是生活用品和必需品，但这些商品只是今天全部产品中的很小一部分。仅在 1898—1899 年,美国就新成立了 487 家股份公司,注册资本总额达 300 亿马克。如此庞大的生产对数量微乎其微的合作社来说,意味着什么呢?想通过合作社慢慢取代资本主义制度,其成功的希望,就像我们想用顶针舀干大西洋一样渺茫。

但是,伯恩施坦的乐观主义不仅表现在经济领域,而且还认为,民主可以消灭阶级统治,甚至说民主在原则上已经消灭了阶级统治。看看你们的左邻右舍吧,在民主的瑞士,阶级统治是多么猖獗。伯恩施坦那时说的话一点也不新鲜。从前存在独裁统治的地方,根据所有资产阶级和小资产阶级民主派的保证,民主是救治所有社会疾病的灵丹妙药。但是,恰恰在民主制度下,阶级统治和阶级对立只会越来越尖锐。比如,什么地方的阶级对立表现得更为尖锐和清晰:是专制主义的俄国,还是君主立宪的德国呢?

因此,民主之所以对我们来说是不可或缺的,不是因为它消灭阶级斗争,而是因为它使人民能够进行阶级斗争,并将斗争进行到底。但是,正是因为统治阶级发现,工人为了自己的利益利用民主,所以它们力图重新剥夺工人的政治权利。在德国,结社权与选举权面临威胁;①在法国,一年以来,到处炒作德雷福斯事件,而这无非是僧侣和军国主义反对该死的共和国的斗争;在意大利,人们正在争取结社权、集会权和新闻出版自由;②在比利时,工人被剥夺了有效选举权;而奥地利根本不是议会制国家,国王自行批准税收,无需征询帝国参议院的意见。所有这一切据说只是反动派的偶然复活,难道反动派在整个欧洲只是一个暂时的现象吗?但是,我们看到反动派也正在美国复活。美

---

① 1899 年 6 月 20 日,政府在帝国国会提出了"关于保护工厂劳动关系"的法案,即上述苦役监禁法案,旨在应对日益高涨的罢工运动,废除工人的结社权和罢工权。1899 年 11 月 20 日,这个法案因保守派的投票反对而未获通过,提出这个提案,是因为 1898 年 1 月 15 日《前进报》发表的 1897 年 12 月 11 日的一个秘密法令。——编者注

② 1898 年 5 月初,由于世界市场的粮食价格的飞涨和意大利政府严格的保护关税政策,南意大利和托斯卡纳爆发的饥民暴动迅速蔓延。5 月 6 日,米兰一位散发抗议国王翁伯托政权的社会主义传单的人被捕,导致自发的罢工工人和军警之间的冲突进一步升级。军队进驻米兰,构筑街垒,残酷镇压起义,枪杀数百人。1898 年 8 月 1 日,当局对共和党人和社会党领袖菲·屠拉梯进行引起轰动的审判。由于国际抗议极为强烈,以致米兰军事法庭在判处屠拉梯 12 年苦役监禁和剥夺公民权之后六个月,又不得不将他赦免。作为对饥民暴动和米兰起义的反应,佩卢将军的意大利政府在 1899 年竭力采取立法措施,限制民主自由。然而,1900 年 6 月,议会解散和重新选举以后,佩卢不得不辞职。——编者注

利坚合众国突然对其他国家胃口大开,①它推行殖民政策,以常备军取代民军。于是,反动派在欧洲,在美洲,到处肆虐,殖民制度使它像鼠疫一样传向亚洲和非洲。

总而言之,反动派极为猖獗,以致我们来不及防止他们的打击,资产阶级自由主义已经变成一具尸体,而且臭气熏天,以致人们不得不捂住鼻子。面对自由主义的这种臭气,伯恩施坦从卧室走出来,睡眼惺忪地说:这闻起来真像玫瑰和紫罗兰,这简直是民主的春天。这时我们不得不说,这很像《本杰明叔叔》中那位勇敢的下士说的话:我虽然看到他的双腿,但是,真该死,我要是知道他的头在哪里,那该多好!②

这一切都不是偶然的、暂时的现象,而是一个将死的社会的抽搐,是它最后的挣扎。当然,工人运动本身对这些反应负有大部分责任,但是,出现这种过失,不是我们关于最终目标的**言论**,而是我们对最终目标的**追求**,吓到了资产阶级,迫使他们投入反动派的怀抱;不是革命的**辞藻**,而是我们的**行动**使资产阶级社会躁动不安。如果我们按照伯恩施坦的药方复活资产阶级自由主义,那么,我们不仅不用再**讨论**最终目标,而且要**放弃**最终目标。

伯恩施坦说:对我来说,最终目标是微不足道的,运动才是一切。③ 这一理论意味着为了眼前的蝇头小利放弃反对阶级社会的斗争;如果在工人运动中运用这种理论,那么,它就会在极短的时间内导致四面八方的全面失败。

我们之所以必须在党代表大会上讨论这一理论,是因为这样一种情况:这一理论只是某个"实践"派的体现,而这个实践派十多年来一直在捣乱,眼中只有日常斗争的直接成果,却对最终目标、夺取政权以彻底消灭资本主义这样

---

① 1898年4—12月的美西战争是第一次为重新瓜分世界进行的帝国主义战争,结果使美国加强了自己在拉丁美洲的影响,用古巴、波多黎各和关岛扩大了它的殖民帝国,用菲律宾在东亚占据了一个战略上十分重要的军事基地。——编者注

② 这是套用克·蒂利耶《本杰明叔叔的冒险之旅》(1982年莱比锡版第224页)中的话。原话是:"我虽然看到他的头,但真该死,我要是知道他的双腿在那里,那该多好!"——编者注

③ 指伯恩施坦的论断:"我坦率承认,我对大家将'社会主义最终目标'一般理解为什么东西,没有感觉,也没有兴趣。最终目标无论是什么,反正对我来说是微不足道的,运动才是一切!"(爱·伯恩施坦:《社会民主党的斗争与社会革命》第二部分《崩溃理论和殖民政策》,载于1897—1898年《新时代》第16年卷第1卷第556页)——编者注

的重大问题视而不见。**福尔马尔**关于国家社会主义的观点①在埃尔福特和柏林的党代表大会上引起了激烈讨论,随后,这个派别便粉墨登场,接着便是巴伐利亚的预算表决,②这次表决不仅破坏了社会民主党的原则,而且破坏了每一个反对党的原则。关于农业纲领的讨论也使来自南德意志的机会主义观点暴露无遗。③ 在汉堡(我们在那里当然首先是**德国**产业工人的代表),**席佩耳**要求实行保护关税,以保护工业。④ 奥尔也认为,我们不能用棍棒武装我们的战士。⑤ 在1898年的选举时,海涅提出用大炮换人民权利的天才建议。⑥ 在斯图加特,席佩耳公开赞成保护关税,⑦而福尔马尔则公开抨击巴黎公社战士说,他们还不如躺下睡觉。⑧

上一次巴伐利亚邦议会选举与社会主义的死敌——中央党组成选举联

----

① 在威廉二世和卡普里维治下开始实行"新方针"时,格·福尔马尔1891年6月1日和7月6日在慕尼黑"埃尔多拉多"饭店发表两次演讲,提出了"欢迎善意,痛击歹意"的口号。其中,他将此理解为带有改良派活动烙印的"缓慢的、有机的发展",因为"老的东西生长缓慢,这在一步登天的意义上说是太缓慢了,但一定会长出新的东西。"(格·福尔马尔《关于改良政策的演讲和著作》1977年柏林—波恩—巴德哥德斯堡版第140页及以下几页)——编者注

② 1894年6月1日,社会民主党巴伐利亚邦议会党团在格·福尔马尔领导下投票赞成该邦的预算,从而第一次破坏了奥·倍倍尔提出的"不给这个制度一个人和一文钱"这一革命原则。——编者注

③ 指1894—1895年在爱·大卫的主持下提出的纲领草案,其中承诺在资本主义条件下"保护农民"。但是,在1895年的布雷斯劳党代表大会上没有通过任何农业纲领,使得这一问题最终悬而未决。——编者注

④ 麦·席佩耳在1897年汉堡党代表大会上说:"目前,关税政策的谈判削弱了德国谈判者的地位,这只意味着加强反对作出让步的实行高额保护关税的美国的地位,削弱德国工业出口的成就,丧失德国工业出口的利益,特别是德国工人阶级的利益。"(《社会民主党代表大会讨论记录。1897年10月3—9日于耶拿》1897年版柏林第122页)——编者注

⑤ 伊·奥尔虽然表示原则赞同反军国主义的鼓动,但反对专门反军国主义的宣传。他质问道,"难道要用早已被包括俄国在内的其他国家胜出的大炮进行反对沙皇制度的战争吗?那样的话,你们也可以把用棍棒武装的战士送上战场。"(同上,第139页)——编者注

⑥ 指沃·海涅的"补偿政策"。1898年2月10日,他在柏林帝国国会第三选区发表的演说中认为,如果可以用大炮换来"人民的自由",那么,社会民主党可以同意政府的军国主义要求。这种妥协的结果便是改变德国社会民主党反军国主义的斗争。——编者注

⑦ 麦·席佩耳认为,"保护关税还是自由贸易的问题绝不可能成为工人的阶级问题。从[经济发展的角度]看,不管是实行保护关税还是自由贸易的国家的工人,都做得很对。"(《德国社会民主党代表大会讨论记录。1898年10月3—8日于斯图加特》1898年柏林版第183—184页。)——编者注

⑧ 同上,第105—106页。——编者注

盟,是机会主义的最新表现。① 这个选举联盟完全打破了党的一贯传统,迄今的主要任务不是议席,而是鼓动中的解释工作;而迄今为止,凡是社会民主党人在复选中选举资产阶级分子的地方,都会增强**反对派**的力量。但是,在巴伐利亚,这次帮助一个反动的、虚伪的政党成了**绝对多数**。但是,席佩耳对我们的民军要求的攻讦应当引起我们的特别重视。席佩耳毫无顾忌地将我们久经考验的策略讥讽为可笑的啤酒馆政治。各国的社会党人都认为,与军国主义国家作斗争是他们最大、最近的任务。在法国,各个社会主义派别之间虽然充满各种矛盾,但是它们在鼓动中一致反对军国主义。而这是有充分理由的。反动派和阶级统治的最稳固的基础是对各阶层人民群众敲骨吸髓的军国主义国家。但是席佩耳认为,军国主义不仅是必要的,而且也是非常有益的。他认为军国主义可以减轻经济负担,而他的真实意图是使人民经济上破产,使他们争取经济解放的斗争陷于瘫痪。

上面列举的机会主义的所有公开发表的意见都是主张简单地**不惜任何代价追逐直接的日常斗争成果**。机会主义的代言人说,实现社会主义固然是一件非常美妙的事情,但是它距离我们非常遥远,我们首先要珍惜我们到手的小利,珍惜已经到手的叮当作响的硬币。因此,对于机会主义来说,只要能达到目的,可以不择手段。比如,他们不作任何解释,便与人民的骗子中央党进行肮脏的交易,以便使政府作出让步,他们准备同意给政府大炮。这样一来,原则就被丢掉了,全部活动就失去了可靠的准绳,只视情况而定。爱德华·伯恩施坦说:对我来说,最终目标是微不足道的,运动才是一切。这就是他对这种机会主义的形式上的表达。

但是,这同时丢掉了最终目标,丢掉了**运动**。伯恩施坦派自夸是实践政治家。但他们应该向我们指明,党究竟在什么时候违反了实践政治? 每当在资本主义制度的基础上能取得某些成就的场合,都有社会民主党的一份贡献。即使经常把实际意义上的县长的政策挂在嘴边的人,也挑不出我们有丝毫渎职的行为。就算我们没有取得多少成果,就算我们一再捍卫既得的东西,那也不能归因于我们的原则,不能归因于我们的策略,而应归因于资产阶级社会。

---

① 见本卷第 596 页脚注①。——编者注

这个社会之所以如此糟糕,之所以必须力争去消灭它,是因为在这个社会中,人民所能实现的是那么可怜。在机会主义者眼中,我们的过错在于,我们不欺骗自己,也不欺骗别人,我们只是说:不要对资产阶级社会抱太大的希望,我们只用它的性命来换取它的财富。机会主义者的所作所为则完全相反。因为他们硬要夸大日常斗争的眼前成果,所以他们指望通过向资产阶级社会作出让步,放弃反对这个社会的原则斗争来实现这一目的。但是,不难明白,究竟哪种策略——是我们的还是机会主义的策略——事实上更为实际。

我们假定,无产阶级遵照**海涅**同志的药方,同意军国主义的要求,就能获得选举权。可这种选举权难道能比我们像在比利时那样,通过无畏的革命斗争取得的选举权更实际、更持久吗? 如果我们用大炮换选举权,那么,大炮明天就会对准我们。那时人们就会说:带着选举权过来! 或者说,让我们看看,最近巴伐利亚州的肮脏交易带来了什么实际利益。以前,在巴伐利亚邦议会中,无论是中央党还是自由思想党都没有达到多数,社会民主党常常起到决定性作用,今天,它保证中央党本身取得了多数,而自己成为多余的了。此外,社会民主党还失去了人民的信任。天主教工人,其中包括巴伐利亚社会民主党现在想通过在邦议会中尖锐批评中央党而争取的工人,会说:这帮家伙真不够意思,他们昨天帮助我们取得绝对多数,今天却谩骂我们。或许德国南部的农业纲领破天荒地要求我们大力支持? 当农民们发现,关于保护他们财产的全部承诺都是鼓动者的骗局,那么,他们准会狠狠踢我们一脚。

事情的经过就是这样。这个事实告诉我们,整天把实践政策挂在嘴上的机会主义者,从根本上说,是最可悲的实践家。工人对资产阶级社会确实不能抱太大的希望。但是,能够实现的目标,只能通过社会民主党原来久经考验的策略,而不能通过讨价还价、妥协让步、掩盖最终目标来实现。

我们靠原则的革命的策略,赢得了人民的信任和地主的敬畏,而机会主义者在人民那里与在敌人那里一样,只配遭到蔑视。资产阶级的报刊现在到处都在赞扬伯恩施坦及其拥护者,而这一点正好证明,认为他们无伤大雅,就是在蔑视他们。但是,人们对无能者不会作出任何让步,只会放声嘲笑。

我们看到,哪些实践政策是现实的、不是空谈的。我们不能掩盖我们的原则,相反,我们必须面对面地进行斗争。工人最终必须作出决定,与机会主义算总账。如果汉诺威党代表大会表明不能胜任自己的任务,那么,机会主义的瘟疫还会继续四处蔓延。但是,如果这次党代表大会能清理机会主义,那么,它就会成为党的历史上的一个重要里程碑,不仅能得到德国人的感谢,而且能得到国际社会民主党的感谢。(热烈掌声。)

1899 年 8 月 30 日《莱比锡人民报》第 200 号

在社会民主党选举联盟于柏林帝国国会第三选区代表会议上关于即将召开的党代表大会的讨论时的发言

1899 年 9 月 5 日

报纸报道：

罗莎·卢森堡博士指出，理论绝不仅仅是学者的事情，因为这个问题与工人息息相关。同志们必须自己研究这个问题，防止党陷入机会主义的泥沼。此外，"理论"问题对党的生命具有非凡的实际意义。发言人提醒人们注意著名的巴伐利亚预算表决①这一伯恩施坦理论之树的果实，注意用大炮换人民权利的想法。② 这些事情对于党来说是非常实际的，而不是理论的。

在详细论述弗里茨提出的决议案③的同时，发言人认为，这个决议案第一部分的某些内容，估计每一个革命的社会民主党人都会同意。但问题不能这样提，如"我们希望社会主义社会吗？"而应当这样提：我们能以何种方式到达社会主义社会？ 伯恩施坦及其信徒认为，可以通过合作社、慢慢增加民主设

---

① 1894 年 6 月 1 日，社会民主党巴伐利亚邦议会党团在格·福尔马尔领导下投票赞成该邦的预算，从而第一次破坏了奥·倍倍尔提出的"不给这个制度一个人和一文钱"这一革命原则。——编者注

② 指沃·海涅的"补偿政策"，1898 年 2 月 10 日，他在柏林帝国国会第三选区发表的演说中认为，如果可以用大炮换来"人民的自由"，那么，社会民主党可以同意政府的军国主义要求。这种妥协的结果便是改变德国社会民主党反军国主义的斗争。——编者注

③ 弗里茨的决议案说："9 月 5 日在'阿尔明堂'举行的柏林第三国会选区代表会议声明：对于工人阶级来说，政治上必须坚持我们的社会主义社会的最终目标。每个人都享有为达到这一目标应走的道路进行理论研究的自由。然而，代表会议没有从目前进行的讨论中援引任何理由，就改变党的理论基础或经过考验的实践立场。"讨论结束后的报告中称："在弗里茨化解卢森堡女士对他的论述的一些误解，卢森堡女士和海里再次重申各自的观点以后，卢森堡女士的补充提案被多数人否决，而弗里茨的决议案获得通过。"——编者注

733

施,从而悄悄进入社会主义社会。然而正确的应是,夺取政权是工人阶级能够前进的唯一道路。

在决议案中关于理论研究自由的那部分这样写道,在选择远离党的迄今实践的道路时,如果一些同志向右,另一些同志向左,那么,党必然赞同这种自由。发言人认为,党不是讨论俱乐部,而是必须团结前进的战斗的党。谁想留在党内,谁就必须服从已经采用的策略。不与我们站在同一立场的人,可以离开,可以成立一个自己的党。发言人建议,在决议案中增加一个条,即理论研究的自由可以保证,"只要这种研究基于党迄今的实践和理论观点。"①

1899 年 9 月 7 日《前进报》(柏林)第 209 号

---

① 罗莎·卢森堡给本报寄来一份对这个报道的更正,刊登在 1899 年 9 月 8 日《前进报》第 210 号。1899 年 9 月 9 日《莱比锡人民报》第 209 号转载了这个更正,见本卷第 606—607 页。——编者注

目前的政治形势

1899 年 11 月 22 日在马格德堡一次集会上的发言

报纸报道：

柏林的罗莎·卢森堡博士作为报告人参加了集会，并详细地论述了"目前的政治状况"。尽管这位报告人的声音对于这次大会来说显得有点弱小，但是，报告开始后不久，会堂里就鸦雀无声，这样一来，即便在会堂最外面的角落也能听到这次深思熟虑的报告。报告人首先描述了苦役监禁法案的命运，随后便引人入胜地讲述扩建海军和陆军的企图，因为她的论点是以大量数字证据为支撑的。此外，报告人特别强调，统治阶级如何不择手段地压制正在上升的第四"等级"，上一届国会讨论的法案与最近国会讨论的法案如何非常相似。报告人的讲演赢得了热烈的掌声。

1899 年 11 月 25 日《人民之声》（马格德堡）第 276 号

警察报告：

大会开始以后，卢森堡女士就大会议程发言。这次发言主要是详细论述流产的苦役监禁法案和即将通过的舰队法。她说，在国会中，起决定作用的不是人民代表，而是诸如皇帝政策、讲话等因素。在讨论苦役监禁法案时，政治家们非但没有达到自己的目的，反而在人民面前丢了丑。直到去年春天扩大舰队的法案才获得通过，今天人们毫无顾忌地又提出一个类似的法案。有人总是断言，舰队对于保护对外贸易是必要的，但是，不可思议的是，战舰与贸易有什么关系。我们的殖民地竟然这么糟糕，这是始料不及的。对扩大舰队感兴趣的只有克虏伯先生及其同伙，克虏伯先生的收入现在已经等于皇帝的年俸。接着，报告人指责军国主义的滋长，并认为，军营的数量无限增长，每三个德国人中就有一个穿着皇家的军服。所有这一切都表明,底层民众的少量财产日益被剥夺。政府没有勇气去帮助劳动者阶级。社会民主党人何时结束这种混乱现象,是该党必须审重考虑的事情。

联邦档案馆民主德国政党和群众组织档案,NY 4002/61.

人 名 索 引

策划编辑：崔继新
责任编辑：曹　歌
封面设计：曹　春
版式设计：鲍春琴
责任校对：周　昕

图书在版编目（CIP）数据

罗莎·卢森堡全集：中文版 第1卷/胡晓琛 朱霞等译 蒋仁祥审定. —北京：
人民出版社,2021.10
ISBN 978－7－01－023739－8

Ⅰ.①罗… Ⅱ.①胡…②朱… Ⅲ.①卢森堡（Luxemburg,Rosa 1871—1919）－
全集 Ⅳ.①D351.6-0②D14

中国版本图书馆 CIP 数据核字（2021）第 191564 号

罗莎·卢森堡全集

第 1 卷

1893.9—1899.11

LUOSHA LUSENBAO QUANJI

胡晓琛 朱霞等译 蒋仁祥审定

人民出版社 出版发行
（100706 北京市东城区隆福寺街 99 号）

北京盛通印刷股份有限公司印刷 新华书店经销

2021 年 10 月第 1 版 2021 年 10 月北京第 1 次印刷
开本:710 毫米×1000 毫米 1/16 印张:52 插页:4
字数:800 千字

ISBN 978－7－01－023739－8 定价:190.00 元

邮购地址 100706 北京市东城区隆福寺街 99 号
人民东方图书销售中心 电话（010)65250042 65289539